영상관법과 마음치유

명상상담의 이론적 기반 / 마음치유의 핵심 기술들

이 책과 함께 하신 모든 분들께 바칩니다.

영상관법과 마음치유

명상상담의 이론적 기반
마음치유의 핵심 기술들

인경스님 지음

 명상상담연구원

추천의 글
– 머리말을 대신하여

영상관법이라는 말을 들을 때마다 인경스님의 실제 목소리인 '좋아요'가 늘 떠오른다. 제4세대 상담방법으로서의 영상관법은 상담자와 내담자 모두를 성장시킨다. 새로운 방식으로 공감하고 소통하는 '길'을 열어주는 이 책은 명상상담에 대한 이론과 함께 다양한 실제를 소개하고 있다. 명상과 상담, 상담과 명상을 통해 현장에서 내담자를 만나는 관련 전문가들에게 추천한다.

　　　　　　　– 손강숙(한국명상심리상담학회 회장, 중앙승가대학교 불교사회학부(상담심리학) 교수)

인경스님은 명상의 대중화를 위해 평생을 매진하는 외길 인생을 살아오신 분이다. 스님이 강조하는 '영상관법'은 이미지 훈련을 구체화하여 문제를 해소하는 기법이다. 이는 초기불교의 부정관과 수식관을 배경으로 현실을 관통하는 선불교로까지 귀결된다. 즉 불교명상의 시작과 끝이 인경스님의 영상관법으로 오늘날 현재화되고 있다. 우리는 영상관법을 통해 인식주체를 환기하며, 건강하고 행복한 의식으로 회복되는 기적을 맛보게 될 것이다.

　　　　　　　　　　　　　　　　　　– 자현스님(중앙승가대학교 불교학부 교수)

이 책은 동양의 명상과 서양의 심리상담을 접목시켜 '명상상담'이라는 새로운 분야를 개척한 인경스님의 역작이다. 서양의 시각에 경도되지 않고 주체적인 관점에서 초기불교, 유식불교, 선불교 그리고 심리치료와 상담 등을 수용하여 비판하고 통합시킨 영상관법의 이론과 임상 사례 등을 소개하고 있다. 영상관법은 명상상담의 핵심 기제로써 우리의 고통을 치유하고 새롭게 살아가는 구체적인 전략을 제공한다. 상담자와 내담자는 물론 평범한 삶을 살아가는 이 시대의 우리가 마음을 반조하고 다른 사람들의 고통을 보살피는 보살의 길을 가도록 안내하고 있다.

　　　　　　　　　　　　　　　　　　– 오용석(원광대 마음인문학연구소 연구교수)

인경스님의 <영상관법과 마음치유>는 불교명상과 심리치료를 통합한 체계적인 명상상담의 정수이다. 실제를 관통하는 이론적 설명과 사례들은 인경스님의 불교 명상과 심리학에 대한 통합적 이해와 통찰의 깊이를 보여준다. 특히, 영상관법에서의 염지관 명상과 마음치유 과정에서의 고집멸도는 불자는 물론 일반인들에게도 그 이해와 적용을 위한 가이드를 제공받을 수 있다. 그리고 그 효과는 상상 그 이상이다.

– 안세윤 (건양대학교 심리상담치료학과 교수)

세월과 함께 스트레스, 우울, 불안이 하나씩 드리워지고 어느 때부터인가 그것들은 인생의 동반자인 마냥 우리 곁에 자리 잡고 있다. 그래서 무언가 꽉 막힌 이 답답함에서 벗어나 본래의 자신을 되찾으며, 이 상황으로부터 헤쳐 나갈 수 있도록 도와주는 묘수나 치료를 간절히 바라곤 한다. 인경스님이 쓰신 이 책이 바로 그 돌파구다. 나의 삶은 나 자신을 바로 되돌아볼 때 비로소 편안함을 되찾을 수 있는 것이다. 한국명상심리상담학회 이사장을 역임하고 계신 인경스님이 오랫동안 임상적으로 축적해 오신 방대한 연구를, 불교심리학은 물론 뇌-인지과학 등 전문가의 시선으로 풀어놓았다.

– 향산스님(중앙승가대학교 불교학부 교수)

영상관법은 나의 스승이신 인경스님께서 유식불교 이론에 기반해서 새롭게 구성한 프로젝트로 마음을 치유할 수 있는 오직 유일한 방법이라고 생각한다. 왜냐하면 Who am I?를 통해 고착된 집착과 고정된 생각으로 파생된 분노, 불안, 우울에서 벗어날 수 있게 하기 때문이다. 오랜만에 오로지 그 어린 시절로 돌아가 똑같은 환경, 시간, 공간, 관계 속에서 나를 회상할 수 있다. 비록 몹시 힘들고 다시는 생각하기조차 두렵기도 하지만 그래도 용기를 내어……. 자신과 오롯이 만나 있는 그대로 울고 웃고 원망하고 소리치고 분노하는 과정을 통해 몹시 힘들었던 자신을 비로소 만난다. 그리고 그 힘들었던 나와 꽉 막혔던 소통을 시작한다. 그 과정은 고통과 직면하고 반복하면서 감정을 수용하는 알아차림과 함께 비로소 힘들었던 분노 불안 우울로부터 자유와 해방 그리고 진정한 나 자신과 고스란히 함께할 수 있으니 말이다. 영상관법은 그래서 한 마디로 마음을 치유할 수 있는 참 멋지고 맛있는 방법이라고밖에 할 수 없다.

– 동진스님(상담심리학 박사, 조계종 총지선원 주지스님).

이 책은 영상관법이 몸, 마음, 본성이란 관점에서 수행체계상 어떻게 서로 연결되어 있는지를 고찰한 내용이다. 더불어 불교의 유식사상과 선종의 돈오점수, 간화선 등이 탄탄한 사상적 배경으로 접목되어 있다. 스님의 영상관법은 많은 사람들이 감정적으로 해소되지 않은 부분을 적극적으로 떠올려서 머물고 명상을 통하여 알아차림하고 치유가 되는, 수많은 사례 검증을 통하여 체계적으로 잘 정리된 명상상담 프로그램이다.

- 정도스님(동국대학교 불교대학 교수)

영상관법과 현대 심리학의 명상 기반 인지행동치료는 공통으로 불교 명상법을 치유의 핵심적 요소로 사용하고 있다. 제3세대 인지행동치료가 초기불교의 명상에 기반한 것이라면, 영상관법은 대승 유식불교의 수행이론에 대한 독창적인 해석에 따라 개발된 심리치료법이다. 영상관법을 통해 내담자는 잠재의식에 저장된 과거의 '미해결된 경험내용'을 적극적으로 떠올려서 그것과 연관된 감정과 감각과 생각을 알아차림으로써 미해결 과제를 해소한다. 영상관법은 불교상담의 영역에서는 보기 드문 상담기법으로 다양한 심적 문제를 있는 꾸준한 연구발표가 진행되고 있다. 이 책은 이해하기 쉬운 설명으로 영상관법과 현대 심리치료 사이의 연관성, 특히 스키마 테라피와 밀접한 관계가 있음을 드러내고 있다.

- 문진건(동방문화대학원대학교 명상심리상담학과 교수)

이 책은 영상관법의 심리철학적 기반을 체계적으로 정립하는 것을 목표로 제시하면서, 실재론과 비실재론 간의 대립을 해소하고자 하는 노력이 돋보이는 책입니다. 특히 스님은 실재론, 중관론, 유식론의 인식론적 갈등을 '삼성설'의 관점에서 이해하고, '순환적 통합모델'의 관점에서 이들 입장들의 실용주의적 조화를 모색하는데 탁월한 논리 구성을 보여주고 있습니다.

- 이필원(동국대학교 경주캠퍼스 불교학 교수)

현대인이 자신을 살피는 방법 중 하나인 영상관법. 시각적 이미지를 통해 다른 잡념이 끼어들지 않게 함으로써 자연스럽게 내면의 변화를 따라갈 수 있도록 하고, 그 과정에서 마음치유에 도달하게 된다. 영상관법에 대한 종교적인 프레임을 걷어내고 사색, 휴식, 명상을 통해 스스로 성장하려는 사람들에게 추천합니다.

– 고효림(안양대학교 교육학과 교수)

　　인경스님의 영상관법과 마음치유 원고를 보면서 너무나 흥미로워서 한번에 읽었다. 유식불교에 기반한 영상관법은 심층의 잠재의식에 저장된 트라우마 같은 힘든 문제를 직접 치유할 수 있다. 제8식 야뢰야식에 종자로 저장된 해결되지 않은 고통스러운 문제의 이미지를 떠올려서 집중하고 관찰하여, 개인의 심리적 증상이나 현실적 문제를 수용하고 통찰하는 수행론이다. 이는 유식학에서 제법을 변계소집성에서 원성실성으로 변환시키는 과정을 기반으로 하여, 고통은 실재가 아닌 오직 허망된 식[唯識]임을 설명하여 치유한다. 영상관법은 중생들의 기억을 유식학적으로 해석해서 허상임을 깨우쳐주는 특별하고 독자적인 한국의 심리치유 수행법이 될 것이다. 이러한 치유법을 오랜 기간 임상 실험하고 저서로 출판해주신 인경스님께 축하와 함께 깊은 감사의 인사를 드린다.

– 김영미(능인대학원대학교 명상심리상담학과 교수)

목 차

제Ⅰ부
영상관법의 이해

제1장   영상관법의 진행절차

제4장 영상관법의 수행체계

- 몸, 마음, 본성과의 관계를 중심으로

제 II 부
영상관법의 심리학적인 접근

제5장 영상관법과 현상학적 연구

제 III 부
영상관법 적용 사례연구

제8장 스트레스와 영상관법
– 의지형 영상관법 기반한 감정코칭 전문가 훈련프로그램(MFCT)을 중심으로

제9장 영상관법과 우울증 단일사례연구

제10장 코로나 불안과 영상관법의 치유적 효과

서론 | 영상관법과 명상상담 개요

전 세계가 전쟁 등을 포함하여 경제적인 빈곤과 정신적인 혼란으로 많은 고통을 받고 있다. 이런 시점에서 마음의 평화와 내적인 성찰을 강조하는 '명상'은 마음 치유의 핵심키워드로 자리잡고 있다. 기업체, 병원, 교육기관, 복지시설, 군부대, 등등 거의 모든 분야에 널리 스며들어 명상은 현대인의 스트레스 관리에 많은 도움을 주고 있다. 정보화시대와 인공지능(AI)으로 대변되는 제4차 사업혁명의 시대에서도 명상은 인간의 정신적 건강을 치유하기 위한 '삶의 기술로서' 더욱 강조될 전망이다.

명상의 정의

명상을 사전에서 찾아보면, '눈을 감고 조용히 사유하는' 것으로 정의하고 있다. 가장 보편적인 정의이다. 첫째로 '눈을 감고'는 의미는 외부로 향하는 시선을 자신의 내면으로 되돌림을 의미한다. 우리의 일상에서 의식이 늘 밖으로 '향하여' 있는 까닭에, 이제 눈을 감고 자신의 내면을 들여다보자는 제안이다. 이점은 명상을 시작할 때 가장 중요한 지점이다. 두 번째로 명상은 마음을 '고요하게 한다'는 점이다. 마음이 산만하고 생각들로 가득하면 바르게 사유할 수 없다. 그래서 '조용히'는 마음의 고요함이나 평화로운 선정상태로 이해할 수 있다. 셋째로 마음이 고요해진 상태에서 사유한다는 것은 선택된 대상을 잘 분별한다는 것과 함께 대상을 존재하는 그대로 관찰해서 직관한다는 의미를 담고 있다. 이렇게 명상을 정의하고 나면, '명상(冥想)'의 치유적 요인은 이렇다.

- 첫째, 눈을 감고 대상을 포착하는 '알아차림'이고,

- 둘째, 조용히 마음의 평화[冥]와 함께 충분하게 경험하기로 이해되고,

- 셋째, 대상을 관찰해서 생겨나는 '내적인 통찰[想]'이다.

이것을 필자는 알아차림하고 충분하게 머물러 지켜보기라는 '염지관', 혹은 '알머지' 명상으로 정의한 바가 있다.[01] 이점은 본문에서 반복해서 언급될 것이다. 이런 명상적 접근은 심리상담이나 마음치유에 적용되면, 내적 평화와 함께 통찰의 명상체험이 강조된다. 이것은 분명하게 기존의 언어적인 접근과는 다른 접근방식이다. 장애가 심한 환자나 내담자라도 지속적인 명상수련을 통해서 내적인 자기성찰과 마음의 안정감을 얻게 되면, 현실의 불안이나 우울과 같은 마음의 고통은 점차로 소멸된다는 원리이다. 이러한 과학적인 증거들은 많은 연구를 통해서 보고되고 있다.[02]

명상의 유형론

오늘날 명상의 유형은 매우 다양하다. 너무나 많아서 혼란할 지경이다. 이것들을 어떤 방식으로 분류하여 이해할 필요가 있다. 더구나 명상은 오픈소스(Open

---

01 인경(김형록)(2005), 『염지관명상』 서울: 명상상담연구원.

02 명상 기반 인지치료(MBCT)가 겉으로 보면 명상과 인지치료의 결합으로 간주되지만, 실제 프로그램의 구성요소를 보면 전혀 인지치료적 요소는 배제되어 있다. 곧 인지치료를 대표하는 '생각바꾸기'나 '소크라테스의 문답'이나 '논박기술'이 전혀 사용하지 않고 있으며, 프로그램 전체가 '3분 호흡명상'을 비롯해서 온통 명상활동으로 이루어져 있다. 이것은 명상 활동 자체가 주의력을 강화시키고 우울증을 유발하는 인지적 반추작용을 멈추게 하는 효과를 가져온다고 본다. 상세한 정보는 다음 논문을 참조바람. Teasdale, J.D., Segal, Z.V., & Williams, J.M.G.(1995). How does cognitive therapy prevent depressive relapse and why should attentional control (mindfulness) training help? Behavioral Research Therapy, 33(1), 25-39.; Teasdale, J.D, Segal, Z.V, Williams, J.M.G, Ridgeway, V.A, Soulsby, J,M, & Lau, M.A.(2000). Prevention of relapse/recurrence in major depression by mindfulness-based cognitive therapy. Journal of Consulting and Clinical Psychology, 68(4), 615-23.

Source)처럼 계속적으로 새로운 방식이 개발되고 있다는 점은 주목할 사항이다. 이에 필자는 명상을 다음과 같이 분류한다.[03]

명상의 유형은 첫째로 명상의 '주제'에 따른 분류이다. 이를테면 '걷기 명상'이라고 하면 명상의 주제가 '걷기'이다. 걸으면서 하는 명상을 말한다. '오감 명상'은 오감이 핵심된 주제이다. 마찬가지로 '화두명상'은 명상의 주제가 화두이다. 이런 식으로 보면 감사 명상, 색깔 명상 등등 수많은 명상들이 여기에 속한다.

둘째는 질적 혹은 명상의 '목표'에 따른 분류이다. 오랫동안 역사적으로 가장 널리 알려진 명상의 분류방법이다. 내외적인 대상을 포착하여 알아차림하는 데 목표를 둔다면 이것은 '알아차림' 명상이고, 마음의 고요함이나 평화에 초점을 맞춘다면 이것은 '집중'명상이 되고, 변화하는 대상을 지켜보고 그것을 통찰함에 목표를 둔다면 이것은 '통찰' 명상이 된다. 우리의 본래적 본성이나 자성을 깨닫는 '깨달음'을 중시한다면 이것은 간화선 명상이 된다.

셋째는 정보를 처리하거나 단일한 대상보다는 접근방법의 '과정', 프로세스적 프로그램에 초점을 맞춘 경우가 있다. 대표적으로는 '염지관(念止觀)' 명상이다. 염지관 명상은 개별적인 대상에 대한 주의집중보다는 특정한 대상을 알아차림하고 그것에 집중해서 머물고 그것의 생멸을 관찰하는 전체의 시스템으로서 '과정'을 중시한다. 고집멸도(苦集滅道) 명상의 경우도 고통의 경험[苦]과 고통의 원인[集], 고통의 소멸[滅], 고통을 소멸하는 방법[道] 등의 길을 각각 별개로 실천하기보다는 하나의 세트로 명상한다는 점에서 과정을 중시하는 명상이다. 이런 방식은 심리상담이나 심리치료적인 목적에 부합되는 점에서 의미가 새롭다.

넷째는 서로 다른 관점에 있는 명상법을 서로 융합하는 '통합형' 명상이다. 대표적으로 몽산덕이의 염불화두법이다. 아미타불 염불하면서 '염불하는 이놈은 누구인가[念者是誰]?' 질문하는 방식이다. 이런 점은 서로 다른 사상적인 기반을 가

---

03 인경(김형록)(2023), 「K-명상과 간화선」, 『종학연구』10, 동국대학교종학연구소.

지고 있지만, 어느 한쪽의 현실적인 필요에 의해서 이루어진 형태이다. 정토종의 염불과 임제종의 간화선은 그 사상적인 기반이 전혀 다르지만, 이들을 참된 자기/본성을 찾아가는 간화선의 입장에서 통합하여 서로 결합된 방식이다. 이밖에도 구 선선사의 경우처럼, 차를 마시면서 하는 명상에 대해서 차를 마시면서 이 향기를 아는 '이놈은 누구인가?' 질문하면서 참구한다면, 이것 역시 통합형 명상이 된다.

여기서 이렇게 명상의 유형론을 거론함은 다양한 명상을 구분하기 위해서 분류하는 것이지만 이들을 심리상담이나 현장에서 스트레스 관리를 위해서 적절하게 잘 활용하고자 할 때도 역시 중요한 역할을 할 것이다.

근본적 건강

명상과 함께하는 마음치유의 작업은 결국 고통으로부터 인간의 '근본적인 건 강'에 대한 관심이 다름 아니다. 이점을 가장 잘 대변해주고 있는 바가 건강에 대한 세계보건기구(WHO)의 정의이다. 다음을 보자.

> 건강이란 완전한 신체적(身), 정신적(心), 영적(佛性/靈性) 그리고 사회적 웰빙 의 역동적인 상태이다. 단순하게 질병이나 허약함의 부재가 아니다.(Health is a dynamic state of complete physical, mental, spiritual and social wellbeing not merely the absence of disease or infirmity(1998년).

이러한 세계보건기구의 건강에 대한 규정에서 인상 깊은 점은 건강이란 소극 적으로 질병이나 허약함의 부재 상태가 아니라, 적극적으로 역동적 '웰빙' 상태로 정의한 점이다. 이점은 중요한 관점이다. 건강은 웰빙이고 행복하고 평화로운 상 태로서 '명상'과 상통한 개념이 된다. 특히 이런 건강을 기존의 몸(physical), 마음 (mental), 사회(social)라는 3축 영역에 '영적 웰빙(spiritual wellbeing)'이란 제4축을 첨가한 점에서 더욱 그렇다. 다시 말하면 '웰빙'이야말로 적극적 건강의 핵심된 요소가 된다는 점을 시사한 대목이다. 어디가 아프지 않다는 '소극적' 건강한 것이 아니라 '근본적으로' 평화롭고 행복하게 존재하는 '웰빙'이여야 건강하다는 입장이다.

| 그림1-1 | 건강의 영역

이것을 필자는 '근본적 건강', 혹은 '적극적 건강'이라고 호칭한다. 왜냐면 몸, 마음, 사회의 건강은 바로 영적인 건강에 의존되는 까닭이다. <그림1. 건강영역>에서 보듯이 명상에 의한 내적인 성찰과 본성에 대한 깨달음이 몸, 마음, 사회의 건강을 담보할 수 있다는 자각이다. 우리의 역사를 돌아보면 우리 사회는 항상 위기이고 전쟁과 같은 고통을 동반되었다. 몸과 마음도 사실은 항상 아픔을 동반하였던 기억들이 있다. 이런 이유로 참다운 건강을 말할 때 결국은 영적인 건강을 말하지 않을 수가 없게 된다. 영적인 건강에 대한 세계보건기구 집행부의 열망은 영적 개념을 단순하게 종교의 독점물이 아니라 인간의 보편적인 가치로 간주한다.

한편 본성/불성/영성이란 건강개념은 심리학의 새로운 영역으로 1969년 매슬로(A.Maslow)가 언급 이후 나타난 성과로 평가된다.[04] 이런 인간의 근본적인 건강과 본성을 향한 참구의 경험들은 주로 동양적 전통에서 강조되었지만, 서구 심

---

04 Abraham H. Maslow(1996). "Critique of self-actualization theory". In E. Hoffman (ed.). Future visions: The unpublished papers of Abraham Maslow. Thousand Oaks, CA: Sage. pp. 26-32.

리학의 전통에서도 발견된다. 각성(覺性, 깨달음의 성품)과 영성(靈性, 신령한 성품)으로 대변되는 인간의 '본성'에 대한 탐색은 정신분석, 인지행동, 인본주의와 더불어서 제4세력으로 평가되는 '자아초월심리학'의 초월과 영적인 영역과 연결된다. 특히 매슬로(Abraham H. Maslow, 1908-1970)는 자신의 5단계 욕구이론에서 가장 높은 위치에 배치했던 '자아실현'을 넘어서는 '자아초월'의 단계를 새롭게 신설하면서, 미래 심리학의 과제로서 '영적인 건강'의 영역을 언급하였다.[05]

물론 건강의 영역이 심리학이나 종교의 영역과 서로 겹치면서 갈등할 수 있다. 영적 개념이 건강보다는 여전히 종교적인 성격이란 오랜 관점에서 벗어나지 못했고, 무엇보다도 불성이나 영성이 과학적인 접근이 어렵다는 일부 견해가 있다.[06] 이런 논란은 불성이나 영성으로 대표되는 영적 웰빙이란 건강영역을 과학적인 접근으로 더욱 활발하게 연구하는 기폭제가 되었다. 이것의 대표적인 방법이 바로 '명상'이다. 명상은 과학적인 방식으로 접근이 가능하고, 동시에 참된 자기란 다름 아닌 불성 혹은 영성의 내용이고, 그곳에 이르는 방법이기도 하다. 이런 점에서 인간의 근본적인 건강의 개념과 함께 영상관법의 관점은 매우 중요한 지점에 놓였다고 평가한다.

세 종류의 마음

건강과 관련해서 마음을 어떻게 이해할까? 마음을 이해하는 방식은 마음치유나 심리치료 현장에서 이론적인 근거를 제공하기에 중요한 사안이다. 잠깐 명상을 해보면 우리는 마음이 매우 복잡하고 순간순간 다양한 생각들로 가득 차 있음

---

05 Abraham H. Maslow(1996). "Critique of self-actualization theory". In E. Hoffman (ed.). Future visions: The unpublished papers of Abraham Maslow. Thousand Oaks, CA: Sage. pp. 26-32.

06 인경(김형록)(2022), 『쟁점으로 살펴보는 현대 간화선』 조계종출판사.

을 금방 발견하게 된다. 명상하면서 관찰되는 마음은 크게 세 종류로 분류할 수 있다.[07]

첫째는 이런저런 생각 생각들에 '끌려다니는 마음'이 있다. 금방 이점은 발견될 것이다. 멈출 수가 없을 정도 반복되고 끊임없이 생각들이 파도처럼, 흘러왔다가 흘러간다. 이런 생각들은 대부분 과거의 기억들이고, 앞으로 다가올 미래에 대한 계획들로 마음을 가득 채운다. 이것들은 조건화된 혹은 학습된 현실을 반영한다. 이것은 잠시도 멈추지 않고 계속적으로 생겨난 까닭에 일상에서는 스트레스로 작용하기도 하고, 명상하는 경우는 중간에 명상을 포기하게 만들기도 한다.

이렇게 이리저리 생각에 끌려다니는 번뇌의 마음을, '집착하는 마음(Obsessed mind, OM)' 혹은 '애착의 마음(Attachment Mind)'이라고 부르자. 애착의 마음은 세속적인 현실을 반영된 마음이다. 늘 소유하고 집착하는 습관을 그대로 투영된 마음으로 잠시도 쉬는 때가 없다. 이 마음은 공황이나 우울과 같은 다양한 감정적 문제와 함께 강박성이나 회피성과 같은 성격적인 장애를 일으키기도 한다. 그렇기에 '명상에 기반한 심리상담'에서 집착의 마음은 치유의 핵심된 대상이 된다. 주의 깊은 치료자는 무엇이 불안을 만들어내고 우울증을 심화시키는지, 명상 후 면담을 통해서 쉽게 발견할 수 있을 것이다.

둘째는 이리저리 생각에 끌려다니는 마음을 '관찰하는 마음'이 존재한다. 이것은 '명상하는 마음'이다. 이를테면 호흡명상을 할 때, 이것은 들숨이다. 저것은 날숨이다. 혹은 이것은 짧은 호흡이고 저것은 긴 호흡이다고 '관찰'한다. 그리고 숨이 들어오고 숨이 나감을 알고, 혹은 이런저런 생각에 빠지면, 곧 이것을 알아차림하여 '이놈은 무엇인지?' 질문해서 참나를 탐색하는 '참구하는 마음'이기도 하다.

대상에 끌려다니는 마음을 관찰하는 것, 이것을 '지켜보는 마음(Watching Mind, WM)', 혹은 '이것이 무엇인가' 질문하고 자신을 탐색하는 것, 이것을 '참구

07 인경(김형록)(2024), 「명상심리상담」「상담 및 심리치료」 학지사.

의 마음(Inquiring Mind)'이라 하자. 지켜보고 관찰의 마음은 업(Karma)에 끌려다니는 집착의 마음을 직접적으로 직관하고 알아차림하고 지켜볼 수 있는 지혜의 마음이다. 이것은 끌려다니는 마음, 동일시된 세속적 마음에 벗어나게 한다는 점에서 출(出)-세간적 특징을 지니고 있으며, 또한 상대적으로 세속적 '자기'라는 개념을 떨쳐내고 본래적이고 '참된 자기'를 참구하는 마음이기에 이것은 '초월적' 지혜로움이다.

셋째는 평화롭고 고요하면서 깨어있는 마음이다. 이것은 '참나'라고 하는 근원적 '본성(本性)'이다. 이를테면 호흡을 관찰하면 점차로 거친 호흡은 가라앉고 마음이 차분해진다. 호흡을 지켜보면 '고요함'을 느낀다. 물론 조용해지면 종종 잠이 들기도 하지만, 이놈이 무엇인고? 질문을 하면서 다시 '깨어난다'. 그러면 점차로 마음은 명료해지고 가을 하늘처럼 '청명'해진다. 물론 이런 편안하면서 청명한 마음은 처음에는 잘 느끼지 못할 수도 있다. 조금만 연습해 보면 곧 이런 마음의 존재를 알게 될 것이다.

이렇게 평온하고 깨어있는 마음, 이것을 본래적으로 존재하는 깨달음의 '본성(Original Nature)'으로서 참나[眞我, True Self], 혹은 '영적 마음(Spiritual Mind, SM)'이라고 부르자. 이 마음은 '평온하며[安]', '한결같고[如]', '완성된[成]', '근본적[實]' 마음이다. 이것은 결코 형이상학적이거나 관념적인 종교적 절대자가 아니다. 잠들지 않는 '고요한' 가운데 '깨어있음'이며 '청정함' 자체, 깨달음의 본성[佛性]이다. 이것은 '경이롭고', '환희'이며, '행복감'으로 넘쳐난다. 궁극적인 우리 마음의 본래적 성품으로서 '깨달음'의 바탕[體]을 지칭한다.

여기서 중요한 사실은 이들 세 가지 마음은 명상하면서 혹은 일상의 평상심에서 모두 발견된다는 것이다.[08] 이것은 경험이 가능하고 과학적으로 측정이 가능한

---

08 화두수행은 마음의 본성을 참구하는 것인데, 좌선을 할 때 나타나는 마음을 송광사 조계총림 초대 방장이셨던 구산선사(1910-1983)는 마음이 생각들 사이로 배회한(wandering) 상태, 조용해지면서 잠에 들어간(to sleep) 상태, 집중하여(focused) 경계하며(alerting) 정신이 명확해지는(clearing) 상태, 세 가지로 구분한다. Tacey Shramana(Hamwol)(2023.10). Memoris of Meditation Master Kusan Sunim,

상태를 말한다. 이들의 관계는 어떤가? 이들은 서로 섞이지 않게 단절되어 있다. 그럼에도 불구하고 이들은 서로 별개가 아닌 '하나의 마음(One-Mind)'이다. 단절되었다는 것은 '집착의 마음(OM)'이 일단 공포나 분노와 같은 감정에 휩싸이면 이곳에는 '지켜보는 마음(WM)'이나 '평온하게 깨어있는 마음(SM)'은 부재하다는 뜻이다. 오직 집착의 마음이 지배하고 다른 마음 상태를 압도한다.

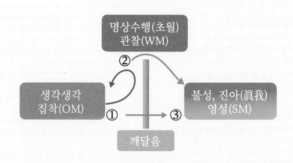

| 그림2 | 세 종류의 마음

그러나 지속적으로 명상을 실습하게 되면 점차로 관찰하고 지켜보는 마음(WM)이 점점 강해지면서 마침내 '고요하게 깨어있는 마음(SM)'이 출현한다. 이런 경우에는 '건강한' 마음, 근본적 '웰빙' 상태라고 호칭할 수 있다. 여기서 관찰하는 마음(WM)과 본래적 참된 본성(SM)의 관계를 질문할 수 있다. 물론 본래적 본성[佛性/靈性]이 온전하게 드러나기 위해서는 탐색하고 '관찰하는 마음' 역시 멈추어야 한다. 관찰하는 마음이 있으면, 관찰되는 '대상'과 관찰하는 '마음'이 서로 분리된 까닭에, 이것은 마음이 하나로 합일(心境一如)하는 데 방해한다. 이상의 과정을 정리하면 <그림2. 세 종류의 마음>과 같다.

이들 세 가지 마음은 단절되어 있지만 실제로는 하나의 마음으로서 서로 긴밀

Meetins with a Remarkable Man: Reflections on the Greater Kusan, 불일출판사, p.197. 특히 선사께서는 고요해지면서 잠에 들어간 상태의 항목에 대해서 남방불교의 수행론에 비판적 태도를 취한다. 그러면서 간화선의 화두여야 잠에서 깨어나 본래적 심성, 참된 자기를 깨닫게 됨을 강조한다.

하게 연결되어 있다. 이것은 성인에게서나 일반 사람에게나 심지어 심리적인 문제를 가졌다고 판단되는 환자에게나 마찬가지로 동일하다. 근본적으로 서로가 다르지 않다. 그렇기에 상담자나 내담자, 치료사나 환자는 서로 '갑을' 관계가 아니다. '평등한' 관계로서 서로에게 존중되는 특별한 관계이다. 이런 관계가 '명상상담'의 실질적인 치유의 과정이기도 하다.

단지 상황에 따라서 혹은 개인의 집착적 마음의 상태에 따라서, 어떤 마음이 더 지배적인가 하는 점은 개인적 차이가 있다. 이점을 이해하는 것이 중요하다. 일반적으로 명상수행을 많이 했거나 자기 마음이 본래적 성품으로서 본성에 대해서 깨달음을 성취했다면 좀 더 행복하게 안전감을 이룰 것이다. 반대로 세속적으로 집착이 강하다면 그래서 심한 심리적 장애를 가진다면, 이런 경우는 자기집착으로 더 많은 고통을 경험할 것이고, 그렇기에 더욱 자기를 관찰하는 명상의 근력을 강화시킬 필요가 있다는 점을 시사한다. 다시 말하면 명상상담에서 중간단계로서 '관찰하는 마음'이 치유의 핵심적 요인이 된다.

고통/번뇌의 분류

반복적으로 일어나는 생각들은 그 자체로는 문제가 되지 않는다. 그러나 그것으로 인하여 일상의 생활이 장애를 받게 되면 고통이 되고 번뇌가 된다. 동서양의 오랜 역사 속에서 번뇌나 고통을 분류하는 방식은 다양한 방식이 있어 왔다. 초기 불교 경전에서는 고통을 여덟 가지[八苦]로 분류한다. 아래는 불교 경전에서 자주 언급하는 고통들을 필자가 분류한 것이다.

- 신체적인 고통[生老病死]
- 마음의 정서적 고통[憂悲惱苦]
- 사회적 대인관계서 오는 고통[怨憎會苦 恩愛別離苦]

- 자아실현/원하는 바가 이루어지지 못함의 고통[所欲不得苦]

- 존재, 실존적 고통[五取蘊]

이것은 대체로 팔고(八苦)로 알려진 것이다.[09] 필자는 생로병사를 '신체'의 영역으로, 우울, 비탄, 고뇌는 '마음의 정서'로, 미워하는 사람과 만나고 사랑하는 사람과 헤어짐은 '사회적 대인관계'로, 자신의 원하는 바를 이루지 못한 고통은 '자아실현'으로, 살아있음의 의미는 '실존적 고통' 등으로 코딩하고 재분류한다. 유식불교에서는 이것을 발전시켜서 '오위백법(五位百法)'이라고 해서 대표적으로 108번뇌를 말하기도 한다. 이점은 고통을 이해하는 불교적 방식을 보여준다.

반면에 현대 의학계에서 정신건강과 관련해서 장애를 분류하는 대표적인 체계는 '정신장애에 대한 진단 및 통계 열람[DSM]'이 있다. DSM은 미국정신의학협회(APA)에서 첫판이 1952년에 출간된 이후로 2013년에 제5판(DSM-5)까지 간행되었다. 여기서는 정신장애에 대한 상세한 범주로 신경발달장애(지적장애, 의사소통장애, 자폐스펙트럼장애, 주의력결핍과잉행동장애, 특정학습장애, 운동장애, 틱장애, 기타신경발달장애), 조현병스펙트럼 및 기타 정신병적장애, 양극성 및 관련 장애, 우울장애, 불안장애, 강박 및 관련 장애, 외상 및 스트레스 관련 장애, 해리장애, 신체증상 및 관련 장애, 급식 및 섭식 장애, 배설장애, 수면-각성장애, 호흡관련 수면장애, 성기능부전, 성별불쾌감, 파괴적 충동조절 및 품행장애, 물질관련 중독장애, 신경인지장애, 성격장애, 변태성욕장애, 기타 정신질환, 임상적 주의의 초점이 될 수 있는 기타의 상태 등 총22의 범주로 분류한다.[10]

---

09 dhammacakkappavattana-vagga(PTS, SN56-11), "Idaṃ kho pana bhikkhave, dukkhaṃ ariyasaccaṃ: jātipi dukkhā jarāpi dukkhā vyādhipi dukkho maraṇampi dukkhaṃ appiyehi sampayogo dukkho piyehi vippayogo dukkho yampicchaṃ na labhati tampi dukkhaṃ saṅkhittena pañcupādānakkhandhā dukkhā". 『增壹阿含經』(大正藏2, 631), "彼云何名爲苦諦 所謂苦諦者 生苦·老苦·病苦·死苦· 憂悲惱苦· 怨憎會苦· 恩愛別離苦· 所欲不得苦 取要言之 五盛陰苦 是謂名爲苦諦."

10 집필APA/대표 역자 권준수(2015). 『정신질환의 진단 및 통계편람』 학지사.

양자를 비교해보면 불교에서 말하는 장애란 삶에서 경험할 수 있는 일반적인 정상적 고통이라면, 정신의학협회(APA)에서 장애란 심한 환자들을 대상으로 해서 그 질환의 진단기준을 마련한 점에서 차이점이 있다. 이런 분류체계는 장애의 종류나 정도에 따라서 다양한 방식으로 이해가 가능한 점에서 치료사나 상담사들에게 좋은 가이드라인을 제공해 준다고 본다.

명상상담과 영상관법

일반적으로 명상은 자체적으로 수행되지만, 현장에서는 마음치유, 심리상담 분야에 활용되고, 이것을 별도로 개별화시켜서 '명상상담', 혹은 '명상심리상담'이란 이름으로 수용되어 활용되고 있다. '명상상담'은 명상과 심리치료의 통합된 방식으로서 근본적으로 인간의 영적 건강을 목표로 한다. 필자는 명상상담을 '명상심리치료', '명상심리상담', '명상치료'와 같은 용어를 서로 구분하지 않고 함께 사용한다.

'명상상담'은 두 가지 측면에서 정의할 수 있다. 첫째는 '명상에 관한 상담'이다. 이런 경우는 전문적으로 명상수행을 하는 전문가를 위한 점검과 지도 감독을 할 때 사용한다. 두 번째는 '명상에 기반한 심리상담'이란 의미로 사용한다. 심리적인 문제나 현실적인 적응의 어려움으로 고통받는 이들을 돕는 상담의 유형으로 활용되는 경우이다.

명상에 기반한 접근방법은 상담자나 치료사의 도움을 받아서 내담자가 스스로 명상을 통해서 내적인 평정의 힘을 얻을 수 있고, 동시에 심리상담을 통해서 소통문제와 함께 현실적인 문제를 해결하는 방법을 터득할 수 있기에, 상대적으로 장애의 '재발율'을 현저하게 낮추는 역할을 한다.[11] 재발율을 낮추는 결정적 요인은

---

11 우울 환자의 재발율을 치료목표로 제작된 프로그램은 '명상에 기반한 인지치료(MBCT)'가 있다. 여기에 따

지속적이고 반복적으로 올라오는 생각, 생각들에 끌려가지 않고 그대로 '지켜봄'의 힘이다. 정도의 차이가 있지만, 환자들과 마찬가지로 정상적인 개인들도 끊임없이 일어나는 생각 생각들에 '동일시'되어서 끌려다닌다는 것이다. 명상은 바로 이런 순간에 '알아차림'으로 생각에 끌려가지 않고 멈추게 한다는 점에서 치료적 힘을 가진다.

본 연구의 주제인 '영상관법(影像觀法, Reflected Image Meditation, RIM)'은 '눈을 감고 조용히 사유한다'고 명상을 정의할 때, '눈을 감고 문제가 되는 현실을 반영하는 핵심적 영상을 의도적으로 마음에 떠올려서 관찰한다'는 의미를 담고 있다. 명상상담에서 명상에 기반한 심리상담이라고 할 때 가장 핵심적으로 사용하는 명상이 바로 '영상관법'이다. 영상관법의 심리적인 기반은 감정의 발생이 영상 이미지에 기반해서 이루어진다는 입장을 기본적으로 채택한다. 이를테면 프로이트의 경우는 '억압된 무의식'에 의해서 감정이 올라오고, 아론벡의 인지치료는 '자동사고'가 감정 발생에 큰 역할을 한다고 본다. 반면에 영상관법은 '감정뿐만 아니라, 생각이나 갈망들도 모두 영상 이미지에 접촉되면서 자동으로 발생된다'는 입장을 취한다. 그렇기에 마음치유의 핵심된 기제는 첫째는 문제가 되는 핵심된 영상을 떠올리는 것이고, 둘째는 그런 다음에 그것들을 거리를 두고 관찰하는 전략을 선택한다. 이점은 가장 중요한 심리학적 전제가 된다.

르면 우울증 환자의 80% 이상의 재발율을 인지치료(CT)가 50% 수준으로 '명상 기반 인지치료(MBCT)'가 30% 수준으로 현저하게 감소시켰다고 보고한다. Segal, Z.V., Williams, J.M.G., & Teasdale, J.D.(2002). Mindfulness-based cognitive therapy for depression: A new approach to preventing relapse. New York: Guilford Press.

영상관법이란 용어는 유식불교에서 사용하는 사마타의 대상을 '무분별 영상', 위빠사나의 대상을 '분별 영상'으로 분류하고, 관찰하는(觀法) 수행을 '영상수(影像修)'라고 함에서 비롯된 용어이다. 2008년에 처음 사용할 때는 '유식영상관법'이란 용어를 사용했지만[12], '유식(唯識)'과 '영상(影像)'이 의미상 동일한 용어라 보니, '영상관법'으로 사용하게 되었다. 물론 '유식관법'이란 용어도 고려해보았지만, 유식이란 용어가 '유식불교'나 '유가행파'라는 학파적 개념을 상징하는 용어이다 보니, 대중적인 용어인 '영상'이란 낱말을 채택하게 되었다.

이후로 영상관법과 관련된 다양한 현장 연구는 필자가 교수로 근무한 동방문화대학원대학교를 중심으로 사례연구, 내러티브 연구나 현상학적 연구와 같은 질적 연구의 형태로 활발하게 진행되었다. 그 성과를 박사 논문 중심으로 살펴보면 아래와 같다.

- 김진(2011), 유아 염지관 명상프로그램 개발과 정서지능에 미치는 효과.
- 장금주(2012), 리다명상이 만성 불안장애 감소에 미친 효과에 관한 단일사례연구.
- 이영순(2012), 영상관법 프로그램이 중년여성의 우울증에 미친 영향에 관한 단일사례 연구.
- 류지숙(2012), 느낌명상이 중년여성의 신체화장애에 미치는 효과에 관한 단일사례연구.
- 김동한(2013), 신체느낌과 명상심리치료 : 念止觀 명상을 중심으로.
- 한경옥(2013), 영상관법이 신체변형장애에 미친 효과: 단일사례연구 중심으로.
- 김인희(2014), 영상관법이 공황장애의 증상 감소에 미친 효과: 단일사례 연구를 중심으로.
- 양지선(2016), 영상관법과 현실치료 통합프로그램의 개발과 적용 : 외상 후 스트레스 장애를 중심으로.
- 김다현(2016), 학교부적응 청소년의 명상상담 경험: 내러티브 연구.

---

12   인경(김형록)(2008), 「유가행파의 유식영상관법」, 『보조사상』29, 보조사상연구원.

- 정영순(동진스님, 2016), 여성노인의 화병 치유경험: 내러티브 연구.
- 배영희(혜성스님, 2016), 명상상담에 기반한 청소년 분노조절 프로그램 개발 및 적용 효과 : 학교폭력 가해자 청소년을 중심으로.
- 김광호(2017), 북한이탈주민 여성의 가족해체 치유 경험: 내러티브 연구.
- 천정은(용진스님, 2017), 호흡명상 체험의 해석학적 현상학 연구.
- 조덕인(정명스님, 2017), 범(汎)불안 증상을 가진 기혼여성의 치유경험 : 영상관법을 활용한 내러티브 연구.
- 윤미숙(2018), 명상상담을 통한 알코올 사용 장애자의 치유경험 : 내러티브 연구
- 장우혁(2018), 역기능 가정에서 성장한 중년여성의 치유 경험 : 명상상담에 기반한 내러티브 연구
- 김영미(2018), 명상심리상담사의 영상관법 경험: 현상학적 연구.
- 김동성(2018), 알아차림 명상과 에니어그램의 통합 프로그램 연구 : 국내 에니어그램 프로그램을 중심으로.
- 김창중(2019), 대학생의 스트레스 관리를 위한 영상관법 경험: 현상학적 연구.
- 이성권(2019), 대입 재수생의 불안치유 경험: 명상상담을 활용한 내러티브 연구.
- 신정란(일광스님, 2019), 여성노인의 삶을 다룬 명상상담 치유경험: 내러티브 연구.
- 김진기(2020), 기업 관리자의 직무스트레스에 대한 영상관법 경험: 내러티브 연구.
- 안경희(2021), 오감명상을 통한 여성한부모의 유기불안 치유경험: 명상상담 내러티브 연구.
- 권주희(2022), 에니어그램을 활용한 명상상담 프로그램 적용 사례연구 : 7번 성격유형을 중심으로.
- 김선일(2022), 영상관법을 통한 직무스트레스 경험 : 현상학적 연구.
- 김정애(능혜스님, 2022), 영상관법에 의한 외상후 스트레스 치유 경험 : 내러티브 연구.
- 김상임(2023), 영상관법에 의한 공황 치유 경험: 단일사례 내러티브 연구.

이들은 필자의 지도로 이루어진 박사학위 논문들이다. 총 27편으로, 영상관법이 22편이 주류를 이루고, 영상관법과 직접 관련되지 않는 부분은 5편이다. 그러나 이들 5편도 정밀하게 살펴보면, 간접적으로 모두 영상관법과 연결된다는 점에서 함께 리스트에 올렸다. 이들의 동향을 보면 전체적으로는 현장연구로서 '질적 연구'가 중심으로 이룬다. 양적 통계연구는 한 편도 없다. 문헌연구는 2편이 있다. 현

장연구로는 2011년도 무렵부터 ABAB 설계에 의한 '단일사례(n=1)' 연구가 중심이 되다가, 2016년 이후에는 고집멸도 4단계를 응용한 '내러티브 연구'가 주류를 이루고 있다. 그밖에 호흡명상 1편, 느낌명상 2편, 오감명상 1편, 현상학적 접근이 2편, 에니어그램 상담이 2편이 된다.

영상관법과 관련된 박사학위 논문을 분석해 볼 때 범불안, 공황, 우울, 직무스트레스, 외상 후 스트레스, 시험불안, 유기불안, 신체변형, 신체화, 만성불안 등에서 성과를 보여준다. 이들은 무엇보다도 '불안'의 임상적인 상황에서 효과적인 치유 전략임을 밝혀주고 있다. 이점은 현대인들이 정보화 사회 속에서 많은 불안에 노출되어 있음을 반영한다고 볼 수도 있고, 문제가 되는 대상을 떠올려서 존재하는 그대로 관찰하는 영상관법이 체험적 접근으로서 '정서'적인 측면에서 효과적인 치유요인이 된다고 평가할 수도 있다.

연구문제

영상관법(RIM)은 명상의 유형이면서도, 심리치료적 프로그램(RIMP)으로 작동한다. 이런 이유로 명상적 요소와 심리 상담적 요인이 유기적으로 결합되면서 핵심적 역할을 담당한다. '명상상담'은 문제가 되는 영상 이미지를 의식에 떠올려서 관찰하는 영상관법을 대표적인 활동으로 중심에 두면서 서구의 심리학에서 개발된 심리상담의 다양한 접근방식을 함께 적극적으로 융합시킨다. 차이점이라면 '명상상담'은 '영상관법을 통한' 내적인 경험적 접근과 함께 자기 문제를 발견하고 현실문제를 해결하는 체험중심의 통찰을 강조한 점에서, 언어적 대화를 중시하는 전통적인 심리상담과는 차별성을 가진다. 물론 지금까지 영상관법이 상당한 성과를 보였지만 여전히 몇 가지 연구과제가 있음도 분명하다.

첫째, 영상관법의 불교 심리학적 기반은 무엇인가?

둘째, 서구에서 개발된 심리치료의 이론들과 상관성 문제는 어떠한가?

셋째, 구체적인 현장연구에서 사례연구와 함께 영상관법의 표준적 매뉴얼은 어떠한가?

첫 번째 연구문제는 제1부 '영상관법의 이해'에서 다루고, 초기불교, 유식불교, 선불교의 교설들과 비교하면서 영상관법의 구체적인 진행절차와 불교 심리학적인 기반을 확립하고자 노력한다. 영상관법의 진행과정, 영상관법의 원류, 영상관법의 심리철학적 기반, 영상관법의 수행체계 등을 다룬다.

두 번째 연구문제는 제2부 '영상관법의 심리학적 접근'에서 다룬다. 여기서는 현상학적 연구, 인지행동적 전통(행동주의, 인지치료, 스키마테라피, 메타인지 등)과 함께 서구 심리학계에서 개발된 심상작업과 비교하면서 영상관법의 특징을 드러낸다.

세 번째 연구문제는 제3부 '영상관법의 적용 사례연구'에서 다룬다. 여기서는 구체적인 현장 사례연구를 통해서 영상관법의 효과성을 제공하려고 한다. 스트레스, 우울, 불안과 관련된 사례연구를 통해서 영상관법으로 어떻게 치유가 이루어지는지를 보여주려고 한다. 참, 영상관법의 구체적 매뉴얼은 감정형은 제1장에, 사고형은 제5장에, 의지형은 제8장에 게재하여 독자가 참조하도록 하였다.

참고도서

『增壹阿含經』(大正藏2, 631)

dhammacakkappavattana-vagga(PTS, SN56-11)

인경(김형록)(2005), 『염지관명상』, 명상상담연구원.

인경(김형록)(2008), 「유가행파의 유식영상관법」, 『보조사상』Vol.29, 보조사상연구원.

인경(김형록)(2022), 『쟁점으로 살펴보는 현대 간화선』, 조계종출판사.

인경(김형록)(2023), 「K-명상과 간화선」, 『종학연구』10, 동국대학교종학연구소.

인경(김형록)(2024), 「명상심리상담」, 『상담 및 심리치료』, 학지사.

집필 APA/대표 역자 권준수(2015), 『DSM-5, 정신질환의 진단 및 통계편람』, 학지사.

Abraham H. Maslow(1996). "Critique of self-actualization theory". In E. Hoffman (ed.). Future visions: The unpublished papers of Abraham Maslow. Thousand Oaks, CA: Sage.

Abraham H. Maslow(1996). "Critique of self-actualization theory". In E. Hoffman (ed.). Future visions: The unpublished papers of Abraham Maslow. Thousand Oaks, CA: Sage.

Segal, Z.V., Williams, J.M.G., & Teasdale, J.D.(2002). Mindfulness-based cognitive therapy for depression: A new approach to preventing relapse. New York: Guilford Press.

Tacey Shramana(Hamwol)(2023. 10). Memoris of Meditation Master Kusan Sunim, Meetins with a Remarkable Man: Reflections on the Greater Kusan, 불일출판사

Teasdale, J.D., Segal, Z.V., & Williams, J.M.G.(1995). How does cognitive therapy prevent depressive relapse and why should attentional control (mindfulness) training help? Behavioral Research Therapy, 33(1).

Teasdale, J.D, Segal, Z.V, Williams, J.M.G, Ridgeway, V.A, Soulsby, J,M, & Lau, M.A.(2000). Prevention of relapse/recurrence in major depression by mindfulness-based cognitive therapy. Journal of Consulting and Clinical Psychology, 68(4).

제 I 부
영상관법의 이해

제 **1** 장

영상관법의
진행 절차

목차

요약

제1장의 핵심과제는 영상관법의 수행과 마음치유의 도구로서 진행절차를 설명하는 것이다. 특히 감정을 발생시키는 직접적인 촉발요인으로 영상 이미지를 강조하면서 기존의 인지행동치료적 관점과 비교한다. 인지치료가 생각이 우울과 같은 감정을 발생시킨다는 인지적 관점을 유지하지만, 영상관법은 영상 이미지와의 접촉이 직접적으로 감정을 발생시킴을 전제하고 마음치유의 작업을 진행한다. 특히 감정, 인지적 분별, 몸느낌의 발생을 '삼중 정보처리모델'로 설명한다.

영상관법은 심층에 저장되고 반영된 미해결과제와 연결된 핵심 장면의 영상을 의식에 떠올려서 집중하고 관찰함으로써 개인의 심리적 증상이나 현실적 문제를 수용하고 통찰하는 수행론이다. 서구 심리학에서 자주 사용하는 '심상작업'과 비교하면 이미지를 노출하여 치유적 작업을 한다는 점에서는 동일하지만, 심상작업이 부정적 영상 이미지를 긍정적으로 수정하거나 교정하는 작업을 중시한다면, 영상관법은 영상 이미지가 부정적인 것이든 긍정적인 것이든 존재하는 그대로 지켜보고 관찰함으로써 성찰과 통찰을 이루어 나간다는 점에서 차이가 있다.

다음으로 영상관법의 명상상담적 절차로 고집멸도를 활용해 해명한다. 구체적 사례로는 '유기도식에 의한 분리불안'의 사례를 들어서 설명한다. 고(苦)는 고객의 고통과 괴로움을 이해하기 위한 경청과 공감의 과정이 중요하다. 대체로 경전에서 말하는 여덟 가지 고통을 참조하거나 서구의 이상심리학에서 언급한 진단기준을 참조할 수도 있다. 집(集)은 고통의 원인이나 맥락을 탐색하는데 사건의 줄거리나 마음작동 5요인을 분석한다. 멸(滅)은 문제와 원인을 파악한 이후에 핵심된 장면을 선정해서 영상관법을 진행한다. 영상관법의 유형은 감정형, 사고형, 의지형으로 분류되는데, 제1장에서는 감정형을 사용한 사례를 보여준다. 마지막 도(道)는 새롭게 살아가기이다. 실천과제를 파악해서 새로운 행동계획을 세우는 단계이다. 여기서는 문제가 무엇이고 어떻게 할지 질문해서 새로운 대안을 찾는다.

논의에서는 전통적인 지관(止觀) 수행보다 왜 염지관(念止觀)을 강조하는지, 영상관법에서 분별(分別) 영상의 위빠사나와 무분별(無分別) 영상의 사마타, 나아가서 위빠사나에서의 탐색(vitakkha)과 정밀하게 살펴봄(vicāra), 영상의 채집과 내재화 과정을 검토한다.

> **키워드** 마음치유, 영상관법, 염지관, 인지행동치료, 명상상담, 삼중 정보처리모델.

1

영상관법이란

'영상관법(影像觀法, Reflected Image Meditation, RIM)'이란 '영상을 떠올려서 관찰하는 방법'을 말한다. 즉, '현실을 반영한 미해결된 과제와 관련한 영상 이미지를 의도적 혹은 자발적으로 눈앞에 떠올려 관찰하고 통찰하는 명상방법'이다. 이런 정의는 사실상 명상을 현장에 적용하는 '영상관법에 기반한 명상상담 프로그램(RIMP)'의 핵심영역임을 말한다. 이것을 설명해보자.

먼저 '영상(Reflected Image, 影像)'은 '반영된[影] 이미지[像]'란 의미이다. 유식심리학에 의거하면 일체의 경험내용은 마음에 저장되고, 이것은 현실에 대응하는 과정에 그대로 '반영'된다. 이때 대부분 저장된 기억은 정보처리의 80% 이상을 담당하는 시각적 '이미지'가 그 중심을 이룬다. 영상관법에서 중시하는 영상은 특히 미해결된 현실적 경험과 닮은, 마음에 기억된 혹은 반영된 '표상'으로서, 감각적 이미지나 상징적 '심상'을 포함한다. 물론 소리의 청각이나 냄새의 후각 혹은 맛이나 신체 감각 등도 시각화시켜 관찰이 가능하다.

여기서 '미해결된 경험'이란 해결되지 않는 채로 마음에 과제로 남겨져 계속적으로 부정적 영향을 미치는 트라우마와 연결된 영상 이미지이다. '내적 관찰[內觀]'은 명상수행의 핵심된 기술로서 의식의 표층에 출현한 대상 영상을 포착하고 그것에 집중하여 호흡과 함께 조용히 지켜보는 '응시'를 말한다. 미해결된 심층의 영상에 접촉되면 그 순간에 그것에 감정적으로 끌려갈 수 있지만 그것을 알아차림(sati, 念)할 수 있다면 충분하게 머물러서[samatha, 止] 내적 관찰[內觀, vipassanā]하여 그것의 영향권에서 벗어날 수 있음을 의미한다.

'명상상담 프로그램'에서 '명상'은 위로는 깨달음을 구하는 상구보리(上求菩提)를 '상담'은 아래로 중생을 교화하는 하화중생(下化衆生)을 의미한다. 구체적으로 영상관법은 호흡명상이나 몸느낌관찰과 같은 명상기술과 함께 사용하고 경청, 공감, 요약, 질문하기와 같은 기본적 상담기술을 통합적으로 운영한다. 여기 제1장에서는 영상관법이 함축하는 마음치유적 의미를 불교의 명상심리학적 관점에서 상세하게 살펴보고자 한다.

1) 이미지 노출의 체험적 치유전략

심리치료나 심리상담의 영역에서 감정을 다루는 것은 매우 중요한 영역이다. 대표적으로 인지치료(Cognitive Therapy)에서는 감정의 발생을 인지적 측면 곧 언어적인 사유작용이 중요한 역할을 한다고 본다. 반면에 '영상관법'은 인지적 관점을 인정하면서도 감정의 발생 뿐만 아니라, 그것의 치유는 결정적으로 영상 이미지에 있음을 강조한다. 그렇기에 마음치유에서 진단과 치유의 절차에서 영상 이미지를 제외하고는 논의할 수 없다는 입장을 취한다. 불교경전에서 '영상'을 활용한 명상수행을 언급하는 대표적인 경전은 『해심밀경』이다. 그것은 아래와 같다.

> 일상의 우리[凡夫]는 마음에 나타난 영상을 외부에 실재한다고 믿고,
> 그것이 사실은 실재하지 않는 허망 분별임을 알지 못한다.[01]

마음/의식에 나타난 영상은 마치 실재처럼 우리의 인식에 직접적 영향을 미친다. 그것은 실재가 아닌 허망 분별임에도 불구하고 마치 실재인 것처럼 깊게 착각을 일으킨다. 이를테면 영화에서처럼 악마나 괴물의 영상을 떠올리면 공포나 불쾌감을 경험한다. 반면에 천사나 귀여운 요정의 표상을 떠올리면 기분이 좋아진다.

---

01 『解深密經』(大正藏16, 698ac); 瑜伽師地論(大正藏30, 724a), "而諸愚夫 由顚倒覺 於諸影像 不能
   如實 知唯是識 作顚倒解."

문화적 현상으로서 영상 이미지는 우리의 (1) 인지적 사유 (2) 생리적 반응 (3) 정서적인 감정에 직접적으로 영향을 미친다. 이런 이유로 내 안에 어떤 종류의 영상이 존재하고 그것이 내 삶에 어떻게 개입하는지를 알기 위해서는 문제가 되는 영상을 관찰해야 할 충분한 이유가 있다.

대부분 마음치유의 작업에서 이미지 노출은 현장 노출이 어려울 때 사용한다. 현장 노출은 학교 가기를 힘들어하는 아이에게 실제로 학교 현장에 방문하는 것을 말한다. 물론 상담자와 함께 방문해서 무엇을 힘들어하고 그때의 감정과 생각이나 행동방식을 탐색한다. 그러나 현장을 방문할 수 없는 이미 지나간 사건과 같은 과거의 경험으로 고통을 받을 때는 이미지 노출이 효과적이다.

이를테면 사건 사고로 고통스런 트라우마 경험의 경우는 사건 현장에 직접 방문할 수 없다. 이런 경우는 이미 지나간 그것의 경험 영상을 떠올려서 명상하거나, 그림을 그리거나 아니면 그것을 상담자에게 말해 전면에 '노출'시키는 것이 치유 효과를 배가시킨다. 미해결된 과제는 이미 지나간 과거이지만 마음에 저장되어 원치 않게 반복적이고, 자동적으로 떠올라와서 현실 적응에 장애가 된다. 이런 경우 떠오른 영상 이미지가 현실이 아닌 단지 마음의 현상[唯識]인 까닭에 회피하기보다 적극적으로 들여다보는 명상작업이 필요하다.

그러나 이것을 방치하면서 어떻게 해야할지 모른다면 영상에 접촉될 때마다 감정적으로 노출되면서 괴롭힘을 당할 수가 있다. 이런 경험은 일상에서 쉽게 경험한다. 예를 들면 퇴근길에 상사와의 갈등이 자꾸 떠올라서 괴롭다. 물론 이것은 이미 지나간 일임에도 우리의 뇌는 그것을 미해결된 과제로 인식하여 반복해서 기억해낸다. 이런 경험은 최근 사건이 아닌, 아주 오래된 사건에도 문득 마음에 나타나서 힘들게 하는 경우도 많다. 문득문득 마음에 나타난 '영상'은 사실 이미 지나간 것이고 실재가 아닌데도 자꾸 그것이 '실재 하는 현실'이라고 뇌가 믿는다면 참으로 고통스럽다.

그래서 『해심밀경』에서는 "세상 사람들은 마음에 나타난 영상을 외부에 실재한다고 믿고, 그것이 사실은 실재하지 않는 허망 분별임을 알지 못한다."고 말한다. 물론 경전에서 이렇게 말하는 것은 마음에 출몰하는 그때의 '영상'이 사실은 허망한 분별임을 분명하게 '알게' 하고자 하는 목적이다. 그러나 이것은 쉽지가 않다. 이미 뇌는 그것을 아프게 기억하고 있기 때문이다. 그렇다면 어떻게 그것이 허망 분별임을 알게 할 것인가? 그것은 영상 이미지가 출현하면 곧 그것을 알아차리고 그것에 집중해서 관찰하는 수밖에 달리 도리가 없다. 이것을 설명하는 좋은 사례가 있다.

감정과 인지의 정보처리모델

유식 심리학을 해명하는 『섭대승론』에서는 이것을 '새끼줄'과 '뱀'의 비유로 설명한다.[02] 약간 편집해서 이야기해 보면 이렇다. 두 사람이 어두운 밤길을 가다가 한 사람이 뱀이라고 놀란다. 옆의 친구도 함께 놀라서 아래 그림1-1처럼 플래시를 비추어 자세히 찾아본다. 그랬더니 그곳에서 발견된 것은 새끼줄이다. 친구는 새끼줄을 뱀으로 착각하여 놀람과 공포를 경험한 것이다. 실제로는 뱀이 아니고 새끼줄임을 알고 나자 순식간에 안도와 함께 공포감이 사라진다.

| 그림1-1 | 플래시

---

02 『攝大乘論』(大正藏31, 105a), "闇中如見繩謂 蛇現相故 所謂如繩蛇不實 非衆生故."

이것은 아주 좋은 마음치유 모델이다. 뱀이라고 지각한 것은 마음에 출몰한 영상이다. 발에 밟히는 감촉은 '지각'이고 이것에 대해 뱀이라는 '영상'이 자동적으로 떠올라오면서 '이것은 뱀이다'라고 '언어적 판단'을 한다. 물론 어둡기에 직접적으로 뱀을 확인한 것은 아니다. 대상에 대한 감각적 지각이 일어나고 → 뱀이라는 영상이 접촉되고 → 감정적 공포감을 순간 느끼면서 → '이것은 뱀이다'고 언어적인 판단을 한다. 순식간에 일어난 일이지만 지각과 감정적 경험 사이에 '영상[相]'과 언어적인 '판단[分別]'이 매개되어 있다. 이것은 정서-인지적 과정에서 '영상'과 언어적 '분별'이 매우 중요한 역할을 하고 있음을 보여준다.

이것을 Paivio는 '이중코딩모델(dual coding model)'로 설명한다. 인간의 인지/기억은 '언어'와 '영상' 시스템이 서로 구분되지만 상호연결되어 있다는 이론이다.[03] 다시 말해 우리의 기억은 언어적인 측면으로서 사유와 감정을 촉발하는 영상적 요소가 결합되어 있어, 감각적인 시각과 청각이 함께 작용할 때 활성화되고 정보인출과 검색(retrival)이 용이해진다는 것이다.

뇌과학적 해명도 유사하다. 아래 <그림1-2, 변연계와 시상, 출처 https://www.physio-pedia.com/>는 감정뇌인 중뇌의 변연계를 보여준다. 노랑 색깔의 반달처럼 책상 모양이 '시상(thalamus, 視床)'이다. 시상은 뇌의 중앙에 위치하면서 시각과 청각을 비롯한 감각과 운동적 중추신경계를 관장하는 핵심적 역할을 하는 것으로 알려져 있다.[04] 시상은 감각이나 운동과 관련된 정보를 전달받으면 그림에서 노랑 화살표로 표시한 바처럼(필자가 강조 목적으로 표시함) 이러한 정보를 언어적 사유기능을 담당하는 대뇌피질로 전달한다. (위쪽 긴 노랑색 화살표(2)) 다른 한편 정서적 기억을 담당하는 변연계(limbic system)와 관련된 정보는 시상하부를 거쳐

03 A. Paivio(1971). *Imagery and verbal processes*. New York: Holt, Rinehart, and Winston.; Marc Marschark and Cesare Cornoldi(1991). Imagery and Verbal Memory. Cesare Cornoldi and Mark A. McDaniel. ed. *Imagery and Cognition*: springer-Verlag.

04 https://my.clevelandclinic.org/health/body/22652-thalamus

서 (짧은 노랑색 화살표(1)) 편도체와 해마 쪽으로 전송하게 된다. 마지막 (3)은 중추신경계로 전달되어 온몸으로 번져 나간다. 이처럼 시상(thalamus)은 정보를 전달하는 터미널의 역할을 한다. 시상은 '시상하부(hypothalamus, 하늘색)'를 거쳐 스트레스와 관련된 자율신경계를 촉발시킨다. 결국 정리하면 시상은 (1) 정서적 감정을 비롯하여 (2) 사유작용과 언어적 분별, 그리고 (3) 신체적으로 몸느낌 반응에 깊게 연결된다. 이것을 필자는 영상 이미지와 관련해서 '삼중 정보처리 모델'이라 호칭한다.

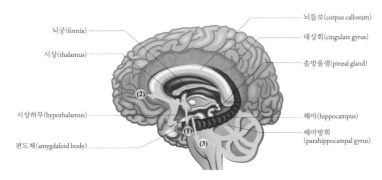

| 그림1-2 | 변연계(limbic system)와 시상

뇌의 시상이 차지하는 정보전달 경로를 불교 심리학과 비교해보는 일은 흥미롭다. 불교 심리학에서 '느낌(vedanā)'은 다의적 의미가 있다. 대부분 신체와 관련된 감각적인 영역에서는 'sensation'로 번역되지만, 정신적인 마음의 감정적 상태를 의미할 때는 'feeling'로 번역된다. 그뿐만 아니라 '느낌'은 인지적인 측면을 나타낼 때도 있다. 이를테면 '나는 무엇인가 잘못되고 있음을 느낀다'고 할 때 이때의 '느낌'은 직감으로서 인지적 측면을 가진다.[05] 이렇게 보면 '느낌(vedanā)'이란 마음의 (1) 정서적 상태, (2) 인지적 직감, (3) 신체적 감각을 함축한 점에서 뇌과학에서 말하는

05 Sue Hamilton(1996). *Identity and Experience-The Constitution of the Human Being According to Early Buddhism*. London: Luzac oriental. p.46.

'시상(thalamus)'의 기능과 연결시켜 '삼중 정보처리 모델'로 이해할 수 있다.

느낌[受]은 초기불교의 연기적 심리학에 의거하면 접촉[觸] → 느낌[受]에 의해서 발생된다. 이점은 중요한 점을 시사한다. 접촉이란 삼사화합촉(三事和合觸), '의식[識] + 대상[境] + 감각기관[根]'을 의미한 까닭에 심층의 '의식'에 의해 영상이미지로서 '대상'이 '감각기관'에 접촉이 되면 즉각적으로 신체적 감각을 포섭한 느낌/감정이 발생한다. 어떤 영상 이미지가 감각기관에 접촉이 되면 의식에 의해 특정한 기억이 떠올라오면서 (1) 감정과 (2) 생각, 그리고 (3) 몸느낌을 동반한다. 특히 몸느낌(受)은 애착이나 갈망과 연결되어 있다. 곧 접촉[觸] → 느낌[受] → 애착[愛]으로 결합되어 발생한다. 이런 현상을 『해심밀경』에서는 마음의 종자에 의한 알라야식 연기로서 다음과 같이 구체화시킨다.

일체의 종자/정보는 심식(心識)과 함께 성숙되고 화합하여 증대하고 광대해진다. 이것은 두 가지 '가져지님[執受]'에 의존한다. 하나는 대상[有色]과 여러 감각기관[諸根]에 의지한 가져지님/집수이고, 다른 하나는 영상/모양[相], 이름의 분별[名分別]에 기반한 언설희론(言說戱論)의 학습된 습기에 의한 가져지님[執受]이다.[06]

여기에 따르면 마음의 심층에 저장된 종자/정보는 시간의 흐름을 따라, 컴퓨터의 빅데이터나 우리들의 뇌처럼 성숙하고 증대되고 광대하게 확장된다. 이것을 구체적으로 살펴보면 (1) 발로 새끼줄을 밟음은 대상과 감각기관의 접촉이고, (2) 그 순간에 뱀의 영상/모양이 떠올라오고, (3) 동시에 이것은 뱀이다는 언어적 언설희론의 학습된 습기에 의한 (4) 공포감과 같은 감정적 경험으로 확장된다.

『해심밀경』의 이런 고통발생의 메커니즘(알라야식 연기)은 불안 발생을 설명

---

06 『解深密經』(大正歲16, 692b), "初一切種子 心識成熟 展轉和合 增長廣大 依二執受 一者有色諸根 及 所依 執受 二者相名分別 言說戱論 習氣執受."

하는 아론 벡(A. T. Beck)의 경우와도 정확하게 일치한다. 벡과 그의 동료들은 불안 발생의 과정을 (1) 감각적 촉발(sensory trigger) → (2) 고통스런 영상 이미지 발생(disturbing imagery arising) → (3) 다가올 위험신호 감지(signal current threat) → (4) 정서적 충격(affect)과 재앙적 믿음(belief)의 고조로 설명한다.[07] 여기서도 마찬가지로 고통 발생을 '감각적 접촉' → '영상 이미지 발생' → '언어적 분별' → '정서적 고통 경험'이라는 4단계로 설명한다. 감정과 몸느낌의 발생이란 측면에서 보면 '감각적인 영상 이미지'와 '언어적인 분별'이라는 양축이 중요한 역할을 하고 있음을 알 수 있다. 물론 여기서 감정의 발생은 영상 이미지가 선행해서 발생하는가 아니면 언어적인 인지적 분별로 말미암아 발생하는가는 사례속에서 판단할 문제이다. 모두 가능하다. 그렇긴 하지만 영상관법의 입장에서는 '영상 이미지'가 선행해서 (1) 감정적 반응뿐만 아니라 (2) 자동사고의 인지적 판단 (3) 갈망과 연결된 감각-신체적 반응이 발생한다는 '삼중 정보처리 모델'의 입장을 취한다.

영상관법의 치유전략

영상관법과 인지치료의 관점을 상호 비교하기 위해 영상 이미지와 인지적 판단이라는 2개의 영역으로 구분해서 고찰해 보자. 1차(영상관법)는 '접촉하는 순간에 감각적으로 뱀의 영상이 떠올라옴'이고, 2차(인지치료)는 연속적으로 '언어적 분별과 함께 공포감'을 경험하면서 몸느낌이 발생함이다.

1차(영상관법): 선행 사건의 접촉(A)-**영상 발생**(P)-감정 경험(C)
2차(인지치료): 선행사건(A)-**사유/믿음**(B)-정서적 결과(C)

---

07 Aaron T. Beck, Gary Emery, Ruth Greenberg(1985). *Anxiety Disorders and Phobias: A cognitive Perspective*. Basic Books/Hachette Book Group.

양자의 차이점은 영상 이미지와 언어적 사유/믿음이다. 인지치료는 우울의 감정을 발생시키는 조건으로 사유/믿음의 역할을 강조한다. 그동안 인지치료나 인지상담의 접근은 영상이나 이미지보다는 사고나 신념체계를 보다 중시했다. 다시 말하면 '선행사건(A)-사유/믿음(B)-정서적 결과(C)'라는 2차적인 후반부에 집중하면서 상대적으로 1차 전반부의 '선행 사건의 접촉(A)-영상 발생(P)-감정 경험(C)'의 메커니즘을 소홀하게 다루었다. 그렇다 보니 인지적 상담이나 심리치료는 매개해주는 사유/믿음의 인지적 측면에 초점을 맞추어서 '자동사고 바꾸기'나 혹은 '신념 논박하기'가 핵심적인 치유전략으로 자리 잡아 왔다.

반면에 영상관법은 1차적인 영상 이미지가 감정과 생각을 촉발시키는 직접적인 원인과 조건이란 입장을 취한다. 기존 인지 중심의 치료전략을 바꾸어서 감정을 촉발시키는 영상 이미지를 보다 중시한다. 순서적으로 1차(영상관법)의 '영상 발생(P)'을 중심적 역할로 중시하고, 2차(인지치료) 후반부 사유/믿음(B)의 작용을 보조로 보직을 변경시킨다. 이것은 고통 발생의 메커니즘에서 먼저 영상 이미지가 발생되고 나중에 이성적인 언어적 분별이 뒤따른다는 심리적 가설에 기인한다. 달리 말하면 인지적 정보 처리과정에서 생각(언어)보다 지각(영상)이 선행한다는 입장이다. 왜냐면 2차(인지치료)의 '생각 바꾸기'가 이루어졌다고 해도 여전히 1차(영상관법)의 '영상 이미지'가 그대로 남겨져 있다면 고통과 증상은 치유되지 않고, 치유가 되었다 해도 여전히 재발하는 원인으로 작용할 가능성이 높기 때문이다.

이를테면 Öhman and Mineka의 연구에 의거하면, 뱀에 대한 공포감은 진화론적 관점에 입각해 혐오적 맥락에서 자동적으로 감정과 직접적으로 연결된 편도체을 중심으로 이루어지고, 상대적으로 인지적 통제가 이루어지지 않는 특징을 가진다.[08] 감정은 생각으로 통제할 수 없다. 이런 점에서 마음치유는 언어적인 심리치료적 접근보다는 정서를 촉발시키는 영상 이미지에 의한 체험적 작업이 훨씬 효과가

---

08 A. öhman, and S. Mineka(2001). Fears, phobias, and preparedness: Toward an evolved module of fear and fear learning, Psychological Review. 108(3): 483-522.

높다. 영상 이미지는 깊은 심층에 저장된 종자/씨앗에서 비롯된 까닭에, 표면적인 생각이나 신념의 변화가 그대로 곧 영상 이미지의 변경을 의미한 것은 아니다. 다시 말해 언어적인 접근을 통한 생각이나 신념의 변경작업은 그 자체로 한계가 있다는 것이다. 과거의 경험은 언어적인 분별과 함께 혹은 먼저 원초적으로 영상 이미지 형태로 학습되고 저장되어 있는 까닭에, 새끼줄을 뱀이라고 착각하는 투사가 발생되었다고 본다.

만약에 반대로 뱀을 잡아서 판매하는 사람이라면 기뻐했을 가능성이 높다. 이 점은 개인적인 목적(갈망), 이해관계, 신념에 따라서 그 경험내용(몸느낌)이 달라질 수 있다는 말이다. 그러나 뱀에 대한 외상(PTSD)을 가진 사람에게 '뱀'은 심한 공포감의 대상이다. 이런 점에서 의식에 떠오른 경험 이미지는 과거의 경험과 닮은[同分] 영상이고 이런 1차적인 영상 이미지에 근거해 2차적으로 언어적 분별/해석이 뒤따른다. 이것은 심층의 제8식에 저장된 정보가 반복적으로 출현한 심리적 현상/원리를 보여준다. 그런 까닭에 영상관법의 치유전략은 영상 이미지의 '체험적 통찰'을 중시하고, 언어적인 판단/사유는 '보조적'으로 사용한다. 영상을 반복해서 관찰하고 충분하게 경험을 하게 되면 의도적으로 '생각바꾸기'와 같은 인지 재구조화 작업을 시도하지 않아도 대상/영상에 대한 판단이나 해석과 같은 인지 구조적 변화는 자연스럽게 '부수적으로 뒤따른다'는 입장이다.

여기서 마음치유가 이루어지는 대략적인 전략을 인지행동적 전통에서 그 역사적인 흐름을 짚어보자. (1) 1950년대 등장한 제1세대 행동치료는 접촉에서 오는 긴장감을 이완할 수 있고, 강화와 소거의 학습을 진행할 수 있다. 뱀이라고 할 때 느껴지는 경직을 이완하는 작업을 중시한다. 긴장을 이완시키는 '체계적 둔감화' 작업은 대표적인 접근방법이다. (2) 1970년대 제2세대 인지치료는 그것이 뱀이 아닐 가능성을 탐색하여 언어적인 사유과정을 수정하는 작업을 진행한다. 이때는 신념을 바꾸는 '논박'기술과 '자동사고'를 수정하기 위한 '소크라테스의 문답법'을 사용한다. 반면에 (3) 1990년대 제3세대에서는 명상기법을 적극적으로 활용한다. 호흡명상이나 걷기명상, 건포도 명상 등을 활용하는 명상 기반 스트레스 감소(MBSR), 명상 기반 인지치료(MBCT), 수용전념치료(ACT), 변증법적 행동치료(DBT)와 같은 명상상담 프로그램을 활용한다. (4) 2010년대 이후 제4세대 통합적 접근방식은 이들 모두 혹은 순차적으로 융합하여 사용한다. 특히 필자의 영상관법은 감정을 유발하는 심층에 존재하는 영상 이미지를 인정하고, 그것을 의식의 표층에 떠올려서 존재하는 그대로 관찰하는 명상적 접근방법을 선택한다. 이런 점에서 기존의 인지행동치료와 차이점을 보여준다. 그렇긴 하지만 사례에 따라서 적절하게 기존의 인지행동적 접근방식과 명상기술을 선택하여 활용하고, 영상관법의 효과성에 대한 상호비교 연구도 진행한다.

이들을 요약하면 큰 흐름은 두 가지이다. 하나는 인지행동치료의 상담적 접근이다. 여기서는 새끼줄이 뱀이 아님을 논증함으로써 치료적 작업을 시도할 수 있다. 다른 하나는 통찰 명상으로서 영상관법이다. 뱀이란 그것을 '휴대용' 플래시[그림1-1.]로 '비추어 본다[觀]'는 것은 은유이다. 정도의 차이는 있지만, 양쪽 모두 영상 이미지를 강조하는 경향이 있는데, 인지행동치료적 상담은 주로 인지나 행동에 초점을 맞추긴 하지만 마찬가지로 부정적이거나 잘못된 영상 이미지를 긍정적으로 '교정'하고 '수정'하는 방식을 선택한다.

반면에 영상관법은 수정하기보다는 대상을 '있는 그대로 관찰'하고 스스로 통찰하는 명상적 방법을 선택한다. 대상을 비추는 '플래시'는 이러한 관찰로서 알아차림의 지혜를 상징한다. 밤길에 플래시를 휴대한 것처럼, 우리는 이런 역량을 본래적 성품[本性]의 역량이라고 본다. 단지 이 사실을 모르고 있고 사용하는 방법이 아직 익숙하지 않을 뿐이다. 이러한 역량을 잘 사용하면 그 결과로 분명한 통찰이 생겨나고, 마침내 진실에 도달하면서 공포와 두려움이 사라진다. 이렇게 '마음치유'가 일어난다.

앞의 사례에서 핵심된 사유는 밤길에 '뱀을 밟았다'고 판단함이다. 그래서 공포감을 느낀다. 이것을 어떻게 치유할 것인가? 두 가지 전략이 필요하다. 하나는 이미지 노출로서 영상적 접근이다. 직접적으로 휴대한 플래시로 당시의 상황을 다시 비추어보는 것이다. 당시는 오랜 과거의 일이기에 다시 돌아갈 수 없다. 그렇지만 몸에 저장되고 반영된 그 '장면의 영상'을 적극적으로 마음에 떠올려볼 수는 있다. 비록 불편하지만 그곳에 직면하기 위해 기억된 장면의 영상을 현재의 시점에서 다시 떠올려서 관찰하는 방법이다. 이것이 '영상관법'의 접근방법이다.

다른 하나는 현장노출 방법이다. 마찬가지로 역시 어렵지만, 행동적이고 현실적 접근방법으로 문제해결을 위해 당시 상황으로 직접 되돌아가서 살펴보는 작업이다. 만약에 엄마와의 갈등이라면 엄마를 직접 만나서 당시 상황을 이야기하고, 당시에 왜 그러했는지 솔직하게 대화하고 소통하는 방법이다. 이것은 현실적이고 인지적 접근방법이다.

전자는 영상관법의 '체험적' 접근이고, 후자는 언어적인 '소통'을 통한 현실적 문제해결의 접근이다. 이들은 양축으로 모두 가능한 방법이고 서로 보완하는 관계이다. 이점을 비교한 논의는 제8장에서 상세하게 다룰 것이다. 명상은 감정적인 체험을 통한 내적인 통찰로 이끌고, 소통은 현실 속에서 구체적인 대안을 찾는다는 점에서 효과적이다.

물론 영상관법의 체험적 접근은 행동치료적 관점에서 보면 '이미지 노출 치료(imaginal exposure therapy)'[09]에 속한다. 과거의 트라우마 경험은 이미 지나간 까닭에 행동주의 상담에서 자주 활용되는 현실적인 '현장 노출'로 접근할 수 없다. 그러기에 손쉽게 노출하여 직면하는 방법은 당시에 경험했던 기억 장면을 '영상 이미지로 떠올려서 관찰하는 방법'을 적용한 것이다. 이것이 바로 '영상관법 프로그램(影像觀法, RIMP)'의 핵심 접근방법이다.

그렇지만 서구심리치료에서 개발되어 사용하는 심상작업(Working with

---

09 Georgia A. DeGangi(2017). *Pediatric Disorders of Regulation in Affect and Behavior (Second Edition): A Therapist's Guide to Assessment and Treatment.* Academic Press.

Imagery)[10]과는 분명하게 구별할 필요가 있다. 다시 말하면 심상작업(Imagery Work)[11]이 영상에 개입하여(Imagery Intervention) 그것을 수정하고 교정하는 조작적 방법을 사용한다면, 영상관법은 대상 영상을 조작하지 않고 존재하는 그대로 관찰한다는 점에서 차이점이 있다. 심상작업은 말 그대로 부정적 영상 이미지를 긍정적 이미지로 수정/개편하는 의료적 관점이나 제2세대의 인지행동적 작업이라면, 영상관법은 영상이 긍정적이든지 부정적이든지 그 자체로 수용하고 관찰하여 통찰한다는 제3세대의 명상 치유전략을 계승하면서도, 심층에 내재된 영상 이미지를 직접적으로 접촉하고 관찰한다는 점에서, 명상과 상담을 통합하는 제4세대의 명상치유적 수행작업에 속한다.

2) 영상관법과 염지관 명상의 결합

영상 이미지를 존재하는 그대로 관찰한다고 할 때, 그것을 어떻게 관찰한다는 말인가? 이것은 영상을 떠올린 다음에 어떻게 한다는 말인데 필자는 '염지관(念止觀)'으로 설명한다. 영상관법의 직접적인 근거는 『해심밀경』이고, 대표적인 논서는 『유가사지론』과 같은 유식계열의 심리학에 기초한다. 영상을 포함하여 모든 경험은 유실되지 않고 마음/제8식에 저장된다. 『해심밀경』에서는 이렇게 말한다.

자씨보살이 부처님께 다시 여쭈었다. 세존이시여, 모든 위빠사나(毘缽舍那) 삼마지(三摩地)에서 수행하는 '영상'은 이 마음과 더불어서 다름이 있다고 말해야 됩니까? 다름이 없다고 말해야 됩니까? 부처님께서 자씨보살에게 말씀하시었다. 선

---

10 A Hackmann, J Bennett-Levy, EA Holmes(2011). *Oxford guide to imagery in cognitive therapy*. Oxford University Press.

11 Jeffrey E. Young, Janet S. Klosko, and Marjorie E. Weishaar(2003). Schema Therapy: A Practitioner's Guide. New York The Guilford Press.

남자여, 다름이 없다고 말해야 한다. 왜냐하면 저 영상은 바로 오직 마음이기[彼影像唯是識] 때문이다. 선남자여, 내가 설하는 의식의 대상이란 바로 마음에 나타난[識所緣唯識所現] 바이기 때문이다.[12]

이것은 영상이란 어떤 성격을 가지고 있으며 그것을 어떻게 관찰하는지를 제공한다. 자씨보살은 영상을 '위빠사나의 삼마지[毘鉢舍那三摩地]에서 수행하는 영상'이라고 말한다. 다시 말하면 명상수행한다고 할 때 그것은 '위빠사나[觀]의 삼마지[三昧]'에서 영상을 관찰한다는 것을 의미한다. 이것을 좀더 깊게 고찰하여 보자.

| 그림1-3 | 반영된 저녁노을

첫째는 영상을 떠올릴 때 '영상'이란 '마음에 나타난 반영된 이미지(影像, pratibimba, reflected Image)'이다. 현실적 경험이 심층의 제8식에 의거해 마음에 '반영되어[影]' 나타난 '이미지[像]'를 말한다. 마치 거울 앞에 서면 자기 모습과 '닮

---

12 『解深密經』(大正藏16, 698ac); 『瑜伽師地論』(大正藏30, 724a), "慈氏菩薩復白佛言 世尊 諸毘鉢舍那 三摩地所行影像 彼與此心 當言有異 當言無異 佛告慈氏菩薩曰 善男子 當言無異 何以故 由彼 影像 唯是識故 善男子 我說識所緣 唯識所現故. 世尊 若彼所行 影像即與此心 無有異者 云何此 心 還見此心. 善男子 此中無有 少法能見少法. 然即此心 如是生時 即有如是 影像顯現. 善男子 如 依善瑩 淸淨鏡面 以質爲緣 還見本質 而謂我今 見於影像 及謂離質 別有所行 影像顯現. 如是此心 生時相似有異 三摩地所行 影像顯現. 世尊 若諸有情 自性而住 緣色等心 所行影像 彼與此心 亦無 異耶. 善男子 亦無有異 而諸愚夫 由顚倒覺 於諸影像 不能如實 知唯是識 作顚倒解."

은' 영상이 보이듯이 영상은 위의 <그림1-3>처럼 저녁 하늘의 빨간 노을이 징검다리 냇물의 수평면에 유사하게[相似] 나타남과 같다. 즉, 현실에서 경험했던 대상이 마음에 반영되어 현현된 이미지를 말한다. 문자적으로 보면 감각에 의해서 구성된 '표상(表象)', 의식의 표층으로 나타나는 '심상(心象)', 저장되었다가 다시 떠오르는 닮은 '영상(影像)' 등은 모두 동의어이다. (이들에 대한 상세한 구분은 제6장과 제10장을 참고바람) 그것은 모두 마음이 만들어낸 혹은 구성한 혹은 반영된 영상 이미지의 마음이다.

둘째는 영상을 어떻게 관찰하는지를 해명해야 한다. 『해심밀경』에서는 위빠사나의 삼마지, 곧 지관(止觀)을 말한다. 필자는 여기에 '알아차림' 단계를 포함시켜서 명상수행의 과정을 '염(念, sati)', '지(止, samatha)', '관(觀, vipassanā)' 3단계로 설명한다(이하 염지관 원문은 범어가 아닌 팔리어로 통일함). 왜냐면 전통적으로 자주 말하는 '지관(止觀)'이 성립하기 위해서는 먼저 대상에 대한 포착, 알아차림으로서 '염(念)'이 선행되어야 하기 때문이다. (1) 먼저 대상 영상을 포착하는 '알아차림(念)'이 선행하고, 그런 다음에 (2) 포착된 대상에 집중하여 사마타(止)의 '삼마지', 곧 마음이 안정된 선정상태가 이루어진다. 그러면 (3) 마음이 고요해진 상태에서 영상을 관찰하는 '위빠사나(觀)'가 실천된다. 비유적으로 말하면 사진을 찍을 때 먼저 대상을 포착하고 선정해야 그것에 대한 집중과 지켜보기가 가능한다는 의미이다. 피사체에 대한 선택없이 사진을 찍을 수 없음과 같다.

이를테면 '호흡'명상을 한다면 숨이 들어오고 나가는 표상/영상을 포착하고 [念], 그것에 머물러서[止], 호흡의 움직임을 관찰[觀]하게 된다. '걷기' 명상을 한다면 지면과 발이 접촉하는 감각과 함께 걷고 움직이는 영상을 포착하고 그것에 주의를 집중하여 관찰한다. 이와같이 명상수행을 할 때 문제가 되는 영상을 먼저 떠올려서 '알아차림[念]'하고 포착한다. 그런 다음에 집중해서 '고요한 가운데[止] 나타난 영상을 관찰하는[觀] 것', 이것이 '영상관법(影像觀法)'에서의 염지관(念止觀)'이다.

셋째로 경전에 의거하면 이렇게 마음에 출현한 영상 이미지에 대해 범부들은 그것이 사실은 마음에서 나타난 마음의 현상인데도, 그것이 허구의 분별에 지나지 않음을 알지 못하고, 외부에 실재하는 것이라고 하면서 잘못된 인식으로 고통을 받는다는 것이다. 새끼줄 비유에서 뱀은 실재가 아니라 마음에 나타난 형상으로서 영상인데 마치 실재인 양 공포감을 느낀다는 말이다. 마치 실재처럼 공포감을 느낀다는 것은 '몸과 마음', '지각과 영상'과의 관계에서 보면 집착된 마음으로서 동일시된 '일체론'적 시각이다. 이점은 제7장에서 재론할 것이다.

대상에 대한 지각은 몸의 감각기관에 의한 바이고, 영상은 마음에 의거한 지각인데, 그 결과는 몸과 마음이 서로 크게 어긋나지 않음을 의미한다. 곧 직접적으로 대상을 '지각함'이나 그것을 마음에 떠올려서 '영상에 접촉함'이나 결국 시각적인 자극으로 동일하게 생리적 반응을 불러일으킨다. 영화처럼 실제적 지각이 아니지만 영상 이미지가 생생할수록 마치 실재처럼 효과를 발생한다는 이론이다. 범부는 영상 이미지를 마치 실재로 지각함과 동일한 경험을 한다는 것이 경전에서 말하는 의미이다. 이점은 현대 과학이 밝힌 바와 같다. 곧 실질적인 대상을 '지각'함과 영상 이미지에 대한 '접촉'은 모두 시각적인 신경을 '자극'하여 전달하는 코스가 서로 같고, 동일한 뇌의 영역(시각령)에서 작용함을 의미한다. 그렇기에 효과 면에서 영상노출에 의한 마음치유나 실제 현장 노출에 의한 방식이 서로 크게 다르지 않다는 결과이다. 이점은 기능적 자기공명이미지 촬영(fMRI)을 활용한 2000년 이후 영상 이미지 연구의 중요한 성과이다.[13]

이런 맥락에서 영상관법은 유용한 전략이다. 필자는 영상관법(인경, 2008, 2012)을 다음과 같이 정의한 바가 있다.

• 미해결된 과제와 관련된 특정한 영상을 자발적 혹은 의도적으로 떠올려서

---

13 Giorgio Ganis, William L. Thompson, Stephen M. Kosslyna(2004). "Brain areas underlying visual mental imagery and visual perception: an fMRI study". *Cognitive Brain Research* 20. 226-241.

여기서 '미해결된 과제와 관련된 특정한 영상'이란 현실 속에서 해결되지 못한 채로 숙제처럼 마음/제8식에 남겨진 과제로서 자꾸만 마음에 떠오르는 '자동적 영상'을 말한다. 이를테면 어린 시절에 권위적 아빠로부터 받은 상처로 인하여 어른이 된 지금도 아빠와 닮은 권위자에게 불친절하고 거칠게 신경질을 내곤 한다면, 이것은 아빠와의 관계에서 해결되지 않는 채로 제8식에 저장된 '미해결된' 과제가 있다는 말이다. 문제가 되는 '영상'은 아빠와의 관계에서 마음에 기억되고 경험된 심층의 '닮은 이미지[同分影像]'를 말한다. 이것은 자동화된 '신경 프로그램(Neuro-Program)'처럼 이미 기억된 지나간 사례지만 자극을 받으면 자동으로 격동되어서 마음을 순식간에 지배해버린다. 닮은 영상은 일상의 갈등상황에서 분별의 형상으로 자주 발견된다.

먼저 수행에서 경험하는 사례를 들어보자. 호흡명상이나 화두수행의 경우이다. 처음에는 '알아차림[念]'을 한다고 하지만, 여러 생각들로 산란하여 호흡이나 화두의 표상/영상이 선명하게 혹은 생생하게 나타나지 않지만, 시간이 조금 지나면서 마음이 고요해지고 집중력이 높아지면 점차로 호흡의 '표상(nimitta)'이나 화두의 '의정(疑情)'이 뚜렷하게 눈앞에서 선명하게 보이기 시작한다. 바로 이때가 두 번째의 안정화된 생생한 영상 이미지에 대한 '머물기', '집중[止]'의 출현이다. 일단 이렇게 되면 세 번째 단계의 호흡 표상이나 화두 의정을 관찰할 수 있는 '지켜보는' 위빠사나의 삼마지 상태에 도달하게 된다. 이처럼 '알아차림' → '머물기' → '지켜보기'라는 염지관 명상수행을 통해서 산란한 마음이 점점 차분하게 고요해지면서 수행의 대상 표상이 눈앞 '면전(面前, parimukham)'에 선명하게 나타나게 된다. 호흡표상이나 간화선의 화두는 염지관의 반복적이고 순환적 연습에 의해서 가슴에 자리를 잡게 된다.

그러나 거친 일상에서는 다른 양상을 가진다. 권위적 아빠를 대하는 것과 같은 대인관계에서 나타난 영상은 그것을 분별하고 판단하게 되어 내적인 갈등과 거친 감정을 동반한다. 이런 경우는 『염처경』이나 『해심밀경』에서 말하는 높은 수준의 선정상태에서 나타난 표상/영상이 아니다. 그렇지만 원리는 동일하다. 선정에서 나타난 영상을 관찰하듯이 갈등적 관계에서 나타나는 생생한 영상 역시 플래시로 비추는 것처럼, 같은 방식으로 직면해서 관찰하는 것이 가능하다. 떠올린 영상이 생생할수록 그 효과는 배가된다. 물론 이때 떠올린 영상과 함께 거친 감정이 동반하기에 전문가의 도움과 안내가 필요한 경우가 많다.

이런 경우는 전문적인 명상수행에서 활용되는 '영상관법(影像觀法, RIM)'을 임상적 상황에 적용하여 마음치유나 심리치료의 유용한 도구로 활용하는 형태가 된다. 마치 새끼줄을 뱀이라고 잘못 알고 놀랄 때 가던 길을 멈추고 플래시로 비추어서 탐색하고(vitakka) → 문제의 장면을 자세하게 살펴봄(vicāra)과 같다. 이것은 일상의 현실에 영상관법을 적용한 사례이다. 심층에 저장된 미해결의 과제와 직접 연결된 '핵심영상'을 의도적으로 떠올려서 상담사나 치료사의 도움을 받아 자신의 문제를 해결하는 마음치유의 심리치료나 심리상담에 응용한 영상관법이라고 말할 수 있다.

3) 고집멸도의 4단계 모델

영상관법이 명상수행과 함께 마음치유에 활용될 때 구체적인 명상기술로는 염지관 명상이 결합되어 사용된다. 그러면 마음치유 프로그램으로서 영상관법은 전체적으로 어떻게 전개되는가? 그것은 거룩한 진리인 사성제(四聖諦)를 활용한다. 고통이 있고[苦], 고통에는 원인[集]이 있으며, 고통은 소멸[滅]이 가능하고, 소멸에는 적절한 길[道]이 있다. 이것이 바로 고집멸도(苦集滅道) 4단계 과정이다.[14] 이것은 동서양을 막론하고 모든 명상과 마음치유의 가장 기본적인 '원형(archetype)'이다.

고집멸도는 문헌적인 이론이며 명상 체계일 뿐만 아니라 실용적인 접근방식이다. 독화살 비유에서 보듯이 독화살에 맞은 환자가 고통을 받고 있을 때 시급한 것은 이론적인 문헌을 찾아보는 작업이 아니다. 먼저 고통을 치유하는 작업을 시도해야 한다. 문헌과 이론적이고 철학적인 고찰은 나중에 살펴보아도 된다. 이점이 바로 시급한 핵심과제이다. 여기서 고집멸도를 활용하는 명상적 심리상담의 관점에 대해 살펴보자.

첫 번째 고(苦)는 경청과 공감의 단계이다. 어떻게 고통을 받고 경험하는지 경청하고, 주호소 문제를 파악한다. 만약에 증상이 심하면 심리검사도 병행할 수가 있다. 두 번째는 명료화 단계이다. 문제가 되는 원인과 맥락[集]을 파악하는 탐색의 단계이다. 문제가 왜 어떻게 발생되는지 고객과 함께 면밀하게 살펴보고 증상의 패턴을 확보한다. 주로 마음작동모델 5요인으로 분석한다. 이점은 제4장에서 자세하게 살펴볼 것이다. 세 번째는 마음치유로서 고통 소멸[滅]의 체험적인 단계이다. 여기서는 주로 치유명상으로써 영상관법을 활용한다. 사실 이전의 고와 집 두 단계는 세 번째의 영상관법을 하기 위한 준비작업으로 간주해도 좋겠다. 네 번째는 실천으로서 현실적 접근방법이다. 새롭게 살아가기 위한 대안[道]을 세우는 단계이다.

첫 번째 고통[苦]은 대체로 경전에서 '신체적인 고통[生·老·病·死]', '정서적 고통[憂悲惱苦]', '대인관계서 오는 고통[怨憎會苦 恩愛別離苦]', '자아실현의 고통[所欲不得苦]', '실존적 고통[五取蘊]'과 같은 여덟 가지 고통을 언급한다. 고대에 비해서 현대에는 신체와 심리적인 다양한 고통이 증대하고 있고 사회적인 관점뿐만 아니라 영적인 성장과 관련된 고통을 언급하곤 한다. 고도의 정보화 시대 속에

---

14 명상상담의 중요한 핵심 절차로서 '고집멸도'에 대한 상세한 논의는 '인경(2012), 『명상심리치료』 명상상담연구원'을 참조 바람.

서 갈수록 인간의 고통은 깊고 다변화되고 있는 실정이다.

만약에 고통에 대해서 정확한 진단이 필요하다면 서구심리학계에서 개발한 불안이나 우울, 외상 스트레스 등의 다양한 심리 검사지나 에니어그램과 같은 성격 검사지를 활용할 수 있다. 이렇게 하면 보다 정확한 증상을 이해하고 그것의 빈도나 강도를 파악할 수가 있고, 이후 마음치유 전략을 세우는데 중요한 지침이 된다.

영상관법의 입장에서 보면 이 단계는 내담자의 '고통을 경청하기'가 중요한 과제이다. 고객의 '고통'을 경청하고 공감하면서 문제를 파악하는 단계이다. 상담자나 내담자에게 라포/신뢰 형성이 중요하다. 신뢰가 생기면서 의욕과 믿음이 생겨난다. 다시 말하면 의욕과 믿음이 얼마큼 형성되었느냐는 이후 과정에 중대한 영향을 준다.

둘째는 고통의 '원인[集]'을 탐색하는 단계이다. 경전에서는 고통의 원인으로 습기와 더불어서 갈애과 욕망임을 정확하게 말한다. 습기는 반복적으로 행동하면서 학습된 결과를 말하고, 갈애과 욕심은 감각적인 갈애, 존재에 대한 갈애, 비존재에 대한 갈애를 언급한다. '감각적 갈애'는 애착이나 신체적인 욕구에서 비롯된 부분이고, '존재에 대한 갈애'는 성취하고 무엇인가 되고자 하는 욕구이다. 그런데 비존재에 대한 갈애가 무엇인지가 정확하지 않다. 프로이트적 해석은 사랑의 본능과 대비되는 죽음의 본능, 곧 파괴적인 충동을 이야기하기도 한다.[15] 반면에 근심과 두려움을 제거하려는 갈애[16]로 보기도 한다.

필자는 '감각적' 갈애를 친밀감과 사랑받고자 하는 것으로, '존재'에 대한 갈애는 스스로 독립적인 존재감을 느끼고 자신의 의지를 실현하고자 하는 것으로, '비존재'의 갈애는 미래에 대한 근심과 불안으로부터의 대안을 찾고 자유롭고자

---

15 이창재(2009), 「사성제(四聖諦)에 대한 정신분석적 해석: 고통의 유형, 기원, 치료법, 의미에 대한 불교와 정신분석 관점 비교」 『불교평론』40., 67-96.

16 Bhikkhu Sumedho(1992), *The four noble truths*; Amaravati.
Bhikkhu Bodhi (2003), A *Comprehensive Manual of Abhidhamma*, Pariyatti Publishing,

하는 것으로 해석한다. 이것을 에니어그램의 성격과 연결시켜서 감각적 갈애를 '감정형'으로, 존재에 대한 갈애는 '의지형'으로, 비존재에 대한 갈애는 '사고형'으로 분류한다.[17] 이렇게 해석하면 현장에서 고객의 성격을 파악하고 고통과 그 고통의 원인을 이해하는 데 도움을 준다.

한편으로 고통의 원인은 외부적으로 보면 어린 시절의 경험이나 가족 구조, 사회적인 맥락과 같은 다양한 관점에서 탐색할 수 있다. 내부적으로는 심리적 요인을 분석할 수 있는데 인지행동과 같은 서구 심리치료 이론을 원용할 수도 있다. 하지만 영상관법에서는 대표적으로 불교에서 말하는 '감정[受]', '생각[想]', '갈망[行]'과 같은 '보편적 마음현상[遍行心所]'를 활용한 마음작동모델 5요인에 의해서 명료화 작업을 진행한다. 그럼으로써 증상의 원인에 대한 '뛰어난 이해[勝解/Adhimokṣa]'에 도달하게 한다.

셋째는 고통의 소멸[滅] 단계이다. 이 단계는 번뇌의 불꽃이 꺼지는 상태로 열반이나 무위의 단계이다. 직접적으로 언어에 의해서 기술되지 않고 오직 체험되는 과정에 의해서 드러날 뿐이다. 그렇긴 하지만 영상관법을 현실에 적용하는 관점에서 보면 고통이 있으면 반드시 고통의 소멸이 존재하기에 이점을 고객/내담자가 분명하게 경험하도록 실질적인 안내를 하는 것이 중요하다.

물론 명상적 치유작업[滅]의 핵심은 영상관법이다. 이것은 먼저 고통을 발생시키는 '핵심영상을 떠올려서 당시 상황으로 들어가' 새롭게 다시 바라보는 명상이다. 일단 그는 뱀을 밟아서 고통을 받고 있다. 그 고통을 받았던 처음 그때 경험 당시로 돌아가서 플래시로 '비추어서 살펴보자[照見]'는 것이다. 물론 실제 현실은 아니다. 그렇다고 이제 와서 처음 그때 현장으로 다시 돌아갈 수 있는 것도 아니다. 그것들은 이미 안개처럼 지나가 버린 과거이다. 그것은 단지 기억에 남아있을 뿐이다. 그렇기에 당시 상황을 제8식 종자/씨앗으로 기억하고 있다고 전제하고, 일

17　인경(2016), 『에니어그램의 행동특징과 명상상담전략』 명상상담연구원.

단 처음 그때의 사태/장면을 떠올려서 당시의 상황을 재현해보고 경험하면서 탐색해 보는 작업이 영상관법이다.

영상관법에서 이 과정은 수행을 통해 실질적으로 고통이 소멸되는 과정을 직접적으로 체험하는 단계이다. 대체로 고통의 소멸은 영상관법에서는 다양한 방식을 취하지만 대표적으로 '염지관' 명상에 의해서 이루어진다. '염지관(念止觀)'은 '念/Sati, 알아차림과 떠올림/환기' → '止/定/Samatha, 머물러 집중하는 선정' → '觀/慧/Vipassanā, 지켜보기와 통찰의 지혜'의 한역 앞글자를 축약한 것이고, '알머지'라고도 하는데 한글 번역인 '알아차리고', '머물러', '지켜본다'는 것의 약칭이다.

아울러서 영상관법에서는 그 내적인 변화를 관찰하고 보고하는 것을 중시한다. 일단 상담자는 내담자가 보고한 내용을 적어보고 영상관법이 끝나면 그것을 중심으로 나누기를 진행한다. 혹은 그림으로 그것을 그려보게 한 다음에 그림을 보면서 점검하고 새롭게 명상과정을 리뷰한다. 이점은 상담자나 내담자에게 좋은 통찰의 기회를 제공한다. 그림 그리는 것을 어려워하는 경우는 간단하게 연필로 그리거나 아니면 글쓰기를 하거나 아니면 단계별로 말을 하게 하는 방법도 있다.

영상관법에서 첫 번째 관문은 '힘든 경험의 영상을 떠올리는 것'이다. 이것이 가능한 이유는 유상-유식학파[有相-唯識論]의 호법(護法)이나 현장(玄奘)이 주장하는 것처럼 우리 마음의 알라야식(제8식)이 경험 정보/영상[有相]을 유실하지 않고 모두 다 소유하고 저장하고 있기 때문이다. 마음속에 당시 경험했던 본래의 질료[本質]로서 정보가 저장되어 있다가 나중에 적절한 인연을 만나서 전변되어 현실에 출현한다고 해석한다.

여기서 문제가 되는 영상[影像, 鏡像]들은 제8식에 저장되어 있기에 어느 순간에 무의식적으로 되살아나서 혹은 가까운 미래에 고통을 만들어낸다. 그것들은 외계에 실재하지 않지만 마음에 접촉이 되는 순간 심층에 저장된 종자는 의식의 표층으로 나타나서 괴롭힌다. 특히 외상 후 스트레스[PTSD]의 경우가 매우 적절한 사례가 된다. 영상관법은 마치 마음의 CCTV를 다시 켜보면서 당시에 무슨 일이 있었는지 살펴보는 필수적인 '명상'작업인 것이다. 문제는 의식에 떠올리려는 영상이 너무 공포스럽거나 혐오스럽고 회피하고픈 장면이라면 심한 저항에 부딪치게 될 것이다. 그렇기에 훈련된 전문가의 도움이 필요하다.

두 번째 관문은 떠올린 영상에 '끌려가는' 대신에 '플래시로 비추는 작업'이다. 일단 미해결된 당시의 '영상'을 떠올리면 그것을 충분하게 다시 경험하면서 살펴본다. '살펴보는' 작업이란 처음에는 충분하게 느껴지는 당시의 경험을 재경험하면서 집중하고 바라보는 명상을 의미한다. 그때의 슬픔과 그때의 분노를 그대로 '충분하게' 느껴보는 작업이다. 물론 이런 작업은 마음의 차분함과 침착함이라는 선정상태가 요구된다.

만약에 고객/내담자에게 선정의 힘이 없어 감정적인 격정이 거칠다면, 먼저 당시의 대상 영상(권위적 아빠)을 떠올려서 자신의 감정을 자각하고 표현하는 작업이 도움을 줄 것이다. 이것은 몸으로 '느끼는' 작업만이 아니고 그때의 감정을 실제로 '표현'하는 연습을 포함한다. 당시는 어린 시절이라 슬픔에 압도당하여 그것이 불안인지, 분노인지 감정 자체를 자각하지 못했을 수도 있다. 그러나 어른인 지금은 충분하게 가능하다. 이렇게 표현하고 나면 그것을 객관적으로 제3자처럼 관찰할 여지가 생겨난다.

이게 가능한 이유는 이렇다. 하나는 먼저 감정을 충분하게 표출해서 마음이 안정되었다는 말이고, 수행론의 입장에서는 마음의 여유로운 선정, 삼마디를 성취했다고 평가한다. 다른 하나는 안혜(安慧)나 진제(眞諦)가 주장하는 무상-유식론(無相-唯識論)의 관점으로 마음이 물들어 어둡지만 그래도 '휴대용 플래시'가 있기에 비추어보는 것처럼, 마음의 본성은 그 자체로 영상을 있는 그대로 조명하는 지혜의 빛[眞如]을 가진다고 본다. 이로 인하여 새로운 통찰이 가능한 것이다.

여기서 영상의 효용성을 인정하는 '유상(有相)' 유식론과 영상을 허망한 비존재로 간주하는 '무상(無相)' 유식론이란 관점은 각각 장단점을 가진다. 영상 '있음'의 유상영상은 영상이 어떻게 '형성'되는지를 밝혀준다면, 영상 '없음'의 무상영상은 영상을 어떻게 '통찰'하고 극복할 것인가에 대한 관점을 제공한다는 점에서 유용하다. 이점은 제3장에서 자세하게 재론할 것이다.

마지막으로 영상관법에 의한 명상상담의 네 번째 단계는 현실 문제해결의 단계[道]이다. 경전에서는 보통 팔정도(八正道)를 말한다. 그런데 고통의 소멸에서 사용하는 영상관법이나 염지관명상은 넓게 보면 팔정도에 속한다. 그렇기에 명상수행으로서 팔정도를 고통의 소멸 단계에서 미리 가져다 사용한 결과가 된다. 여기서는 구체적인 실천으로 새롭게 행동계획을 수립하고 실천적으로 명상수행의 길을 걸어감을 의미한다. 앞의 단계[苦集滅]를 거치면서 마음치유가 일어났고, 여기에 기반하여 '새롭게 살아가기'를 계획하고 실천함을 의미한다.

권위적 아빠와의 갈등사례로 보면 현실로 돌아와서 아빠를 새롭게 다시 만나는 작업이다. 물든 마음의 저장된 씨앗/정보들을 정화하였다면 이제는 아빠를 기존의 관점이 아닌 새로운 방식으로 소통하고 만나는 연습이다. 기존의 가치와는 다른 새로운 가치로 변경하는, 현실적인 대처전략을 세우는 작업이다.

이러한 새로운 통찰/지견에 기반한 네번째 도(道)의 단계는 인연에 따라서 변화하는 현실에 적절하게 대응하는 방식을 탐색하는 단계이다. 기존의 방식이 경직되고 어린애와 같은 '통제'방식이라면 새로운 방식은 아빠를 수용하고 포용하는 '수용'전략이다. 물론 쉽지 않겠지만 연습하면 가능하다. 그것이 뱀이 아니고 새끼줄인 줄 알았다면 그리고 아빠의 권위적 태도가 딸을 덜 사랑하는 것이 아니라는 사실을 확인했다면 아빠와의 관계를 새롭게 재정립해야 하는 과제가 있다는 말이다. 이제는 가야만 하는 길을 계속 가는 '가치작업'이 필요한 것이다.

- 고통을 어떻게 경험하는지 파악하기[苦]
- 고통의 원인과 맥락을 이해하기[集]
- 영상을 떠올려서 알아차림하고 당시 상황에서 느낀 감정을 충분하게 느끼고 관찰하기[滅]

• 새로운 행동방식 탐색하기[道]

이것을 보통 '명상상담의 4단계'라고 호칭한다. 기본 원류가 고집멸도라 '고집멸도 명상상담'이라고 부른다. 혹은 핵심된 작업이 영상관법이기에 고집멸도 4단계를 포함하여 '영상관법 프로그램[RIMP]'이라고도 부른다. 프로그램으로서 영상관법은 마음에 저장된 미해결된 문제를 반영한 '닮은' 영상을 떠올려서 관찰하고 통찰함으로써 그 영상의 부정적인 영향력에서 벗어나는 해탈의 명상작업이면서도, 동시에 집착된 자기에게서 벗어나 청정한 본래의 마음/참된 자기[眞我]를 회복하여 현실문제를 해결하고 적응하는 데 긍정적 도움을 주는 '마음치유의 길'이라고 할 수 있다. 고집멸도에 기반한 사례는 다음 절에서 구체적으로 제시할 것이다.

경전에서 설해지는 영상관법이 주로 수행자들에 의해서 높은 수준의 선정에 기반해 영상을 관찰하는 방식을 취한다[所知法]는 점에서 궁극적인 해탈/깨달음에 초점을 맞춘다. 반면에 마음치유의 심리상담이나 심리치료의 현장에서 영상관법을 활용할 때는 일상에서 부딪치는 삶의 문제[所知事]를 중심으로 치유적 관점에서 영상관법을 진행한다. 물론 양자의 원리는 동일하다. 그러나 구체적인 목표나 절차와 방법은 조금 달리할 수 있다.

오늘날 시대가 고대와는 너무나 달라진 상황이라 과거의 교설을 그대로 적용할 수 없다. 고대에 사용한 언어가 오늘날의 현대인들에게 적절하지 못한 경우도 많기에 언어적인 변경도 필요하다. 어쩔 수 없이 변형이 불가피하다. 새로운 적용에 과감하게 도전해야 하는 과제를 가진다. 우리는 과거에 비해서 상상하기도 힘든 많은 정신적인 고통에 노출되어 있다. 우리 과제는 경전의 가르침을 '현재의 현장에서 어떻게 활용되어야 할지' 고민하는 것이다. 이점은 시대를 살아가는 우리의 몫이다.

2

감정형 영상관법의 진행절차
-유기도식에 의한 분리불안의 사례를 중심으로-

영상관법은 대인관계의 다양한 상황에서 발생한 스트레스나 트라우마를 해결하는 심리상담이나 심리치료에 적극적으로 활용할 수 있는 유용한 접근방법이다. 여기서는 유기도식에 의한 분리불안의 사례를 중심으로 특별한 마음현상[別境心所]이란 각도에서 감정에 초점을 맞춘 감정형 영상관법을 구체적으로 살펴본다.

특별한 마음현상이란 바로 명상수행의 절차를 말한다. 전통적인 명상수행에서 '번뇌'로부터 성스러운 길로 안내하는 가장 기본적인 수행법으로 보통 초기불교에서는 '오근(五根)'과 '오력(五力)'을 말한다. 이것을 바탕으로 아비담마와 유식불교에서는 특별한 마음현상인 다섯가지 '별경심소(別境心所)'을 재구성해서 제시한다. 이것을 표로 정리하면 다음과 같다.

	초기불교(五根/五力)	유식불교의 별경심소	고집멸도(苦集滅道)
1	신근(信根)/신력(信力)	욕(欲)	고통[苦]
2	정진근(精進根)/정진력(精進力)	승해(勝解)	고통의 원인[集]
3	염근(念根)/염력(念力)	염(念)	고통의 소멸[滅] – 염지관(念止觀)
4	정근(定根)/정력(定力)	정(定) ← 지(止)	
5	혜근(慧根)/혜력(慧力)	혜(慧) ← 관(觀)	
			실천의 길[道]

| 표1 | 특별한 마음현상

표에서 보듯이 다섯 가지 수행의 과정이 초기불교와 유식불교가 거의 동일한 형식을 취하고 있다. 여기서는 이들에 대해 문헌적으로 세세하게 검토하고 비교하

지는 않는다. 단지 영상관법의 구체적인 절차로서 '염정혜(念定慧)'를 '염지관(念止觀)'로 변경해서 사용한다. 그 이유는 '집중과 관찰[止觀]'이 원인이 되어서 → 결과적으로 '선정과 지혜[定慧]'라는 결과에 도달하기 때문이다. 곧 염정혜가 수행의 결과를 중시한 표현이라면 '알아차리고 머물러 지켜봄[念止觀]'은 수행의 원인으로서 방법을 강조한다. 이런 부분은 마음치유의 현실에 맞도록 교설에 대한 '적극적인 해석'이다.

유식(唯識) 심리학에서는 '별경심소(別境心所)'와 '변행심소(遍行心所)'를 구분한다. 별경심소란 말 그대로 '별도의 특별한 대상에 반응하는 마음 현상'이란 의미이다. 변행심소는 '보편적으로 일상에서 경험하는 심리현상'을 총칭하는 말이다. '보편적 마음현상'은 감정, 생각, 갈망과 같은 일상에서 경험하는 '생멸하는 마음[生滅心]'으로 고통[苦]과 고통의 발생[集]을 설명한다. 반면에 '특별한 마음현상'은 알아차림[念], 집중[止/定], 통찰[觀/慧]과 같이 고통과 번뇌로부터 해탈[滅]로 나아가는 정진수행[道]의 '참되고 한결같은 진여심(眞如心)'에서 반응하는 명상수행의 마음을 의미한다.

우리를 성장시키는 명상수행의 '특별한 마음현상'과 일상의 심리현상과 증상의 패턴을 해명하는 '보편적인 마음현상'은 우리가 반드시 알아야 할 가치[所知法]이고, 마음현상을 설명하는 '10가지 커다란 근본적인 원리[十大地法]'이다. 더구나 보편적 마음현상은 우리의 고통 현상을 해명하는 절차이고, 특별한 마음현상은 성장과 해탈로 이끄는 명상수행과 직접 연결된 까닭이기에 영상관법의 절차로 적극 활용할 수가 있다. 그러면 특별한 마음현상을 마음치유의 현장에 어떻게 적용할 수 있는지 내담자의 사례를 중심으로 구체적으로 살펴보자.

1) 경청 · 공감 단계[苦], 믿음과 의욕(Chanda)

첫 번째의 단계는 고객의 고통을 '경청하고 공감'함이다. 이것은 곧 '믿음[信]'과 '의욕[欲]'으로서 준비단계이다. 사실 우리가 무엇인가를 시작할 때, 수행의 목표나 대상에 대한 '믿음'과 '의욕'이 있어야 출발할 수 있다. 특별한 마음현상으로서 명상수행하려면 번뇌로부터 치유의 열반과 깨달음에 도달할 수 있다는 발심(發心)의 믿음과 의욕이 있어야 한다. 이게 충분하지 않으면 시작부터 좌절하게 될 것이다.

심리상담이나 심리치료에서 내담자는 자기 자신의 고통을 치유하겠다는 '의욕(chanda)'이 있어야 하고 특히 스승으로서 명상상담 지도자나 심리상담치료자에 대한 '믿음'이 있어야 한다. 이것이 없으면 중간에 그만두거나 아예 시작할 수도 없을 것이다. 동기유발은 모든 작업에서 어려운 과정이지만 절대적으로 필요한 첫 번째 단추이다. 내담자의 적극적인 참여가 결정적으로 중요한 요소이다. 엄마 손에 이끌려온 청소년처럼 이것이 결여되면 명상과 상담과정에서 어려움에 봉착한다.

그렇기에 영상관법에 기반한 마음치유에서 믿음과 의욕이란 첫 번째 단계에서는 신뢰감 형성이 매우 중요하다. 신뢰감 형성을 위해서 명상상담 지도자는 전문적인 훈련이 필요하고 무엇보다도 먼저 내담자의 이야기를 집중하여 경청하면서 공감 해야 한다. 그래야 내담자의 깊은 심층에 잠들어있는 '씨앗'을 깨울 수 있고 그로 인하여 내담자/고객의 오랜 '고통[苦]'을 공감하고 이해할 수 있다.

사례 | 경청과 주호소 문제 파악

여기에 좋은 사례가 있다. 엄마가 어릴 때 자기를 버렸다고 생각한다면 그래서 어른인 지금도 엄마에게 분통을 터뜨리고 짜증을 낸다면, 참 괴롭다. "그때가 언제인데요?" 그때의 기억을 묻자, "아마도 5살이나 6살 무렵"이라고 대답한다. 그때 어떤 일이 있었는지 그 장면을 회상해 달라고 하자 이렇게 말한다.

"자주 엄마가 보따리 같은 짐을 싸가지고 밖으로 나갔어요. 그래서 어린 나는 엄마를 뒤따라갔어요. 그런데 엄마는 뒤도 돌아보지 않고 버스 정류장으로 갔어요. 저는 뒤쫓아가 울면서 말했어요. 엄마, 가지 말라고요. 엄마는 곧 올테니 집에 돌아가라 했지만 그게 믿겨지지 않았죠. 엄마가 돌아오지 않을 것 같았어요. 그리고 엄마는 버스를 타고 떠났어요. 저는 그 자리에서 계속 울고만 있어요. 제가 할 수 있는 것은 아무 것도 없었어요."

이 장면의 영상은 어른인 지금도 마음에 떠올라 불편하게 만든다. 물론 이 영상은 일부 오류일 수 있고 현재는 실재하지도 않는다. 그런데도 중요한 것은 이 영상에 접촉되는 순간 감정이 거칠게 일어난다는 점이다. 일단 화나 슬픔과 같은 감정이 일어나면 이성적으로 감정을 통제할 수가 없다. 이것은 여전히 어디엔가 저장된 채로 남아서 마음을 뒤흔들어 놓는다. 지금도 엄마를 보면 이 기억이 잠재적으로 살아나면서 엄마와의 관계에 부정적인 영향을 미친다. 분명하게 엄마는 나를 버리고 떠났다고 느낀다. 이것은 분명하게 '유기도식'과 연결되어 있다. 그렇다 보니 따뜻한 눈으로 엄마를 볼 수 없다. 엄마에게서 전화가 오면 차갑고 퉁명스럽게 엄마를 대한다. 이게 참 불편하다. 고치고 싶지만 고쳐지지 않는다. 어떻게 하면 좋을까? 이게 고객/내담자의 주호소 문제이다.

2) | 명료화 단계[集], 뛰어난 이해(Adhimokṣa)

특별한 마음현상 두 번째 단계[集]는 '명료화' 단계이다. 명료화란 자신의 고통의 원인을 정확하게 파악하고 맥락을 이해하는 작업을 말한다. 다른 말로는 '정진'과 '승해'이다. 믿음과 의욕이 있으면 '정진'이 자연스럽게 뒤따른다.

유식불교는 정진(viriya)을 구체적으로 '승해(勝解, adhimokṣa)'라고 말한다. 승해란 '뛰어나 이해'로 번역된다. 정진이 있으니 뛰어난 이해가 있고 뛰어난 이해가 있으니 정진에 성과가 있다. 그런데 초기 니까야(Nikāya) 경전에서는 승해란 용어가 잘 사용되지 않고 있다.[18] 아비담마와 유식불교에서 뛰어난 이해란 대상을 '분명하게 이해[了解]'하여 '옳고 그름을 확실하게 결정하는'[19] 것으로 '흔들림'이나 '의심'이 없음을 말한다. 물론 처음 정진을 시작하는 순간부터 승해는 생겨나지 않고 오랜 정진과 많은 경험을 통해서 확고한 결정심이 생겨난다는 점에서 단순한 지식이 아닌 경험에 기반한 이해를 의미한다.

영상관법 프로그램에서는 승해를 '문제의 핵심을 파악함'으로 정의한다. 믿음과 의욕이 있으면 다음에 해야 할 일은 고통의 원인[因]이나 그것의 메커니즘/패턴[集]을 정확하게 이해하는 일이다. 이것은 수행자나 내담자 자신이 혼자서도 가능하겠지만 훈련받은 전문가의 도움이 필요한 부분이다. 내면의 고질화된 고통의 종자/씨앗은 쉽게 발견되지 않고, 발견된다고 하지만 그것이 일어나고 사라지는 과정과 패턴을 정확하고 객관적으로 파악하기 위해서는 역시 경험이 많은 전문가의 도움이 필요하다.

사례 | 문제의 명료화

다시 앞의 사례(유기도식)에서 엄마와 딸과의 관계를 다시 살펴보자. 딸은 엄마에 대한 과도한 짜증과 함께 안쓰러움의 감정을 동시에 가진다. 이런 양가감정은 어디서 비롯된 것인지, 그리고 이런 감정이 어떻게 마음속에서 일어나고 사라지는지 패턴을 정확하게 이해할 필요가 있다. 이를 정확하게 이해한다면 그런 감

---

18 이윤옥(2014), 「유식설의 변행심소와 별경심소」 『동아시아불교문화』19, 333-365.

19 Visuddhimagga(XIV, 151); Bhikkhu Bodhi (2003), *A Comprehensive Manual of Abhidhamma*, *Pariyatti Publishing*, p.82.

정이 침투해올 때 어떻게 대응할지를 알게 될 것이다. 이런 뛰어난 이해를 위한 승해의 명료화 작업은 혼자서는 어려움이 있고 상담자/치료자와의 깊고 충분한 공동의 작업이 요청된다. 이때는 보편적 마음현상/변행심소를 중심으로 이루어진다.

엄마에 대한 짜증은 엄마가 나를 버렸다는 분노/원망인 정서적 측면에서 비롯되지만, 안타까움은 성장한 이후 엄마를 이해하려는 인지적 측면에서 비롯된다. 분노와 원망이 엄마에 대한 일차감정이라면 안타까움은 힘든 상황에서도 끝까지 지켜준 엄마에 대한 고마움과 함께 하는 이차적 감정이다. 이런 감정들이 뒤섞여서 혼란스럽다. 이런 혼란스러운 감정을 청소하듯이 정리를 해야 한다. 그렇게 하기 전에 먼저 자신의 감정을 이해해야 한다. 상담자와의 공동작업을 통해서 인지적으로 깔끔해지면 자신에 대한 뛰어난 이해 즉 승해(勝解)가 생겨날 것이다. 고통의 원인과 맥락에 대한 승해(adhimokṣa)만으로도 그녀/그는 해탈(mokṣa)을 경험할수도 있다. 영상관법 프로그램에서는 보통 보편적 마음현상인 변행심소에 기반한 '마음작동 5요인' 분석에 의해 승해가 이루어진다. 상담을 통해서 밝혀진 5요인은 아래와 같다.

- 접촉/촉발자극: 엄마의 전화 목소리
- 감정[受]: 짜증과 화
- 생각[想]: 왜 자꾸 내 말을 중간에 끊는 거야. 이제 와서 내게 도움을 요청하는 거야.
- 갈망[思, 行]: 나를 인정하고 내 말을 끝까지 들어달라.
- 행동: 큰소리로 화를 내고 먼저 전화를 끊어버린다.

엄마에게 버림을 당했다는 어린 시절의 기억은 여전히 지금도 작동한다. 대화하는 중간에 엄마가 자신의 말을 앞세우면서 끊고 들어오면 매우 화가 난다. 이것은 나를 인정하고 존중하지 않는 엄마의 고질적인 태도로서 또 다시 버림받은 느낌이 들게 한다. 그때마다 거칠게 화가 난다.

3) 체험의 단계[滅], 고통의 소멸

고통의 경험[苦], 고통의 발생과 원인[集]에 대한 탐색을 마치고 나면 이제는 고통을 소멸하는 명상작업[滅]이다. 여기서는 감정형 영상관법을 시행할 것이다. 이때 핵심된 명상은 특별한 마음현상/별경심소로서 염지관(念止觀)이다. 이것을 구체적으로 살펴보자.

1 알아차림(Sati), 떠올려 포착하기

세 번째 단계는 sati(念), 알아차림 단계이다. 현대 학자들 사이에 가장 논란이 된 것이 바로 'sati'에 대한 해석이다. 이점은 이미 필자의 『쟁점으로 살펴보는 현대 간화선』에서 논하였지만[20] 여기서 종합적으로 몇 가지 정리하고 넘어간다.

그동안 sati를 번역함에 필자는 마음의 인지적인 측면을 강조하여 '알아차림'으로 번역해왔다. 다만 여기서는 제8식의 유식적 관점에서 심층의 정보가 의식 표층으로 떠올라오는 '환기'라는 의미를 강조하고자 한다. 물론 양자는 서로 의미상에서 어긋나지는 않는다. 왜냐면 sati가 원래 잊지 않고 기억하다는 뜻인 까닭에 상기하거나 기억을 환기한다는 의미를 함축한 까닭이다.

그런데 sati를 '마음챙김'으로 번역한 경우는 마음의 인식론적 관점보다는 마음이 존재하고 그것을 챙긴다는 존재론적 측면이 강조된다. 그런데 문제는 존재하는 마음을 챙긴다는 의미는 '변화하지 않는 마음이 존재한다'는 것을 함축한다는 점이고, 반대로 마음이 항상 변화의 과정에 있다면 그것을 챙겨서 지닐 수가 없다.

---

20 인경(2022), 『쟁점으로 살펴보는 현대 간화선』 조계종출판사.

우리는 본래의 마음[眞心]을 체험하고 체득할 수 있을 뿐이고, 반면에 번뇌의 마음은 단지 그것이 출현할 때 알아차릴 수 있을 뿐이다.

만약에 sati의 대상이 마음의 근본적 본성이라면 이야기가 달라진다. 마음의 본성은 늘 그곳에 존재하기에 '마음챙김'이란 용어는 의미상 어긋나지 않는다. 실제로 '마음챙김'이란 용어는 간화선에서 사용하는 '화두챙김'에서 차용한 용어이다. 이런 점에서 기존에 존재하는 개념을 사용하는 일종의 격의불교적 번역이다. 화두는 불성이나 자성을 향하는 바로 늘 그곳에 실재로 존재하지만 깨닫지 못한 대중은 자꾸 번뇌에 휩쓸려가기에 이것에 대해서 화두를 챙겨야 한다는 의미에서 화두챙김이란 표현을 사용한다.

마음챙김은 필자가 비판한 바처럼 모든 것은 변한다는 무상과 무아의 초기불교적 입장에서 보면 분명한 오역이다. 그렇지만 본성을 긍정하고 '경험적 실재론'적 입장의 대승불교와 간화선에서 보면 어긋난 표현은 아니다. 그러면 마음을 챙긴다고 하면 어떤 마음을 챙기는가? 끊임없이 변화하는 번뇌를 챙겨야 할 이유는 없다. 변화하는 그것을 묶어두는 일은 가능하지 않다. 그렇기에 여기서 챙겨야할 대상은 어디든지 변함이 없는 마음의 청정한 '본성' 즉 본래적 참된 자기를 의미한다. 이것은 존재적인 해석이다. 이렇게 보면 이미 사띠는 마음에 내재된 본성에 대한 알아차림이다.

결과적으로 sati의 의미는 3종류가 있다. (1) 초기불교의 인식론적 인지적 입장의 알아차림, (2) 유식불교의 심층적 마음 현상의 출현/환기, (3) 대승불교와 간화선에서 말하는 존재론적인 불성/본성에 대한 자각이 바로 그것이다.

먼저 사띠는 남방의 전통적 해석에 따르면 선정수행에 해당된다. 이런 해석은 문제가 된다. 오력이나 오근에서 3번째의 '염(sati, 念)'을 '제3 선정'에서 출현한다고 보고 단순하게 선정[定力]으로 이해하면 오력(五力)/오근(五根)에서 4번째의 '정근(定根)/정력(定力)'과 서로 겹치게 된다. 이것은 문제가 된다. 더구나 제3 선정에 기반한 수행은 세속적인 삶의 양식에 벗어난 아주 높은 수준인 까닭에 사마타/집중수행이나 위빠사나/통찰 수행을 일상에서 수행할 수 없게 된다. 처음 수행하는 범부는 제3 선정의 사띠를 경험하지 못하기에 사마타뿐 아니라 위빠사나를 실천할 수가 없다. 이것 역시 문제가 된다.

그러니 'sati'를 선정에 위치시키는 기존해석과 달리 필자는 '선정'보다 '인지'적인 측면을 강조해서 일상에서도 가능한 '알아차림' 수행으로 규정한다. 다시 말하면 통찰을 강조하는 다섯 번째 혜근(慧根)/혜력(慧力)에 속하는 위빠사나의 계열로 파악한다. 그러면서도 사마타와 위빠사나와 구분되는 '알아차림[念]'을 독립된 한 '영역/단계'로 파악한다. '알아차림'으로 인하여 '집중/선정'이 가능하고, 또한 '알아차림'을 통해서 '위빠사나/통찰'이 성립된다고 주장한다.

그렇긴 하지만 유식불교적 입장에서는 'sati'를 다른 시각에서 해석한다. 곧 내면의 심층에 자리잡은 씨앗/종자가 의식의 표층으로 올라오는 순간을 포착하는 '환기'를 '알아차림'으로 이해한다. 특히 심리상담이나 심리치료에 활용하는 영상관법의 상황에서 고객의 핵심된 문제와 관련된 '영상'을 의도적으로 의식에 '떠올리는' 과정으로 사띠를 이해한다. 이점이 사띠에 대한 초기불교나 간화선의 이해와는 다른 유식심리학의 관점이다.

실제로 'sati'의 어원을 보면 '기억(memory)', '환기(evocation)'라는 뜻을 내포한다. 이것은 치료적인 측면에서 매우 중요한 의미를 가진다. 대부분 우리는 불쾌하고 혐오스런 장면을 '회피(avoidance)'하려 한다. 고객/내담자는 대체로 자신의 심층의 핵심과제와 정면으로 만나는 직면의 작업에서 '도망(escape)'친다. 왜 이미 지나갔고 불편한 그것을 다시 꺼내려 하느냐 하면서 거칠게 '저항(resistance)'한다.

이러한 상황에서는 환기도 없고 알아차림도 없다. 더욱이 그것은 의식의 지평으로 떠오르지 않고 숨어버린다. 이렇게 문제의 종자/씨앗을 '억압'하여 심층에 계속해서 묶어두면 의미 있는 치유작업은 일어나지 않는다. 그것(종자의 증상)이 의식의 표면에 떠올라오는 순간[轉變]을 포착하지 못하면, 그것은 계속해서 자신의 부정적인 영향력을 행사할 것이다. 마음치유의 상담이나 치료적 현장에서 의도적으로 억압되거나 회피해온 핵심된 기억을 적극적으로 '떠올리고', '환기시켜서' 그것에 대한 '집중적'인 치유작업을 해야만 한다. 이것을 가능하게 하는 작업이 바로 영상관법이고 대상 영상을 의도적으로 의식에 떠올리는 것이 '사띠'작업이다. 이런 점에서 sati, 알아차림은 노출을 의미한다.

이것의 효과는 상호 신뢰가 어떠한지에 의해 결정된다. 이런 점에서 영상관법에서 'sati'는 핵심된 문제의 영상을 현재의 시점에서 '환기함'이고, '떠올림'이고, 그것이 의식에로 나타남을 '알아차림' 하는 것이다. 그러기 위해서는 먼저 문제의 장면에서 핵심된 영상을 선정해야 하는데 이것은 고객/내담자와 상담자의 협력에 의해서 이루어진다. 내담자의 자발성에 의지해야 하지만 쉽지 않을 때는 상담자의 도움이 절대적으로 필요한 경우가 많다. 누구든지 직면하기 힘든 장면을 회피하려 할 것이다. 그러나 오래 세월 회피해 왔지만 여전히 개선되지 않았기에 내담자는 상담자/치료사의 도움으로 기꺼이 영상관법의 명상작업에 협조할 용기를 갖게 된다.

앞의 사례에서 애착대상인 엄마와의 관계에서 생겨난 '분리불안'에서 딸에게는 엄마가 자신의 요구를 듣지 않고 떠난 버스정류장의 장면이 가장 힘든 장면이다. 그 가운데서도 엄마가 돌아서서 버스에 올라타는 모습이 '핵심적' 장면이다. 이 장면이 그녀의 가슴을 뒤흔들어 놓는 사진 한 장이다. 누구에게도 꺼내놓지 못한 장면은 오랫동안 그녀를 힘들게 한 '결정적인' 핵심 감정이기도 하다. 이후로 가까운 누군가와 분리되는 순간마다 가슴이 저려온다. 분리의 아픔은 바로 이러한 씨앗과 종자에서부터 비롯된다. 이 장면의 영상 이미지에 '접촉[觸]'하는 순간 눈물이 먼저 난다. 이것은 온몸을 뒤흔들어서 깨어나게 하는 아픈 '격동[作意]'이다. 이것이 영상관법에서 '환기/떠올림/sati'의 의미이다.

2 머물기(Samatha), 집중과 선정

네 번째 단계는 집중과 선정[定根, 定力]이다. 집중과 선정은 엄격하게 말하면 조금 다르다. 먼저 'samatha/집중'이 선행하고 그런 다음에 결과로서 'samadhi/선정'이 나타난다. 한역에서는 'samatha'를 '지(止)'로 번역한다. '止'는 '머물다'와 '그치다'는 의미를 모두 가지고 있다. 필자는 '집중'을 의미할 때는 대상에 '머물다'는 의미로, '선정'을 말할 때는 번뇌가 '그치다'는 의미로 구분해서 번역한다.

집중은 어떤 특정한 하나의 대상에 주의를 머문다는 것을 말한다. 이를테면 호흡이라고 하면 숨이 들어오고 나갈 때 여기에 지속적으로 집중하여 '머물다'는 뜻이고, 머무는 시간이 처음에는 짧지만 계속하면 그러면 호흡표상/영상 이미지가 생겨나면서 선정에 도달하게 된다. 호흡표상/영상이 의식에 나타남은 바로 번뇌가 '그치고' 선정에 이르렀음을 상징한다.

이런 선정의 수준에 대해서 경전에서는 거친 번뇌의 욕계로부터 벗어난 '초선(初禪)', 내적인 산란함에서 벗어난 '이선(二禪)', 깊은 행복감을 느끼는 '삼선(三禪)', 청정함이 드러나는 '사선(四禪)'으로 구분하기도 한다.[21] 아무튼 선정에 들기 위해서는 먼저 일관된 하나의 대상이 있어야 하고, 그런 다음에 지속적으로 그것에 머물러서 감각적인 대상표상을 확보해야 한다.

호흡명상은 (1) 호흡의 감각적 영상을 알아차림하여 포착한 다음에 (2) 호흡에 '집중'하여 지속적으로 머물면, (3) 그곳에 고정되고 규칙적인 호흡의 표상이 나타나고, (4) 이렇게 호흡 '표상(nimitta)'이 선명하게 나타나면, (5) 다른 잡념이 자연스럽게 그치고 '선정'상태가 된다. 이런 호흡명상의 과정은 영상관법의 정형적인 모습 가운데 하나이다.

마찬가지로 심리상담이나 심리치료의 과정에서도 이것과 유사하게 영상관법

---

21 인경(2001), 「초기불교의 사선과 지관」 『보조사상』16.

이 진행된다. 우선 핵심된 장면에서 (1) '대상 표상'을 알아차림/포착하여 (2) 그곳에 주의를 집중하는 것이 '머물기'이다. 이때 내담자는 그곳에 머물면서 격동하는 감정을 회피하지 않고 기꺼이 충분하게 경험한다. 이때 대상이 호흡에서 감정으로 바뀌었을 뿐이다. 내담자는 자신의 생각이나 판단을 멈추고 느껴지는 감정을 수용하면서 집중한다. (3) 이렇게 감정을 느낄 때 몸 느낌/신체의 반응이 어떠한지를 상담자에게 보고하면서 살핀다.

대상을 정밀하게 관찰하고 살피는 이것은 선정보다는 통찰의 수행이다. 이점은 확실하게 호흡명상과는 다른 접근이다. 영상관법(특히 감정형 영상관법)에서 내담자는 어떤 종류의 '감정'이, 몸의 어느 '부위'에서, 얼마의 '강도'로, 어떤 '모양'으로, 혹은 어떤 '색깔'로 느껴지는지 보고하도록 요청받는다. 앞의 사례에서 엄마가 버스를 타고 떠나는 장면에 집중할 때 그녀는 당시의 어린 소녀가 되어서 소리 내 운다. 상담자는 잠깐 충분하게 슬픔을 느끼도록 배려한다. 상담자는 슬픔에 공감한다. 그리고 묻는다.

🎙 신체 어디가 아픈가요? 그것을 말해줄 수 있나요?
💬 "가슴이 숨을 쉬기가 어려울 정도로 답답하고, 등이 찌르듯 아파와요."
🎙 그것의 강도와 모양은 어떤가요? 숫자로 표시하면요. 전체가 100(혹은 10)이라면?
💬 "90 정도요. 모양은 등쪽이 날카로운 칼로 찌르는 것 같고, 가슴은 묵직한 검은 색깔의 돌덩이가 누르는 기분이고…. 숨을 쉬기가 힘들어요."

호흡명상에서 번뇌가 사라지는 선정의 체험이 중심이라면 마음치유에서의 영상관법은 감정을 충분하게 '몸'으로 느껴보는 경험이 중요하다. 왜냐면 뇌로 말하면 중뇌의 변연계(limbic system) 편도체(amygdala)이지만, 제8식의 종자/씨앗은 바로 '온몸'에 저장되어 안위를 함께 하는[同安危義][22] 까닭이다. 몸으로 감정을 충분하게 느껴야 감정에서 자유롭게 된다. 반대로 억압하여 통제하면 오히려 감정에 부림을 당하게 된다. 내담자는 충분하게 몸 느낌을 관찰함으로써 마침내 제8식에 저장된 종자/씨앗으로부터 자유롭게 된다.

영상관법을 통해서 감정에서 자유롭게 되면 그녀/그는 호흡명상을 할 때 좀 더 편하게 되고, 나아가서 엄마와의 관계에서도 분리의 아픔을 이겨낼 힘을 얻게 된다. 반대로 말하면 영상관법에 근거한 이런 종류의 마음치유 작업을 하지 않는다면 그/그녀는 호흡명상을 통해서 쉽게 선정에 이르지 못할 뿐만 아니라 현실의 대인관계에서도 반복되는 어려움을 겪을 것이다.

3 지켜보기(Vipassanā), 수용과 통찰

다섯째는 관찰과 지혜이다. 'vipassanā'는 '거리를 두고(vi) 관찰하다(passanā)'는 의미이다. 코로나로 인하여 사회적인 거리두기를 실시했지만 어려움이 있듯이, 심리적인 거리를 두기가 쉽지는 않다. 그것은 감정, 생각, 갈망과 같은 마음현상에 대해 '동일시' 하기 때문이다. 감정에 대한 동일시는 그 감정에 푹 빠져버리는 집착을 말한다. 생각이나 갈망이 마음에서 일어나면 그것에 끌려가서 '거리두기'가 힘들어진다. 위빠사나는 이렇게 움직이고 격동하는 대상과 거리를 유지하면서 관찰하고 '지켜보는' 활동을 말한다. 이런 관찰을 통해서 모든 현상들은 인연에 의해서 생멸함을 통찰하고, 그것의 본질을 깨닫는다.

이를테면 호흡명상에서 일단 호흡의 '표상'이 형성되면 다른 생각이 침투하지 않고 지속적으로 호흡을 관찰할 수가 있다. 마치 높은 창공에서 움직이지 않고 관찰하는 독수리와 같다. 그는 안정적으로 흔들림 없이 호흡의 표상을 지켜본다. 화

---

22 『解深密經』(大正藏16, 692b), "由此識於身隨逐執持故 亦名阿賴耶識 何以故 由此識於身攝受藏隱 同安危義故 亦名爲心."

두명상의 경우 화두를 지속적으로 꺼내들게 되면 구름에서 벗어나는 달처럼 번뇌가 걷히고 청정함이 드러남과 같다. 그래서 어느 순간에 마음의 '본성'을 깨닫게 된다.

마음치유에서 중요한 맥점인 '거리를 두고 지켜본다'는 것이 쉽지가 않다. 감정에 마음이 휩쓸려있기에 존재하는 그대로 거리를 두고 관찰한다는 것 자체가 어렵다. 그래서 감정형 영상관법에서는 앞에서 언급한 '삼중 정보처리 모델'에 근거해서 '마음 현상', '감정' 자체보다 몸에서 반응하는 '몸/감각' 느낌을 관찰하는 방법을 선택한다. 몸 느낌을 관찰할 때도 호흡과 함께 관찰하는 것이 바람직하다. 그렇지 않으면 느낌에 휩쓸려갈 수 있기 때문이다. 호흡과 함께 관찰하면 다른 생각에 빠지는 것을 방지하는 효과가 있고 감정과의 동일시에서 벗어날 수도 있다.

사례 | 감정형 영상관법

앞의 사례(분리불안)를 가지고 영상관법을 해보면 이렇다. 감정형 영상관법은 영상 이미지에 의해서 촉발된 감정과 몸느낌에 초점을 맞추고 충분하게 느끼면서 관찰하는 명상이다. 보통 몸과 마음은 일체라는 관점에서 몸느낌으로 환원시켜서 그것의 강도, 모양, 색깔을 보고하도록 해서 증상을 측정하고 그 변화를 관찰하는 내적인 직관의 힘을 강화한다.

- 🔍 가슴이 저리고 아프다고 했는데 그것에 집중을 해보면 어떤 모양인가요?
- 💬 "돌덩이가 가슴에 꽉 자리잡고 있어요. 색깔은 붉은 색깔이 있는 검정색이고 크기는 아주 커요. 90 정도 꽉 차서 숨을 쉴 수가 없어요."
- 🔍 네, 잘 찾았어요. 가슴에 형성된 그 '붉고 검은색 돌덩이'를 호흡과 함께 지켜보세요. 들숨에서 그 느낌을 느끼고 날숨에서 그 느낌이 어떤지, 피하지 말고 느껴요.
- 💬 "들숨에서는 압박감이 크고 날숨에서는 조금 여유가 생겨나요.

| 그림1-4 | 접촉된 영상

| 그림1-5 | 변화된 영상

🎤 좋아요. 계속적으로 지켜보세요. 긴장과 이완 상태를 반복해서 조용히 지켜봐요. (1분 정도 지난 다음), 지금 어떤가요?

💬 "지금은 강도가 50 정도로 가라앉고, 돌맹이의 검정색도 회색으로 바뀌고 크기가 줄어들고 있어요."

🎤 그것을 계속해서 그 느낌을 놓치지 말고 적극적으로 관찰해봐요. 다른 생각을 하지 말고 그 돌덩이에 집중하세요. 계속해서 들숨과 날숨에서 느낌의 변화를 지켜보세요. (1분 후) 어떤가요?

💬 "머리의 무거운 느낌은 점차로 아래로 계속해서 이동하고, 등쪽의 통증은 사라지고...조여오는 듯한 목과 가슴의 답답함도 점차로 가벼워지고 있어요."

🎤 네, 잘 보고하였습니다.

💬 "지금은 압박감 느낌의 강도는 20 정도이고, 돌덩이는 다 사라지고 외곽 흔적만 남았어요. 이제는 숨을 쉴 수가 있고....한결 편안해요."

여기서 처음 <그림1-4>은 처음 영상을 떠올려서 접촉한 이미지이다. 여기서는 붉은 색깔의 '화'와 검정색의 '불통'이 보인다. 여기저기 작은 상처의 흔적도 보인다. <그림1-5>는 영상관법을 끝내고 나서 변화된 영상 이미지를 그린 그림이다. 외곽만 남은 밝아진 모양은 서로 유사하지만 감정적 고통이 소멸된 텅 빈 상태이다. 그러면 영상관법을 통해서 이곳에서 내담자/고객은 무엇을 관찰하고 통찰하였을까? 이렇게 묻자 아래와 같이 대답한다.

> 💬 이제 가족(엄마)과의 관계에서 슬픈 감정이나 화가 다시 찾아와도 두려워하지 않아도 될 것 같다. 설사 감정이 일어나도 그것을 감추지 않고 표현할 것이고...
>
> 💬 지금처럼 감정은 시간이 지나면서 변화를 하니까...도망가지 않을 것이고 회피하지 않아도 된다. 내 자신의 삶을 살 거다.

4) │ 실천의 단계(道, Magga), 새롭게 살아가기

네 번째, 'magga'는 특별한 마음현상, 별경심소 다섯 가지에는 포함하지 않는다. 그렇지만 현실문제를 해결하고 실천해가는 매우 중요한 과정이라 앞의 표에서 보듯이 고집멸도에서 실제적인 행동실천인 '도(道)'로서 여기에 포함시킨다. 'magga'는 '길'이나 '방법'으로 번역되고 한역에서는 '도(道)'로 번역한다. 이후로 불교사는 '도/길'을 중심으로 논의가 진행되었다. 도란 무엇인가? 눈앞에 길게 뻗은 '길'이다. 모두가 걸어가는 삶의 이정표를 말한다. '길이 보인다'는 것은 앞으로 어떻게 살아갈지에 대한 대안을 확고하게 찾았다는 의미로 해석되곤 한다. 반대로 힘들고 어찌할 바를 모를 때는 '길이 보이지 않는다'고 말한다. 이런 점에서 길은 고통을 소멸하는 방법을 말한다.

고통을 소멸하는 길로서 경전에서는 대체로 '팔정도(八正道)'를 제시한다. 내면을 바르게 관찰함[正見], 자신을 바르게 통찰하고 사유함[正思惟], 마음의 선정을 닦는 바른 알아차림[正念], 바르게 정진함[正精進], 바른 집중[正定], 그리고 몸으로 짓는 바른 행동[正業], 바른 말[正語]과 바른 직업[正命] 등이 여기에 속한다.

직접적으로 팔정도를 언급하지 않더라도 모든 대안적 행동에는 반드시 팔정도와 연결된다. 마찬가지로 마음치유의 심리상담이나 심리치료에서 새로운 행동 대안은 반드시 윤리적인 관점을 주장함은 아니지만 잘못된 행동을 수정하여 바른 행동으로 전환하는 과정을 포함한다.

아비담마와 유식불교에서도 팔정도를 강조지만 우리를 성장시키고 변화시키는 바람직한 마음현상으로 특별한 마음현상[別境心所]을 강조한다. 일상에서 보편적인 마음현상[遍行心所]은 분별하는 생멸(生滅)의 마음과 항상 함께 존재하지만, 특별한 마음현상[別境心所]은 명상수행과 관련된 진여(眞如)의 마음과 상응한다. 특별한 마음의 존재는 일상에서 일어나는 세속적인 마음과는 다르게 별도의 대상이 존재한다는 것으로 '팔정도'와 같은 특별한 의도적인 노력/정진을 요청한다.

앞 사례에서 보듯이, 영상관법에서 작용하는 특별한 마음현상은 일상의 보편적 마음현상에서 나타난 분노, 슬픔, 불안, 무기력을 이겨내 '의욕[欲/正精進]'을 내게 하고, 오랜 아픔에 대해서 뛰어난 이해[勝解/正思惟]를 가능하게 하고, 깊은 심층에 잠들었던 기억을 떠올림[念/正念]하여 직면하고, 그곳의 감각적인 영상/표상에 집중하여 충분하게 감정을 느끼도록 고객을 돕는 마음현상이다.

보편적인 마음현상의 감정들은 심층의 내면에서 잠든 상태로 존재해온 그러나 회피해 왔던 오랜 친구와 같다. 너무나 오랫동안 만나길 거부해온 내 자신의 일부이다. 이제 그것들을 알아차림[念]하고, 충분하게 머물러본다[止]. 그것을 호흡과 함께 관찰하면서[觀] 그것이 점차로 가라앉고[定/正定] 사라지는 전과정을 지켜보면서[正見] 비로소 숨을 쉬는 듯하다[慧]. 그동안 나는 숨을 쉬었지만 참으로 깊게 숨을 쉬지 못했다.

그러나 이제는 숨을 쉴 것 같다. 이제 어떻게 해야 하나? 이것은 새로운 행동을 위한 접근방식이다. 과거와는 다른 새롭게 '살아가기[道]'이다. 엄마를 다시 만나고 어린 나를 만나는 일이다. 그리고 하지 못한 말을 건네고, 쪼개진 마음을 통합하고, 화해하는 시간이다. 이제 자신의 삶을 살아가는 실천의 길이다.

🎤 어린 내면 아이가 보이나요? 어떻게 보이나요?

💬 "작고 가엾고 불쌍해 보여요. 고개를 숙이고 아무것도 할 수 없이 무기력하게

보이네요."

🎤 좋아요. 두 손을 양어깨에 올리고 어린아이를 꼭 껴안아 보세요. 가능한가요....어린 내게 말을 해보아요.

💬 "괜찮아. OO아. 이제는 내가 너를 지켜줄게. 혼자여도 괜찮아. 내가 옆에 항상 있을 거야. 너가 어디를 가든지 나는 너와 함께 할 거야. 그러니 너무 걱정하지 마. 괜찮아. 오늘 잘 했어. 너가 자랑스러워."

🎤 잘 했습니다. 이렇게 어린 나에게 이야기하고 나니...어떤가요.

💬 "마음이 정말로 편안하고 밝아져요. 조금 남았던 답답함의 흔적이 완전히 사라졌어요."

🎤 그렇군요. 축하해요. 엄마가 보이나요? 이번엔 엄마에게 말을 해봐요. 엄마에게 하고 싶은 말은 없나요?

💬 "엄마, 밖에 나가면서 어디 간다고 말을 해주어야지. 왜 설명하지 않았던 거야. 엄마, 아직도 궁금한데, 왜 자꾸 날 버려둔 거야. 엄마는 나를 생각이나 했어?"

🎤 좋아요. 이번엔 어린 자신의 입장에서 벗어나 어른의 엄마가 되어 말해봐요.

💬 "미안하다. 난 너가 그렇게 아파할 줄 미처 몰랐다. 널 버린 게 아니란다. 너도 알다시피...그때 엄마가 장사하느라 너무 바빴던 거지. 미안해."

🎤 어떤가요? 괜찮은가요?

💬 "(다시 어린 딸로 돌아와서) 속이 조금 시원해집니다. 사실 엄마로부터 미안하다는 말을 듣고 싶었어요....정말로 그땐 엄마가 날 버린 줄 알았어요. 엄마를 다시 보지 못할 줄 알았어요. 그래서 더욱 매달린 것 같아요."

🎤 좋은 통찰입니다. 앞으로 어떻게 하실래요?

💬 "너무 가족의 시선에 눈치를 보지 않을 작정입니다. 내가 떠나지 않아도 될 것 같아요. 떠남의 분리를 받아들일 수가 있을 것만 같아요. 엄마의 모습도 다시 보이고 어린 내 모습도 보여요. 이제는 그대로 정면으로 만날 수가 있을 것 같아요. 이제야 가족을 그대로 수용하고, 거리를 두고 지켜볼 수 있을 것 같습니다."

Q 이렇게 수용하게 된 이유는 어디에 있다고 봅니까?

A "거친 감정이 가라앉고, 엄마의 입장도 이해되니까 달라진 것 같아요."

여기서 주목되는 점은 먼저 감정이 '가라앉아야' 그런 다음에 인지적으로 엄마의 입장이 이해가 된다는 점이다. 물론 이것은 영상관법의 효과이다. 새롭게 '살아가기'의 방향과 가치는 사례마다 다를 수가 있다. 여기 사례에서는 엄마와의 관계개선을 의미한다. 언제까지나 엄마를 원망하면서 어린 시절의 기억에 갇혀 지낼 수는 없다. 당시와는 다른 시각과 관점을 가지고 엄마를 바라보고, 자신의 삶을 새롭게 성찰하고 재검토할 기회를 가져야 한다.

실천의 단계로서 '새롭게 길을 걸어감[道/Magga, 새롭게 살아가기]'은 경전에서의 팔정도를 말한다. 팔정도는 고통의 소멸에서 핵심적인 역할을 하고, 고통이 소멸된 이후에도 여전히 계속적으로 실천을 해가야 하는 중요한 덕목이다. 팔정도를 통해서 고통의 소멸을 경험한 내담자는 효과가 있음을 분명하게 자각했기에 동일한 방법을 활용하여 계속해서 실천해간다.

이 단계에서 영상관법은 앞으로 어떻게 할지에 초점을 맞춘다. 만약에 변화를 경험했고 어떤 통찰을 경험했다면, 그것은 무엇이고 앞으로 어떻게 실천할지 혹은 같은 상황을 또 만나면 어떻게 할지를 묻고, 그 대안을 함께 나눈다. 이점은 상담실에서 내담자에게 적절한 과제를 제시하는 데 중요한 역할을 한다. 고객에게 과제를 제공하는 것이 실천에 효과가 있기 때문이다.

다시금 당시의 장면을 재구성해서 살펴보면, 그때 엄마는 떠난 것이 아니라 시장에 물건을 팔려고 나갔고, 친정집에 문제가 생겨서 잠시 그곳에 머물렀던 것이다. 당시 감정에 빠진 어린 딸은 그게 이해가 되지 않았지만, 어른이 된 이제야 엄마가 조금 이해가 된다. 그렇지만 아무 설명도 없이 그냥 바삐 나간 점은 여전히 아쉽기만 하다. 이런 통찰은 영상관법을 끝내고 엄마와 관련하여 대화하는 과정에서 드러났다.

그러면 마지막으로 고집멸도에 대한 정확하고 뛰어난 이해가 진행되었다고 판단되면 이것을 명상의 주제/대상으로 삼아 연습하면 좋겠다. 예를 들면 이렇다. 내담자에게 눈을 감게 하고, "오늘 상담에서 고통은 무엇인가요? 이것을 이야기하여 보세요." 질문한다. 내담자가 그것을 말하면, "이것은 고통이다."고 이름 붙이기를 한다. 이렇게 관찰하기를 끝나면 "그렇게 하니 어떤가요?" 다시 묻는다. 대답을 듣고 공감하고 지지한다. 이런 식으로 '고(苦)'와 마찬가지로 '집(集)'에 대해서도 '멸(滅)'에 대해서도 '도(道)'에 대해서도 같은 방식으로 진행한다.

- 엄마는 나를 버렸다. 나를 미워한다. 이것은 고(苦)이다.
- 엄마에게 사랑받고 싶은 갈애가 있다. 이것은 고통의 원인[集]이다.
- 내 감정에서 분리가 일어났다. 엄마가 객관적으로 보인다. 이것은 고통의 소멸[滅]이다.
- 엄마를 미워하지 않지만, 너무 연연해하지도 않고, 내 삶을 살아간다. 이것은 도(道)이다.

이렇게 고집멸도 명상을 하면서 새로운 통찰과 함께 상담이 마무리/정리가 된다. 그럼으로써 고객은 고집멸도와 함께 영상관법이 마음치유의 핵심된 절차이고, 명상수행의 한 방식임을 정확하게 이해하게 된다.

감정형 영상관법 프로그램(E-RIMP) 진행 매뉴얼
-사례의 핵심장면에서 영상을 떠올려서 감정을 충분하게 경험하기(영상 → 감정)

Ⅰ. 고통, 호소문제 이해하기(苦, 경청공감): 경청〉공감〉요약)질문: 4단계 상담 체계

Ⅱ. 명료화 작업(集, 원인탐색): 마음작동 5요인 분석, 자극(접촉)/감정/생각/갈망/행동

Ⅲ. 체험적 접근(滅, 감정형 영상관법)

1) 주제선택(핵심장면, 사진 한 장)
- 언제였고, 어디서 누구랑, 무슨 일이 있는지?
- 핵심된 장면은 무엇인지?
- 여러 장면에서 사진 한 장만 골라본다면?

2) 영상 떠올리기(알아차림, sati, 念)
- 눈을 감고, 핵심장면을 떠올려보아요. 무엇이 보입니까?
- 그곳에서 무엇이 나를 힘들게 하는가요?
- 눈으로 무엇이 보이고? 귀로는 뭐가 들리나요?
- 그것에 집중하여 보세요. 그러면 어떤 감정이 느껴지나요?
- 그 감정에 이름을 붙여보아요. (불안, 우울, 분노와 같은)
- 그것에 집중하여 느껴보세요.(감정접촉).

3) 신체반응을 통한 감정 충분하게 경험하기 (머물기, samatha, 止)
- 그 감정은 전체가 100이라면 얼마나 큰가요?
- 그 감정을 느낄 때, 신체의 어디에서, 어떤 반응이 느껴지나요?
- 그 느낌의 모양(세모모양인가, 네모모양인가)은 어떤가요?
- 강도는 어떤가요?(농구공, 탁구공 크기 혹은 강도: 전체를 100으로 표시함)
- 색깔은 어떤 색인가? (혹은 감각기관에 따라서 맛은 어떤가요?)

4) 호흡과 함께 지켜보기 (지켜보기, vipassanā, 觀)
- 좋아요. 호흡과 함께 지켜보세요.
- 들숨일 때와 날숨일 때를 비교해서 느낌의 차이를 보고하여 주세요.
- 감정을 회피하지 말고 적극적으로 충분하게 경험하여 보세요.
- 변화가 있으면 따라가면서 관찰하여 보고합니다.
- 강도에 따라서 시간을 반복 체크함
  70이상 – 1분씩 3회 관찰하게 함
  50전후 – 1분 2회 정도
  30이하 – 1분 1회 정도
  *반복하기: 계속해서 관찰을 지속하여 진행함

5) 문제해결(대안찾기)
- 처음 주제의 핵심 장면으로 다시 떠올려보기
- 당시의 감정이 다시 어떻게 느껴지나요?
- 그 장면을 보면서 질문해보기, 뭐가 문제인가요?
- 어떻게 하면 좋을까요?(문제해결 대안찾기)

6) 라벨링명상
- 현재의 기분, 마음느낌에 이름을 붙이기 (지금 기분이 어떤가요?)
- 느낌에 이름을 붙이면서 음미해보기

7) 리뷰하기
- 영상관법을 끝내기. 수식관 하고 몸풀기를 함께 함
- 내담자에게 영상관법의 과정을 상담자가 요약 보고함
- 보고하면서 서로 어려운 점, 궁금한 점이나 인상 깊은 점을 나누기함

8) 통찰과 소감나누기
- 감정을 충분하게 경험을 했나요?
- 끝내고 난 이후의 소감은 어떤가요?
- 도움받은 점은 무엇인가요?
- 새롭게 알게 된 점은 무엇인가요? (영상관법 이전과 끝내고 난 이후 2가지를 비교하기)
- 어려운 점은 무엇이 있던가요?

Ⅳ. 행동적 접근(道): 새롭게 살아가기 위한 계획 세우기
- 앞으로 어떻게 하고 싶은가요?
- 이런 일이 반복된다면 어떻게 행동하고 싶은가요?
- 구체적으로 상세한 계획을 세워보기

* 본 프로그램을 사용하고자 하시는 분은 명상심리상담사 전문가의 도움을 받으시길 바랍니다.

3

논의: 영상관법의 명상수행론적 이슈

앞 절에서 사례 중심으로 영상관법의 진행절차를 설명하였다. 여기서는 영상
관법이 함축하는 명상수행의 심리철학적 이슈들을 고찰해보도록 한다.

1) 지관과 염지관

호흡명상과 부정관을 비롯하여 명상수행이 영상/표상 중심으로 실천한다고
할 때 이런 접근방식을 유식불교의 '영상문(影像門)'에서는 '영상을 닦는다'는 '영
상수(影像修)'라는 용어를 사용하기도 한다. '영상문'이란 용어는 영상을 중심으로
명상수행을 하는 문파라는 의미로 학파적 성격이 강하다면, '영상수'는 영상을 대
상으로 하는 수행이란 의미이다. 영상을 중심으로 이루어진 수행론은 영상을 수행
대상으로 채택한 점에서 고유한 특성을 가진다.

> 무엇이 영상수(影像修)인가? 그것은 이른바 분별이 있는[有分別] 비발사나품의
> 삼마지에서 일어난 영상을 마땅히 알아야 할 대상(所知事, vastu)으로 함께 삼아
> 서[同分], 주의를 집중하여[作意] 바르게 사유[正思惟]하는 것을 말한다. 혹은 그
> 것은 분별이 없는[無分別] 사마타품의 사마지에서 일어난 영상을 마땅히 알아
> 야 할 대상(vastu)으로 함께 삼아서 주의를 집중하여[作意] 바르게 사유하는[正思
> 惟] 것을 말한다. 이렇게 닦는 바를 이름하여 영상수(影像修)라고 한다.[23]

---

23 『解深密經』(大正歲16, 688c), "云何影像修 謂或於有分別 毘鉢舍那品三 摩地所行影像 所知事同
分 作意思惟故 或於無分別奢摩他品 三摩地所行影像 所知事同分 作意思惟故 諸所有修 名影像
修."

'영상수행[影像修]'에서 영상을 '마땅히 알아야 할 대상'이라고 정의한다. 대상은 일상에서 경험하는 사건[所知事]이나 부처의 가르침[所知法]으로 구분하기도 하지만 총칭해서 모두 '마땅히 알아야 할 대상'으로 번역할 수 있다. 영상문에서는 '고집멸도'와 같은 교설들 역시 '마땅히 알아야 할 대상[所知事]'으로 본다.[24] 이런 점에서 영상수행, 곧 영상관법은 부처의 가르침인 교설[法]을 대상으로 하거나 아니면 일상에서 경험하는 사건[事]을 중심으로 실천할 수가 있다. 경전의 가르침을 중심으로 할 때는 출가자나 불자들이 주로 실천하지만, 일상경험의 사건이 중심이 될 때는 대인관계나 업무 스트레스에 노출된 것을 대상으로 할 수 있다. 영상관법의 수행모형에 대해서 염지관(念止觀)과 같은 수행체계를 중심으로 3단계 모델을 사용한다. 반면에 심리상담이나 심리치료에 적용할 때는 고집멸도(苦集滅道)의 4단계 모델을 선호한다. 양자를 모두 사용할 때는 보통 염지관을 고집멸도의 '멸' 단계에 포섭하여 사용하곤 한다.

그런데 여기에서 논의할 게 있다. 첫 번째는 지관과 염지관이다. 일반적으로 전통적인 명상수행의 모델에서는 집중명상과 통찰명상의 '지관(止觀)' 2단계 모델로 설명하는 경우가 많다. 수행대상에 '주의를 집중함[作意]'은 사마타/止이고, '바르게 사유함[正思惟]'는 위빠사나/觀에 해당된다. 지관 수행은 초기불교 이후 아비담마 불교 시대를 거쳐서 유식과 화엄의 대승불교에 이르기까지 일관된 불교만의 고유한 공통된 수행론이다.

그러나 영상을 중심으로 이루어지는 영상관법은 '염지관(念止觀)' 3단계 모델을 채택한다. 왜 그러한가? 그것은 영상을 의식의 표층으로 떠올려서 지각/인지하는 과정이 필수적이고 중요한 까닭이다. 고정된 대상에 대한 지속적인 집중을 강조하는 사마타[止]의 경우에도 선행적으로 대상에 대한 '포착'이 요청되고, 변화하는 대상을 관찰하는 위빠사나[觀]의 경우에도 먼저 대상을 '알아차림' 해야 한

---

24 『解深密經』, 같은 책, 427b., "苦諦集諦 滅諦道諦 是名所知事."

다. 지관(止觀) 양쪽 모두 수행되기 위해서는 필수적으로 대상에 대한 포착, 알아차림[念]이 선행되어야 한다. 수행 대상에 대한 포착 없이 그것에 대한 집중이나 관찰은 불가능하다. 특히 마음치유에서 활용되는 영상관법 프로그램(RIMP)은 먼저 대상 영상을 의식 표층에 떠올리는 '알아차림/환기'의 작업이 매우 중요한 위치를 차지한다는 점에서 더욱 그렇다. 그래야 다음 작업이 가능하다. 대상에 대한 노출 없이는 이후의 마음치유 역시 불가능하기 때문이다.

이것을 사진찍기에 비유해 보자. 여행을 가면 스마트폰으로 사진을 찍곤 한다. 먼저 사진을 찍기 위해서는 대상/피사체를 선정하고 렌즈를 통해서 영상을 포착해야 한다. 이것이 바로 첫 번째 '알아차림[念]'의 단계이다. 만약 이것이 없다면 이후 과정은 진행할 수 없다. 일단 대상이 선택되고 포착 되면, 대상 영상을 화면에 잡아당겨 초점을 맞춘다. 그러면 선명한 영상이 의식의 표면에 가득 차게 된다. 이것이 두 번째 '집중의 머물기[止]' 단계이다. 이렇게 일단 대상에 대한 집중이 이루어지면 호흡을 멈추고 대상 영상의 구도를 관찰하면서 마침내 셔터를 누른다. 이게 '대상을 지켜보기[觀]' 세 번째 단계이다.

사진찍기와 유사하게 영상관법에서도 미해결된 과제로서의 영상을 의도적으로 '떠올림하고', 다음에는 그것을 포커싱하면서 '머물러' 집중하고, 그런 다음에 영상을 따라가면서 변화를 수용하여 '지켜보는' 것이다. 이러한 염지관의 수행과정을 통해서 고통으로부터 해탈하는 '전의(轉依)/전환'이 이루어진다. 이런 과정이 바로 영상관법의 수행이다. 단순하게 지관만을 강조하면 그 과정이 생략이 되는 약점이 노출된다. 앞에서 언급한 바와 같이 마음의 선정과 지혜를 의미하는 정혜는 과정보다는 수행결과를 강조한 용어이다. 반면에 집중과 관찰인 지관은 수행의 원인으로 작용한다. 알아차림과 집중, 그리고 관찰이 원인이 되어서 그 결과로 선정과 지혜가 성취된다. 수행의 절차에서 처음에는 알아차림[念], 머무름[止], 지켜봄[觀]이 중요하고, 이것이 성취되면 마음의 선정[定]과 지혜[慧]가 자연스럽게 찾아온다. 그리고 지속적인 수행을 계속하면 궁극적으로 열반(涅槃)과 깨달음[菩

提]에 도달할 것이다. 곧 수행의 처음, 중간, 끝에 따라서 그 명칭이 서로 달리한다.

2) | 무분별 영상/사마타와 분별 영상/위빠사나

대체로 영상 이미지는 안내된(guided) 영상과 자발적(spontaneous) 영상으로 구분된다. 이것은 영상 이미지의 생성에서 안내된 영상 이미지는 지시적인 측면이 강하고, 자발적 영상 이미지는 말 그대로 자율적 성격이 강조된다. 반면에 『해심밀경』이나 『유가사지론』에서는 영상의 유형을 '무분별(無分別) 영상'과 '분별(分別) 영상'으로 구분한다.

문제가 되는 영상 이미지가 타인에 의해서 안내되거나 유도된 것인가? 아니면 자동적으로 혹은 자발적으로 마음에 떠오른 영상인가? 이것은 영상 발생의 심리학적 관심을 요구한다. 불교 심리학에서는 명상수행의 과정에 초점을 맞추는 까닭에 의도적이거나 혹은 자발적으로 떠올린[念] 대상 영상을 일단 포착하면 그것이 분별없는 집중의 사마타인가 아니면 대상 영상의 변화를 관찰하는 분별의 위빠사나인가 하는 관점에서 분류된다.

그런데 명상수행할 때는 양자 가운데 하나를 선택해야 하는 경우가 있다. 분별이 있으면 바르게 관찰하여 그것에 대한 '통찰'을 이루어야 하고, 분별이 없으면 대상에 집중하여 마음의 '선정'을 이루어야 하기 때문이다. 일반적으로 특정한 대상에 집중하여 산란한 마음을 다스리고자 할 목적으로 수행할 때는 사마타(Śamatha)라 한다. 이런 경우는 영상에 대해서 분별이나 판단이 없어야 한다. 호흡처럼 분별없는 대상 영상을 있는 그대로 집중하면 점차로 산란한 생각이 조금씩 가라앉는다. 왜냐면 그곳에는 대상에 대한 분별이 없이 집중만 존재하기 때문이다. 반면에 몸느낌과 같이 변화하는 대상 영상의 변화하는 과정을 관찰하고 그 본질을 통찰할 때는 위빠사나(Vipaśyanā)이다. 이런 경우는 대상 영상에 대한 분별적 자각이 이루어져야 한다. 변화하는 그 대상 표상을 지속적으로 관찰하고 분명한 이해

[勝解, 正知]를 해야 통찰이 일어나기 때문이다.

그러나 이들은 서로 별개가 아니다. 초선을 지난 제2선과 같이 깊은 선정상태가 아니면 거의 대부분 항상 함께 작동된다. 수행처나 지도자에 따라서 분별없는 영상의 사마타를 강조하거나 분별있는 영상의 위빠사나를 중시하기도 하지만 대부분 서로 함께 개입하는 경우가 많다.

어린 시절의 분리불안으로 인해서 가슴에 돌맹이가 가득해서 숨쉬기가 힘들다는 앞 절의 사례에서 보면, 가슴에 걸린 붉은 검정색 '돌맹이'는 마땅히 알아야 할 대상 즉 '영상'이다. 돌맹이 영상을 분별하지 않고 그 자체를 수용하여 있는 그대로 머물러서 '집중함'은 사마타 수행의 '분별없는' 영상에 해당된다. 그러나 이 돌맹이 영상이 점차로 작아지고 색깔도 점차로 회색으로 바뀌어가고 끝내는 테두리만 남겨지는 과정을 조용하게 '지켜보는' 과정은 그것의 변화를 관찰하기에 '분별있는' 영상의 위빠사나에 해당된다. 양자가 함께 있어야 한다는 점에서 '위빠사나-사마타'라든지, 혹은 '사마타-위빠사나'가 된다. 전통적 이름으로는 천태종의 '지관겸수(止觀兼修)'나 선종의 '정혜쌍수(定慧雙修)'가 여기에 해당된다.

유식심리학의 관점에서 보면 영상에 대한 '분별없음'과 '분별있음'의 구분은 '무상(無相) 유식론'과 '유상(有相) 유식론'에 해당된다. 영상에 대한 분별 없음[無相]은 영상이 허망하다는 '영상의 허위론'에 연결된다. 이런 경우는 선정과 청정성이 강조된다. 반면 영상에 대한 '분별있음'은 통찰과 지혜로움의 성찰이 중요해져, 영상의 유의미함을 주장하는 '영상의 진실론'에 관련된다. 이점은 다시 제3장에서 상론할 것이다.

거울에 비유하면 영상에 대한 분별없음의 사마타는 대상을 있는 그대로 직관하기에 '분별없는' 거울 바탕 면에 충실하자는 입장이다. 이때 거울 바탕이란 대상을 분별하지 않고 비추는 작용을 일으킨다. 이것은 영상보다는 본래적 '바탕[體]'를 중시하는 입장이다. 왜냐면 거울의 바탕은 스스로 판단하거나 분별없이 대상을 그대로 비추는 작용을 하기 때문이다. 반면에 위빠사나는 교법이나 현실의 사례와 관련된 대상 영상에 대해서 정밀하게 탐색하고 살펴보아야 한다는 점에서 분별 있는 영상이다. 이것은 마음이 현실에 작용하는 분별/형상/지식을 인정하고 그것을 정밀하게 살펴본다는 점에서 영상의 의식에 출현하는 '작용[用]'을 중시한다.

이렇게 체용(體用) 즉 바탕과 작용으로 정리하고 나면 분별없음의 무상(無相) 유식과 분별있음의 유상(有相)유식은 수행의 관점에서 자연스럽게 역할기능들이 '지관(止觀)'이란 용어와 함께 융합된다. 곧 분별없는 영상의 무상유식의 전통을 밀고 가면 수행에서 형상/영상은 비존재로서 허망하기에 이것은 '분별이 없는' 곧 사마타의 길이다. 반면에 분별이 있는 유상유식적 전통은 형상/영상의 존재를 인정하기에 분별과 함께 정밀한 관찰의 '분별있음'이 요청된다. 이것은 위빠사나의 명상수행에서 강조한 바와 같다. 물론 이때 사마타이든 위빠사나이든 어느쪽을 강조하든지 영상은 마땅히 알아야 할 대상(事, vastu)이고, 주의를 집중해서 [作意] 사유해야 하는 중요한 가치 있는 명상의 대상이 된다.

여기서 '알아야만 하는 대상[所知事, jñeyamvastu]'[25]이란 『유가사지론』에 의거하면 다섯 가지이다. 신체를 깨끗하지 못하다고 관하는 '부정관(不淨觀)', 자신과 타인을 향한 자비의 명상인 '자민관(慈愍觀)', 세계가 인연의 결과임을 관찰하는 '연기관(緣起觀)', 내외적인 구성요소의 차별을 관하는 '계차별관(界差別觀)', 들숨과 날숨을 알아차리는 '아나파나념(阿那波那念, 호흡명상)' 등 마음을 정화하는 다섯 가지 관법[五停心觀]이다. 뿐만아니라 반드시 알아야할 명상 대상으로는 심리적 사태인 오온을 관찰하는 '오온관(五蘊觀)', 고통과 고통의 원인, 그리고 고통의 소멸과 소멸하는 길을 관찰하는 고집멸도의 '사제관(四諦觀)' 등을 포함한다.[26]

---

25 岸上仁(2013), 『初期唯識思想におけるvastuの概念』 修士論文, 大谷大学大学院　仏教学専攻修士課程.

26 『解深密經』(大正歲16, 427b), "所知事者 謂或不淨 或慈愍 或緣性緣起 或界差別 或阿那波那念 或蘊善巧 或界善巧 或處善巧 或緣起善巧 或處非處善巧 或下地麤性上地靜性 或苦諦集諦 滅諦道諦 是名所知事."

이들 수행법은 교설로서 그 자체로는 매우 추상적인 관념/공상(共相)에 떨어질 위험이 있기에 실제 수행에서는 모두 구체적인 감각적 영상/자상(自相)을 대상으로 한다. 부정관은 신체의 해부학적인 각 부위가 깨끗하지 못한 영상을 떠올려서 관찰하고, 자민관은 자신과 타인을 표상함으로써 자비를 서원하며, 연기관은 '이것이 있음으로 해서 저것이 있음'의 관계를 선명하게 관찰하는 명상법이고, 계차별관은 인식하는 대상과 의식 등의 내외적인 구성요소를 각각의 영상으로 떠올려서 관찰하는 것이며, 아나파나념은 들숨과 날숨의 표상을 알아차리는 명상이다. 이들은 모두 3단계 모델인 '알아차림/사띠'에 기반한 '사마타/집중'이면서 동시에 '위빠사나/통찰'이지만 각기 특화된 고유한 영상을 대상으로 채택하여 수행한다는 공통점이 있다.

그럼에도 부정관(觀), 자민관(觀), 연기관(觀), 차별관(觀), 아나파나념(念), 오온관(觀), 사제관(觀) 모두 사마타[止]보다는 위빠사나[觀]를 강조하는 명칭이다. 이것은 선정의 사마타보다는 지혜의 위빠사나를 강조해온 불교 전통에서 비롯된 면도 있지만, 이들은 모두 '분별이 없는 영상(無分別影像)'보다는 세존의 교설로서 '분별이 있는 영상(有分別影像)'을 대상으로 하기 때문이다. 물론 실제로 탐색하여 살펴보는 관법(觀法)에는 이미 사마타에 기초해서 수행함을 전제로 하는 까닭도 있다. 이런 이유로 이들 모두 영상에 기반해서 수행된다는 점에서 일종의 '영상관법(影像觀法)'의 수행론이다.

3) 탐색(vitakka)과 정밀하게 살펴봄(vicāra)

영상관법에서 문제를 '탐색'하고 그것을 '정밀하게 살펴봄'은 매우 중요한 과정이다. 이것은 초기불교에서 말하는 vitakka(尋, 覺)와 vicāra(伺, 觀)에 해당된다. 그러나 이것을 선정에 방해되는 '산란심'으로 이해하는 경우가 많다. 왜냐면 욕계로부터 벗어난 색계 초선(初禪)에서 '탐색의 vitakka(尋, 覺)'와 '정밀하게 살펴봄의 vicāra(伺, 觀)’는 존재하지만 이선(二禪)에서는 이들이 사라지는 까닭이다. 탐색과 정밀하게 살펴봄이 함께 사라지기에 두 번째의 선정[二禪]을 ‘성스러운 침묵[聖默]’이라고 부른 이유이다.

> 욕망(kāma)과 착하지 않는 행위(akusala)로부터 떠나고, 탐색(vitakka, 尋, 覺)이 함께 하고 정밀하게 살펴봄(vicāra, 伺, 觀)이 함께 하지만, 떠남(viveka, 離)에서 발생한 기쁨과 행복감이 있는 첫 번째 선정[初禪]에 도달하여 머문다. 탐색[尋]과 정밀하게 살펴봄[伺]이 점차 멈추어지고, 내면은 정적하고 마음이 전일하게 되어, 탐색과 살펴봄이 없어져서 삼매(samādhi, 定)로부터 발생한 기쁨과 행복감이 있는 두 번째 선정[二禪]에 도달하여 머문다.[27]

첫 번째 선정에서는 거친 욕계에서 생겨나는 번뇌를 제어해야 하기에, 예를 들면 호흡과 관련된 수행대상의 영상/표상을 적극적으로 탐색하고 살펴보는 의도적 행위가 필요하다. 그럼으로써 욕계로부터 벗어남에서 오는 기쁨(pīti)과 행복감(sukha)을 경험하게 된다. 계속하여 호흡명상에 집중이 지속하면 두 번째 선정에서는 ‘탐색(vitakka)’과 ‘정밀하게 살펴봄(vicāra)’이 사라진다. 왜냐면 호흡의 영상/표상이 선명하게 드러난 관계로 더 이상의 탐색과 살펴봄의 작용을 가탁(假託)하지 않아도 되기 때문이다. 이 단계는 삼매에서 오는 기쁨과 행복감이 있다. 만약에 여기에서도 여전히 ‘탐색과 정밀하게 살펴봄’이 있다면 그것은 삼매의 단계가 아니다. 이런 점에서 이선에서는 초선과 비교해서 더욱 깊은 선정에 들어간다.

---

27 Majjhima Nikāya (BJT, p.726) ; So vivicceva kāmehi vivicca akusalehi dhammehi savitakkaṃ savicāraṃ vivekajaṃ pītisukhaṃ paṭhamaṃ jhānaṃ upasampajja viharati. Vitakkavicārānaṃ vūpasamā ajjhattaṃ sampasādanaṃ cetaso ekodibhāvaṃ avitakkaṃ avicāraṃ samādhijaṃ pītisukhaṃ dutiyaṃ jhānaṃ;『中阿含經』(大正藏1, 423b), “云何聖弟子逮四增上心 易不難得. 謂聖弟子離欲離惡不善之法 有覺有觀 離生喜樂 逮初禪成就遊. 是謂聖弟子逮初增上心 易不難得 復次 聖弟子覺 觀已息 內靜一心 無覺無觀 定生喜樂 逮第二禪成就遊.”

그렇기 때문에 초선에서 발견되는 '탐색(vitakka, 尋, 覺)'과 '정밀하게 살펴봄(vicāra, 伺, 觀)'이 『해심밀경』에서는 사마타가 아니라 위빠사나 형태로 규정한다. 왜냐면 이들이 '초선(初禪)'에서 존재하지만 더 깊은 '이선(二禪)'에서는 사라지는 까닭이다. 이같은 내용이 『해심밀경』의 「분별유가품(分別瑜伽品)」과 『유가사지론』의 「섭결택분(攝決擇分)」 가운데 '보살지(菩薩地)'에서 동일하게 발견된다. 그 것은 다음과 같이 세 가지로 구분한다.

위빠사나에는 몇 종류가 있는가? 그것은 요약하면 세 종류가 있다. 하나는 유상(有相) 위빠사나요, 두 번째는 심구(尋求)의 위빠사나요, 세 번째는 사찰(伺察) 위빠사나이다. 유상(有相) 위빠사나는 삼마지에서 순수하게 사유하여 이루어지는 분별이 있는 위빠사나이다. 심구(尋求)/탐색 위빠사나는 지혜로서 그것을 두루 탐색하여, 일체의 현상들 가운데 잘 이해하지 못한 것을 분명하게 '잘 이해하는 [善了]' 까닭에 주의를 집중하여 사유하는 위빠사나이다. 사찰(伺察)의 정밀하게 살펴봄 위빠사나는 지혜로서 그것을 두루 살펴보고, 일체의 현상 가운데 이미 잘 이해한 것을 '잘 체득[善證]'하여 해탈을 성취하는 까닭에 주의를 집중하여 사유하는 위빠사나이다.[28]

『해심밀경』이 전하는 수행절차는 염지관과 동일하게 3단계이다. 영상관법의 3단계 진행모델인 '염지관'과 매우 유사하다. 여기서 '유상(有相) 위빠사나'란 위빠사나 대상이 되는 '분별이 있는(savikalpam) 영상(pratibimba)'을 말한다. 물론 이 것은 삼마지 상태에서 나타난 '영상'이다. 이를테면 의식에 호흡 영상이 현현되는

---

28 『解深密經』(大正藏16, 698b-c), "世尊 毘缽舍那 凡有幾種 佛告慈氏菩薩曰 善男子 略有三種 一者 有相毘缽舍那 二者尋求毘缽舍那 三者伺察毘缽舍那 云何有相毘缽舍那 謂純思惟三摩地所行 有 分別影像毘缽舍那 云何尋求毘缽舍那 謂由慧故 遍於彼 彼未善解了 一切法中 爲善了故. 作意思 惟毘缽舍那 云何伺察毘缽舍那 謂由慧故遍於彼 彼已善解了一切法中爲善證 得極解脫故 作意思 惟毘缽舍那."

경우를 살펴보면 마음이 차분하게 집중된 삼마지 상태에서 지각되어 알아차림이 일어난다. 이런 생각 저런 생각에 끌려다니면 그곳에는 호흡 영상이 발견되지 않는다. 이런 산란한 생각들이 뚝 끊어지면서 마음이 차분해지면 비로소 호흡 표상이 눈앞에 드러난다.

이와 마찬가지로 영상관법을 진행할 때 첫 번째 단계는 대상 영상을 선택해서 떠올리는 작업이 요청된다. 이것이 '영상있음, 유상(有相)'이다. 영상관법을 실행할 때 주제를 무엇으로 할지, 그에 해당되는 영상을 내담자와 함께 선택해야 한다. 간화선에서 화두를 결택할 때 스승과 문답하는 것과 같다.

화두가 발생되는 선문답의 맥락에서 화두를 결택하듯이, 호흡명상에서는 그 분별되는 대상이 호흡이라면 걷기 명상에서는 걷는 동작은 물론 지면과 접촉되는 영상이 주제가 된다. 부정관법에서는 썩어가는 시체에 대한 닮은[同分] 영상을 선택해야 하고, 일상에서 자신의 분노에 대해서 탐색하기를 원한다면 본인이 분노했던 특별한 한 장면의 영상을 선택/분별해야 한다는 것을 의미한다.

두 번째 단계는 대상 영상을 선택한 이후 핵심된 문제를 찾아서 구한다는 탐색의 의미로서 '심구(尋求)' 위빠사나이다. 심구(vitarka)란 범어 사전에서 찾아보면 두 가지 의미가 있다. 하나는 대상에 대해 의심해서 질문할 수 있는 문제(questionable matter)이고, 다른 하나는 추리(reasoning), 숙고(deliberation), 고찰(consideration)의 의미를 가진다. 필자는 '위따카'를 '무엇인가'를 '질문을 해서 탐색하여 찾는다'는 것을 의미한 까닭에 '탐색'으로 번역한다.

이것을 영상관법에 적용하면 명상의 주제로서 대상 영상[有相]을 선택했으면 눈을 감고 그 영상을 눈앞에 확고하게 세운다는 것을 의미한다. 간화선에서는 화두가 가슴에 자리를 잡아서 눈앞에 또렷하게 현현함을 말한다면, 호흡명상을 할 때는 호흡표상이 흔들리지 않고 눈앞에 확고하게 자리를 잡는다는 의미이다. 물론 금방 되지는 않지만 다른 생각에 빠지지 않고 화두나 호흡에 주의를 집중한다는 것이다. 간화선에서는 '이뭣꼬' 질문하면서 화두를 성성하게 혹은 들숨과 날숨을 눈앞에 선명하게 고정시킨다는 의미가 된다. 이 단계는 노력이 필요하다는 점에서 '탐색'의 단계가 된다.

영상관법에서 지도자는 영상/표상의 선명도나 집중도를 질문함으로써 영상이 얼마큼 확고한지를 확인한다. 일상의 심리치료에 활용할 경우 만약 분노와 관련된 일상의 경험을 대상으로 한다면 당시의 핵심된 장면을 선정하고 그것을 눈앞에 떠올려서 무엇이 핵심된 대상인지를 탐색하고 그 영상을 충분하게 경험하도록 하는 것을 말한다.

세 번째, '정밀하게 살펴봄'은 사찰(伺察, vicāra) 위빠사나이다. 여기서는 위짜라를 '정밀하게 살펴봄'이라고 번역한다. 이것을 사전에서 찾아보면, 숙고(deliberation), 고찰(consideration), 반영(reflection), 심문(examination) 등으로 '심구(vitarka)'와 큰 차이점이 없다.

그러나 앞의 인용문에서 보듯이 유가행파의 『해심밀경』과 『유가사지론』에서 양자는 분명하게 구분된다. 이점이 초기불교와 비교해서 볼 때 중요한 차이점이다. 심구(vitarka, 범어)가 대상을 '잘 이해하는[善了]' 것이라면, 상대적으로 사찰(vicāra)은 심구(vitarka)에 의해서 '이미 잘 이해한' 것을 '잘 체득[善證]'하여 '해탈을 성취하는' 것으로 설명하고 있다. 심구가 잘 이해하는 것으로 인지적인 측면이라면, 사찰은 잘 이해한 것을 익숙하게 습득하여 체득하는 것이다. 더 나아가서 미해결된 영상으로부터 해탈을 성취하는 것으로 그 의미를 확장하여 해석할 수 있다.

이를테면 호흡명상에서 첫 단계는 호흡 표상/영상을 포착하는 것이고, 두 번째는 그 호흡 표상/영상을 잘 이해하고 견고하게 세워서 움켜쥐는[把持] 것이라면, 세 번째는 호흡표상의 기준점을 체득하고 호흡표상과 하나가 되어 초월하는 단계이다. 화두명상에서 첫 번째는 화두를 선택하는 단계이고, 두 번째는 화두가 자리를 잡아서 지속적으로 탐색이 가능한 단계이고, 세 번째는 화두를 타파하는 단계이다. 일상에서 분노가 자주 침범한다면 첫 번째는 그 분노의 영상을 포착하고, 두 번째는 그 영상을 유지하면서 충분하게 경험하는 것이고, 마지막에는 분노를 촉발시키는 영상에서 벗어남/해탈을 의미한다.

이것을 일상에서 설거지할 때 비유해보면, 씻고자 하는 그릇을 포착한 다음, 인지적으로 선택하여[有相], 그것을 손으로 잡는 것은 탐색/vitarka/尋求이고, 그것을 열심히 정밀하게 관찰하여 잘 씻는 것은 살펴봄/vicāra/伺察이다. 이것이 '유상(有相)/영상선택 → 심구(尋求)/영상탐색 → 사찰(伺察)/영상 살펴봄'이라는 세 종류의 위빠사나이다. 이것을 줄여서 '유심사(有尋伺)'라고 호칭한다.

이것은 '교설을 듣는 문(聞), 교설을 분명하게 잘 이해하는 사(思), 교설을 숙달시키고 통달해 가는 수(修)'라는 '문사수(聞思修)'의 수행구조와 닮은 면도 있다. '유심사(有尋伺)'는 단순하게 세 종류로 나열하는 의미라기보다 선후(先後) 관계로서 긴밀하게 연결되어 있기에 영상관법 수행의 '염지관(念止觀)'과 유사한 절차로 이해한 것이 바람직하다.

앞의 사례에서 버스를 타고 엄마가 떠나는 장면은 '영상 선택[有相]'에 해당되고, 그 영상을 통해서 보편적 마음현상인 감정과 몸느낌의 강도나 모양과 색깔을 조사함은 '영상 탐색[尋求]'이고, 그것의 변화를 호흡과 함께 그대로 정밀하게 지켜봄은 '영상 살펴봄[伺察]'에 해당된다.

물론 실제 상황에 적용할 때는 문제도 발생한다. 염지관(念止觀)에서 두 번째 사마타/止는 영상을 분별하지 않는 순수한 '집중'인데, 여기 유심사(有尋伺)의 두 번째 탐색/위따카는 강도와 모양을 탐색하는 '분별적 위빠사나'가 아닌가 하는 질문이다. 제1단계에서 선택된 영상에 대한 제2단계의 '집중/사마타'를 심리치료의 임상 상황에 활용할 때는 경전적 의미를 변경하여 감정을 불러일으키는 '노출'의 기술로 사용하고, 그렇게 일단 노출되어 출현한 감정의 강도와 색깔을 '탐색'하는 것은 위빠사나의 기술임을 인정한다. 이렇게 보면 유심사와 염지관은 영상관법의 3단계 모델로서 유사한 측면이 있다. 다만 양자를 비교할 때 유심사는 분명하게 위빠사나적 접근에 초점을 맞춘다는 점에서 충분하게 감정을 경험하는 영상관법과는 차이점이 있다. 그러나 전체적으로 보면 매우 유사한 구조를 가지고 있다.

영상을 떠올려서 탐색하고 정밀하게 관찰하고자 할 때 어려운 점은 영상을 의도적으로 회피하는 경우가 있고, 다른 경우는 영상 자체가 떠오르지 않는 경우가 있다. 호흡명상의 경우를 보자. 우리가 호흡명상을 할 때 호흡이란 표상을 대상으로 하거나 아니면 들숨과 날숨의 움직임을 관찰하게 된다. 양자는 서로 구분할 수는 없지만 견고한 규칙성으로 표상된다. 호흡에 대한 영상은 호흡명상을 실천할 때 핵심된 요소이다. 선정에서 호흡은 멈춘 듯하지만 미세하게 움직임[分別影像]이 있고, 움직임 가운데 멈춘 선명한 영상 이미지[無分別影像]가 관찰된다. 이렇게 고정되고 일관된 하나의 영상 이미지가 나타난다. 공기의 흐름이란 눈에 보이지 않는다. 단지 우리는 공기가 들어오면 움직이는 근육의 움직임을 관찰할 수가 있다. 이것은 분명하게 움직이는 근육의 영상을 관찰하는 영상관법의 수행이다.

'부정관법'의 경우도 마찬가지이다. '영상'을 관찰한다는 점에서 호흡명상과 같다. 그러나 영상을 채집하는 문제가 발생한다. 호흡명상은 호흡이란 표상이 이미 내재된 상태라 조금만 집중하면 쉽게 포착할 수가 있다. 그러나 부정관법의 경우는 시체가 썩어가는 모습의 대상 영상을 외부에서 내면으로 그 영상 이미지를 가져와야 하는 예비적 단계를 거쳐야 한다.

시체가 썩어가는 모습을 한 번도 보지 못한 사람은 그 영상이 호흡과 달리 내재화되지 않은 상태이다. 따라서 영상이 내면에 채집되지 않기에 그것을 마음속에 떠올려서 관찰할 수가 없다. 해부학적인 접근을 할 때도 내장이나 세밀한 근육 등을 정확하게 관찰하는 해부학적인 경험이 없으면 역시 부정관법은 실행되지 못한다. 영상을 채집하기 위해서 수행자는 병원의 시체실이나 공동묘지에 가서 시체가 썩어가는 각각의 단계들을 정확하게 관찰해서 그 영상을 의식에 견고하게 확립시켜서 기억해야 한다. 이렇게 영상이 견고하게 '내재화'가 된 이후에야 비로소 영상관법으로서 부정관법이 가능하다.

자비명상의 경우도 마찬가지이다. 이웃이나 사방으로 자비의 마음이 확산되기 위해서는 먼저 관련된 '영상'을 마음으로 떠올려야 한다. 사랑과 친절의 자기-자비(self-compassion)로부터 시작하여 가족, 친구들 심지어 원수까지 점차로 확대해 가야 한다. 그들이 행복하기를, 그들이 평안하기를, 그들이 안락하기를 기원한다. 이렇게 수행실천을 하려면 먼저 의식적으로 이웃들의 표정이나 자세, 그 인상 등과 같은 영상들을 마음에 떠올릴 수 있도록 해야 한다. 이런 영상들이 사전의 경험에 의해서 마음/제8식에 분명하게 내재화된 상태여야 한다. 그들이 겪었을 고통과 아픔을 생각하면서, 그들이 고통과 슬픔에서 벗어나길 기도한다. 이렇게 하면 내면에서 자애와 연민이 생겨나고 한량없이 퍼져나갈 것이다.

간화선 수행의 경우도 마찬가지이다. 처음부터 곧장 화두가 명상대상으로 잡히지 않는다. 먼저 '무엇이 나인지?' 심각하고 절박하게 질문을 해야 한다. 물론 화두라는 의심이 문득 생겨나는 것이 아니다. 화두는 스승의 구체적인 문답과 인연으로부터 성립된다. 반복적인 만남을 통해서 의심과 함께 화두가 '내재화'되어야 비로소 화두수행이 가능하다. 이렇게 일단 가슴에 화두가 자리잡히면 자동적으로 화두는 들려온다. 인연과 함께 생겨난 표상 이미지와 함께 '이뭣고' 하는 내적의 소리가 눈에 확고하게 보이게 된다.

염불수행도 마찬가지이다. 석가모니불이나 관세음보살을 염불할 때, 부처와 보살의 영상이 눈앞에 떠올리면서 그 명호를 부르게 된다. 그것의 영상이 눈앞에서 견고하게 자리를 잡고 흔들림이 없으면 삼매가 되는 것이다. 그러나 이것 역시 금방되지 않는다. 명호를 부르면 곧장 부처와 보살의 감각적 이미지가 함께 눈앞에서 현전함을 경험해야 하는데 이것 역시 영상/표상이 내면화되는 과정이 요구된다.

모든 수행론은 각기 고유한 표상/영상이 '내재화'되는 과정을 겪게 된다. 물론 이런 과정은 정도의 차이는 있지만 특별하게 노력해야 한다는 점에서 명상수행의 일부이다. 해당되는 표상이 마음에 자리를 잡기도 전에 포기를 한다면 수행대상의 영상은 내면에 자리를 잡을 수가 없고, 결국 명상수행은 성취되지 않는다. 이와같이 영상관법은 바로 수행의 원리로서 '영상의 내재화 과정'을 설명해준다는 점에서 유익하다.

그러나 임상 상황이나 일상에서 경험하는 사건사례를 대상으로 영상관법을 할 때는 별도의 영상채집이나 내재화작업이 요청되지 않는다. 고객/내담자는 이미 자신의 미해결된 과제에 대해서 오랫동안 고민해온 문제라 별도로 영상을 내재화하는 작업을 하지 않아도 된다. 내담자는 자신의 오랜 문제를 '이미' 내재적으로 소유하고 있다. 그것 때문에 명상상담실을 찾아온다.

우울 문제를 가진 사람은 우울한 기분을 느끼는 반복된 문제의 영상/종자가 있다. 불안한 사람은 불안한 내적 사유체계를 가지고 있으며, 분노한 사람은 분노할 수밖에 없는 상황에 대한 표상을 내적으로 미리 가진 채로 온다. 이런 문제를 발생시키는 핵심된 잠재적인 영상/종자를 탐색하는 작업이 중요하고, 설사 그것을 찾아냈다고 해도 상담자나 치료사에게 저항하지 않고 그대로 노출하는 문제가 남는다.

앞 절에서 엄마와의 분리불안이나 혹은 유기사례에서 보듯이 정도의 차이는 있지만 어린 시절에 해결되지 못한 채로 남겨진 과제가 있다. 그 문제의 중심에는 그런 문제를 야기시키는 영상/종자가 있다. 그것과 관련된 이야기를 듣고 있으면 어디서, 왜 그런 정서적인 문제가 발생되는지 알 수 있다. 이때 문제가 되는 '결정적'인 장면의 '핵심영상'을 포착하면 고객의 문제해결은 보다 용이하게 진행된다. 대부분은 이런 핵심 장면을 억압하고 저항하기 때문에 시간이 걸리게 된다. 일단 핵심 장면이 노출되면 이후는 매우 빠르게 진행되곤 한다.

이렇게 마음치유 현장에 적용되는 영상관법의 경우 영상/표상의 '내재화' 작업을 별도로 하지 않는다. 대신에 고객의 마음/제8식 깊숙하게 지녀온 사건의 영상, 그것으로 받아온 고통을 경청하고 핵심된 영상을 현재의 시점에서 '노출'하는 것이 매우 중요한 작업이 된다. 이미 지나간 사건/일의 '닮은 영상'이지만 여전히 현재에도 영향력을 행사하고 있기에 현재의 시점에서 다시금 노출시켜 살펴볼 필요가 있다. 이것이 바로 마음치유의 현장에서 영상관법이 필요한 이유이다.

참고도서

『Majjhima Nikāya』(BJT)

『解深密經』(大正藏16)

『瑜伽師地論』(大正藏30)

『攝大乘論』(大正藏31)

인경(2001), 「초기불교의 사선과 지관」, 『보조사상』16, 보조사상연구원.

인경(2012), 『명상심리치료』, 명상상담연구원.

인경(2016), 「에니어그램의 행동특징과 명상상담전략」, 명상상담연구원.

인경(2022), 『쟁점으로 살펴보는 현대 간화선』, 조계종출판사.

이창재(2009), 「사성제(四聖諦)에 대한 정신분석적 해석: 고통의 유형, 기원, 치료법, 의미에 대한 불교와 정신분석 관점 비교」, 『불교평론』40, 불교평론사.

이윤옥(2014), 「유식설의 변행심소와 별경심소」, 『동아시아불교문화』19, 동아시아불교문화학회.

岸上仁(2013), 「初期唯識思想におけるvastuの概念」, 大谷大学大学院　仏教学専攻修士課程.

Aaron T. Beck, Gary Emery, Ruth Greenberg(1985). Anxiety Disorders and Phobias: A cognitive Perspective. Basic Books/Hachette Book Group.

A. öhman, and S. Mineka(2001). Fears, phobias, and preparedness: Toward an evolved module of fear and fear learning, Psychological Review. 108(3).

A. Paivio(1971). Imagery and verbal processes. New York.

Bhikkhu Sumedho(1992), The four noble truths; Amaravati.

Holt, Rinehart, and Winston.; Marc Marschark and Cesare Cornoldi(1991). Imagery and Verbal Memory. Cesare Cornoldi.

Giorgio Ganis, William L. Thompson, Stephen M. Kosslyna(2004). "Brain areas underlying visual mental imagery and visual perception: an fMRI study". Cognitive Brain Research 20. 226-241.

Jeffrey E. Young, Janet S. Klosko, and Marjorie E. Weishaar(2003). Schema Therapy: A Practitioner's Guide. New York The Guilford Press.

Saab CY, Barrett LF. Thalamic Bursts and the Epic Pain Model. Front Comput Neurosci(2017); Mark A. McDaniel. ed. Imagery and Cognition: springer-Verlag.

Sue Hamilton(1996). Identity and Experience-The Constitution of the Human Being According to Early Buddhism. London: Luzac oriental.

제 **2** 장

___

영상관법의 원류:
부정관과 호흡명상

목차

* 출처: 인경(김형록), (2018), 「부정관법의 한계와 호흡명상의 치유적 기능」, 『禪文化硏究』 25. 수정 · 보완하여 수록함.

요약

제2장은 영상관법의 원류로서 부정관과 호흡명상을 비교한다. 부정관은 해부학적으로나 썩어가는 시체의 영상을 채집해서 그것의 영상을 하나씩 마음에 떠올려서 더럽다고 관찰한다는 점에서 영상관법의 원시적인 형태로 본다. 호흡명상의 경우는 눈에 보이지 않는 들숨과 날숨의 공기 흐름이 만들어 내는 감각적인 표상을 관찰한다는 점에서 역시 영상관법의 한 형태라고 본다. 물론 양자의 차이점은 분명하게 존재하는데 이점을 수행자들이 현장에서 어떻게 지각하는지를 조사한다.

먼저 현장연구를 시작하기 전에 이론적인 측면을 고찰한다. 부정관(Asubha Bhāvanā)은 몸에 대해서 더럽다고 관찰함으로써 몸에 대한 탐착을 끊는 수행법으로 알려졌다. 그러나 초기불교 경전에 따르면 부정관을 수행하는 수행자들 60여명이 자살하는 충격적인 사태가 일어났다. 이로 말미암아서 호흡명상이 대안으로 널리 보급되었다.

이러한 배경을 바탕으로 3가지 문제의식을 가지고 접근한다. 첫째는 문헌적인 관점에서 산란한 마음을 타깃으로 하는 호흡명상이 몸에 대한 탐착을 억제하는 목적을 가진 부정관을 대신할 수 있을까 하는 점이다. 두 번째는 경험연구로서 질적 접근으로 부정관의 한계와 호흡명상의 치유적 기능이 무엇인지 현대의 시점에서 현장의 명상수행자들의 경험을 비교하는 연구이다. 마지막 세 번째는 호흡명상을 부정관과 비교할 때 모두 영상 이미지를 관찰한다는 점에서 공통되지만 중요한 차이점이 무엇인지 하는 점이다.

부정관은 해부학적으로 썩어가는 시체를 보고 더럽다고 판단을 한 반면에 호흡명상은 판단을 중지하고 영상 이미지를 있는 그대로 관찰한다는 점에서 차이가 있다. 또한 부정관은 관찰의 대상이 계속적으로 옮겨간다는 점에서 위빠사나적 관찰이 중시된다면, 호흡명상은 하나의 명상대상에 집중하는 사마타적 접근방식이 강조된다. 그리고 호흡명상은 영상 이미지가 내면에 이미 존재한다는 점에서 접근이 용이하다면, 부정관은 썩어가는 영상 이미지를 공동묘지나 버려진 시체에서 영상을 채집해야하는 사전 준비가 필요하다는 점에서 차이점이 있다.

이런 차이점은 영상관법을 마음치유에 활용하기 위해서 매우 중요한 시사점을 준다. (1) 가급적이면 고객이나 내담자의 내면에서 형성된 영상 이미지를 채집하고 선택해야 한다는 것과, (2) 선택한 명상대상에 대해서 무엇보다도 언어적인 판단을 멈추고, (3) 그것이 부정적이든지 긍정적이든지 존재하는 그대로 관찰한다는 점이 영상관법의 매우 중요한 요인임을 밝힌다.

키워드 부정관, 호흡명상, 질적 경험연구, 실험설계, 영상채집.

머리말 – 연구문제
–부정관과 호흡명상은 영상관법의 원류인가?

앞장에서 영상관법에 대한 정의와 구체적인 절차를 사례와 함께 설명했다. 여기서는 영상관법의 원류를 탐색하여 본다. 부정관과 호흡명상은 『구사론』에 의하면 명상수행을 대표하는 2대 수행법으로 묘사하고 있다.

> 논하기를, 수행에 바로 들어가는 문을 요약하면 두 가지가 있다.
> 하나는 부정관이요, 다른 하나는 호흡에 대한 '알아차림'이다.[01]

필자는 '부정관'과 '호흡명상'을 영상관법의 기원이라고 본다. 그 이유는 이들은 부처님 당시부터 매우 오랜 세월 동안 명상수행으로 자리를 잡아왔고 무엇보다도 공통적으로 영상을 대상으로 수행하기 때문이다.

부정관은 해부학적 기관이나 썩어가는 시체의 '영상'을 더럽다고 관찰하는 것이고, 호흡명상은 숨이 들어오고 나가는 '표상(nimitta)'에 집중한다. 이들은 모두 내적 영상 이미지를 포착하여 집중하고 관찰한다는 점에서 공통적으로 '영상'관법적 접근방식을 보여준다. 중요한 차이점은 부정관법이 부정적 영상을 '채집'하여 '내재화'하는 과정을 거쳐야 하고, 호흡의 경우는 이미 내재된 '호흡'에 집중하여 전경의 표상으로 떠올리는 '영상의 생성' 과정이 존재한다는 것이다. 이런 차이점이 결과적으로 수행에 어떤 효과를 만들어내는지는 중요한 점검사항 가운데 하나이다. 이들은 대상의 핵심된 영상을 떠올려서 관찰한다는 점에서 영상관법의 원시

---

01 『俱舍論』(大正藏29, 117b), "論曰 正入修門要者有二 一不淨觀 二持息念."

적 형태를 제공한다.

부정관(不淨觀法, Asubha bhāvanā)[02]은 신체가 더럽다고 관찰함으로써 '탐착'을 끊어내는 명상이다. 반면에 산란함을 다스리는 호흡명상(安那般那念)은 들숨과 날숨(ānāpāna)에 대한 알아차림(sati)[03]으로 호흡의 감각적인 표상/영상에 집중하여 머무는 명상법이다. 양자는 모두 몸의 '영상/표상'을 눈앞에 떠올려서 집중한다는 점에서 동일하다. 부정관이 떠올린 특정한 몸의 영상에 대해서 더럽다고 관찰함으로써 탐착을 끊는 것을 목표로 한다면, 호흡명상은 호흡 표상 자체에 집중하여 그 결과로 산란함을 대치하여 마음의 평정을 이룬다는 점에서 차이점이 있다.

그런데 부정관을 닦는 일부 비구들이 자살하는 비극적인 사건이 발생하여 그 대안으로 호흡명상이 대두하였다. 이 사건을 언급하는 저술이나 논문들이 발표되고 있다. 여기서 잠깐 이것들을 살펴보면, 먼저 김홍미(2008)의 「잡아함경과 Samyutta-Nikaya에 나타난 입출식념의 유형」[04]이 있다. 이 논문은 호흡명상, 곧 입출식념(ānāpānasati)에 관한 다양한 형태를 연구하는 것이다. 호흡명상이 대두하는 배경으로 부정관을 수행하는 비구들의 자살사태를 언급하면서 교단의 심각한 이 사건이 왜 늦게 붓다에게 보고되었는지 기술한 다음에 본격적으로 남방전통의 호흡명상 16단계설에 대한 다양한 조합을 검토한다. 인경(2012)의 『명상심리치료』[05]

---

02 Asubha bhāvanā는 '부정을 수행한다'는 의미이고, 대체로 부정관으로 번역한다. 본고에서는 이것을 수행의 뉘앙스를 강조할 때는 '부정관'으로 혹은 방법이나 수단을 의미할 때는 '부정관법'이란 용어를 함께 사용한다.

03 ānāpānasati에 대한 번역은 본고에서는 '호흡에 대한 알아차림'으로 번역하고, '호흡명상'이라는 용어와 함께 사용한다. 그러나 '호흡에 대한 마음챙김'으로 번역하지 않는다. 이 번역은 호흡명상의 대상이 몸임에도 불구하고, 결과적으로는 마음[心]에로 초점이 옮겨가게 하기 때문이다. 더구나 마음챙김이란 번역은 초기불교 『염처경』 사념처의 분류체계인 몸[身]이나 느낌[受], 마음[心] 그리고 법(法)의 체계를 무너뜨리고, 모든 것을 유식불교처럼 마음 일원론으로 환원하는 듯한 인상을 주기 때문이다.

04 김홍미(2008), 「잡아함경과 Samyutta-Nikaya에 나타난 입출식념의 유형」, 『명상치료연구』 창간호, pp.11-38.

05 인경(2012), 『명상심리치료』, 명상상담연구원.

에서는 호흡명상의 남방전통에서 신수심법(身受心法)의 16단계설과 북전(천태)에서의 수수지관환정(數隨止觀還淨)의 6단계를 비교하면서 호흡명상의 대두가 부정관의 한계에서 비롯됨을 언급한다. 강명희(2015)의 「부정관(不淨觀) 폐해에 대한 경율 간 상위 고찰」[06]에서도 호흡명상이 대두하는 배경으로 부정관의 폐해를 지적하면서 집중적으로 다루었다. 여기서는 경전뿐만 아니라 율장에서 전하는 당시의 심각한 사태를 비교 고찰하면서 이 문제에 대해 당시의 교단이 왜곡하고 은폐하려는 시도가 있었음을 밝혀주고 있다.

부정관과 관련된 박사논문은 아직 없고 석사학위 논문으로 황갑수(2015), 『초기불교의 부정관 연구』[07]가 있다. 이것은 부정관에 대한 전반적인 단일 연구로서 역시 부정관의 폐해와 수행의 한계에 대해서 평가하고 있다. 마지막으로는 이필원(2016)의 「초기불교의 호흡명상법에 대한 고찰-호흡명상의 다양한 위상을 중심으로」[08]에서는 호흡명상의 대두 배경이 분명하지 않지만 부정관의 사태가 일어나기 이전부터 이미 제자들에게 설해졌음을 말하고, 호흡명상의 성격과 수행론적 특징을 번뇌의 제거와 산란함의 대치로 규정한다.

이것을 보면 대체로 부정관의 부정적인 사태가 호흡명상의 도입 배경이 되었음을 보여준다. 물론 부정관의 문제점이 호흡명상을 도입한 결정적인 배경이 되었다고 말할 수 없을지라도 상당한 영향을 미쳤음은 분명하다. 부정관과 호흡명상의 상호 관련성을 언급한 선행 연구들을 검토한 결과 다음과 같은 몇 가지 과제가 발견된다.

첫째로 만약에 필자가 주장하는 바처럼 부정관과 호흡명상이 영상관법의 원류이고, 호흡명상이 부정관의 대안적인 성격을 가진다고 전제한다면 '산란함'을

---

06 강명희(2015), 「부정관(不淨觀) 폐해에 대한 경율 간 상위 고찰」 『불교문예연구』 Vol.4, 동방문화대학원대학교 불교문예연구소, pp.175-206.

07 황갑수(2015), 『초기불교의 부정관 연구』 동국대학교 불교대학원 석사논문.

08 이필원(2016), 「초기불교의 호흡명상법에 대한 고찰-호흡명상의 다양한 위상을 중심으로」 『불교학연구』 제47호, pp.109-134.

치유하는 호흡명상이 과연 '탐착'을 끊는데 목표를 둔 부정관을 대신할 수 있을까? 만약 가능하다면 왜 그러한지를 밝힐 필요가 있다.

둘째는 부정적 영상과 관련하여 구체적으로 어떻게 수행되는지를 고찰하는 문제와 함께 부정관의 폐해에 대해서 수행론의 차원에서 무엇이 문제인지를 실증적으로 분명하게 규명해야 한다.

셋째는 현장의 경험연구로서 부정관과 호흡명상을 직접적으로 상호 비교하는 선행연구가 없다. 오늘의 시점에서 부정관과 호흡명상을 닦는 수행자들이 어떤 경험이나 수행체험을 하는지 살펴볼 필요가 있다. 그러면 부정관의 수행자들이 자살을 선택한 이유를 추론해볼 수가 있다.

넷째는 부정관과 호흡명상의 치유적 요인이 무엇인가를 탐색하는 것이다. 구체적으로 치유요인이 밝혀지면 당시 부정관을 하는 수행자들의 자살사태 원인을 이해할 수 있을 것이다. 더 나아가 부정관과 호흡명상의 치유적 요인들의 차이점이 영상관법을 마음치유의 현장에 적용하는데 어떤 시사점을 던지는지 고찰할 수 있을 것이다.

2

수행의 이론적 고찰

여기서는 부정관과 호흡명상의 목표가 서로 어떻게 다른지 수행의 절차를 살펴보고, 특히 선정에 초점을 맞춘 호흡명상이 탐착을 끊어내는 부정관을 대신할수 있는지 이론적 기반을 탐색한다.

1) 부정관의 진행절차

초기불교 경전에 따르면, 부정관이 설해지는 동기는 분명하다. 붓다는 사성제를 말하면서 '갈애(taṇhā)'가 인간이 경험하는 고통[苦]의 근본 원인[習諦]이라고말한다.

> 무엇을 이름하여 고통의 원인[苦習諦]인가? 소위 고통의 원인이란 애착과 욕망이 서로 상응하여 마음이 항상 물들고 집착함이다. 이것을 이름하여 고통의 습기[苦習]라 한다.[09]

앞장에서 살펴본 바처럼, 고통의 원인은 사랑받고자 하는 감각적 갈애, 무엇인가 성취하려는 존재에 대한 갈애, 미래에 대한 근심과 걱정을 벗어나고자 하는비존재에 대한 갈애를 말한다. 어느 쪽이든지 이들은 대상에 대한 애착에서 생겨난다. 애착을 극복하는 길은 대상에 대한 혐오감이다. 대상이 싫어져서 떠남이지

---

09 『增壹阿含經』(大正藏 2, 631), "彼云何名爲苦習諦 所謂習諦者 愛與欲相應 心恒染著 是謂名爲苦習諦."; dhammacakkappavattana-vagga(PTS, SN56-11).

그 대상이 좋으면 결코 떠날 수가 없다. 이것이 부정관을 설한 동기이고 애착을 극복하는 심리적 원리이다. 참고로 인지치료에서는 고통의 원인을 인지 곧 생각, 사유라고 본다. 그래서 부정적인 생각이나 신념을 긍정적인 형태로 바꾸려는 노력을 시도한다. 반면에 초기불교는 애착이 문제라고 보는 까닭에 애착을 끊어내는 부정관을 설한다. 『증일아함경』에서는 이런 애착을 끊어내는 처방으로 다음과 같은 수행법을 제시한다.

> 비구들이여. 여기에 세 종류의 큰 병에 대해서 세 종류의 약이 있다. 세 종류의 병이란 무엇인가? 그것은 바로 탐욕이고, 성냄이고, 어리석음이다. 이들 세 가지 병에 대한 좋은 세 가지의 약이 있다. 세 종류의 약이란 무엇인가? 만약 탐욕[貪欲]이 일어난다면 '부정관[不淨道]'으로 치유하고, 만약 성냄이 일어난다면 '자비관[慈心道]'으로 치유하고, 만약에 어리석음이 일어나면 지혜의 인연관[因緣所起道]으로 치유한다. 비구들이여. 이것이 바로 세 가지의 큰 병에 대한 세 가지 약이다.[10]

여기에 따르면 '자비관(慈悲觀)'은 성냄을, '인연관(因緣觀)'은 어리석음을, '부정관(不淨觀)'은 탐욕을 대치하는[11] 특화된 명상이다. 성냄은 상대방에 대한 분노와 미워함으로 가득한 상태이기에 자비명상이 효과적이다. 그러나 미워하는 상대방의 영상 이미지를 떠올리면 오히려 거부반응이나 공격적인 마음이 올라와서 힘들어질 수도 있다. 따라서 먼저 화해와 용서의 작업이 선행되어야 한다.

어리석음은 '인연관'으로 대치하는데 이것 역시 쉽지 않다. 왜냐면 사건이 발

---

10 『增壹阿含經』(大正藏16, 604), "比丘 此三大患有此三藥 如是比丘亦有此三大患 云何爲三 所謂貪欲瞋恚 愚癡 是謂 比丘有此三大患 然復此三大患有三良藥 云何爲三 若貪欲起時 以不淨往治 及思惟不淨道 瞋恚大患者 以慈心往治 及思惟慈心道 愚癡大患者 以智慧往治 及因緣所起道 是謂比丘 此三患有此三藥 是故比丘 當求方便 索此三藥 如是比丘 當作是學 爾時諸比丘聞佛所說 歡喜奉行."

11 『增壹阿含經』(大正藏16, 688), "如來所說 夫去欲者 以不淨觀除之 及修行不淨觀之道."

생되는 전후 인연관계를 분석하는 작업과 통찰의 과정이 필요한 까닭이다. 그러므로 혼자서 하지 말고 처음에는 명상지도사와 함께 '영상관법'을 진행하면 좋다. 핵심된 상황의 영상을 떠올려 감정이나 생각 그리고 갈망과 같은 보편적 마음현상에 대한 관찰과 함께 통찰을 이룬다면 효과적인 대안을 찾게 될 것이다.

부정관은 신체의 각 부위를 떠올려서 그것이 더럽다고 관찰하는 것이다. 특히 신체나 특정한 대상에 대한 집착이 많은 경우에 그것을 떠올려 더럽다고 관하거나 부정적인 측면을 의식적으로 사유하는 작업이다. 그러나 이러한 접근방식은 역사가 말해주듯이 부정적인 역기능도 있다.

성냄, 어리석음, 탐욕이라는 세 가지 독[三毒]은 병리적인 증상이고 그에 따른 수행법은 각각에 대치하는 약이다. 이와 같이 부정관은 애착을 치료하는 처방전인 것이다.

초기불교에서 전하는 부정관의 유형은 세 가지이다.[12] 첫째는 몸의 신체 부위를 하나씩 열거하고 떠올려서 더럽다고 관찰하는 것, 둘째는 몸이란 지수화풍의 4가지 요소들로 구성되었다고 관찰하는 것, 셋째는 썩어가는 시신을 관찰하는 시체관(屍體觀)이다. 이 가운데 세 번째 시체관은 현실적인 접근의 어려움 때문에 오늘날 거의 실천되지 않고 있다. 가장 널리 알려진 것은 첫 번째 유형의 해부학적인 부정관과 두 번째 지수화풍의 사대관(四大觀)이다. 그렇긴 하지만 고대 문헌에서는 세 번째의 시체관을 중요하게 간주하고 있다.

시체의 영상채집

그러면 부정관은 어떻게 진행되는가? 신체가 더럽다고 관찰하기 위해서는 먼저 더러운 신체를 관찰하는 선행작업이 필요하다. 이를테면 시체가 썩어가는 단

---

12 황갑수(2015), 앞의 논문, p.48.

계들을 정밀하게 관찰하고 이에 근거해서 부정관이 이루어진다. 이를테면 남방불교의 대표적인 수행론서인 『청정도론』 제6장(Asubha-kammaṭṭhāna-niddesa)에서는 시체가 썩어가는 부정의 명상주제에 대해서 상세하게 기술하고 있다. 여기서 'asubha'는 더럽다는 부정[不淨]이고, kammaṭṭhāna는 원래 '작업'을 의미하는데 명상을 하면서 마음이 집중하는 대상 영상을 가리킨다. 'niddesa'는 '설명'을 뜻한다.[13] 그래서 'Asubha-kammaṭṭhāna-niddesa'는 '부정적 명상대상에 관한 설명'으로 번역된다. 여기서는 주로 시체관을 중심으로 기술하고 있는데 먼저 시체에 관한 '더러운 영상(asubha-nimitta)'을 채집하는 방법과 주의점을 언급한다. 예를 들면 다음과 같다.

- 이런저런 공동묘지에 버려진 시체가 있다는 말을 듣고 즉시 가지 말아야 한다. 시체 근처에는 호랑이와 같은 사나운 짐승들이 출몰하기 때문이다. 수행자의 목숨이 위험해질 수 있기에 매우 조심을 해야 한다.
- 시체가 있는 공동묘지에 가려거든 먼저 큰 어른께 허락을 받고 가야 한다. 또한 공동묘지는 도둑과 같은 나쁜 사람들이 와서 의논하는 장소가 될 수 있음을 알아야 한다.
- 바람을 거슬러서 가지는 말라. 시체의 썩은 냄새가 코에 닿아서 음식을 토할 수도 있고, 마음이 불안해질 수도 있다. 바람부는 쪽으로 가고 옷으로 코를 막고 가야 한다. 시체가 다 잘 보이는 쪽에 자리를 잡아서 전체를 자세히 관찰해야 한다.
- 퉁퉁 부어서 흉한 시체의 영상(asubha-nimitta)을 취하려는 비구는 동반자 없이 혼자 가야 한다. 잊어버림 없이 알아차림(sati)을 가지고 가고 오는 길뿐만 아니라 시체 주변의 돌이나 흙무더기도 잘 구분해서 기억해야 한다.

---

13 Throughout his translation of the Visuddhimagga, 1999. Nanamoli translates this term simply as "meditation subject".[1]Buddhaghos& & Nanamoli, pp. 90-91

- 색깔, 나이(20대냐, 60대냐), 모습(머리, 목, 팔, 가슴, 배꼽, 엉덩이, 넓적다리, 종아리, 발), 장소(배꼽 아래, 배꼽 위부분), 손과 다리의 방향, 시체의 원래 성품을 잘 기억해야 한다. 뼈가 서로 어떻게 연결되어 있고, 시체의 기관들 사이의 틈을 눈을 감고도 구분할 수 있을 정도로 기억해야 한다. 시체가 놓인 부분을 내 위치와 함께 낮고 높음을 기억하고, 시체가 놓인 전체 주변을 함께 기억해야 한다.
- 부풀은 시체 영상을 잘 취한 연후에 기억을 잘 보존하기 위해서 혼자서 되돌아와야 한다. 잊어버림 없는 분명한 알아차림으로 보배처럼 매우 귀중하게 여겨서 시체의 영상을 마음에 잘 묶어놓는다.

부정관을 수행하기 위해서는 먼저 부정한 시체에 대한 영상/표상을 내재화시키기 위해서 채집/기억해야 한다. 그러기 위해서는 공동묘지나 버려진 시체를 찾아가야 한다. 이때 '어떻게 할지' 방법과 주의점을 구체적으로 기술하고 있다. 『청정도론』에서는 채집한 썩어가는 시체에 대한 영상을 10가지를 나열하는데 다음과 같다.

- Uddhumataka/퉁퉁 부풀어오른 시체
- Vinilaka/검푸른 색깔의 시체
- Vipubbaka/썩어서 곪은 시체
- Vicchiddaka/부서지고 깨진 시체
- Vikkhayitaka/부식되고 여기저기 물어뜯겨진 시체
- Vikkhittaka/팔다리, 몸통, 머리가 흩어져 널려있는 시체
- Hatavikkhittaka/크고 작은 것들로 갈갈이 잘려나간 시체
- Lohitaka/피로 물든 시체
- Puluvaka/온 몸에 구더기가 꾸물거리는 시체
- Atthika/뼈만 남겨진 시체

이것은 시체가 부패하고 썩어서 소멸해가는 과정을 크게 10가지로 분류한 것이다. 만약에 부정의 영상/표상을 선명하게 얻지 못하면, 곧 눈을 감고도 정확하게 떠오르지 않으면, 다시 현장을 찾아가서 채집작업을 해야한다. 시체를 찾아가서 영상/표상을 채집하는 일은 흔한 일이 아니기에 대체로 강한 인상으로 선명하게 기억될 것이다. 아마도 마음이 강하지 않으면 이런 장면을 보기조차도 역겨워서 도망갈 수도 있다. 이점을 충분하게 이해한다.

| 그림2-1 | 시체관

위의 <그림2-1>은 시체관을 시행하고 있는 모습을 그린 티베트 사원의 벽화이다. 승려가 움막을 짓고서 짐승들이 시체를 물어뜯는 장면을 관찰하고 있다. 아마도 오늘날 같으면 사진을 찍어오는 방법도 가능한 것이다. 그러나 요즘에는 이런 방식이 현실적으로 불가능하다. 시체를 함부로 버리는 일은 범죄행위(시체유기)로 법적으로 금지되어 있고, 대부분 매장과 화장을 하기에 시체를 들판이나 공동묘지에 버리는 일은 사라졌다. 그렇기에 부정관을 실천하는 용이한 방법은 '해부학적' 접근방법이다.

그러나 해석학적 접근 역시 쉽지 않다. 해부학적인 부정관은 신체 부위를 하나씩 열거하면서 해부학적인 분석을 통해서 그것들이 더럽다고 관찰하는 것이다. 신체 각 부위에 대한 개수는 정해지지 않고, 경전에 따라서 작게는 10개에서 많게는 36가지를 열거하기도 한다.[14] 그것들의 내용물과 순서는 대체로 '신체 외부의 감각기관들(손톱이나 피부와 털 등등) → 신체 내부의 내장들(허파, 간 등등) → 신체의 기관에서 나오는 분비물들(땀과 소변 등등)'로 구성된다.

해부학적인 접근을 할 때도 마찬가지로 시체실을 찾아가서 영상/표상을 채집

---

14 『增壹阿含經』(大正藏16, 701), "爾時 尊者多耆奢觀彼女人 從頭至足 此形體中有何可貪 三十六物 皆悉."

하는 과정이 필요하다. 아마도 의대생인 경우는 이게 가능할 것이다. 시체를 기부받거나해서 신체 각 부위의 이름을 정확하게 기록하고 세세한 근육과 내장들을 정밀하게 암기할 것이다. 그리고 그것을 눈을 감고도 선명하게 떠올리는 작업을 반복해서 연습해야 한다. 아마도 이쪽 전문 의사들은 이게 가능할 것이다. 이러면 부정관을 수행할 선행조건으로서 영상채집과 내재화가 이루어진다.

부정(不淨)의 영상관법 절차

영상관법의 수행론으로서 부정관은 크게 2단계로 구분하여 설명할 수 있다. 첫 번째는 '부정의 형상[不淨之想, asubha-saññā]'을 지각함이다. 빨리어인 'saññā'(범어, saṃjñā)는 지각이나 인식이란 의미지만 여기서는 특정한 신체의 형상(features)이나 특성(characteristics)을 인식한다는 뜻이다. 일단 부정관을 진행하기 전에 먼저 몸의 외적인 기관과 내부의 기관, 그리고 신체의 분비물을 정확하게 인식하는 작업이 요청된다.

앞에서 언급한 바처럼, 『청정도론』에서는 공동묘지나 숲에 가서 시체의 표상을 의도적으로 취해야 한다고 말한다. 이 과정을 매우 구체적으로 나열하여 설명한다.[15] 실재하는 시체로부터 '영상을 채집한다'는 말은 시체의 특성과 각각의 해부학적인 부위를 잘 기억해둔다는 뜻이다.

두 번째 단계는 인식된 혹은 심층에 기억한 신체 부위의 영상을 적극적으로 마음에 '떠올리는(sati)' 작업이다. 여기서 표상(nimitta), 영상은 이미 기억된 그리고 선명해진 영상을 말한다. 만약에 눈앞에 떠올릴 수 없다면 충분하게 신체부위에 대한 인식이나 기억되지 않는 상태이거나 혐오감으로 그것을 거부하는 경우가될 것이다. 이런 경우라면 부정관은 실패할 수밖에 없다. 눈을 감고도 시체나 해부

---

15 Throughout his translation of the Visuddhimagga(1999). Nanamoli translates this term simply as "meditation subject".[1]Buddhaghos& & Nanamoli, pp. 320

학적 신체의 형상이 잘 떠오른다면 효과적인 영상관법을 진행할 수 있다. 그렇지 못하면 다시 영상을 채집하는 과정을 반복해야 한다. 이것이 처음에 선명한 영상을 취하는 작업의 중요한 점이다.

그러나 한 번도 시체가 썩어가는 과정을 정밀하게 관찰한 적이 없다면 시체의 부정관을 수행할 수 없다. 그런 까닭에 부정관은 먼저 기억된 '부정의 형상[不淨之想]'이 선행되고, 그런 다음에 그것의 영상을 떠올려 부정함을 관찰하여 수행한다 [不淨相].[16]

이러한 2단계 절차는 영상관법의 전형적인 단계이다. 비유하자면 풍경화 그림을 그릴 때를 생각해보면 이해하기가 쉽다. 첫 번째 단계는 먼저 풍경화를 그리고자 하는 장소를 방문한다. 그 장소를 방문해서 원하는 경치의 영상을 포착한다. 두 번째 단계는 일단 경치/영상이 채택되면 그곳에 장비를 내려놓고 반복적으로 대상 영상을 바라보고 마음/화폭에 떠올리면서 수채화든지 유화든지 그림을 그린다. 물론 자연의 경치를 그대로 옮겨놓는 일은 정밀화가 되겠지만 대부분은 자신의 마음의 인상을 그곳에 투사해서 인상을 그린다. 이것은 새로운 영상을 만들어 내는 창조적인 작업이다.

이와같이 시체관이 영상관법의 원류가 되는 것은 그 절차와 방법 때문이다. 일상에서 마음치유의 도구로 영상관법을 활용하는 것도 마찬가지 절차를 거친다. 먼저 미해결된 문제가 되는 장면을 기억하고, 나중에 이것의 핵심 장면을 떠올려서 관찰하는 2단계 과정으로 부정관의 절차와 동일하다.

---

16 여기서 不淨想(asubha-saññā)은 더러운 시체의 부위에 대한 인식, 지각으로서 신체의 외적인 피부와 내장인 허파와는 서로 다른 형상을 가진다는 의미이다. 반면에 不淨相(asubha-nimitta)은 보다 적극적으로 이런 형상을 떠올린다는 의미를 포함한다. 이와 관련된 의미해석은 '김재성, 「초기불교에서 오정심의 위치」, 『불교학연구』 제14호, 2006). p.191.' 참고바람.

부정관의 유용성

부정관에 대해서 붓다는 '번뇌가 없는[無漏] 해탈'을 성취하게 됨을 강조한다.[17] 붓다는 다음과 같이 말한다.

> 부처님은 신체가 더럽다고 관찰하는 부정관을 찬탄하면서 말씀하시었다. "비구들이여, 부정관을 닦으면 큰 결과를 얻고 복된 이익을 얻게 될 것이다."[18]

붓다의 부정관에 대한 이런 긍정적인 평가는 수행자들에게 부정관을 실행하는 동기로 작용되어 당시의 많은 수행자들이 부정관을 닦았다. 그러면 구체적으로 부정관은 언제, 어떻게 수행되는가?

> 비구는 설사 여인을 보고도 탐욕이 일어나지 않고 삿된 생각도 없다. 설사 여인과 대화를 하거나 악수와 같은 신체적인 접촉을 하여도 욕망이 일어나지 않는다면 그곳에는 삿된 생각이 없다. 그러나 만일 여인에 대한 탐욕과 삿된 생각이 치성하게 일어난다면, 이때는 마땅히 이 갈망이 어디서 왔고, 어떻게 소멸되는지를 관찰해야 한다. 이때 탐욕을 제거하는 것이 바로 부정관이다. 그러니 곧 부정관[不淨觀之道]을 닦아야 한다.[19]

당시 부정관은 성적인 '탐착'을 끊는데 유용한 방식이었고, 부정관을 닦는 수

---

17 『增壹阿含經』(大正藏16, 701), "如思惟不淨之想 即於彼處有漏心得解脫."

18 『雜阿含經』(大正藏2, 809), "如是我聞 一時 佛住金剛聚落跋求摩河側薩羅梨林中 爾時 世尊爲諸比丘 說不淨觀 讚歎不淨觀言 諸比丘修不淨觀 多修習者 得大果大福利."

19 『增壹阿含經』(大正藏16, 688), "彼雖見女人 不起欲想 無有邪念 設共女言語往返 亦不起欲想 亦無邪念 設共女人共相捻挃 手拳相加 爾時便起欲想 身.口.意便熾盛...汝今當觀此欲爲從何生 復從何滅 如來所說 夫去欲者 以不淨觀除之 及修行不淨觀之道"

행자들이 많은 도움을 받았다는 내용들이 경전의 곳곳에서 기술되었다. 그러나 부정관을 수행했던 일부 비구들 가운데 자살하는 이들이 속출하였다. 참으로 일어나서는 안 될 비극적인 참극이 일어난 것이다.

이때 비구들은 '몸이 더럽다고 관찰함'으로써 극도로 근심하여 몸에 대해서 혐오감을 일으켰다. 어떤 이들은 칼로 자살했고, 어떤 이들은 독약을 복용하였고, 어떤 이들은 새끼줄로 목을 매달았고, 어떤 이들은 낭떠러지에 몸을 던졌다. 또한 다른 사람에게 자신을 죽여 달라고 요청하는 이들도 있었다...(중략)...이렇게 하여 죽는 이들이 60여명에 이르렀다. 계를 설하는 15일에 이르러 아난은 이 사실을 부처님께 고하였다.[20]

부정관을 수행한 60여명이 비구들이 다양한 방식으로 자살한 사건은 매우 충격적이다.[21] 스스로 자살한다거나 타인에게 죽여 달라고 했다는 것은 부정관 수행에 심각한 문제점이 있음을 보여준다. 이것은 수행방법의 문제를 넘어서 교단 전체에 엄청나고 심각한 충격을 몰고 온 사건이다. 아난은 붓다께 이 사실을 나중에 보고하였다.[22]

"원컨대 세존이시여, 다른 법을 설하여 주소서. 많은 비구들이 부지런히 지혜를 닦고, 즐겁게 수용하고, 즐겁게 머물 수 있는 바른 법을 설하여 주소서." 아난은 부

---

20 『雜阿含經』(大正藏 2, 207), "時諸比丘修不淨觀已 極厭患身 或以刀自殺 或服毒藥 或繩自絞 投巖自殺 或令餘比丘殺 有異比丘極生厭患惡露不淨 時鹿林梵志子卽以利刀殺彼比丘....次第 乃至殺六十人."

21 Saṃyutta-Nikāya(SN-Ⅴ, 320-322). 참고로 남방 전승 <쌍윳따니까야>에서는 30여명이 자살한 것으로 기술되고 있다.

22 김홍미(2008), 앞의 논문, p.20, 나중에 보고하게 된 이유는 독거 수행하는 기간이라 누구도 만날 수가 없기 때문에 계를 설하는 15날에야 하게 되었다는 것이다.

처님에게 요청하였다. 이에 부처님께서 말씀하시었다. "그러면 나는 다른 법을 설하겠다. 미세한 선정에 머물러서 (이 법을) 수순하고 깨닫게 되면, 이미 일어났거나 아직 일어나지 않은 악하고 착하지 못한 법을 재빠르게 멈추게 한다. 마치 큰비가 오면 먼지 등을 재빠르게 멈추게 하는 것과 같다. 아난다여, 이것이 바로 호흡명상이다."[23]

이것은 부정관을 버리고, 호흡명상법이 도입된 배경을 잘 설명하여 준다. 부정관은 '몸이 더럽다'고 관찰함으로써 몸에 대한 탐착을 끊어내기 위한 명상법인데, 위에서 보듯이 자신의 몸이 더럽다는 관념은 몸에 대한 '근심'과 깊은 '혐오감'을 발생시킴으로써 수행자들이 자살하는 심각한 사건이 발생한 것이다. 이 사건은 경전뿐만 아니라, 율장에서도 당시의 사태가 상세하게 기술되어 있다.[24]

이런 심각성을 붓다에게 보고하면서, 아난은 새로운 명상수행방법을 요청하였다. 이에 붓다는 부정관의 대안으로서 호흡명상(ānāpānasati, 安那般那念)을 설하였다. 그러면 '부정관은 무엇이 문제인가?' '그들은 구체적으로 어떤 이유로 자살을 했단 말인가?' 경전에서나 율장에서 전하는 것들은 몸에 대한 '걱정'과 함께 '혐오감'이라고 말한다. 그래서 아난은 '상대적으로 즐겁게 수용하고 즐겁게 머물수 있는 수행 방편을 제시하여 달라'고 요청한 것이다.

부정관법의 역기능으로 문제가 발생하였지만 영상관법의 원류로서 부정관이가져다준 수행론적 의미는 과소평가할 수 없다. 첫째로 대상표상을 매우 정확하게 채취하는 과정이다. 우리는 썩어가는 시체를 일상에서 쉽게 관찰할 수가 없기에

---

23 『雜阿含經』(大正藏2, 809), "唯願世尊更說餘法 令諸比丘聞已 勤修智慧 樂受正法 樂住正法 佛告阿難 是故 我今次第說 住微細住 隨順開覺 已起未起惡不善法速令休息 如天大雨起 未起塵能令休息 如是比丘 修微細住 諸起 未起惡不善法能令休息 阿難 何等爲微細住多修習 隨順開覺 已起. 未起惡不善法能令休息 謂安那般那念住."

24 강명희, 앞의 논문, p.202. 『사분율』을 인용하면서 당시 교단에서 부정관으로 생겨난 폐해를 처리하는 과정이나 방식을 제시하면서 은폐하거나 왜곡하는 경향이 있음을 밝힌다.

의도적으로 묘지나 특정 장소를 찾아가야만 한다. 이렇게 수행 대상의 표상/영상을 취하지 못한다면 영상관법은 수행되지 못한다.

둘째로 바로 이런 선행작업이 필요하다는 점에서 부정관의 한계가 존재한다. 호흡명상은 멀리 공동묘지나 시체실을 가지 않아도 쉽게 일상의 내면에서 접근할 수 있는 장점이 있다. 이점은 중요한 긍정적인 측면이다. 호흡명상처럼 표상을 쉽게 취할 수 있다면 그만큼 영상관법은 효과적으로 실행될 수 있다. 그렇기에 영상관법을 진행하고자 한다면 접근이 쉬운 방법을 찾아야 한다.

셋째로 영상관법을 마음치유의 상황에 활용하고자 할 때는 어떠한가? 우울한 증상이나 불안장애 혹은 분노 조절이 어려운 고객을 만나면 제1장의 사례에서 보듯이 그들의 현실에서 경험한 내용을 영상으로 취해서 명상수행의 도구로 활용하는 일은 부정관에 비하면 무척 쉽다. 왜냐면 장애를 가진 이들은 매우 반복적으로 해당 영상을 떠올려서 경험하기에 별도로 영상/표상을 취하는 불편함을 겪지 않아도 된다는 장점이 있다. 이런 점에서 그 활용과 접근방식에서 효율적인 측면이 있다.

부정관은 임상에서 마음치유나 심리치료에 응용하는 영상관법의 원류라고 말할 수 있다. 부정관을 통해 탐착에서 벗어날 수 있듯이 영상관법으로 우울과 불안을 촉발시키는 심층의 씨앗/종자로부터 해탈할 수 있다면 그 존재 이유가 충분할 것이다.

호흡명상(ānāpānasati)은 들숨과 날숨, 호흡(ānāpāna)에 대한 알아차림(sati)을 의미한다. 몸[身], 느낌[受], 마음[心], 현상[法]의 사념처(四念處) 분류체계에서 호흡명상은 '몸[身]'의 영역에 속한다. 그런데 호흡명상은 부정관과는 다르게 몸에 대한 '탐착'보다는 오히려 '산란한' 마음을 다스리는 처방으로써 활용된다. 이는 들숨과 날숨이 좋고 나쁨과 같은 가치에서 벗어난 중립적인 입장에 놓여 있기 때문이다.

> 라훌라에게 말하였다. 너는 마땅히 호흡[安般之法]명상을 수행하라. 그러면 근심과 우울의 생각들[愁憂之想]이 모두 제거될 것이다. 너는 마땅히 깨끗하지 못한 부정관(不淨觀)을 닦으라. 그러면 탐욕이 모두 소멸될 것이다.[25]

여기 『증일아함경』을 보면 붓다는 라훌라에게 호흡명상과 부정관을 모두 닦으라고 말하고 있다. 호흡명상(安那般那念)은 몸의 영역에 속하면서도, 실제로는 근심과 우울의 '생각'들을 대처하는 명상법이다. 이점은 생각을 바꾸는 현대 인지치료적 접근과 매우 흡사하다. 반면에 부정관은 몸에 대한 '탐욕'을 처방하는 방책으로 제시된 것이다. 이런 관점은 『잡아함경』에서도 마찬가지로 발견된다.

> 여기에 비구가 있다. 그는 부정관을 닦아서 탐욕을 끊는다. 자비심을 닦아서 성냄을 끊는다. 무상관을 닦아서 아만을 끊는다. 호흡명상을 수행하여 거친 생각[覺想]을 끊는다.[26]

---

25 『增壹阿含經』(大正歲16, 508), "告羅雲曰 汝當修行安般之法 修行此法 所有愁憂之想 皆當除盡 汝今復當修行惡露不淨想 所有貪欲盡當除滅."

26 『雜阿含經』(大正藏2, 209), "有比丘 修不淨觀斷貪欲 修慈心斷瞋恚 修無常想 斷我慢 修安那般那

호흡명상에서 '거친 생각[覺想]'은 밖의 대상을 향하는 산란한 생각들(覺觀)을 말한다. 호흡에 대해서 알아차림을 확립하고 호흡에 순수하게 집중한다면 거칠거나 미세한 생각들이 끊어진다는 것을 의미한다. 곧 들숨[安那]과 날숨[般那]에 대한 '알아차림[念]'은 밖으로 향하는 '생각'들을 멈추게 하고 호흡에 집중하게 한다.

그런데 제1장 영상관법에서 살펴본 것처럼, 유식불교에서는 '위따카[vitakka, 尋, 覺]'와 '위차라[vicāra, 伺, 觀]'는 산란한 생각이 아니고 위빠사나의 한 방식이다. '탐색'의 위따카는 호흡의 영상을 안정적으로 기억하는 과정이라면 '자세하게 살펴보는' 위차라는 호흡표상에 대한 집중적 관찰을 의미한다. 이런 점에서 이들을 '산란심'이라고 말할 필요는 없다. 초기경전에서는 깊은 선정의 수준으로 진입하기 위해 위따카와 위차라의 소멸을 요구한다. 깊은 제2선정에서 보면 '탐색'과 '정밀한 관찰'은 산란심이고 장애이다. 이점은 제2선 이후 사마타와 위빠사나가 함께 할 수 없는 지점을 언급한 점에서 중요한 지표가 된다.

들숨과 날숨에 집중한다고 할 때 실질적으로 공기의 흐름을 눈으로 관찰할 수 없다. 우리가 호흡에서 관찰 가능한 것은 공기가 들어올 때 몸이 팽창하는 움직임이고, 숨이 밖으로 나갈 때 수축하는 감각적 느낌이다. 이들은 지속적으로 관찰하면 안정적으로 혹은 일정한 규칙을 가지고 움직인다. 이런 호흡의 감각적 표상(nimitta), 영상을 관찰대상으로 삼는다는 점에서 호흡명상 역시 영상관법의 일종으로 볼 수 있다.

이를테면 어떤 수행자가 호흡명상을 하면서 단전에서 콩알만한 물체를 확인하고 이것에 계속적으로 집중하면, 그리고 이것이 점차로 커진다고 보고한다면 이것은 분명하게 니밋따/표상의 일부이다. 어떤 수행자는 명상할 때 눈앞에서 하얀 아지랑이가 계속적으로 내려온다고 한다. 그리고 이것에 대한 집중이 자신에게 편온감을 준다고 말한다. 이것 역시 니밋따/표상이 된다. 이들은 공통적으로 호흡과

念 斷覺想 云何 比丘修安那般那念斷覺想."

함께 니밋따를 경험한다고 말한다. 그렇긴 하지만 이런 종류의 표상/니밋따는 매우 독특하고 개인적 방식을 취하기에 일반화시키기는 어렵다. 더구나 그것은 환상과 같은 일시적인 이미지에 불과할 수도 있다. 가장 널리 일반화된 호흡표상은 아랫배에서 느껴지는 팽창과 수축의 이미지이다. 혹은 인중에 집중한 경우 코끝에서 느껴지는 공기의 흐름에서 생겨난 표상이다. 이런 경우는 매우 '안정'적이고 '보편'적이며 '반복'적인 적용이 가능한 감각적 표상/니밋따이다. 필자는 명상수행에서 요청되는 니밋따의 조건으로 곧 안정성, 보편성, 반복성을 요구하고 강조한다.

호흡명상은 끊임없이 일어나는 생각을 대처하는 방법으로 들숨과 날숨에 대한 표상을 알아차림의 대상으로 활용한다. 그러면 선정에 들어갈 수 있다. 그러나 이것도 초선(初禪)까지이다. 이선(二禪)부터는 호흡에 대한 위따카의 탐색과 위차라의 세밀한 관찰 역시 허용되지 않는다. 삼선(三禪)에서는 단지 순수한 호흡에 대한 알아차림만 존재할 뿐이다.

부정관을 수행할 때도 역시 안정성과 반복성, 그리고 보편적인 따밋따가 요청된다. 그럼으로써 지속적으로 실행할 수 있다. 직접적으로 특정한 몸의 영상을 관찰하면서 그것이 '더럽다고 관찰함'으로써 혐오감을 통해서 몸에 대한 탐착을 다스린다. 반면에 호흡명상은 들숨과 날숨의 표상/니밋따가 감각적 움직임인 까닭에 생각에서 벗어나게 도울 수가 있다. 양 수행법 모두 '몸'과 몸의 '영상'을 활용한 점에서 공통적이다. 그런데 부정관을 수행하는 일부 수행자들이 자살함으로써 애착을 끊는 부정관의 부작용과 한계가 드러났다. 이에 잡다한 생각들의 산란한 마음을 극복하는 호흡명상이 대안적으로 채택되었다.

물론 부정관의 부작용이 원인이 되어서 그 결과로 호흡명상을 도입하게 되었다고 단정적으로 말할 수 있는 것은 아니지만[27] 부정관의 사태로 말미암아 부정관의 한계를 절실하게 반성하면서 호흡명상이 보다 폭넓게 일반화되었다고 평가하

---

27 이필원, 앞의 논문. p.115. 아난이 붓다의 시자가 되기 전부터 호흡명상이 널리 수행되어 왔다는 점을 통해, 호흡명상의 대두가 반드시 부정관과 연결된 것은 아니라는 주장을 한다.

는 것이 적절하다고 본다. 이런 점에서 본고는 일단 부정관의 사태로 인하여 호흡명상이 보편적인 수행론으로 자리 잡게 되었다고 전제하면서 논의를 진행한다.

물론 접근방법을 따져보면 호흡명상이 표상/영상을 취득하는데 부정관에 비해 훨씬 용이하다. 이점은 결코 무시할 수 없는 장점이다. 부정관에서 시체가 썩어가는 10종의 영상/표상을 얻기 위해서는 여러 과정이 요청된다. 이에 비해 호흡의 형상/표상은 단순하기에 초보자라도 조금만 지도를 받게 되면 언제든지 쉽게 그 영상을 취할 수 있다. 이점이 부정관보다 호흡명상이 일반 대중에게까지 널리 유행하게 된 중요한 요인이 되었을 것이다.

생각과 탐착과의 관계

그렇지만 수행론으로서의 문제는 산란한 마음을 다스리는 데 초점이 맞추어진 호흡명상이 강력하고 오랜 '탐착'을 끊는데도 효과적인가 하는 점이다. 다시 말하면 현실적 관점에서 애착을 끊게 하는 부정관을 호흡명상이 대신할 수 있을까 하는 것이다. 이점에 대해 경전에서는 직접적으로 해명하지 않고 있다. 다만『증일아함경』의 부정관을 설명하는 문맥에서 작은 단서를 찾을 수가 있다.

> 모든 현인들은 알고 있다. 탐욕은 생각을 따라서 일어난다. 상념(想念)이 일어나면 곧 다시 탐하는 마음이 생겨난다. 그래서 혹은 스스로를 죽이고, 다시 타인을 죽이고, 많은 재앙을 가져와 현재에 고통을 받고 후세에 한량없는 고통을 받는다. 탐욕을 제거한다면 스스로를 죽이지 않고, 타인을 죽이지 않고 현재에 고통을 받지 않는다. 이런 까닭에 이제 마땅히 상념을 제거해야 한다. 상념이 없음으로 인하여 탐하는 마음이 없다. 탐하는 마음이 없기에 산란한 생각이 없다.[28]

---

28 『增壹阿含經』(大正藏16, 688), "諸賢知之 欲從想生 以興想念 便生欲意 或能自害 復害他人 起若干 災患之變 於現法中受其苦患 復於後世受苦無量 欲意以除 亦不自害 不害他人 於現法報 不受其

여기에 필자가 주목하는 부분은 '탐욕'과 '삿된 생각[想念]'과의 관계이다. 탐욕은 삿된 생각에서 일어나고, 삿된 생각이 탐욕을 일으킨다. 탐욕이 생겨나면 잘못된 행동이 생겨나고, 잘못된 행동으로 한량없는 고통을 받는다. 즉 '대상과의 접촉 → 삿된 생각 → 탐욕 → 잘못된 행동 → 한량없는 고통'의 연결고리가 생겨난다. 이것이 '고통 발생 메커니즘'으로서 정리하면 아래와 같다.

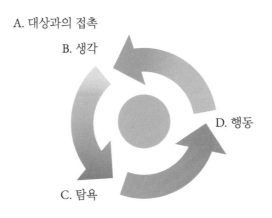

| 그림2-2 | 고통발생 메커니즘

우리 일상에서 '대상과의 접촉(A)'은 피할 길이 없다. 대신에 우리가 선택할 수 있는 것은 생각(B), 탐욕(C), 행동(D)이다. 다시 말해 삿된 생각이 일어나지 않는다면, 탐욕이 일어나지 않으며, 탐욕이 일어나지 않기에 잘못된 행동을 하지 않고, 그래서 현재나 미래에 고통받지 않아서 해탈을 이룬다. 이것이 경전의 요점이다.

반면에 명상은 고통을 소멸시키는 방법이고 길이다. 부정관은 그 몸이 더럽다고 관찰함으로써 '혐오감'을 생겨나게 하고, 이 혐오감으로 인하여 '탐착'을 직접적으로 제거한다. 반면에 호흡명상은 호흡에 대한 알아차림을 통해서 '산란한 생각'을 멈추게 한다. 이렇게 부정관과 호흡명상은 제거해야 할 대상 즉 타깃이 서로 다르다. 이렇게 타깃이 서로 다른데 삿된 생각을 잠재우는 목표를 가진 호흡명상이

苦 是故 今當除想念 以無想念 便無欲心 以無欲心 便無亂想."

탐욕을 제거하는데 초점을 맞춘 부정관을 대신할 수 있을까?

　이런 질문에 대한 대답은 '고통발생 메커니즘'에 의해 설명가능하다. '탐욕'은 삿된 생각에서 생겨나기 때문이다. 탐욕을 생겨나지 않게 하는 방법으로 먼저 삿된 생각을 다스리면 된다. 호흡명상의 전략은 부정관처럼 직접적으로 '탐욕(C)'을 다루지 않고 간접조명처럼 탐욕을 불러일으키는 '삿된 생각(B)'을 멈추게 한다. 만약에 이것이 효과적으로 수행된다면 호흡명상은 부정관을 대체할 수 있다. 이들의 차이점을 정리하면 이렇다.

호흡명상 ↓

삿된 생각(B) ──//──→ 탐욕(C)

부정관 ↓

탐욕(C) ──//──→ 잘못된 행동(D)

| 그림2-3 | 부정관과 호흡명상의 개입 지점

　위에서 호흡명상은 일어나는 생각(B)에 반응하지 않고 호흡에 집중하게 하여 탐욕(C)을 발생하지 않게 하는 명상적 개입이다. 반면에 부정관은 탐욕(C)의 대상에 대한 혐오기법으로 개입하여 행동(D)으로 이행하지 않도록 하는 명상작업이다. 호흡명상을 통해서 선제적으로 '삿된 생각'이 발생하지 않도록 할 수 있다면 습관화된 '탐착'이 발생되지 않도록 할 수 있다.

　이상으로 부정관과 호흡명상의 정의, 호흡명상의 대두배경과 수행방법의 차이점을 이론적으로 살펴보았다. 이제는 두 수행을 할 때, 수행자의 구체적인 경험내용이 무엇이고, 어떤 차이점을 보여주는지는 구체적인 경험 연구에 대해 살펴보자.

3

연구방법

부정관과 비교해서 호흡명상의 효용성이 고대 문헌의 역사적인 사건으로 분명해졌지만, 현재의 시점에서 부정관과 호흡명상의 경험 내용을 비교하여 왜 그러한지를 구체적으로 드러내는 경험적 연구가 필요하다. 본고의 연구문제는 다음 같다.

- 첫째, 부정관을 수행할 때 수행자는 구체적으로 어떤 경험을 하는가?
- 둘째, 호흡명상을 수행하는 이들은 어떠한 경험을 하는가?
- 셋째, 부정관과 호흡명상의 경험적 차이를 만들어내는 변화 요인은 무엇인가?

이런 질문은 기존 문헌적인 자료만으로는 대답할 수 없는 항목들이다. 다시 말하면 이런 질문에 대한 문헌적 해석학적 접근도 중요하지만 부정관과 호흡명상의 치유적 기능에 관한 '현장의 경험적 실험연구'가 필요하다는 말이다.

1) 연구설계

본 연구 목표는 현재의 시점에서 부정관과 호흡명상과 차이점을 비교하여 치유적인 기능을 확인하는 것이다. 본 연구는 실험적 비교집단연구는 아니다. 탐착이나 불안과 같은 특정 증상을 가진 동질적인 집단을 구성하고, 랜덤으로 실험집단과 통제집단을 구분한 다음에 특정 수행프로그램을 적용하여 그것의 효과성을 연구하는 것은 아니라는 말이다.

대신에 역사적으로 부정관을 했던 수행자들에게 문제가 발생하여 호흡명상을 채택했는데, 과연 이들이 부정관에서 어떤 경험을 했고 호흡명상을 할 때는 어떤 경험을 했는지를 살펴보아 양 수행론의 차이점을 실제로 확인해보자는 것이다. 양 수행론의 차이점을 현재의 시점에서 실험적으로 실행하고 구체적으로 뭐가 문제가 되었는지를 간접적으로 비교해보자는 것이다. 동일한 집단에 부정관과 호흡명상을 순차적으로 수행했을 때 참여자 개인들이 각각의 수행법에서 어떠한 경험하는지를 살펴보는 질적인 경험에 초점이 맞추어져 있다.

2) 집단구성

이런 목적을 효과적으로 달성하기 위해서 필자는 명상 프로그램 개발을 위한 예비 연구와 본 연구를 구분하여 2회에 걸쳐서 명상집단을 진행하였다. 집단의 구성은 필자가 운영하는 목우선원 교육원 교육생들을 대상으로 '편의표집'에 의한 것으로 '예비'연구는 8명의 명상참여자들을 대상으로 2018년 8월 29일(수요일)에 실시하였다. '본'연구의 명상집단은 2018년 9월 1일(토요일) 목우선원에서 23명을 대상으로 실시하였다.

명상집단의 구성은 편의표집이기에 엄격한 통제를 실시하지 않았다. 그러나 '예비'집단과 '본'집단의 구성원이 서로 겹치지 않게 하였고, 사전의 선입견이 작용할 소지가 없도록 명상집단에 대한 사전 교육이나 모집 공지를 하지 않았다. '자연상태'로 평소에 실시하는 명상수련의 집단형식으로 진행하였다.

3) 진행절차

진행절차는 먼저 부정관을 실시하고 난 다음에 소감을 A4 용지에 기록하고, 곧바로 호흡명상을 실시하였다. 이때도 마찬가지로 끝난 소감을 A4 용지에 기록하도록 하였다. 제1차 예비연구의 자료 수집은 명상실습이 끝난 다음에 집단면접을 통해서 이루어졌다. 프로그램의 진행과 응답하는 방법에 대한 사전 점검이 필요한 까닭이다. 반면에 제2차 본 연구에서는 참여자들의 상호영향을 방지할 목적으로 사전 협의가 없이 서면으로 작성하여 제출하게 했다.

부정관과 호흡명상의 진행 프로그램은 경전의 자료를 참고하여 필자가 새롭게 구성하고, 예비연구를 통해 보완하여 사용하였다. 물론 붓다 당시의 방법을 그대로 적용하면 좋겠지만, 현존하는 문헌에는 당시의 수행방법에 대해서 대략적인 흐름만을 말하고 있어 현장에 그대로 적용할 구체적인 프로그램이 사실상 없기 때문이다. 여기서 사용한 부정관과 호흡명상의 수행방법 매뉴얼은 붓다 당시의 기록에 근거를 두었지만 결국 당시의 방식과 차이가 있을 수밖에 없다. 예비연구를 끝내고 본 연구에서 작성한 매뉴얼은 다음과 같다.

4) 명상 매뉴얼

부정관 진행 매뉴얼

부정관은 '몸이 더럽다'고 관찰함으로써 몸에 대한 탐착을 끊어내는 수행법을 말합니다. 이제 이 명상법을 연습해보고자 합니다. 자, 편안한 자세로 다리는 반가부좌나 결가부좌(結跏趺坐)로 하시고, 허리를 좌우로 앞뒤로 흔들흔들 곧게 펴신 다음에, 눈을 감아보아요. 제가 안내하는 대로 마음속에 영상을 떠올리면서 (잠깐 쉬었다가) 조용히 따라가면서 관찰하여 보시길 바랍니다.

살갗...손바닥...몸털...손톱...발톱...뼈.....이것은 더럽다...(5초 정도 잠깐 쉬었다가)
허파...심장...위...쓸개...작은창자...큰창자...이것은 더럽다...(5초정도 잠깐 쉬었다가)
침...가래...땀...고름...오줌...똥...이것은 더럽다...(5초 정도 잠깐 쉬었다가)
머리...어깨...몸통...아랫배...손발...이것은 더럽다...(5초 정도 잠깐 쉬었다가)

지금 기분이 어떤가요?...그 기분을 느껴보세요...(10초 후에)...좋아요. 좋아요. 수고했습니다. 눈을 뜨고 몸을 풀고...(10초 후) 이제 저의 질문을 적어보아요.

- 첫째, 부정관을 하면서 방금 느낀 기분을 그대로 적어보세요. 느낀 점을 3가지를 적어보세요.
- 둘째, 부정관을 하면서 느낀 기분들은 어떤 이유로 혹은 무엇으로 인하여 느껴졌다고 봅니까?

호흡명상 진행 매뉴얼

호흡명상은 들숨과 날숨의 호흡에 집중하는 수행법입니다. 호흡명상도 안내하는 그대로 따라하시면 됩니다. 자, 먼저 평소에 하던 대로 명상 자세를 취하여 보세요. 다리는 반가부좌나 결가부좌를 하시고, 허리를 곧게 펴신 다음에 눈을 감고 호흡에 집중하여 봅니다.(10초 후에)

날숨과 들숨을 구분하여 봅니다...(10초 후)...숨이 길면 숨이 길다고 알아차리고, 숨이 짧으면 숨이 짧다고 알아차립니다...(1분 후) 이제는 수식관을 해 봅니다. 숨을 깊게 들이마시고, 숨을 내쉬면서 하나~...하고, 숫자를 세시면 됩니다. 다시 숨을 깊게 마신 다음에 내쉬면서 두울~...하고 숫자를 내쉬는 숨에 맞추어서... 이렇게 다섯까지 셉니다. 자, 각자 3번 반복해보세요...(1분 후)

숫자 세기를 다 마쳤으면, 숫자를 세지 말고, 이번에는 아랫배의 움직임을 알아차리면서 그대로 관찰하여 봅니다. 숨이 들어오면 들어오고 아랫배가 팽창한다고 알아차리고... 숨이 나가면 아랫배가 수축한다고 알아차리면서... 이것을 계속 반복하면서 지켜봅니다...(1분 후)

좋아요. 수고하였습니다. 몸을 풀고 ...(10초 후)...이제 노트에 저의 질문을 적어보아요.

- 첫째, 방금 호흡명상을 하면서 느낀 기분을 그대로 적어보세요. 느낀 점을 3가지를 적어보세요.
- 둘째, 호흡명상을 하면서 느낌 기분들은 어떤 이유로 혹은 무엇으로 인하여 느꼈다고 봅니까?
- 셋째, 부정관과 호흡명상을 하면서 느낀 차이점을 적어보세요.

이 매뉴얼의 주요내용을 살펴보자. 부정관의 첫 번째 유형인 신체부위를 나열하면서 더럽다고 관찰하는 형식을 채택하였고, 각각의 부위는 신체의 외부기관 → 내부의 내장 → 신체의 분비물 → 신체의 구성요소들 4개의 영역의 총 23개를 순서대로 나열하였다. 호흡명상은 자세 점검 → 들숨과 날숨에 대한 알아차림 → 다섯까지 숫자를 세는 수식관 → 아랫배의 팽창과 수축에 초점을 맞추게 하는 4단계로 구성하여 사용하였다.

이들 매뉴얼을 실행할 때 주의 사항은 다음과 같다. 첫째로 먼저 부정관과 호흡명상의 실습시간은 5분 이내로 한다. 양자의 균등함을 확보하고 집중력을 유지하기 위함이다. 둘째는 가급적이면 부정관과 호흡명상에 대한 어떤 선입견을 갖지 않도록 사전 교육을 의도적으로 실시하지 않는다. 그래야 보다 순수한 자연상태의 자료를 확보할 수 있다고 판단했기 때문이다. 셋째는 양자의 실행 사이에 다른 활동을 하지 않고 곧장 실시한다. 부정관이 끝나면 미리 나누어준 A4 용지에 소감을 적게 하고, 이것이 다 끝나면 쉬는 시간 없이 곧장 호흡명상을 시작한다. 호흡명상이 끝나면 마찬가지로 A4 용지에 경험내용을 적는다. 그래야 양자의 차이점을 직접적으로 비교할 수 있기 때문이다. 넷째로 양자의 명상실습이 모두 끝나면 2명 혹은 3명의 집단으로 나누어, 부정관과 호흡명상의 명상수행법에 대해 다른 사람은 어떻게 느꼈는지 소감을 나누는 시간을 할애할 수 있다. 이점은 교육적인 목적이다. 참가자들은 실험에 참여하는 단순한 피험자가 아니라 명상을 수행하는 동참자의 성격을 갖기 때문이다. 또한 왜 이런 실험적 작업을 했는지 궁금해한 점을 이해시킬 필요가 있다.

4

연구결과: 부정관과 호흡명상의 수행경험

1) 부정관의 경험내용

부정관과 호흡명상 비교를 위한 제1차 예비적 명상실험의 결과는 아래와 같다. 자료 수집은 명상수행이 끝난 다음에 어떤 경험을 했고 느낌을 느꼈는지 집단 면담을 통해 이루어졌다. 자료 분석은 부정관과 호흡명상을 비교하여 기록하였다.

부정관을 끝내고 난 느낌

- 기분 나쁘고, 우울함

- 어둡고 침체됨

- 고민스럽고 머리가 아픔

- 속이 미식거리고, 위축이 됨

- 초라해지고, 어수선함

- 더럽고 싫은 느낌이 일어남

- 기운 빠지고 우울해짐

- 감각이 찌릿찌릿함

호흡명상을 끝내고 난 느낌

- 눈앞이 환해짐

- 몸이 따뜻해짐

- 부정관을 할 때보다 차분해짐

- 힘이 느껴지면서 가벼워짐

- 밝아지고 온 몸이 더워짐

- 부정관을 할 때보다 더욱 편안해짐

- 차분해지면서 집중력이 높아짐

- 집중되면서 안정감을 느낌

예비적 명상실험 집단에 참여한 8명을 대상으로 부정관과 호흡명상을 이어서 실습한 이후의 보고들을 경청하면서, 필자는 초기경전에서 전한 부정관의 심각한 역기능적 경험들을 인정하게 되었다. 동시에 부정관과 비교하여 호흡명상의 긍정적 측면이 확연하게 경험되었는데, 이런 차이점은 양 수행법을 계속적으로 실시함에서 오는 상호대조의 효과가 작용했다고 판단하였다. 그러면서 좀 더 많은 집단 참여자들에게도 확장하여 앞에서 언급한 매뉴얼(진행 프로그램)을 최종 확정하였다.

이로부터 3일 후 제2차 명상실험집단을 구성하였다. 동참한 인원은 23명이었고, 경험내용을 기술한 기록지를 모두 다 제출하였다. 이들의 부정관의 경험내용 자료들에 대한 분류 결과는 아래와 같다. 물론 이러한 제출 내용이 문장으로 기술된 것이라 정확하지 않거나 중첩된 부분도 있었지만 세부적으로는 부정적 느낌 10개, 부정적 생각 4개, 거부감 2개, 졸음 1개, 무덤덤 3개, 긍정 3개로 분류하였다.

부정적 느낌 10개

- 지저분하고, 더럽고, 기분이 나쁘다.

- 더럽고, 찝찝하고 불쾌함

- 무거움, 더러움, 허망하고 무상함, 혐오감, 역겨움

- 피곤함, 반감, 답답함

- 어두움, 축축함, 무거움, 처짐(다운됨)

- 찝찝하다, 더럽다, 불쾌하다.

- 암울했다, 답답했다, 졸렸다.

- 찜찜함 , 불쾌함, 불편함

- 머리가 찌근하고 가슴이 답답했다, 기분은 무덤덤했지만 몸은 긴장이 되고 있었다.

- 혈관과 창자에서 피와 분비물이 흐르는 것 같은 기분, 약간 구역질이 나는 것 같
  기도 하고 그냥 무덤덤했다.

더럽다는 생각 4개

- 내 몸이 더럽다는 생각과 근질근질거림, 상쾌함보다는 더럽다는 느낌

- 생각하는 (몸)부분 부분이 징글징글한 느낌으로 긴장함, 찜찜한 느낌으로 몸이
  긴장감, 부정관으로 몸이 더러워지는 느낌이 듬

- 과연 더럽다, 신체일부고 더럽다 생각하지 않았는데 더럽다고 생각하니 더러운
  것에 애착을 가졌구나.

- 내 몸이 더럽다는 생각과 근질근질, 상쾌함보다는 더럽다는 느낌

거부감 2개

- 열이 남, 눈물도 남, 다 버리고 싶음(몸이 더럽다고 생각하니 모든 몸에 대한 것
  을 버리고 싶어졌다.)

- 더럽다, 혐오스럽다, 거부감이 든다, 보고 싶지 않다, 회피하고 싶다.

졸음 1개

- 졸려서 아무 느낌이 없었다, 내 몸의 일부가 더럽다는 생각이 전혀 안 든다.

무덤덤 3개

- 무덤덤, 정말 부질없을까? 부질없음

- 기분이 좋지는 않았지만, 그다지 크게 영향을 받지는 않았다.

- 좋은 기분이 아님, 나쁘지도 않음, 명료하지 않음

긍정느낌 3개

- 편안하다, 몸 구석구석을 지나가니 시원, 서늘한 기분, 담담하다.

- 겸손함, 차분하고, 편안함

- 편안함, 고요함, 기운이 아래로 내려감

부정관에 대한 참가자들의 경험에서 졸음과 무덤덤을 부정적인 느낌에 포함시킬 경우 부정느낌 20개(87%), 확실하게 편안함과 같은 긍정적인 느낌은 3개(13%)로 분류되었다. 제1차 때와 비교하면 다양한 경험내용을 보고하고 있다. 또한 작은 인원이지만 긍정적인 경험도 보고된 점이 인상 깊다.

2) 부정적 경험 유발요인

부정관이 고대문헌에서 나타난 것처럼 현대인들에게도 동일하게 부정적인 감정을 유발하고 있음을 확인하였다. 그렇다면 이런 부정적인 경험을 유발하는 이유, 요인들은 뭘까? 이점에 대해서 참가자들은 다음과 같이 응답하였다.

- 더럽다고 관상을 하니 내 몸이 오물로 가득 차 있는 듯 기분이 아주 나빴다.
- 깨끗하다고 생각했던 내 몸이 더럽다고 해서 이런 감정이 느껴졌던 것 같다.

- 내 몸은 깨끗하다고 생각하고 있었는데 부정적 에너지로 바라보니 내 몸속의 모든 것들이 혐오스럽고 인정하기 싫었다.
- 더럽다는 생각이 머리에 들어오니 찌근찌근하고 긴장이 되었지만 인정하고 나니 기분이 무덤덤했다.
- 신체 일부가 더럽다고 생각하니 마음(기분)이 무거워지고 더러운 혐오감으로 허물어져가는 신체의 허망감, 무상함을 느꼈다. 그러나 아주 깊게 느껴지지는 않았다.
- 몸이 더럽다고 생각하면 더럽게 느껴졌다, 실제로 뱃속의 지저분한 것들, 균들이 떠오르며, 침체되고 우울해졌다.
- 명상을 하면서 내 신체 하나하나를 느낄 때 처음에는 별다른 느낌이 들지 않았는데 마지막으로 내 몸에서 나오는 분비물을 떠올릴 때 이런 기분이 나를 지배하게 되었다. 이런 기분을 버리려할수록 내 자신이 더럽다는 생각이 깊게 들었다.
- 몸이 더러운 것을 연상하니 기분이 어두워지고 답답하고 우울했다.
- 부정적이고 깨끗하지 못하다는 찜찜한 느낌이 들었다. 부정관으로 지저분하다는 생각을 하니 불쾌하고 불편한 마음이 들었다.

앞에서 보듯이 부정관의 부정적인 느낌과 감정을 불러일으킨 핵심 요소는 몸에 대해서 더럽다고 관찰하는 것에 있다. 그리고 이점이 부정관의 본질적인 부분이다. 더럽다고 관찰하지 않는다면 부정적인 감정도 경험하지 않을 것이다. 부정관의 목표는 몸을 더럽다고 혐오의 대상으로 관찰함으로써 탐착의 대상에서 멀리 떠나게 한다[厭離] 점이다. 애착은 대상에 대한 좋은 느낌이 강화된 결과이다. 만약 대상에게서 혐오의 감정을 느낀다면 대상이 싫어져서 떠날 것이다. 현대 심리학적 관점에서 보면 부정관은 상벌에 의해서 행동을 수정하려는 행동주의에서 자주 사용하는 '혐오기법'과 유사한 점이 있다. 한편 부정관이 대부분 부정적 느낌을 유발시키지만 반대로 마음의 편안을 느끼게 했다는 보고(3개)도 있다.

- 과연 더러울까라는 생각을 했다, 신체 일부이며, 나의 몸에 대한 애착으로부터 해방되었으며 집착에서 떨어져 볼 수 있었다.
- 안내 목소리에 심취되니 기분이 좋아지고, 몰입으로 인한 정돈감이 느껴졌다. 몸 구석구석 똥오줌까지 지나가려니 몸에 있지만 한 번도 생각 못한 기관까지 내 안에 있는 게 신기하고 담담했다.
- 어떤 목표에 대한 갈망을 내려놓게 되었고 있는 그대로 보게 되니 갈망과 조급함이 내려놔지는 것을 알게 되었다. 그래서 겸손함이 올라왔다.

부정관을 하면서 부정적인 느낌보다 긍정적인 느낌을 경험한 동참자들은 위에서 보듯이 자신의 신체에 대한 '더럽다'는 생각보다 '과연 더러울까?' 하는 논박이나 전에 생각하지도 못한 기관에 대한 '주의집중'으로 신기함을 경험하거나, 어떤 목표나 갈망을 '내려놓음'에 초점을 맞춘 결과로 겸손함이 경험되었다.

이들은 자신의 신체 일부가 더럽다고 관찰하는 대신에 다른 생각을 한 것이다. 결국 '어떤 생각'을 하느냐에 따라서 경험하는 느낌이 달라졌다. 이것은 마치 현대 심리학의 인지치료에서 부정적인 생각은 부정적인 감정을 가져오고, 긍정적인 생각은 긍정적인 감정을 경험하게 하는 것과 같다.

3) │ **호흡명상의 경험내용**

부정관의 대안으로 부상한 호흡명상은 몸이 더럽다는 부정관과는 다르다. 아난의 요청처럼 부정적인 측면보다는 즐겁게 수용하고 머물 수 있는 긍정적인 측면이 강조되고 있다. 과연 아난의 바람처럼 오늘날 현대인들은 호흡명상을 하면서 어떤 경험을 했을까?

고요함과 편안함 10개

- 생각이 사라지고, 마음이 편안해지며, 차분해졌다.

- 고요하다, 편안하다, 좋다.

- 편안함, 수식이 어렵다, 졸립다.

- 평화롭다. 편안하다.

- 편안하고, 명료해지고, 고요하다.

- 몸이 편안해지고 마음이 편안하고 머리가 시원함

- 졸음, 고요함, 기운이 아래로 가고 편안하고 안정된 느낌. 산란함이 사라짐

- 편안함, 고요함, 평온함

- 편안함, 안락함, 고요함

- 편안함, 시원함, 개운함

행복감과 따뜻함 3개

- 편안하고, 고요하고, 행복했다.

- 안정감을 느끼고, 답답함이 좀 나아지고 아랫배에서 따뜻함을 느꼈다.

- 안락함, 포근함, 편안함

개운함과 명료함 3개

- 차분해짐, 정지된 느낌, 명료해졌다는 느낌

- 편안함, 시원함, 청정함

- 신선하고 개운한 느낌

이완 3개

- 집중도 높음, 안락함, 편안해지면서 이완되어 깜박깜박 졸음
- 편안한 느낌, 부드러운 느낌, 몸이 이완되는 느낌
- 여유로운 느낌, 몸이 가벼운 느낌

부정느낌 4개

- 무덤덤하면서 약간 혼란스러움, 호흡이 잘 이뤄지지 않음, 산만함
- 피곤함, 답답함, 몽롱함
- 처음엔 머리가 아프다가 편안해지면서 얼굴에 약간 뜨거운 느낌이 들었다.
- 졸음, 나른함, 몽롱함

호흡명상에 대한 참가자들의 경험(총 23개)은 크게 보면 고요함과 편안함(10개), 행복감과 따뜻함(3개), 개운함과 명료함(3개), 이완(3개)로 긍정성이 총 19개(83%)이고, 부정적 느낌은 총 4개(17%)이다. 부정관과 비교하면 부정적 느낌이 20개(87%) → 4개(17%)로 떨어지고, 반면에 긍정적 느낌은 3개(13%) → 19개(83%)로 올라갔다. 이것을 그래프로 정리하면 아래와 같다.

여기서 보듯이 부정관에서 호흡명상으로 전환하면 부정적인 경험이 급격하게 긍정적인 경험으로 이동하였음을 알 수 있다. 어쩌면 혐오감을 느끼면서 실행하는 부정관보다 호흡명상이 더 즐겁게 수행할 수 있기 때문일 것이다. 또한 호흡명상에서도 부정적인 경험을 보여주었다. 그러나 '졸음이나 산만함', '피곤함과 나른함' 등은 호흡 자체에 집중해서 생긴 문제가 아니라 참여자의 생리적 조건에 의한 것으로 판단된다.

그래프에서 보듯이, 호흡명상을 할 때 참가자들은 긍정적 느낌을 부정관보다 6배 이상(3개 → 19개) 높게 보고하고 있다. 그러면 호흡명상의 어떤 요인이 긍정적인 경험을 유발하였을까? 이 점에 대해서 보고한 내용을 살펴보면 다음과 같다.

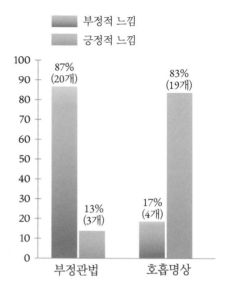

| 표2-1 | 부정관과 호흡명상의 느낌경험 비교

첫째는 호흡 표상/영상에 대한 직접적인 '알아차림'이다. 호흡명상에서는 그 대상을 직접적으로 관찰할 수 있으나 부정관은 관찰대상을 직접 바라볼 수 없는 내장과 같은 것들을 대상으로 한다는 점에서 비교가 된다.

- 평소에는 오감에 끌려 혼란스러움에 익숙하여 혼란함을 못 느낀 것 같았는데 호흡명상은 자신의 현재를 **알아차릴** 수 있었다.
- 의도적으로 더럽다는 생각을 했으며 마음이 무겁고 혐오감이 느껴졌으나, 호흡명상은 생각을 하지 않고 온전히 호흡에 집중과 **알아차림**할 수 있어서 편안했다.
- 기준을 아랫배에 두고 호흡이 들어오고 나가는 것을 그대로 **바라보니** 생각도 사라지고 몸도 가벼워졌다. 그러니 마음이 고요해지고 생각이 사라지면서 정신이 명료해졌고 고요해졌다.

부정관과 호흡명상 모두 몸을 대상으로 한 점에서는 같지만 부정관은 허파,

심장, 위, 쓸개와 같이 직접 관찰되지 않는 대상을 포함한다는 점에서 차이점이 있다. 부정관의 대상은 직접적인 알아차림이나 바라보기의 대상이 아니다. 반면에 호흡의 표상은 직접적으로 알아차릴 수 있고, 감각적으로 직접 느낄 수가 있다.

둘째는 하나의 대상인 '호흡의 표상/영상에 대한 집중'이다. 부정관은 그 대상이 외부기관에서 내부기관으로 계속적으로 바뀐다. 상대적으로 호흡명상은 하나의 대상에 지속적으로 집중할 수 있는 장점이 있다.

- 부정관은 생각이 많아서 기분이 복잡하였으며, 호흡명상은 오로지 아랫배에만 **집중**하게 되어서 맑은 느낌이 들었고 생각이 없어서 편안한 느낌이었다.
- 모든 걸 놓고 호흡에 **집중**하다 보니 평화로웠던 것 같다. 아랫배에 집중하다보니 모든 생각이 없어져서 편안해진 것 같다.
- 호흡에 **집중**해서 따라가니 생각이 없어지고 몸에 힘이 들어간 부분이 느껴졌고, 호흡으로 점점 이완되고 편안함이 깊어졌다.

부정관은 복잡하지만 호흡명상은 오로지 아랫배의 움직임에만 집중한다. 여기에 집중하다 보니 평화로워진다. 호흡에 집중하다 보면 점점 이완되고 편안함이 깊어진다고 보고했다.

셋째는 '몸이 더럽다는 생각과 판단의 멈춤'이다. 호흡은 부정관과는 다르게 좋고/나쁨이라는 가치로부터 중립적인 성격을 갖기에 자연스럽게 생각을 멈추게 한다. 반면에 부정관은 관찰의 대상을 더럽다고 평가해야 하는 부담감을 수행자에게 준다.

- 부정관은 부정적으로 바라보게 되고 그래서 마음도 기분도 **좋지 않은 생각**으로 불편함과 거부감이 일어났는데, 호흡은 있는 그대로 **생각 없이** 바라보고 있으니 편안했다.

- 모든 것은 생각이 지배를 하고 있다는 것을 알아차렸다. 나의 생각으로 **접촉**이 되어 나를 힘들게 하고 있다는 것을 알았으니까, 생각이 일어나면 호흡으로 돌아오는 명상이 제일이라는 것을 알게 되었다.
- 부정관은 부정적인 **생각**을 연상하니까 기분이 암울해지고 답답해졌는데, 호흡명상을 하고 나니 편안하고 답답함도 풀리고 기분이 밝아졌다.
- 호흡에 집중하면서 생각이 잠깐 **멈추니까** 편안했다. 들숨에 마시고 날숨에 내뱉으면 생각이 사라지는 것을 알았다.

호흡명상은 호흡에 집중함으로써 생각을 멈추게 된다. 반면 부정관에서 참여자들이 부정적인 경험을 하게 되는 핵심 이유가 자신의 몸이 더럽다는 생각으로 말미암아 부정적인 느낌과 감정을 경험한 것으로 파악되었다. 또한 호흡명상이 긍정적인 느낌을 하게 만든 요인에 대해 참가자들은 부정관과 반대로 하나의 대상인 '호흡에 집중'하고, '아랫배에 집중'하고, 그래서 '현재에 접촉하면서' 그 결과로 '생각을 멈추었기' 때문인 것으로 보고하였다. 이상을 요약하여 정리하면 아래와 같다.

	부정관	호흡명상
영상 알아차림	추론적 관찰	직접적인 자각
집중	다양한 대상	하나의 대상, 지속적 집중
판단여부	더럽다는 평가개입	가치판단의 중지

| 표2-2 | 부정관과 호흡명상의 치유요인 비교

부정관과 호흡명상은 영상 알아차림, 집중, 판단여부에서 차이가 있다. 부정관에서는 간접적인 추론에 의지하고, 다양한 대상과 그에 대해 의도적으로 더럽다는 생각을 했기에 '불편감과 거부감'이 생겨나고, '무겁고 혐오감'이 올라오고, 그래서

그만두고 싶고, 머리가 아파 왔다. 반면에 호흡명상은 그 대상영상이 호흡 하나이기에 그것을 '직접적으로' 알아차림하고, 다시 호흡으로 돌아와서 '지속적으로' 집중함으로써 그것에 대한 생각을 '멈추게' 되고, 생각의 멈춤은 다시 마음을 편안하고, 편안하기에 더욱 더 호흡에 잘 집중되는 선순환 과정을 만들었다.

여기서 핵심된 지점은 '표상/영상'의 직접성에 대한 문제이다. 관찰하려면 관찰대상이 선명해야 하는데 부정관은 관찰의 대상 표상/영상이 추상적이기에 애매한 구석이 있고, 그것을 더럽다고 판단하면서 문제가 발생한다. 반면에 호흡명상은 그 대상 표상을 감각적으로 느낄 수 있기에 선명하다. 또한 그것이 하나의 대상이고 판단을 멈춘게 한다는 점에서 효과적인 집중을 가능하게 하였다고 평가한다.

이점은 영상관법에서 대상영상이 어떻게 선택되어야 하는지 시사점을 제공한다. 호흡이든 신체의 해부학적인 측면이든 훈련받지 않으면 관찰하기 어려운 것이 사실이다. 그럼에도 중요한 것은 직접적으로 경험된 내용이 아니면 의식에 떠올리기가 쉽지 않다는 점이다. 영상관법을 현장에서 사용할 때 직접적인 경험내용, 자발성에 초점을 맞추어야 한다는 것의 중요성을 시사한다.

5

결론 및 논의

본 연구는 영상관법의 원류가 되는 부정관과 호흡명상의 치유적 기능이 무엇인지 밝혀보려는 목적으로 작성되었다. 초기불교 경전에 의하면 몸에 대한 탐착을 다스리는 부정관을 수행했던 비구 60여명이 자살하는 사건이 발생하였고 그 대안으로 호흡명상이 대두하였다.

이점에 대해서 본 연구는 첫째, 문헌적인 접근방법으로 부정관의 대안인 호흡명상이 유용한 방편이 될 수 있는가를 묻고, '고통발생 메커니즘'을 통해서 그것이 가능성을 논증하였다. 고통발생 메커니즘에 의하면 몸에 대한 탐착은 삿된 생각에서 비롯된다. 만약에 선행하는 삿된 생각을 끊어낸다면 몸에 대한 탐착의 발생을 억제하게 할 것이다. 호흡명상은 산란한 생각을 쉬게 하는 까닭에 삿된 생각에서 비롯되는 탐착까지도 억제할 수 있어 결과적으로 부정관을 대신할 수 있다고 보았다.

둘째, 경전에서 전하는 부정관의 한계를 확인하면서 호흡명상의 치유적인 기능을 탐색하기 위한 질적 경험연구를 설계하여 실험하였다. 이것은 매뉴얼 개발을 위해서 8명이 동참한 제1차 예비연구와 편의표집에 의해서 구성한 23명이 참가한 제2차 본 연구의 명상집단으로 구성하였다.

셋째, 수집된 자료를 분석한 연구결과에 따르면 부정관보다는 호흡명상의 치유적 기능이 훨씬 높음을 확인하였다. 부정관을 수행한 참여자들은 혐오감, 불쾌감, 거부감과 같은 부정적인 감정을 87% 정도 높은 수준으로 보고하였다. 반면에 호흡명상을 수행한 참여자들은 고요함, 편안감, 행복감과 같은 긍정적인 느낌들을 83% 정도로 보고하였다.

넷째, 부정관과 비교할 때 호흡명상의 치유적 요인은 영상에 대한 직접적인 관찰, 하나의 대상에 대한 집중, 판단중지라는 세 가지로 정리된다. 먼저 부정관의 대상이 보이지 않는 가상의 영상인 반면에 호흡명상은 직접적인 관찰이 가능한 감각적인 표상/영상인 점에서 '알아차림'이 분명하다. 다음으로 부정관이 몸에 대한 다양한 대상을 떠올려서 관찰한다면, 호흡명상은 하나의 대상 곧 호흡에 집중함으로써 생각을 쉬게 하는데 도움을 준다. 마지막으로 부정관이 몸에 대한 더럽다는 가치판단이 개입된 반면, 호흡명상은 가치중립적인 호흡을 관찰한다는 점에서 차이점이 있다. 이런 요인들이 부정관보다 호흡명상을 통해서 긍정적인 느낌을 경험하게 하는 것으로 판단하였다.

다섯째, 앞으로 남겨진 과제이다. '영상관법'에서 대상영상을 선택할 때 직접적인 경험내용이 아니면 실패할 가능성이 높다는 점에 유의해야 한다. 그렇기 때문에 실제적인 경험을 하지 않고 부정관을 실시하면 성공하기 어렵다. 역사적으로나 오늘날의 현실에서 한계가 있다는 것이 밝혀진 만큼 부정관을 폐기해야 하는가 하는 문제는 대상영상을 잘 선택해야 하는 과제와 연관된다. 이점은 부정관을 폐기하기보다 부정관의 유용한 사례를 발굴해야 하는 과제를 시사한다. 서구 심리학의 혐오치료(Michael D. Spiegler, 2003)가 특별한 상황에서는 효과있음이 증명되었듯이 일종의 혐오기법인 부정관도 효과적인 방안을 모색하면 좋겠다는 취지이다.

여섯 번째, 부정관보다 호흡명상이 유용한 방식임이 밝혀졌다. 그런데 좀 더 객관적인 연구를 위해서는 호흡명상의 유용성을 검증할 수 있는 검사지의 개발이 요청된다. 이런 노력의 일환으로 서구 심리학계에서는 이미 '호흡명상주의력척도(Meditation Breath Attention Scores, MBAS)'라는 이름으로 결과가 나오고 있다(Paul A. Frewen & Franziska Unholzer & Kyle R.-J. Logie-Hagan & Julia D. MacKinley(2014)). 이점은 국내학계에서도 참고할 사항이다.

참고도서

『Saṃyutta- Nikāya』(SN- Ⅴ)

『dhammacakkappavattana- vagga』(PTS, SN56- 11)

『雜阿含經』(大正藏2)

『增壹阿含經』(大正藏2)

『俱舍論』(大正藏29)

강명희(2015), 「부정관(不淨觀) 폐해에 대한 경율 간 상위 고찰」, 『불교문예연구』4, 동방문화대학원대학교
　　불교문예연구소.

김재성(2006), 「초기불교에서 오정심의 위치」, 『불교학연구』14. 불교학연구회.

김홍미(2008), 「잡아함경과 Samyutta- Nikaya에 나타난 입출식념의 유형」, 『명상심리상담』(구 『명상치료연구』)
　　창간호. 한국명상심리상담학회.

이필원(2016), 「초기불교의 호흡명상법에 대한 고찰- 호흡명상의 다양한 위상을 중심으로」, 『불교학연구』
　　47. 불교학연구회.

인경스님(2012), 『명상심리치료』, 명상상담연구원.

황갑수(2015), 「초기불교의 부정관 연구」, 동국대학교 불교대학원 석사논문.

Buddhaghosa & Nanamoli(1999). The Path of Purification : Visuddhi Magga. Singapore Buddhist Meditation Centre

Michael D. Spiegler(2003). Contemporary Behavior Therapy. Cengage Learning

Paul A. Frewen & Franziska Unholzer & Kyle R.- J. Logie- Hagan & Julia D. MacKinley(2012). Meditation Breath
　　Attention Scores (MBAS): Test - Retest Reliability and Sensitivity to Repeated Practice. springer.

제 **3** 장

영상관법의
심리철학적 기반

목차

* 출처: 인경(김형록), (2022), 「마음의 해석학: 본성이란 무엇인가」, 『불성, 개념인가 실재인가』, 운주사. 수정 · 보완하여
   수록함.

요약

제3장의 핵심적 목표는 영상관법의 심리–철학적 기반을 확립하는 것이다. 논쟁은 세상과 자신에 대한 인식에서 실재론적 입장과 연기하는 공에 근거한 중관론이 서로 대립하는 것에서 출발한다. 중관론의 입장에서 영상 이미지는 허망 분별이지만, 실재론의 관점에서 영상 이미지는 전혀 허망하지 않고 현실의 실재를 반영한다. 유식무경(唯識無境)에서 유식인 까닭에 무경이라는 주장을 비판적으로 검토한다. 유식이 곧 무경을 논증하는 주장이 결코 아니라는 점을 지적하고, 유식과 무경을 하나로 보지 말고 별도로 해석해야 함을 강조한다.

필자는 영상관법의 관점에서 경험적 실재론의 입장을 옹호하면서 기존 중관론의 실재론 비판을 비판적으로 재검토하여, 실용주의적 관점에서 실재론, 중관론, 유식론을 모두 인정하는 '순환적' 통합론을 주장한다. 유식 심리적인 측면에서 '마음에 떠오르는 영상'이 가지는 '투사적 동일시'라는 심리적 현상을 밝히는 것과 함께 영상의 허위론과 영상의 진실론이라는 인식의 철학적 의미를 검토한다. 우리가 세상을 볼 때나 자신을 인식할 때 마음에 저장된 정보에 근거한다는 점에서 '투사적 동일시'라는 용어를 사용한다. 거울의 비유에서 일차적으로 먼저 형성된 개념이 존재하고 이런 개념을 외부의 대상에 투사하고, 그런 다음에 이차적으로 그것을 자신과 동일시해서 세상을 인식하고 이해한다.

이때 의식에 출현하는 영상의 본질은 허망한가 아니면 실재하는가의 문제가 발생한다. 유식론에는 단지 허망한 분별인지(영상의 허위론), 아니면 현실의 진실을 표상하는지(영상의 진실론)에 대한 논쟁이 있다. 이런 논쟁은 역사적으로 보면 심층의 마음 현상으로서 영상 이미지에 대한 논쟁이지만, 결국은 현실에 반응하는 영상긍정의 입장과 물들지 않는 마음의 본성이라는 청정성의 영역을 인정하고 영상을 부정하는 두 가지 방향으로 진행되었다. 그러나 필자는 이들 양자 모두 마음의 작용으로 필요한 관점이라고 인정한다.

이런 점에서 본 장은 영상관법에서 영상이 가지는 투사적 동일시라는 현상을 살펴본 다음에 마지막으로 영상 이미지의 심리현상에 대한 '마음의 해석학'적 관점에서 실재론, 중관론, 유식론에 대한 인식론적인 갈등을 혹은 변계소집성의 집착, 의타기성의 연기, 원성실성의 진실이라는 삼성설에 대한 해석을 둘러싼 논쟁을 실용주의적 입장인 '순환적 통합'이란 관점에서 이해한다.

키워드   경험적 실재론, 투사적 동일시, 영상의 진실론, 영상의 허위론, 삼성설.

1

경험적 실재론

불교에서 실재론이란 모든 대상은 존재한다고 설하는 설일체유부(說一切有部)의 철학적 전통을 말한다. 역사적으로 보면 설일체유부는 연기이기에 공하다는 중관론과 일체는 마음에 의해서 구성된 표상이라는 유식사상에 의해 많은 비판에 시달렸다. 필자는 여기서 일상의 경험세계를 긍정하는 설일체유부의 실재론에 대해 정확한 이해를 시도하면서, 실재론에 대한 기존의 비판적 태도를 다시 비판적으로 검토하여 경험적 실재론의 입장을 옹호하고자 한다.

1) 인식의 세 관점

우리가 무엇인가를 인식할 때 인식의 주체, 인식 대상, 감각기관의 세 가지가 요청된다. 이를테면 여기에 매화꽃이 있다고 하자. 그러면 매화꽃을 지각하는 눈은 '감각기관[根]', 매화꽃은 인식의 '대상[境]'이 되고, 그것을 매화꽃이라고 인식하는 주체는 '의식[識]'이 된다. 이것을 불교의 인식론에서 '세 가지 요소의 화합에서 생겨난 접촉[三事和合觸]'이라고 부른다.

나는 뜰에 핀 매화꽃을 눈으로 본다.

눈은 감각기관이지만 그곳에는 시신경(視神經)이 있다. 눈은 렌즈처럼 빛을 모아서 그물처럼 생긴 스크린 망막(網膜)에 이미지를 그린다. 그러면 망막에 촘촘하게 배열된 신경들이 이 정보를 뇌에 전달한다. 그러면 뇌는 과거의 기억을 바탕으로 해서 '저것은 매화꽃이다'고 판정을 내린다. 인식론의 관점에서 보면 다음과 같은 세 가지 입장이 있을 수 있다.

(1) 매화꽃은 저기에 실제로 존재한다.
(2) 꽃잎과 줄기와 뿌리의 화합인 관계로 매화꽃은 존재하지 않는다.
(3) 매화꽃은 단지 우리 마음이 만들어낸 언어적 표상일 뿐이다.

| 그림3-1 | 매화

첫 번째는 일상에서 경험하는 인식의 대상들은 실제로 존재한다[實有]는 '실재론'적 시각이다. 두 번째는 대상이란 단지 개념이고 사실 여러 가지 요소에 의한 상호작용의 결과로 일어난 현상이니 그 자체로는 실재하지 않는다는 무상공(無常空)을 주장하는 '중관론'의 관점이다. 세 번째는 인식이란 의식의 거울에 비친 영상으로 실질적 대상은 존재하지 않고, 대상과 무관하게 단지 마음에 의해서 구성된 인지적[01] 표상[唯識]에 불과하다는 '유식론'의 견해이다. 어느 게 옳은가?

불교 사상사를 되돌아보면 이것들에 대한 해석을 둘러싸고 논쟁을 해왔다. 무엇인가를 인식한다고 할 때 인식의 구성요소는 세 가지이다. 이들은 꽃이란 '대상[境]', 그것을 인식하는 도구로서 눈이란 '감각기관[根]', 인식주체로서 '의식[識]'이다. 보통 인식의 주체를 '나'라고 하지만 불교 인식론에서는 '나'를 인정하지 않기에 대신에 '의식'을 말한다. 마지막으로 인식의 결과로서 매화꽃이란 '지식'을 첨가하여 네 가지로 분류하기도 한다. 지식은 인식의 결과이므로 제외시키고 '인식을 성립'하는 요소로 보통 근경식(根境識)의 세 가지를 언급한다.

---

01 인경(2004), 「유식의 '변계소집성'과 '인지치료'의 통합적 접근」, 『보조사상』22집, 11-42.; 인경(2008), 「영상관법의 심리치료적 함의-인지행동치료와 비교하면서」, 『명상심리상담』2권, 61-89.; 정현주(2020), 「유식이십론 '유식무경'의 인지과학적 해명」, 『불교학연구』62, 185-212.

인식을 구성하는 이들 세 가지는 어떻게 존재하는가? 대상이 실제로 존재한다고 주장하면 '실재론'자이다. 실재론자들은 대상뿐만 아니라 인식의 주체 역시 실질적으로 존재한다는 믿음을 가진다. 그렇기에 인식이 성립된다고 말한다. 이런 입장을 대변하는 불교의 학파는 '설일체유부(說一切有部)'이다. 이들은 '개념'은 허구로서 실재하지 않지만, 법(法)이란 허구가 아닌 실재로서 항상 존재하며[恒有], 과거·현재·미래의 삼세에 걸쳐서 변함이 없다[三世實有]고 주장한다.[02]

그러나 '중관론'자들은 실재론자의 주장을 비판하면서 인식은 이들 세 가지의 인연화합(因緣和合)의 결과이고[03], 각각의 구성요소들 역시 그 자체로 상호의존된 까닭에 실재하지 않는 '공(空)'이고 '무상(無常)'이라 규정한다. 그렇기에 장미꽃은 관습적인 언어 현상이고 그것의 실체는 존재하지 않는 무자성(無自性)이라고 말한다.

그런데 '일체가 모두 마음이 만든 것[一切唯心造]'이라는 '유식론'자들은 인식하는 자아[我]와 포착된 세계[法]는 모두 실재하지 않고, 그것들은 마음에 의해서 구상된 '의식의 전변[識轉變]'의 결과라고[04] 말한다. 외계 인식의 대상은 실제로 존재하기보다 그것은 의식의 '표상'이고 의식의 '흐름/과정'으로 본다.

세계와 인식에 대한 '실재론', '중관론', '유식론' 가운데 누구의 주장이 옳은가? 지난 불교의 사상사는 이들에 대해서 서로 논쟁해온 역사가 있다. 그렇다 보니 후학들은 이런 철학적 관점에서 하나를 선택하도록 은연중에 압박을 받곤 한다. 각각의 주장들을 일견해보면 서로 양립할 수 없는 듯한 모순을 내포한 까닭에 적절한 하나를 선택할 수밖에 없는 상황에 놓인다. 실제로 실재론과 중관론의 논쟁[05],

---

02 배상환, 「설일체유부의 체용론」 『불교학보』55, 131-155.

03 조동복(2019), 「용수의 십이연기(十二緣起) 해석」 『동아시아불교문화』37권, 107-137.

04 김재권(2018), 「세친의 식전변설을 통해 본 식의 분화구조와 그 의의 - '허망분별'과 '자기인식'의 관계를 중심으로」 『인도철학』52권, 49-74.

05 윤갑종(2006), 「연기(緣起)와 자성(自性)의 양립 불가능성에 대한 용수(龍樹)의 입장: 설일체유부(說一切有部)의 사연(四緣)에 대한 용수(龍樹)의 비판」 『범한철학』40권, 225-252.

실재론과 유식론의 논쟁[06], 중관론과 유식론의 논쟁[07] 등이 존재하였다. 여기서 필자는 이들 세 가지 철학적 관점을 비판적으로 살펴보고자 한다.

실재론을 옹호하면서

실재론이란 외부의 대상이 실제로 존재한다는 철학적 입장을 말한다. 현대철학에서 실재론이란 용어는 매우 다양한 폭넓은 스펙트럼을 가진다. 가장 널리 알려진 용어는 '상식적 실재론' 혹은 '소박한 실재론'이다. 이들은 매화꽃이란 우리의 인식이나 경험과는 관계없이 실제의 대상이 저기에 존재함을 주장한다.

그러나 '소박한' 실재론을 조금만 비판적으로 반성해보면 상식적 실재론은 금방 탄로가 난다. 상식에서 인정되는 그대로 모두 다 실제로 존재한다면 하늘에 있는 보름달과 냇물에 비친 달과 그리고 우주선을 타고 달에 도착했을 때의 달은 모두 동일한 형상의 달이 아닌 까닭에 달은 여러 개가 된다. 또한 사람마다 다르게 보일 수도 있고, 같은 사람이라도 아침에 보는 달과 밤에 보는 달이 서로 달라진다.

이런 상식적 오류를 보완하는 것이 과학적 실재론이다. '과학적' 실재론은 개인적인 지각에 의존하지 않는 객관적 세계가 저기에 독립적으로 존재한다는 입장을 말한다. 저기에 독립하여 존재하는 실재를 엄밀하게 관찰하고 측정하여 그 타당성을 증명하려고 한다는 점에서 과학적 실재론이라고 한다. 그러나 과학적 실재론도 깊게 살펴보면 서로 다른 관점이 상존해 있다. 예를 들면 뉴튼의 절대공간이 있는가 하면 아인슈타인의 상대성 원리가 있으며, 양자역학에서는 인식하는 주관을 떠나서 대상 그 자체를 객관적으로 측정할 수 없다는 불확정성원리를 말하기도 한다.

---

06 황정일(2005), 「설일체유부(說一切有部)의 작용론에 대한 논쟁-세친의 비판에 대한 중현의 반론을 중심으로」, 『인도철학』19권, 191-211.

07 김현구(2016), 「짠드라끼르띠의 유식학 비판」, 『범한철학』62권, 87-126.

하지만 과학적 실재론자들은 대체로 실재를 대표하는 사례로 수학적인 공식을 제시한다. 수학으로 드러난 사물과 그 구조는 그대로 존재한다는 '구조적' 실재성을 주장하기도 한다. 수학공식은 경험과 관계없고 주관적 인식과도 독립적으로 그것의 실재성을 증명할 수 있다고 본다. 이를테면 '$a^2 + b^2 = c^2$'와 같은 피타고라스 정리나 '2+2=4'와 같은 수학적 원리는 역사적 현상이나 주관적 인식과는 별도로 혹은 다른 방식으로 그 자체의 구조를 드러냄으로써 실재한다고 한다.

반면에 '형이상학적' 실재론은 실재성을 극단적으로 밀고 나가서 이상화시킨 형태이다. 저기에 우리의 인식과 독립된 절대적 존재가 있다고 주장한다. 그뿐만 아니라 이 절대적 존재는 세계를 창조했거나 세계를 움직이는 동력이나 원리로 작용한다. 설사 그것은 눈으로 감각할 수 없다고 해도 세계를 지배하는 '주재자'라고 주장한다. 이것을 신이나 음양오행설, 혹은 세계를 움직이는 하나의 원리라고 말한다. 이를테면 플라톤의 이데아설과 같은 유형이다. 동굴의 비유에서 보듯이 세계는 그림자로서 현상에 불과하다. 실제로 존재하는 원리가 별도로 있다. 우리의 세계는 그런 실재하는 원리를 모사한 반영이라고 본다.

여기서 필자는 형이상학적인 실재론은 배제할 것이다. 왜냐면 이런 실재론은 그것이 관찰가능하거나 그 타당성을 입증할 수가 없기 때문이다. 실재성을 주장한다고 하지만 그것의 객관성을 입증할 수 없다면 그것은 실재가 아니고 허구이고 환상이다. 더 적극적으로 말하면 그것들은 정신적인 질환으로 철학적 치료의 대상이 된다.

형이상학적 실재론을 배제하면서 필자는 대상을 관찰할 수 있을 뿐만 아니라 일상의 경험세계 속에서 상식을 옹호하는 '경험적' 실재론을 인정한다. 나의 인식과 관계없이 그곳에 가면 꽃을 보고 그 사람을 만날 수 있다. 일상에서 그것들은 시간의 흐름에 따라서 변화한다. 그 사람을 다음에 만나면 그가 어떻게 변했는지, 아니면 그대로인지 비교하면서 그가 그곳에 존재한다고 경험적으로 그 실재성을 인정한다. 이를테면 경험적으로 세상은 내가 태어나기 이전에도 존재하여 왔다는 점에서, 그리고 확률적으로 내가 죽은 이후에도 여전히 끊임없이 변화하겠지만 그것의 실재성을 결코 부정할 수가 없다. 이렇게 필자는 '인식이 지금 여기에 존재한다'는 근거로서 그 실재론을 인정한다.

수행론의 입장에서 보자. 이를테면 우리는 호흡명상을 할 때 대상이 되는 '호흡'의 영상은 실제로 존재한다고 경험한다. 반대로 만약 숨이 들어오고 나가는 현상이 공(空)이고 개념에 불과하여 호흡의 실재성을 부인한다면 그 순간 목숨을 담보할 수가 없다. 호흡명상을 통해서 우울감이 감소한다는 심리치유적 실효성은 호흡이 경험적으로 실재한다는 것과 호흡 표상에 대한 집중에서 오는 명상의 효과성을 증명한다. 필자는 숨이 들어오고 숨이 나가는 '호흡' 자체를 '현재에 경험한다'는 점에서 '경험적' 실재론을 옹호한다. 그래야 호흡명상이 성립된다.

2) 설일체유부의 실재론

현유(現有), 존재를 드러냄

실재론과 관련하여 불교사상사에서 사물의 실재성을 주장하는 학파는 '모든 것이 실제로 존재한다'고 주장하는 '설일체유부(說一切有部, sarvāstivāda, 이하 '유부(有部)학파'로 약칭함)'이다. 부처의 입멸 이후 단일한 교단이 여러 학파/부파(部派)로 분열되었다. 이 시기는 인도가 통일된 아쇼카(Ashoka, B.C. 304-232)왕의 시대와 겹친다. 이때를 부파불교 시대라고 하는데 가장 강성했던 부파가 바로 설일체유부이다. 유부학파는 이후로 계속해서 성장하여 특히 히말라야 산맥의 북인도 카슈미르(Kashmir)지역과 중앙아시아를 중심으로 A.D. 7세기까지 존속했던 부파이나.[08]

08　Jan Westerhoff(2018), The Golden Age of Indian Buddhist Philosophy in the First Millennium CE,

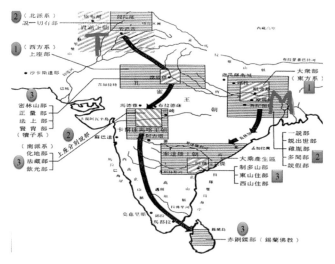

| 그림3-2 | 교단의 분열

위의 <그림3-2. 교단의 분열>[09]을 일단 한번 살펴보자. 불교 교단은 크게 상좌부와 대중부로 분열하였다. 다시 이들은 쪼개져서 총 18~22개의 부파로 나누어졌다. 그림에서 상좌부(T)는 왼쪽 위쪽의 히말라야 산맥과 연결된 카슈미르지역의 '설일체유부'에서 출발한다. 지도의 화살표는 그 아래 북쪽 갠지스강 상류의 상좌부가 왕성했던 오늘날 뉴델리 부근을 지나서, 중부 서쪽 지역을 거쳐서 스리랑카섬까지가 연결된다. 이것은 상좌부 불교가 전승되었던 과정을 보여준다. 여기에 따르면 오늘날 남방 상좌부는 '설일체유부적' 전통을 계승하고 있음을 보여준다. 반면에 지도에서 대승불교(M)는 오른쪽 갠지스강 하류의 '대중부'에서 시작하여 화살표가 중부 아래 대승불교의 발생지인 '중관론'의 고향으로 알려진 남동부 군투르(Guntur) 지역까지 연결되었다.

오늘날까지 전해진 유부학파의 문헌은 7개로 널리 알려져 있다. 그 가운

The Oxford History of Philosophy, 60.

09   印順法師, 「學派之分裂」, 『印度之佛教』 97-123.

데 대표적인 문헌은 2세기 가다연니자(迦多衍尼子, Kātyāyani-putra, B.C. 150?)가 짓고, 현장(玄奘)이 번역한 『아비달마발지론(阿毘達磨發智論, Abhidharma jñānaprasthāna śāstra)』(이하 『發智論』으로 약칭함)과 이것을 5백 명의 대아라한(大阿羅漢)들이 주석했다고 하는 『아비달마대비바사론(阿毘達磨大毘婆沙論)』(이하 『大毘婆沙論(Mahāvibhāṣa Śāstra, MVŚ)』으로 약칭함)이 있다. 여기서 유부학파가 '크게 논하는(mahā-vibhāṣa)' 실재론은 다음 두 가지로 요약된다.

(1) 일체의 현상은 인식과 관계없이 저기에 항상 실제로 존재한다[法體恒有].
(2) 곧 일체의 현상은 미래, 현재, 과거 시간의 흐름에 따라서 변화하지만 그 본질은 변화하지 않는다[三世實有].

유부학파(sarvāstivāda)의 첫 번째 주장이 '법체항유(法體恒有)'인데 이것은 '물질'과 '마음', '마음현상(心所法)', '무위법'을 포함하여 인연에 의해서 함께 발생하는 모든 현상, 유위법(有爲法, saṃskrta-dharma)과 무위법(無爲法, asaṃskrta-dharma)의 실체는 객관적으로 존재한다는 것이다. 여기서 사물의 바탕 혹은 본질로서 '법체(法體)'는 인연에 의해서 생겨나는 사물의 실상을 가리키는 용어인데, '자체적 본성'의 자성(自性)이나 '자체의 형상'인 자상(自相)과 동의어로 사용하곤 한다.

유부학파는 불교의 핵심가치인 '부처[佛]'와 '가르침[法]'과 '승가[僧]'는 실재한다고 하면서, 현실적으로 삼보가 '실재'해야만 귀의가 가능하다고 말한다. 단순한 믿음의 문제가 아니다. 불법승(佛法僧)은 실재하고 매우 중요한 종교적 의미를 함축한다. 그런데 문제는 역사적으로 이미 가신 '부처[佛]'에 대한 귀의는 어떻게 가능한가이다. 이것에 대해서 『발지론(發智論)』은 다음과 같이 말한다.

질문하여, 부처께 귀의한다는 것은 어떻게 귀의한다는 것인가? 대답하기를, 법은 실로 존재하고 현재에 드러나 있으며 상(想)과 등상(等想)의 언설로 시설함을 이름해서 부처라 한다. 이것들에 의지하여 배움을 마친 깨달음의 법을 이룬다. 이것을 '부처에 귀의한다[歸依佛]'고 이름한다.[10]

여기서 보면, 귀의는 '배움을 마친[無學] 깨달음의 법[菩提法]'에 의해서 가능하다고 말한다. 이것에 대한 『대비바사론(大毘婆沙論)』의 주석은 다음과 같다.

이 가운데 법이 실로 존재한다란 실로 존재하는 부처의 실상을 드러냄으로써 진리[法]로서 자기의 본성[自性]을 삼는다. 이런 언어는 차단하거나 혹은 존재로 부처를 말한다. 부처란 단지 이름이고 단순한 표상이고 단순히 가립된 시설이라 참다운 실상이 아니다. '현유(現有)'란 부처의 실상[佛體]을 드러냄이며 실로 존재함을 드러냄이지 이전에 있음을 드러냄이 아니다. '상(想)'이란 인연된 부처의 표상을 드러냄이며, '등상(等想)'은 이런 표상을 드러내 일체를 함께 일으킴이다. '시설(施設)'이란 표상에 의지하여 이름을 시설함을 말한다. '언설(言說)'이란 이름과 언설에 의지하여 변함이다.[11]

여기 『대비바사론(大毘婆沙論)』의 주석을 정리하면 이렇다. 첫째로 '부처의 실상[佛體]'은 실제로 실재한다[實有]는 것이고, 둘째로 그것은 모든 배움을 마친 [無學] 깨달음의 법/진리[菩提法]를 '자신의 본성[自性]'으로 삼는다는 것이다. 그렇기에 역사적인 현상을 떠나서 부처란 바로 자성인 까닭에 현재의 시점에서도 여전히 '귀의'가 가능한 것이 된다. 이점은 아래 『육조단경』의 '자성불(自性佛)'에

---

10 『阿毘達磨發智論』(大正藏26, 924c), "諸歸依佛者 何所歸依 答若法實有現有想等想 施設言說 名為佛陀 歸依彼所有無學 成菩提法 名歸依佛"

11 『阿毘達磨大毘婆沙論』(大正藏27, 177a), "此中若法實有者 顯實有佛體以法爲自性 此言爲遮 或有謂 佛但名但想但假 施設無有實體 現有者 顯佛體如現實有非曾有 等想者顯緣佛想等 想者顯此想一切共起 施設者謂依想施設名 言說者謂依名言說轉"

게 귀의하라'고 것과 상통한다.

> 자성(自性) 이외에 귀의할 곳이 없다.[12]
> 자성(自性)을 미혹하면 부처도 중생이고, 자성을 깨치면 중생도 부처가 된다.[13]

셋째로 부처는 이전의 존재가 아니라 지금 여기에서 존재를 드러낸다는 의미에서 '현유(現有)'라고 한다. 현유는 유부학파의 핵심 키워드이다. 곧 부처의 실상[佛體]은 실재하기에 현재에 출현한다는 의미이다. 부처님에 대한 귀의는 현재의 자기 자성에 대한 귀의이다. 자성이 바로 부처인 까닭이다.

넷째로 존재를 드러내는 방법은 인연된 '부처의 표상[佛想]'을 내면에서 일체와 함께[等想] '떠올려서' 현현함이다. 이것은 법이란 가립된 개념이 아닌 까닭에 실질적인 부처[佛]와 달마[法]와 승가[僧]의 존재를 드러내기에 '현유(現有)'라 한다.

다섯째로 언어에 대한 태도이다. '사물의 본성[自性]'을 시설하는 언어는 실재를 차단하기도 하지만 은폐로부터 존재를 드러내기도 한다[此言爲遮或有謂]. 유부의 언어관은 주목할 만한 관점이 있다. 선불교(禪佛敎)가 언어에 대해서 진리를 은폐하는 부정적인 측면을 강조한 것과 달리 유부학파가 '성언량(聖言量)' 혹은 '여래언설(如來言說)'을 인정하여 언어의 순기능으로 사물의 실재성을 드러내고 재난의 횡포에 대처하는 치유적 기능[14]이 있음을 언급한다. 이점은 오늘날 남방불교에서 경전을 조석으로 암송하거나 북방불교에서 경전을 사경하는 등의 오랜 수행 전통과 관련이 있다고 할 수 있다.

---

12 『六祖壇經』(大正藏48, 339c), "自姓不歸無所處"

13 『六祖壇經』(大正藏48, 341b), "自性迷佛卽衆生 自性悟衆生卽是佛"

14 『阿毘達磨大毘婆沙論』(大正藏27, 693b), "此三災橫雖復難除 然有聖言說彼對治"

연성(緣性), 조건 지어진 본성

『대비바사론(大毘婆沙論)』은 '모든 현상의 실체[法體]'와 '스스로 성품[自性]'은 실재한다고 반복적으로 말한다. 이것의 구체적인 언구들을 나열해보면 아래와 같다.

> 만약에 모든 '조건 지어진 성품[緣性]'이 실로 존재하지 않는다면 일체 현상은 모두 실로 존재하지 않게 될 것이다.[15]
>
> 인연 되는 대상에 의해 인연 지어진 성품[緣性]이 실로 존재하지 않는다고 집착하는 어리석음을 멈추게 할 목적으로, 인연 되는 대상에 의한 인연의 실성[緣體]이 실로 존재함[實有]을 드러내고자 하는 까닭에 이론을 짓는다.[16]
>
> 눈과 색깔이 인연 되어서 눈의식[眼識]이 발생한다. 세 가지가 화합하여 접촉을 이룬다[三事和合觸]는 등이다. 눈과 색깔과 눈의식을 떠나서 별도로 외부에 실재하는 접촉의 실체[觸體]이 있다는 것은 불가능하다. 이런 (형이상학적) 견해를 차단하고 접촉하는 실성[觸體]이 실로 존재함을 드러내고자 한다. 만약 접촉의 실성[觸體]이 실로 존재하지 않음이라면 다시 이것은 경전에서 설한 바와 위배가 된다.[17]
>
> 마음[心]과 마음현상[心所法]은 간격 없이 서로 상응한다. 이런 상응법(相應法)의 체성[體]이 실로 존재하지 않는다는 어리석은 집착을 멈추게 하고, 이런 상응법(相應法)의 체성[體]이 실로 존재함[實有]을 드러내고자 하는 까닭에 이 논을 짓는다.[18]

---

15 같은 책, 680c. "若諸緣性非實有者 則一切法皆非實有"

16 같은 책, 704a, "答欲止愚於 所緣緣性 執所緣緣 非實有法者 意顯所緣緣體 是實有故作斯論"

17 같은 책, 760b. "眼及色爲緣生眼識 三和合觸等 離眼色眼識外實觸體不可得 爲遮彼意顯觸體是實有 若觸體非實有者 便違經說"

18 같은 책, 703c. "心心所法應爲等無間緣者....問何故作此論 答欲止愚於 相應法者 執相應法 體非實

여기서 인용된 유부학파의 핵심교설에서는 인연, 삼사화합촉, 마음과 마음현상의 상응법 등은 모두 '실재적 체성[體, 性]'이 있다고 주장한다. 불교의 세계관을 나타내는 가장 핵심된 교설은 인연설이다. 유부 학파는 본성과 관련된 핵심 키워드로 '인연성(因緣性)', '연성(緣性)'이란 용어를 자주 사용한다. 여기서도 '소연연체(所緣緣體)', '소연연성(所緣緣性)', '촉체(觸體)'란 용어가 나온다. '인연성(因緣性)'이나 '연성(緣性)'은 '인연된 성품'이나 '연기의 본성'이라고 번역된다. 즉 본성, 자성, 참된 성품은 존재한다. 그러나 이것들은 인연을 떠나서 존재하지 않는다. 이점이 형이상학적 실재론과 분명하게 구분되는 불교 실재론자의 주장이다.

'연기의 본성'은 연기가 가지는 본래의 성품이다. 결코 변하지 않는 형이상학적인 실체를 말하지 않는다. 즉 '이것이 있기에 저것이 있다'는 '상호의존성'의 연기의 의미를 말한다. 반면에 '인연된 성품'은 연기된 사물이 가지는 고유한 성품이 있는데 그것들이 '조건 지어진 관계에 놓여있음'으로서 나타난 성품을 말하는 것이다.

'촉체(觸體)'의 경우도 그렇다. 연기된 '접촉'이란 '그 자체로 고유한 실체/자성이 있다'는 것이고, 이것은 접촉과 접촉이 아닌 것을 구분해 준다. 또한 이것은 '인연에 의해서 조건 지어진 관계에 놓여있다'는 의미로 해석된다. 이를테면 12연기의 각 항목마다 '각자 고유한 자체의 성품/자성을 가진다'는 것이고, 이들의 자성/성품은 각각 '조건 지어진 상태에 놓여있음'이기에 연기한다는 것이다.

소연연성 혹은 소연연체란 용어는 '소연연(所緣緣)+성(性/體)'이 결합된 낱말이다. 소연연(所緣緣)은 원인에 해당되는 '인연(因緣)', 절차의 '차제연(次第緣/等無間緣)', 주변의 여러 인연들과의 '증상연(增上緣)' 등과 함께 인식이 성립되

有 顯相應法 體是實有 故作斯論"

는 4가지 조건[緣] 가운데 하나이다.[19] '소연연(所緣緣)'[20]은 다시 '소연'+'연'으로 구성된다. 앞의 '소연(所緣)'은 일차적으로 인식의 외적인 대상을 말하고, 뒤의 '연(緣)'은 이차적으로 의식에 의해서 포착된 형상을 의미한다.[21]

예를들면 감각기관인 눈의 대상은 색깔이고 귀의 대상은 소리이다. 색깔과 소리는 대상 곧 소연이다. 그런데 색깔과 소리[因緣]가 일차적으로 인식하는 의식에 접촉되는[所取境] 순간, 그 다음 간격이 없이[等無間緣] 이차적으로 의식[心]에 의해서 이루어지는 표상/형상[心所法]이 생기는데 이것이 소연연(所緣緣)이다. 유식적으로 설명하면 일차적인 감각대상은 전오식(前五識)에 해당되고 이차적인 인식은 제육식(第六識)에 의한 분별이다. 이를테면 지하철에서 일차적으로 수많은 사람을 감각의식에 의해 보게 되고[所緣], 이차적으로 의식이 특정한 대상에 지향되는 순간 친구가 의식에 포착된다[所緣緣]. 이것은 친구라는 사전에 선이해된 의식(第六識)이 그곳에 투영된 것이다. 내재된 표상이 없다면 대상이 포착되지 않을 것이고, 결국 그 사람은 지각되지 않는다.

그렇기에 결국 유부학파의 '소연연(所緣緣)성(性/體)'은 의식에 의해서 대상의 표상을 포착하는 그러한 본래적 성품[本性]이 존재함을 주장하는 것이라고 볼 수 있다. 여기서 성품/본성이란 구체적으로 무엇을 가리키는지 분명하지 않다. 일차적으로 저기의 대상/소연을 의식이 포착하는 의식(인식주관) 그 자체의 성품/본성을 가리키는지 아니면 이차적으로 의식에 의해서 포착된 혹은 지향된 대상의 표상/형상(인식대상)이 가지는 성품인지 불분명하다. 이를테면 여기에 거울이 있다고 하자. 일차적으로 거울은 앞에 있는 대상을 비춘다. 그러면 이차적으로 그 대상의 표상/형상이 거울 바탕에 나타난다. 여기서 말하는 성품이란 거울(의식)이 비추

---

19 같은 책, 108c., "緣有四種 如施設論 及見蘊辯 然施設論 作如是說 有法是因緣彼 亦是等無間緣 亦是所緣緣 亦是增上緣."

20 같은 책, 109a., "卽此能爲 次後刹那 心心所法 所取境故 立爲所緣緣."

21 박인성(2008), 불교교학(佛教教學) : 『유식이십론』 게송10에 대한 규기의 해석(1) -설일체유부의 대상론 비판, 『한국불교학』50권, 313-350.

는 본성[性]인가, 아니면 거울(의식)에 나타난 형상[相]의 실재성인가?

설일체유부 학파는 양쪽 그러니까 인식하는 주체[識體]와 인식되는 대상[境相] 모두 실재한다고 주장한다. 그러나 유부에서 주장하는 성품/본성/자성은 많은 비판자들의 오해처럼 결코 홀로 독자적으로 인연과 무관하게 존재하는 형이상학적 실재가 아니다. 여기서 '실재한다'는 것은 어디까지나 대상과 인식이 서로 '인연에 의해서 조건 지어진 상태에 놓여있음'을 말한다. 그렇기에 '소연연체(所緣緣體)'는 '조건 지어진 실체[緣體]'로서의 '소연연성(所緣緣性)'으로 '인연된 본성[緣性]'을 의미한다. 곧 대상을 인식하는 조건으로서의 주관적 실체이자 인식의 본성을 말한다. 다시 말하면 상호의존성을 의미한다.

그렇기에 유부학파의 본성이나 실재는 형이상학적 실체를 의미하지 않는다는 점에서 형이상학의 배제를 함축한다. 이를테면 여기에 불이 있다고 하자. 이 불은 앞집에서 건너온 것도 아니고 신라시대에서 찾아온 것도 아니다. 신이 창조한 것은 더욱 아니다. 물론 사주팔자의 결과도 아니다. 이런 해석들은 모두 형이상학적 상상의 결과이다. 불은 지금 여기의 인연에 의해 이 순간에 탄생한 실재로서 경험적 실체이다. 손을 그곳에 집어넣으면 뜨겁게 태울 것이다. 이것이 불의 본성이다. 이것의 본성은 신라시대이거나 앞집에 있거나 서로 다르지 않다. 과거나 현재나 어느 곳에서나 '불'인 한에서 그것의 본성은 과거, 현재, 미래에 변함이 없다. 뜨거움, 태움이 없다면 그것은 불이 아닌 것이다. 그러나 '불'은 독립된 존재가 아니라 인연의 결과로서 태어나고 유지되는 까닭에 형이상학을 배제한다.

세 번째로 현상의 실재성을 주장하는 『대비바사론(大毘婆沙論)』은 인식을 구성하는 '감각기관[根]', '인식대상[境]', '의식[識]'이라는 근경식(根境識)에 의한 삼사화합촉(三事和合觸) 즉 세 가지가 화합하여 접촉을 이룬다고 할 때 이들 세 가지의 실재성을 인정한다.

A. 삼사화합촉: (a) 감각기관[根] + 인식대상[境] + 의식[識] ⇒ (b) 접촉[觸]

B. 십이연기: 의식[識] ⇒ 대상(名色) ⇒ 육입(六入, 감각기관) ⇒ 접촉[觸]

위에서 'A'는 삼사화합촉의 인식을 보여주고, 'B'는 연기적 과정을 나타낸다. 양자는 동일한 형태를 가진다. 삼사화합촉은 곧 (a)를 조건[緣]으로 해서 사태 (b)가 발생한다[起]는 현상을 말한다. 유부학파는 (a)라는 인연의 실재적 성품[緣性]이 실로 존재하고[實有], 이것을 조건으로 해서 발생한 (b)라는 인식과 접촉의 실재적 실상[觸體]도 마찬가지로 실로 존재한다[實有]고 주장한다. 이것을 '(a)와 (b)는 연기적 관계이다.'고 말하고, 기호로 표시하면 'aRb'가 된다. 이들은 연기적 관계이기에 (a)를 떠나서 (b)는 존재하지 않고, (b)는 (a)를 조건으로 존재하게 된다.

유부학파의 주장은 이렇다. (a)와 (b)가 연기의 조건 아래에서 스스로 고유한 자성을 가진다. 연기적 관계에 놓여진 까닭에, 'aRb'를 떠나서 별도로 그밖에 아트만이나 절대자와 같은 형이상학적 실체 'α'가 존재하는 것은 결코 아니다. 비판자들은 유부학파의 실재론을 영원한 실체나 아트만과 같은 형이상학적 주장이라고 이해하고 비판하는데, 이것은 분명하게 잘못된 이해에 근거한 비판이다.

네 번째로 유부학파는 '마음'과 '마음현상'의 '상응법(相應法)'에 대해서도 각각 세 가지(마음, 마음현상, 상응법)가 모두 다 실재한다고 주장한다. 비유적으로 말하면 임금이 있으면 반드시 그곳에는 신하가 뒤따르고 밥이 있으면 그곳에는 반찬이 함께 뒤따르듯이 '마음[心]'과 감정, 생각, 갈망이라는 보편적 '마음현상[遍行心所]'은 실제로 존재할 뿐 아니라 양자는 서로 상응한다고 주장한다.

이상으로 유부학파가 주장하는 실재론은 '부처'와 붓다의 '가르침'과 '승'이 존재한다는 '법유(法有)'로서 단순하게 말하면 연기라는 관계적 현상의 실재성을 주장한다. '조건 지어진 성품[緣性]'이나 '인연의 실체[緣體]'라는 용어가 이것을 잘 보여준다. 유부학파에서 '성품[性]'이니 '실체[體]'니 하는 용어는 결코 형이상학적 개념이 아니다. 이것은 일상의 경험에서 인식과 연결되어 존재하는 '대상의 실재성'을 가리키는 말이다. 물론 연기하는 사물은 인식에서 독립적으로 존재한다.

붓다 이전에도 붓다 이후에도 여전히 존재하는 연기이다. 하지만 그것들은 '조건 지어진 존재'이고 '인연에 따르는 대상'들이다. 관계나 인연에 의해서 혹은 연기를 통해 그 자체의 성품이 드러나는 존재이고 실상이다. 이들은 각자 고유한 성품을 가진다. 그래서 서로가 구분되고 차별을 만들어낸다.

삼세실유, 미래 · 현재 · 과거에 실제로 존재함

설일체유부의 두 번째 주장은 '삼세실유(三世實有)'이다. 인연에 의해서 생겨나는 현상의 본성, 법체는 미래, 현재, 과거에 걸쳐서 변화하지 않고 자체적인 성품, 자성을 유지한다는 주장이다. 이를테면 '불'의 뜨거움이나 태움이란 본성/자성은 실재하고 이것들은 과거, 현재, 미래에 걸쳐서 그 자체의 본성이 변하지 않고 존재한다는 주장이다.

이러한 주장에 대해 많은 이들이 형이상학적으로 해석하면서 비판하곤 한다. 그러나 이것은 잘못된 이해이다. 앞에서도 말했지만 현재의 불은 과거에도 존재하고 미래에도 존재할 것이다. 물론 이들은 동일한 불이 아니다. 그러나 그것들이 '불'인 한에서 태운다는 본성은 동일하다. 형이상학적으로 동일한 불변의 불이 과거에서 현재로 이동해온 것이 아니다. 미래의 불이 현재로 옮겨온 것이 아니고, 공간적으로 앞집의 불이 뒷집으로 순간적으로 이동된 것이 아니다. 이렇게 해석하면 잘못된 형이상학적 이해이다.

삼세에서 미래는 본성의 작용이 아직 발생하지 않았고, 현재는 작용이 발생한 바이고, 과거는 작용이 완료된 상태를 말한다. 이렇게 『대비바사론(大毘婆沙論)』은 삼세실유의 의미를 자성의 '작용(作用)'과 '공능(功能)'으로 해명한다.

과거와 미래의 실상[體]은 실로 존재하기[實有]에 현재도 존재하게 됨을 드러내고자 함이다.[22] 여러 경전에서 삼세를 세운다. 비록 세 가지로 이름하지만 그것의 실상은 서로 다르지 않다. 여기 (『발지론』의) 논사가 세운 삼세는 혼란스럽지 않다. 작용에 의지하여 삼세를 각각 세운다. 유위법으로 아직 작용이 일어나지 않음은 미래세라 이름하고, 바로 작용이 있으면 현재세가 되고, 작용을 이미 마치면 과거세라 이름한다.[23] 형성된 현상[有爲法]은 모두 작용이 있고 행위가 맹렬하다. 그래서 유위법은 (자체의) 성품을 드러낸다[見性].[24]

여기서 주목할 문장은 '유위법은 모두 (자체의) 본성을 드러낸다[故有爲法皆是見性].'이다. 성품을 본다는 의미의 '견성(見性)'은 실천적으로 선불교의 『육조단경』에서 자주 발견되는 용어이다. 여기서는 '본성의 드러남' 혹은 '성품의 나타남'으로 번역한다. '유위법이 본성을 드러낸다[見性]'는 말은 '현유(現有)' 곧 존재를 드러냄과 동일한 의미이다. 이것은 설일체유부 학파의 입장을 보여주는 핵심 키워드의 하나이다. 일체의 유위법은 자기의 존재성, 본성을 감춤 없이 맹렬하게 드러낸다. <그림3-3. 콩과 팥>처럼[25] 콩은 힘껏 자신의 본성을 '노랗게' 드러내고, 팥 역시 자신의 성품을 숨기지 않고 '붉게' 폭로한다.

물론 이런 본성은 인연에 의해 조건 지어진 상태에서 맹렬하게 작용한다. 자기의 존재를 차별적으로 온통 드러내는 견성[見性]은 연기와 별도로 존재하지 않는다. 그렇기에 이것은 '조건 지어진 자성[緣性]'이고,

| 그림3-3 | 콩과 팥

---

22 大毘婆沙論, 앞의 책, 86a., "欲顯過去未來體 是實有現在 是有爲故"

23 같은 책, 396b., "如是諸法經三世位 雖得三名而體無別 此師所立世無雜亂 以依作用立三世別 謂有爲法未有作用名未來世 正有作用名現在世 作用已滅名過去世"

24 같은 책, 489b, "諸有爲法 皆有作用行相猛利 故有爲法皆是見性"

25 완도농업기술센터, 「요맘때 우리 밭에 키우면 딱 좋은 콩과 팥」 『완도농업정보』(2018.06.12)

'연기하는 실체[緣體]'라 한다. 이것은 결코 형이상학적 실체가 아니다. 자성은 실재하고 연기하는 현실에서 작용을 일으킨다. 아직 작용하지 않으면 미래세이고, 현재에서 작용하면 현재세이고, 작용이 끝나면 과거세가 된다.

『대비바사론(大毘婆沙論)』은 작용과 함께 '공능(功能)'이란 용어도 중시한다. 공능이란 말 그대로 어떤 힘과 에너지를 가지고 현실에 작용하여 효과적인 결과를 가져옴을 말한다.

> 모든 현상은 세력을 가진다. 세력에는 두 종류가 있다. 하나는 작용이고 다른 하나는 공능이다. 공능이란 어떤 결과를 끌어옴을 말하고 이것을 이름해서 작용이라고 한다.[26]
>
> 공능을 얻게 되면 발생하고 공능을 잃으면 소멸된다.[27]
>
> 다시 전변(轉變)에는 2종류가 있다. 하나는 자체의 전변이고 다른 하나는 공능의 전변이다. 자체의 전변은 모든 형성된 행위는 전변이 없는데 그 자체에는 개조(改造)의 변화가 없는 것을 말한다. 공능의 전변은 모든 형성된 행위에는 전변이 있음을 말한다. 이른바 미래세에는 공능이 생기고 현재세에는 공능이 소멸하고 과거세에는 공능의 결과가 있는 것이다.[28]
>
> 그런 까닭에 모든 조건 지어진 본성은 바로 실답게 체성이 있고 공능이 존재한다.[29]

---

26 『阿毘達磨順正理論』(大正藏29, 631c), "諸法勢力 總有二種 一名作用 二謂功能. 引果功能 名為作用."

27 같은 책, 200a., "得功能時生 失功能時滅."

28 같은 책, 200b., "復次轉變有二種 一者自體轉變 二者功能轉變 若依自體轉變說者 應言諸行無有轉變 以彼自體無改易故 若依功能轉變說者 應言諸行亦有轉變 謂未來世有生等功能 現在世有滅等功能 過去世有與果功能."

29 같은 책, "故諸緣性定實有體 有功能故."

불교의 기장 기본적 교설은 형성된 모든 현상[有爲法]은 무상이고 연기한다는 것이다. 그러면 이 변화가 어떻게 이루어지는지 설명할 필요가 있다. 설일체유부는 첫째로 일체의 법[法]은 실재한다는 것과 그것들의 본성은 자체적으로 '세력(勢力)'이 있다고 본다. 이 세력에 의해서 콩은 콩으로 팥은 팥으로 자신의 존재성을 드러낸다. 둘째로 이들은 연기의 현실에서 결과를 이끌어내는 공능(功能, vyāpāra)으로 효과적 역량을 가지고 있고, 이런 공능은 본성이 가지는 '작용'에 의해서 실행된다는 것을 주장한다. 이것은 공능이 없으면 자성/본성이라고 말할 수 없다는 것이다. 왜냐면 효과적인 공능이 없으면 연기의 변화를 설명할 수 없기 때문이다.

이를테면 여기에 콩의 씨앗/종자가 있다면 이 종자는 자체적 세력으로서 본성/자성을 가진다. 동시에 노란 콩의 씨앗은 붉은 팥과는 분명하게 구분되는 차별적인 자기 성품을 가진다. 추운 겨울을 잘 견디다가 따뜻한 봄이 되고 적절한 인연을 만나면 콩과 팥은 자체적인 힘에 의해 싹을 띄운다. 이게 그들의 본성/자성이다. 이 힘에 의해서 줄기를 뻗고 열매를 맺게 된다. 이것은 '성품[性]'의 종자가 본래 지닌 자체[體]의 '공능'이 현실의 '인연'에 반응하여 '작용'한 결과이다.

| 그림3-4 | 팥꽃

그러면 처음 땅속에 심은 씨앗은 어떠하였을까? 그것은 계속적으로 상속(相續)하여 싹과 줄기로 '전변(轉變)'된 것이다. 그렇다고 해서 콩과 팥의 본성이 서로 바뀌지는 않는다. 우리는 싹과 줄기를 보고 그것의 본성/품종을 알아본다. 농부는 자신의 밭에 심은 싹이나 줄기, 혹은 꽃을 보고서 <그림3-4. 팥꽃>(https://jib17.tistory.com)과 <그림3-5. 콩꽃>(http://www.indica.or.kr)처럼 그것의 정체성을 알아본다. 왜

| 그림3-5 | 콩꽃

냐면 유위법은 인연에 따라서 힘껏 자신의 본성을 드러내기[見性] 때문이다.

이와같이 설일체유부에서 말하는 '자체의 본성'은 객관적으로 실재한다. 그것의 본성은 다양한 환경 속에서 변하지 않으면서 삼세에 걸쳐서 존재한다[三世實有]. 그렇지만 이 자체의 본성은 현실의 인연 조건이라는 연기로부터 독립된 실체는 아니다. 콩과 팥은 자신의 본성을 계속적으로 유지하지만 조건이 맞지 않거나 인연을 만나지 못하면 자체의 공능을 발휘하지 못할 수도 있다. 다시 말하면 잠재적인 힘을 가진 종자는 조건에 따라서 끝내 썩어버리거나 싹을 띄울 수 없게 될 수도 있다. 어디까지나 이것은 '조건 지어진 실체[緣體]'이고 '인연된 성품[緣性]'인 까닭이다.

많은 사람들이 오해하는 것처럼, 삼세실유는 인연을 떠난 실체가 삼세에 걸쳐서 실재한다는 의미가 아니다. 인연을 조건으로 해서 자성/본성의 작용을 일으킨다는 것을 말한다. 이런 점에서 설일체유부의 삼세실유 이론은 형이상학적 실재론이 아니라, 경험적 실재론이다.

3) 중관론의 비판과 통합

연기의 무자성(無自性)

설일체유부의 실재론을 비판하는 대표적 인물은 용수(龍樹, Nāgārjuna, A.D. 150?-250?)이다. 용수의 생애는 거의 알려진 바가 없다. 용수는 여러 가지 학문을 익히면서 전국을 유람하기도 했다. 그러던 중에 친구 4인과 함께 몸을 숨기는 마술도 익혔는데 친구가 왕 앞에서 마술을 증명하려다가 죽는 장면을 목격하고 출가하였다. 출가하여 여러 지역을 유행하다가 한 노승을 만나 반야심경 계통의 대승경전을 배우게 된다. 오늘날 남인도 지역의 군투르(Guntur)에 돌아온 용수는 대승불

교의 공(空) 사상을 펼치는 데 앞장섰다.[30]

용수의 대표적인 저술은『중론(中論, Mādhyamaka śāstra)』이다. 'Mādhyamaka'는 중간적 영역을 말하지만 한역에서는 주로 '중관(中觀)', 영역은 중도(中道)를 의미하는 'middle way'라는 용어를 선택한다. 여기서 필자는 '중관론(中觀論)'이란 용어를 사용한다. 이것은 '있음[有]'과 '없음[無]'을 논파하고 중도/공/중관을 드러내는 학파적 관점을 함축한다.

중관학파는 사상적으로 남방불교의 뿌리가 되는 일체유부의 실재론을 신랄하게 비판하면서 등장했다. 그들의 비판은 주로 불교 실재론의 '법체항유(法體恒有)'와 '삼세실유(三世實有)'에 초점이 맞추어져 있다. 앞에서 살펴본 것과 같이 설일체유부는 모든 현상은 자체의 성품[自性]을 가진다고 주장한다. 그러나 중관론은 이것을 정면으로 비판하여 '무자성(無自性)'이라고 말한다.

> 모든 법/현상의 '자체적 성품[自性]'은 여러 인연 가운데 존재하지 않는다. 여러 인연이 화합한 까닭에 단지 이름[名字]만 가능한 것이다. 자체의 성품이란 곧 자체의 '실체[體]'이다. 그러나 이것은 여러 인연으로 자체의 성품이란 없다. 자체의 성품이 없으므로 스스로 생겨남[生]도 없다. 자체의 성품이 없는 관계로 다른 성품[他性]도 없다.[31]

여기『중론』에 따르면 설일체유부에서 주장하는 '자체의 성품[自性]'이란 없다. 왜냐면 그것은 여러 가지 인연의 결과인 까닭이요, 여러 요소가 화합되어 생겨난 것이기에 그 자체의 성품은 없다. 곧 자성이 무자성(無自性)이니 생겨남도 없

---

30 鳩摩羅什譯, 龍樹菩薩傳(大正藏50, 184b-184c)

31 中論(大正藏30, 02b20), "諸法自性不在衆緣中 但衆緣和合故得名字 自性卽是自體 衆緣中無自性
自性無故不自生 自性故他性亦無 何以故 因自性有他性 他性於他亦是自性 若破自性卽破他性
是故不應從他性生 若破自性他性卽破共義."

고[不生], 생겨나지 않았으니 소멸한 바도 없다[不滅]. 마찬가지로 '자체의 성품[自性]'이 없기에 여기에 의존된 '다른 성품[他性]' 역시 논파된다.

> 여러 인연이 구족되고 화합하여 물건[物]이 생겨난다. 이 물건은 여러 인연에 속(屬)한 까닭에 자체의 성품은 없다[無自性]. 자체의 성품이 없는 까닭에 공(空)이고 공 또한 공하다. 단지 중생을 교화하기 위해서 이름을 빌려서 설한다. 있음과 없음의 양극단을 떠난 관계로 이름하여 중도(中道)라 한다. 이것은 성품이 없으므로 존재한다고 말할 수 없다. 일체의 현상[法]과 일체의 시간[時]과 일체의 종자[種]가 모두 여러 인연을 따라서 발생한 까닭에 필경에는 공하여 자체의 성품이 없다.[32]

중관학파의 '사물의 자체 성품이 없다'는 주장의 핵심 논거는 사물이 여러 조건[衆緣], 여러 인연[衆因緣]의 화합에 의해서 성립된 까닭에 그 자체의 자성이 없다는 말이다. 여기서 주목할 언구는 '물건이 여러 인연에 속한 까닭에[物屬衆因緣故]' '자체의 성품이 없다[無自性]'는 문장이다. 이런 논법은 일정 부분 설득력이 있다.

이를테면 가족의 부부관계에서 아내와 남편이란 용어를 보면 그렇다. 남편은 아내로 인하여 관계가 성립되고, 반대로 아내는 남편으로 인하여 존재가 용인된다. 이들은 서로에게 상호의존[相依, apekṣā]된 관계이다. 만약 이들이 이혼을 하게 되면 누구도 남편이라든지 아내라든지 하는 호칭을 사용하지 않을 것이다. 이런 점에서 보면 관계/인연/조건을 떠나서는 '남편'도 '아내'도 존재의 근거를 잃어버린다. 상호의지된 인연의 관계에 의해서 생겨난 까닭에 이런 경우에 가족 그 자체의

---

32 같은 책, 33b. "衆緣具足和合而物生 是物屬衆因緣故無自性 無自性故空 空亦復空 但爲引導衆生故 以假名說 離有無二邊故名爲中道 是法無性故不得言有 一切法一切時一切種 從衆緣生故 畢竟空故無自性."

속성이나 본성은 없다[無自性]고 주장한다. 다음의 『중론(中論)』의 관전도품(觀顚倒品)을 보자.

> '깨끗함'의 표상을 원인으로 하지 않고는 '깨끗하지 않음', 부정(不淨)이란 존재하지 않는다.
> '깨끗함'을 인연하여 '깨끗하지 않음'이 있다. 그런 까닭에 '깨끗하지 않음'은 존재하지 않는다.[33]

여기서 보듯이 '깨끗함[淨]'이 있기에 그 결과로 '깨끗하지 않음[不淨]'이 있다. 만약에 '깨끗함'이 없다면 '깨끗하지 않음' 역시 존재하지 않는다. 양자는 서로 의존된 관계인 까닭이다. 이런 논법은 선불교의 『육조단경』에서도 발견된다. 이를테면 '발생[生]과 소멸[滅]', '맑음[淸]과 탁함[濁]'과 같은 36개 대구(對句)가 나온다.[34] '밝음과 어둠', '운동과 멈춤', '있음과 없음', '번뇌와 보리' 등의 양자는 상호의존[相依]된 관계로 이들의 본질은 무자성(無自性)이다.

빛은 어둠으로 인하여 존재하게 되고 어둠은 빛으로 인하여 존재하게 된다. 이렇게 빛과 어둠이 상호의존되어 있기에 『중론(中論)』에서는 이들의 본질이 '공(空)'이고 '무자성(無自性)'이라고 주장한다. 반면에 동일한 논법을 구사하지만 『육조단경』에서는 '자성은 공하지 않다.'고 말한다.

> 일의 장소에 두루하지만 일체의 장소에 집착하지 않는다. 청정한 자성은 여섯의 도적이 여섯 개의 감각 문으로 출입한다. 여섯 개의 대상에 대해 떠남이 없고 물

---

33 같은 책, 31b. "不因於淨相 則無有不淨 因淨有不淨 是故無不淨"
34 『六祖壇經』, 앞의 책, 343c. "都合成三十六對法也 此三十六對法 解用通一切經 出入卽離兩邊 如何自性起用 三十六對 共人言語 出外於離相 入內於空離空."

들지도 않는다.[35]

자성(自性)의 입장에서 공(空)을 설하지만 바르게 말하면 본성(本性)은 공하지가 않다[不空]. 어리석음은 스스로 미혹함이다. 언어를 제거한 까닭이다. 어둠은 스스로 어둡지 않다. 이름해서 어둠이다.[36]

여기서 자성은 청정하여 물들지 않는다. 어느 곳이든지 존재하지만 그곳에 물들지 않는다. 현상의 입장에서 보면 어둠은 밝음으로 인하여 있다. 이것들은 언어적인 진실이다. 어둠은 스스로 어둠이라고 말하지 않고 밝음은 스스로 밝음이라 말하지 않는다. 우리의 문화/언어가 그렇게 어둠과 밝음을 말한다. 언어를 제거하면 각각의 본성은 공한 게 아니다.

여기서 『중론』과 『육조단경』의 차이점은 자성/본성의 의미가 서로 다름에서 생겨난다. 이를테면 '어둠[暗]'과 '밝음[明]'에서 『중론』의 자성은 '어둠'과 '밝음'의 본성이다. 이들은 상호 의존된 상태이기에 그 자신들은 성품[自性]을 가지지 못한다. 반면에 설일체유부의 '실재론'은 어둠과 밝음이란 그 자체로 자신의 성품을 가진다고 본다. 그런데 『육조단경』에서 말하는 자성은 '자체의 청정성'이다. 거울에 비유하면 어둠과 밝음은 거울에 나타난 현상들[有爲法]이다. 거울/마음 자체의 청정성[無爲法]은 '밝음'과 '어둠'의 현상에 영향을 받지 않아서, '오고' '감'에 자유롭다. 이렇게 학파별로 자성에 대한 시각이 서로 다르다. 하나의 사물을 바라보는 각도가 서로 다른 까닭이다.

이렇게 실재론의 『대비바사론』에서 '자성(自性)'은 형성된 유위법의 고유한 개별적 성품이고, 『육조단경』의 '자성'은 마음/거울 자체의 청정성이다. 그러나 『중론』에서는 이들의 자성을 인정하지 않는다. 여기서 '자성'은 존재하지 않기에

---

35 六祖壇經, 340c. "遍一切處不著一切處 常淨自性 使六賊從六門走出 於六塵中不離不染 來去自由"

36 같은 책, 343c. "自性上說空 正語言本性不空 迷自惑 語言除故 暗不自暗 以名故暗"

무자성(無自性)의 공(空)이다.

중관론 비판

『중론』에 의거하면 용수는 절대적으로 자성을 부정한다. 첫째는 형성된 현상[有爲法]의 사물은 인연화합의 산물이기 때문이요, 둘째는 변하지 않는 본성/자성을 인정하면 불교의 핵심가치인 변화로서의 연기를 설명할 수 없기 때문이다.

> 만약 일체의 현상에 결정적인 본성이 있다면 끝내는 변화된 다른 형상[相]이 없다. 왜냐면 만약 정해진 자신의 본성[自性]이 있다면 응당 달라진 형상[異相]은 없을 것이기 때문이다. 마치 앞에서 말한 참된 금의 비유와 같다. 현재에 드러난 일체의 법에는 달라진 형상이 있는 까닭이다.[37]

여기서 『중론』의 입장은 사물에 자신의 고유한 자성이 있다면 마땅히 달라진 형상이 없다는 것이다. 달리 말하면 현실에 나타난 일체의 법은 순간순간 달라진 '다른 형상[異相]'이기에, 변하지 않는 자기의 고유한 '자성'은 없다고 주장한다.

그러나 이 논증은 문제가 있다. '변화 없는 자성[自性]은 달라진 형상[異相]이 없다'고 전제하기 때문이다. 애초부터 자성은 변하지 않는다고 전제하기에, 자성은 현실에서 달라진 형상을 가질 수 없다고 못 박는다. 이것을 논증하기 위해서 순금[眞金]의 비유를 제시한다. 순금은 '달라진 형상'을 가질 수가 없다. 왜냐면 그것은 순금이기 때문이다. 만약에 그것이 달라진다면 그것은 순금이 아니다. 그러니까 고유한 자기 성품인 자성은 자기 성품이 없다[無自性]고 주장한다.

그러나 과연 순금의 '자성[體]'은 현실에서 달라지고 변형된 '형상[相]'을 가

---

37 같은 책, 20b. "若諸法決定有性 終不應變異 何以故 若定有自性 不應有異相 如上眞金喩 今現見諸法 有異相故"

질 수가 없을까? 이를테면 여기에 '금덩이'가 있다고 하자. 우리는 금덩이로 귀걸이나 결혼반지를 만들 수가 있다. 현실에 나타난 '달라진 형상[異相]'의 변화가 일어났지만 귀걸이나 반지는 본질적으로 금이란 '본성'에는 변함이 없다. 금은 고유한 자기의 자성/본성을 가지고 있지만, 현실에서 그것의 형상은 달라질 수 있다는 말이다. 이렇게 이해를 하면 논리적인 모순이 없다. 그렇기에 현실에서 '현재에 나타난 형상이 달라졌다'는 이유로 → '고유한 성품/자성이 존재하지 않는다'고 논증하는 것은 옳지 않다. 정확하게 말하면 이렇다. '옛날이나 지금이나 금이 가지는 형상[異相]은 달라질 수 있지만, 빛나는 금 자체의 본성[性]은 변함이 없다.' 곧 금은 금으로서 돌맹이와는 서로 구분되는 자신의 본성을 가진다. 각각의 자성이 없다면 '돌맹이'와 '금'은 서로를 구분할 수 있는 기준이 없게 된다. 용수의 무자성은 사물의 개별적인 차이점을 설명하지 못한다. 이렇게 되면 콩과 팥의 차이점은 존재할 수 없다. 양자는 모두 스스로의 성품인 자성이 없는 까닭이다.

둘째로 『중론』은 무자성(無自性)을 논증할 때 '비유'를 논증의 근거로 활용한다. 여기서 비유는 진리를 인식하는 유효한 방식으로 인정된다.

> 결정적으로 모든 현상에 자성이 있다면 어떻게 달라진 성품이 있겠는가? 이름하여 실재의 존재[有]란 결정적으로 변화의 달라짐[變異]이 없다. 본성이란 비유하자면 참된 금이 변화가 없는 것과 같다. 어둠의 성품이 변하여 밝음이 되지 않음과 같고, 밝음의 성품이 변하여 어둠이 되지 않음과 같다.[38]

모든 형성된 현상은 변화한다. 사실 연기나 인연은 변화의 과정을 설명한다. 이것은 불교의 핵심 가르침이다. 그런데 '변하지 않은 무엇인가'를 가정하면 불교의 기본 가르침은 붕괴된다. 이런 점에서 설일체유부의 실재론은 변화와 달라짐이

---

38 『中論』, 18b., "若諸法有性 云何而得異 若諸法無性 云何而有異 若諸法決定有性 云何可得異性 名決定有不可變異 如眞金不可變 又如暗性不變爲明 明性不變爲暗."

란 현상을 설명하는데 적절하지 못하다는 비판이다. 긍정적인 측면도 있음은 부인할 수 없다.

변화하지 않음의 허구를 드러내기 위해『중론』은 신뢰할 수 있는 논증의 기준으로 현재에 드러난 지각[現事], 추리에 의한 앎[比知], 다른 사물에 비교하는 비유(譬喩), 거룩한 성현의 말씀[賢聖所說] 등 4가지를 거론한다.[39]

이것은 Nyāya(正理論) 학파가 인정한 인식방법이기도 하다. 그런데 역설적으로『중론』은 이런 비유로 인해 사물의 자성/본성을 인정하게 된다. 자성이 있기에 '금', '돌맹이', '구리'는 서로 확연하게 구분된다. 자체의 성품을 가진 까닭에 구리와 돌맹이는 금이 되지 않고, 순금은 돌맹이나 구리가 되지 않는다. 서로 뒤섞일 수가 없다. 왜냐면 서로는 각자의 고유한 성품으로서 자성을 가진 까닭이다. 그러니까 중관론이 말하는 '순금'의 비유에서 보듯이 순금 자체는 자신의 고유한 성품을 가진다. 다시 말하면 변하지 않는 자성을 가진 사물/순금이 있음을『중론』스스로 주장하는 결과가 된다.

사물은 자체의 특성을 가진 까닭에 '밝음'은 어둠이 되지 않고, '어둠'은 다시 밝음이 되지 않는다. 왜냐면 어둠은 자체의 성품이 있고, 밝음은 밝음의 성품을 가지기 때문이다. 이들은 서로 뒤섞이지 않는다. 아래 <그림3-6. 어둠과 빛>처럼 만약 이들이 서로 섞이면 빛이 만들어내는 아름다움은 연출되지 않고 밤과 낮의 구분이 없을 것이다. 어둠은 밝음으로 드러나고 밝음은 어둠으로 인하여 선명하게 그 존재성을 드러낸다. 따라서 밤과 낮의 고유한 특성을 부인하고서, 어떻게 밤과 낮의 변화를 설명하기 힘들다.

『중론』은 밤과 낮이 무자성(無自性)이여야 변화를 설명할 수 있다고 주장한다. 낮과 밤이 자체의 변하지 않는 '자성(自性)'을 가진다면 밤은 낮으로 낮은 밤으로 변화가 불가능하다고 말한다. 이것은 설득력이 있다. 그렇긴 하지만 반대로 같

---

39 같은 책, 24a., "信有四種 一現事可信 二名比知可信 如見煙知有火 三名譬喩可信 如國無�石喩之 如金 四名賢聖所說故 可信."

은 주장을 할 수 있다. 만약 주장하는 대로 밤과 낮의 고유한 특성이 없다면 무엇이 '밤'이고 무엇이 '낮'인지를 구분할 수 없게 된다. 밤과 낮의 고유한 자성 없음[無自性]은 변화를 설명하는 데는 설득력이 있지만, 낮과 밤이라는 사물의 '고유한 차별성'을 설명하지 못하는 약점이 노출된다.

『중론』에서는 자체적으로 무자성(無自性)임을 증명하는 비유적 사례로 밤과 낮을 들었지만 결과적으로 의도치 않게 '밤'과 '낮'의 고유한 성품이 존재함을 은연중에 드러낸다. 지구의 자전과 태양의 인연 조건에 의해서 밤과 낮이 결정된 까닭에 실질적으로 밤과 낮의 자성은 존재하지 않는다. 그렇다고 태양과 지구의 인연 화합에 의해서 나타난 밤과 낮은 고유한 자체의 '특성[性]'이 없다고 단정할 수 없다. 밤은 어둡고 기온이 떨어진다. 낮은 밝음이 고 기온이 오른다. 『중론』의 무자성은 '밤에는 잠을 자고 낮에는 활동을 한다'는 경험적 실재 성마저 부인한다. 그러면 마찬가지로 낮과 밤을 촉발시킨 조건이 되는 지구의 자전과 태양의 존 재[有], 역시 부정된다. 밤과 낮은 자신의 고유한

| 그림3-6 | 어둠과 빛

특성이 부정된다면 우리는 언제 자고 언제 일을 해야하는가? 밤낮의 경험을 중관론은 설명할 수 없다. 그렇기에 이들은 동시에 조건지어진 성품[緣性]으로 인정되어야 한다.

셋째는 성품/자성이 존재한다면 그것은 다른 것에 의해서 만들어진 것이 아니라는 주장이다. 어떤 다른 현상[異法]에 의존한다면 그것은 자성이 아니라는 것이다. 마치 금에 구리가 섞여 있으면 '순금'이 아닌 것과 같다. 만약에 자성이 실로 존재한다면 그것은 여러 가지 인연과 서로 섞이면 안 된다. 만약에 인연들을 따라서 그것의 성품이 출현하게 된다면 참된 성품이 아니다.[40]

---

40 같은 책, 19c. "性若是作者 云何有此義 性名爲無作 不待異法成 如金雜銅則非眞金 如是若有性則 不須衆緣 若從衆緣出當知無眞性 又性若決定."

왜냐면 그것은 인연에 근거한 것이기 때문이다. 이것은 마치 절대적 혹은 형이상학적 존재가 스스로 존재하기 위해서는 다른 존재를 상정하거나 인연에 의존하지 않음과 같다. 동시에 이것은 스스로 독립적으로 존재하기에 일체의 현상과 뒤섞일 수 없다. 만약 '자성'을 이렇게 해석하면 이런 종류의 '자성/본성'은 타당하다. 이러한 '자성'은 변화하는 연기나 인연과 절대적으로 양립할 수 없다.

그런데 『중론』에서는 스스로의 성품인 자성(自性)을 '불가의존성(不可依存性)'으로 정의한다. 이것은 비판하는 대상인 자성/본성의 개념을 『중론』 스스로 '형이상학적으로' 이해하고 있음을 반증한다. 불가의존성이란 절대성을 말한다. 그렇기에 필자는 『중론』에서 비판하는 '자성'이란 개념은 설일체유부의 경험적 실재론보다 오히려 인도철학의 대표적인 실체론인 Nyāya(正理論)-Vaiśeṣika(勝論) 학파의 형이상학적 실재론에 가깝다고 평가한다.

앞에서 살펴본 것처럼, 밤과 낮의 고유한 특성[性]은 지구의 자전과 태양의 빛과 같은 다양한 인연의 화합에 의해서 나타나기에 '인연에 근거한 실체[緣體]'이고 '조건 지어진 성품[緣性]'이다. 필자는 조건 지어진 자성을 '경험적 실재론'이라고 해서 '형이상학적 실재론'과 구분해서 사용한다. 이런 의미의 '자성(sabhāva)'이라면 이것은 현상과 확연하게 구분하는 형이상학적 '실체(dravya)'로서 신이나 아트만 등과 같이 다른 조건에 의존하지 않는 '불가의존성'의 원칙이 적용되지 않는다. 그렇기에 필자는 『중론』의 비판 대상은 설일체유부가 말하는 '조건 지어진 경험적 자성/본성'이 될 수 없다고 본다.

넷째는 수행에서의 불성(佛性)의 문제이다. 『중론』은 이점에 대해 다음과 같이 말한다.

그대의 설과 같이 '일체법에 정해진 성품이 있다'면 응당 깨달음[菩提]으로 인하여 부처가 있다든지 부처[佛]로 인하여 깨달음이 있다는 것은 맞지 않다. 왜냐면 부처와 깨달음이라는 2가지 성품[性]은 이미 결정되어 있는 까닭이다. 다시 말하면,

비록 부지런히 정진하여 깨달음의 길을 수행한다고 해도 만약 불성이 없다면 응당 부처를 이루지 못할 것이다. 왜냐하면 선행하여 불성이 없기 때문이다. 마치 철(鐵)에게 금(金)의 성품이 없는 것과 같다. 비록 여러 가지로 쇠를 단련한다고 해도 결코 금을 만들 수가 없음과 같다.[41]

만약에 중생의 성품이 고정되어 있다면 중생은 결코 부처가 되지 못할 것이다. 깨달음의 성품이 별도로 존재한다면 어느 누구도 깨달음을 성취하지 못할 것이다. 마찬가지로 부처의 성품이 존재한다면 아무도 부처를 이루지 못할 것이다. 왜냐하면 깨달음과 관계없이 부처의 성품이 별도로 존재하기 때문이다.

그런데 『중론』이 주장한 바처럼 '무자성(無自性)'이라면 수행은 필요가 없거나 무의미하게 된다. 누가 부처[佛]이고 누가 중생[有情]인지 구분되지 않기 때문이다. 수행 정진을 해도 부처와 중생이란 성품이 본래 존재하지 않기에 실제적인 수행의 효과나 성과를 내지 못한다. 번뇌와 열반, 닦음과 깨달음은 그 자체로 현실적인 의미를 갖질 못한다. 마치 농부가 콩을 심고 팥을 심었는데도 아무런 성과를 내지 못함과 같다. 왜냐면 '콩'은 스스로의 고유한 본성을 갖지 못하고, '팥' 또한 스스로 싹을 틔우고 열매를 맺을 성품이 없기 때문이다. 결과적으로 농부는 콩과 팥을 서로 구분할 수가 없다.

만약에 수행도 하지 않고 농사도 애써 짓지 않아도 된다면, 부처와 중생의 이분법에서 자유롭다면, 한가로운 도인이 된다면, 오히려 충분하게 좋은 일이 아니겠는가? 그러나 이게 현실에서 가능하다면 그는 과연 어떤 사람이겠는가?

---

41 같은 책, 34a. "汝說諸法有定性者 則不應因菩提有佛 因佛有菩提 是二性常定故 復次雖復勤精進 修行菩提道 若先非佛性 不應得成佛 以先無性故 如鐵無金性 雖復種種鍛煉 終不成金"

통합적 이해

이상으로 자성과 현상과의 관계, 개별사물의 고유한 차별성, 비의존성의 실체 개념, 무자성의 수행론 등과 관련한 중관론의 입장을 비판적으로 음미해보았다.

설일체유부의 입장은 사물의 고유한 특성으로서의 자성을 인정한다. 이것을 필자는 '경험적 실재론'이라고 부른다. 반면에 중관론에서는 변화의 연기를 매우 강력하게 강조하면서, 변하지 않는 자성의 개념을 철저하게 부정한다[無自性]. 대체로 현대의 연구자들은 양자의 입장이 서로 모순기에 '양립'할 수가 없다고 말한다. 그래서 하나를 선택하도록 강요당하곤 한다. 그러나 필자는 양자를 꼭 양립 불가능한 시각으로 볼 필요는 없다고 본다.

이를테면 <그림3-7. 불>(https://m.blog.naver.com)을 보자. 불의 본성, 그것의 고유한 자성은 뜨거움이고 태움이다. 이것을 인정하지 않으면 '불'을 설명할 수가 없다. 뜨겁지 않은 불이나 태울 수 없는 차가운 불이란 은유적 표현을 제외하고는 현실에서 존재하지 않는다. 뭔가를 뜨겁게 데우고 태우는 '공능'이 없다면 그것을 불이라 이름할 수가 없다. 사물의 고유한 자성을 인정하지 않으면 결국 '불'과 '얼음'을 구분하지 못한다. 변화에만 초점을 맞추고 개별적 고유한 특성을 무시하거나 부정하면 결국 사물의 차별성에서 오는 다양성을 설명하지 못한다.

| 그림3-7 | 불

이런 불의 고유한 특성은 과거에도 사물을 태우고, 현재도 방을 따뜻하게 만들고, 미래에도 온난화 현상이 계속되면 지구를 더욱 뜨겁게 할 것이다. 뜨겁게 태움이란 고유한 불의 본성은 과거, 현재, 미래에 걸쳐서 실제로 존재한다[實有]는 것이 경험적 실재론이다. 만약에 불의 '태우는' 고유한 자성/특성이 없고, 또 과거·현재·미래에 걸쳐서 작용하지 않는다면 문제가 된다. 어제 밥을 짓기 위해서 사용

한 '가스 불'을 오늘 사용하지 못하고, 내일 역시 사용할 수 없을 것이다. 그래서 오늘뿐만 아니라 내일을 위해서라도 불의 고유한 자성은 '삼세'에 걸쳐서 존재한다고 해야 한다. 그러나 현재의 불이 과거로부터 왔고 현재의 불이 미래로 간다는 식의 형이상학적 실재론을 적용하면 잘못된 이해가 생겨난다.

중관론처럼 불의 자성을 무자성(無自性)이라 하고 공(空)이라고 해서 실재하지 않는 것으로 보면 사물을 태우는 불의 현실적 실재를 설명할 수 없게 된다. 『중론』은 설일체유부에서 말하는 불의 '특성'을 '형이상학적 개념'으로 해석한다. 만약에 불의 자성/본성이 인연의 조건과 관계없이 형이상학적으로 존재한다면 『중론』의 주장처럼 불의 '발생'과 '소멸'을 설명할 수 없다. 어디서나 불은 '항상' 존재하거나 아니면 그것은 개념으로서의 '상상적' 존재에 불과하게 된다.

만약 신라시대에 사용한 불을 '불1'이라고 하자. 그러면 고려시대에서도 '불1'이고, 오늘 아침에 사용한 불도 마찬가지로 '불1'이다. 이것이 『중론』에서 말하는 불의 자성이다. 이것은 경험론적 '불'이 아니라 형이상학적이고 비현실적 '불'이다. 이것은 상상의 결과이고 이데아적 관념에 불과하다. 인연의 결과로 나타난 사태로서의 '불'이란 경험적 현상을 설명한다. 그래서 설일체유부 학파는 불의 자성은 존재하고, 삼세에 걸쳐서 '실유(實有)'한다고 말한다. 반면에 중관학파는 현실에서 작용하는 불은 '인연'의 산물임을 인정해야 한다고 주장한다.

양쪽 모두 일정 부분 옳다. 그래서 이들을 통합해야 온당하게 현실이 해명된다. 삼세에 걸쳐 실제로 존재한다는 것은 불의 고유한 특성으로서 뜨거움과 태움의 본성을 말한다. 이것은 과거나 현재나 미래에도 변함이 없다. 그러나 이런 태움의 본성이 현실에 나타남은 과거에 출현한 '불1'이 현재로 옮겨온 것이 아니다. 현재의 '불2'는 인연의 결과로 새롭게 탄생하는 현재의 '사태'인 것이다. 사태 불1과 사태 불2의 '사물을 태우는' 그 자성/본성[性]은 동일하다. 이것이 경험적 실재론이다. 그런데 현실에 출현한 불은 다양한 인연 조건에 따른 결과로서 서로 다른 '형상[異相]'이다. 이것이 중관론이다. 이렇게 양자를 통합하여 경험적 실재론으로 이해하면 이들 모순적 갈등은 해결이 된다.

삼세에 걸쳐서 실재하는 자성/본성은 인연에 의해서 발생하고 소멸되는 까닭에 이것은 '조건 지어진 자성[緣性]'이고 '인연된 실체[緣體]'이다. 이런 특성/자성을 가진 불은 여러 가지 '인연에 의해서' 자신의 '고유한 본성'을 드러낸다는 뜻에서 지금 여기에 '현유(現有)'한 사태가 된다. 그러나 그것의 본성은 형이상학적 의미가 아닌 인연에 따른 것이기에 공이고 무자성이라고 할 수 있다. 정리하면 불은 무자성이지만 고유한 자기의 특성을 가지고 있고, 고유한 자기 성품이 있지만 인연을 따라서 드러난다.

이를테면 부엌의 가스불이 켜지기 위해서는 가스, 레인지, 버튼을 돌리는 운동에너지, 적절한 대기조건 등의 인연화합이 필요하다. 여러 인연이 화합해서 불꽃이 생기(生起)한다. 이 불꽃의 본성을 이용해서 우리는 밥을 짓고, 음식도 데우고, 요리도 한다. 그런데 만약 『중론』의 비판처럼 불이 인연화합의 결과로 생겨난 현상이기에 무자성(無自性)이라면 우리는 일상에서 '불'을 활용할 수 없다. 왜냐면 불은 자신의 태움이란 본성/특성을 가지지 못하기 때문이다. 현재의 '불'이 가지는 자성은 과거 '불1'에서 온 것도 아니고, 미래로 옮겨가는 동일한 '불1'도 아니다. 그것은 지금 여기 인연의 화합에 의해 생겨난 새로운 '불2'인 것이다.

그래서 설일체유부와 중관론의 관점이 서로 '양립 불가능하다'는 주장은 옳지 않다. 통합적 관점이 아니라면 양쪽 모두 문제가 된다. 실재론은 개별적 특성을, 중관론은 인연에 따른 변화를 설명하는데 유용하다. 그렇기에 각자가 가지는 관점을 모두 긍정적으로 수용하여 '통합적으로' 이해할 때 비로소 불꽃의 존재성이 드러난다. 그래야 우리는 실용적인 입장에서 불의 본래적 '본성'을 현실의 생멸하는 '인연'에 잘 활용할 수 있다. 불은 자체의 고유한 본성을 가지고 있지만, 인연에 의한 결과인 까닭에 그것의 본질은 공이고 무자성이다. 이런 설명은 실용주의적인 관점에서 상식을 옹호한다.

그런데 놀랍게도 중관학파가 반드시 고유한 성품인 '자성(自性)'을 부정만은 하지 않았다. 『중론』에서는 무자성이란 용어를 적극적으로 사용하여 자성의 실재성을 부인하지만, 『인연심론석(因緣心論釋)』[42]에서는 '자성'을 긍정한다.

> 비록 '고유한 성품[自性]'이 있지만 자기가 없는 무아(無我)의 현상[法]'에서 다시 '고유한 성품이 있지만 자기가 없는 무아의 현상'이 생겨남을 응당 이와 같이 알고 설한다. 이 가운데 질문이 있다. "고유한 성품[自性]이 있지만 자기가 없는 무아(無我)의 현상[法]에 대한 어떤 적절한 비유가 있습니까?" 이것에 대해서 대답한다. "그것은 암송함[誦]과 등불[燈]과 거울[鏡]과 도장[印]이고, 불[火]과 기운[精]과 씨앗[種]과 신맛[梅]과 소리[聲] 등이다."[43]

여기서 '自性無我之法'이란 구절을 번역함에 있어서 논란이 있을 수 있다. 첫 번째는 '고유한 성품인 무아의 법'이라고 해석한다. 여기서는 '고유한 성품[自性]=자기가 없는 법[無我]'이 된다. 곧 고유한 성품이 무아가 된다. 두 번째는 '자기가 없는 무아의 현상이지만, 그것은 고유한 성품'이 있다로 해석한다. 모든 사물은 각기 고유한 성품이 있다. 그렇지만 그것은 '자기가 없는' 무아의 현상이라는 말이다. 아무튼 무아의 현상이 고유한 성품이라고 해석이든지, 아니면 모든 사물이 고유한 성품을 가졌고 이것은 무아의 현상이라고 하든지 결국 '고유한 성품'으로서의 '자성(自性)'을 긍정한 것이 된다.

이것을 『인연심론석(因緣心論釋)』에서 제시한 비유로 설명을 해보자. 여기에 '불꽃[火]'이 있다고 하자. A지역에서 B지역으로 번져나가는 '산불'이다. 불의

---

42 오직 『중론』만이 용수의 저작이라고 주장하는 학자도 있지만 이 경우는 극히 소수이다. 대부분의 현대학자들은 『因緣心論釋』을 용수의 저작으로 인정한다. [조종복(2019), 「용수의 십이연기(十二緣起) 해석」 『동아시아불교문화』37, 107-137.]

43 龍猛菩薩作, 因緣心論釋(大正藏50, 491a), "雖然從自性無我之法 還生自性無我之法 應如是知 作如是說 此中問曰 從自性無我之法 還生自性無我之法者 有何譬喻 此中答曰 誦燈鏡及印 火精種梅聲 已如是等喻 及假喻立成自性無我及成就彼世應知."

본성/자성은 뜨겁게 해서 사물을 태우는 것이다. 이것이 있으면 '불'이라고 하고 이런 공능이 없으면 '불'이라고 이름할 수 없다. 이런 불의 고유한 성품[自性]은 어떻게 존재하는가?

그러니까 불의 자성, 불1이 A 지역에 존재하여 불1이 B 지역으로 동일하게 불1이 옮겨간다고 해석할 수 없다. 왜냐면 불의 고유한 자성은 그 자체로 자기가 없는 '무아(無我)'인 까닭이다. 그렇기에 인연과 관계없이 불의 자성이 A 지역에서 B 지역으로 옮겨온 것이 아니라, 바람이나 숲과 같은 인연의 결과로서 옮겨붙는 상속(相續)인 것이다. 그러니까 A 지역의 불1과 B 지역의 불2의 태운다는 '본성[性]'은 동일하지만, 인연의 결과로서 나타난 불1과 불2의 '형상[異相]'은 서로 동일하지 않다. 그렇기에 필자는 이것을 '경험적 실재론'이라고 호칭한다. 이것은 '무아'인 불의 고유한 자성/본성이고, '조건 지어진' 불의 실체/성품인 까닭에 동일한 불이 옮겨온다는 식의 '형이상학적 실재론'은 결코 아니다.

따라서 고유한 자기 성품은 인연에 따르는, '자기가 없는 무아(無我)'인 까닭에 양자는 통합이 된다. 『인연심론석(因緣心論釋)』의 '고유한 자성이 있지만, 무아의 현상[自性無我之法]'이란 구절은 유부학파의 『대비바사론(大毘婆沙論)』에서 말하는 '조건 지어진 본성[緣性]'이나 '인연의 실체[緣體]'와 같은 맥락이다. 요약하면, 설일체유부의 실재론과 중관론의 무자성은 관점이 서로 다를 뿐 상반된 주장은 아니다. 이들은 양립불가가 아니라 '반드시 양립해야 한다'. 그래야 현실을 온당하게 해명할 수 있다.

(1) 일체의 현상은 자기의 고유한 성품[自性]을 가진다. (2) 고유한 성품의 자성은 상호의존된 관계를 통해서 현실에 존재한다. 그런 까닭에 그 본질은 공(空)이다. (3) 고유한 성품이 과거, 현재, 미래에 옮겨가면서 동일하게 존재하는 것이 아니라 인연에 따라서 고유한 성품을 가진 현상이 항상 새롭게 지금 여기에서 발생한다.

4) 유(有)와 무(無)의 상의(相依)적 통합

　　현실의 유위법은 상호의존적 관계이니까 고유한 자성은 존재하지 않고 해체된다. 이것이 중관론과 관련된 학계의 지배적인 주장이다. 이런 경우 실재론과 중관론은 필연적으로 양립할 수 없는 모순관계로 파악할 수밖에 없다. 그러나 이런 해석은 설일체유부의 실재론을 형이상학적 실체로 오해한 결과이다. 그리고 중관론의 무자성은 개별사물이 가지는 고유성을 뭉개버린다. 이에 필자는 '자성은 무아의 법'이고 '조건 지어진 성품'이라는 논리로 설일체유부의 실재론과 중관론의 무자성을 통합한다.

　　앞에서 필자는 연기적 혹은 상호 의존적 관계를 'aRb'로 기호화했다. 중관론에 의하면 'a'와 'b'는 상호의존된 관계이기에 그 자체로 독립된 성품을 가지지 못한다. 이것을 보면 중관론은 연기나 인연이라는 '상호관계성'을 매우 중시하고 세계를 오직 상호의존된 '관계'라는 틀 안에서만 의미가 생성된다고 이해할 수 있다. 그러나 설일체유부의 실재론은 사물/현상이 상호의존된 관계 이전에 'a'와 'b'는 이미 각자의 고유한 특성[性]을 가지고 있기에 양자 간에 의미 있는 상호작용 관계가 발생한다는 입장이다. 곧 'a'와 'b'가 각자의 '고유한 본성'을 가질 못하면 양자 간의 어떠한 '관계'도 의미가 없음을 말한다.

　　양자의 통합이론에 의하면 모든 사물은 고유한 자성/특성이 존재하는 까닭에 바로 인연화합해서 스스로의 본성을 힘껏 '출현'하게 된다. 곧 현실의 모든 형성된 현상은 상호의존적 관계로 말미암아 자성이 부재한 게 아니라 오히려 그러한 의존된 관계를 통해서 고유한 성품 즉 자성이 발생한다는 것이다. 이는 유부의 실재론과 중관론의 무자성을 통합한 것으로 실용주의에 기초한 '적극적' 해석이다.

　　이를테면 다른 사례를 들어보자. <그림3-8. 볏단>(https://blog.naver.com/pixeleye)처럼 볏단이 서로 기대어 서 있다고 하자. 어떤가? 이들 볏단은 서로 의존된 관계이고 인연화합이니까 무자성이고 공인가? 이것은 중관론의 입장이다. 그러나 실재론은 반문한다. 두 개의 볏단이 서 있는 것은 각각의 볏단이 실재하니까 상호의존도 가능한 것이 아닌가? 양쪽 모두가 다 옳다.

| 그림3-8 | 볏단

다른 사례를 들어보자. 두 사람이 인연으로 만나서 결혼하면 가족이 생겨난다. 이것을 기호화하면 'aRb ⇒ F'가 된다. 여기서 'a'는 남편이고 'b'는 아내이며, 'F'는 이들의 가족이다. '통합이론'에 따르면 가족이란 현상은 'a'와 'b'의 상호작용을 '통해서' 새로운 사태인 'F'라는 고유한 성품이 생겨난 것이다. 사회적 영역에서는 가족 'F'를 실체[體]로 인정한다. 중관론의 입장에서 보면 'a', 'b', 'F'는 인연에 의한 화합이고 또 화합에서 생겨난 것이기에 어떠한 자체의 성품을 가지지 못하는 무자성[無自性], 공(空)을 주장한다. 그러나 설일체유부의 입장은 'a', 'b', 'F'가 모두 자체의 성품[自性]을 가진다고 본다. 유부의 주장은 자체의 성품이 존재하기에 인연화합의 결과인 F도 성립된다는 것이다. 다시 말하면 자체의 개별적 고유한 성품이 없으면 설사 인연화합이 성립된다고 해도 F는 발생할 수 없다.

다른 사례를 들어보자. 개별적 낱말은 문장 속에서 의미가 드러난다. 이를테면 '말'이란 낱말을 보자. 한글의 '말'이란 용어는 타고 다닐 수 있는 말1, 대화할 때의 말2, 곡식의 양을 측정할 때 사용하는 말3이 있다. 그렇기에 '말'이란 용어 자체의 의미는 애매한 상태로 은폐되어 있다. 그러다가 이 용어가 상호작용하는 '문장' 속으로 들어가면, 그때 비로소 의미가 드러난다. '그는 말을 타고 숲속으로 사라졌다.'는 문장과 '오늘 그녀는 말을 너무나 많이 해서 피곤하다.'는 문장 속에서 동일하게 '말'이란 낱말을 사용하고 있지만 그 의미는 서로 다르다.

이것을 보면 역시 개별 '낱말'은 전체 '문장'이라는 '관계' 속에서만 비로소 의미가 생겨난다. 그렇기에 주어와 술어의 유기적인 관계, 의미 발생의 구조를 벗어나면 그 낱말은 의미를 갖지 못한다. 이런 점은 중관론에서 주장하는 바이다. 일체의 유위법은 연기하는 관계 '안'에서 의미가 드러나기에, 연기라는 상호작용의 관계를 떠나서는 스스로 고유한 자기 성품을 가지지 못한다고 주장한다. 이런 점에서 보면 무자성(無自性)은 어느 정도 타당하다.

그러나 중관론과 실재론을 통합한 관점에서 보면 드러난 의미는 무자성이 아니고 각각의 인연에 의해서 생성된 고유한 성품/의미가 존재하고[實有], 이런 낱말이 가지는 개별적 의미는 상호의존된 '관계[相依]'라는 문장 속에서 그 존재적 의미가 드러난다. 이를테면 '연필'이란 낱말을 듣는 순간 우리는 특정한 의미를 상기하고, 그것이 '꽃'과는 전혀 다른 사물임을 알고 있다. 이것은 유식론의 입장이기도 하다. 사실 개별적 낱말은 문장 속으로 끼어들기 이전에 이미 그 자체로 차별화된 고유한 의미/특성을 가진다. 이걸 우리는 마음에 의해서 기억하고 있다. 그 낱말이 가지는 고유성은 다른 낱말과의 '차별성'을 담보한다. 만약에 낱말이 가지는 '배타적이고 차별적 의미'를 부정한다면 낱말의 의미체계가 무너진다. 이런 점에서 보면 개별적인 낱말은 '타자의 배제'된 관계(Apoha Theory)'[44]를 통해서만 자기의 고유한 의미 즉 자성[自性]을 가진다.

이것은 고유한 자성의 실재론을 주장하는 근거도 되지만, 동시에 타자 부정을 통한 자기 긍정이란 점에서 관계성을 주장하는 중관론의 입장과도 상통한다. 다시 말하면 실재론과 중관론의 '통합' 이론은 고유한 차별적 특성의 실재성은 타자 배제라는 '관계/인연' 속에서 의미가 발생하고 그 존재성이 드러난다고 말하는 것이다. 개별적 낱말은 타자 배제를 통해서 스스로 고유한 자기 의미/특성을 가진다. 콩은 팥의 특성을 배제하고, 팥은 콩의 고유한 성품을 배제한다. 그래야 자신의 고유한 특성/자성을 드러낸다. 그렇긴 하지만 이들은 인연이 화합된 '문장'이나 토지

---

44 A는 A가 아님[Ā]을 통해서 A가 논증된다는 이론이 아포하이론이다. 이것은 결국 A와 Ā의 관계가 의미를 결정한다는 이론이다. 곧 A는 타자의 배제라는 차별성에서 자신의 의미를 발견한다. 좀더 구체적인 논의는 다음 논문을 참고바람. [전치수(1989), 「아포하론의 정의 및 그 생성배경 -달마끼르띠의 자주를 중심으로」 『인도철학』1, 283-301.]

라는 '상황' 속에서 그 자체[體]의 고유한 '의미'를 분명하게 드러낸다. 이것은 개별적 낱말과 주어와 술어로 상호의존된 문장의 관계적 구조에 의한 것이다.

우리는 낱말을 처음 배울 때 대부분 한 개의 낱말을 통해서 그 자체로 고유한 의미를 습득한다. 성장하면서 이런 개별적인 낱말[名]이 모여서 구절[句]을 이루고, 이들이 화합하여 다시 문장[文]이 만들어진다는 것을 학습한다. 이들 명구문(名句文)은 각각 독립적으로 의미가 있으면서도 동시에 현실의 관계라는 상황 속에서 적절하게 드러난다.

이게 진실이다. 개별과 보편적 관계, 부분과 전체는 서로 협력한다. 유부학파의 실재론은 개별적인 사물의 '고유한 성품'이 있기에 인연화합이 가능하다고 말한다면(개별적 성품 ⇒ 인연화합), 중관학파는 반대로 인연화합의 '관계'에서 생겨난 것이니 개별적 성품은 존재하지 않는다(인연화합 ⇒ 무자성)고 말한다. 유부학파는 자기의 고유한 성품이 없으면 즉 무자성이면 인연화합이 없다고 말한다. 반대로 중관론은 개별적 고유한 성품이 있으면 인연화합을 이룰 수가 없다고 말한다.

이런 식으로 '연기하는 현실'이라는 사태를 유부학파와 중관학파는 서로 다른 관점에서 해명한다. 유부학파가 개별적인 '고유성'에 초점을 맞춘다면 중관학파는 상호작용하는 '관계'를 중시한다. 중관학파의 주장처럼 일체가 공이고 무자성이라면 콩과 팥을 구분할 수 없게 된다. 더구나 허무주의와 같은 단견에 빠질 위험이 있다. 콩과 팥은 분명하게 고유한 자신의 본성을 가진다. 고유한 본성을 부정하면 콩과 팥을 구별할 수 없고, 불과 물의 고유한 본성[自性]이 없기에 현실의 유용성을 설명할 수 없다. 그런데 본성을 실체화시키면 형이상학이 된다. 현실을 벗어난 상견이 된다. 단견과 상견은 양극단이다.

불과 물은 '조건 지어진 고유한 자신의 본성'을 가진다. 콩과 팥 역시 서로를 구분할 수 있는 콩과 잎과 열매를 가진다. 적절한 인연을 만나면 싹이 트는 고유한 자신의 종자를 소유한다. 이것은 유식론의 입장이기도 하다. 그러나 이런 본성은 인연을 따른다. 그렇기에 '조건지어진 본성'이다. 여기 가스불은 현재 지금의 조건에 따라서 생겨난 '불'이지만 그것의 본성은 과거의 그것과 전혀 다르지 않다는 점에서 삼세에 걸쳐 존재한다.

사회적인 관점에서 보면 실재론과 중관론 모두 서로 견제하면서도 유용한 긴장이 있다. 사회적 집단에서 개인들의 고유한 특성[自性]이 강해지면 그 집단의 응집력을 약화된다. 반대로 전체적 집단의 관계를 중시하면 집단의 응집력은 강화되지만, 개인의 고유한 특성은 약화[無自性] 된다. 그렇기에 적절한 견제와 긴장감이 요구된다. 양자는 서로 필요한 관계이다.

이에 필자의 '통합' 이론은 이렇다. (1) 개별적 고유한 자성은 조건지어진 인연의 관계에서 비로소 출현한다. (2) 고유한 본성은 상호의존된 '상의(相依)'적 관계에 내재된 현실이다. 그런 까닭에 (3) 양자는 대립적으로 양립할 수 없는 모순관계가 아니라 서로 의존된 상의적 통합으로 이해해야만 현실을 해명할 수 있다.

영상문 유식론

'유식론'이란 용어가 논리적이고 이론적인 측면이 강조되는 반면에 '유가행파(瑜伽行派)'란 용어는 명상수행의 실천적 의미가 잘 전달된다. 수행적 관점을 강조하는 또 다른 용어가 '영상문(影像門) 유식학파'란 용어이다.[45] 선정수행에서 경험하는 영상/표상을 중시하고 마음을 해석함에 있어서도 영상/표상에 초점을 맞추는 학파를 말한다. 곧 '영상관법(RIM)'은 심층에 저장된 정보/씨앗이 표층 의식에 출현한 영상을 관찰하는 명상수행이면서도 마음치유의 현장에 응용 가능한 프로그램(RIMP)이라는 점에서 고유한 특징을 가진다.

앞에서 거론한 실재론과 중관론의 쟁론이 '존재론'적인 관점이라면, 유식론은 외부의 대상에 대한 '인식론'적 측면이 강조된다. '유식(唯識, vijñaptimātra)'이란 용어 자체가 인식의 결과를 나타낸다는 점이 이것을 잘 보여준다. 유식론의 입장에서 보면 앞에서 논의한 'aRb'는 논리적 실재성보다는 심리적인 인식의 결과로 나타난 표상이다. '어둠'과 '밝음'은 그 자체로 고유한 특성을 가지고 보면 실재론이지만, 이들은 상호의존된 관계로 공이고 무자성이라고 본다면 중관론적 시각이 반영된 것이다. 그런데 유식론은 어둠과 밝음이 마음에 의해 인식된 표상/영상이라고 말한다. 여기에 따르면 모든 현상은 마음에 의해서 만들어낸 사태이다. 어느 쪽이 옳은가?

반복해서 말하지만, 필자는 이들의 세 가지 관점이 모두 유용한 시각이라 보고 현실에서 적절하게 활용하면 된다는 실용주의적 입장을 취한다. 어둠과 밝음은 각각의 특성을 가진 점에서 실재이고, 이들은 지구 자전과 같은 인연의 결과이므

---

45 勝呂信靜,「唯識說の體系の成立」『講座大乘佛教(8)-唯識思想』(東京: 春秋社, 1982), p.83.

로 무자성, 공이다. 동시에 이들은 마음이 만들어낸 표상인 관계로 유식이다. 어느 한쪽도 부정할 수가 없다. 각각은 나름의 진실을 가진다. 세 관점을 통합적으로 이해해야 할 이유이다.

세친의 『유식삼십송(唯識三十頌, Trimṣikā-Vijñaptimātra)』[46]에서 보듯 'vijñapti-mātra'란 용어의 번역어가 '유식(唯識)'이다. 'vijñapti'란 인식의 결과인 '앎', '표상'을 말하고, 'mātra'는 '오직', '단지'란 의미이다. 그래서 유식이란 '단지 인식의 표상이 존재할 뿐', '그것의 대상은 실재하지 않는다[無境]'는 의미를 함축한다. 'mātra'는 '경우(occasion)'나 '순간(instant)'으로 번역하기도 한다.[47] 이렇게 되면 유식은 곧 '표상(vijñapti)이 나타나는 순간'이란 뜻이 된다. 일상에서 '순간순간 유식이 현현한다'는 의미로서 불교의 '모든 것은 변한다[諸行無常]'는 세계관을 잘 나타낸다.

일반적으로 '의식'으로 번역되는 용어는 'vijñana'와 'vijñapti'가 있다. 이 두 용어는 거의 동일한 의미로 사용되지만 이들의 차이점을 분명하게 구별할 필요가 있다. 'Vijñana'가 인식의 주체 혹은 인식작용 일반을 가리키는 용어라면, 'Vijñapti'는 인식 작용에 의한 인식의 결과로서 의식에 나타난 '표상'이란 의미를 가진다.[48] 이때 인식하는 주체의 측면이 'vijñana'라면 반면에 인식되어지는 대상

---

46 trimṣikā(f.) 삼십 개의 詩로 구성된 작품; Name of work. consisting of 30 parts. vijñapti(f.) 표상, 정보, 개념, 지각; information, report, address (to a superior), request, entreaty of (genitive case); announcement, imparting, giving; mind; consciousness; representation of consciousness; concept; perception. mātratā(f.) (복합어 끝에) 단지, 그뿐, 그만큼; 한역에서 보통 性으로 번역하기도 함; (in fine composition or 'at the end of a compound') the being as much as, no more nor less than anything. mātra, 오직, 다만; having/being/consisting of/merely; also measure or limit (in space and time); instant, atom, element; occasion.

47 https://mospace.umsystem.edu/ Johnson-Moxley, Melanie Kay(1967), (University of Missouri-Columbia, 2008), Vasubandhu's consciousness trilogy: a Yogacara Buddhist process idealism, 138.

48 勝呂信靜(1982),「唯識說の體系成立」『講座大乘佛教(8)-唯識思想』(東京: 春秋社), 88-92.

의 측면이 'vijñapti'이다.[49] 유식이란 용어는 『유식삼십송(唯識三十頌, Trimṣikā-Vijñaptimātra)』에서 'vijñana'가 아니라, 'vijñapti'를 사용하고 있음을 특히 유념해서 볼 필요가 있다.

> 자아[我]와 법(法)은 실재하지 않는 가설로서 갖가지 양상으로 나타나지만, 그것들은 모두 '의식전변[識轉變]'의 결과이다. 이런 변화를 주도하는 의식[能變]에는 세 종류가 있다.[50]

이것은 『유식삼십송』 제1송이다. 여기서도 자아[我]와 법(法)은 실재가 아닌 가설(假設, upacāra)된 것이고 의식 전변(vijñana-parināme, 처격)의 결과라고 언급하고 있다. 유식론에서는 '아(我)'와 '법(法)'은 모두 가립된 의식의 전변이라고 말한다. 이것들은 실재하지 않고 단지 처격의 장소로서 마음에 의해 '구성'된 개념이라는 것이다. 이점은 연기공을 주장하는 중관론의 전통을 계승하고 발전시킨 것이다.

여기서 'vijñapti'란 '표상(表象)'으로서[51] 내적인 '이미지' 곧 '영상(影像)'을 말한다. 명상수행에서 마음에 현현되는 영상은 마음과 다르지 않은 유식인 까닭이다. 자아와 법은 실재하는 것이 아니라 의식의 표상으로만 존재한다는 것이고, 실제로는 존재하지 않는 '반영된 이미지[影像, reflected image]', 가명(假名)일 뿐이라는 주장을 함축한다. 이같은 주장은 오직 인식작용으로 유식이 있을 뿐 외적으로 존재하는 대상은 없다는 유식무경(唯識無境)이란 용어로 표현된다.

---

49 上田義文(1987), 『梵文 唯識三十頌の解明』(東京: 第三文明社), 114.

50 ātmadharmopacāro hi vividho yaḥ pravartate vijñānaparināme 'sau parināmaḥ sa ca tridhā "由假說我法 有種種相轉 彼依識所變 此能變唯三"

51 高崎直道(1982), 「瑜伽行派の形成」 『講座大乘佛敎(8)-唯識思想』 東京: 春秋社.

유식론과 중관론은 '실재론'을 비판한다. 중관론의 비판이 존재론적인 관점에서 관계를 중시한다면, 유식론은 인식론의 관점에서 외적 대상의 존재성을 부인한다. 앞에서 중관론의 입장을 검토했기에 여기서는 유식론의 입장을 좀 더 상세하고 비판적으로 살펴볼 것이다.

역사적으로 보면 많은 문헌에서 '유식무경(唯識無境)'의 정당성을 언급하고 있다. 대표적으로 무성(無性, Asvabhāva)의 『섭대승론석』에는 '외계에 인식 대상이 존재하지 않고, 오직 표상만이 존재한다'는 유식무경[唯識無境]의 관점을 예시한 논증이 있다.[52] 필자는 경험적 실재론을 옹호하는 시각에서 유식무경을 비판적으로 음미해보고자 한다. 예시문이 조금 길지만 인용을 하자면 아래와 같다.

논하여, 그것의 의미는 눈앞에 분명하게 현현한 외계의 존재는 실재하지 않는다. 이것을 어떻게 알 수 있나? 저 세존께서 말씀하시었다. 만약 보살이 4가지 가르침[法]을 성취한다면 능히 일체가 단지 의식이고[一切唯識] 실제로 대상이 존재하지 않음의 뜻[無有義]에 들어갈 것이다.

첫째는 서로 다르게 인식한다는 것을 아는 지혜[相違識相智]이다. 마치 아귀를 비롯한 다른 생명과 천상과 인간이 같은 사물을 보고서도 그것을 인식하는 바가 서로 차별이 있음과 같다.

---

52 唯識無境의 논증을 말할 때, 대부분 『攝大乘論本』卷下의 所知相品(大正藏31, 139b)에 나오는 相違識相智, 無所緣識現可得智, 應離功用無顚倒智, 三種勝智隨轉妙智 등의 4가지 지혜를 언급한다. 唯識無境의 논증을 다루는 연구는 대표적으로 橫山紘一(1979), 『唯識の哲學』, 東京: 平樂寺書店, 52-80; 국내에서는 한자경(2000), 『유식무경(유식불교에서의 인식과 존재)』 서울: 예문서원 등이 있다. 소논문으로는 대표적으로 김사업(1998), 「유식무경(唯識無境)에 관한 해석상의 문제점과 그 해결-삼류경설(三類境說)을 전후한 인도 중국 교설의 비교를 통하여」, 『佛敎學報』 35. 동국대학교 불교문화연구원; 「김명우(2000), 『대승장엄경론』에 있어서 유식무경의 논증-安慧의 Sūtrālaṃkāra-vṛtti-bhāṣya와 無性의 Mahāyānasūtrālaṃkāra-ṭīkā를 중심으로」, 『정토학연구』 3, 한국정토학회 등이 있다.

둘째는 실질적으로 대상이 없는데 그것이 현재에 나타남을 아는 지혜이다[無所緣識現可得智]. 과거나 미래의 일, 꿈의 영상 등은 실재하지 않는데 그것이 나타났다고 인식함하는 지혜이다.

셋째는 공덕과 수행[功用]을 떠난 '전도(顚倒)되지 않음'의 지혜이다[應離功用無顚倒智]. 대상이 존재한다[有義]는 잘못된 인식은 곧 적극적인 공용/수행에 의지하지 않고는 전도 없음의 지혜를 성취할 수 없음을 아는 것이다.

넷째는 세 종류의 지혜가 갖가지 존재로 바뀜을 아는 지혜이다[三種勝智隨轉妙智]. 무엇이 세 가지인가? 하나는 마음이 자재함을 얻은 일체 보살은 선정을 얻어 뛰어난 이해로 모든 대상을 드러낸다. 둘은 사마타에 의한 위빠사나 관법을 익히는 자는 집중[作意]할 때 그것들의 영상대상이 나타난다. 셋은 이미 무분별지를 얻는 자는 무분별지가 현재에 나타날 때 일체의 대상이 나타나지 않는다. 이렇게 세 가지의 뛰어난 지혜로 말미암아 (만약에 인식대상이 실재한다면 발생하지 않았을 갖가지) 세 가지 인연이 (실제로) 일어난 까닭에, 모든 외적인 대상은 실재하지 않는다는 도리가 성취된다.[53]

하나씩 살펴보자. 첫째는 동일한 사물이라도 사람에 따라서 다르게 본다[相違識相智]는[54] 것이다. 여기서는 아귀와 축생, 그리고 천상과 인간의 예를 들고 있다. 현대 과학의 입장에서도 이해가 가능하다. 곤충이나 동물이 보고 듣는 영역과 인간이 지각하는 영역이 서로 달라서 같은 사물이라도 서로 다르게 인식한다는 의

---

53 『攝大乘論釋』(大正藏31, 402b), 無性菩薩造 三藏法師玄奘奉詔譯. "論曰 諸義現前分明顯現 而非是有 云何可知 如世尊言 若諸菩薩成就四法 能隨悟入一切唯識 都無有義 一者成就相違識相智 如餓鬼傍生及諸天人 同於一事見彼所識有差別故. 二者成就無所緣識 現可得智 如過去未來夢影緣中有所得故 三者成就應離功用無顚倒智 如有義中能緣義識 應無顚倒不由功用 知眞實故 四者成就三種勝智隨轉妙智 何等爲三 一得心自在一切菩薩 得靜慮者 隨勝解力諸義顯現 二得奢摩他修法觀者 緣作意時諸義顯現 三已得無分別智者 無分別智現在前時 一切諸義皆不顯現 由此所說三種勝智 隨轉妙智及前所說三種因緣 諸義無義道理成就."

54 『攝大乘論』 같은 책, 101c, "相違識相智故 亦如餓鬼畜生 人及諸天等同事中見旣別."

미이다. 같은 인간들 사이에도 이런 현상들은 발견된다. 그러니까 외계의 대상은 객관적으로 존재하는 것이 아니라 '인식하는 방식'에 따라서 달라진다. 이점은 충분히 이해가 된다.

여기에 두 개의 실험이 있다. '빛'은 입자인가? 아니면 파동인가? 하는 논쟁과 관련된다. 이를테면 다음과 같은 실험을 보자. <그림3-9. 광전효과(Photoelectric effect)> 실험(https://www.proprofs.com)에서는 '입자'로 나타난다. 파동 모양의 빛 즉 입사광선(incident light)을 금속 철판 표면(metal surface)에 충돌시키면 파장이 아닌 전자 입자가 방출된다(emitted electrons). 이것은 빛이 입자임을 보여준다.

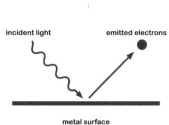

| 그림3-9 | 광전효과실험

반면에 <그림3-10. 이중슬릿실험(Double-slit experiment)>(https://www.discovery.com)에서 빛은 '파동'으로 나타난다. 빛을 두 개의 구멍

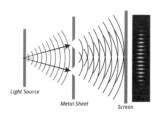

| 그림3-10 | 이중슬릿실험

이 있는 금속 슬릿을 향하여 쏘면 뒤쪽 화면 스크린에 입자가 아닌 물결 모양의 파동이 나타난다. 이것은 빛이 입자가 아니라 파동임을 보여준다. 그러면 '빛'은 입자인가? 아니면 '파동'인가?

어느 하나로 결정할 수 없는 난감한 과제를 던져준다. 곧 이것은 외적인 대상이 인식 곧, 실험실의 구조에 따라서 대상이 달리 나타남을 보여준다. 비록 같은 대상이라도 곤충이 바라보는 것과 인간의 눈을 통해서 바라본 것은 서로 다르다는 의미이다.

다른 예를 들어보자. 동일한 '아버지'이지만 가족들에게는 각각 자신의 경험 내용에 따라서 다르게 표상한다. 아들이 인식하는 '아버지'와 딸이 가지는 '아버지'의 표상은 서로 다르다. 같은 비행기 소리라도 전쟁에 참여한 어떤 사람은 공황발작을 일으키고, 공항 정류장에서 친구를 기다리는 어떤 사람에게는 반가움을 느끼게 한다.

이상의 사례를 보면 외계의 대상에 대한 인식은 그것을 인식하는 도구나 지각하는 사람에 따라서 달라질 수 있음을 분명하게 보여준다. 언뜻 보면 이런 증거는 외계의 대상이 오직 마음에 의해서 구성되고 실재성이 부정됨을 보여준다. 유식무경(唯識無境)을 입증한 듯하다. 그러나 실재론의 입장에서 보면 이런 사례들이 외계의 대상 자체가 존재하지 않음을 제시한다고 말하기는 어렵다. 여기에 어떤 X가 존재한다. 그것은 '빛'이라고 하는 것인데 광전자효과 실험에서는 입자일 수 있고, 이중-슬릿 실험에서는 파동으로 나타난다. 이것은 실험도구에 따른 인식의 결과로서, 유식(唯識)을 해명함에는 고개가 끄덕여진다. 그러나 필자는 반드시 그 X인 빛이 존재하지 않음, 곧 무경(無境)임을 증명하는 실험은 결코 아니라고 본다. 다시 말하면 '아버지 X' 자체가 존재하지 않는다는 것보다는 단지 지각/인식하는 가족에 따라서 '아버지 X'에 대한 표상 이미지가 서로 다르게 인식할 뿐이다는 것이다.

이런 입장에서 '유식무경(唯識無境)'이란 연구는 '외계의 대상이 존재하지 않는다'는 것보다 '외계에 존재한다는 대상은 인식에 따라서 다른 형상으로 나타난다'고 해석하는 것이 적절할 것이다. 다시 말하면 '유식(唯識)'과 '무경(無境)'을 분리시켜서 단지 유식일 뿐 대상 자체가 존재하지 않음을 입증하는 것은 아니다는 것이다. 그래서 '유식무경(唯識無境)'을 '단지 유식일 뿐, 대상의 존재와는 무관하다'고 이해해야 한다.

두 번째는 눈병이 나면 마치 그 대상이 존재한다고 보거나[無所緣識現可得智] 꿈에서 일어난 대상을 실재라고 착각하는 경우이다. 그러나 깨어일어나면 그런 대상들은 착각이었음이 밝혀진다.[55] 그러니까 외부의 대상은 실재하지 않는다는 주장이다. 우리는 실재하지 않는데 실재한다는 잘못된 인식/착각을 꿈의 경우

---

55 『唯識二十論』(大正藏31, 76c), "若如夢中雖無實境 而識得起覺時亦然 如世自知夢境非有."

에서 자주 찾는다. 꿈은 마음에 의해서 구성된 환상과 같다는 점에서 유식무경을 입증하는 좋은 근거자료로 사용된다.

다른 사례로는 이를테면 '상대성 원리'를 보자. 우리가 버스를 타고 가면 밖의 사물이 움직이고 뒤로 지나간다고 느끼지만, 버스 밖에서 보면 버스가 앞으로 지나간 것으로 지각된다. 마찬가지로 시간과 속도 역시 실재한 것으로 지각되지만 시간과 속도란 우리 문화가 만들어 놓은 관념이다. 고속도로를 시속 80㎞로 달린다고 할 때 그것도 실재하기보다는 지구의 자전 속도를 기준으로 설정한 상대성 원리에 의한 가상의 시간/속도인 것이다. 우주선을 타고 지구 밖으로 나가면 새로운 기준점을 설정해야 하는 전혀 다른 시간과 공간을 경험하게 될 것이다.

보통 꿈을 해석할 때 우리는 미래를 예시하는 것으로 해석하는 경우가 있다. 하지만 세친의 『유식이십송』 이후로 유식론자들은 '유식무경'을 논증하는 대표적 증거로 '꿈'을 자주 활용한다. 그러나 오랫동안 꿈을 분석하여 보면 꿈의 이미지들은 언제가 경험했던 '자료'를 활용하는 마술사라는 결론을 얻게 된다. 마술사는 자신이 미리 가진 자료를 가지고 마술을 부린다. 제8식에 기반한 꿈 역시 전에 경험해보지 못한 전혀 새로운 자료는 아니라는 말이다. 더구나 프로이트에 의하면 그것은 억압된 무의식의 또 다른 표현이다. 유식론에서 보면 꿈 역시 제8식/마음에 저장된 정보의 '표출'인 것이다. 이것들은 분명하게 삶의 어떤 의미 혹은 메시지를 전달하고 있다. 제8식에 저장된 정보는 실재하는 현실과 전혀 무관한 이야기는 아니다.

꿈은 소설이나 영화와 드라마 같은 것들이다. 인터넷에서 떠돌아다니는 가상의 세계이다. 그러나 이것들은 그것을 보는 사람의 감정을 자극하고 울게 하고 분노하게 만든다. 이런 점에서 실재하는 현실과 전혀 무관하지도 않을 뿐 아니라 의미 없는 넌센스는 더욱 아니다. 이것들은 상상에 기반한 또 하나의 '실재'가 아닐까 한다. 음악을 듣는 순간 그것의 음색을 느낄 수가 있다. 빛이 입자이기도 하고 파동일 수도 있듯이, 음악도 각자 다른 방식으로 반응한다는 이유로 존재하지 않는 '대상없음(無境)'이라고 결정적으로 확정할 수 없다. 아침에 일어나서 악몽이 현실이 아님을 알고 안도의 숨을 쉰다. 그렇다고 해서 그것이 내 삶과 무관한 존재하지 않는 '의미 없음'이라고 단정할 수 없다. 그 꿈은 내재된 나의 불안이나 재앙적 사고를 반영한 꿈이기 때문이다.

세 번째로 『섭대승론석』이 제공하는 유식무경(唯識無境)의 증거는 '응당 공용을 떠난 전도되지 않는 지혜[應離功用 無顚倒智]'인데 상세한 설명이 없어 이해하기가 쉽지는 않다. '공용(功用)'은 어떤 수행에 대한 '실효성'이 있는 행위로서의 원인이며, '무전도(無顚倒)'는 잘못된 오류가 없는 참된 '진실'을 말한다. 수행의 공용을 떠나는 것이 무전도의 지혜라는 것이다. 만약 해탈이나 깨달음이 외적인 대상으로서 실재한다면 공용[因]을 통해서 왜곡이 없는 무전도[果]의 지혜를 얻게 될 것이다. 그러니까 외적인 대상으로서의 공용은 실재하지 않는다는 주장이다.

여기서 문제는 이렇다. 만약 공용이 실재한다면 누구든 범부라고 할지라도 공용을 통해서 반드시 해탈/깨달음을 성취하게 된다. 그러나 공용은 실재가 아니기에 공용을 통해서는 해탈과 깨달음을 성취할 수 없을 것이다. 이것은 분명하게 관념론이나 형이상학적 실재론에 빠진다. 반대로 해탈이나 깨달음이 실재하지 않는다면 어떻게 될까? 이것 역시 마찬가지 결과를 낼 것이다. 아무리 공용의 노력을 해도 보람도 없이 허탈감이나 좌절감에서 빠져나오지 못하고, 허망한 악취공(惡取空)에서 헤매게 될 것이다. 해탈이나 깨달음에 대한 '있음[有]'과 '없음[無]'의 존재론적 접근은 어느 쪽이든지 사량분별의 함정에 떨어지게 된다.

그렇기에 해탈과 깨달음은 존재론적 접근이 아니라 구체적으로 체험되어야 할 가치이다. '단지 무엇이 진정한 나의 본성인가?' '매일 '나'라고 주장하는데 정말로 무엇이 나란 말인가?' 질문하고 참구하여 체득할 대상이지 그 존재에 대해서 유무의 존재론적인 사유를 행하여 인식할 문제는 아니라는 점이다.

네 번째는 큰 지혜를 얻는 보살이 선정에 기반한 위빠사나 수행을 하면 그 집중하는 대상 표상/영상 이미지가 눈앞에 현전하게 된다. 혹은 무분별지를 얻는 사람은 대상이 현전해도 대상을 분별하지 않기에 인식의 대상/영상이 없다는 것이다.

이것은 집중된 대상 표상/영상이 마음에 출현한다고 해서 그 인식의 대상이 외부에 존재하지 않음[無境]을 논증하는 것은 아니다. 만약 외부에 실제로 대상이 존재한다면 그것은 마음속에 나타나지 않을 것이고 반대로 대상표상이 마음속에 나타난 걸로 보아서 그 대상은 외부에 존재하지 않을 것이라는 추론인데 이는 옳지 않다. 왜냐면 마음에 나타난 대상표상은 외부에 실재하는 대상이 마음속으로 이동하여 옮겨온 것이 아니기 때문이다. 마음에 나타난 표상은 마음이 구성한 '닮은 표상'이다.

이를테면 마음의 대상 표상으로서 '달'은 하늘의 달이 마음속으로 이동하여 들어온 달도 아니고, 반대로 마음의 '달'이 저기 하늘로 이동하여 존재하는 '달'도 아니다. 그렇기에 마음에 대상표상이 출현한다고 해서 그것이 외적으로 실재하지 않는다는 증거가 될 수 없다. 마음에 나타난 대상은 외계에 실재하는 대상일 수도 있고, 실재하지 않는 대상일 수도 있다. 외계에 실재하는 대상은 마음에 나타난 대상과 반드시 상응하지 않는다는 말이다. '뿔 달린 말'은 마음에서 구성한 표상/영상이지만 현실에서 발견할 수 없다. 외계에 존재하는 말이 마음에 표상화될 때 반드시 동일하게 표상되지 않음과 같다.

이상으로 '유식무경'에 대해서 『섭대승론본』과 『섭대승론석』에서 논증하는 4가지 방식을 비판적으로 검토하였다. 이들의 핵심 주장은 '인식'을 떠난 외적인 '대상'은 존재하지 않는다는 것이다. 인식과 독립된 대상이 실재하는 것이 아니라 우리가 규정하고 구성한 가립된 심리적 대상으로서 표상/영상이다. 그것들은 객관적으로 외계에 실재하지 않는다는 것을 증거한다.

유식 곧 마음의 표상이니까 무경, 곧 외적 대상 없다는 식의 전통적 주장은 문제가 있다. '인식에 따라서 동일한 대상도 서로 다르게 보인다'는 것은 인식의 주관성으로 '유식'을 설명하는 것으로 대상의 부재인 '무경'까지 논증하는 것은 아니다. 이런 이유로 필자는 '유식(唯識)'과 '무경(無境)'을 구분하자고 제안한다. 반복하지만 '유식일 뿐 대상과는 무관하다'고 해석하자는 말이다. 구체적으로 말하면 자아와 법을 모두 '가설'로 보지 말자. 자아는 가설/개념으로 법은 실재하는 것으로 바라보자. 즉 필자는 한쪽 발은 실재론에 다른 한쪽 발은 중관론이나 유식론에 둔다. 『유식삼십송』처럼 자아와 법을 모두 부정하게 되면 현실에 적용할 때 어긋나는 경우가 많아진다. 유식무경을 문자 그대로 단순하게 '외적인 대상이 없음'이라고 해석하면 문제가 생긴다. 이를테면 다음과 같은 선문답을 보아도 분명하게 알 수가 있다.

> 법안은 나한화상과 밤새워 '삼계유심(三界唯心), 만법유식(萬法唯識)'에 대해서 토론을 하였다. 다음 날 아침 법안은 작별을 하고 행각(行脚)을 다시 나서려는데, 나한화상은 법안에게 물었다. "어제 자네는 과거, 현재, 미래가 모두 마음이고[三界唯心], 일체가 모두 마음에서 비롯된 것이라[一切唯心造]고 주장했다. 그러면 저기 마당의 돌은 마음 안에 있는가? 밖에 있는가?" 그러자 법안은 "그야 마음 안에 있는 것이죠."라고 대답하였다. 나한화상은 "돌맹이가 마음 안에 있다면 행각을 하면서 너무 무겁지 않겠는가?" 이 말에 법안은 아무런 대답을 하지 못했다. 그리고 법안은 행각을 포기하고 나한계침 화상의 지장원에 다시 바랑을 내려놓았다.[56]

위에서 보면 분명해진다. 유식무경을 '인식의 대상이 외계에 존재하지 않고 모두 의식 내부에 존재한다.'고 문자 그대로 이해하면, 위의 문답처럼 '바위'뿐만 아니라 온갖 사물들이 다 마음속에 존재한다는 의미가 된다. 이것은 "행각[行脚]하는 자가 어떤 이유로 돌을 마음속에 가지고 다니는가[行脚人著甚麼來由 安片石在心頭]?"라는 나한계침(羅漢桂琛, 867-928)의 질문에 직면하게 된다. 아무런

---

56 『指月錄』22卷, "行脚人著甚麼來由 安片石在心頭."; John C. H. Wu(1975), The Golden Age of Zen: Zen masters of the Tang dynasty, Bloomington, Ind. : World Wisdom, p.202.

대답도 못한 법안문익(法眼文益, 885-958)은 결국 지장원을 떠나지 못했다. 사실 행각하면서 돌을 마음에 넣고 돌아다니는 일은 현실에 대한 온당한 설명이 아니다. 그것은 너무 불편하고 무겁다. 일종의 번뇌와 같다.

법안은 지장원에 머물면서 나한화상과 매일 문답을 하였다. 그러나 그때마다 나한 화상은 "아니야" "아니야" 부정한다. 한 달이 지난 후 어느 날 법안은 지쳐서 "이제 더 이상 무슨 말을 할 것도 없습니다. 저는 불법을 알 수가 없나 봅니다." 그러자 나한화상은 "불법(佛法)을 말하자면, 모든 것은 이미 드러나 완성되어 있네 [若論佛法 一切現成]" 라고 말한다. 이에 법안은 확연히 깨달았다.

법안은 무엇을 깨달았을까? 그것은 존재의 유무나 안팎과는 무관하게 일체와 더불어서 하나가 되는 경험이다. 끊임없이 사량하는 분별이 무너진 체험이다. 누가 인식을 하고 무엇이 대상이란 말인가? 단지 일체는 다 그대로 드러나 부족함이 없다. 존재론이니 인식론이니 단지 우리의 분별이 문제일 뿐이다.

여기서 '완성됨'이란 표현은 앞에서 말한 '현재에 존재가 나타남'이란 현유(現有)나, '성품이 부족함이 없이 그대로 드러남'이란 견성(見性)과 동일한 맥락이다. 이렇듯이 유식학파의 '유식무경(唯識無境)'을 단순하게 인식 대상이 '외계'에 없다거나 혹은 그래서 '내부'에 있다거나 하는 존재론적인 의미로 해석하면 곤란해진다. 반대로 유식론에서 '돌맹이가 마음 내부에 존재한다'는 말은 '외계에 실재하는 돌이 마음 안에 실세로 존재한다'는 말이 아니다. 정확하게 말하면 '외부의 실재성과는 무관하게, 돌이란 관념/표상이 마음에 존재한다'는 것이다. 그런 까닭에 전통적 해석에 묶이지 말고, '유식(唯識)'과 '무경(無境)'을 분리해서 이해해야 한다. 그동안 유식은 곧 그대로 무경으로 이해(유식=무경)하곤 했다. 이것은 중관론의 영향에서 비롯된 관점이다. 그러나 필자는 '유식이 그대로 무경을 논증하지 않는다' 고 말한다.

물론 수행에서 침묵의 기쁨에만 머물 수가 없다. 논리적으로 논증해야 한다. 그렇다면 유식무경이란 '외계의 대상이 실재하지 않다'는 엄격한 주장이 아니라,

대상의 '실재성과는 무관하게' 인식되는 대상은 '마음에서 현현한 표상[唯識]이다' 라는 것이다. 위에서 인용한 『섭대승론석』의 4가지 사례들은 바로 이것을 논증한 다.

다른 관점에서 보면 유식으로서 '돌'은 관습적 언어로서 개념이고 관념이다. '돌'이란 용어에 상응하는 돌이 저기에 실재하는지와 관계없이 그것은 언어이다. 말이란 (1) 음성/기호, (2) 의미, (3) 이미지로 구성된다. 조금 거칠게 말하면 그것은 외계의 대상을 지시하는 일대일 대응관계를 이룬다. 이를테면 '돌'에서 음운 'ㄷ'이 다른 음운 'ㅂ'으로 바뀌면 전혀 다른 의미/이미지로서 '볼'이 된다. 우리는 일상에서 '돌'과 '볼'이란 말/소리를 듣게 되면 서로 다른 이미지/영상이 떠오른다.

유식(唯識)이란 마음 내부에서 일어나는 심리적 현상이고 대상 관계의 사태이지만, 그것이 '외부에 실재하는가의 여부'와는 별개의 문제이다. 이것은 가설로서 확인이 필요하다. 그것은 실재론처럼 실재할 수도 있고, 중관론처럼 무자성일수도 있다. 마음에 나타난 까닭에 곧 유식이니까 그 대상은 존재하지 않음 즉 '무경(無境)'은 별도로 검증이 필요하다. 물론 유식론은 철학적인 관점에서 보면 실재론보다 관념론에 가깝다. 그것은 심리학적인 의미로 표상(表象)이고 영상(影像)이다. 우리가 명상수행을 할 때 마음속에 떠오른 '영상(影像)'에 집중하면 그것은 마음에 떠오른 까닭에 마음의 영역에 속한다. 그렇다고 그것이 실재하지 않음[無境]이라고 주장하는 것은 중관론에 경도된 억측이 될 수 있다.

예를 들면 호흡에 집중할 때 마음에서 관찰되는 들숨과 날숨의 표상은 의식에 의해서 포착된 영상으로서의 유식이다. 호흡명상을 수행하는 사람들에게 호흡의 모양을 그림 그리라고 하면, 거의 모든 사람은 서로 다른 방식으로 그림 그린다. 들숨이나 날숨, 멈춤의 호흡 상태를 동일하게 그림 그리는 경우는 거의 없다. 호흡이 유식(唯識)임을 말한다. 그렇다고 이것이 호흡이 실제로 '존재하지 않음', '무경[無境]'은 아니다. 실제로 존재하지 않는 무경이라면 그는 죽어버릴 것이다. 호흡은 외부에 객관적으로 존재하지만, 그것에 대한 인식은 사람에 따라서 순간마다 달라진다는 것을 보여준다. 호흡을 관찰해보면 인연 조건에 따라서 그때마다 그 모습이 달라진다.

때문에 호흡명상 체험에서 호흡은 늘 그곳에 존재하기에 '실재론'이고, 호흡은 인연을 따른 관계로 유무중도(有無中道)의 '중관론'이며, 호흡의 표상은 마음이 구성한 자체로서 '유식론'에 속하기도 한다. 이것에 대해 어느 쪽이 더 옳고 정확한가를 논증할 필요가 없다. 이들은 호흡에 대한 실용주의적인 통합으로서의 세 가지 해석학적 시각인 것이다.

| 그림3-11 | 호흡표상1

'유식무경'이란 용어를 호흡명상에 적용하면 <그림3-11, 3-12, 3-13, 3-14>처럼 호흡은 표상으로서 존재할뿐[唯識] 고정 불변의 형이상학적 대상이 아니다. 사람마다 호흡 모양을 모두 다르게 표상한다는 것이 호흡 자체가 실재하지 않는다[無境]는 것을 논증하지 않는다. 반대로 호흡의 다양한 표상은 오히려 호흡의 존재를 반증한 사례가 된다. 이를 엄격하게 적용하면 호흡이 인식의 유식/표상일 뿐 대상으로서 실재하지 않는 곧 '유식무경(唯識無境)'이라면 호흡하는 사람은 호흡이 없기에 죽어버릴 것이다. 이것은 이치에 맞지 않다.

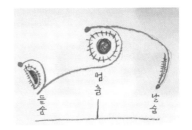

| 그림3-12 | 호흡표상2

| 그림3-13 | 호흡표상3

그림에서 <호흡 표상1>은 코구멍에서 공기의 흐름을 그린 것이고, <호흡 표상2>는 공기의 흐름에 따른 아랫배의 팽창과 수축을 그린 것이

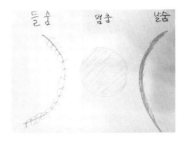

| 그림3-14 | 호흡표상4

다. <호흡 표상3>은 호흡을 할 때 폐의 모습을 그린 것이고, 마지막 <호흡 표상4>는 호흡에 따른 아랫배의 모양을 그린 것이다. 이들은 호흡에 집중할 때 각자 마음의 눈에 보이는 표상/영상을 그린 것이다. 이러한 그림들은 다른 생각이 끼어들 여지가 없는 집중이 잘 된 선정상태를 보여준다고 할 수 있다.

그렇기에 유식무경의 교설을 기존 이해방식에서 벗어나 유무의 '존재론'적 접근이 아닌 좀 더 유연한 통합적인 관점에서 바라볼 필요가 있다. 각자 서로 다른 모습으로 호흡의 표상을 그린다고 하여도 그곳에는 공통적으로 '들숨'과 '날숨'이 존재한다. 이런 점에서 필자는 유식무경이라고 하더라도 유식론의 입장이 옳다고 주장하지는 않는다. 전적으로 실재론만을 지지하지도 않는다. 반대로 중관론의 공/무자성만을 주장하지도 않는다. 대신에 실재론이나 중관론과 마찬가지로 유식론역시 자아와 세계를 설명하는 '해석틀'의 하나로 인정한다. 교설의 우열을 비교하는 관행을 멈추고 먼저 현실적인 '유용성'을 고려해야한다는 점을 강조한다. 물론관점은 한계를 가진다. 그렇기에 각각의 사례와 그 맥락에 따라서 종합적으로 살펴볼 필요가 있다. 우리는 사실 일상에서 이들의 철학적 관점을 상황에 따라서 유기적으로 선택하여 사용한다. 필자는 이것을 '순환적 통합모델', 혹은 '선택적 순환모델'이라고 부른다. 이점은 아래 마음의 해석학에서 다시 거론할 것이다.

2) 영상과 본질 –거울의 비유, 투사적 동일시

영상문에서 유식을 설명할 때 '영상(影像, pratibimba)'과 함께 자주 사용하는 용어가 '본질(本質, bimba)'이다. '영상(影像)'은 범어로 'pratibimba'인데,[57] bimba

---

57 http://sanskritdictionary.com/?q=pratibimba., pratibimba(n.) (rarely m.) 물에 비친 달이나 태양의 둥근 모양. 반영된 이미지, 그림자, 본래 형상과 닮은, 그림이나 사진, 이미지. the disc of the sun or moon reflected (in water); a reflection, reflected image, mirrored form; a resemblance or counterpart of real forms, a picture, image, shadow

는 '본질'이고, prati는 '~에 관한'이란 뜻이기에, pratibimba는 '본질에 관한 것'이란 의미로, 한역에서는 '영상(影像)' 혹은 '경상(鏡像)'으로 번역한다.

예를 들면 본인의 얼굴이 거울에 비칠 때 자기 얼굴은 본질(bimba)이고, 거울에 비친 이미지는 본래의 사물에 관한 것, 곧 영상(pratibimba)이다.[58] 여기서 본질은 형이상학적인 실체(essence)가 아니라 '본래의 사물'로서 실질적인 자기 얼굴을 가리킨다는 점에서 실재론적이다. 거울에 비친 영상은 '거울의 청정한 면[淸淨鏡面]'인 본래의 사물에 의지해서 현현한다. 곧 영상은 '본래[本]의 사물[質]'이 마음/거울에 '나타난[影] 이미지[像]'를 말한다. 그런데 여기서 본래의 사물은 반드시 외계의 대상만을 의미하지 않는다. 오히려 제8식에 저장된 종자로서 정보를 의미하는 경우가 훨씬 많다. 왜냐면 외계의 대상의 경우도 사실은 바로 마음의 씨앗/정보가 '투사'된 것들이기 때문이다.

영상과 본질

유식론에서 거울 비유와 관련된 해석이 분분한데 『해심밀경』과 『섭대승론』에서 비롯되었다. 이곳에서 영상관법의 핵심된 키워드인 '영상'과 '본질'이 구체적으로 어떻게 사용되고 있는지 살펴보는 작업은 중요하다. 먼저 현장(玄奘)번역 『해심밀경』의 거울 비유를 살펴보면 아래와 같다.

> A: 자씨보살이 부처님께 다시 여쭈었다. "세존이시여, 모든 위빠사나(毘鉢舍那) 삼마지(三摩地)에서 일어나는 영상은 이 마음과 더불어서 다름이 있다고 말해야 됩니까? 다름이 없다고 말해야 됩니까?"
> 부처님께서 자씨보살에게 말씀하시었다. "선남자여, 다름이 없다고 말해야 한

---

58 橫山紘一(1979), 『唯識の哲學』, 東京: 平樂寺書店, 31.

다. 왜냐하면 저 영상은 바로 유식이기[彼影像唯是識] 때문이다. 선남자여, 내가 설하는 의식의 대상이란 바로 유식이 나타난[識所緣唯識所現] 바이기 때문이다."

B: "세존이시여, 만약 저 일어난 영상이 곧 이 마음과 다름없다고 한다면, 어떻게 이 마음이 다시 이 마음을 보는 것입니까?"

"선남자여, 이 가운데 무엇인가를 보는 조그마한 법도 없다. 그렇지만 이 마음이 일어날 때, 이와 같은 '영상이 곧 나타남[影像顯現]'이 있다. 선남자여, 마치 잘 닦인 밝은 청정한 거울 면[淸淨鏡面]에 의지하여, 질(사물, 얼굴)을 조건으로 삼아서[以質爲緣] 다시 본래의 사물을 보는 것이다[還見本質]. 그런데 (사람들은) 말하기를, '나는 지금 영상을 본다[見於影像]'거나 '질(사물, 얼굴)을 떠나서 별도로 일어나는 영상의 나타남이 있다[及謂離質 別有所行 影像顯現]'고 말한다. 이와같이 마음이 일어날 때 서로 유사하면서도 다름이 있지만[生時相似有異], 삼마지에서 일어난 영상이 나타난 것이다."

C: "세존이시여, 중생들이 (일상에서) 자기 성품에 머물면서 색깔/신체 등을 조건으로 일어나는 영상의 경우에도, 이 마음과 역시 다름이 없는 것입니까?"

"선남자여, 다름이 없다[亦無有異]. 그럼에도 불구하고 모든 어리석은 범부들은 전도된 착각[由顚倒覺]으로 모든 영상에 대해서 이것이 바로 유식임[唯是識]을 여실하게 알지 못하고, 전도된 견해를 짓는다."[59]

위에서 ABC는 필자가 편의상 붙인 것이다. A 단에서 보듯이 지관(止觀) 수

---

59 『解深密經』(T16, 698ac; 瑜伽師地論 T30, 724a), "慈氏菩薩復白佛言 世尊 諸毘鉢舍那 三摩地所行影像 彼與此心 當言有異 當言無異 佛告慈氏菩薩曰 善男子 當言無異 何以故 由彼影像 唯是識故 善男子 我說識所緣 唯識所現故. 世尊 若彼所行 影像卽與此心 無有異者 云何此心 還見此心. 善男子 此中無有 少法能見少法. 然卽此心 如是生時 卽有如是 影像顯現. 善男子 如依善瑩 淸淨鏡面 以質爲緣 還見本質 而謂我今 見於影像 及謂離質 別有所行 影像顯現. 如是此心 生時相似有異 三摩地所行 影像顯現. 世尊 若諸有情 自性而住 緣色等心 所行影像 彼與此心 亦無異耶. 善男子 亦無有異 而諸愚夫 由顚倒覺 於諸影像 不能如實 知唯是識 作顚倒解"

행이란 다름 아닌 '영상을 떠올려서 관찰함'을 말한다. 제1장에서 살펴본 바처럼, 필자는 이것을 '영상관법(影像觀法)'이라고 호칭한다. 여기서 영상관법에서 나타난 '영상'이 마음과 다른 것인지를 질문하는데, 이것에 대한 대답은 '마음과 다르지 않다'는 것이다. 영상은 유식과 동의어[彼影像唯是識]이다. 그렇기에 유식 수행의 구체적인 대상은 바로 '영상'이라고 말할 수 있다. 영상관법, 다시 말하면 위빠사나(毘缽舍那)의 삼마지(三摩地)에서 현현(顯現, pratibhāsa)하는 영상(影像, pratibimba)이 바로 명상주제가 된다. 사마타에서는 '무분별 영상'이고, 위빠사나에서는 '분별 영상'이 된다.

여기서 현장의 번역과 다른 번역들과 비교할 때 중요한 용어를 선택함에서 미세한 차이점이 발견된다. A 단에서 '毘缽舍那三摩地/毘婆舍那三昧/定心/三昧境界' 등은 인식하는 주체의 마음 영역을 나타낸다. 거울의 청정한 면을 말한다. 여기에 나타나는 대상은 거울에 비유하여 '影像/境像/色相/像'이란 용어를 사용한다. 이것들이 모두 '유식(唯識), 곧 표상'이라고 대답한다. 이것은 거울에 비친 표상이고 영상이고, 이것들은 외적인 대상으로서 실재하지 않는다.

문제는 B 단에 있다. 여기서는 영상과 본질의 관계를 말한다. 질문자가 '영상관법'에서 영상이 마음과 다르지 않다면, 그것은 '마음이 마음을 본다'는 의미가 아닌가를 반문하자, 세존은 '그렇다'고 대답을 한다. 왜냐면 '질을 조건으로 삼아서[以質爲緣]' 다시 본래의 질료를 보는 것[還見本質]'이기 때문이다. 여기서 질(質)은 티베트 역에 근거하면 Rūpa(사물)이다.[60] 그래서 질과 본질은 동일하게 '사물'이 된다. 그런데 이때의 사물, 질은 외부가 아닌 내부의 마음에 저장된 정보이다. 이것의 본질은 마음이기에 마음이 마음을 본다고 말한다.

---

60 勝呂昑一(1954),「影像門の唯識說と本質の觀念」『印度學佛教學硏究』2-1, 210-212.; 안성두(2018), 「식의 자기인식(Self-awareness)과 삼성설」『인도철학』52, 5~47.)

영상긍정과 영상부정

그렇긴 하지만 이 문장에서 질/본질이 현장의 번역만으론 거울 자체를 가리키는 말인지, 외부에 존재하는 얼굴인지, 아니면 거울에 비친 얼굴 영상인지 분명하지 않다. 다시 말하면 그 영상 본래의 질료[本質]가 외부의 얼굴인지, 혹은 제8식에 저장된 영상적 정보인지 그 차이점을 정확하게 파악하기가 어렵다.

필자의 이런 질문의 모티브는 『원측소』에 근거한다. 여기서는 '부처의 본래적 가르침을 '본질(本質)'이라고 하고, 가르침을 듣는 것은 의식이 변모하는 까닭에 '영(影)'이다'[61]고 한다. 원측은 본래적 가르침[本]과 그것을 반영하여 마음에서 변모가 일어난 영(影)을 기준점으로 해서 대소승의 가르침을 판별한다. 거울의 비유에서는 거울에 비친 그림자/영상의 본질을 무엇으로 볼 것인가 하는 문제가 쟁점이 된다. 영상 이미지의 본래적 질료가 밖에 있는가? 이런 경우는 사물의 존재를 인정하니 실재론적 입장이다. 아니면 그것은 제8식이 저장한 정보가 본질인가? 이런 경우는 알라야식에 저장된 정보인 까닭에 유식론적 입장이다. 본래의 질료가 외부에 실재한가 아니면 마음에 저장된 바인지 하는 점에서 원측소의 해석은 곧 경전보다는 '마음'의 해석학적 문제를 야기한다.

물론 이것을 판정하기 위해서는 다른 번역자들의 해석을 참고할 필요가 있다. 아울러서 두번째 문제는 질/본질이란 용어와 영상/경상이란 용어의 사용법, 특히 거울에 나타난 영상을 인정하는 여부가 문제의 핵심이다. 먼저 이점을 살펴보자.

S: 영상 긍정

- 보리유지(菩提流支)역 『해심밀경』: 彌勒 譬如淸淨明鏡 依因境(鏡)像 能見
  境(鏡)像(비유하자면 청정하고 밝은 거울처럼, 거울의 영상에 의지하여 능히

---

61 圓測撰, 『深密解脫經疏』(韓佛全第一冊, 126), "如來自說 名爲本質 文字識變名之爲影 如是本影有
無差別 總約諸宗"

거울의 영상을 본다.)

- 불타선다(佛陀扇多)역『섭대승론』: 譬如 緣像故唯見像(비유하자면 영상을 조건으로 해서 오직 영상을 본다.)

N: 영상 부정

- 세친(世親)『섭대승론』釋: 此譬爲顯 但有自面 無有別影(이 비유는 나타남이 된다. 단지 거울 자체가 존재할 뿐 별도로 영상은 존재하지 않는다.)
- 진제(眞諦)역『섭대승론』: 譬如 依面見面(비유하면 거울 면에 의지해서 면을 보는 것과 같다.)

위의 인용문에서 Sa(이하 S로 축약함)는 영상을 긍정하는 경우이고, Nir(이후는 N으로 축약함)는 영상 이미지를 부정하는 경우이다. 영상긍정은 거울에 비친 영상을 인정한 경우고, 영상부정은 영상을 부정하고 영상을 비추는 거울의 바탕에 초점을 맞춘 경우이다.

먼저 영상을 긍정하는 S(Sākāra vādin, 有相唯識)의 경우는 마음/거울에 나타난 '영상'을 인정한다. 보리유지는『해심밀경』에서 '(거울의) 대상 영상에 의지하여 능히 (거울의) 대상 영상을 본다[依因境像 能見境像].'[62]고 번역한다. 마찬가지로 불타선다역의『섭대승론』에서도 '영상을 조건으로 해서, 오직 영상을 본다[緣像故唯見像]'.[63]라 번역한다.

이것은 분명하게 영상을 인정한다. 그러면서 현장법사가 채택한 사물(質, Rūpa)이나 본질(本質)이란 용어를 사용하지 않는다. 이들은 '거울 바탕 면에 나타

---

62 『深密解脫經』(大正藏16, 674c-675a), 菩提流支譯, "彌勒 譬如淸淨明鏡 依因境像 能見境像 而不作心我見境像 依彼境像現見境像. 彌勒 如彼心生不離於心 離心見境 彼三昧鏡像現見境界"

63 『攝大乘論』(大正藏31, 101a), 佛陀扇多於洛陽譯, "譬如緣像故唯見像而言我見像 以是義中間不離彼像 中間像相似見 如是生彼心 如是中間而言見"

나는 영상을 조건으로 해서 바로 그 영상을 본다'고 말한다. 이것은 분명하게 영상 긍정으로서 본래의 질료[本質]는 Rūpa(사물)가 아닌 그 사물과 닮은 '영상(影像)' 임을 보여준다. 이것은 영상을 사물인 거울과 구별하여 '별도로 영상이 존재한다 [鏡中有別影像]'고 주장한다.

이를테면 눈의 의식[眼識, 面]이 생기할 때 그것은 영상/대상을 인연하여 일어난다. 만약에 오직 본래의 사물[本質, 面]만 존재하고 영상이 별도로 없다면 마치 견분/인식만이 존재하고 상분/대상이 없는 것과 같다.[64] 때문에 인식의 주관[見分]인 본질[面]과 함께 인식 대상[相分]으로서의 영상이 인정된다. 이것은 '본[本/인식주관]'과 '영[影/인식대상]'을 모두 인정하는 실재론적 해석이다. 그렇기에 상식을 옹호하는 영상긍정이 된다.

반면에 영상부정 N(Nirākāra vādin, 無相唯識)은 현장역『섭대승론』의 무성석(無性釋)에 따르면 '질(質)은 사물로서 본래의 대상을 말하고, 그것과 유사하게 나타나는 영상은 부정된다.'[65] 그런 까닭에 '영상은 실로 존재하지 않는다[而此影像實無所有].'[66]고 말한다. 그런데도 사람들은 '나는 영상을 본다.' 든지, '본래의 사물을 떠나서 별도의 영상이 있다.'고 말한다는 것이다. 마찬가지로 진제역『섭대승론』세친석(世親釋)에서도 동일하게 해석한다. 진제역의 '면에 의지하여 면을 본다[依面見面]'는 문장에서 세친은 '면'을 '자기 얼굴'로 해석한다. 그래서 '자기 얼굴을 보면서 별도로 영상이 있다고 하는데 사실은 오직 자기 얼굴만 존재하고 영상은 별도로 존재하지 않는다'[67]고 해석한다. 곧 본래의 사물/얼굴에 의지하여 영

---

64 圓測, 『解深密經疏』(韓國佛敎全書第六,), "二彌勒宗 自有兩說 一云 鏡中有別影像 眼識起時 緣影而生 若唯本質 無別影像 應唯見分 而無相分."

65 『攝大乘論釋』卷第一(T31, 400b), 無性菩薩造 三藏法師玄奘奉詔譯, "三摩地者 是能令心住一境性 心法爲體 此所緣境說名所行 本境名質 似彼現者 說名影像."

66 같은 책, "而此影像 實無所有"

67 『攝大乘論釋』(T31, 183a), 世親菩薩釋 陳天竺三藏眞諦譯論曰, "譬如 依面見面 謂我見影 此影顯現相似異面 釋曰 此譬爲顯 但有自面 無有別影 何以故 諸法和合道理 難可思議 不可見法而令得見 猶如水鏡等影 實無別法 還見自面 謂有別影."

상이 일어난다고 지각하지만, 실제로는 얼굴과 별도로 존재하는 영상의 존재[影像義]를 얻을 수는 없다[68]는 것이다.

결국 본래 자기의 얼굴[質, 面]만 있고, '얼굴을 떠나서 별도로 영상이 없다[離質無別影像]'는 주장이다. 여기서 질(質)과 본질(本質)은 얼굴이라는 '사물(rūpa)'이다. 여기서 사물은 외부에 존재하는 얼굴(質, 面)을 가리키는 것이라기 보다 오히려 거울 자체의 청정성을 가리키는 용어이기도 하다. 그러니까 사물 즉 거울의 바탕(心性)만이 존재하지 '영상'의 존재는 부정된다. 영상 허위론의 주장은 영상이 거짓이라는 말이 아니라 '허망분별'이라는 의미이다. 거울의 바탕[質]인 제8식을 조건으로 해서 자체의 의식이 변이(變異)를 일으켜 마치 얼굴[面]의 형상이 나타남과 같다. 이로 말미암아 세간에서는 증상만(增上慢)을 일으켜 '나는 거울 가운데 그 영상을 본다'고 말한다.

그러나 얼굴[面]과 구분되는 영상은 별도로 존재하지 않는다. 그것은 거울 바탕[面]인 제8식에서 가운데서 발생한 까닭이다.[69] 이러한 주장에 대해 영상은 인연에 의한 까닭에 무자성이고 공이라는 중관론적 해석도 가능하겠지만, 근본적으로 영상을 허망분별로 부정한다. 그러면서 거울 바탕/청정한 마음/제8식 자체의 존재성을 은근히 부각시킨다.

이상 문단에 대한 해석을 검토해 보면 이렇다. 영상부정 N의 경우 세친(世親)과 진제(眞諦)는 영상을 부정하고 본래의 사물[本質]에 초점을 맞춘다. 영상은 본래의 사물을 반영한 것이고 곧 인연의 결과이기에 그 자체는 별도로 존재하지 않는다. 이렇게 영상을 부정하고 본래의 사물을 강조하는데 본래의 사물이란 비유적으로 보면 두 가지이다. 하나는 외부의 얼굴이고, 다른 하나는 거울 바탕 자체[面]이다.

---

68 같은 책, "卽於本質 起影像覺 然影像義 無別可得"

69 같은 책, "一云 離質無別影像 鏡面爲緣 自識變異 似面影現 由是世間 起增上慢 謂我鏡中 見其面影 以無別影 鏡中生故."

먼저 외부 얼굴이라면 본래의 사물이 외계에 존재한 듯한 인상을 준다. 특히 사물[質]과 본래의 사물[本質]을 '자기 얼굴'로 해석함으로써, 자기 얼굴이 외계에 존재한다는 실재론적인 해석의 여지를 준다. 물론 본래의 사물이 외계에 존재한다는 주장을 말하고 있지는 않지만, 사물이 외계에 존재하기에 영상으로서 거울에 반영된 것이 아닌가하는 의구심을 불러일으킬 수 있다. 이 경우 영상긍정에 해당된다. 그러나 반대로 만약 본래의 사물, 본질을 거울의 바탕[面]으로 이해하면 의미한다면 이것은 분명 마음의 '본성'을 말하는 것이다. 바로 거울의 바탕과 같은 청정하고 밝은 본성으로서 이것이 영상을 비추게 하는 본래적 질료로서 거울/마음의 본질이다. 이렇게 되면 영상은 실재가 아닌 거짓 분별이 된다.

반면에 영상긍정 S의 경우 보리유지나 불타선다의 번역에서는 본질/바탕보다는 영상에 초점을 맞춘다. 현장이 사용한 사물(質, Rūpa)과 같은 애매한 용어를 사용하지 않는다. 대신에 '대상 영상[境像]'이나 '거울 영상[鏡像]'이란 용어를 사용한다. 현장역에서는 영상(影像)이란 용어를 선호한다. 그가 번역한 『해심밀경』에서는 '경상(鏡像)'이란 용어가 발견되지 않는다. 영상의 존재를 인정하는 S의 경우는 거울 영상[鏡像]이란 용어를 선호하면서 사물이나 본래의 사물[本質]이란 용어를 사용하지 않는다. 이런 점에서 실재론적인 오해를 피할 수 있다. 그러나 영상긍정 S의 경우도 거울에 나타난 영상을 인정하기에 영상의 본래적 질료[本質]가 무엇인지를 구체적으로 밝혀야 하는 과제를 남기고 있다.

투사적 동일시

만약에 영상을 '부정'하고 질이나 본질을 외적 사물(rūpa)로서의 자기 얼굴로 해석하면, 문제의 문장인 '以質爲緣 還見本質'을 '얼굴[質]을 조건으로 해서 다시 본래의 자기 얼굴[本質]을 본다'고 번역할 수 있다. 다만 이러한 해석은 실재론에 빠질 위험을 예고한다. 그래서 필자는 반대로 영상을 '인정'하여 '본래의 사물[本

質]'은 비유로서 외부의 사물이 아니고, 그것[質, rūpa]은 거울 바탕 곧 '마음, 자체'을 상징한 것으로 해석한다. 그러면 문장 '以質爲緣 還見本質'은 자씨보살의 질문에서 나온 바처럼, '마음을 조건으로 해서 다시 본래의 마음을 본다'로 번역한다. 이렇게 보면 처음 앞의 마음[質]은 '제8식의 종자'로서 내적 정보가 되고, 뒤쪽의 마음[本質]은 외계에 존재한다고 투사된 대상으로서의 영상[本質]이 된다.

이를테면 '여기에 얼굴[面]이 있다'고 하자. 얼굴은 외부에 실재하는 얼굴일 수도 있고, 반대로 외부에 존재하는 얼굴이 아니라 거울 바탕 곧 제8식에 저장된 정보로서 자기 얼굴에 관한 개념/영상일 수도 있다.

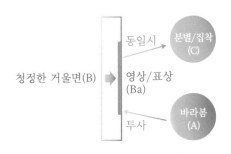

| 그림3-15 | 투사적 동일시

<그림3-15. 투사적 동일시>에서, 거울 앞에 서기 전에 우리는 자신의 얼굴에 대한 사전 정보를 이미 마음속에 영상의 형태로 가진다. 우리가 '거울로 얼굴을 본다(A)'고 할 때 우리의 의식/마음은 이미 사전 정보/형상으로 가득 물들어져 있다[有相]. 그러므로 거울을 본다는 것은 외계에 실재한 얼굴을 보는 것이 아니다. 거울의 밝은 면(B, 제8식)에 의지하되 자기 얼굴에 관한 형상(質)을 조건으로 거울면(B)에 '투사되어 동일시'된 자기 얼굴[本質]을 다시 본다(C)는 것을 의미한다.

여기서 필자는 '투사된 동일시'란 용어를 사용한다. 이것은 원래 '대상관계 이론'에서 사용하는 개념이다. 심리치료적 상황에서 사용하는 '투사적 동일시(projective identification)'는 '내담자 스스로 감당하지 못하는 감정이나 충동을 상

대되는 타인에게 투사하는 기제'를 말한다.[70] 이를테면 공포감과 같은 감정을 자기가 감당하지 못한 관계로 타인 또는 외계의 대상에게 투사해서 오히려 그것이 자기를 공격한다(피해망상)고 하면서 자기를 방어하는 기제로 사용한다. 혹은 상담 과정에서 전이와 역전이를 설명하는 데 사용되기도 한다. 전이는 내담자가 상담자에게 자신의 (부모에게 느끼는) 감정을 투사하는 것을 말하고, 역전이는 반대로 상담자가 내담자(자신의 자녀)를 통해 느껴지는 감정을 말한다. 그렇기에 대상관계에서 '대상'이란 감정이 투사된 인물로서 일반적인 대인관계를 설명한다. 주로 유아와 엄마와의 관계를 분석하는 이런 관계 패턴이 성인에게도 유사한 방식으로 작동한다고 보고 임상적인 상황을 해명한다.

여기서 필자가 사용하는 '투사적 동일시'는 임상적인 의미라기보다 일반적인 심리현상을 말한다. 거울에 비유하여 설명하면 곧 '아침에 출근하기 전에 거울을 볼 때 거울에 나타난 그것을 바로 나의 얼굴이라고 확인하고 동일시하는' 것이다. 투사된 동일시는 자아개념이 어떻게 형성되었는지를 보여주는 단서로서 동물들에게는 나타나지 않는다. 예를 들면 거울 앞에 선 개들의 반응을 보면 이점을 금방 알 수가 있다. 그들은 거울에 나타난 개의 영상이 자신의 모습임을 지각하지 못하고 놀라거나 마구 짖는다. 다시 말하면 이들은 '투사적 동일시'를 하지 않기에 거울의 영상이 자신의 모습임을 알지를 못한다.

여기서 보면 투사적 동일시는 2단계로 진행된다. 1단계는 자기 얼굴 형상[質]이 외부의 거울 면에 '투사'되어 나타나고[以質爲緣], 다음 2단계로 거울에 투사되어 현현한 그 영상/형상을 조건으로 그것이 본래의 내 얼굴[本質]이라고 '동일시'하는 과정[還見本質]을 말한다.

반대로 기억상실증에 걸린 환자라면 거울에 나타난 자기 얼굴을 스스로 인식

---

70 N. Gregory Hamilton, 『대상관계 이론과 실제 자기와 타자』 김진숙·김창대·이지연 역, 서울: 학지사, 2007. 59-90.; 김진숙 (2009). 「투사적 동일시의 의미와 치료적 활용」 한국심리학회지: 상담 및 심리치료, 21(4), 765-790

할 수 없어 투사적 동일시가 나타나지 않고 스스로 혼돈에 빠질 것이다. 이것은 마음에 이미 자기에 대한 영상의 기억이 작동하지 않는 상태인 것이다. 일상에서 우리는 거울 앞에 서는 순간 '투사적 동일시'가 일어난다. '마음이 마음을 본다'는 것의 심리학적 표현이 '투사적 동일시'이다. 쉽게 말하면 우리는 먼저 거울에 '투사된' 자기 영상을 보고, 그것은 타인이 아닌 바로 나의 얼굴이라고 '동일시'한다. 자기 얼굴임에 대한 인식은, 즉 제8식에 이미 자기 얼굴의 정보를 가지고 있기 때문이다. 그런 다음에 자기가 원하는 모습과 거울에 투사된 얼굴을 비교해서 좋다 나쁘다 등의 분별 평가(C)를 한다.

정리하면 거울 비유에서 '질(質)'은 외적 사물(rūpa)로 번역되지만, 실제로 그것은 비유인 까닭에 외적 사물이 아니고 내적인 마음의 '형상/영상'으로 해석해야 한다는 것이다. 그런데 앞에서 언급한 바처럼 여기에 두 가지 관점의 해석이 가능하다. 영상을 긍정하는 관점에서 질(質)/바탕은 마음에서 분별된 형상/영상을 의미하거나, 영상을 부정하는 관점에서 질(質)/바탕은 청정한 마음 자체를 의미할 수 있다. 거울 비유에서 밝은 '거울의 면[鏡面]'은 대상을 인식하는 마음[見分]을 상징한다. 반면에 거울에 나타난 영상이라는 대상[相分]은 바로 자기 얼굴/사물로서 그것은 의식/마음에 의한 투사의 결과이다. 이것은 본래의 질료인 마음의 '바탕'에 의지하여 마음에서 '현현(顯現, pratibhāsa)'한 영상으로써 외부에 실재하는 것은 아니다.

그렇기에 '마음을 조건으로 해서 본래의 마음을 본다'는 영상관법의 핵심된 이론적 함의는 세 가지로 정리된다. 첫째로 영상은 선행하는 제8식의 종자/씨앗/정보로서의 마음[心法]이다. 둘째로 제8식 저장된 정보에 기반하여 반영/전변된 대상으로서 영상[影像, pratibimba]이 출현하는 것이다. 셋째는 마음의 청정성에 기반하여 영상관법, 곧 떠오른 영상을 관찰한다는 것이다. 이렇게 투사적 동일시 현상에 의해 의식의 지평에 떠오른 심층의 영상을 '관찰'한다는 것은 투사된 자신의 모습을 거리를 두고 성찰하고 통찰하여 그것으로부터 해탈을 이룬다는 것을 의미한다. 이게 영상관법의 수행론이다.

위에서 '투사된 동일시' 현상은 명상수행의 선정에서 나타나는 영상뿐만 아니라, 산란한 일상의 현실에서 경험하는 경우도 동일하게 적용된다. 곧 일상에서 영상이 '외계에 실재한다'고 오류를 범하는 잘못된 지각을 말하는 것이다. 이점은 영상을 인정하는 영상긍정(S)이든지 인정하지 않는 영상부정(N)이든지 공통적이다. 어리석은 범부[愚夫]는 마음에 나타난 영상을 전도된 지각[由顛倒覺]으로 외부에 실재한다고 믿고, "나는 영상을 본다[我今見於影像]."고 하면서 "그것이 단지 표상이고, 유식임을 실답게 알지 못한다[不能如實知唯是識]." 따라서 어리석음에서 벗어나 진실을 통찰하기 위해서는 마음/본질에 나타난 영상(影像)을 정밀하게 관찰하는 명상수행이 요청된다. 이것이 『해심밀경』 분별유가품(分別瑜伽品)에서 언급한 '영상관법 수행론'이다.

3) 영상의 허위론과 영상의 진실론 – 무상(無相)유식학파와 유상(有相)유식학파

앞의 거울 비유에서 본래의 질료[本質]란 얼굴이다. 이때 '얼굴'의 의미는 두 가지이다. 하나는 외계에 존재하는 경우와 마음에 의해서 구성된 정보를 가리킨 경우이다. 만약 얼굴이 외계에 존재한다면 실재론에 근접하게 되고, 그것이 마음의 산물이라면 유식론에 해당된다. 영상이 실재한다면 이것은 영상의 진실론을 옹호한다. 그러나 영상이 마음에 의해서 구성된 것이라면 영상은 마음의 분별이기에 허위론에 속하게 된다.

그러면 이때 마음은 두 가지 역할을 한다. 하나는 적극적으로 영상을 포섭하고 구성하고 '전변'시키는 능변(能變)의 역할을 하는 경우이고, 다른 하나는 한걸음 물러나서 단지 영상을 반영하고 객관적으로 비춘다는 '관조(觀照)'의 역할을 수행하는 경우이다. 전자는 번뇌로서 현실을 조작하는 혹은 적응하는 과정이라면, 후자는 영상에 거리를 두고 관찰하는 명상수행의 종교적 관점이다. 이것은 마음과 마음의 대상이 되는 영상과의 관계에 나타나는 두 가지 역할이다. 이러한 마음의 두 가지 역할을 모두 필요하다. 이는 영상에 초점을 맞춘 영상문 유식학파의 핵심된 과제이다.

영상긍정/유상론과 영상부정/무상론

영상의 긍정 혹은 부정에 대한 논의는 결국 '제8식을 어떻게 볼 것인가'하는 것과 관련된다. 영상 긍정에서 마음이란 제8식으로서 본래적 질료/창고[藏識]로서 작용하고, 형상/영상을 소유하여 현실에 전변시킨다는 유상유식(有相唯識)의 주장이다. 이 경우는 구성된 영상이 중요할 뿐 아니라, 현실적으로 의미 있는 진실을 담고 있다. 영상 부정에서는 마음이 영상을 소유하지 않고, 청정한 빛[眞如]으로 허망한 영상/형상을 단순하게 비추기만 한다는 무상유식(無相唯識)의 관점이다. 이 경우는 마음의 본성이 중요하고 영상 이미지는 허위로서 허망한 분별이다.

일상에서 거울은 대상을 그대로 비추는 작용을 한다. 그 결과로서 영상/표상이 생성된다. 물론 거울 자체가 오는 대상을 거부 않고 반대로 가는 대상을 붙잡지 않는다. 거울은 온전하게 대상을 순순하게 비추어준다. 거울에 비친 그림자, 영상은 허망한 분별에 지나지 않는다. 이게 무상유식파(無相唯識派, nirākāra-vijñanavādin, 이하 무상론, 혹은 허위론으로 약칭함)의 주장이다.

그러나 우리 일상의 마음/의식은 현실을 반영한다. 전혀 허망한 분별만은 아니다. 거울에 나타난 영상은 내 모습의 '투사물'이고, 동시에 그것은 타인이 아닌 나의 모습이라고 '동일시'하여 분별 평가한다. 물론 우리 일상의 마음은 대상과의 관계에서 언제나 감정과 생각 같은 형상에 사로잡혀 있는 경우가 많지만, 이것은 세상에서 역사적 혹은 사회적인 인식의 결과로서 유의미하다. 이것이 유상유식파(有相唯識派, sākāra-vijñanavādin, 이하 유상론 혹은 진실론으로 약칭함)의 입장이다.

영상문의 유식에 기반한 영상관법 수행론의 입장에서 이 논쟁은 중요한 관점을 제공한다. 유상론은 '현실'적으로 영상/번뇌 발생의 심리학적 근거를 제공하고, 무상론은 영상/번뇌를 지혜로 '전환[轉依]'하는 명상수행의 종교적 정당성을 확보한다는 점에서 유용하다.

마음/의식이란 어떤 성격을 가지는가? 만약에 의식이 순수하게 대상을 있는 그대로 인식하지 못하고 번뇌로 가득하다면 어떻게 진리를 깨닫고 대상에 대한 객관적인 관찰이 가능하겠는가? 그러나 반대로 의식이 순수하게 존재를 있는 그대로 관찰할 수 있고 물들지 않는 상태라면 어떻게 고통과 갈등으로 가득 찬 자아와 세계를 설명할 수 있을까?

이게 딜레마이다. 양자는 통합적 이해가 필요하다. 마음이란 진여문과 생멸문을 모두 함께 가진다고 본다. 통합적 관점에서 양자를 모두 인정한다. 그러나 역사를 돌아보면 무상유식과 유상유식의 입장이 서로 대립된 양상을 보여준다. 무상유식파(無相唯識派)는 작용[識]과 형상[境]을 모두 부정하고 대상을 비추는 빛으로서의 '본성'만을 진실로 인정한다. 인식된 영상은 무상하고 진실하지 못한 허위라고 부정한다. 여기의 영상을 부정하는 허위론(N)에 속하는 인물로 세친(世親, 320~400), 안혜(安慧, 510~570) 등이 있고 진여본성(眞如本性)을 강조하는 진제(眞諦, 499~590) 등이 있다. 이들은 『섭대승론』을 중심으로 중국에 전파되어 섭론종(攝論宗)으로 발전하였다.

반면에 유상유식파(有相唯識派), 곧 대상이 외계에 실재함은 부정하지만 의식과 인식 자체를 인정하고 영상을 긍정한다. 현실을 인정하면서 영상을 긍정하는 진실론(S)에 속한 인물로 무성(無性, 450-530), 진나(陳那, Dignāga, 480~540) 등이 있고 호법(護法, 530~561)에 이르러 『성유식론』을 중심으로 대성되었다. 이것이 현장(玄奘)에 의해 중국과 한국에 전해진 법상종(法相宗)이다.

본성을 강조하는 영상무상학파는 영상을 허위/무상하다고 보고 인식/의식된 대상 표상들을 모두 허망한 허구라고 말하고, 반면에 현실주의자인 진실/유상론자들은 의식 내의 지식/표상은 모두 진실한 의미를 가진다고 인정한다. 서로 모순되고 상반된 입장을 취한다. 이것에 대한 정확한 설명/이해가 필요하다.[71] 필자가 이해한 바를 정리하면 아래와 같다.

> N: 무상유식파(nirākāravādin, nirākāravijñanavādin)에서는 거울 곧 의식에 나타난 영상이란 항상 물들어진 허망한 분별[虛妄分別]이라고 본다. 분별의 언어는 대상을 일대일로 대응한다. 마찬가지로 그것의 견분 역시 허망하다. 이들은 의타기(依他起), 곧 상호의지로 나타나는 집착에 의해서 구성된[遍計所執] 인식의 주체나 대상으로서 이것들은 모두 허위이고 진실이 아니다. 진실은 주객이 사라진 오직 밝게 빛나는 마음 자체, 원성실성(圓成實性)이다. 비유하자면 마니주는 청정하고 항상 그 자체로 빛을 내는 것과 같다. 그곳에 나타나는 주관과 객관이라는 형상이나 영상은 오랜 습기에 의해서 발생된 것으로 마치 꿈과 같고 거품과 같다. 거울에 나타난 이미지처럼 실재하지 않는다.

> S: 유상유식파(sākāravādin, sākāravijñanavādin)는 의식 자체[識體]가 전변하여 인식의 견분과 대상의 상분이 쪼개져서 나온 관계로 그 자체를 부인할 수 없다. 견분과 상분이 부정되면 의식 자체가 부정되는 까닭이다. 물론 의식의 전변에 의해서 구성된 자아와 세계는 실재하지 않지만, 이것들을 구성하는 의식과 그 형상은 유효한 진실이다. 이들에 대한 집착은 진실에 대한 무지(無知)의 결과이지만 허구의 자아와 세계를 구성하는 형상으로서의 그 마음 자체는 진실하다. 물론 습기에 의해서 촉발된 판단의 관념[共相]은 허구이지만, 직관[現量]에 의해 나타난 경험 자체[自相]는 진실하다. 직관 자체는 비언어적이며 작용과 형상이 없다. 직관으로서 현량(現量)은 견분과 상분이 쪼개지기 이전의 상태이다.

---

71 다음 논문을 참고바람. 沖和史(1982), 앞의 책, 무상유식(無相唯識)과 유상유식(有相唯識). 232-268.; 김사업(1998), 앞의 논문, 247-268.

영상 허위론(N)은 거울에 나타난 '영상'을 허망하다고 부정하고 마음/거울의 '본성'을 중시한다. 영상 진실론(S)은 거울에 나타난 영상을 거울/마음의 구성물로 긍정하면서 의식의 직관을 강조한다.

만약에 '꽃'이 의식 내부가 아닌 외부에 존재한다고 보면 이것은 실재론이다. 그러나 꽃(의 관념)이 의식 내부에 존재한다면 그것은 유식론이다. 그런데 유식론에서 다시 의식이 꽃의 관념을 소유하는가 아니면 소유하지 않는가에 따라서 유상론과 무상론으로 구분된다. 물론 무상과 유상의 차이점은 생각만큼 단순하지 않다. 이들의 공통된 핵심 키워드는 '형상(相, ākāra)'[72]이다. 의식에 의해서 포착된 심상/형상이 부정(nir)되는가 긍정(sa)되는가 혹은 그것이 외적인 반영인지 아니면 의식이 구성한 지식인지에 따라 그 의미가 서로 다르게 사용된다.

거울의 비유처럼 인식/의식은 외계의 대상을 단순하게 그대로 반영만 하면서서 의식이 자체적으로 어떤 형상도 소유하지 않다고 하면 전형적인 '무상론(N)'의 입장이다. 반대로 꽃을 보고 인식하기 이전에 이미 의식은 꽃에 대한 정보/심상을 의식 내부에 소유하고 있다고 보면, '유상론(S)'의 입장이 된다.

  - 실재론: 꽃은 인식의 외부에 존재
  - 유식론: 꽃은 영상에서 유래함, 의식의 외부가 아닌 내부에 존재함
    *무상론: 의식은 영상을 비추기만 하고 소유하지 않음
    *유상론: 의식은 전변하여 영상/정보를 소유하고 저장함

위에서 일차적 관문은 실재론인가 유식론인가의 문제이다. 필자는 대립적 관점보다는 '실용주의적' 입장에서 양자 모두를 지지한다. 먼저 꽃은 외부에 존재한

---

72 임승택(1998), 「ākāra의 의미에 대한 고찰」『東國思想』 29. 동국대학교 불교대학. 여기서는 ākāra를 외계 사물의 형상, 인식 소재(知識), 요별 작용(行相) 세 가지로 분류하여 논의를 진행한다. 물론 필자는 형상을 심상으로도 번역해서 사용하지만, 여기서 사용하는 '형상(ākāra)'과 '영상(pratibimba)'을 동의어로 간주한다.

다. 왜냐면 꽃집에 가서 꽃을 '구매'하고 또한 그것을 이웃에게 '선물'해야 하기 때문이다. 이런 사회적 관계에서 당연하게 '실재론'을 지지한다. 그러나 내가 구매하려는 꽃이 맞는지, 잘못 구입한 것인지 하는 문제는 그것을 구입하기 전에 먼저 사고자 하는 꽃에 대한 사전 '지식/형상'이 있어야 한다. 그렇지 않으면 부탁받은 꽃이 아닌 전혀 다른 꽃을 구매할 가능성이 있기 때문이다.

그래서 꽃에 대한 지식은 '실재론'보다는 의식 내부에 존재해야 한다는 '유식론'의 입장을 지지한다. 물론 꽃이 본래 존재하지 않음[空]을 주장하는 '중관론'의 입장도 마찬가지로 인정한다. 며칠 전에 선물 받은 꽃이 일주일도 못 가 시들해지고 결국 쓰레기통에 버려졌다. 이게 우리 삶의 현장이다. 세 관점은 서로 유기적으로 상황에 따라서 함께 작용하기에 어느 한쪽만을 고집할 수 없다.

공상(共相)과 자상(自相)

문제는 이차적 관문에서 영상/형상/심상에 대한 무상론과 유상론 사이의 논쟁이다. 여기서 공상, 자상, 언어관이란 세 가지 관점에서 살펴본다.

먼저 첫째는 '공상(共相)'에 대한 쟁점이다. 예를 들면 여기에 '장미꽃'이 있다고 하자. 영상의 무상/허위론(N)은 '장미꽃', 이것은 분별된 허구라고 말한다. 왜냐면 '모든' 장미꽃이란 보편적 일반명사[空相]이기에 현실에서 검증할 수 없는 비존재이기 때문이다. 그래서 장미꽃은 허망이고 언어적 분별의 결과로서 두루 사량하여 집착된 변계소집(遍計所執)이다. 그것은 무상이고 허위이다. 무상/허위론의 관점에서 보면 의식 내에 현현한 모든 유식/표상은 단지 가상의 이미지이고 영상에 불과하다. 따라서 허망한 분별로서 존재하지 않는다고 판정한다.

반면에 영상의 유상/진실론(S)은 이점에 대해서 공감을 하면서도 '장미꽃'에 대한 형상/지식 그 자체를 부정할 수 없다는 입장이다. 왜냐면 만약 그 형상이 존재하지 않거나 인식이 허망한 분별이라고만 주장한다면, 우리는 현실의 상황에서 장미꽃과 장미꽃이 아닌 것을 구분할 수 없기 때문이다. A와 A가 아닌 Ā를 구분하기 위해서는 먼저 의식/인식 내에 A라는 지식/형상이 존재해야 한다. 언어란 타자의 배제를 의미하는 'Aphoa 이론'에 따르면[73] A란 지식이 먼저 존재해야 한다. 그래야 우리는 A로부터 A가 아닌 Ā을 배제할 수 있다. '여기에 장미꽃이 있다'는 문장은 그 자체로는 허망한 분별일지 몰라도, 그렇다고 의미가 전혀 없는 '넌센스'는 아니라는 말이다. 허망한 언어적 분별의 주요 기능은 A와 Ā를 구분하는 대상에 대한 배제이고 차별성이다. 만약 장미꽃과 장미꽃 아닌 것을 구분할 수 없다면 언어적 사용은 큰 혼란에 빠진다.

둘째는 자상(自相)의 논쟁이다. 설사 공상(共相)을 관념으로 취급하고 가상의 영상에 불과한 비존재의 허구라고 인정할지라도 경험 자체에 대한 자상(自相)을 부정할 수 없다는 점이다. 우리는 '장미꽃'을 통해 현재에 경험된 '지각' 자체를 부인할 수는 없다. 왜냐면 '여기에' 존재하는 장미꽃은 모든 장미꽃이 아닌 지금 여기 책상에 놓인 꽃으로 세상에서 유일하게 현실에서 지각된 경험 자체[自相]이기 때문이다.

물론 여기의 '꽃', 이것은 '분별(kalpanā)'의 '관념적인(conceptual) 구조(construction)'도 아니고 '추론(anumāna, inference)'의 대상도 아니다.[74] 우리는 그것을 '꽃'이라고 부르기 이전에 만질 수가 있고 냄새맡을 수가 있다. 만지고 냄새 맡고 인식하는 현량/직관 자체와 그 구체적인 형상은 부정할 수 없는 '진실'의 일부이다.

세 번째는 언어의 유용성의 문제인 언어관의 문제이다. 영상의 무상/허위론자는 직관은 일시에 여러 가지를 지각하지 못하고 한 번에 하나씩 지각한다고 말한다. 인식과 언어는 대상을 일대일 대응 관계로 가진다. 여러 기능을 갖지 못한다.

---

73 전치수(1989), 「아포하론의 정의 및 그 생성배경 -달마끼르띠의 자주를 중심으로」, 『인도철학』1, 283-301.; 배경아(2013), 「아포하론의 새로운 분류에 대한 고찰」, 『동아시아불교문화』14, 79-101.

74 Dignāga(1968), *On Perception*, Trans. by Masaaki hattori, Harvard University press. 22-24.

이를테면 '입안에 하얀 크림빵이 있다'고 하는 문장처럼, 비록 크림빵이 논리적으로는 표상이고 영상이며 허구의 개념적 공상(共相)이라곤 하지만, 생리학적인 입장에서 우리는 '크림빵'이란 글자를 읽거나 소리를 듣게 되면 순간적으로 입안에 침이 나오는 반응을 한다.

이것을 어떻게 설명할 것인가? 영상의 유상/진실론에서 보면 이런 반응은 학습의 결과이다. 제8식에 저장된 종자의 습기로서 그것의 생리적 반응 자체를 부인할 수는 없다. 그래서 언어적 형상/지식은 허망한 분별이지만 동시에 그것은 마음의 현실을 잘 반영하는 진실한 형상/영상이 되는 것이다.

일상에서 우리는 크림빵이나 장미꽃의 글자를 보거나 소리를 들으면 추상적인 관념으로서의 공상(共相)이 아니라 우리들 각자가 경험했던 고유하고 특정한 어떤 장미꽃이나 크림빵의 영상을 떠올린다. 이 영상/형상은 경험 자체로서 자상(自相)이다. 그리고 이것은 어떤 효과를 가져온다. 언어는 관념이고 개념이지만 그것이 환기하는 것은 제8식에 저장된 고유한 경험내용으로서의 영상자료를 떠올린다. 이게 '일상언어'의 기능이다.

언어는 단순하게 대상을 '일대일'로 지시하는 것만이 아니라 '일대다' 관계를 가질 수 있다. 일상언어는 단순한 지시가 아니라 한 편의 시(詩)처럼 그 이상의 소통과 내적 현상을 만들어낸다. 언어의 핵심기능은 제8식 종자를 격발하여 '자극'하고, 고유한 경험 기억을 '환기'시키는 작용을 한다. 영상과 결합된 언어는 그것이 추상적인 개념의 '공상'이지만, 일상에서 실제로 작용할 때는 구체적인 '자상'으로 특정한 영상을 떠올리게 할 수 있다.

이상으로 영상의 무상/허위론과 영상의 유상/진실론의 대립된 입장과 함께 공상, 자상 그리고 언어관이란 세 가지 측면에서 살펴보았다. 이들은 서로 상반되지만 언어적 개념/공상(共相)의 비존재성에 대해서는 양자 모두 인정한다. 반면에 언어 이전의 직관으로 드러나는 '자상(自相)'에서는 서로 어긋난다. 이들은 마음의 기능과 역할을 서로 다른 측면에서 바라본다는 것은 부인할 수 없겠다.

마음이라는 보석 마니주는 대상을 따라서 비추는 작용[隨緣用]을 하면서도 동시에 스스로 빛나고[自性用] 그 자체는 진실하다[圓成實性]. 그래서 무상/허위론은 마음에 나타나는 대상 영상을 모두 허망한 분별의 집착[遍計所執]이라고 본다. 그러나 유상/진실론은 개념으로서 공상(共相)은 그렇다곤 하여도 직관의 현량(現量)까지 허망한 분별이라고 말할 수 없다고 본다. 분별 이전의 직관/현량은 허구의 분별[遍計所執]이 아니라, 대상에 따른 마음의 고유한 작용[依他起]으로서의 진실이다. 구슬은 푸른색에서는 푸른색으로 빨강색에서는 빨강색으로 나타난다. 물론 구슬 자체가 '전변하여' 푸른색이 되고 빨강색이 된 것은 아니다.[75] 파지가보의 수정 자체는 변함이 없다. 그렇기에 푸른색과 빨간색은 허망한 분별이다. 그러나 인연/조건[依他起]에 따라서 작용하는 구슬 자체의 '공능'까지 부인할 수 없다.

이런 말이 있다. 부처를 따르자니 중생이 울고, 중생을 따르자니 부처를 배반한다. 마음의 물든 번뇌[妄]만 인정하면 명상수행을 설명하지 못하고, 반대로 마음이 청정한 깨달음의 진실[眞]만을 강조하면 일상의 번뇌를 설명하기 어렵다. 그래서 영상관법의 명상수행에서는 양자를 모두 인정하여 함께 통합시킨다. 번뇌를 설명할 때는 유상적 관점에서 영상을 인정하고, 밝은 빛의 본성을 설명할 때 영상은 허망분별이라는 명상적 입장을 취한다. 영상관법은 이들 양자를 모두 함께 인정한다.

---

75 『解深密經』 앞의 책, 696b.

3

마음의 해석학

앞장에서 실재론, 중관론, 유식론의 입장을 비판적으로 살펴보고 이들의 통합의 필요성을 언급했다. 인식론적 논쟁이 제공하는 과제는 결국 마음과 본성을 어떻게 '해석'할 것인가의 문제로 귀결된다. 인식론적 논리는 사물을 바라보는 인식의 진위(眞僞)를 따지게 된다. 그러면 결국 논쟁은 멈출 날이 없다. 실재론은 사물의 실재성을 주장하고 중관론은 인연화합의 관점을 제기하면서 무자성을 주장하고, 유식론은 단지 마음의 투사에 불과한 의식의 전변임을 주장한다. 그러면 이들을 어떻게 통합해서 이해할 것인가 하는 문제가 생겨난다.

1) 인식론에서 해석학으로

대상의 실재를 주장하는 실재론, 실재성을 부인하고 무상공을 입증하려는 중관론, 인식에서 마음의 표상과 분별을 강조하는 유식론의 인식론적 논쟁에서는 옳음과 그름을 논증하면서 입장을 세워야 한다. 그러나 해석학은 진위를 규명하기보다 사물/세계에 대한 이해에 초점을 맞춘다. 감추어진 의미를 드러내고 직접적인 체험을 중시한다. 이런 점에서 필자는 실재론, 중관론, 유식론의 인식론을 철학적인 입장에서 대립하는 모순적 관계로 파악하지 않는다. 대신 '마음의 해석학'이란 관점에서 각각의 고유한 시각을 인정하고 통합하여 마음을 해석하는 도구이자 관계로 이해한다.

실재론이든, 중관론이든, 아니면 유식론이든 대립적 '인식론'의 관점에서 보면 하나만을 옳다고 선택해야 하지만, '마음'이란 현상을 이해하려는 입장에서는 이러한 관점이 모두 필요하다. 적어도 이들은 자신의 관점에서 확실하고 유용한 정보를 제공한다. '마음의 본질'을 해명하는 해석학적 관점에서 보면 갈등할 필요가 없이 이들 세 가지 시각을 통합적으로 수용가능하다.

예를 들면 책상의 꽃을 보자. 아니면 졸업식 날 가까운 친구에게 장미꽃을 선물 받았다고 해보자. 어떤가? 일상에서 이런 경험 자체를 부인할 수 없다. '실재론'의 입장에서는 장미꽃의 꽃잎과 줄기 등의 감각 재료를 분명하게 보았고 손으로 만졌다. 그것을 두 손으로 받았기에 꽃은 실제로 존재[實有]한다. 물론 이것 역시 인연화합인 까닭에 일주일이 지나면 장미꽃의 꽃잎과 줄기들은 시들해져서 끝내는 쓰레기통에 버려진다. 이런 경우라면 꽃의 잎사귀와 줄기 등은 삼세에 걸쳐서 실재한다고 주장할 수가 없다. 실재가 아닌 관계로 오고[來] 감[去]의 시간은 개념일 뿐이다.[76] 이게 '중관론'의 입장이다. 그러나 '유식론'은 주장한다. 장미꽃이란 실재가 아닌 개념이다. 그렇다고 전혀 공(空)하여 실체가 없다고 말할 수 없다. 나는 대학 졸업식 날 친구에게 꽃을 선물 받았음을 분명하게 '기억'한다. '유식론'의 입장에서 보면 '외적인 대상이란 실로 단지 표상일 뿐이다[唯識無境]'[77]고 주장한다.

이들 각각의 시선은 현실의 경험을 해명하는데 적정한 관점을 제공한다. 만약에 이것들 가운데 하나라도 결여되면 오히려 현실의 기반을 해명하기가 어려울 것이다. 우리는 이러한 시각을 적절하게 활용해서 의미를 부여하고 자신과 세계를 구성하여 간다는 것이 일상의 상식에 부합된다. 다시 말해 실재론(實在論), 중관론(中觀論), 유식론(唯識論) 등은 인식론의 관점이기도 하지만 또한 삶을 이해하는 해석학적인 측면 역시 갖추고 있다. 따라서 이들 가운데 한 개의 입장만을 취하여 현실을 해석하고 선택하는 일은 경직된 태도로 문제가 될 수도 있다.

더구나 우리의 인식론적 시각은 계절의 변화처럼 일상에서 연속적인 흐름과

---

76 조종복(2020), 「『중론송』의 팔불연기는 연속적인가, 불연속적인가」 『동아시아불교문화』 43, 143-174.

77 김사업(1998), 「유식무경에 (唯識無境) 관한 해석상의 문제점과 그 해결: 삼류경설(三類境說)을 전후한 인도 중국 교설의 비교를 통하여」 『불교학보』 35, 247-268.; 한자경(1999), 「유식무경」 『철학과 현실』 철학문화연구소, 17-26.

상황에 따라서 관점의 이동을 가져온다. 이를테면 거울을 통해서 본인이 원하는 자기 모습[唯識論]을 단장했으면 회사에 출근해야 한다. 집을 나가기 위해서는 현실에 실재하는 신발도 신고 지하철도 타야 한다[實在論]. 회사에 출근해서는 대인관계나 업무의 상황에서 인연화합[中觀論]을 인정해야 효과적으로 협력할 수 있다. 그래야 집과는 다른 변화된 새로운 상황을 받아들일 수 있다.

　　이런 인식의 과정은 어느 하나의 인식론만 선택하여 일관되게 사용하는 것이 아니라, 새로운 방식으로 '해석'하고 '순환'하는 과정으로 경험된다. 어떤 상황에서는 모든 것들이 다 실재한다고 보고, 어떨 때는 자신과 세상이 지나가는 꿈 같다는 중관론의 입장에서 바라보기도 하고, 상황이 달라지면 유식론처럼 모두 다 마음이 구성한 것으로 본다. 삶을 바라보는 이런 인식론적 '관점의 이동'은 모순처럼 보이지만 우리는 일상에서 반복적으로 경험한다. 이런 시각의 이동과 변화는 상황을 해석하고 구성하는 정상적 활동이다. 그래서 삶이란 이런 '해석학적 순환'[78]의 연속적 과정이라고 이해할 수 있다.

　　일반적으로 서구에서 개발된 해석학은 고전적 텍스트 문장이나 삶의 의미를 해석하는 것이다. 그리고 맥락에서 발생하는 전체와 부분의 상호작용을 '해석학적 순환'이라고 부른다. 여기서 필자가 말하는 '해석학적 순환'이란 마음의 본성과 삶을 이해하고 체험하는 세 가지 인식론적 관점에 의한 해석의 이동 관계를 의미한다. 이런 점에서 필자는 불교의 교설이나 법체계란 결국 마음과 본성[心性]을 경험적으로 이해하고 해석한다는 측면에서 '마음의 해석학'이라고 부른다.[79] 현실에서 출현한 실재론, 중관론, 유식론 등은 마음을 인식하고 해석하는 관점이고, 우리는

78　Richard E. Palmer. 1969. Hermeneutics: Interpretation Theory in Schleiermacher, Dilthey, Heidegger, and Gadamer, Studies in Phenomenology and Existential Philosophy(35 Books), Northwestern University; 리차드 팔머(2011), 해석학이란 무엇인가, 이한우옮김, 문예출판사.

79　인경(1999), 「지눌 선사상의 체계와 구조」 『보조사상』12, 179-232. 여기서는 해석의 주관적이고 경험적인 측면이 개입될 수밖에 없음을 말한다. 해석의 타당한 객관성을 담보하는 문제에 대해서는 '최성환(2018), 「해석학과 마음의 문제」 『철학연구』48, 55-195.'를 참조바람.

이들을 맥락에 따라 적절하게 해석하고 선택하여 사용한다는 의미에서 인식론의 '실용주의적 통합', 혹은 해석학의 '순환적 통합체계'라고 한다.

단 하나의 관점만을 고집하지 않는다. 역사적 논쟁인 원측(圓測)법사의 『해심밀경소(解深密經疏)』에서 보여주듯이[80] 실재론(實在論, 薩婆多宗), 중관론(中觀論, 龍猛宗), 유식론(唯識論, 彌勒宗)을 반드시 대립적인이거나 적대적 관계로 파악할 이유가 없다. 이들은 엄격한 인식론의 관점에서 양립할 수 없는 대립 관계지만, 느슨한 해석학의 입장에서는 서로 상보적인 통합적 유기체이다. 이렇게 이해하는 것이 **현실**을 설명하고 구성하는데 훨씬 유용하다. 이들의 차이점을 엄격하게 구분하고 우열을 파악해야한다고 주장할 수도 있지만 이러한 시각에만 머물러 우리의 삶, 곧 마음을 상호 대립하는 갈등 관계로만 파악해야 할 이유가 없다. 여행하면서 찍은 사진과 동영상을 하나로 통합하여 '구성'하려면, 다양한 관점에서 찍은 사진과 동영상을 활용해야 하는 것처럼 필자는 구성주의나 실용주의적인 해석학의 입장을 지지한다.

상식을 옹호하는 실재론은 사물의 현실적인 측면을 고려하고, 중관론은 연기하는 변화와 상호작용의 관점을 주목한다. 또한 유식론은 대상과 무관하게 인식하는 마음의 표상작용에 초점을 맞춘다. 이들은 동일한 사물에 대한 서로 다른 관점을 주장한다. 그렇다고 각각의 관점이 전혀 잘못되었다거나 반드시 대립적인 갈등 관계로 볼 이유는 없다. 어느 한 견해만 고집하고 선택하여 해석하는 일은 작은 망원경 하나로 인문학의 넓은 하늘을 편가르는 것과 다르지 않다. 주객의 이분법적인 인식론이나 논리적 정합성만을 따지면 이들은 서로 별개가 되지만, 각각의 장점을 살리는 해석학적 입장에서 '순환적인 통합적 관계'로 이해하면 현실을 이해하는 유용한 도구가 된다.

---

80 圓測,『解深密經疏』(韓佛全第一冊, 124c-126a). 여기서 보이는 원측의 해석학적 태도는 특정한 종파의 견해를 중심으로 해석하지 않으면서 유식론의 입장에서 통합하려는 입장이 분명하게 보인다.

예를 들면 『섭대승론』에 나타난[81] 새끼줄과 뱀의 비유를 보자. 농부에게 새끼줄은 농사에 필요한 실재하는 현실이다. 새끼줄은 매우 유용한 물건이다. 이것은 실재론(實在論)적 입장이다. 그런데 우리는 캄캄한 밤중에 새끼줄을 뱀이라고 착각할 수 있다. 이것은 잘못된 희론적 분별로 개념에 불과한 내용이다. 이것은 개념적 이해를 철저하게 거부하는 중관론(中觀論)의 입장이 반영된다. 그러나 유식론(唯識論)에서 보면 뱀이란 단지 표상일 뿐이고 새끼줄 역시 그 본질이 볏짚인 까닭에 이들 모두 의식의 포상일 뿐이다.

변화하는 현실을 누가 정확하게 인식한 것인가? 뱀, 새끼줄, 볏짚에 대한 인식은 분명하게 실재론, 중관론, 유식론의 관점에서 어느 것도 부정할 수 없다. 이들 모두 각각의 입장에서 의미가 있다고 판단하고 해석한다. 그렇다고 여기서 하나만을 선택하고 다른 쪽은 배제하면 문제가 된다. 누군가 새끼줄을 뱀이라고 하는 것은 분명하게 잘못된 판단이 아닌가라고 물을 수 있다. 그러나 설사 잘못된 인식이라고 해도 이것 역시 우리 인식의 일부로 인정해야만 한다. 특히 임상적 상황에서는 이런 잘못된 인식이 어떻게, 왜 생겨났는지를 파악하는 것은 매우 중요하다. 이것들을 중관론처럼 모두 잘못된 인식이라고 부정할 수 없다. 자식을 버릴 수 없듯이 치료자나 상담자 혹은 자녀를 키우는 부모의 입장에는 그 병리적 패턴이나 문제점을 정확하게 진단하고 평가해야 한다. 그것이 단지 인식론적으로 잘못되었다고 하여 내팽겨칠 수 없다. 또한 새끼줄을 뱀이라고 한 만큼이나, 새끼줄 역시 잘못된 호칭이다. 새끼줄은 사실 볏짚이 전부이다. 말하자면 '볏짚' '새끼줄' '뱀'에 이르기까지 이것들은 우리의 '필요'에 의해서 구성된 삶의 현상이고 체험이며 해석임을 인정하자는 것이다.

그렇기에 필자는 끊임없이 움직이는 현실의 역동성을 인정하여 실재론, 중관론, 유식론 등을 엄격한 '인식론'적인 측면이 아니라 삶을 해석하는 구성요소로서

---

81 『攝大乘論』(2권)(大正藏31, 105a), "闇中如見繩謂蛇現相故 所謂如繩蛇不實 非衆生故."; 『攝大乘論』(3권)(大正藏31, 123a), "譬如闇中藤顯現似蛇 猶如於藤中蛇即是虛實不有故."

'해석학'적 틀/시각이라는 점을 강조한다. 다시 말하면 우리의 삶이란 이런 해석 틀을 가지고 자신과 현실을 이해하고 구성하면서 고유한 자신만의 '순환적 통합체계'를 창조해가는 과정이라고 본다. '순환적 통합 모델'과 관련하여 필자가 말하고 싶은 것은 이렇다. 불교 사상사에 나타난 다양한 인식론적 관점을 배척하지 말고, 이들을 세계와 마음의 본성을 해석하는 도구로 활용하자. 더 나아가 이들을 활용해 현실에 유용한 방식으로 적용할 수 있는 실용적인 방법을 찾아 보자는 것이다.

2) │ 실용주의적 순환적 통합모델

무엇이 마음의 본성인가? '본성(本性)'이란 용어는 대승불교를 설명하는 핵심된 용어이다. 그만큼 다양한 용례를 가진다. 본성은 넓은 의미에서 사물마다 고유한 성질을 가진다는 뜻에서 '자성(自性)'이란 용어로 사용되기도 하고, 모든 현상[法]에 내재된 공통된 요소라는 의미에서 '법성(法性)'이라고도 한다. 그 밖에 교육학에서는 사람마다 가지는 타고난 성품이란 의미에서 '인성(人性)'이라 하고, 심리학에서는 사람의 본래적 성향을 인정하여 '본성'이란 용어를 사용한다. 또한 대승불교에서는 모든 중생이 부처의 깨달음을 함장하고 있다는 뜻에서 '불성(佛性)' 혹은 '여래장(如來藏)'이라고 하며, 신령한 성품이란 의미에서 '영성(靈性)'이라고도 한다. 반면에 선불교에서는 '본래면목(本來面目)', '한 물건[一物]', '일구(一句)' 등과 같은 용어를 사용한다.

그렇기에 마음의 본성이 무엇인지를 규명하는 일은 초기불교 이후로 대승불교와 선불교의 핵심된 과제이다. 마음의 본성을 이해하는데 있어서도 실재론, 중관론, 유식론이란 세 가지 관점이 있을 수 있다. 그렇다면 이러한 서로 다른 시각을 상호배척하지 않고 유기적으로 적절하게 통합해주는 하나의 해석체계가 있을까?

통합의 첫 번째 모델은 『대승기신론』(이하, 『기신론』으로 약칭함, 단, 문헌 『기신론(起信論)』에 나타난 인식론이나 해석학적의 사상을 가리킬 때는 '기신론'

이라고 호칭함)의 '일심이문삼대(一心二門三大)'에서 찾아볼 수 있다. '일심(一心)'이란 무엇인가? '일심'은 마음의 총체로서 마음을 해석하는 핵심된 과제이다. 『기신론』에서는 '중생심(衆生心)'이라고 정의한다. 목석(木石)이 아닌 중생심이란 일상에서 보고 듣고 느끼고 아는 일체의 마음을 말한다. 마조(馬祖)대사가 말하는 평상의 마음[平常心]이다. 중생의 마음이나 성자의 거룩한 마음이나 다 같이 이 '한마음'이다.

이 한마음은 다시 2문으로 분류된다. 하나는 생멸문(生滅門)이고 다른 하나는 진여문(眞如門)이다. 생멸문은 일상에서 끊임없이 변덕을 부리는 마음이다. 반면에 진여문은 고요하고 변화가 없는 성스럽고 청정한 마음이다. 생멸문은 역사와 시대에 따라서 형성된 물들어진 마음이라면, 진여문은 시대를 초월한 근원적인 마음의 본성으로서 밝은 지혜를 말한다.

생멸문이든지 진여문이든지 이들 모두 일심에 의해서 통합된다. 반면에 일심은 인연에 따라서 다시 생멸문과 진여문으로 분화된다. '분화'란 쪼개져 이원화된 두 개의 마음을 의미하지 않는다. 분화란 인연에 따른 마음의 변화 기능을 말한다. 현실에 적용할 때는 생멸문이지만 고요한 가운데 생멸문은 동시에 진여문이기도 한다. 양자는 분리된 두 개가 아니라는 점에서 통합의 원리를 제공한다.

앞장에서 유식론에서 마음에 형상이 있는 유상(有相) 유식론과 형상에 물들지 않는 무상(無相) 유식론의 대립을 논의하였는데, 이것 역시 생멸문과 진여문에 비교된다. 마음이 생멸하여 영상과 형상을 소유한다면, 혹은 전변을 일으킨다면 이것은 생멸문으로서 유상 유식론에 해당되고, 생멸하는 형상/영상에 대해 관찰하고 비추는 작용을 하여 물든 바가 없다면 이것은 진여문으로 무상 유식론에 속한다.

유상유식은 깊은 심층의 마음에 의해서 영상/형상을 소유한다. 그렇기에 이 마음은 물들어진 상태이다. 반면에 무상유식은 마음의 청정한 본성을 지키는 까닭에 영상을 소유하지 않고 물들지 않는다. 이것의 핵심 관점은 '제8식의 성격을 어떻게 보는가'에 따른 해석이다. 제8식을 물든 마음[妄/有相]으로 보는가? 아니면 물들지 않는 마음[眞/無相]으로 보는가에 따른 것이다. 이런 갈등의 해석학적 통합은 결국 『기신론』의 일심/한마음에 의해서 가능하다.

여기서 '한마음[一心]'은 현실에 물들어진 생멸문(生滅門)과 마음의 청정성을 설명하는 진여문(眞如門)으로 구분한다. 영상 있음의 유상[有相]은 생멸문에, 영상 없음의 무상[無相]은 진여문에 상응한다. 이들은 서로 별개가 아니라 '한마음[一心]'의 서로 다른 측면인 까닭에 대립할 이유가 없다. 비유하자면 거울은 청정하지만 대상을 반영하고, 대상을 비추지만 그 본질은 물들지 않는 청정함을 유지한다.

물론 수행의 관점에서 볼 때 마음이 영상에 물들지 않는다는 진여문은 순수하게 빛나는 내적 직관, 대상을 비추는 거울 자체의 '본성'이 긍정적으로 작용한다. 반면에 영상 있음을 해명하는 유상유식론의 생멸문은 마음이 주객에 갇혀 있거나 영상에 물들어져 있지만 일상에서 번뇌와 번뇌의 발생을 설명하는데 유용한 관점을 제공한다.

* 생멸문 – 영상긍정 – 번뇌발생 – 현실적응
* 진여문 – 영상부정 – 번뇌정화 – 명상 수행의 직관

그렇기에 마음이 물들었다는 생멸문의 유상 유식론은 마음이 자체적으로 영상/형상을 소유하지 않는 진여문의 무상 유식적 입장을 수용해야 한다. 그래야 마음치유의 명상적 근거를 제시할 수 있기 때문이다. 반면에 마음의 청정성을 강조하는 무상 유식론의 진여문은 먼저 번뇌의 발생을 설명하는 유상 유식론의 생멸문을 인정해야 한다. 그렇지 않으면 명상수행은 현실과 무관하거나 유리된 채로 공허해지고 추상적 관념론에서 벗어나지 못할 것이다. 우리는 일심이 가지는 마음의 양면성 즉 물듦의 생멸문과 물들지 않음의 진여문 모두 적절하게 현실에서 잘 활용해야 한다.

이들 양자를 잘 융합하는 명상작업이 바로 영상관법이다. 이를테면 영상을 떠올려서 관찰한다는 '영상관법(影像觀法)'의 경우에 일상의 마음이 물들었다는 번뇌로서 영상(影像)의 발생을 설명할 때는 유상 유식론의 생멸문이 효과적이다. 반대로 영상을 관찰하여 통찰하는 마음 자체의 물들지 않는 청정한 관법(觀法)을 말할 때는 무상 유식론의 진여문이 설득력이 있다. 양 관점은 배타적이지 않다. 생멸하는 마음에 의해서 구성된 영상을 관찰하고 통찰하여 그곳에서 해탈을 경험하는 것은 진여문의 청정성에서 발현된다. 이것은 마음의 고유한 두 가지 특성이다. 필자는 이런 관점을 '실용주의적 통합론'이라고 말한다. 양자는 모두 한마음[一心]이기에 이것들을 적절한 상황에서 효과적으로 사용하면 된다는 것이다.

마음을 해석하는 순환적인 모델로서 마음의 본질을 해명하는 두 번째 통합모델은 『대승기신론(大乘起信論)』에서 말하는 일심(一心)의 체상용(體相用) 즉 삼대(三大)이다. 주지하다시피 '기신론'은 한마음[一心]을 '근원적인 바탕[體]', '현실에 나타나는 형상[相]', '실천의 작용[用]'인 3항으로 해명한다. 이들은 유식불교의 '삼성설(三性說)'과 매우 흡사하다. 아직 선행연구가 없지만 아마도 기신론은 유식 삼성설의 성립에 영향을 미쳤을 것이다. 진실의 원성실성은 마음의 바탕으로서 체대(體大)에, 개념의 변계소집성은 집착된 형상을 대변하는 상대(相大)에, 의타기성은 연기로서 현실에서 작용하는 실천의 용대(用大)로 이해할 수가 있다.

* 체대(體大) - 원성실성(圓成實性)
* 상대(相大) - 변계소집성(遍計所執性)
* 용대(用大) - 의타기성(依他起性)

이를테면 생멸문에서 일상의 언어적 집착으로 인한 허망한 분별의 변계소집(遍計所執)이 마침내 전의를 이루면서, 본래 존재한 원만하고 진실한 성품[圓成實性]의 진여문으로 나아가면 충분하다. 유상유식의 생멸문과 무상유식의 진여문을 통합하는 연결점은 바로 현실의 연기인 의타기성(依他起性)이다. 이런 점에서 삼성설은 실재론, 중관론, 유식론의 입장을 모두 포괄할 수 있는 하나의 종합된 해석체계라고 판단한다.

'변계소집성(遍計所執性, parikalpita-svabhāva)'은 '중관론'에서 말하는 언어적 희론에 가까운 인지적 '개념'이다. '의타기성(依他起性, paratantra-svabhāva)'은 상호의존되어서 작동하는 연기로 현실에 실재한다는 측면에서 '실재론'과 상통한다. 마지막으로 '유식론'의 원성실성(圓成實性, pariniṣpanna-svabhāva)은 가장 높은 가치인 원만하게 완성된 열반의 '진실'을 말한다.

사실 '집착된 개념', '현실의 연기', '궁극적 진실'이라는 삼성설(三性說)은 '마음의 본성이 무엇인지'를 정확하게 해명하는 마음의 해석체계이다. 다시 말하면 마음의 본성이 가지는 고유한 세 가지 측면을 제시한 것으로 이들은 서로 별개가 아니라 마음의 본성/자성(svabhāva), 곧 일심(一心)이 현실에서 드러나는 세 가지 '양상'이다.

주지하다시피 '삼성설의 구조적 체계를 어떻게 이해할 것인가'에 대한 학계의 논의[82]가 있다. 이를테면 삼성설의 구조를 해명하는 '중추적 모델'은 실재하는 연기라는 '의타기성'을 중심으로 삼성설을 설명한다. 의타기성을 깨닫게 되면 원성실성이 되고, 의타기성에 대해 미혹하면 변계소집이 된다. 수행과정을 중시하는 '발전적 모델'은 집착된 개념(변계소집성) → 실재하는 연기(의타기성) → 궁극적 진실(원성실성)에로 이행하는 수행과정으로 삼성설을 설명한다. 필자는 이들의 주장에 대해서 전적으로 동의한다. 중추모델과 발전모델은 설득력이 있다. 그렇긴 하지만 앞에서 필자가 말한 '영상관법'에 기반한 '순환적 통합 모델'과는 차이점이 있다.

차이점은 첫째, 순환적 통합 모델은 기본적으로 세 가지 관점을 중추모델처럼

---

82 Sponberg, Alan(1982), THE TRISVABHAVA & OCTRINE IN INDIA & CHINA: A Study of Three Exegetical Models, 『龍谷大学仏教文化研究所紀要』21, 97-119.; 안성두(2005), 「유식문헌에서의 삼성설(三性說)의 유형과 그 해석」 『인도철학』19, 61-90.

우열관계로 보지 않고 모두 현실을 이해하는 과정에서 나타나는 순환적 현상인 까닭에 균등하게 인정한다. 둘째, 순환적 통합 모델은 진실을 향한 발전적인 한 방향보다는 개인별 사례에 따른 상호 순환적인 관계를 중시한다. 셋째, 통합 모델은 중추적 모델과 발전적 모델을 통합하여 연기하는 현실의 중추적인 역할을 인정하고 명상수행의 길에서 순환적으로 발전한다는 마음의 치유와 성장을 함축한다.

이렇게 필자는 영상관법의 수행체계 확립을 위해서 기신론의 '이문(二門)'과 '삼대(三大)', 그리고 유식론의 '삼성설'에 기반한 통합모델을 탐색하였다. 이들을 종합하면 결국 마음의 본성이란 현실에 대응하는 인지적 '개념'이고, 실재하는 '연기'이며, 청정한 '진실'이라고 세 가지 측면에서 규정한다. 그렇지만 논쟁이 있듯이[83], 마음의 본성에 대해 '실재인가? 개념인가?' 하는 두 가지 측면에서 질문하고, 둘 중 하나를 선택하여 답하라고 한다면 어떻게 대답할 것인가?

필자는 먼저 '실재론'의 입장에서 대답한다. 왜냐면 개념은 허구이고 실제적인 힘이나 영향력과 같은 작용의 효력을 발휘하지 못하기 때문이다. 반면에 진실한 실재는 우리 삶에 영향력을 미치고 구체적으로 만질 수 있고 그 효력을 검증할수 있다. 다음으로 '개념/이론'의 영역을 완전히 무시할 수 없다. 현실에서 보면 개념과 실재는 모두 필요한 요소이다. 이론적 개념이 없으면 현실에서 실천이 강력하게 효력을 발휘할 수 없고, 반대로 이론만 있고 현실적인 적용이 없다면 그 이론은 허망하기 때문이다.

그런데 '실재인가? 아니면 개념인가?' 하는 양자택일적 질문에는 중요한 철학적 논쟁점이 숨겨져 있다. 이를테면 실재냐 개념이냐는 질문에는 '마음'의 본성/자성을 해명하는데 있어서 언어적 개념과 같은 세속적 진리[俗諦]와 궁극적인 실재[眞諦]라는 이제(二諦)의 관점으로 한정한다는 의미가 함축되어 있다. 이것은 분명하게 기신론의 생멸/진여의 이문이나 중관론적 관점이다. 반면에 마음의 본질을

---

83 인경(2022), 「마음의 해석학-마음의 본성이란 무엇인가」『본성, 실재인가 개념인가』 운주사.

해석할 때 기신론의 '체상용'이나 유식불교의 '삼성설'은 근본적 진실[體], 개념적 형상[相], 실재하는 연기적 작용[用]라는 세 가지 측면으로 설명한다. 이것을 정리하면 아래와 같다.

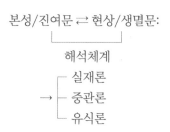

본성/진여문 ⇄ 현상/생멸문:

해석체계
― 실재론
→ ― 중관론
― 유식론

하나의 마음/본성[一]이 현실에 펼쳐지면 → 다양한 현상[多]으로 나타난다[一卽多]. 이들 현상에 대한 인식론적인 이해는 실재론, 중관론, 유식론이 있다. 그러나 이들은 대립된 갈등관계가 아니라 본성, 일심에 의해서 하나로 통합된다[多卽一]. 다시 말하면 실재론, 중관론, 유식론은 '마음(一心)에 대한 해석'의 일부인 것이다.

3) 이제와 삼성설의 논쟁

물론 역사적으로 보면 먼저 삼세실유(三世實有)의 실재론을 비판하면서 중관론의 이제관(二諦觀)이 성립되고 나중에 연기적인 의타기성이 첨부되면서 유식 삼성설이 성립되었다.[84] 하지만 이후 여전히 이들 사이에는 논쟁이 있다.

여기서 문제는 마음의 본질을 해석하는데 속제/진제의 이제(二諦)인가 아니면 기신론의 체상용/삼대나 혹은 유식의 삼성설인가 하는 것이다. 즉 어느 쪽이 효

---

84 김재권(2016), 「초기 유식사상의 구조적 변화와 그 의의-이제와 삼성의 구조적 관계를 중심으로」『동아시아불교문화』26, 33-59.

과적인가 하는 논란이다. 이것은 역사적으로 청변(淸辨, Bhāvaviveka: 490-570)과 호법(護法, Dharmapāla, 530~561)의 논쟁인데, 그 중심에는 과연 '연기/의타기성을 어떻게 볼 것인가?' 하는 핵심 이슈가 있다.[85] 만약 의타기성이 부정된다면 중관론의 입장인 속제/진제의 이제(二諦)가 세력을 얻게 된다. 그러나 만약 의타기성이 현실에 필요한 교설/해석체계라면 유식의 삼성설이 정당화된다. 그러니 여기서이들의 논쟁을 살펴보자.

> 이것에 인연하여 일이 생긴다는 것을 의타기성(依他起性)이라고 한다. 이것을 인연하여 물질과 느낌과 생각 등을 얻게 된다면, 의타기성의 자성(自性)은 차별로서임시로 세운 것으로 그 본성은 변하게 된다. 만약 이것이 없다면 임시로 가립된것 또한 없다....(중략)...이것의 의미가 의타기의 본성을 '얻을 수 없음[無所有]'인것을 말한다면, 이것은 공(空)이 된다.[86]

이것은 중관론의 입장을 대변하는 청변(淸辨)의 주장이다. 그의 주장은 분명하다. 연기는 인연을 따라서 생겨났다가 인연을 따라서 변하게 되니 그것의 자성은 얻을 수 없는 무소유(無所有)이고, 이것의 본질은 공(空)이라는 주장이다. 이것이 있으니 저것이 있다. 이것이 없으니 저것도 없다는 논리이다. 반면에 삼성설을내세우는, 짧은 30년을 불꽃처럼 살다간 호법(護法)은 이렇게 말한다.

> 의타기성(依他起性)은 실재[實]와 개념적 가설[假]의 양면이 있다. 모여서 집합하고, 계속적으로 상속(相續)되고, 쪼개져서 위치하는[分位] 특성을 가진 까닭에,

---

85 Paul Hoornaert, 1986, Bhavaviveka's Critique of the trisvabhava-Doctrine, Journal of Indian and Buddhist Studies, 35권-1호.; 김치온(1999), 「청변(淸辯)과 호법의 공유논쟁에 대하여」 『한국불교학』25, 479-503.

86 淸辯, 『大乘掌珍論』(大正藏30, 272a), "此緣生事 卽說名爲 依他起性 依此得有 色受想等 自性差別 假立性轉 此若無者 假法亦無 …(中略)…若此義言 依他起性 亦無所有 故立爲空."

이때는 임시적 가설로서 존재함[假有]이다. (그러나 일상의 삶에서) 마음과 마음현상과 지어진 물질은 모두 인연을 따라서 생겨나는 까닭에 실로 존재함[實有]이다.[87]

호법에 의하면 의타기성은 양면이 있다. '물든 연기[染分依他]'가 있고 '청정한 연기[淨分依他]'가 있다.[88] 물든 연기는 집착된 개념으로서 변계소집성에 해당되고, 청정한 연기는 원성실이다. 연기 곧 물든 의타기성이 세간의 속제(俗諦)이고, 청정한 의타기성이 출세간인 진제(眞諦)의 원성실성이다. 그렇기 때문에 현실 속에서 갈등하는 세간의 속제와 출세간의 진제를 연결해주고 통합하는 중추적 모델로서 연기법, 곧 의타기성이 필요한 것이다.

이들의 공유논쟁은 있음/없음의 양립 불가한 관점에서 비롯된 '인식론'의 논쟁이다. 하지만 그 핵심된 요인은 '의타기/연기를 어떻게 이해할 것인가'에 대한 '해석학적' 관점이 놓여있다. 연기/의타기성은 삼성설에서 중요한 중추적 위치를 차지한다. 만약 호법의 주장처럼 연기가 '임시적 있음[假有]'이나 '실재적으로 있음[實有]'이 아니라면, 그래서 청변의 주장처럼 의타기란 '무소유(無所有)'이고 '공[空]'이라면, 유식의 삼성설은 결과적으로 의타기성을 시설할 필요가 없다. 이렇게 되면 유식의 삼성설은 해체되어 중관파의 공유(空/有)나 진속(眞/俗)의 이제(二諦)로 환원된다. 사실상 이것은 현실을 파악하는 패러다임/프레임의 경쟁이다.

그러면 어떤가? 다시 질문해보자. 연기/의타기(依他起)의 본성[性]은 '개념[空]인가? 아니면 실재[有]인가?' 양자 중 하나를 굳이 선택하라면, 실용주의자이고 해석학적 순환론을 주장하는 필자는 양자 모두 옳다는 입장을 취한다. 청변의

---

87 護法, 『成唯識論』(大正藏31, 47c), "依他起性有實有假 聚集相續分位性故說爲假有 心心所色從緣生故說爲實有."

88 護法, 같은 책, p.46b., "頌言分別緣所生者 應知且說染分依他 淨分依他亦圓成故."

주장처럼 연기는 끊임없이 변천한다는 점에서 공(空)이지만, 또한 호법의 주장처럼 연기는 현실의 경험내용이라는 점에서는 실재[有]에 속한다. 필자가 보기에는 '연기'는 무상한 공성과 법계에 상주함을 모두 함축하는데도[89] 논쟁자들은 대체로 자신들의 입장을 정당화하는 쪽, 곧 자신들이 보고 싶은 부분만을 본다.

그런데 실용주의적 관점에서 문제의 핵심은 현실과 마음의 본질을 해명하는 데 어떤 교설이 더 유용하며 효과적인가 하는 점이다. 현실에서 원하는 그것이 존재한다면 집착에 빠지기 쉽고, 반대로 그것이 존재하지 않는다면 현실은 공허해진다. 갈등하는 양자를 통합하는 것이 필요하다. 때문에 필자는 양자 대립적인 공유(空有)의 '이제설(二諦說)'보다는 양자를 통합하는 '체상용(體相用)'이나 '삼성설(三性說)'이 보다 효과적인 해석틀이라고 평가한다.

이점은 영상관법의 수행에서 매우 중요한 지점이다. 특정한 영상에 집착된[遍計所執相] 내담자/고객이 있다면 → 그는 그것의 촉발 자극이 되는 의타기성을 관찰하고 집착에서 벗어나고 초극하여 → 본래 마음인 원성실성(圓成實性)의 해탈을 경험해야 한다. 이런 과정은 영상관법의 절차에 중요한 시사점을 제공한다. 그렇지 않으면 그는 현실에 효과적으로 적응할 수 없다. 그는 문제를 해결한 뒤 다시 역동적인 현실로 복귀해서 새롭게 살아가야 한다. 이것이 새로운 의타기성(依他起性)에로의 회귀이다.

반면에 중관론의 이제설은 극단적으로 '진리와 번뇌' 아니면 '중생과 부처', 혹은 '진여와 생멸'이라는 대립된 프레임으로 대중을 몰고 간다. 물론 이런 관점은 긴장감을 주고 극적인 반전으로서 '돈오'의 길을 제공한다. 그러나 이것은 유무(有無)의 양극단이기에 현실에 대한 적응이나 문제 해결에서 약점을 노출한다. 사실 양립할 수 없는 공/유(空/有)나 진/속(眞/俗)의 양자갈등에는 매개의 중재자가 없다. 물론 '중도'라곤 하지만 사실상 이것은 거룩한 '침묵'이다. 선택을 강요하는

---

89 인경, 앞의 책, 『쟁점으로 살펴보는 현대 간화선』 210.

현실 속에서 중도란 의미는 퇴색된다. 현실에서 부처면 중생이 아니고, 번뇌면 진리가 아니다. 진여이면 생멸이 없고, 생멸이면 그곳에는 진여가 없다. 결국 공/유와 진/속의 논리는 서로 양립할 수가 없는 갈등의 구조이다.

이것을 해결하는 방안은 중생이 그대로 곧 부처이고, 번뇌가 바로 해탈이라는 중도의 깨달음이다. 이것이 원측(圓測, 613-696)이나 원효(元曉, 617-686)가 말하는 화쟁(和諍)이나 회통(會通)이다.[90] 이것은 갈등하는 두 개의 항목이 '서로 다르지 않음', 곧 '상즉(相卽)'의 통합방식이다.[91] 혹은 이것을 대부분 일심이문(一心二門)에 의한 '중도(中道)'적 통합이라고도 부른다. 여기서는 속제가 그대로 진제이며, 번뇌가 곧 그대로 보리(菩提)기 때문이다. 그러니 갈등하는 양자 사이에는 구체적 중재자나 매개요인이 필요하지 않다. 그러나 이 방식은 돈오라는 극적인 깨달음의 반전이 있어야 가능하다.

현실을 강조하는 필자는 또 다른 방식으로 '변증법'적인 통합이라는 세 번째 길이 있다고 주장한다. 중관론의 공유(空有)나 진속(眞俗)의 2항 대립구조를 정반합의 현실적이고 중추적인 의타기성/연기에 의한 통합 방안이다. 기신론의 체상용(體相用)이나 유식론의 삼성설(三性說)로서의 3항 체계로 마음의 설계도를 구조변경한다면, 개념적 갈등이 해소되고 '연기'하는 현실에서 강력한 치유적 도구가 되지 않을까 한다. 중관론의 입장에서는 연기의 본질이 공(空)인 관계로 통합의 핵심이 될 수 없다고 주장할 수도 있지만, 유식론의 입장에서 연기는 매우 구체적인 현실임을 부정할 수 없다고 말한다. 현실은 그대로 열반의 모습일 수도 있지만 동시에 집착의 현실은 지옥일 수도 있다. 이런 갈등을 의타기성, 곧 연기에 의해 양자를 정반합의 변증법적으로 통합하는 것이다.

---

90 장규언(2014), 「공유(空有) 논쟁에 대한 원측(圓測)의 화쟁 논리 – 『대승광백론석론(大乘廣百論釋論)』 『교계제자품(敎誡弟子品)』을 중심으로 – 『철학논집』37, 293-327.; 이정희(2016), 원효의 삼성설(三性說)을 통한 공(空)유(有)사상 종합, 『한국불교학』78, 377-413.

91 김영미(2021), 「승랑과 원효의 상즉론(相卽論)의 비교연구」 『인도철학』62권, 137-168.

다음 문제는 보리/번뇌나 진/속의 이제(二諦)라는 '상즉(相卽)'의 2항 통합에서 설사 돈오를 성취했다고 해도 단번에 존재론적 질적인 전환을 이루어낼 수 있을까 하는 것이다. 이 부분은 선불교에서 돈오(頓悟)와 점수(漸修)의 관계문제이다. 마음의 본성에 대한 깨달음은 단번에 일어난다고 하지만, 번뇌의 장애로 인하여 궁극적인 변화를 단번에 가져오지 못하고 점진적인 과정을 거쳐야 한다면 결국 이 과정은 순환적 통합모델이 될 수밖에 없다.

숙세의 업장으로부터 진실에 대한 깨달음인 돈오를 체험해도 다양한 상황에서 다시 집착된 현실과 마주해야 할 수 있다(궁극의 진실→현실의 집착된 형상). 이러할 때 다시 돈오는 집착의 현실과 연기성을 통찰하게 하고(집착→연기), 그러한 연기의 현실을 통해서 마음의 진실을 발견하게 한다(연기→진실). 이런 과정은 '돈오에 기반한 점수[頓悟漸修]'라는 통합모델이다.

| 그림3-16 | 순환적 통합모델

이런 깨달음의 순환과정은 마음의 본성에 대한 구조적 해명보다는 역동적인 측면을 보여준다. 우선 상구보리(上求菩提)의 관점에서 현실의 집착된 형상[相]/변계소집성에서 → 그것의 연기/의타기성을 보면[用] → 원성실성의 진실[體]을 깨닫게 되는[頓悟] 반복적이고 순환적인 발전모델이 된다. 이것이 그림 <그림 3-16. 체상용 순환적 통합모델>이다. 현실에서 작동하는 연기는 (1) 생멸문의 물듦과 (2) 진여문의 진실한 청정함이란 '양면'을 동시에 가진다. 따라서 의타기성/연

기에 대한 영상관법의 통찰 수행이 중추적 역할을 하면서 '물듦[染]'에서 '청정함[淨]'으로 전환하는 질적 변화인 전의(轉依, āśraya-parāvṛtti)가 일어나게 된다.

하화중생(下化衆生)의 길에서도 이 통합된 순환체계는 동일한 방식으로 작동하게 된다. 이것을 '뱀과 새끼줄' 비유로 다시 말하면 '집착'된 뱀이 사실은 '연기'하는 새끼줄임을 통견(洞見)할 수 있게 돕는다면, 그는 오랜 업장의 두려움과 공포의 물듦으로부터 벗어나 본래 존재하는 마음의 평정과 청정성을 회복할 것이다. 이렇게 하여 그는 마침내 점진적으로[漸修] 궁극의 여래지/열반에 도달하게 될 것이다.

물론 이런 과정은 단 한 번에 그리고 한 방향으로만 일어나는 것이 아니다. 마치 뱀에 대한 공포증이 정도의 차이는 있지만 단박에 개선되지 않듯이 다양한 경험 속에서 중첩적으로 발전하고 성장해 나가는 것이다. 궁극의 여래지에 이르기 전까지 순례자인 우리는 오랜 업장에 의한 '집착'과 더불어 '연기'의 현실을 직시하면서, 그리고 참된 '진실'에 대한 통찰을 반복하면서 순환하는 계절과 함께 성장해 갈 것이다.

참고도서

『阿毘達磨發智論』(大正藏27)

『阿毘達磨大毘婆沙論』(大正藏27)

『阿毘達磨順正理論』(大正藏29)

『龍樹菩薩傳』(大正藏50)

『因緣心論釋』(大正藏50)

『唯識二十論』(大正藏31)

『攝大乘論本』(大正藏31)

『攝大乘論釋』(大正藏31)

『解深密經疏』(韓國佛教全書第六)

『深密解脫經疏』(韓佛全第一冊)

『成唯識論』(大正藏30)

『大乘掌珍論』(大正藏30)

『六祖壇經』(大正藏48)

『指月錄』(卍續藏經)

김명우(2000), 「『대승장엄경론』에 있어서 유식무경의 논증−安慧의 Sūtrālaṃkāra-vṛtti-bhāṣya와 無性의 Mahāyānasūtrālaṃkāra-ṭīkā를 중심으로」, 『정토학연구』3, 한국정토학회.

김사업(1998), 「유식무경(唯識無境)에 관한 해석상의 문제점과 그 해결−삼류경설(三類境說)을 전후한 인도 중국 교설의 비교를 통하여」, 『佛教學報』35. 동국대학교 불교문화연구원.

김영미(2021), 「승랑과 원효의 상즉론(相卽論)의 비교연구」, 『인도철학』62, 137-168, 인도철학회.

김재권(2016), 「초기 유식사상의 구조적 변화와 그 의의−이제와 삼성의 구조적 관계를 중심으로」, 『동아시아불교문화』26, 33−59, 동아시아불교문화학회

김재권(2018), 「세친의 식전변설을 통해 본 식의 분화구조와 그 의의−‘허망분별’과 ‘자기인식’의 관계를 중심으로」, 『인도철학』52권, 49−74. 인도철학회.

김진숙(2009), 「투사적 동일시의 의미와 치료적 활용」, 한국심리학회지: 상담 및 심리치료, 21(4), 한국심리학회.

김치온(1999), 「청변(淸辯)과 호법의 공유논쟁에 대하여」, 『한국불교학』25권, 479-503, 한국불교학회.

김현구(2016), 「짠드라끼르띠의 유식학 비판」, 『범한철학』62권, 범한철학회.

박인성(2008), 「불교교학(佛教教學) : 『유식이십론』 게송10에 대한 규기의 해석(1)−설일체유부의 대상론 비판」, 『한국불교학』50, 한국불교학회.

배상환(2010), 「설일체유부의 체용론」, 『불교학보』55, 동국대불교문화연구원.

안성두(2005), 「유식문헌에서의 삼성설(三性說)의 유형과 그 해석」, 『인도철학』19, 인도철학회.

윤갑종(2006), 「연기(緣起)와 자성(自性)의 양립 불가능성에 대한 용수(龍樹)의 입장: 설일체유부(說一切有部)의 사연(四緣)에 대한 용수(龍樹)의 비판」, 『범한철학』40, 범한철학회.

이정희(2016), 「원효의 삼성설(三性說)을 통한 공(空)유(有)사상 종합」, 『한국불교학』78, 한국불교학회.

인경(1999), 「지눌 선사상의 체계와 구조」, 『보조사상』(12), 보조사상연구원.

인경(2004), 「유식의 '변계소집성'과 '인지치료'의 통합적 접근」, 『보조사상』22, 보조사상연구원.

인경(2008), 「영상관법의 심리치료적 함의-인지행동치료와 비교하면서」-「명상심리상담』2, 한국명상심리상담학회.

인경(2022), 「마음의 해석학-마음의 본성이란 무엇인가」, 『본성, 실재인가 개념인가』, 운주사.

최성환(2018), 「해석학과 마음의 문제」, 『철학연구』48, 대한철학회.

정현주(2020), 「유식이십론 '유식무경'의 인지과학적 해명」, 『불교학연구』62, 불교학연구회.

전치수(1989), 「아포하론의 정의 및 그 생성배경 -달마끼르띠의 자주를 중심으로」, 『인도철학』1, 인도철학회.

장규언(2014), 「공유(空有) 논쟁에 대한 원측(圓測)의 화쟁 논리-『대승광백론석론(大乘廣百論釋論)』「교계제자품(教誡弟子品)」을 중심으로」-『철학논집』37, 대한철학회.

조동복(2019), 「용수의 십이연기(十二緣起) 해석」, 『동아시아불교문화』37, 동아시아불교문화학회.

한자경(2000), 『유식무경(유식불교에서의 인식과 존재)』, 예문서원.

황정일(2005), 「설일체유부(說一切有部)의 작용론에 대한 논쟁-세친의 비판에 대한 중현의 반론을 중심으로」, 『인도철학』19, 인도철학회.

리차드 팔머(2011), 『해석학이란 무엇인가』, 이한우 옮김, 문예출판사.

印順法師(2011), 「學派之分裂」, 『印度之佛教』.

上田義文(1987), 『梵文 唯識三十頌の解明』(東京: 第三文明社).

勝呂信靜(1982), 「唯識說の體系成立」『講座大乘佛教(8)-唯識思想』, (東京: 春秋社).

高崎直道(1982), 「瑜伽行派の形成」, 『講座大乘佛教(8)-唯識思想』, (東京: 春秋社).

橫山紘一(1979), 『唯識の哲學』, (東京: 平樂寺書店).

N. Gregory Hamilton(2007), 『대상관계 이론과 실제 자기와 타자』, 김진숙 · 김창대 · 이지연 역, 학지사.

https://mospace.umsystem.edu/ Johnson-Moxley, Melanie Kay(1967), (University of Missouri-Columbia, 2008), Vasubandhu's consciousness trilogy: a Yogacara Buddhist process idealism.

Jan Westerhoff(2018), The Golden Age of Indian Buddhist Philosophy in the First Millennium CE, The Oxford History of Philosophy.

John C. H. Wu(1975), The Golden Age of Zen: Zen masters of the Tang dynasty, Bloomington, Ind. : World Wisdom.

Richard E. Palmer(1969), Hermeneutics: Interpretation Theory in Schleiermacher, Dilthey, Heidegger, and Gadamer, Studies in Phenomenology and Existential Philosophy(35 Books), Northwestern University.

Paul Hoornaert(1986), Bhavaviveka's Critique of the trisvabhava-Doctrine, Journal of Indian and Buddhist Studies, 35(1).

Sponberg, Alan(1982), THE TRISVABHAVA DOCTRINE IN INDIA & CHINA: A Study of Three Exegetical Models, 『龍谷大学仏教文化研究所紀要』21.

제**4**장

영상관법의
수행체계

- 몸, 마음, 본성과의 관계를 중심으로

목차

요약

제4장의 목표는 영상관법이 몸, 마음, 본성이란 관점에서 수행체계상 어떻게 서로 연결되어 있는지를 고찰한다. 먼저 1절에서 몸을 구성하는 핵심된 요소로서 지수화풍은 자체적으로 각각의 고유한 본성과 작용을 가진 점에서 실재성을 가진다는 것에 대해 논의한다. 그렇긴 하지만 감정형 영상관법에서 나타난 몸의 요소로서 지수화풍(地水火風)의 경우는 심리적 현상과 같은 상징적 의미를 함축한다. 사례마다 다르지만 떠오른 영상 이미지와 함께 하는 신체적 느낌을 살펴보면 그곳에는 반드시 지수화풍의 상징적 표상이 존재한다. 땅의 요소는 그 본성이 견고함이지만 소통의 부재에서 오는 스트레스, 물의 본성은 부드럽게 젖어 들어감이지만 가라앉는 슬픔을. 불은 뜨겁게 태움의 열정이지만 분노를 대변하고, 흔들리는 바람은 시원함이기도 하지만 불안을 함축하곤 한다는 점이다.

다음 2절에서 마음을 관찰하는 영상관법의 명료화작업으로 사례개념화를 다룬다. 오온(五蘊)과 유사한 보편적 마음현상인 변행심소(遍行心所)를 활용한 촉발자극, 감정, 생각, 갈망, 행동이란 마음작동 5요인에 의해서 진행한다. 그리고 변계소집(遍計所執)의 집착, 의타기성(依他起性)의 연기, 원성실성(圓成實性)의 진실이란 유식 삼성설에 근거해서 영상관법을 진행한다. 그런 다음에 집착의 처음, 연기의 중간, 진실의 마무리 각각 단계별로 마음의 감정이 정화되는 과정을 그림 3장으로 그리고, 그곳에서의 통찰내용을 살펴보고 문제와 해결방안을 구체적으로 점검한다.

그런 다음에 마음의 본질에 대한 철학적 고찰로서 남방불교와 북방의 대승불교를 비교하여 마음을 해석하는 체상용(體相用)이란 관점을 검토한다. 서로 공통점이지만 차이점도 있다. 남방불교에서 마음용의 본성[體]란 대상을 '인식'함 자체이고, 대승에서 마음의 본성이란 청정성의 '존재' 자체를 말한다. 모양[相]을 남방불교는 인식활동의 '결과'로 보지만 대승불교는 본성이 가진 '공덕'을 말한다. 작용[用]을 남방불교에서는 인식하는 '활동'을 가리키고 대승불교에서는 현실에서의 인과적 '실천'을 말한다. 다시 말하면 마음을 이해할 때 남방불교 전통은 인식론적 측면을 강조하고 대승불교는 존재론적 관점을 지지한다.

제3절은 선종의 입장에서 '영상'과 '자성'의 관계를 다룬다. 영상은 제8식에 저장된 번뇌의 반영이고, 자성은 돈오의 깨달음에 의해서 경험된다. 이 부분은 돈점(頓漸)논쟁과 연결된다. 돈점논쟁의 출발점은 『육조단경(六祖壇經)』이다. 그러나 『육조단경』에 나타난 돈점논쟁은 돈오와 점수를 우열관계로 파악하고 있고, 돈오의 견성에 대한 구체적인 해명이 부족하다. 이점은 돈오점수의 통합적인 접근이 요청되는 요인이다. 점수는 현실에 대한 대응이고, 돈오는 현실을 초월하게 하는 힘이 된다. 우리에겐 양자가 모두 필요하다. 간화선은 문답에서 비롯된 수행론이다. 먼저 문답이 있고, 문답에 대한 이차적인 자각이 있다. 이런 점에서 일차적으로 문답의 영상을 떠올리고 이차적으로 그것을 정밀하게 통찰하는 방법으로 영상관법을 진행할 수 있다. 이런 점에서 문답이나 간화선에 기반한 영상관법이 가능하다.

> 키워드 지수화풍(地水火風), 체상용(體相用), 보편적 마음현상, 특별한 마음현상,
> 육조단경, 돈점논쟁.

1

몸[身], 지수화풍의 영상관법

일상에서 건강영역으로 몸, 마음을 많이 이야기한다. 그러나 진정한 건강은 영적인 건강을 의미한다. 자신의 본성, 본래적 자기를 모르면 실질적으로 건강하다고 말할 수 없기 때문이다. 세계보건기구의 건강에 대한 정의에서 보면 건강은 단순하게 고통이 없음이 아니라 마음의 웰빙상태를 의미한다. 마음의 웰빙이란 근본적인 성품[本性]에 대한 깨달음을 말한다.

이런 점에서 역사적으로 초기 불교 심리학과 명상은 몸과 마음의 문제에 대한 해탈을 강조했지만, 이후 대승불교가 성립되면서 몸과 마음을 지탱하는 근본적인 성품에 대한 관심으로 논의 방향이 전개되었다. 이를테면 몸과 마음을 하나로 묶어 유지해주는 기능이 바로 제8식이다. 대상을 통합하고 분별하는 제6식과 제7식의 경험을 유실되지 않고 기억하고 저장함은 제8식이 담당한다.

앞 제3장에서 제8식의 성격을 해석하면서 영상긍정으로 정보/종자를 저장하는 물들어진 '현실적' 기능과 함께 제8식을 '청정성'으로 해석하여 대상을 있는 그대로 밝게 비추는 '본성'의 기능에 대해 언급했다. 이것은 몸과 마음의 패러다임이 마음의 본성이라는 제3의 관점으로 통합되거나 전환됨을 의미한다. 제1장에서는 영상관법이 고집멸도의 4단계로 구성되었음을 밝혔는데 본 4장에서는 직접적으로 몸[身], 마음[心], 본성[性]을 함께 연결해서 영상관법의 수행적 의미를 살펴본다. 고통의 발생과 소멸은 바로 몸, 마음, 본성의 세 가지 범주와 직접적으로 결합되어 있다. 이 문제와 관련하여 먼저 몸과 관련된 지수화풍(地水火風)을 다루고, 이어서 마음과 마음의 본성에 대해 고찰하고자 한다.

　　몸의 영역에서 중요한 구성요소로 지수화풍(地水火風)을 말한다. 물론 지수화풍에 대한 다양한 접근이 가능하겠으나 여기서는 그것의 본성과 작용에 대한 철학적 논의를 다루고자 한다. 과연 지수화풍의 '본성/자성'이란 무엇인지, 그것이 작용하고 존재한다면 어떻게 존재하는지를 검토할 것이다. 왜냐면 지수화풍의 '본성'이나 '자성'은 단지 '개념'이고 '실재'가 아니라는 주장도 있기에, 이점은 제3장에서도 다루지만 실재론적 관점에서 응답할 필요가 있기 때문이다.

　　물론 지수화풍은 개념과 실재라는 양자의 요소를 다 가질 것이다. 지수화풍에 대해 대화를 할 때나 그것을 활용하는 농부는 이것들의 개념/지식을 분명하게 가지고 있고 그것을 잘 사용할 것이다. 그렇지만 농사를 짓는 농부에게 '땅'의 요소는 결코 개념적 수준이 아니다. 농부에게 토지는 삶에 직접적인 영향을 주는 절박한 실재이다. 왜냐면 그 땅에서 농산물을 생산하고 그것을 시장에 내다 팔면서 살아가기에 땅의 요소는 실재성을 가진다. 결코 단순한 개념이 결코 아니다. '땅'의 요소뿐만 아니라 '물', '불', '바람'의 경우도 우리가 말하거나 토론할 때 그것을 '개념'의 틀로 사용하지만, 그것은 현실에서 구체적인 효력을 가진 '실재'적 요소로 인정된다.

　　그러면 지수화풍의 본성이란 무엇일까? 그것이 단순한 개념적 수준이 아니면 그것의 '실재'로서의 본성은 무엇일까? 이것에 대답하기 위해서는 문헌적 사례를 제공할 필요가 있다. 대표적 사례는 『구사론』에서 확인이 가능하다.

　　게송에서, 대종(大種)이란 4계이다. 곧 지수화풍(地水火風)이다. 능히 성장과 유지 등의 행위를 하며 견고함[堅], 습기[濕], 뜨거움[煖], 움직임[動]을 본성으로 한다.[01]

---

01 『俱舍論』(大正藏29, 3a), "大種謂四界 卽地水火風 能成持等業 堅濕煖動性."

지수화풍에 대한 언급은 초기경전인『대염처경』에서 수행주제로 언급한 내용과 일치한다. 보통 이것을 4대라고 부른다. 그런데『구사론』에서는 '대종(大種)' 즉 커다란 종자라고 부른다. 일체의 물질적 현상이 모두 4대로부터 기인한 까닭이다. 이것에 대한 세친의 해설은 다음과 같다.

> 논하여, 지수화풍은 능히 자기 형상[自相]과 지은 바의 물질[所造色]을 유지한다. 그렇기에 고유한 자기 영역으로서 계(界, dhātu)가 된다. 또한 이들 지수화풍 4계를 커다란 존재/요소/종자[大種, mahābhūta]라고도 한다. 왜냐면 일체의 다른 물질들이 의지하는 본성[性]인 까닭이요, 그 바탕[體]이 두루 광대하기 때문이요, 혹은 지수화풍에서 증성하여 그 무더기/집합의 형상이 아주 큰 까닭이다. 또한 여러 가지 커다란 사건의 작용을 일으키기 때문이다.[02]

여기에 의하면 지수화풍은 4대 혹은 대종, 커다란 종자/존재/요소로 불리운다. 왜냐면 다른 물질들이 의지하는 근본적 '본성[性]'인 까닭이다. 본성은 여기서 구체성을 가진 '실재'이다. 인간의 몸[體]도 근본적으로는 지수화풍이 증대하고 집합되어서 이루어진 것이다. 지수화풍은 각각 고유한 자기 형상[相]을 가지고 인연을 따라 다양한 물질을 만들어낸다[所造色]. 그러면 지수화풍 4대는 어떻게 다양한 형상의 물질을 만들어내는가? 이것은 지수화풍 4대의 행위[業]/작용[用]에 관한 문제이다. 다음을 보자.

> 그러면 이들 4가지 커다란 존재/요소/종자는 능히 어떤 행위/작용을 이루는가? 그것들은 차례로 능히 유지하고, 수용하며, 성숙하게 하고, 증장시킨다. 땅의 요소는 능히 지지대의 역할을 하고, 물의 요소는 능히 만물을 받아들이고, 불의 요소는

---

02 『俱舍論』(大正藏29, 3b) "論曰 地水火風 能持自相 及所造色 故名爲界 如是四界 亦名大種 一切餘色 所依性故 體寬廣故 或於地等 增盛聚中 形相大故 或起種種 大事用故."

능히 성숙시키고, 바람의 요소는 증장시킨다. 증장이란 능히 증가시키고 성장시키다는 의미이고, 혹은 다시 흘러가게 하여 끌어당긴다는 의미이다.[03]

이것은 지수화풍의 행위[業] 혹은 그 작용[用]을 설명한다. 땅의 요소는 사물을 지탱하게 하고, 물의 요소는 수용하게 하고, 불의 요소는 곡식을 익게 하고, 바람은 증장시킨다는 것이다. 이렇게 지수화풍은 각자의 고유한 작용[用]을 통해서 사물의 다양성[相]을 만들어낸다. 이게 가능한 이유는 지수화풍의 작용이 자체의 본성[性]에서 비롯된 것이기 때문이다. 그렇다면 그것의 고유한 성품으로서의 '자성(自性)'은 무엇인가?

'행위의 작용[業用]'이 이렇다면 그 자성은 어떠한가? 그것들은 순서대로 견고성[堅性]이고, 습기성[濕性]이며, 뜨거움의 성품[煖性]이며, 움직임의 성품[動性]이다. 이런 연유로 말미암아 능히 커다란 종자/요소와 지은 바의 물질을 끌어당겨 그들로 하여금 상속하게 하여 다른 장소에서 생겨나도록 한다. 이를테면 등잔불을 불어서 끄는 것과 같다. 이것을 '운동[動]'이라고 말한다.[04]

여기서 고유한 성품인 '자성(自性)'이란 사물이 가지는 고유한 바탕/본질[體]을 의미한다. 만약에 그것이 없다면 그것을 그것이라고 부를 수가 없다. 이를테면 '불'에 뜨거움이 없다면 '불'이라 말할 수 없다. 불의 본성은 뜨거움이다. 이 뜨거움은 불을 떠나서 존재하지 않는다. 추운 겨울에 불을 가까이하면 따뜻해진다. 이것은 불의 작용[用]이다. 왜냐하면 불의 본성은 바로 따뜻함, 뜨거움이기 때문이다. 불

---

03 같은 책, 3b, "此四大種 能成何業 如其次第 能成持攝 熟長四業 地界能持 水界能攝 火界能熟 風界能長 長謂增盛 或復流引."

04 같은 책, 3b, "業用旣爾 自性云何 如其次第 卽用堅濕 煖動爲性 地界堅性 水界濕性 火界煖性 風界動性 由此能引 大種造色 令其相續 生至餘方 如吹燈光 故名爲動."

의 뜨거운 '본성'은 다양한 현실마다 그 형상[相]을 달리하나 그것이 불인 이상 따뜻한 '작용'을 일으킨 것은 분명하다. 마찬가지로 땅의 본성인 '견고성'은 다양한 사물을 지탱하는 작용하고, 물의 요소는 '습성'의 본성으로서 사물에 스며드는 작용을 하고, 바람의 '운동성'은 촛불을 불어서 끄는 작용을 가능하게 한다.

이상을 요약하면 <표4-1. 지수화풍 4대>와 같다. 이렇게 지수화풍의 원소들은 각자의 본성[性]을 가지고 각각의 인연에 따른 현실[相]에서 그 행위와 작용[業用]을 드러낸다. 그렇기에 지수화풍의 본성은 단순한 추상적인 '개념'이 아니라 실제로 우리가 일상에서 경험하는 '실재'이다. 현실의 작용은 본성이 고유한 인연 속에서 구체적으로 드러난 것이다.

4대 종자(種子)	본성[性]/바탕[體]	행위의 작용[業用]
땅(地)	견고성	지지대, 떠받침
물(水)	습기성	흘러감, 젖은
불(火)	뜨거운	따뜻함, 태움
바람(風)	움직임	이동, 운동

| 표4-1 | 지수화풍 4대

인간은 이런 지수화풍의 성질을 잘 아는 까닭에 그것을 적절하게 일상에서 활용한다. 이를테면 퇴비의 땅과 수분의 물과 적당한 온도의 불과 살랑거리는 바람의 요소를 잘 이용하여 과일 농사를 짓는 농부를 보자. 농부는 수박의 종자는 수박이란 녹색 줄무늬 과실을, 포도의 씨앗은 포도란 자주빛 결실을, 참외는 참외란 노란 과일을 열리게 할 본성을 알고 때와 장소에 맞게 농사짓는다. 우리는 씨앗의 본성을 알기에 그 품종을 선택한다. 그 씨앗이 있고 그것들이 적절한 환경, 토양과 물과 불과 바람이란 인연(因緣)을 만나면 고유한 자신의 작용을 시작하여 결과로서 열매[果]를 맺게 될 것이다. 그렇기에 농부는 커다란 종자/씨앗으로서 대종(大種)의 '본성'은 결코 형이상학적 개념이 아닌 '작용하는 실재'임을 알고 그가 원하는

생산물을 수확한다.

이렇게 보면 『구사론』에서 말하는 지수화풍/물질에 대한 이해방식은 역시 『기신론』에서 말하는 체상용(體相用)의 해석체계와 서로 다르지 않음을 알 수 있다. 『구사론』에서 지수화풍을 설명하는 기본적인 해석틀은 『기신론』의 체상용 3항 체계를 그대로 채택하고 있다는 것이다.

지수화풍에 대한 체상용의 실재성을 인정하지만 그렇다고 『구사론』에서 인정하는 '불상응행법(不相應行法)'에 속하는 '개념/지식'의 부분을 전적으로 배제할 수 없다. 순환적 통합체계의 입장에서 지수화풍과 같은 물질을 인식하는 농사법에 관한 개념/지식의 영역은 유능한 농부가 되기 위해 필요하기 때문이다. 이를테면 농부들은 땅을 가꾸고 토지의 질적 상태를 평가할 때 땅이 가지는 개념을 분명하게 사용한다. 땅이 기름진 상태인지 그 형상[相]를 평가한다. 그래야 농부는 더 많은 과일을 생산할 수 있다. 실제적으로 땅의 상태를 평가해야만 땅의 상태에 맞춰 자신이 원하는 방식으로 농사지을 수 있다.

이렇게 보면 땅의 상태[相]와 함께 과일을 익게 하는 실제적인 작용[用]을 일으키는 것은 다름 아닌 그 사물이 가지는 '본성/자성[體]'에서 기인한다. 씨앗은 좋은 토지와 바람과 햇살과 물이라는 구체적이고 가까운 인연(因緣)을 만나면 자신의 본성에 따른 결과를 만들어낸다. 농부는 계절의 변화와 함께 언제 씨앗을 뿌리고 언제 농장에 나가 밭을 일구어야 효과가 있는지, 그 씨앗의 본성에 기반한 작용[業用]을 개념적으로 잘 알고 있다. 그럼으로써 '실재'와 '개념'을 잘 활용해 '콩을 심으면 콩이 나고 팥을 심으면 팥이 난다'는 현실적 인과의 공덕(功德)/형상[相]을 확인한다.

고대 '법체계'에서는 지수화풍을 '물질[色]'적인 요소로 분류한다. 물론 물질은 개념이 아닌 실재성을 가진다. 그렇지만 필자는 영상관법과 관련해서 지수화풍을 심리적인 측면과 연결시켜 몸느낌과 함께 이미지란 관점에서 접근한다. 여기서는 지수화풍을 물질이라는 전통적인 해석보다는 고객의 문제와 연결된 신체적 증상을 상징적으로 보여주는 '감각 표상'과 미해결된 '닮은 영상'이란 관점에서 고찰한다. 먼저 영상관법 사례를 제시하고 지수화풍의 심리적인 표상과 관련하여 논의해 보자.

> 이제 엄마는 팔순이다. 엄마는 기력이 없고 연로하시어 자꾸 까먹기를 잘한다. 이성적인 나와는 다르게 여리고 감정이 풍부하다. 그렇다 보니 사이가 좋지 않다. 내가 말을 하면 엄마는 자꾸 중간에 끊고 끼어든다. 그래서 나는 엄마와 통화를 하다가 화가 나서 전화를 끊어버린다. 엄마는 어릴 때부터 지금까지 변하지 않았다. 그동안 당한 것을 생각하면 눈물이 난다. 나는 나이가 50이 넘었어도 여전히 엄마에게 응석부리고 싶다. 엄마가 내 편이 되어주길 바라지만 항상 좌절당하는 기분이 든다. 맏딸이라 어른 역할만 해왔다. 책임감만 있고 거꾸로 엄마의 감정을 챙겨야 했다. 애써 참아왔는데 오늘은 폭발하고 말았다.

맏딸로 책임만 주어지고 정작 응석을 부리고 싶은데 엄마는 받아주지 않는다. 어린 시절에 엄마와의 애착관계가 불안정하여 엄마에게 더욱 매달린다. 그럴수록 이상하게 엄마로부터 멀어지는 느낌을 지울 수가 없다. '분리불안'을 느끼게 한다.

동시에 잔소리가 심한 엄마에 대한 부정적 기억은 일상에서 누군가 자신의 말을 중단시키면 매우 불쾌하게 반응한다. 과제는 분명하게 엄마로부터의 정서적인 독립인데, 그런데도 '유기'불안과 정서적인 '결핍'으로 인하여 내 의지와는 반대로

나이가 들어도 여전히 아이처럼 매달린다. 그것이 잘되지 않는다. 이러한 분리불안을 충분하게 경험해서 통찰하게 할 목적으로 아래와 같이 감정형 영상관법을 실시하였다.

> ⑫ 좋아요. 영상관법을 해볼게요. 괜찮죠. 눈을 감아보아요. 호흡 상태가 어떤가요?
>
> 💬 "호흡 상태가 불안해요...가슴에 뭐가 멍어리가 맺힌 듯해요. 가슴이 아프고 숨 쉬기가 힘들어요. 그래도 처음 이야기할 때보다는 많이 좋아졌어요."
>
> ⑫ 어린 시절에 기억나는 것이 있나요?
>
> 💬 "엄마와 아빠의 싸움이 생각나요...저는 무서워서 동생을 데리고 책상 밑으로 숨어들어 갔어요...엄마는 울고 아빠는 엄청 화가 나 있어요. (눈물을 흘리면서) 저는 너무 무섭고 슬퍼요."
>
> ⑫ 숨을 깊게 들이마시고...신체 가운데 몸느낌이 제일 강한 데가 어딘가요?
>
> 💬 "가슴이 답답해요...돌덩이 같은 응어리가 있어요."
>
> ⑫ 그것의 강도나 모양, 색깔을 이야기해 줄 수 있나요?
>
> 💬 "강도는 90 정도고...모양은 돌덩어리고...색깔은 아주 빨간색의 돌덩이...날카롭게 각이 지어있어요."

처음 문제는 엄마와의 통화에서 느낀 짜증과 분노였지만 어린 시절의 기억을 떠올리라고 하자. 막상 떠올린 장면은 뜻밖에 엄마와 아빠가 싸우는 장면이다. 이것은 버림받음(유기도식)의 기분을 설명하는 가족적 배경을 보여준다. 어린아이로서는 어떻게 해볼 수 없는 무섭고 슬픈 장면이다. 이 장면을 통해서 고객이 애착 대상인 엄마에게서 분리불안을 느끼고 어른이 된 지금도 왜 응석을 부리고 싶어하는지 그 정서적인 결핍을 이해하게 한다. 엄마는 아빠와의 관계가 힘들기에 아이들을 돌볼 여유가 없었던 것이다. 힘들어하는 엄마를 위해서 이성적인 맏딸이 연약한 엄마를 챙겨야 하는 상황인 것이다. 이것은 딸을 화가 나게 하고 슬프게 하는 요인이다.

🎤 잘하고 있어요. 거부하지 말고, 가슴의 그 빨간 돌덩이에 집중을 해봐요. 다른 생각은 하지 말고 숨을 마시면서 가슴의 느낌을 느껴보고 내쉬면서 느껴보세요...(1분 후) 지금 어떤가요?

💬 "들숨에서 강하고...날숨에서 헐거워져요."

🎤 네, 좋아요. 계속해서 가슴의 느낌에 집중해요. 그 빨간색 돌덩이를 놓치지 말고요. (1분 후) 지금 어떤가요?

💬 "가슴의 통증 강도는 60 정도요...색깔은 흐트러지고...크기는 많이 줄어들었어요. 답답함이 덜해요. 가슴에 가득 찬 느낌으로 숨을 쉬가 힘들었는데, 지금은 여백이 많이 생겨났어요."

🎤 좋아요. 잘하고 있어요. 가슴에 집중해요. 그 몸느낌을 알아차리고...머물러...집중하면서 호흡과 함께 조용히 지켜보기를 하세요. (1분 후) 지금은 어떤가요?

💬 "숨쉬기가 편해졌어요. 가슴의 강도는 35 정도고요...색깔은 사라졌는지 식별이 되지 않아요. ...회색빛 같기도 하고, 크기는 잘 보이지 않아요..."

🎤 잘 했습니다. 깊게 숨을 들이마시고 내쉬고...이것으로 마칠게요. 몸풀기를 따라해보세요.

영상관법을 통해서 부모의 싸움에 책상 밑으로 도망간 그때의 몸느낌을 포착하여 관찰해본다. 자신의 내면에 갇힌 오랜 감정을 몸으로 충분하게 경험하고 자각해서 그것을 해방시킬 수 있는 계기를 마련할 필요가 있다. 가슴이 아프고 답답하다. 빨간색의 돌덩이가 날카롭게 가슴에 응어리져 있다. 호흡과 함께 '가슴의 통증'에 대해 관찰 명상을 하여 보니 강도는 90 → 60 → 35로 점차로 낮아지고, 색깔도 빨간 돌덩이가 흐트러지고 끝내 회색으로 사라졌다. 숨쉬는 것도 여유가 생기고 여백이 생긴다.

이것을 지수화풍(地水火風) 4대로 구분해보자. 어른이 된 지금도 여전히 아픈 가슴에 응어리가 '빨간 돌덩이'로 표상된다. 중요한 지점이다. 돌덩이는 땅(地)의 요소를 상징한다. 소통이 되지 못한 채로 막히면서 답답함을 느낀다. 빨간색은 분노의 불[火]이다. 이것이 표출되지 못한 채로 가슴에 갇혀 있다. 대신에 눈물이 난다. 눈물은 물(水)의 요소로서 우울과 슬픔을 대신한다. 거친 숨결은 바람[風]의 요소이다. 그나마 다행스럽게 바람이 있어서 숨을 쉴 수 있다.

여기서 경험된 지수화풍은 '물질적 요소'가 아니라 상징적 '심리현상'이다. 미해결된 과제로서 표상된 영상을 관찰하는 영상관법을 통해 내 속에서 '지수화풍의 몸느낌'을 관찰하고 온전하게 지켜보니 '빨간 돌덩이'의 영상은 몸느낌과 함께 점차로 가라앉는다. 사실 많이 경험한 내용이지만 한번도 직접 직면해서 만나보지 못한 내면의 깊은 감정들이다.

영상관법은 스스로의 모습을 객관적으로 바라보게 한다. 특히 감정형 영상관법은 과거의 고통스런 경험과 함께 발생하는 몸느낌을 충분하게 경험하게 한다. 그럼으로써 여백을 찾고 대안을 찾아간다. 영상의 선택은 고객/내담자의 자발성에 기초한다. 앞 제2장에서 살펴본 '부정관법'과 비교하여 보자. 명상주제를 선정할 때는 죽어가는 시체를 의도적으로 찾아가서 관찰하고 공동묘지나 시체실과 같은 외부에서 그 영상/표상을 채집한다. 경험된 기억이 있어야 하기에 먼저[先] 영상을 채집하고 나중에[後] 그것을 명상하는 순서이다.

그러나 마음치유의 영상관법에서는 그렇게 할 필요가 없다. 내담자가 평소 일상에서 경험한 고통[苦]을 직접적인 대상으로 선택하는 까닭에 '자발적'인 노출이 가능하다. 평소에도 몸으로 직접 경험한 내용인 까닭에 부정관법처럼 영상을 채집하기 위해 공동묘지를 방문하는 별도의 예비적인 준비작업이 필요없다. 호흡명상처럼 명상주제는 이미 경험에 의해서 제8식 종자로서 몸 안에 존재한다. 몸/감각, 이것은 확실하게 유용한 접근이다.

지수화풍에 대한 감각적 표상/영상은 위의 사례에서 보듯이 일반화시킬 수 없지만, 경험상으로 보면 소통의 부재로 인한 스트레스는 막히면서 답답해지고 경직된 '땅[地]'의 요소가, 우울증의 경우는 가라앉은 '물[水]'의 요소가, 분노의 경우는 활활 타오르는 불[火]의 요소가, 불안의 경우는 갈대처럼 흔들리는 바람[風]의 요소가 '몸느낌'으로 선명하게 관찰된다.

아래는 '영상관법'을 끝내고 그린 그림이다. 영상을 떠올리고 닥쳐온 감정과 느낌을 그린 <그림4-2>과 영상관법을 끝내고 난 이후에 그린 <그림4-3>이다.

| 그림4-2 | 아궁이 앞에서

| 그림4-3 | 영상관법 끝내고

처음 영상관법을 시작하는 순간의 그림에서 빨간색은 화가 난 불[火]의 요소이다. 아빠와 싸우고 난 이후, 엄마는 다가가는 나를 "저리 가라!"고 화가 나서 혹은 자존심이 상해서 거부한다. 명상 전 <그림4-2>에서 엄마에게 거부당한 어린 나는 아궁이 불꽃을 보면서 화를 참고 있다. 아궁이 앞에 앉아 있는 장면을 그린 이유를 물어보았다. 엄마에게 거부당하자 부엌으로 내려갔다고 했다. 내담자에게는 부모의 싸움보다도 엄마에게 거부당한 슬픔과 화가 더 중요한 듯 하다. 불꽃은 표현되지 못한 채로 벽돌에 의해 막혀 있다. 숨이 막힌다. 혼자 앉아서 내면의 분노를 바라보는 나는 외롭다.

반면에 <그림4-3>는 영상관법을 마치고 난 후의 그림이다. 한결 부드러워진 불꽃은 넓게 확장되면서 산 아랫마을을 감싸고 강물처럼 흐른다. 마을의 중심에 있는 가슴의 돌덩이가 하트모양으로 바뀌면서 따듯함이 느껴진다. 강물을 따라 무지개도 보인다. 분노의 뜨거운 불은 따뜻한 정/사랑으로 마음을 환하게 만들어준다. 아주 큰 대전환이다. 원망과 고통의 불꽃이 수용과 포용력으로 의미 자체가 바뀌었다. 이것의 의미를 물었다. 그랬더니 자신의 소망을 그렸다고 한다. 영상관법을 통해서 분노의 감정이 가라앉으면서 생겨난 소망이라고 한다. 따뜻한 사랑이 강물처럼 흘러가길 소망한다고 했다.

지수화풍에 기반한 영상관법은 먼저 핵심된 '몸느낌'을 발견하여 탐색하고 그것을 지수화풍의 영상 이미지로 전환해서 관찰한다. 이때 수행의 대상으로서 영상이 중요한 요소이지만, 마찬가지로 '몸느낌관찰'과 함께 '호흡'의 역할이 중요하다. 몸느낌관찰은 영상과 함께 발생한 몸느낌의 변화를 따라가면서 탐색하는 데 중요하다. 호흡명상은 안정된 관점에서 지속적으로 영상을 놓지 않고 관찰하도록 돕는 역할을 한다.

호흡은 '베이스캠프'이다. 만약에 너무나 강력한 돌풍이나 차가운 눈보라가 몰아치는 사태가 발생한다면, '호흡'이라는 베이스캠프로 돌아와야 할 상황도 있다. 돌발상황에서 호흡은 '안전한 공간'이 된다. 여기서 중요한 관찰의 초점은 '빨간 돌덩어리'의 영상이다. 소통의 부재에서 오는 '빨간 돌덩어리'는 관찰의 대상이 되는 표상/영상/이미지가 된다. 이것과 함께 느껴지는 몸느낌의 변화과정을 과학자처럼 관찰하고 보고하는 작업이다. 이것은 감정형 영상관법의 진행상에서 중요한 지점이다.

영상관법을 진행할 때 고객의 고통을 지수화풍의 표상/이미지로 전환하는 작업은 자발적으로 일어난다. 여기에서 상담자나 치유자가 '그것이 어떤 모양인지요?' 혹은 '무엇을 닮았는지요?' 물어보는 것이 중요하다. 왜냐면 시각적 모양/이미지는 다른 잡념이 끼어들지 않게 하고, 대상에 집중하게 하는 중요한 역할을 한다. '집중'을 유지하면서 느낌의 변화를 따라가면서 관찰하고 그것을 상담자 혹은 치료자에게 보고하도록 하는데 직접적인 도움을 준다. 이점은 고객에게 관찰 대상에 대한 집중력을 놓지 않게 하고 상담자에게는 내면에서 일어나는 변화에 대한 정보를 제공하여 준다. 이것은 마음치유의 과정을 정확하고 원활하게 진행할 수 있도록 돕는다. 위의 사례는 처음 이야기한 장면, 영상관법에서 떠올린 장면, 명상이 끝나고 그린 장면이 각각 서로 다르다. 이런 경우는 내담자의 서로 연결된 내적 흐름을 따른 결과이다.

또한 영상관법이 끝나면 명상전후의 상태보고와 함께 영상관법 이전과 이후의 차이점을 그림으로 그리게 하는 것 역시 중요한 활동이다. 이것은 영상관법의 의미를 새롭게 발견하는 작업이다. 또한 기록으로 남기기도 좋고 자신의 경험내용을 돌아볼 수 있는 반성적 치유 활동이 된다. 이후 행동적인 접근으로 '새롭게 살아가기 작업'을 진행하였다.

🎙 명상을 끝나고 나니 어떤가요...이야기 좀 해봐요.

💬 "어린 자식인데, 아빠로 인하여 힘들어하는 엄마의 감정까지 챙겨야 하는 어린 내가 보여요. 그러면서도 거꾸로 어른 역할을 하면서 엄마를 챙겨야 하는 불쌍한 내 모습을 보았어요."

🎙 네, 맞아요. 그래요.

💬 "그런데도 엄마는 내 감정을 헤아려주지 않았는데...음...그래서 더욱 힘들었나봐요....이게 재발되면서 오늘 다시 폭발했어요. 억누르고 억압을 하고 참으면서 애써 노력해온 지난 삶이 안쓰럽네요."

🎙 어떻게 하고 싶어요. 어린 나를요?

💬 "지금이라도 내 안의 어린아이를 많이 공감해주고, 분노를 이해하고...알아주고...서운함을 억누르지 말고 많이 많이 울었으면 좋겠어요....그리고 보면 엄마도 어린 아이예요...그런 엄마는 나이들면서 더 어린 아이와 같아요...가족에게 이해받지 못함이 얼마나 슬픈지...서로 각자 자기의 이야기를 들어주기만 바라고..."

🎙 아, 가족과의 관계에 대한 좋은 통찰입니다. 어릴 때는 미처 보지 못한?

💬 "그래도 엄마에게 꼭 사랑을 받고 싶고, 엄마의 상처를 이해하고, 최근에는 엄

마의 입장에서 바라보려고 노력합니다."

이후 '상담적 소감' 나누기는 객관적으로 자기를 성찰하는 기회를 제공한다. 영상관법을 끝내고 무엇을 느꼈는지 상담을 겸해서 소감을 나눈다. 그러면서 앞으로 어떻게 행동할지를 탐색한다. 이것은 새로운 삶의 방향을 찾아가는 '길[道]'이다.

3) 지수화풍의 감각적 표상

여기서는 영상관법의 사례를 중심으로 지수화풍의 심리적 의미를 논의해보고자 한다. 제8식에 저장된 영상은 언어적인 측면보다는 감각적 이미지로서의 표상/심상인데 특히 이것은 감각기관과 연결되어 있다. 여기서는 지수화풍과 같은 감각적 영상의 발생과 그 현상학적 의미를 탐색하고자 한다.

접촉

우리가 대상을 인식할 때 세 가지 요소가 필요하다. 세 가지란 감각기관[根], 대상[境], 의식[識]이다. 대상[境]은 외적인 대상과 의식에 의해서 포착된 대상으로 구분된다. 외적 대상은 일차적인 대상으로서 곧 자극을 말한다. 의식에 의해서 포착된 대상은 자극에 의해서 마음에 출현한 표상으로 이차적인 대상이다. 이들은 모두 '접촉(phassa)'이란 용어로 기술된다.

| 그림4-4 | 접촉

<그림4-4. 접촉>에서 보듯이 의식-감각-대상이 결합된 접촉[觸]은 감각기관이 대상을 만나면 그곳에 의식이 작용하여 '느낌(vedana)'을 만들어내는 연기적 관계이다. 느낌의 종류는 매우 다양하지만 이것들

은 즐겁거나 불쾌한 신체적인 감각이란 점에서 '몸'의 느낌들이다. 이런 느낌은 심층에 잠재된 제8식의 정보와 연결된다는 점에서 더욱 그렇다. 그런데 이들 감각적 이미지는 지수화풍과 같은 이미지와 연결된다.

예를 들면 마르셀 프루스트의 『잃어버린 시간을 찾아서』에서 나오는 한 장면이다. 주인공 마르셀은 우연히 홍차에 적신 과자를 한입 베어 물면서 그 독특한 맛과 향기를 느꼈다. 그런 순간에 곧 엄마와 함께했던 어린 시절의 기억들이 떠오른다. 그러면서 이야기는 자연스럽게 주인공의 어린 시절로 넘어간다. 대체로 회상적인 영화의 한 장면이 이렇게 시작하곤 한다. 잃어버린 시간을 찾는 작업은 이렇게 일차적인 '감각적 자극'에서 비롯된다.

자극은 일차적으로 감각기관과 연결된다. 마들렌 과자는 입안에 맛을 남기고, 홍차는 코에 향기를 가져다준다. 이 글을 읽는 독자라면 벌써 입안에 침이 고임을 느낄 것이다. 활자에서 생겨난 잉크 자국에서 시각적 자극을 받은 것이다. '과자'라는 낱말의 자극이 감각기관을 통해서 의식에 침투하면 의식은 자체적으로 저장된 생리적 정보가 활성화된다. 그러면 이차적으로 입안에 침이 고인다든지 아니면 어린 시절 엄마와 함께했던 정겨운 장면이 떠오른다.

먼저 대상이라는 외적인 자극이 있고[境] → 그것은 감각기관(혀와 코)을 통해서[根] → 의식[識]에 전달된다. 그러면 제8식의 의식에 저장된 정보가 활성화된다. 그렇게 해서 마들렌 과자와 홍차와 연결된 어린 시절 엄마와의 기억이 떠오른다. 과자는 땅의 요소라면 홍차는 물의 요소이다. 우리의 정신은 이렇게 자연환경과 긴밀하게 연결되어 있다.

반대의 경우도 있다. 대상을 통해서가 아니라 먼저 마음에 어떤 '영상'이 떠오르고 그 결과로 감각적 느낌이 발생한다. 퇴근길에 지하철을 타고 가는데 문득 직장 상사의 얼굴이 떠오른다. 그 얼굴 표정이 매우 난해하고 빨갛게 화를 낸다. 지금도 몸이 긴장되고 움츠러든다. 무슨 일이 일어날 것 같은 불안감이다. 왜 저러는지 알 수가 없지만 상당히 불쾌하다.

이런 경우 상사의 얼굴 표정인 '영상'이 지하철에서 문득 의식에서 떠오르고 → 뒤를 따라서 긴장감과 같은 '몸느낌'이 생겨난다. 이 때는 직접적인 감각자극이 없어도 강한 인상에 의해 그때의 영상이 강렬하게 생각난 것이다. 여기서 긴장과 같은 뜨거운 열기는 불의 요소이다. 그러면서 당시에 느꼈던 느낌을 더욱 새롭고 생생하게 경험한다. 이들이 발생하는 '접촉'과정을 정리하면 이렇다.

(1) 감각 자극(맛과 향기) → 의식 → 영상(어린 시절 엄마)
(2) 의식 → 영상(상사의 질책) → 감각느낌(긴장과 압박감)

첫 번째는 출발이 '감각' 자극이다. 과자와 홍차의 맛과 향기가 감각기관을 자극한다. 이것이 마음에 잠들었던 기억을 깨운다. 두 번째는 장면의 영상이 먼저 떠오른 경우이다. 외적인 자극이 아니고 상처받은 내적인 마음의 인상 깊은 장면의 영상이라 원치 않아도 그 기억들이 자동적으로 떠오른 상념이다. 하나는 외부에서 시작되었고, 다른 하나는 내부에서 비롯된 자극이다. 이들 모두 몸느낌, 신체 반응을 불러온다. 그리고 이들은 '지수화풍'의 표상/영상 이미지와 연결되어 있다. 물질적 몸 자체가 지수화풍에 의해서 구성되었기 때문일 것이다.

필자는 앞 제1장에서 영상을 설명하면서 표상/영상/심상을 동의어로 사용하였다. 여기서 이들을 조금 구분할 필요가 있다. 먼저 '표상(表象, nimitta)'은 감각적 지각에 의해 의식에 나타난 형상을 가리키는 말로 정의한다. 이것은 첫 번째 사례에서 중요한 역할을 하는 감각 자극에 의해서 구성된 지각 내용이다. 두 번째 사례에서는 직접적인 외적인 자극보다는 충격에 의해서 마음에 문득 나타난 상념인 까닭에 이것을 '심상(心象, ākāra)'이라고 하자. 이런 경우는 분별과 마음의 행위로서 드러난다. 마지막으로 심층의 마음에 저장되었다가 특정한 자극에 의해서 표층의식으로 떠오르는 닮은 이미지를 '영상(影像, pratibimba)'이라고 정의한다. 이런 경우는 기억된 혹은 반영된 이미지로서 심층 마음의 종자/씨앗과 직접적으로 연결된다.

다시 말해 '니미따/표상'은 전오식의 감각적 지각과 관련되는 까닭에 제6식 [識]과 연관되고, '아카라/심상'은 특정한 상황에서 자아의식에 의해서 생겨나는 분별인 까닭에 제7식[意]과 연결되고, 마지막 '프라띠빔바/영상'은 깊은 마음의 심층에 저장된 정보와 닮은 이미지라 제8식[心]과 직접적으로 결합된다. 그렇긴 하지만 필자는 이들을 엄격하게 구분하지 않고 맥락에 따라서 적절하게 사용한다. 이것과 관련 논의는 제10장에서 재론할 것이다.

신체반응

감각기관에 의해서 내외적 대상에 마음의 접촉[觸]이 일어나면 그곳에서는 반드시 신체적인 반응[受]이 함께 일어난다. 어린 시절부터 오랜 시간을 거치면서 학습된 관계[業]로 생리적 반응은 즉각적으로 일어난다. 이를테면 '하얀 색깔의 달콤한 크림빵'을 생각해보라. 어떤가? 그러면 벌써 입안에 침이 고일 것이다. 이런 현상은 거의 자동적이고 즉각적으로 일어난다. 부인할 수 없이 그러하다. 침을 꿀꺽 삼켜야 할 정도로 많이 생긴다.

어떻게 이런 현상이 생겨났는지 반성적으로 생각해보자. 이점은 제1장에서도 언급한 바가 있다. 첫째는 영상 이미지가 발생한 경우이다. 두 번째는 언어적인 자극에 따른 반응이다. 세째는 갈망과 연결된 생리적 몸느낌 발생이다. 이것은 영상, 언어 그리고 느낌 발생의 '삼중 정보처리 모델'이다.

첫 번째는 생리적 자극(S)이 있으면 곧바로 반응(R)이 있다는 것으로 잘 알려진 파블로프(Ivan P. Pavlov, 1849-1936)적 관점이다. 자극과 반응이 조건화된 연기로서 상호직접적으로 연결/학습되어서 생리적인 반응을 보인다는 것이다. 그의 실험에서 중요한 대목은 음식과 종소리를 울리는 시간적인 간격이다. 개에게 음식을 주기 전에 종소리를 울리는 경우와 혹은 반대로 음식을 준 이후에 종소리를 울리는 경우, 그리고 음식과 함께 종소리를 울리는 경우에는 서로 다른 결과를 가져왔다. 이점은 자극과 반응에서 개가 음식 냄새에 자극받는 순간과 함께 귀로 종소리를 듣는 순간의 접촉이 중요함을 말해준다.

다시 말하면 감각적 자극은 지나간 과거나 오지 않은 미래보다 바로 현재의 시점에서 이루어진다는 말이다. 그 순간이 지나갔거나 아직 오지 않았다면 자극에 대한 반응은 효과적이지 않다는 것이다. 만약에 파블로프의 개가 밥을 많이 먹어서 배가 부른 상태라면 '자극과 반응'의 결과 역시 달라질 것이다.

두 번째는 영상 이미지와 관련한 이차적인 반응에 대한 것이다. 이런 설명은 '영상관법'의 경우에 해당된다. 달콤한 크림 빵에 대한 기억은 제8식에 의해서 그것은 현실에서 적절한 외적 자극과 함께 크림빵이란 영상/이미지에 의해 입안에 침이 생겼다는 것이다. 이점 역시 부인할 수 없는 생리적 현상이다.

위의 크림 빵의 사례는 파블로프의 개의 경우와는 차이점이 있다. 파블로프의 개는 일차적으로 청각과 코의 감각에서 조건형성이 되는지를 설명한다면, 크림 빵의 경우는 이미 조건/학습이 형성된 상태에서 (상당한 시간 차이가 있음에도 불구하고) 이차적으로 어떻게 잠재된 학습/저장된 이미지가 생리적 반응을 일으키는지를 설명하여 준다. 제2장에서 해명한 부정관법에서 먼저 영상의 채집을 진행하고(조건형성) 나중에 그것을 떠올리듯이 시간적인 순서를 전제함과 같다.

그런데 이차적인 반응과 관련하여 스키너(Burrhus F. Skinner, 1904-1990)의 경우는 보상이 뒤따르지 않으면 조건화된 기존 학습은 소거된다는 것을 비둘기 실험으로 보여주었다. 비둘기는 먹이가 주어질 때 원판을 계속해서 쪼았지만, 원판을 쪼아도 먹이가 없으면 그 행동을 하지 않았다. 이것이 그의 '강화학습(reinforcement learning)'이론이다. 설사 학습된 내용이라도 이후에 보상이 적절하게 주어지지 않으면 더 이상 그 행동은 의미가 없어진다는 것이다.

세 번째로 유식심리학에 기반한 '영상관법'의 경우는 학습된 내용은 '강화가 없어도' 온전하게 소멸되지 않고 마음의 심층에 잠재적으로 남겨져 있다고 본다. 이를테면 거의 10년 이상을 만나지 못한 오랜 친구를 다시 만나면 역시 반갑고 행복해지는 이유가 있다. 동물들의 경우도 이점을 잊지 않고 몸으로 기억을 하고 있다. 인간의 손에 길러진 많은 동물들이 야생에 보내진 이후에도 아주 오랜 시간이 지난 다시 만나면 크게 반가워하는 이유가 바로 이런 증거이다.

감각기관[根]에 내외적 대상[境]이 접촉되는 순간 관련된 정보가 신체 어딘가에 저장되었다가 신체 반응으로 나타난다는 가설은 매우 강력한 설득력을 가진다. 엄마와 아빠의 싸움에 무서워서 책상 밑으로 숨어 들어간 앞의 사례처럼 이것은 제8식의 존재를 설명한다. 만약 그것들이 어떤 계기로 소멸되었다면 현재에 다시 출현하지 않을 것이기 때문이다. 단 한 번이지만 외상 스트레스와 관련된 강렬하게 경험되고 학습된 기억들은 잠재화된 상태로 제8식의 몸에 남겨진다. 그것이 내외적 감각기관에 의해서 자극을 받으면 제8식에 잠재된 씨앗/정보는 깨어나 각성되면서 신체적인 반응과 함께 활성화된다. 이것이 번뇌, 곧 영상/이미지 발생의 메커니즘이다.

무표업(avijñapti karman)/종자(bīja)/바왕가(bhavaṅga)

특정한 행위는 소멸되지 않고 잠재된 채로 남아 있다는 이론은 불교 심리학에서 표업과 무표업(無表業)으로 해명한다.[05] '표업(表業, vijñapti karman)'은 밖으로 드러난 행위를 말하고 '무표업(無表業, avijñapti karman)'은 아직 드러나지 않은 행위를 말한다. 행위가 이미 완결되었지만, 여전히 그것의 정보는 소멸되지 않고 남아 있다. 그래야 다음 행위를 설명할 수가 있다.

이를테면 야생으로 돌아간 사자나 표범과 같은 사나운 동물들도 자신을 키워준 주인을 만나면, 오랫동안 만나지 않았어도 매우 반가움을 표현하는 놀라운 광경을 목격할 수 있다. 이런 종류의 행동이 가능한 것은 그들 대부분 어린 시절을 함

---

05 권오민(1994), 『유부 아비달마와 경량부철학의 연구』(서울: 경서원) ; 임성빈(2011), 「無表業(avijñapti karman)에 대한 경량부의 비판: 『俱舍論』과 『成業論』을 중심으로」, 『철학논총』 제66집, 119-133.

께 보냈거나 상처받은 동물을 치유하고 돌보면서 생겨난 연대감 때문일 것이다. 이런 종류의 연대감이 오랫동안 단절이 되었음에도 다시 만나면 그때의 친밀감이 다시 느껴진다.

이것을 어떻게 설명을 할 것인가? 일상에서 쉽게 설명하면, 우리가 했던 행위를 어떻게 기억을 하고 있는가의 문제이다. 불교심리학은 이것들이 몸이나 마음 어딘가에 저장되었다가 다시 출현한 것으로 이해한다. 이것과 관련된 논의는 일상생활을 설명하거나 수행의 결과를 말할 때 매우 중요하다. 대표적으로 설일체유부가 이것을 '표업과 무표업'이란 용어를 사용하여 설명한다면, 유식불교는 제8식의 '종자/씨앗'이라는 개념으로 해명한다. 남방불교에서는 잠재된 의식을 '바왕가(bhavaṅga)'란 개념으로 설명한다.

이들은 어느 쪽이든지 (1) 특정한 행위는 소멸되지 않고 그것이 잠재되었다가 (2) 다음 행동에 영향을 미친다는 점과 (3) 그것들은 신체적인 측면에서 표출된다는 점을 공통적으로 언급한다. 행위를 구성하는 것은 '몸[身]', '말[口]', '마음[意]'이다. 몸과 말은 겉으로 드러난 현상이고, 마음은 드러나지 않는 상태로 별도의 장소에 저장되었다가 적절한 인연을 만나면 몸과 말을 통해서 밖으로 표출된다. 그럼으로써 전후 행동을 서로 연결시킨다.

그러면 그 장소가 어딘가? 마음인데 구체적으로 무엇인가? 설일체유부에서는 이것을 '갈망[思, cetanā]'라고 말한다. 뭔가를 하고자 하는 의지나 충동을 의미한다는 점에서 '쌍카라(行, saṅkhāra)'와 동의어이다. 뭔가를 하려는 의지는 3단계로 구분한다.[06] 먼저 뭔가를 하고자 하는 '숙고[審慮]'를 하고, 다음 단계로는 그렇게 하겠다고 '결심[決定]'하는 것이고, → 마지막은 실질적으로 그렇게 행동을 '발동(發動)'하는 단계이다. 숙고와 결심은 밖으로 관찰되지 않기에 무표업이고 그것이 실질적인 행동으로 나타나면 표업이 된다.

---

06 『大正藏』권 31, 大乘成業論 p. 785, "思有三種 一審慮思 二決定思 三動發思."

유식학파는 '종자(種子, bīja)'라는 개념을 사용하여 이것을 설명한다. 종자/씨앗은 싹과 같은 뭔가를 산출해내는 잠재적인 공능, 역량을 가진다. 종자의 잠재된 힘에 의해서 '갈망'이 생긴다고 본다. 콩은 싹을 틔우고자 하는 잠재된 강렬한 '갈망'이 있다. 이것이 행위의 전후 과정을 상속시키고 상황에 따른 차별을 만들어낸다.[07] 이점은 설일체유부의 주장을 한 걸음 더 구체화시킨 점에서 유효한 관점이다.

남방상좌부에서 '바왕가(bhavaṅga)'란 개념은 초기 논서에서는 잘 나타나지 않고 5세기 이후 등장한다. 『청정도론』에서 존재의 전후 연속성과 인식의 과정으로 본격적으로 거론한다.[08] 특히 바왕가와 관련된 마음의 인식 과정을 정밀하게 분석하고 이것을 이숙심(vipāka, 異熟心)에 속한 것으로 규정한다.[09]

유식불교에서 제8식을 '이숙식(異熟識)'이나 '종자식(種子識)'이라 호칭한 점을 상기하면 사실 바왕가는 잠재적인 행위의 공능을 가진 종자와 동일한 개념이다. 이점은 바왕가란 개념이 유식불교의 종자설에서 영향을 받은 것으로 볼 수 있다. 그렇긴 하지만 바왕가를 철저하게 인식론적 과정으로 이해한 점은 대승불교에서 제8식을 불성과 관련시켜 존재론적으로 해명과 차이가 있다.

영상관법의 입장에서 보면 영상/이미지는 마음에 저장된 정보로서 다음 행위에 강력하게 영향을 미치는 핵심된 원인이고 변수이다. 일단 어떤 자극을 받으면 특정한 '영상'이 의식에 떠오르고 그것은 언어적 분별과 함께 다시 신체적인 '감각 느낌'을 발생시킨다. 그리고 이것이 지수화풍의 영상/이미지와도 연결된다고 하는 감정형 영상관법의 '심리현상론'에서 보면 단순하게 몸과 마음은 별개의 영역

---

07 『大正藏』권29, p. 22, 하; 此中何法名爲種子 謂名與色於生自果. 所有展轉隣近功能. 此由相續轉變差別. 何名轉變 謂相續中前後異性. 何名相續 謂因果性三世諸行. 何名差別. 謂有無間生 果功能.

08 김경래(2016), 「동남아 테라와다의 정체성 확립과 바왕가(bhavaṅga)개념의 전개(1) - Nettipakaraṇa와 Milindapañha를 중심으로」 『불교학연구』48, 257-282.

09 김경래(2019), 「남방 테라와다의 정체성 확립과 바왕가(bhavaṅga) 개념의 전개(4)—『청정도론(Visuddhimagga)』14장(khandhaniddeso)을 중심으로」 『불교학리뷰』26, 53-77.

이 아니라 매우 긴밀하게 상호 연결된 하나임을 보여준다. 대상과 접촉이 되면 생겨나는 몸의 반응은 마음이라는 심층의 기억공간에서 비롯된다는 점에서 불교심리학은 심층심리학적인 성격을 가진다고 평가할 수 있다.

몸과 관련한 명상수행은 부정관을 비롯하여 호흡명상과 함께 알려진 지수화풍 사대(四大)명상이다. 영상관법에서 지수화풍(地水火風)의 명상은 대부분 단독적으로 수행되기보다는 호흡명상이나 몸에서 느껴지는 '몸느낌' 명상과 함께 진행된다.

호흡명상을 할 때 허리를 곧게 세운다. 이때 엉덩이와 허리에서 느껴지는 견고성은 '땅[地]'의 대지와 연결된다. 이것은 안정적인 대지의 영상과 연결되면서 안정감을 주는 집중(사마타) 명상이다. 하지만 일상의 현장에서 과도한 스트레스를 받으면 온몸의 경직성과 연결되기도 한다. 어깨나 뒷목의 긴장감과 그 변화를 관찰하는 것은 몸느낌에 집중하는 '몸느낌' 관찰(위빠사나) 명상이다.

마찬가지로 우리는 불안을 느낄 때 손이나 발에서 땀이 난다. 이것은 '물[水]'의 요소이지만 땅의 긴장성과 함께 발생된다. 우울증의 환자들 대부분은 깊은 좌절감과 함께 찾아오는 무력감을 물의 이미지로 그리곤 한다. 우울한 상태를 그림으로 그리면 비가 오거나 자신은 깊은 바닷속에 빠진 것 같은 무기력함을 느낀다고 한다. 반면 깊은 선정상태에서의 물에 대한 영상관법은 맑고 청정한 이미지로 나타나기도 한다. 물의 수면에서 찾아볼 수 있는 햇살의 느낌은 밝은 깨어있음을 표현한다.

매일 명상을 지속적으로 수행하면 온몸이 따뜻해지는데 특히 손이 따뜻해진다. 이런 종류의 따뜻함은 불[火]의 요소이다. 따뜻함을 조용히 지켜보면 기분이 편안해지고 행복감을 느낀다. 명상수행에서 느끼는 따뜻함은 매우 중요한 변화를 나타낸다. 유식 수행의 '가행위(加行位)'에는 따뜻함의 난(煖), 온전한 통찰의 정(頂), 주객의 소멸을 의미하는 인(忍), 최고의 가치를 말하는 세제일법(世第一法)이라는 4가지가 있는데 그 첫 번째가 몸이 '따뜻해짐[煖]'을 경험함이다.

반대로 따뜻함이 결여된 경우도 있다. 임상 상황에서 심한 불안이 찾아오면 손발이 얼음처럼 차가워진다. 피가 통하지 않고 멈춘 듯한 느낌으로 공포감을 느낄 때도 있다. 얼음과 같은 차가움은 따뜻함과 함께 불의 또 다른 모습이다.

마지막으로 '바람[風]'의 요소이다. 특히 호흡명상을 할 때 우리는 숨이 들어오고 나가는 움직임을 느끼고 그곳에 머물러서 관찰하곤 한다. 이게 바로 바람의 표상이다. 숨이나 바람은 눈에 보이지 않지만 아랫배에서 팽창과 수축을 충분하게 관찰할 수 있다. 이런 움직임을 관하는 일은 명상의 좋은 소재가 된다. 차분하게 움직임은 가라앉고 마치 숨이 멈춘 듯한 호흡표상이 관찰된다. 이것은 바로 호흡 삼매의 상태로서 깊은 선정에 도달했음을 보여준다. 물론 반대의 경우도 있다. 흥분하거나 심하게 분노하면 심장의 박동수가 빨라지면서 거칠게 호흡한다. 공황발작처럼 죽을 것 같은 공포감을 경험하기도 한다. 이런 두려움이나 격노의 상태를 보통 태풍에 비유하곤 한다. 이것은 거친 바람의 영상이다.

땅 - 견고성, 안정성/소통의 부재, 불통에 의한 스트레스
물 - 스며듦, 청정함/축 처진 무거움과 우울함
불 - 따뜻함, 열정/분노의 불길
바람 - 움직임, 시원함/불안, 두려움, 공포

지수화풍의 몸 현상은 서로 상반되는 특성을 포함한다. 물론 사례마다 다르게 표상되지만, 땅은 견고성과 불통의 스트레스를, 물은 스며듦의 청정함과 우울함을, 불은 따뜻함과 열정적인 분노를, 바람은 고요함과 불안이라는 감각적 표상을 함축한다. 일상의 상황에서 스트레스와 함께 부정적인 표상을 자주 경험한다면, 명상수행에서는 긍정적인 감각 표상을 체험한다. 앞의 사례에서 보듯이 이러한 부분은 수행을 점검하거나 심리상담과 같은 마음치유의 현장에서 잘 활용할 필요가 있다. 지수화풍이 몸의 감각표상과 깊게 연결되어 있다는 점은 몸느낌관찰 명상에서 주목할 점이다.

마음치유와 영상관법
– '마음'과 '본성'을 중심으로

앞장에서 '몸'과 관련된 지수화풍의 감각표상을 중심으로 고찰하였다. 여기서는 마음의 본성과 관련한 철학적인 접근으로 남방의 아비담마와 북방 대승불교의 해석틀을 비교하면서 '마음'과 '본성'이란 측면을 순차적으로 논의할 것이다.

1) 마음작동 5요인 분석사례

기본적으로 마음작동모델은 건강하거나 건강하지 못한 마음상태를 진단하고 분석하는 유용한 마음의 해석틀이라는 점에서 필자는 심리상담, 마음치유 현장에서 '명료화작업'을 하거나 '사례개념화'를 진행할 때 적극적으로 활용한다.

사례경청:

직장에서의 이야기이다. 상사로부터 아주 심하게 질책을 받았다. 기분이 너무나 상하고 뭔가 무너진 느낌이다. 상사는 계속해서 직원들을 탓한다. 나는 화가 나서 끝내 못 참고 회의가 끝나자 부장실로 찾아가서 따졌다. "우리는 열심히 했다." 다른 직원들 앞에서 이게 뭐냐며 "사과하라"고 강력하게 요구하였다. 이 일로 일주일 동안 갈등 관계로 대치하게 되었다.

누가 봐도 참 화가 나겠다. 열심히 일했고 성과도 있다고 여겼는데, 오히려 상사로부터 과도한 질책을 받고 나니 그동안 참아온 분노가 폭발한다. 직장생활에서 상사와 크게 싸울 수 있다지만, 아래 직원들이 있는 앞에서는 도저히 못 참겠다. 충분하게 이해가 된다. 사례경청을 끝내고 마음작동모델로 명료화작업을 했다.

마음작동모델에 의한 명료화작업

🎙 그곳에서 무엇이 내 마음을 자극했나요?

💬 "...상사의 심한 질책이죠. 너희는 잘못한다. 다른 직원들 앞에서...아무런 연구도 하지 않는다. 돌대가리이다."

🎙 그렇군요. 정말로 화가 날만 하겠어요. 그 화난 감정은 어떤 생각에서 비롯된 것 같아요? 생각나는 대로 다 이야기해줄 수 있나요.

💬 "...나는 잘하고 있어, 직원들 앞에서 그렇게 말하면 안 되지...직원들과 신뢰가 있어야 되는데, 상사가 신뢰를 깨뜨린다...왜 우리 노력을 인정하지 못하지...지금 상황이 얼마나 힘든데...우리는 엄청 애를 썼는데...이런 노력을 왜 무시하지...나는 능력이 있는데...내가 돌대가리라고...도저히 참을 수가 없다."

🎙 네, 정말로. 그러네요. 인정이 됩니다. 그런 생각을 할 때, 어떤 감정이 느꼈나요?

💬 "...기대감이 깨지면서 상사를 향한 분노가 극도로 심하게 올라왔어요...그러다가 시간이 지나면서 자책과 무력감이 올라왔어요...아이고, 너는 왜 그랬니, 그렇게 하지 않아도 되는데...그렇게 꼭 했어야 했나. 인정이 그렇게 필요했나...슬퍼지고 무력감에 빠져들어갔어요."

🎙 많이 아팠겠어요. 회사와 상사에게 뭔가를 기대했는데, 그것이 무너졌네요.

💬 "그렇죠. 노력한 바를 인정받기를 많이 원했죠. 사회적으로 직장 상사라면 당연하게 뭔가를 기대하잖아요. 저도 마찬가지죠. 상식적인 것들 말이죠. 근데 이게 무너진 것 같아요. 내가 잘못 본 것이겠죠."

🎙 그래서 당시에 어떻게 행동했나요.

💬 "처음에는 화가 많아서 싸웠지만, 시간이 지나면서...나도 어떻게 할 수 없네. 잘 모르겠다는 무력감으로 그냥 오랫동안 울기만 했던 것 같아요. 영화도 보고 잠도 많이 자고 명상도 하고, 그러다가 결국 회사를 그만 두었어요...그런데 어느 순간 아주 명료하게 통찰이 왔어요. 그건 그 사람의 문제이다. 나와는 관계가 없다. 그러면서 마음이 편안해졌어요."

이 사례는 회사를 그만두게 한 큰 사건이다. 여기서 주목할만한 것은 처음엔 '분노'였지만 나중에는 '우울'로 바뀌었다는 점이다. 분노의 대상은 직장 상사지만, 우울은 어떻게 할 수 없는 자신의 '무력감'이다. 분노가 일차적인 감정이라면 우울은 이차적인 감정이다. 그런 다음에 시간이 지나면서 상사의 문제이지 자신과는 관계가 없다는 통찰과 함께 마음이 '편안'해진 점이다(분노 → 우울 → 편안함). 이상을 마음작동모델로 명료화작업을 진행하여 '사례개념화'를 영상관법 형식으로 해보면 아래와 같다.

마음작동 5요인에 기반한 영상관법

마음작동 5요인작업을 끝내고 이것을 중심으로 영상관법을 실시한다. 상담자는 내담자로 하여금 핵심된 장면을 떠올리게 한 후에 5요인을 하나씩 점검하고, 내담자는 그것에 대해서 응답한다. 이것은 내담자의 마음을 정리하도록 돕고 성찰로 이끈다.

1. 떠오른 장면, 접촉[觸]: 직장 상사의 엄한 질책
   - 작의[作意]: 그동안 참아왔던 감정들이 한 번에 치고 올라옴
2. 느낌[受]: 엄청난 화, 멈출 수 없는 분노 100%
3. 생각[想]: 왜 인정을 못하나. 직원들 앞에서 못한다고 비난해. 우린 열심히 정말

로 애썼다. 그런데 질책을 받는다. 이건 온당하지 못하다.

4. 갈망[思]: 좋은 평가, 인정받기 바랐지만 기대에 어긋났다.

5. 당시 행동[業]: 처음엔 따지고 사과를 요구함, 나중엔 무력감과 자책으로 우울해짐. 결국 회사를 그만 두게 됨.

- 잠재된 씨앗, 제8식 정보[種子]: 어려운 회사 사정을 알고서 나는 열심히 희생적으로 일했다. 그래서 참고 참아왔다. 상사는 그렇게 신뢰할 만한 사람이 아니다. 여기서 그만두는 게 좋겠다. 갑자기 칭찬에 인색한 엄마의 모습이 보인다.

이렇게 명상을 통해서 마음의 작동을 분석하고 나면 상담자나 고객의 '문제가 무엇인지' 분명하게 보인다. 직장 내에서 유능함을 인정받고 싶었지만, 힘든 회사 내 분위기는 실망스럽다. 힘들 때 서로 위로하고 도와야 하는데 반대로 서로 갈등하고 힘들게 한다. 이것은 계속 근무할 만한 환경이 못 된다. 열심히 일했지만 돌아오는 건 질책이다. 그만두는 게 옳다. 이것은 회사와 상사의 문제이지 내 문제가 아니다. 내가 책임감을 가질 이유가 없다. 그러면서 고객/내담자는 마음의 평정을 회복할 수 있었다.

그런데 여기서 주목되는 점은 상사와 더불어서 칭찬에 인색한 엄마의 모습이 갑자기 보인다는 것이다. 아마도 엄마의 일부가 상사에게 투사되었을 것이다. 이 사례는 이후의 삶을 '어떻게 살아가지'라는 문제가 있지만, 이것 역시 스스로 잘 해결될 것이다. 명상을 끝내고 몇 가지를 다시 상담형식으로 체크한다.

명상상담(영상관법 명상 이후 상담하기):

🎙 (명료화 작업과 영상관법하면서) 어려운 점은 없었나요?

💬 "여러 번 해보니, 조금 나아진 것 같아요. 그래도 아직 '생각'과 '갈망'을 구분하는 게 어려워요."

💬 생각은 상대방이나 현실에 대한 지적 판단이고, 갈망은 내가 원하는 것들입니다. 참, (명료화 작업을 하면서) 가장 좋았던 대목은요?

💬 "감정을 반복적으로 떠올려서 체크하니 생각과 감정이 분리되고, 분명해지는 느낌이 들어요. 혼란스러움이 없어지면서 편안해졌어요...그러면서 문제가 아닐 수도 있겠다는 생각도 들어요."

💬 (마음작동 5요인 분석을 하면서) 새롭게 알게 된 점이 있다면요?

💬 "문득문득 다시 안 좋은 생각이 일어났는데...감정을 깊게 들여다봄이 좋았어요...상사에게 미안함을 느끼지 않았어요...내가 사과를 받지 않아도 된다는 생각이 들어요."

💬 참 엄마와 관계가 어땠나요?

💬 "...엄마요? 저를 많이 사랑했지만 그만큼 간섭도 많이 했죠. 아무리 잘해도 칭찬이 부족했던 것 같아요. 그러고 보면 엄마에게 인정받고 싶은 마음이 약간 반영된 것 같기도 해요. 그래서 인정받음에 많이 매달린 이유도 있을 것 같아요."

💬 그렇군요. 사건이 있은 후에 자주 문득 떠오른 생각이나 영상이 있나요?

💬 "상사의 사무실에서 혼자 기다리면서 서 있는 자신이 자주 떠올랐어요...말 없는 벽들과 가구들이 보이고...적막감이 느껴지고...분노와 함께 우울감이 올라와서 헷갈리기도 했어요..."

💬 좋아요. 자신에게 어떻게 해주고 싶나요?

💬 "외로움에서 우울감이 생겨나는데....아이(나 자신)가 고개를 떨구고 돌아가는 허탈감...다 큰 커다란 나를 안아주고 싶어요."

💬 좋아요. 자신을 껴안고 위로의 말을 해보아요.

💬 "...(자, 눈을 감고 자신의 가슴과 어깨를 껴안으면서)...(자신의 이름을 부르면서) 힘들지(눈물이 남)...침묵하는 동료들에 대한 분노와 슬픔이 느껴지지...그래도 괜찮아. 넌 충분하게 잘했어. 누가 인정해주길 바랬지만...할 만큼 충분하게 했어. 이것으로 충분해. 잘했어. 만족해도 돼."

🎤 (호흡으로 돌아오시고, 끝내고 몸풀기를 함) 좋아요. 지금 어떤가요?

💬 "많이 편안해졌어요."

보편적 마음현상

위 사례는 마음작동모델에 따른 마음치유의 심리상담을 진행한 기록이다. 여기서 핵심된 심리학적 기반은 감정, 생각, 갈망과 같은 보편적인 마음현상[遍行心所]이다. 알아차리고 머물러 지켜본다는 염지관(念止觀)과 같은 특별한 마음현상은 이미 앞장에서 언급한 바처럼 마음의 치유와 성장에 직접적으로 관여한다. 반면에 보편적 마음현상은 제6식, 제7식, 제8식의 마음이 존재할 때 항상 상응하여 뒤따르는 마음현상으로 번뇌의 발생을 설명한다. 곧 제8식 종자로서 경험내용을 닮은 혹은 반영된 영상은 '접촉[觸]'하는 순간에 심층의 정보/종자가 활성화[作意]된다. 위 사례에서 보듯이 신체적 반응뿐만 아니라 '감정[受]', '생각[想]', '갈망[思]'과 같은 '보편적인 마음현상'이 발생한다.

일반적으로 마음(心)과 마음현상(心所)을 구분한다. 마음은 대상을 그대로 인식하고 알아차리는 것을 의미한다면, 마음현상은 그런 마음에 의해 부수적으로 뒤따르는 심리현상을 말한다. 이를테면 음악을 듣고 기쁘거나 슬픈 감정을 느꼈다면 음악을 듣는 인식활동은 '마음[心]'이고, 그에 수반하여 뒤따라오는 기쁘거나 슬픈 감정은 '마음현상[心所]'이다.

이점에 대한 논쟁이 있다. 설일체유부(有部)학파는 이들은 각각 독자적으로 존재하고 양자를 반드시 구별해야 하고 주장한다. 반면에 『구사론』에서 보이는 경량부(經量部)학파는 마음과 마음현상은 서로 구별할 수없는 동일한 마음작용이라고 주장한다. 이런 대립된 논쟁에 대해 『성유식론』에서는 양자를 모두 인정하고 통합한다. 양자를 구분하는 일은 관습적인 관점이고, 하나로 보는 것은 뛰어난 관점이라는 것이다.

불교심리학에서는 일상에서 경험하는 감정이나 생각과 같은 '보편적 마음[遍行心所]'과 함께 분별이 없는 '특별한 마음[別境心所]'을 엄격하게 구분한다. 보편적인 마음현상이 일상에서 일어나는 번뇌의 마음이라면, 특별한 마음현상은 보편적 마음현상과는 구분되는 명상수행과 연결된 마음이란 점에서 차이가 있다.

일상에서 발견되는 보편적 마음은 괴로움의 일반적인 패턴을 설명한 까닭에 심리치료나 상담심리에서 반드시 참고해야 할 중요한 관점을 제공한다. 보편적 마음현상이란 용어는 불교의 오온설(五蘊說)에 대한 유식불교의 해석이다. 조사선에서는 일상의 이런 마음이 그대로 장애 없는 길[平常心是道]이라고 주장하기도 한다. 그러나 이것은 특별한 마음현상을 의미한 것이고, 세상을 살아가는 사람들의 보편적인 마음/마음현상은 바로 장애가 되고 불편한 경험내용이라는 점에서 마음치유의 직접적인 대상이 된다.

이런 보편적인 마음이 있으면 그것을 치유하는 마음 역시 요청된다. 이것이 특별한 마음현상[別境心所]이다. 이것은 심리적 장애의 마음현상을 치료하는 명상의 길이다. 제1장에서 다룬 바 있는 의욕(欲 chanda), 승해(勝解 adhimokṣa), 알아차림(念 smṛti, sati), 머물기(止 śamatha)>선정(定 samādhi), 지켜보기(觀 vipaśyanā)>지혜(慧 prajñā, dhī)로서 명상수행에 직접적으로 관여하는 마음들이다. 이들은 번뇌로부터 마음을 자유롭게 하고 장애를 극복하게 하고 대상과의 관계에서 어떤 숨 쉬는 공간을 마련한다는 점에서 마음치유의 중요한 기틀이 된다.

반면에 보편적 마음현상[遍行心所]은 접촉(觸), 작의(作意), 감정(受), 생각(想), 갈망(思) 등으로 번뇌의 발생을 설명한다는 점에서 중요한 위치를 차지한다. 이것들을 하나씩 살펴보자. 첫 번째의 접촉[觸, phassa, sparsa]이란 초기불교 이후 불교 인식론으로 자리 잡은 감각기관[根], 대상[境], 의식[識] 등이 화합(和合)하는 삼사화합촉[Tiṇṇaṃ saṅgati phasso, 三事和合觸][10]을 말한다. 마음과 대상의 '만남'

---

10 『雜阿含經』(T2, 54a), "眼緣色 生眼識 三事和合觸 觸緣受."; SN(PTS P.72.), "Cakkhuñca paṭicca rūpe ca uppajjati cakkhuviññāṇaṃ. Tiṇṇaṃ saṅgati phasso. Phassapaccayā vedanā.", MN(PTS

을 말한다. 이것은 인지적인 측면도 있지만, 연기하는 마음의 역동성으로 해석하기도 한다.

영상관법 수행에서는 '접촉'이란 표현을 자주 사용한다. 의식이 대상을 만나는 것인데, 특히 미해결된 과제와 직접적으로 연결된 '영상'이 떠올라서 마음에 접촉된다는 의미이다. 마음치유 현장에서 외상(trauma)과 같은 어떤 종류의 '접촉'은 종종 고객에게 위협적인 사태로 작용하기에 매우 조심스럽게 접근해야 전문가의 도움이 요청된다.

두 번째는 작의(作意, manaskara)는 대상과의 접촉으로 말미암아 발생되는 마음의 기울어짐이다. 『성유식론』에서는 이것을 '경각심(警覺心)'이라고 한다.[11] 경각심이란 제8식 종자가 놀라서 대상으로 '향하는' 마음이다. 마음이 대상을 향한다는 뜻에서 일반적으로 작의는 '주의(attention)'라고도 번역되지만, '종자를 깨어 일어나게 한다'고 번역되는 경각은 유식심리학의 고유한 해석이다.

영상관법에서 고객의 제8식에 특정한 접촉이 일어나면 종자가 깨어 일어나는데 이것은 매우 위협적이라 놀람과 함께 회피의 마음현상이 뒤따라서 일어날 수 있다. 여기서 중요한 가치는 용감하게 그것에 '직면함'이다. 특히 '외상' 스트레스와 관련된 경우에 흔하게 나타나는 현상으로 결국은 맞닥뜨려야 하는 작업이다. 그렇지 않으면 그것을 온전히 경험하고 통찰하는 마음치유 작업은 성립되지 않는다.

예를 들면 자신의 8살 동생이 사고로 죽었다. 40년 동안 동생의 죽음을 자신의 잘못이라고 고통받아온 고객이 있다. 그는 이 사실을 마음 깊이 감추고 살아오면서 늘 고통받고 있다. 이 사실을 말하는 것은 자신의 허물을 드러내는 것이기에 감추고 냉소적으로 살아왔다. 그럴수록 더욱 힘들어졌다. 용기를 내 영상관법을 통해 '임금님의 귀는 당나귀의 귀'라고 말하고 나서야 깊은 아픔에서 벗어날 수 있었다.

112.), "Cakkhuñcāvuso paṭicca rūpe ca uppajjati cakkhuviññāṇaṃ. Tiṇṇaṃ saṅgati phasso. Phassapaccayā vedanā."

11 p.158, "謂此警覺 應起心種 引令趣境 故名作意."

마음을 낸다는 작의(作意)란 영상관법에서는 '노출(exposure)'을 의미한다. '노출' 되면 곧 뒤따라서 느낌과 감정이 함께 일어난다. 노출은 마음을 대상으로 향하게 하는 직면, 주의집중을 의미한다.

느낌[受, vedanā]은 접촉이 되는 순간 가장 먼저 경험된다. 원하는 순(順)경계에 대해서는 즐거움을 느끼고, 원치 않는 역(逆)경계에 대해서는 불편이나 싫음의 느낌을 받는다. 불편한 느낌에는 벗어나고자 하는 욕구가 생기고, 즐거운 느낌에 대해서는 집착하게 된다.

영상관법에서는 느낌을 몸에서 감지되는 '감각느낌'과 마음에 의해서 지각되는 '마음느낌'으로 감정을 구분한다. 이를테면 화가 나면 감각적으로 긴장되고 호흡이 거칠어지고 몸에서 열감이 느껴진다. 이것은 몸느낌이다. 이때 마음에는 불편하고 짜증과 함께 상대방을 비난하거나 공격하고 싶은 감정이 일어난다. 이것은 마음에서 느껴지는 '마음느낌'이다. 양자를 분명하게 구분해서 관찰함은 중요하다. 그래야 자신의 몸느낌과 마음상태에 대한 관찰이 정밀하게 이루어지고 그곳에서 새로운 성찰/통찰이 생겨나기 때문이다.

생각[想, samjna]은 매우 다양한 의미를 함축한다. (1) 대표적으로 '지각 (perception)'이다. '이것은 노란색이다', '저것은 흰색이다' 등이 여기에 속한다. (2) 두 번째는 대인관계에서 '엄마는 나를 미워한다', '그래도 아빠는 나를 싫어하지 않는다' 등과 같이 특정한 대상에 대한 '판단(judgement)'이나 '분별(discrimination)' 작용을 포함한다. (3) 세 번째는 대상에 대한 표상, 이미지 등을 취하여, 그곳에 '이름을 붙이는(naming)' 것을 말한다. 대상을 한정시키고 구별하여 '이것은 무엇이다'라고 규정하는 역할을 한다. (4) 넷째는 개념적으로 사유하는 작용을 총괄해서 부른다. 대체로 이런 경우는 잘못된 이해로서 진실을 왜곡하는 기능을 한다.

영상관법에서는 영상을 구성하는 작용으로 'saññā/想(visualisation)'이라 한다. '생각'은 이미지를 구성하고 그것을 의식에 떠올리는 데 깊게 관여한다. 이런 점에서 영상(影像)은 심상(心象/心像)과 동의어이다. 한문으로 번역된 '상(想)'은 모양이란 '相'과 마음이란 '心'이 결합된 낱말이다. '마음에 나타난 모양'이나 '마음에서 구성되고 만들어진 모양'이란 의미로 영상이나 심상이 바로 여기에 해당된다. 일단 영상이 마음에 나타나면 그것에 대한 혹은 당시 그곳에서 이루어진 지각, 판단, 생각을 내포하는데, 그것이 상(想)이다.

갈망[思, cetanā]은 바로 무엇을 하고자 하는 바람이나 욕구를 의미한다. 대상에 대해 선과 악을 판단하고 가치를 부여하여 그것을 조작하고 자기 방식으로 통제하고자 하는 의지를 말한다. 이런 까닭에 윤회의 핵심된 요소이다. 'cetanā'와 동의어로 사용되는 saṅkhāra(빨리어)/saṃskāra(범어)는 다양하게 번역된다[행(行)으로 번역]. (1) 첫째 삼법인(三法印)에서는 조건 지어진 연기에 의해서 '형성된 존재'란 의미이고, (2) 둘째 십이연기(十二緣起)에서는 물들어진 무의식적 '의지'이고, (3) 셋째 오온(五蘊)에서는 일상에서 일어나는 활동의 동기로서 '갈망'을 의미한다.

영상관법에서는 '갈망(volition)'을 매우 현실적인 맥락에서 파악한다. 고객/내담자에게 구체적인 사건 상황에서 누구에게, 무엇을 기대했고, 원하는 바가 무엇이었지 질문한다. 특히 갈망은 당시에 원했지만 이루지 못한 것을 의미한다. 이 갈망은 행위일 수도 언어일 수도 있다. 또한 표현하지 못한, 몸 안에 갇힌 의지이기도 하다. 이것을 파악해야 현실 속에서 그것을 이룰 수 있는 전략을 탐색할 수 있다는 점에서 중요하다.

마음작동모델

이상으로 다섯가지 보편적 마음현상을 고찰 검토하였다. 인간의 존재를 구성하는 '오온(五蘊)'과 '보편적 마음현상[遍行心所]'은 약간의 차이점이 있다.

오온	보편적 마음현상	마음작동 5요인 모델
1. 몸/色	접촉/觸	접촉/자극
2. *의식/識	*작의/作意	느낌/감정
3. 느낌/受	느낌/受	생각/신념
4. 생각/想	생각/想	갈망/의지
5. 의지/行	갈망/思	*행동

　여기서 일치된 부분은 첫 번째 '몸'과 '접촉', 그리고 마음의 세쌍둥이인 '느낌/감정', 생각', '의지/갈망'은 서로 다르지 않다. 문제는 대상에로 주의집중하는 '작의'이다. 이것은 오온의 의식과 연결되기에 일반적으로 알려진 바처럼, '의식'을 마지막에 배치하지 않고, 몸 다음의 두 번째 항목에 배치하였다. 실제로 작의는 대상을 향하는 마음이고, 의식 역시 대상을 지향하는 까닭에 서로 다르지 않다. 단지 남방불교 전통에서는 '의식[識]'을 대상을 인식하는 전오식(前五識)이나 분별하는 제6식으로 본다. 반면에 유식불교에서는 '의식'을 제8식의 '종자식(種子識)'으로 이해한다.

　그러나 어느 쪽이든지 순서를 두 번째로 배치해서 '작의'와 연결하는 것은 서로 모순되지 않고 잘 어울린다. 한쪽은 대상에 대한 인지적인 '분별의식'으로, 다른 한쪽은 '심층의식'의 종자/씨앗이 '깨어남'으로 해석하면 된다. 여기서 중요한 점은 이들이 표층과 심층 의미를 서로 연결한다는 것이고 대상을 지향하는 특징을 갖는다는 것이다.

　한편으로 접촉/자극, 느낌, 생각, 갈망을 왼손에 새긴 <그림4-5. 마음작동 5요인>에서는 마음을 손바닥 전체로 하고 다섯 번째 새끼손가락에 행동을 첨가한다. 행동은 매우 중요한 요소이다. 행동은

| 그림4-5 | 마음작동5요인

바로 문제 해결의 핵심적 고려 사항이다. 마음도 마음이지만, '구체적으로 어떻게 하자는 거야'라고 말하는 것처럼 행동은 삶에서 중요한 역할을 담당한다. 대체로 초기불교이래로 대안적 행동은 팔정도(八正道)로 나타났다. 정리하면 아래 <그림 4-6, 마음작동모델>과 같다. 필자는 이것을 '마음작동 모델(Mind Working Model, MWM)'이라고 부른다.

| 그림4-6 | 마음작동모델

여기서 출발점 '접촉'과 도착점 '행동'은 외적인 측면이고 그 사이에 일어나는 '작의'와 '감정/생각/갈망'은 내적 심리현상에 해당된다. 심층의식의 알라야식 종자는 작의를 통해서 표층에로 출현한다. 그러면 이러한 내용을 현대 서구 심리학파의 핵심관점과 비교해 보자. 물론 반드시 일치하지는 않지만 양자 간에 특징적 관점을 비교해볼 수 있다.

첫째, '접촉'과 '행동'은 행동주의 심리학에서 말하는 자극과 반응에 상응한다. 둘째, 심층에서 '알라야식의 종자'는 무의식을 강조하는 프로이트(Sigmund Freud, 1856-1939)의 정신역동치료(Psychodynamic Therapy), 대상관계이론(Object relations theory)과 비교된다. 마찬가지로 '접촉'과 '작의'는 프리츠 펄스(Fritz Perls, 1893-1970)의 게슈탈트심리학(Gestaltpsychologie)에서 말하는 '알아차림 접촉주기'와 연결가능하다. 셋째, 마음에서 '감정'은 그린버그(Leslie S. Greenberg)의 정서중심상담(Emotion Focused Counselling)과 연결되고, 넷째, '생각/사고' 영역은 아론 벡(Aaron T. Beck, 1921-2021)의 인지치료(Cognitive Therapy)나 엘리스(Albert Ellis, 1913-2007)의 합리적 정서행동치료(Rational Emotive Behavior Therapy)와 연결시킬 수 있고, 다섯째, '갈망'은 윌리엄 글라써(William Glasser)의 현실치료 (Reality Therapy)와 연결시킬 수 있다.

매우 거칠긴 하지만 마음작동모델을 잘 익혀서 활용한다면 서구에서 개발된 다양한 심리치료 이론들의 관점을 충분하게 커버할 수 있을 것이다. 나아가서 이것들을 잘 활용한다면 효과적인 마음치유를 진행할 수 있다.

제8식과 종자/씨앗의 정보

유식불교의 보편적 마음현상[別境心所]에 기반한 마음작동의 사례분석에서 핵심요소는 자극과 행동뿐만 아니라 감정, 생각, 갈망을 포함한다. 이러한 특징은 『섭대승론』에서 말하는 제8식에 저장된 종자/씨앗이 가지는 3가지 특성[12]과 연관된다. 종자의 3가지 특성이란 다음과 같다.

- 첫째는 언어적인 분별의 훈습[言熏習]에 의한 차별이고
- 둘째는 자기개념의 훈습[我見熏習]에 의한 차별이고
- 셋째는 유지훈습(有支熏習)에 의한 차별이다. 유지는 존재의 훈습인데 선악의 가치에 의해 미래에 결과를 낳는 의사결정과 관련된다.

이것을 앞 분석사례에 그대로 적용하여 보자. 첫째로 대인관계에서 상사에 대한 분별과 언어적 판단은 '그는 신뢰할 수 없는 인물이다'로 나타났다. 둘째는 자아 개념인데 '나는 참 열심히 일했다' 혹은 '나는 이곳에서 할 게 없네' 등과 같은 자

---

12 『攝大乘論』(大正藏31, 137b), "次中三種子 謂三種熏習差別故 一名言熏習差別 二我見熏習差別 三有支熏習差別."; 인경(2012), 『명상심리치료』(명상상담연구원), p.64.

기 평가이다. 셋째는 선악의 가치 행동으로 미래에 영향을 미치는 의사결정과 관련되는데 여기서는 '내가 회사를 그만두는 게 옳다' 등이다. 『섭대승론』에서 제시한 심층의 종자/씨앗이 갖는 세 가지 특성은 아론 벡(Aaron T. Beck)의 '인치치료'에서 말하는 '대상', '자기', '미래'라는 인지삼제(cognitive triad, 認知三題)[13]와 무척 흡사한 내용을 담고 있다.

물론 이들은 어느 날 갑자기 형성된 내용이 아니라 오랜 세월의 애착에 의해서 형성된[熏習] 심리도식(schema)과 같은 뿌리 깊은 내적 체계이다. 말하자면 제8식 '알라야식(Ālaya-vijñāna)'에서 'ālaya'라는 말은 일반적으로 '집에 머물다' 혹은 '거주하다'는 집착이란 뜻으로 초기불교에서의 '애착', 유식불교에서는 '저장'이란 의미로 확장되어 사용된 것으로 보인다.[14]

보편적 마음현상인 변행심소(遍行心所)는 알라야식의 전변에서 나타나는데 마음이 존재할 때[時]는 반드시 함께 존재한다. 그렇기에 보편적 마음현상이라고 호칭한다. 어떤 마음이 일어나면 마음작동모델 역시 함께 일어나며[俱] 선악(善惡)의 모든 '가치판단[性]'에 관련된다. 감정, 생각, 갈망의 마음 세쌍둥이는 세속적인 욕계(欲界)뿐만 아니라 산란한 마음이 고요해진 선정[色界]의 이선(二禪)까지 여전히 견고하게[地] 작용한다. 이들을 보편적 마음현상이라고 부른 이유는 심층의 제8식뿐만 아니라 자아의식의 제7식과 분별하는 제6식의 마음이 있는 곳에 항상 함께 나타나기 때문이다.

특히 감정, 생각, 갈망의 마음현상은 앞의 사례에서 보듯이 언어적 '개념적 평가'와 연결되어 있고, 스스로에 대한 '자아개념', 그리고 선악의 '행위/의사결정'이라는 종자/씨앗으로부터 직접적으로 영향을 받는다. 이들은 제2선정에서도 작용하기에 일상에서 이들로부터 자유롭기는 매우 힘들다. 더구나 이렇게 동일시된 대

---

13 A.T. Beck, A.J. Rush, B.F. Shaw, and ,G. Emery, 1979. Cognitive Therapy of Depression, (New York: The Guilford Press), p.11.

14 舟橋尙哉(1977), 『初期唯識思想의 硏究』(東京: 國書刊行會), p.7.

상을 존재하는 그대로 바라보는 일은 그만큼 어렵고 요원한 일이기도 하다.

여기서 제8식인 알라야식은 마음의 보편현상에 상응하지만 이들에 대해서는 중립적인 입장을 취한다. 가치 중립적인 입장을 취한다는 말은 선악의 경험내용을 판단하지 않고[15] 그대로 저장한다는 알라야식의 고유한 성격과 연관된다. 만약 제8식이 저장되는 정보에 대해서 취사선택을 하면 좋은 기억만 존재하고 나쁜 기억은 상실하게 된다. 이것은 공평하지 않을 뿐 아니라 지혜의 계발에 중대한 손상을 가져올 수도 있다.

이러한 제8식의 성격에 대한 2가지 의견이 있다. 영상을 긍정하는 유상 유식파처럼 이를 물든 의식으로 파악할지 아니면 영상을 부정하는 무상 유식파처럼 청정한 의식으로 파악할지와 관련하여 이견이 존재한다. 이점은 이미 앞장에서 다룬 바가 있다. 필자는 양자를 모두 인정하되, 서로를 구분해서 영상을 허망분별로 인정하지 않는 제8식을 맑은 하늘처럼 공평하고 청정한 의식으로 이해하고, 반면에 영상을 인정하는 보편적 마음현상은 청정한 하늘에 걸쳐진 구름과 같은 것으로 해석한다. 마음 자체의 청정성은 현실로부터 벗어나는 초월적 본성으로, 마음현상의 현실에 참여하는 통로로 활용한다.

마음이 존재하는 곳에 보편적 마음현상은 항상 나타난다. 그러나 깊은 잠재의식의 표출인 까닭에 물들어진 행위 종자를 찾아 해방시키는 마음치유적 작업은 바로 다섯 가지의 마음 현상을 중심으로 탐색할 수밖에 없다. 보편적 마음현상이 의식의 표층에 전변하여 출현하는 순간은 바로 심층의 정보가 밖으로 나타나는 시기이다. 때문에 보편적 마음현상에 의한 마음작동모델을 분석하면 바로 그 심층의 정보 즉 문제가 되는 미해결된 종자가 무엇인지 발견할 수 있다는 말이다. 마음작동 5요인에 의한 '명료화' 작업이나 '사례개념화' 작업은 고객/내담자의 심층 문제를 파악하는데 중요한 관점을 제공해 준다.

---

15 『成唯識論』 p.160. "此識行相極不明了 不能分別違順境相."

마음의 본성을 어떻게 정의할 것인가? 결국 『기신론』에서 말하는 체상용, 마음의 바탕[體], 현실에서 경험하는 형상[相], 목표를 향하여 나가는 실천[用]으로 구분할 수 있다. 이것은 유식 삼성설로서, 집착의 변계소집성(遍計所執性), 상호작용하는 의타기성(依他起性), 마음의 평정을 드러내는 원성실성(圓成實性)에 상응한다. 여기서는 체상용(體相用)에 근거한 구체적인 영상관법의 사례를 예시한다.

체상용에 기반한 영상관법 사례

Ⅰ. 경청(공감과 지지)요약

완벽주의자인 그녀는 가슴이 매우 답답하다. 계속적으로 자신의 행동을 지적하고 꾸중하면서 자책한다. 그녀는 회사의 성과를 내기 위해 과도하게 일에 매달리고 자신을 비롯해 직원들에 대해서도 실수를 용납하지 않는다. 그렇다 보니 자주 화를 내고 그 끝은 우울해진다. 이점은 집에 와서 마찬가지다. 남편이나 아이들에게 동일하게 방식을 요구한다. 그러나 이점은 본인에게도 힘들고 에너지를 소진시킨다.

이것에 대한 명료화작업은 생략하고 영상관법을 실시하였다. 자극을 비롯한 감정, 생각, 갈망, 행동까지의 '마음작동모델'에 의한 5요인 분석은 앞에서 제시하였기에 여기서는 곧장 체험적 접근으로 영상관법을 시작했다. 경청의 단계에서 가슴의 답답함을 강하게 호소하였기 때문에 인지적 작업보다는, 즉시성의 원리에 따랐다. 눈을 감고 곧장 몸느낌에 집중하여 그 상태가 어떠한지를 탐색하였다.

II. 영상관법: 영상 포착하기

💬 좋아요. 자, 그러면 먼저 눈을 감고 불안한 가슴의 답답함에 집중하여 보세요. 어떤 상태인가요? 이야기해 줄 수 있나요?

💬 "무언가 가슴을 움켜잡고 있는 것 같아요." 그래서 "가슴이 저리고 답답해요."

💬 강도는 얼마나 되는가요...전체가 100이라면요...

💬 "강도는 90 정도요."

💬 그 답답함의 모양과 색깔은 어떤가요?

💬 "검은 색깔의 손바닥만한 바위 같은 돌덩이 같아요."

영상관법을 실행하기 위해서는 우선 감각 표상을 생성해야 하는 작업이 필요하다. 여기서 몸느낌에 대한 감각적 표상은 심하게 가슴에 달라붙은 바위와 같은 형상[相]이다. 이점은 3장에서 설명한 바 있는 초선(初禪)의 단계에서 이루어지는 '탐색(vitakka)'과 함께 '정밀한 관찰(vicāra)'이라는 두 가지의 위빠사나 단계로 구분해서 설명했다. 이것을 여기서 응용한다. 첫 번째 위따카 탐색은 뭔가 가슴을 움켜잡는 듯한 상당하게 불편한 답답함에 대한 포착과 알아차림이다. 고객이 자신의 가슴에서 느낌을 포착하면 그 느낌의 모양을 형성해야 한다. 두 번째 위짜라의 대상은 가슴에서 존재한다고 느끼는 검정 색깔의 '바위'라는 영상이다. 이것은 마음에 나타난 심상(心象)으로서 감각적 표상과는 구분된다. 영상관법이 마음/의식에 출현한 영상을 관찰한다고 할 때 바로 이 바위 이미지가 관찰대상이 되는 '영상/심상'이다. 이것은 고객/내담자의 가족이나 직장에서 경험하는 현실적 스트레스를 반영하는 까닭에 '닮은' 영상/심상이라고 부른다.

- 감각적 표상/가슴의 답답함/탐색(vitakka)
- 반영된 닮은 심상/손바닥만한 돌덩이/정밀하게 살펴봄(vicāra)

첫 번째의 감각 표상인 신체의 '답답함'은 '탐색(vitakka)'의 대상이지만 다음 단계의 구체적인 '바위'란 심상 이미지는 '정밀하게 살펴보는 관찰(vicāra)'의 대상이 된다. 여기서 핵심작업은 몸느낌의 감각적 표상을 구체적인 심상/영상 이미지로 '변환'하는 과정이다. 이것은 "그것은 어떻게 생겼나요?"라는 질문을 통해서 이루어진다. 대부분 이 영상작업(visualization)은 손쉽게 가능하다. 이것을 염지관(念止觀) 명상으로 설명하면 포착된 감각 느낌인 '답답함'의 표상[念]은 돌덩이라는 '선명한' 영상/심상으로 이미지화된다. 이렇게 하면 몸의 감각느낌을 구체적인 영상으로 이미지화시켜서 시각적인 집중[止]을 용이하게 하고 지속적인 관찰[觀]을 유도한다는 장점이 있다. 여기서 바위는 지수화풍에서 경직된 '땅[地]'의 요소이고 체상용으로는 영상/형상[相, 遍計所執性]에 해당된다.

III. 영상관법: 포착된 영상을 몸느낌과 함께 명상하기

💬 좋아요. 그러면 그 손모양만한 바위를 호흡과 함께 조용히 지켜보기를 해봅니다 (이미 호흡명상이 연습된 상태임). (1분 정도가 지난 다음에) 지금은 어떤가요?

💬 "많이 줄어들었어요. 강도는 50 정도구요. 바위 색깔이 검정색에서 회색으로 바뀌었고, 크기가 점점 줄어들고 있어요."

💬 좋아요. 계속해서 호흡과 함께 가슴의 바위를 지켜보시길 바랍니다. 판단은 멈추고 주의집중을 가슴의 느낌에 두면서요. (1분이 지난 다음에) 지금은 어떤가요?

💬 "편안해졌어요. 가슴의 바위 돌맹이는 밝은 주홍색이 되어가면서 없어졌어요. 지금은 답답한 느낌은 사라지고 시원한 느낌도 들어요."

💬 답답한 느낌은 어느 정도이고, 시원함은 어느 정도인가요?

💬 "답답함은 10 정도이고요, 시원함은 60 정도가 됩니다."

💬 네, 잘 했어요. 이제는 호흡으로 돌아오세요. 크게 심호흡을 해 보세요. (따라서 몸풀기 한다.)

여기서 핵심은 염지관 명상으로 감각느낌이 변화를 관찰하여 보고하는 작업이다. 몸느낌은 인연에 의해서 발생된 의타기성(依他起性)에 해당된다. 『기신론』의 체상용으로는 인과의 공덕을 만들어내는 명상수행의 작용[用]에 속한다. 호흡과 함께 조용히 감각느낌을 관찰함이 원인이 되어서 그 결과로서 변화가 일어난 것이라고 해석한다.

가슴에 답답함의 '강도(90→50→10)', '모양(손모양 크기→소멸됨)', '색깔(검은색→회색→밝은 주홍색)' 등으로 매우 극적인 변화의 역동을 보여준다. 이런 변화는 동시에 감정이 조절되는 마음치유의 과정을 나타낸다. 변화를 매우 구체적으로 인식하고 자각하기에 고객/내담자는 그 효과성을 직접적으로 경험한다.

| 그림4-7 | 처음/이미지

여기서 손바닥의 '바위' 영상은 땅의 요소이다. 이것이 가슴에 박혀 있다고 생각하면 무척 불편하겠으나 그것을 피하지 않고 직면하여 계속적으로 지켜보는 작업/작용이 바로 영상관법이다.

| 그림4-8 | 중간/이미지

여기서 영상 이미지가 변하는 과정은 '3단계'로 구분할 수 있다. 그림(4-7, 4-8, 4-9)은 영상관법을 끝내고 그것의 처음, 중간, 끝에서 경험한 내용을 그린 것이다. 이것은 앞에서 설명한 『기신론』의 '체상용'이나 유식 '삼성설'과 연결해서 탐색하는 것과 같다. 그러나 내담자에게 반드시 이론적 설명을 해야 하는 것은 아니다. 단지 변화하는 3단계를 그림과 함께 나누는 작업

| 그림4-9 | 끝/이미지

이 중요하다.

첫 번째 단계의 <그림4-7>은 가슴을 움켜쥐는 듯한 통증이다. 이것은 주먹만 한 검정색 손모양의 바위[相大, 遍計所執性]로 표상된다. 두 번째 단계의 <그림4-8>은 몸느낌[依他起性]을 호흡과 함께 지속적으로 관찰하면서 답답함의 강도와 색깔과 모양이 바뀌는 것을 관찰하는 단계[用大]이다. 색깔이 회색으로 바뀌어 조금 부드러워진 형상이다. 세 번째 단계의 <그림4-9>는 가슴의 답답함이 사라지고 바위 모양의 영상이 소멸되면서 시원하고 편안함을 느끼는 단계[體大, 圓成實性]이다. 마지막 세 번째 그림은 밝은 주홍색을 띠다가 마침내 사라졌다.

마음치유의 치료자는 영상관법을 끝내고 상담자가 그린 3장의 그림을 가지고 나누기를 시작한다. 이것은 영상관법의 처음, 중간, 끝의 체상용 3가지, 혹은 유식 삼성설을 보여준다. 명상을 끝낸 이후에 성찰/통찰의 상담 시간이다.

IV. 명상상담: 명상 후 해석과 문제해결

💬 명상을 끝내고 그림을 그려보니 어떤가요?

💬 "영상으로 관찰한 내용을 그림으로 그린다는 게 쉽지는 않았어요. 그래도 잘 그려진 것 같아요. (웃음) 마음으로 보았던 이미지를 그대로 그리려고 했어요. 정리되는 기분입니다. 어떻게 마음의 변화가 일어났는지...가벼워진 것 같아요."

💬 가슴에 손모양의 바위가 있군요. 처음 90 정도는 상당하게 강한 압박감인데, 어떤가요.

💬 "네, 강한 압박으로 가슴을 쥐고 있는 것 같아요. 마치 뭔가를 해야 되는데 그것이 이루어지지 못한 답답함과 막막함이 항상 있어요."

💬 첫번째 그림은 분별의 집착[遍計所執相]을 표현한 것인데 무엇에 집착된 것 같아요?

💬 "마땅히 해야 할 규칙이나 지켜야 할 약속에 집착되고 그것이 어긋나면 가족에

게 화를 내고 답답해하는 모습 같아요."

💬 그렇군요. 바위 같기도 하고 손 모양으로 영상이 표상되었는데, 이게 무엇을 의미하는 것 같아요.

💬 "손으로, 뭔가에 잡혀있다는 느낌이 들어요. 이게 규칙인 것 같기도 하고, 남편이나 아이들 같기도 해요. 혹은 도움의 손을 내미는 듯한...아무튼지 뭔가 책임감과 같은 것이 내 가슴을 쥐고 있다는 느낌이 아닐까 해요."

💬 그렇군요. 그런 것 같습니다. 누르는 바위는 강박과 같은 종류 같은데, 동의합니다. 그것들을 관찰하면서 그 변화가 드러난 그림은 두 번째(用, 依他起性)인데, 어떤가요? 관찰은 잘 진행되었나요?

💬 "아주 선명하게 영상이 잘 떠올라왔어요....바라보고 있으니, 참 신기하게 소멸되고...강도가 줄어들면서 변화가 일어나요. 색깔이 점점 회색으로 변하고 나중에는 밝은 색깔로 바뀌면서 잠차로 편안해졌어요."

💬 아, 축하드립니다. 무엇이 이런 변화를 가져오는 것 같아요?

💬 "몸느낌 자체에 집중하는 것...바위 같은 돌덩이를 판단하지 않고 그냥 바라보니까, 변화가 되는 것 같아요. 그리고...호흡도 큰 역할을 하는 것 같아요. 감정이 분리되는 느낌이 들어요."

💬 좋아요. 좋은 경험을 했습니다. 마지막 세 번째(體, 圓成實性) 그림을 설명해주실래요?

💬 "어두운 색깔이 밝은 색깔로 바뀌니까 정말로 편안해졌어요. 답답함이 풀리고 막막함이 해소되는 듯한 느낌이죠. 색깔이 밝아지니 마음이 한결 가벼워지고 시원해지는 것 같아요."

💬 네, 이렇게 3개의 그림을 보니 마음이 어떻게 변화되었는지 한눈에 보입니다. 그런데 여기서 본인의 문제가 무엇인 것 같아요.

💬 "가족들이나 주변 사람들에게 너무 규칙을 강요하는 것이요. 이것을 확실하게 느꼈어요. 조금만 어긋나도 잔소리하고 그런 다음에는 자책하고 스스로 힘들어

했던 것 같아요."

⚫ 앞으로 어떻게 하고 싶어요.

💬 "좀 더 편안하게 대하고 싶어요. 지나면 결국 별것도 아닌데...너무 내가 안달했던 것 같아요. 어릴 때 조금만 실수해도 엄마도 그렇지만 특히 아버지가 그랬죠. 이젠 내가 그래요. 금방 바뀌지지 않겠지만 알아차림하면서 노력해보겠어요."

⚫ 네, 좋아요. 파이팅입니다.

여기서 영상관법을 끝내고 마음이 밝아진 상태에서 명상에 대한 일종의 작은 성취감을 경험한다. 그림 3장을 보면서 이야기하는 것은 재미가 있을 뿐 아니라 고객에게 새로운 통찰을 준다. 영상관법을 통해서 '집착[相, 遍計所執性]' → '인연관찰[用, 依他起性]' → '평정[體, 圓成實性]'으로 변화하는 과정을 바라보면서 그것들이 선명하게 구별됨을 경험적으로 이해하게[勝解] 된다. 물론 고객/내담자는 이런 치유경험을 통해서 일상의 강박적 스트레스에서 온전히 해방되는 '전의(轉依)'를 경험했다고 말할 수 없지만 그래도 많은 도움을 받았다고 말한다. 다시 유사한 장면을 만나면 여전히 집착이 일어날 것이지만 처음보다는 가볍고 여유롭게 맞이할 것이다.

여기서 '전의(轉依)'는 말 그대로 '의지처[依, āśraya, basis]의 전환[轉, parāvṛtti or parivṛtti, transformation]'을 의미한다. 여기서 '의지처'란 무엇을 의미하는지가 쟁점인데 대체로 몸과 마음의 여섯 가지 감각기관(the six sense faculties, indriya)을 말한다.[16] 유식의 삼성론에서 보면 위의 세 장의 그림처럼 무엇을 '나'라고 의지하고 동일시하는 것인가에 대한 것이다. 대체로 변계소집은 '집착'을 야기하는 감각기관이 의지처이다. 영상관법을 통해서 의타기성의 '연기'하는 진실을 보고 집착

---

16 Szilvia Szanyi(2021), The Changing Meanings of āśraya in Vasubandhu's Abhidharmakośa (bhāṣya). Journal of Indian Philosophy 49 : 953-973.

을 버린다면 제1차의 전의가 일어난다. 다시 인식과 대상이 상호작용하는 의타기성에 대해서도 의지하지 않으면 제2차의 전의가 일어나서 원성실성에 도달한다. 다시 한 걸음[進一步] 나아가서 청정한 원성실성에도 의지하지 않으면 일체가 그대로 드러난 사사무애(事事無碍)라는 궁극의 제3차의 전의가 발생한다.

이렇게 되기 위해서라도 마음치유의 전문가나 치료자/상담자는 실무적 역량과 함께 이론적 측면을 분명하게 공부해야 한다. 반면 내담자는 이론을 반드시 알아야 하는 것은 아니다. 단지 경험적으로 이해하면 된다. 그래도 치료자/상담자가 마음치유의 사전에 변화과정과 그 원리를 설명하고 시작한다면 신뢰하면서 더욱 집중할 것이다.

3) 마음의 본성 – 체상용(體相用)에 의한 남방과 북방불교의 비교 고찰

앞의 사례는 『기신론』에서 말하는 체상용(體相用)과 함께 유식론의 삼성설(三性說)이 실제 영상관법을 통해서 어떻게 나타나는지를 보여준다. 마음의 본질에 대해서 인식론적 측면을 강조하는 남방불교와 본성의 존재론적인 측면에 초점을 맞추는 북방불교는 서로 차이점이 있다. 여기서는 지금까지 나타난 이슈들을 이론적 혹은 문헌적으로 비교, 논의하고 남북의 차이점이 공통적으로 체상용의 통합체계임을 밝힌다.

➊ 남방불교의 아비담마합론(Abhidhammattha-saṅgaha)

불교에서 '마음[心]'을 범어(빠리어에서도 동일함)로 'citta'라고 한다. 이것의 사전적 의미는 '주목하다(noticed)', '주의하다(attending)', '관찰하다(observing)', '사유하다(thinking)', '반영하다(reflecting)', '상상하다(imagining)', '기억하다(memory)' 등이다. 다양한 술어들이지만 이것들의 공통된 특징은 '마음(mind, citta)'이란 곧 대상을 '인식'하고 '사유'하는 인지적이고 인식론적인 측면임을 보여준다.

남방불교의 테라바다(Theravāda) 전통에서 아비담마(Abhidhamma)의 중요한 Pali 논서인 Abhidhammattha-Saṅgaha(이하 『아비담마합론』이라고 번역함[17])에서도 역시 'citta/마음'의 인식/인지적 측면이 강조되고 있다. 『아비담마합론』은 스리랑카 승려인 Anuruddha에 의해 11세기와 12세기 사이에 쓰여졌다고 알려져 있다. 이것을 현대적으로 재편집하고 해석한 Bhikkhu Bodhi는 이 논서를 남방의 불교 논서를 대표하는 표준적 교과서이자 최고의 성과로 평가를 한다. 여기서 'citta'에 대해서 다음과 같이 정의한다.

> 첫장에서 citta/의식, 혹은 마음에 대해서 검토하고 있다. citta는 ('마음', '마음현상', '물질', '열반'이라는) '4가지 궁극적 실재(The Fourfold Ultimate Reality)' 가운데 첫 번째이다. (명상수행) 공부를 할 때 제일 먼저 마음을 공부해야 한다. 왜냐면 이것들은 개념이 아닌 실재로서 이것들에 대한 분석은 '경험'에 초점을 맞추기 때문이다. 경험으로서의 마음은 핵심 요소로서 마음은 대상을 '아는' 것(knowing) 혹은 '자각하는' 것(awareness)을 말한다.[18]

여기서 중요한 쟁점은 첫 번째로 '실재(reality)'와 '개념(conception)'에 대한 구분이다. '개념'은 일상에서의 개념적 사유를 말한다. 곧 관습적 표현들로서 이를테면 사람, 동물, 남성, 여성과 같이 세상을 이해하는 관념/언어와 같은 것이다. 이

---

17 필자는 Saṅgāha란 말이 여러 가지 교설을 한군데 '모으다', '합치다'는 의미이고 그 성격이 논서인 점을 감안하여 『아비담마합론』이라고 번역하여 사용한다.

18 Bhikkhu Bodhi(Author), Mahāthera Nārada(Translator)(1993), A Comprehensive Manual of Abhidhamma: The Abhidhammattha Sangaha of Ācariya Anuruddha, Buddhist Publication Society, Kandy Sri Lanka, p.27. 국내 번역은 대림스님과 각묵스님(2002), 『아비담마 길라잡이』(초기불전연구원)가 있다.

것들은 속제(俗諦)로서 단지 개념일 뿐이기에 실제적인 것은 아니다. 반면에 '실재'는 '스스로 본래 갖추어진 고유한 성품(own intrinsic nature, sabhāva, 自性)'에 근거해서 존재하는 '현상', 담마(dhamma)이다. 실재는 유용한 결과를 낼 수 있고, 쪼갤 수 없는 존재의 최종적인 요소이고, 우리 일상의 경험을 분석해 도달하는 '궁극적 실재(parama+attha)'로서 진제(眞諦)이다. 이것은 남방불교의 철학적 전통이 설일체유부의 실재론에 근거함을 여실하게 보여준다.

여기서 주목해야 할 점은 사람이나 자아란 '개념'이고 '실재'가 아니라는 것이다. 개념이란 관습적인 진리이고 언어적 관념이다. 반면에 실재/법인 마음, 마음현상, 물질, 열반은 쪼갤 수 없는 직접적인 경험이다. 언어학적인 관점에서 보면 사람이나 자아는 가리키는 대상이 구체적으로 존재하지 않는 까닭에 실재가 아닌 개념이다. 현대적 학문에서 보면 '사람'이란 개념은 사회학적 분석단위이고, '마음'이란 실재는 심리학적 분석단위에 가깝다. 물론 사회학에 속하는 정치나 경제 현상은 개념적 측면이 있지만 실재하는 현상으로 파악된다. 그러나 고대 불교학에서는 이들을 '실재'보다는 '개념', 곧 관습적 진리로 본다. 그 이유는 직접적인 관찰의 대상으로 간주하지 않기 때문이다. 이것을 정리하면 <그림4-10. 개념과 실재>와 같다.

개념(sammuti, 언어)	실재(paramattha, 법)
사람(人)	마음, 물질, 마음현상(心所法), 열반
자아(我)	물질(色), 감정(愛), 생각(想), 갈망(行), 의식(識)

| 그림4-10 | 개념과 실재

두 번째 쟁점은 마음과 지수화풍의 물질을 궁극적 실재로서 다룬다는 점이다. 그것도 첫 번째 범주가 마음/citta이다. 『아비담마합론』은 마음을 인식/인지적 측면인 곧 대상에 대해서 '아는' 것이고 '자각'하는 것으로 정의한다. 그러면서 'citta'에 대해서 다음과 같이 구체적으로 논술한다.

빨리어 citta는 '인지하다', '알다'는 동사 어근 '√citi'에서 유래한다. 전통적으로 주석자들은 citta를 '행위의 주재(agent)', '수단이나 도구(instrument)', '작용/활동 (activity)'이라는 3가지 관점으로 해명한다. '행위'의 주재로서 마음은 대상을 '인식'하는 것이고, 수단이나 도구로서 마음은 뒤따르는 마음현상[心所有法]이 대상을 인식하는 도구/수단이 된다는 것이고, 마음의 작용/활동은 대상을 인식하는 과정일 뿐 다른 것이 아니라는 것이다.[19]

마음을 정의할 때 마음은 인식이란 행위의 주재이고, 앎의 인식 수단이고, 인식/앎의 활동 자체를 의미한다. 인식을 구성하는 3요소가 모두 마음이란 말이다. 마음의 본질은 바로 대상을 알고 인식하는 것인데 그런 앎의 '주체'가 마음이고, 그런 앎의 '도구'가 마음이고, 그런 앎의 '활동'이 바로 마음이라는 것이다. 인식하고 아는 주체, 도구, 활동이 바로 마음이고 이런 것들을 떠나서는 '마음'이 아니라는 말이다. 이것을 보면 남방불교 전통은 '마음'을 대상을 향한 '인식론'적인 측면에서 바라본다.

물론 이것은 마음에 인식/앎의 주체로서 '영원한' 자아가 존재한다는 잘못된 견해를 배제할 목적으로 인식행위의 원인이나 도구라고 정의한 것이다. 아무튼지 Abhidhammattha-Saṅgaha(『아비담마합론』)에서는 '마음'을 인식론이나 인지적 활동으로 규정함으로써, 개념적 이해나 관습적인 측면이 아닌 '물질', '마음현상', '열반'과 함께 궁극적인 '실재'로 파악한다는 것이다.

세 번째 쟁점은 마음이란 실재를 이해하고 분석하는 '해석틀'의 문제이다. 그것은 다음과 같은 4가지 측면을 가진다고 말한다.

궁극적 실재를 설명하기 위해서 팔리어 주석자들은 그것의 한계를 설정하는 4가

---

19 같은 책, p.28.

지 방식의 장치를 설정한다. 첫째로 그것은 'lakkhaṇa(특성)'으로서 현상의 핵심된 본질적 성격/법인(法印)이다. 둘째로 그것은 'rasa(작용)'으로서 구체적인 업무의 실행 혹은 목표의 성취이다. 셋째로 그것은 'paccupaṭṭhāna(형상)'으로서 경험 속에서 드러나는 방식이다. 마지막으로 넷째로 그것은 'padaṭṭhāna(가까운 원인)'으로서 그것이 의존하는 원칙적 조건이다.[20]

여기서 보면 마음을 이해하는 방식으로 '특성', '작용', '형상', '인연'의 4가지를 제시한다. 이것이 마음을 해석하는 남방불교의 해석틀이다. 이미 5세기경에 Buddhaghosa에 의해서 간행된 『청정도론』에서도 지수화풍을 해석할 때 사용한 방식이기도 하다.

여기에서 물질의 쌓임[色蘊, rūpakkhandha]은 변화하는 특성을 가진 하나이지만, 그것은 기본적 핵심 물질(bhūta rūpa)과 그것에서 파생된 물질(upādāya rūpa) 2가지로 분류된다. 기본적 핵심 물질은 견고성의 지계(地界, pathavīdhātu), 응집력의 수계(水界, āpodhātu), 뜨거움의 화계(火界, tejodhātu), 움직임의 풍계(風界, vāyodhātu)라는 4가지이다. 이들 4가지 물질적 요소는 특성(akkhaṇa), 작용(rasa), 형상(paccupaṭṭhāna)에 의해서 정의되며 가까운 인연은 각자 다른 세 가지와 서로 근인(近因, padaṭṭhāna)이 된다.[21]

여기 『청정도론』에서 말하는 지수화풍의 자성과 작용에 대한 해석을 앞에서

---

20 같은 책, p.29.

21 Visuddhimagga(PTS XIV, 443), "Tadetaṃ ruppanalakkhaṇena ekavidhampi bhūtopādāyabhedato duvidhaṃ. Tattha bhūtarūpaṃ catubbidhaṃ-pathavīdhātu āpodhātu tejodhātu vāyodhātūti. Tāsaṃ lakkhaṇarasapaccupaṭṭhānāni catudhātuvavatthāne vuttāni. Padaṭṭhānato pana ta sabbāpi avasesadhātuttayapadaṭṭhānā." 『청정도론』의 국내번역은 범라번역(1999), 『위숟디 막가』(서울: 화은각)가 있고, 영역은 THE PATH OF PURITY(London: The Pali Text Society, 1975)가 있다. 인용문 번역은 이들을 참고하여 번역하였음을 밝힌다.

고찰한『구사론』과 비교할 때 거의 동일함을 보여준다. 특히 지수화풍에 대해『청정도론』이 채택한 사물의 '본질적 특성', 그 사물의 본성이 '작용'하는 것, 이런 작용으로 나타난 '형상', 그리고 이들 사이의 '상호인연' 관계라는 4가지 해석틀은 『아비담마합론』에서도 그대로 답습된다. 이것은『아비담마합론(Abhidhammattha-Saṅgaha)』이『청정도론(Vsuddhi-Magga)』으로부터 직접적인 영향을 받았음을 보여준다.

물질을 해석하는 이런 4가지 해석틀은 '마음/citta'를 해석할 때도 그대로 적용된다. 여기에 대입하여 보면 이렇다. 첫째로 마음의 '본질적 특성'이란 대상에 대한 인식/앎이다. 인식/앎을 떠나서 별도로 마음을 설명할 길이 없다. 이것은 곧 마음의 본질을 인식과 앎으로 해명한 것이다. 둘째로 마음작용은 명상수행이나 일상생활의 상황에서 지향된 목표를 향해 나아가는 활동이나 직접적인 작용을 의미한다. 마음의 '작용'은 항상 마음현상[心所有法]의 근거/원인이 되고 그것들을 주도하고 이끄는 선행된 전신이고 전조이다. 셋째로 마음의 형상은 명상수행이나 일상생활의 상황에서 구체적인 작용이 나타나는 결과로서 곧 감정이나 생각 그리고 갈망과 같은 수많은 다양한 경험적 형태를 말한다. 마음과 마음현상이 작동하여 그 결과로 다양한 인연을 따른 고유한 형태의 형상들이 나타난다. 네 번째 마음의 해석틀인 '가까운 원인[近因]'이란 마음은 인연을 만나면 작동한다는 의미이다. 왜냐면 지수화풍 물질과 마음/의식은 단독으로 작용하지 않고 반드시 주변의 원인과 조건을 동반하여 발생되기 때문이다. 다시 말하면 '마음(心)'은 마음현상[心所法]이나 물질적 요소[色]와 같은 인연을 떠나서 문득 홀연히 발생할 수 없다는 의미이다.

마지막 네 번째 쟁점은 마음과 관련된 논의에서 자주 등장하는 핵심 키워드인 '마음[citta, 心]', '사량[mano, 意]', '의식[viññāṇa, 識]'이 대체로 초기불교와 남방불교에서는 구분되지 않고 동의어로 사용한다는 점이다.

실로 이와 같이, 비구여 '마음(citta)', '사량(mano)', 그리고 '의식(viññā)' 등이 함께 불리워지는 것이 있다.[22] 비구여. 이 '마음', 이 '사량', 이 '의식'이 있다. 마땅히 이것을 잘 사유하라.[23] 인식하는 '의식'과 '마음'과 '사량'이라는 것은 같은 표현이다.[24]

이들은 순서대로 『쌍윳따니까야』, 『잡아함경』, 『청정도론』의 인용문이다. 이들은 한결같이 심/의/식(心/意/識)을 동일한 의미로 파악한다. 이것을 보면 초기불교 경전과 남방전통에서는 심/의/식을 동일한 의미로 파악하고 있음을 알 수 있다.

남방불교는 마음의 본질을 '인식/앎'이란 인지적 과정이나 인식론적 측면에 초점을 맞춘다는 점이 가장 큰 특징이라 할 수 있다. 다만 북방불교에서 마음의 본질을 청정성과 같은 존재론적으로 파악하고 달마체계의 '논리'나 '관계'와 같은 개념을 '불상응행법(不相應行法)'이라는 별도의 범주로 구분한 점에서는 차이가 있다.

❷ 유식학파의 『구사론』과 『유식삼십송』

앞에서는 남방의 대표적인 논서를 중심으로 마음을 어떻게 이해하는지 살펴보았다. 여기서는 대승기신론 이후로 나타난 '유식'과 '화엄'의 경우를 살펴볼까 한다. 특히 동북아시아에서 유행했던 세친의 『구사론』과 『유식삼십송』, 징관의 『화엄소』와 종밀의 『사자승습도』를 중심으로 고찰한다.

'마음'을 심층적인 관점에서 정밀하게 탐색하여 집중한 인물은 아마도 유식불교의 세친(世親, Vasubandhu, 316-396?)일 것이다. 그는 심/의/식을 동일한 같은 의미로 파악하는 남방불교 전통과는 다르게 『구사론』과 『유식삼십송』에서 심/의/식의 의미를 엄격하게 구분하여 사용한다.

---

22 SN, PTS(61/94), "Yaṃ ca kho etaṃ bhikkhave, vuccati cittaṃ itipi mano itipi viññāṇaṃ itipi."

23 『雜阿含經』(大正藏2, 8a), "比丘, 此心 此意 此識 當思惟此."

24 Vsuddhi-Magga(PTS, 452), "viññāṇaṃ, cittaṃ, mano ti atthato ekaṃ."

논하여, 모여서 발생함은 '마음[心]'이라 이름하고, 사유함은 '사량[意]'라 하고, 대상을 구분하여 인식할 때는 '의식[識]'이라 한다...(중략)... 비록 심의식(心意識)이 전하는 의미는 서로 다르지만 그 바탕[體]은 하나이다.[25]

여기 『구사론』에서 보듯이 마음/사량/의식을 분명하게 구분하여 사용한다. 물론 이들의 본성[體]은 하나지만 분명하게 기능을 구별할 수 있다. 이후 대승의 유식불교에서 정보를 모아서 발생시키는 마음을 제8식, 사량하는 것을 제7식, 대상을 인식하는 의식을 제6식으로 구분하는 것은 초기불교나 남방 불교전통과 비교할 때 중요한 관점/패러다임의 전환이라고 말할 수 있다. 마음의 다양한 역할을 그 기능에 따라서 분류하고 체계화시킨 점은 매우 중요한 변화이다. 왜냐면 이렇게 세분하지 않으면 인간의 인식/앎의 과정을 정밀하게 분석할 수가 없기 때문이다. 또한 오늘날 마음치유의 심리상담이나 심리치료의 현장에서 고객과 내담자가 세계와 자신을 어떻게 구성하고 해석하는지를 밝혀내는데 결정적인 단서를 제공해준다는 점에서도 의의가 있다.

『유식삼십송』에서 세친은 심/의/식 세 가지가 자신[我]과 세계[法]를 구성하고 의식을 전변시키는데 있어 핵심역할을 한다는 뜻에서 '능변식(能變識)'이라고 불렀다.[26] 대상을 인식하는 과정에 따라서 제6식[識], 제7식[意], 제8식[心]의 역할을 세분하게 쪼갠 점은 20세기 후반에 널리 알려진 정보를 처리하는 인터넷 데이터베이스와 비교해서 설명할 수 있는 근거가 된다.

대상을 분별하는 제6식/의식[識]은 전오식(前五識)인 감각기관의 도움을 받아서 정보를 직접적으로 요별/지각하고 수집하는 기능을 담당한다면, 끊임없이 사

---

25 『俱舍論』(大正藏29, 21c), "論曰 集起故名心 思量故名意 了別故名識 復有釋言 淨不淨界種種差別 故名爲心 卽此爲他作所依止故名爲意 作能依止故名爲識 故心意識三名所詮 義雖有異而體是一."

26 護法, 앞의 책, p.7b., "而能變識類別唯三 一謂異熟 卽第八識多異熟性故 二謂思量 卽第七識恒審思量故 三謂了境 卽前六識 了境相麤故."

량하는 제7식/사량[意]은 수집된 정보를 평가하고 관리하는 역할을 한다. 마지막 제8식/마음[心]은 수집되고 평가된 데이터를 저장하여 새로운 경험에 대해 평가하고 관리하는데 직접적으로 영향을 미친다.

이들의 상호작용 관계/모델[27]은 처음에 정보/종자가 입력되는 훈습/변위의 과정[現行識變爲種子]으로써 정보수집의 제6식 → 평가와 관리의 제7식 → 정보를 저장하는 제8식에로 진행된다. 이것은 정보를 입력(input)하는 과정이다. 반면에 심층의 종자/정보가 표층의 현행으로 변위되는 과정[種子識變爲現行]인 유출(out-put)은 저장된 데이터베이스의 제8식 → 관리하고 평가는 제7식 → 다시 제6식의 분별하는 개별적 감각에 영향을 미친다.

데이터베이스(DB) 설계 3단계 모델

| 그림4-11 |　데이터베이스 설계

이것을 현대의 대단위 인터넷망 혹은 인공지능(AI)에 비유하면 제6식의 '고객'은 평가하고 관리하는 제7식의 '서버'를 통해서 광대한 메인 컴퓨터인 제8식의 데이터 베이스에 접속하게 된다. 위의 <그림4-11. 데이터베이스 설계 3단계 모델>에서 보듯이 고객은 인터넷망 혹은 생성 AI를 통해서 자신이 원하는 정보를 가져와서 자신의 의도에 따라서 현실 속에서 적절하게 활용하게 된다. 물론 계속적으

27　窺基, 『成唯識論述記』(大正藏43, 240c), "然依內識之所轉變 謂種子識變爲現行 現行識變爲種子 及見. 相分 故名爲變."

로 저장되는 빅데이터는 때에 맞춰 체계적으로 정비되어 새롭게 정보/종자를 생산하여[種子生種子] 다시 고객에게 서비스를 제공하게 된다.

이와 같이 유식불교에서 마음을 인식/앎의 인지적 과정이나 절차로서 파악한 점은 초기불교나 남방불교의 전통과 동일하다. 하지만 심의식의 기능을 각각 세분하고 심층적으로 그 역동성을 규명한 점은 유식불교의 고유한 독창성이다.

3 화엄학파의 『화엄경소(華嚴經疏)』와 『사자승습도(師資承襲圖)』

'마음의 본질은 무엇인가?' 이런 과제는 불교사상사에서 학파나 종파를 떠나 계속 반복되는 핵심된 질문이다. 대승불교에서 마음의 본질을 인식/앎으로 규정한 대표적인 논의는 징관(澄觀)의 『화엄경소』에서도 역시 발견된다. 그것은 다음과 같다.

> (마음의 본질, 知에 관한 문답) 여덟 번째로 앎[知]이 마음의 바탕이다. 대상에 대한 요별(제6식)은 곧 참된 앎[眞知]이 아니다. 그러므로 의식은 알 수가 없다. 문득 보는 것은 참다운 앎이 아니다. 그러므로 마음의 경계가 아니다. 마음의 바탕은 생각을 떠난 관계로 생각이 없다는 생각도 없으므로, 성품은 본래 청정(淸淨)하다. 중생은 번뇌에 가려있기에 알지를 못한다. 그래서 부처께서 열어 보이시어 중생이 깨달음에 들게 한 것이다. 바탕에 즉한 작용인 관계로 그것을 물으면 '지(知)'로서 대답한다. 작용에 즉한 바탕이기에 '성품의 청정'으로서 대답한다. 앎[知], 한 글자는 온갖 묘한 문이다. 만약에 능히 자신을 텅 비우고, 이것을 안다면 부처의 경계에 계합할 것이다.[28]

---

28 澄觀, 『大方廣佛華嚴經疏』(大正藏35, 612b-c), "八知卽心體了別卽非眞知 故非識所識 瞥起亦非眞知 故非心境界 心體離念卽非有念可無 故云性本淸淨 衆生等有或翳不知 故佛開示皆令悟入 卽體之用 故問之以知 卽用之體 故答以性淨 知之一字衆妙之門 若能虛己而會便契佛境."

요점을 살펴보면, 첫째로 가장 먼저 눈에 띄는 포인트는 마음의 본질을 '인식/앎'으로 규정한 점이다. 이것은 남방불교의 『아비담마합론』과 같은 맥락이다. 그러나 둘째는 남방전통이나 유식에서 자주 등장하는 의식[識]을 '참된 앎[眞知]'으로 간주하지 않는다는 점이다. 외적인 대상으로 '지향된' 제6식[了別]으로는 마음의 본질, 청정한 성품을 알 수가 없다고 말한다. 곧 마음[心]과 의식[識]을 동일한 관점에서 파악하지 않고, 서로 분명하게 구별하고 있다. 셋째로 징관은 마음의 바탕[體]을 청정성으로 보고, 마음의 작용[用]은 앎[知]으로 설명한다. 곧 앎[知]이란 청정한 바탕[體]에 기반[卽]한 마음의 작용[用]이다. 이에 비해 마음의 바탕[體]이란 앎의 작용에 기반한 '청정성'의 본성이다.

이런 인식/앎에 대한 해석방식은 화엄경에 기초한 바로서, 징관(澄觀, 738-839)의 독자적인 방식으로 그의 제자인 종밀에게로 계승된다. 징관과 마찬가지로 종밀(宗密, 780-841)은 제6식의 요별인 단순하게 분별이 있는 대상에 대한 인식/앎만을 말하지 않는다. 반대로 미혹하거나 깨닫거나 어떨 때든지 마음이 가진 '본래적인 앎[本知]'을[29] 강조한다. 또한 이 앎은 있음[有]과 없음[無]을 근본적으로 초월한 까닭에 명백하고 명백해서 어둡지 않는 '항상 존재하는 앎[常知]'이다.[30] 이것은 내외적인 대상에 대한 분별이 있는 제6식의 앎이 아니다. 분별이 없는 청정한 앎이기에 '신령한 앎[靈知]'이라고도[31] 한다.

종밀이 마음의 본질을 앎[知]으로 규정한 점은 남방전통과 상통하지만, 마음의 본질은 의식[識]과 다른 인간의 고유함 본성임을 분명하게 말한다. 이 본성, 곧 앎을 작용으로 이해하고, 그것을 다시 '스스로 성품으로서의 작용[自性用]'과 '대상에 따르는 작용[隨緣用]'으로 구분한다.[32] 거울에 비유하면 '자성용'이란 거울의

---

29 宗密, 『禪源諸詮集都序』(大正藏48, 403a), "是汝眞性任 迷任悟心本自知."

30 같은 책, p.404c., "此心超出前空有二宗之理 故難可了知也)明明不昧了了常知."

31 같은 책, p.402c., "空寂之心靈知不昧 卽此空寂之知 是汝眞性."

32 宗密, 『中華傳心地禪門師資承襲圖』(卍新纂續藏經Vol.63, No.1225), 7. "眞心本體 有二種用 一者

스스로 비추는 작용과 같고, '수연용'은 거울이 인연에 따라서 대상을 비춤과 같다.

이렇게 화엄종파는 마음의 '인지적' 측면을 인정하면서도 대상에 대한 인식이나 앎의 수준이 아닌 존재론적으로 '청정[體]'한 마음의 본성을 인정한다. 또한 마음의 본성이 가지는 '본래적 앎[用]'을 중시한다는 점에서 남방전통이나 유식학파와도 구분된다.

④ 『기신론』과 『아비달마합론』의 비교

마음[心]과 마음의 본성[性]을 분석하고 해석할 때, 가장 중요한 관점은 마음의 본질을 무엇으로 볼 것인가 문제와 함께 그것을 분석하고 해석하는 방법적 문제이다. 지금까지 논의를 다시 정리해보면, 이렇다.

먼저 대승불교에서 이런 해석틀을 제공하는 대표적인 이론서는 바로 『기신론(起信論)』이다. 이후 대승불교의 사상적 전개에서 세친의 『구사론(俱舍論)』이나 징관의 『화엄경소(華嚴經疏)』와 종밀의 『도서(都序)』에 이르기까지 '마음의 본질'을 '바탕[體]'과 '작용[用]'의 관점에서 정의한다. 이런 해석틀은 역시 바로 『기신론』의 방식에 직접적으로 영향을 받고 있다.

한편 남방불교의 경우도 보면 A.D. 5세기에 간행된 『청정도론(Vsuddhi-Magga)』과 A.D. 11세기에 출간된 『아비담마합론(Abhidhammattha-Saṅgaha)』에서도 A.D. 2세기에 출현한 북방불교의 『기신론』에서 사용하는 체/상/용(體相用)의 해석틀이 유사한 방식으로 사용되고 있다. 이들은 공통적으로 마음이 작동하는 가까운 인연 조건(padaṭṭhāna)을 기본적으로 전제하고 마음의 본질적 특성(lakkhaṇa, 體/佛), 경험 속에 드러난 형상(paccupaṭṭhāna, 相/法), 명상수행과 일상의 삶에서 목표를 향하여 실행하는 작용(rasa, 用/僧) 등으로 마음을 분류하고 해

自性本用 二者隨緣應用 猶如銅鏡 銅之質是自性體 銅之明是自性用 明所現影 是隨緣用 影即對緣方現 現有千差."

석한다.

이런 해석틀은 마음을 관찰하는 수행방식과 연관된 것으로 우리의 평범한 일상에서도 찾아볼 수 있다. 예를 들면 책상 위에 꽃이 있다고 하자. 그런데 옆에 있는 친구가 이것은 무슨 꽃인가 하고 물었다. 장미꽃이라고 대답했다. 묻고 대답하는 이런 인지적 특성이 마음의 '본성[體]'이다. 또한 친구의 질문에 대답하기 위해 고유한 본성에 기반한 '기능/작용[用]'을 사용한다. 그리고 그것에 집중하여 '저것은 장미꽃이다.'고 대답하는데, 이것은 인식의 결과로서 드러나는 '형상[相]'이다. 마지막으로 이런 인식/앎의 결과가 이루어지기 위해서는 친구, 꽃, 시간과 공감과 같은 여러 환경/인연/조건이 선행되었다.

실로 마명(馬鳴, Aśvaghoṣa, A.D. 80?-150?)의 『기신론』은 남방불교의 수행체계와 대승불교의 형성에 크게 영향을 미친 대표적인 논서이다. 그러면 『기신론』에서 마음을 해석할 때 사용하는 '바탕[體]', '형상[相]', '작용[用]'이란 어떤 의미인지 좀 더 자세하게 살펴보자.

마하연이란 전체적으로 2종류가 있다. 하나는 법이고 다른 하나는 뜻이다. 이른바 법이란 중생의 마음[衆生心]이다. 이 마음은 일체의 세간(世間)과 출세간(出世間) 현상[法]을 포섭한다. 이 마음에 의지하여 마하연의 의미를 현시한다. 왜냐면 이 마음이 진여(眞如)의 모습 곧 마하연의 바탕[體]을 곧 제시하기 때문이다. 또한 이 마음이 생멸하는 인연의 모습으로 능히 자체의 체상용(體相用)을 드러내기 때문이다. 이른바 뜻[義]에 3종류가 있다. 무엇이 세 가지인가? 첫째로 체대(體大)로서 일체법이 진여이고 평등하여 증가나 소멸이 없는 까닭이요, 둘째는 상대(相大)로서 여래장이 구족한 무량한 성품의 공덕인 까닭이요, 셋째는 용대(用大)로서 능히 일체의 세간과 출세간에 좋은 인과를 만드는 까닭이다. 일체의 모든 부처가 본래 갖춘 바이요, 일체 보살이 이 법을 갖추어 모두 여래지(如來地)에 도달

한 까닭이다.[33]

이것을 요약하면 이렇다. '대승'이란 바로 중생의 마음인데, 이것은 크고 참되고 한결같은 '진여문'과 인연을 따라서 끊임없이 변화하는 '생멸문'으로 나뉜다. 이것은 궁극적 실재로서 '법(法)'이다. 이것의 의미[義]는 다시 체/상/용(體/相/用)으로 분류한다. 바탕/체는 진여심에 속하고 형상/상/모양과 작용/용은 생멸심에 속한다. 이것을 정리하면 <그림4-12. 마음의 구조>와 같다.

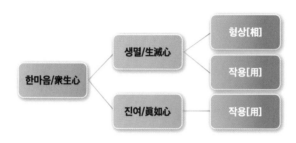

| 그림4-12 | 마음의 구조

이것을 남방의 『아비담마합론』과 비교하여 보자. 첫 번째, 바탕/본성에 대한 해석이다. 남방과 북방 불교전통에서 마음의 특성과 바탕/체(體)를 해석하는 부분에서 큰 차이점이 발견된다. 이런 차이는 결국 '마음의 본질/성품/바탕/체(體)를 어떻게 볼 것인가?' 하는 문제인데 중요한 관점이다.

진제역(眞諦譯)/첫째로 체대(體大)로서 일체법이 진여이고 평등하여 증가나 감소가 없는 까닭이다.(體大 謂一切法 眞如平等 不增減故).

---

33 馬鳴, 眞諦譯 『大乘起信論』(大正藏16, 575c), "摩訶衍者 總說有二種 云何爲二 一者法 二者義 所言法者 謂衆生心 是心則攝一切世間法出世間法 依於此心顯示摩訶衍義 何以故 是心眞如相 卽示摩訶衍體故 是心生滅因緣相 能示摩訶衍自體相用故 所言義者 則有三種 云何爲三 一者體大 謂一切法眞如平等不增減故 二者相大 謂如來藏具足無量性功德故 三者用大 能生一切世間出世間善因果故 一切諸佛本所乘故 一切菩薩皆乘此法到如來地故."

실차난타역(實叉難陀譯)/첫째는 체대로서 일체법이 진여이고 물들거나 청정하거나 (관계없이) 그 성품이 항상 평등하여 증가하거나 감소되는 법이 없고 서로 차별이 없는 까닭이다(一體大 謂一切法眞如 在染在淨 性恒平等 無增無減 無別異故).[34]

『기신론』의 범어 원본은 전승되지 않고 있다. 두 개의 한역본을 참조할 수밖에 없는 이유이다. 진제(眞諦)의 번역에서는 '일체법/마음의 본질[體]은 진실하고 한결같아서[眞如] 평등하며 증가하거나 감소하지 않음'으로 정의한다. 실차난타(實叉難陀)의 번역에서는 '일체법/마음의 본질은 진실하고 한결같아서 물들거나 청정하거나 그 성품은 항상 평등하고, 증가하거나 감소되지 않고 별도의 차별이 없다'고 정의한다.

이것을 보면 첫째로 초기불교와 남방불교 전통에서는 마음의 본질을 '인식이나 앎의 활동'으로 규정하여 인식론이나 인지적 측면이 강조되는데[35] 비해 북방불교의 『대승기신론』은 '진실하고 한결같음[眞如]'의 측면[門]으로서 마음의 성품[性]이 어떻게 존재하느냐 하는 '존재론적' 측면이 강조된다. 인식론과 존재론의 차이 이점은 매우 중요하다. 왜냐면 마음의 본질에 대한 남방과 북방의 차이점을 제시하고 있기 때문이다. 물론 양자의 차이점은 해석하는 관점의 차이이기도 하다. 북방불교에서 마음의 본성을 청정성과 평등성으로 강조한 점은 남방불교에서 말하는 '열반'에 해당되는 내용이다. 열반이야말로 바로 '청정성'과 '평등성'을 구현하는 때문이다. 이런 까닭에 필자는 달마분류체계에서의 '열반'이나 '무위법'을 '본

---

34 馬鳴, 實叉難陀譯 『大乘起信論』(大正藏16, 584b), "謂摩訶衍略有二種 有法及法 言有法者 謂一切衆生心 是心則攝一切世間出世間法 依此顯示摩訶衍義以此心眞如相 卽示大乘體故 此心生滅因緣相 能顯示大乘體相用故 所言法者 略有三種 一體大 謂一切法眞如在染在淨性恒平等 無增無減 無別異故 二者相大 謂如來藏本 求具足無量無邊性功德故 三者用大 能生一切世出世間善因果故 一切諸佛本所乘故 一切菩薩皆乘於此入佛地故."

35 권오민(2016), 「아비달마불교에서의 마음에 관한 몇 가지 쟁점」 『동아시아불교문화』28, 183-212.

성'의 영역에 포함시켜서 이해한다.

『아비담마합론』에서 실재를 '마음', '물질', '마음현상(心所法)', '열반'으로 분류한다. 여기서 '마음현상'은 '마음'에 부수된 현상이고, '열반'은 바로 '본성'에 해당되는 까닭에 필자는 인간을 이해하는 달마분류체계를 '몸/물질', '마음/마음현상', '본성/열반'이란 3가지 범주로 요약하여 재분류한다. 그러면 마음[心]과 본성[性]에 대한 남북의 시각 차이를 통합시킬 수가 있다. 또한 여기에 사회적인 측면도 포함시켜서 필자는 '몸', '마음', '사회', '본성'으로 기존 남북의 달마분류체계를 새롭게 재구성한다.

둘째는 모양/형상[相]에 대한 이해이다. 『아비담마합론』에서 '형상'이란 마음 자체[體]와 마음현상[心所有法]의 작용에 의해서 나타난 다양한 경험방식을 말한다. 인식론적 관점에서 보면 인식과 인식활동에 의한 감정, 생각, 갈망의 결과를 말한다. 반면에 『기신론』에서는 '여래장이 본래 갖추어진 무량한 성품의 공덕[性功德]'이라고 정의한다. 여기서 여래장, 곧 마음의 바탕[體] 자체가 가졌다는 '무량공덕(無量功德)'이란 무엇인가? 이것에 대해서 법장(法藏, 643-712)의 『대승기신론의기(大乘起信論義記)』에서 해명하고 있는데, 그것은 다음과 같다.

> '상대(相大)'는 여래장이 구족한 무량한 공덕을 말한다. '상대(相代)'라고 하는 것은 2가지 여래장 가운데 '공하지 않음[不空]'의 의미로서 바탕[體]에 근거한 형상[相]을 말한다. 그런 까닭에 본성의 덕(德)이다. 이것은 마치 물[水]이 가지는 8가지 덕과 다르지 않다.[36]

여기서 말하는 '물[水]이 가지는 8가지 덕성(guṇa)'이란 낮은 곳으로 흐르는 '겸손', 막히면 돌아갈 줄 아는 '지혜', 더러움도 받아주는 '포용력', 서로 다른 그릇

---

36 法藏, 『大乘起信論義記』(大正藏44, 251a), "二者相大謂如來藏具足無量性功德故　相大者　二種如來藏中不空之義 謂不異體之相 故云性德 如水八德不異於水."

에도 담기는 '융통성', 바위도 뚫는 '인내', 장엄한 폭포와 같은 '용기', 작은 길을 유유히 흘러 바다에 이르는 '대의', 다양한 변화 속에서도 변하지 않는 '신의' 등을 말한다. 이들 여덟 가지는 물이 가진 속성으로서 바로 무량한 물의 공덕으로 물이란 본성이 본래 가지는 특성으로서의 덕성(德性, guṇa)이다.

이렇게 보면 『기신론』의 공덕과 『아비담마합론』에서 말하는 인식의 결과로 나타나는 다양한 '형상'과는 조금 차이가 있다. 마음의 본질[體]이 본래 가지는 인식/앎의 활동[用]에 의해 현실 속에서 나타난 다양한 결과[相]를 의미하는 형상과 마음의 본질, 곧 본성이 가지는 무량한 공덕은 서로 일치하지 않는 점이 있다.

셋째로 작용[用]에 대한 이해방식이다. 『아비담마합론』에서 '작용(rasa)'이란 인식/앎의 활동을 말한다. 다시 말하면 구체적으로 작용하는 인식의 행위이고, 수행 목표를 향한 실천이다. 이런 활동은 마음의 본성[性]/자체[體]에 기반한 마음현상[心所法]에 의해 작용한다는 점에서 주목할 가치가 있다. 마음의 활동은 본성/바탕의 인식/앎에 근거해서 파생되는 부수적 활동이다. 반면에 『기신론』에서 말하는 '작용'이란 세간이나 출세간에서 긍정적이며 착한 인과(因果)를 만드는 업무이고, 끝내는 일체 보살이 궁극의 여래지에 도달하게 하는 실천행위로 정의한다. 전체적으로 마음의 작용을 인식/앎의 활동, 일어나는 업무와 명상수행의 실천이란 측면에서 정의한 것을 보면 남/북방 불교전통의 작용에 대한 이해와 해석방식은 서로 어긋나지 않는다고 볼 수 있다.

이상으로 보면 남방과 북방의 체상용이란 해석틀은 유사하지만 그것의 구체적인 내용에서는 서로 미세한 차이점도 발견된다. 이런 차이점을 어떻게 통합시켜 이해하면 좋을까?

첫번째 통합문제는 마음의 특성/바탕/본성[體大]에 대한 이해이다. 이를테면 『기신론』이 마음의 바탕[體]을 존재론적 입장에서 '청정성'으로 규정하고, 『아비담마합론』에서는 마음의 본성[性]을 '인식/앎'의 활동으로 정의한 점에서 관점이 서로 다르다. 앞에서 살펴본 징관의 『화엄경소』에서도 청정성을 본성/바탕으로 보고, '본래적 앎[本知]'을 본성/바탕[體]에 기반한 작용으로 본다. 본래적 앎이란 점에서는 남방전통과 그 맥락이 같이 하지만 앎에 이해가 조금 다르다. 징관은 '본래적 앎'을 '청정성'에 기반[卽]한 '작용[用]'이라고도 규정한다. 징관의 해석을 계승한 종밀은 『승습도』에서 마음의 바탕/본성을 '자성의 작용'과 대상에 따른 '수연의 작용'으로 구분하여 사용한다. 이것은 자성(自性)을 바탕 즉 '존재'론적으로 규정하면서도 동시에 인식 작용인 '활동'으로 규정한 것이다.

결국 마음의 본질을 어떻게 보아야 할 것인가? 『기신론』처럼 마음의 본질/본성을 '청정성'으로 볼 것인가? 아니면 『아비담마합론』처럼 인식/앎의 활동으로 볼 것인가? 이들은 차이점이 분명하지만, 양자 모두 마음의 본성에 기반한 바탕[體]과 작용[用]으로 이해하면 통합할 수 있다. 청정성은 마음의 '본성[性]'이고 '바탕[體]'이다. 이것은 마음의 '적정(寂定)'이고 '공적(空寂)'이라는 존재성을 표현한다. 반면에 인식[識]/앎[知]의 활동은 마음의 지적 작용[用]이다. 이 작용이 안으로 작용하면 자신의 청정성을 만나고 밖으로 향하면 대상에 대한 인식과 앎의 형태로 나타난다. 이것은 존재론과 인식론의 체용(體用)적 통합이다.

두 번째 통합문제는 형상/상대(相大)의 차이점에 대한 이해이다. 곧 형상[相大]을 『아비담마합론』처럼 인식/앎의 결과로 볼 것인가? 아니면 『기신론』처럼 마음의 본래적 본성이 가지는 무량한 공덕으로 볼 것인가? 이런 대립된 관점은 바탕(體)과 형상(相)에 의해서 통합적으로 이해할 수가 있다. 형상이 인식/앎의 활동의 결과이고 한량없는 공덕은 마음의 본성에 속하는 것으로 차이점만을 강조하면 통합하기가 어렵다. 그러나 남방불교의 현실에 나타나는 결과로서 '형상'은 다름 아닌 북방불교에서 말하는 본래의 본성이 가지는 '공덕'의 한 모습이라고 이해하면 양자는 서로 통합이 가능하다.

예를 들면 서로 다른 그릇에 물이 담기는 것은 물의 본성[體]을 보여준다. 밥그릇에 담긴 모양/형상과 컵에 담겨지는[用] 커피는 서로 다르지 않은 물/액체이다. 하지만 현실의 인연에 따른 결과로서 나타난 형상과 모양[相]은 전혀 다르다.

물의 본성이 현실에 나타나는 형상에 초점을 맞추면 각양각색이라 결코 서로 같지 않지만, 이런 모양의 변형도 결국 물의 본성이 가지는 '젖어 들어감'에 의한 변형/공덕의 결과라고 본다면 통합적 이해가 가능하다. 다른 예로 말하면 금을 가지고 반지를 만들 수 있고 목걸이를 만들 수도 있다. 반지와 목걸이라는 외적인 모양[相]의 차이점에도 불구하고 그것들 모두는 근본적으로 금이란 본성[性]이 가지는 공덕의 결과일 뿐이다.

남방의 『아비담마합론』이 현실에 나타난 결과로서의 '형상'에 초점을 맞추지만 『기신론』은 그렇게 현실에 나타날 수 있는 그 모양 자체가 바로 본성이 가진 공덕이라고 보기에 이들은 서로 통합적으로 이해가 가능해진다. 즉 바탕/본성과 그결과로 나타난 형상/모양은 전혀 다른 내용이 아니라는 것이다. 이것이 체상(體相) 통합이다.

결과적으로 『기신론』과 『아비담마합론』에 나타난 해석틀로서의 '체상용(體相用)'은 구체적인 내용에서는 차이점이 있으나 통합가능하다. 이러한 통합에는 두 가지 방식이 있다. 첫째는 남방불교에서 말하는 마음의 본성에 대한 인식론[知]과 북방불교 전통에서 강조하는 존재론[淨]적 관점을 '체용(體用)'으로 통합하는 것이고, 둘째는 남방불교의 현실에 나타난 인식의 결과로서의 형상과 북방불교의 마음 본성으로서의 공덕을 '체상(體相)'에 의해서 통합하는 것이다. 이것은 결국 마음의 본성/바탕/본질[眞如門]에 근거하여 마음의 작용과 현실의 결과가 나타남[生滅門]을 말하는 것이다. 마음의 작용[用]도 마음의 본성[體]에 근거한 작용이고, 현실에 표현되는 형상[相]도 결국 마음의 본성[體]에 기반한 형상이다. 이런 요약은 명상(선)불교에서 중요한 주제가 된다. 왜냐면 결국 마음의 본질인 '본성'에 대한 통찰/깨달음 없이는 한 걸음도 나아갈 수 없기 때문이다.

5 체상용(體相用)과 유식 삼성설(三性說)

　　마음의 '본질'을 정의할 때 남방불교는 인식론적인 측면이, 북방불교는 존재론적인 측면이 강조되지만 '마음'을 해석할 때는 양자 모두 체상용(體相用)으로 구분한다. 『기신론』과 같이 '한마음[一心]'을 '근원적인 바탕'으로서 '체[體]', '현실에 나타나는 형상'으로서 '상[相]', '실천의 작용'으로서 '용[用]'이라는 3항으로 해명한 점에서 공통적이다.

　　이러한 마음의 해석학은 유식의 '삼성설(三性說)'과도 흡사하다. 앞에서 이미 논하였지만, 마음의 바탕인 체대(體大)는 진실의 원성실성(圓成實性, pariniṣpanna-svabhāva)에 인식의 결과로서 형상을 대변하는 상대(相大)는 언어적 개념에 의한 집착의 변계소집성(遍計所執性, parikalpita-svabhāva)에, 수행 실천의 용대(用大)는 연기로써 현실에 작용하는 의타기성(依他起性, paratantra-svabhāva)으로 이해할 수 있다.

　　여기서 체대와 원성실성, 그리고 상대와 변계소집성은 서로 어긋남이 없이 잘 어울린다. 그러나 용대와 의타기성의 연관성은 설명이 필요하다. 작용의 용대(用大)는 명상수행이나 일상에서 목표를 향하여 나아가는 실천을 의미하거나 인과를 만들어내는 현실적 효과성을 가진다. 반면에 의타기성은 현실에 어떤 개입이나 작용을 의미하기보다는 현실의 존재성과 번뇌의 발생을 잘 드러낸다는 점에서 오히려 '상대(相大)'에 해당될 수도 있다.

　　그렇긴 하지만 연기의 교법은 단순하게 번뇌의 발생이라는 '물든 연기[染緣起]'만을 가리키는 것이 아니라, 동시에 번뇌의 소멸을 해명하는 '청정한 연기[淨緣氣]'를 설명한다. 따라서 명상수행의 실천을 의미하는 용대(用大)에 배치해도 어긋난 이해방식이라고 할 수 없다. 더구나 부처님은 12연기를 역관(逆觀)과 순관(順觀)을 통해서 관찰하고 깨달음을 성취했기에 유식의 의타기성을 수행실천의 용대(用大)에 배대해도 문제되지 않는다. 물론 의타기성의 연기는 번뇌를 발생시키는 측면과 연기를 보아 번뇌에서 벗어나는 실천적 면을 함께 가지고 있다. 단지 여기서는 후자에 좀더 초점을 맞추었다. 정리하면 <그림4-13. 통합적 순환체계>와 같다. 이것은 생멸문의 상대(相大)인 보편적 마음현상의 언어적인 개념과 집착으로 인한 허망한 분별의 '변계소집(遍計所執)'이 연기를 관찰하는 의타기성의 명상수행 실천을 통해서 마침내 전의(轉依)를 이룬다. 그러면서 '원만하고 본래 존재한 진실한 성품[圓成實性]'의 진여문으로 나아감을 보여준다.

| 그림4-13 | 통합적 순환체계

이런 변화의 과정은 앞의 영상관법 사례에서 언급한 바와 같다. 강박적 영상으로부터 한결 편안해졌지만, 여전히 일상의 집착된 상황을 만나야 한다. 이럴 때 어떻게 반응하는지를 보면 그 효과성을 검증할 수 있다. "어떠했나요?" 질문에 "관계가 한결 편안해졌다"는 내담자의 평가는 중요한 시사점을 준다. 바로 증상이 현실에서 재발되지 않았다는 것을 의미한다. 즉 영상관법의 체험적 접근이 효과가 있음을 나타내는 것이다.

이때 '영상이 어떻게 형성되는지'를 설명하는 영상긍정/유상유식의 생멸문과 영상보다는 영상을 관찰함을 강조하는 영상부정/무상유식의 진여문을 통합하는 연결점은 바로 연기 즉 현실의 의타기성(依他起性)에 대한 충분한 '경험'과 '통견(洞見)'에서 비롯된다. 원성실성/체대의 청정성을 경험한다면 수행실천의 의타기성/용대는 더욱 탄력을 받게 되고 현실의 보편적 마음현상/상대/변계소집성에 대해서 효과적으로 대처할 수 있게 된다. 이런 점에서 체상용과 삼성설은 기존의 서로 대립된 실재론, 중관론, 유식론의 입장을 모두 일심으로 융합할 수 있는 하나의 '실용주의적 순환적 통합체계'가 된다.

본성, 깨달음의 심리학
– 명상불교에서 영상과 자성

마음의 문제는 결국 본성, 자성의 문제로 귀결된다. 그것은 "무엇이 나인가?" 혹은 "진정한 나는 무엇인가?"라는 질문이다. 이것을 '문답'에 기반한 간화선과 연결해서 보면 화두가 된다. '간화선(看話禪)'이란 화두[話]를 자세하게 살펴본다[看]는 의미이다. 화두(話頭)는 문답을 통해서 자성/본성/불성을 깨닫도록 유도하는 질문을 말한다. 앞에서 논의한 바와 같이 이것은 현실을 반영하는 혹은 작용하는 영상과 근본적인 앎이고 바탕인 과의 관계를 나타낸다.

1) 돈오와 점수의 순환적 통합

『육조단경』은 경(經)이라고 이름한 선불교의 사상을 대표하는 선어록이다. 여기서 핵심된 과제는 자기의 성품, 자성에 대한 '단박 깨달음[頓悟]'이다. "자기 성품[自性]에 미혹하면 부처도 중생이요, 자기 성품을 깨달으면 중생도 곧 부처이다"[37]는 유명한 언구가 바로 그것이다. 자기 성품이란 이것은 본래적 청정성이고 열반이고 무위법이다.

선불교는 논리적인 대답이 아니라 그 청정한 본성을 '체험'하고 '드러냄'을 요구한다는 점에서 실천적인 수증론을 보여준다. 넓게 보면 선불교의 이런 입장은 해석학과도 상통한다. 왜냐면 해석학이란 먼저 체험을 해야만 온당하게 이해할 수 있음이고, 그런 다음에는 은폐된 그것의 존재성을 역사 현실에서 드러냄을 의미하

---

37 燉煌本『六祖壇經』(大正藏48, 341b), "自性迷佛卽衆生 自性悟衆生卽是佛."

기 때문이다. 이를테면 사랑을 설명한다고 해서 사랑을 실천하는 것은 아니다. 사랑은 실질적으로 '경험'해야 이해하고 그것을 현실에서 그 본성을 '드러내야[見性]' 한다. 이것은 바로 체험적 접근이며, 곧 '깨어있음'을 말한다.

선불교에서는 본래적 앎[本知]의 작용이나 청정성과 같은 본성/열반/무위법이 단순한 개념적 이해가 아닌, 직접적인 체험을 통해서 현재의 삶에서 실제적으로 온전하게 드러냄을 강조한다. 이것은 고요한[寂寂] 가운데 깨어있음[惺惺]이요, 깨어있는[惺惺] 가운데 고요함[寂寂]의 실천이다. 여기서는 선불교의 실천과 관련된 견성, 돈오와 점수, 선문답 등을 다룰 것이다. 그러나 선불교의 실천을 논의하기 전에 '달마 분류체계'에서의 '본성/자성'의 위치를 다시 설정할 필요성이 있다.

법분류체계

불교에서는 법(法)을 '개념'이 아닌 '실재'로서 파악한다. 실재로서의 법을 분석하는 가장 널리 알려진 범주는 남방불교에서의 '마음', '물질', '마음현상', '열반'이란 4가지의 분류방식이다. 그러나 북방불교에서는 여기에 논리적 관계나 언어적인 명칭처럼 '마음'과 '마음현상'이 서로 직접적으로 상응하지 않는 '불상응행법(不相應行法)'을 첨가하여 5가지로 분류하곤 한다.[38] 다만 여기에는 '본성'의 영역이 없다. 그렇기에 필자는 남방전통의 '열반'이나 아비달마의 '무위법'을 대승불교의 본성과 동일한 의미로 이해하고 이들을 '본성'의 영역으로 포함시킨다. 이에 인간을 이해하는 법[dharma] 분류체계를 간결하게 통합해서 '몸(색법)', '마음(심소법과 불상응행법)', '본성(열반과 무위법)'에다가 새롭게 '사회'적 영역을 첨가하여 4가지 범주로 분류한다.

---

38 『俱舍論』앞의 책, p.18b., "謂一切法略有五品 一色 二心 三心所 四心不相應行 五無爲."

이처럼 새롭게 만들어진 법체계를 <그림4-14>와 같이 '명상불교의 달마분류체계'라고 호칭한다. '선'불교보다는 '명상'불교란 용어를 사용한 것은 어원적으로 dhyāna(범어)나 jhāna(팔리어)는 '선'으로 번역되었으나 '명상' 역시 같은 어원에서 비롯된 까닭이다.

| 그림4-14 | 달마분류체계

여기서 '명상불교'란 용어로 바꾸어 부른 이유는 스트레스로 고통받는 현대인들의 사회적인 건강과 관련된 시대적 요청에 부응하고, 심리상담을 비롯한 현대과학적 접근을 포괄한 용어인 까닭이다. 이런 이유로 과거 문헌적인 접근으로는 '선불교'란 용어를 채택하지만, 현대의 과학적 접근과 함께 마음치유와 관련된 현실적 사회적 맥락에서는 '명상불교'란 용어를 사용한다.

위에서 '명상불교'의 법체계에 초월적인 '본성'과 함께 '사회'적 영역을 포함시킨 이유는 일차적으로 본성의 '진여문'과 현실의 '생멸문'을 통합적으로 운영하기 위한 것이다. 인간은 사회적 동물로서 사회적인 구조가 인간의 의식을 결정하기에 사회적 영역은 인간을 실질적으로 이해하는데 매우 중요한 필수적 영역이라고 판단한 까닭이다. 인간은 사회를 떠나서 살 수가 없다. 그동안 불교 심리학에서 소외된 사회적인 영역을 포함시켜서 명상/선불교의 사회적 역할을 강화시키고자 하였다.

'본성'의 영역에 열반과 무위법이 있는데 '열반'은 번뇌가 꺼진 상태라 청정성을 의미하고 '무위법'은 인위적인 조작이 없음이므로 평등성이나 공정성을 함의한다. 열반이 본래적인 '바탕[體]'을 말하는 것이며, 무위법은 사회적인 현실에 '작용[用]'하는 대응전략을 시사하는 것으로 공정성과 사회적인 정의에 연결된다.

이러한 명상불교의 법체계는 세계보건기구(WHO) 집행부가 1998년에 인간의 건강체계를 몸건강, 마음건강, 사회건강이라는 기존의 3축에 더해 제4축으로 본성/영적 건강을 제안한 내용과 일치한다.[39] 물론 총회에서는 본성이나 영성의 문제가 과학적인 건강의 영역이 아닌 종교적 영역에 속한다고 하여 채택하지 않았다. 그러나 2000년 이후에 결국 채택되었다. 이점은 달마분류체계에서 '사회'라는 영역과 함께 '본성/영성'의 위치를 설정하는데 중요한 시사점을 제공한다.

사실 건강문제와 영성/본성의 실재성 문제는 같은 맥락에 있다. 앞에서 필자는 몸/마음/본성을 개념이 아닌 '실재'로서 파악하고 남방 아비담마 전통과 북방 대승불교의 유식학과 화엄학을 중심으로 비교 검토하여 이들이 개념이 아닌 실재임을 논증하였다. 마찬가지로 이들 몸(물질)/마음(마음현상)/사회/본성(열반, 무위법)이란 4개 범주가 '실재'가 아닌 '개념'이라면, 이것에 대한 건강의 측면이나 명상불교의 실천은 성립하지 않는다. 만약 이들이 '개념'이라면 그것에 대한 실효성이 없기에, 결국 몸(물질)/마음(마음현상)/사회/본성(열반, 무위법)에 대한 어떤 명상수행의 실천도 결국 사회적 현실의 작용을 매개할 수 없게 되고 무의미한 결과가 된다. 이런 맥락에서 '명상불교'란 용어는 남방불교와 대승불교의 달마분류체계를 포함할 뿐만 아니라 몸(물질)/마음(마음현상)/사회/본성(열반, 무위법)이란 4축의 영역을 새롭게 통합하여 명상수행을 함께 실천한다는 것을 의미한다.

---

39 인경(2012), 『명상심리치료』 앞의 책, p.218.; 앞의 책(2022), 『쟁점으로 살펴보는 현대간화선』 p.523.

돈오

마음과 본성에 대한 논의로『기신론』은 '심성론(心性論)'의 관점에서 인연에 따른 작용과 형상의 '생멸심/유위법'과 본성의 청정성과 평등한 '진여심/무위법'으로 분류한다. 그런데 변화하는 마음과 불변의 성품에 대한 이런 식의 분류는 막상 실천수행을 하고자 할 때 갈등을 야기한다. 논리적으로 진여의 마음은 '생멸문(生滅門)'이 아니고, 생멸의 마음은 '진여문(眞如門)'이 아니다. 다시 말하면 생멸하는 마음은 어떻게 참되고 평등한 성품이 되고, 반대로 진여/본성의 마음은 어떻게 현실에서 작용하고 다양한 형상으로 나타나게 되는가?

이런 문제에 대해 선불교는 '성품, 본성을 본다'는 견성(見性)으로 응답한다. 본성을 깨닫게 되면, 곧 견성(見性)하면, 본성[體]에 기반한 무량한 공덕[相]과 실천적 작용[用]이 자연스럽게 현실에서 '뒤따른다'는 입장이다. 견성에 의해서 생멸문과 진여문의 갈등구조가 해소된다고 본다. 이런 입장을 대표하는 것이『육조단경』이다.

- 곧 견성(見性)을 하면 곧바로 성불(成佛)한다.[40]
- 스스로의 법은 공덕을 갖추고 있다. 평등하고 곧음이 곧 덕이다.[41]
- 진여(眞如)의 깨끗한 본성이 바로 참된 부처요, 삿된 견해와 세 가지 잡독이 바로 마구니이다...(중략)...본성은 스스로 다섯가지 욕망을 떠났으니 본성을 보는 것[見性] 이것이 참됨이다. 이제 금생에 돈교문에서 깨닫는다면, 즉시 본성을 깨닫고 눈앞에서 세존을 친견할 것이다.[42]
- 깨닫는 사람은 단박에 닦음[頓修]이요. 스스로의 본질을 알아서 곧 본성을 본다.

---

40 『六祖壇經』(大正藏48, 337a), "卽得見性直了成佛."

41 같은 책, p.341b., "自法性有功德 平直是德."

42 같은 책, p.345a., "眞如淨性是眞佛 邪見三毒是眞摩 ...(中略)...性中但自離吾(五)欲 見性刹那卽是眞 今生若吾頓敎門 悟卽(性)眼前見性(世)尊."

깨달음에는 원래(늦고 빠름에) 차별이 없지만, 깨닫지 못함은 오랜 윤회의 결과이다.[43]

이상을 요약하면 이렇다. 첫째로 『육조단경』에서 견성(見性)의 사상은 기본적으로 『기신론』에서 말한 '진여문의 바탕[體]'의 '청정성[淨]'과 '평등성[平]'에 연결되어 있고, 무엇보다도 성불(成佛)과 연결되어 있다. '성품, 본성을 본다[見性]'는 것은 그 자체로 '부처를 이룬다[成佛]'는 것이다.

둘째는 『육조단경』에서 말하는 견성이란 '단박에 깨닫는다'는 돈오[頓悟]라는 점이다. 성품/본성을 보는 일은 돈오이고 성불인데, 이것은 천천히 이루어지는 것이 아니라 '곧장', '당장에', '즉각적으로' 이루어진다는 점에서 '돈교문(頓敎門)'이고, 혹은 '돈수(頓修)'라고도 한다.

셋째로 『육조단경』은 본성이 청정성이고 부처의 성품이고 진여임을 말하고 있지만, 정작 견성(見性)이 어떻게 이루어지는지? 상세한 설명을 하지 않고 있다. 단지 성품/본성은 원래 청정한 바탕[體]이고 반야 지혜의 작용[用]을 갖춘 까닭에 성품/본성을 '보면(見)' 곧 그대로 부처를 이룬다[成佛]. 이것은 단박에 깨닫는 일이고[頓悟], 곧장 닦음[頓修]이라고 말한다.

넷째로 『육조단경』은 '삿된 견해[邪見]'와 세 가지 잡독[三毒]을 '마구니'라고 하면서 윤회와 번뇌의 존재를 인정한다. 이점은 『기신론』의 생멸문(生滅門)에 해당된다. 다만 윤회와 번뇌가 현실적으로 인정되면 진여문과 생멸문은 결국 대립된 갈등구조에 놓이게 된다. 그렇지만 『육조단경』은 '삿된 견해나 삼독을 어떻게 제거/치유할 것인가?'에 대해서는 정작 말하지 않는다.

---

43 같은 책, p.338c., "悟人頓修 識自本是見本性 悟卽元無差別 不悟卽長劫輪迴"

돈점문제

돈점(頓漸)에 대한 『육조단경』의 애매한 태도는 이후 선종사에서 남종 혜능(慧能)과 북종 신수(神秀)로 대변되는 돈점 갈등으로 표출하는 출발점이 된다. 이런 갈등 구도는 신수와 혜능의 '대립'적 관점에서 잘 드러난다.

> 몸은 깨달음의 나무요, 마음은 밝은 거울과 같다.
> 시시때때로 부지런히 닦아서 때가 끼지 않게 하라.[44]

> 깨달음에는 본디 나무가 없고, 밝은 거울 또한 대가 없다.
> 부처의 본성은 항상 청정한데 어디에 때가 끼겠는가?[45]

주지하다시피 첫 번째 게송은 북종 신수의 게송이고 두 번째는 혜능의 게송이다. 당시 역사적인 진실을 현재의 시점에서 정확하게 알 수가 없지만, 이 게송들은 신수의 점수와 혜능의 돈오를 대변하는 수행론으로 알려져 있다. 이들의 공통점은 거울로 비유되는 본성[佛性]의 청정성을 인정한 점이다. 그러나 바라보는 시각은 서로 다르다. 신수의 게송은 거울에 낀 때, 곧 '번뇌'의 존재에 초점을 맞춘다. 번뇌는 당장에 끊어지지 않는다. 그것은 오랜 세월에 의해서 습관화된 행동방식이기에 시간을 두고 조금씩 치유/정화된다.

반면에 혜능의 게송은 번뇌에 초점이 맞추어져 있지 않고 거울의 '청정성'에 주목한다. 마음의 본성은 청정하기에 당연히 돈오이고 돈수일 뿐만 아니라 별도의 수행자체가 요청되지 않는다. 마음의 본성은 청정하고 허공과 같아서 원래 때가

---

44 같은 책, p.337c., "身是菩提樹 心如明鏡臺 時時勤佛拭 莫使有塵埃."

45 같은 책, p.338a., "菩提本無樹 明鏡亦無臺 佛性常淸淨 何處有塵埃, 心是菩提樹 身爲明鏡臺 明鏡本淸淨 何處染塵埃."

끼지 않는다. 그래서 무수무증(無修無證)이다. 본성은 그 자체로 세상의 가치나 행위에 물들지 않고 시대를 초월한다. 또한 이렇게 청정해야 그래야 끊임없이 변화하는 현실을 반영할 수가 있다. 거울 자체는 변하지 않는 스스로 비추는 힘/역량[自性見]을 가진다. 그러면서도 동시에 변화하는 대상을 반영해준다[自性用].

신수와 혜능의 차이점은 한쪽은 '번뇌'의 존재에 다른 한쪽은 청정한 '본성'에 초점을 맞춘 것에 있다. 이런 관점은 『기신론』의 마음이 가지는 바탕[體]과 작용[用], 진여문(眞如門)과 생멸문(生滅門)을 대변한다. 그러나 『육조단경』의 편집자는 양자를 우월의 관계 혹은 대립적인 관계로 파악한다. 그럼으로써 번뇌에 초점을 맞춘 신수는 패배자로, 청정성의 본성을 중시하는 혜능은 승리자로 만든다. 그렇다 보니 이후 선종사를 보면 번뇌에 대한 '점수(漸修)'가 가지는 마음의 현실적인 작용을 무시하거나 경시하는 부정적인 영향을 남겼다. 이점은 아쉬운 점이다. 왜냐면 필자가 보기에 선불교는 돈오/진여문이라는 마음의 초월적 측면이 과도하게 강조되면서 사회적인 측면을 과소평가하게 되고 그러면서 돈오는 현실과 유리되거나 관념화로 떨어질 위험이 높아졌기 때문이다. 결과적으로 점수/생멸문의 현실 속에서 작용하는 측면이 약화되고 수행자의 역사 사회적 현실에 대한 인식과 대응역량을 약화시키는 결과를 가져왔다고 본다. 이것이 필자가 '선불교'와 구분하여 '명상불교'라는 용어를 채택한 이유이기도 하다.

이런 『육조단경』의 본성에 대한 진여문의 돈오와 번뇌에 대한 생멸문의 점수를 우열과 갈등(matching)으로 편집한 방식은 수행상에서 '정혜(定慧)'를 해석하는 데서도 반복된다.

신수(神秀)화상은 계정혜(戒定慧)를 이렇게 말한다. 모든 악을 짓지 않음을 계(戒)라 하고, 모든 선을 봉행함을 혜(慧)라 하며, 마음을 스스로 청정하게 함을 정(定)이라고 한다...(중략)...혜능(慧能)이 대답하기를 그대는 나의 설법을 잘 듣고 살펴보길 바란다. 마음의 대지[心地]에 의심과 그릇됨이 없는 것이 자성(自性)의계이고, 마음의 대지에 산란함이 없는 것이 자성의 정이고, 마음의 대지에 어리석음이 없는 것이 자성의 혜이다. 혜능대사는 "너가 말하는 계정혜는 작은 근기의 무리에게 권하는 바이고 내가 말하는 계정혜는 상근기의 사람에게 권하는 바이다."[46]고 말하였다.

계정혜를 해석함에 있어서도 신수와 혜능의 관점은 확연하게 다르다. 신수(神秀)는 생멸하는 마음현상의 현실적 모양[法相]에 초점을 맞춘다. 이것은 '옳고 그름[善惡]'의 사회적 가치와 연결되어 있다. 선악의 사회적 가치란 시대 혹은 평가하는 사람의 입장에 따라서 변화할 수 있다는 점에서 생멸문/유위법에 속한다.

반면에 혜능(慧能)의 경우 생멸하는 사회적 가치란 기준점이 아니다. 오직 본래적인 '스스로의 본성[自性]'이라는 관점에서 계정혜를 말한다. 여기에 따르면 마음의 대지[心地]나 마음의 본성[自性]에는 '그릇됨[非]', '산란함[亂]', '어리석음[癡]'이 없다. '참[眞]되고', '고요함[定]'이며, '지혜로움[慧]'으로 계정혜는 우리의 본성/무위법이다. 때문에 계정혜를 닦음의 대상으로 보지 않고 자성을 발견하고 깨닫는 돈오(頓悟)가 우리의 수행이다. 이것은 천천히 일어나지[漸修] 않고, 갑자기, 문득 일어난다는 점에서 돈수[頓修]라고도 한다. 그러면 이런 돈오(頓悟)는 어떻게 실현되는가? 혜능은 이렇게 말한다.

자성(自性)에 그릇됨과 산란함과 어리석음이 없는 관계로 단지 생각생각에 반야로서 관조(觀照)하라. 그러면 곧 현상의 형상에서 벗어난다. 어찌 무엇인가를 세

---

46 같은 책, p.342b., "秀和尙言戒定惠 諸惡不作名爲戒 諸善奉行名爲惠 自淨其意名爲定 此卽名爲戒定惠 彼作如是說 不知和尙所見如何 惠能和尙答曰 此說不可思議 惠能所見又別 志城問何以別 惠能答曰見有遲疾 志城請和尙說所見戒定惠 大師言 如汝聽悟說看悟所見處 心地無疑非自性戒 心地無亂是自性定 心地無癡自性是惠 能大師言 汝戒定惠勸小根諸人 吾戒定惠勸上人 得吾自亦 不立戒定惠 志城言 請大師說不立如何."

울 것이 있겠는가? 자성은 돈수인 까닭에 별도로 점차[漸]를 세우지 않는다.[47]

혜능의 입장을 요약하면 이렇다. "자신의 내면을 살펴보라. 생각이 일어나고 생각이 사라지는 때를 관조(觀照)해보라." "그곳 어디에 잘못됨이 있고, 산란함이 있으며, 어리석음이 있는가? 마음의 대지, 마음의 본성, 그곳은 청정함이고 평정이고 지혜로움이 아닌가?" 이런 깨달음은 천천히 일어남[漸修]이 아니고, 관조하는 순간 즉시 이루어진다[頓修]. 그러니 돈오라고 말한다. 이곳에서는 점차를 세우지 않는다.

혜능은 철저하게 마음의 본성, 곧 '진여문'의 입장에서 말한다. 물론 필자는 이런 입장에 기쁘게 동의한다. 우리 마음의 본성은 관조해 보면 분명하게 청정함이고 평정이고 밝은 지혜인 까닭이다. 그곳에는 잘못됨이나 산란함이나 어리석음이 없다. 그렇긴 하지만 여기에는 철저하게 본성의 관점/입장만 있고, 앞의 달마분류 체계에서 말하는 현실적인 마음(마음현상)과 같은 유위법의 번뇌나 사회적인 영역이 빠져 있다.

우리는 역사의 현장에서 태어났고, 그 속에서 의식은 이미 그곳에 물들어져 있다. 여기서 벗어날 수 없다. 이런 '생멸문'의 입장에 서 보면 어떤가? 설사 승가라고 해도 역사의 현장과 정치사회적 현실 안에서 살아갈 수밖에 없다. 선악의 가치는 사회집단이나 개인적인 입장에 따라서 다를 수 있고, 시대에 따라서 달라질 수 있다. 경험으로 알고 있듯이, 대부분의 현실적인 일들은 단박에 쉽게 이루어지지 않는다. 오히려 긴 시간을 두고 여러 조건들이 갖추어질 때 비로소 이루어진다. 우울증 환자의 건강회복은 시간과 부단한 노력의 결과로 이루어진다. 심리문제나 사회적인 문제에서의 치유과정을 보면 당장에 닦는다는 '돈수(頓修)'보다는 오히려 많은 시간과 노력의 결과로서 점차적으로 이루는 '점수(漸修)'의 길이 더 합리적이

---

47 같은 책, p.342c., "大師言 自姓無非無亂無癡 念念般若觀照 當離法相 有何可立 自姓頓修 立有漸 此契以不立."

고 신뢰가 간다. 많은 현장의 치료자나 상담사, 혹은 교육자나 복지사들은 인정할 것이다. 이곳에서 돈수는 사실상 불가능한 기적과 같은 사건이다.

그렇다면 우리는 진여문과 생멸문을 우열관계가 아니라 동일한 선상에서 모두 인정할 수밖에 없다. 진여문의 자성/본성/바탕은 시간을 두지 않고 문득 이루어진다. 이 경우는 돈오 혹은 돈수가 맞다. 그러나 생멸문의 현장에서 일어나는 역사적 사회적 심리적인 현상들은 천천히 시간을 두면서 성장하여[異熟] 마침내 치유가 완성된다는 점에서 점수가 옳다. 이런 점에서 필자는 진여문과 생멸문을 현실의 연기/의타기성의 측면에서 순환적으로 통합하는 '돈오점수(頓悟漸修)'의 실천론을 인정하고 지지한다.

돈오와 점수는 보완적으로 혹은 순환적으로 작동해야 한다. 근본적인 바탕/본성에 대한 '돈오'는 현실의 변화에 집착해 끌려가는 것을 멈추게 한다. 반면에 '점수'는 현실을 떠난 허망한 초월이나 관념에 대한 집착을 방지한다. '돈오'란 현실에 작용하는 본성에 대한 깨달음의 실천이고, '점수'란 생멸하는 다양한 현실에서 반복적으로 경험하는 '돈오'이기 때문이다. 이게 우리 마음의 비밀이다. 우리는 현실 속에 있으면서도 그곳에서 벗어나 있고, 역사적 현실에서 벗어나 있으면서도 항상 그곳에 존재한다. 이게 진실이다.

2) 견성의 성불론

『육조단경』에서 '돈오'와 '견성'이란 용어는 매우 중요하다. 그러나 구체적으로 돈오/견성이 '어떻게 발생되고, 어떻게 실천하는지'에 대한 해명이 매우 부족하다. 물론 '관조(觀照)'란 용어가 있지만, 구체적인 논의는 없다. '견성(見性)'과 관련된 본격적인 논의는 돈황본 『신회화상선어록』(양증문(楊曾文) 편집, 이하 『신회어록』으로 약칭함)에서 발견된다. 견성과 관련된 문답은 『남양화상문답잡징의(南陽和尙問答雜徵義)』에서 찾아볼 수 있다.

답하여, 밝은 거울에 비유하자면 대상을 마주하지 않으면 거울에는 끝내 영상이 나타나지 않는다. 여기서 지금 '영상이 나타남[現像]'이라는 말은 대상을 마주한 까닭에 영상이 나타남이다. 묻기를, 만약에 대상을 마주하지 않는다면 거울의 비춤[照]도 비춤이 아니지 않는가? 답하여, 지금 비춤[照]이란 말은 마주하거나 마주하지 않거나 하는 말이 아니라 갖추어서 '항상 비춤[常照]'을 말한다.

묻기를...(중략)...지금 비춤이란 말은 어떠한 비춤인가?

답하여, 지금 비춤이란 것은 밝은 거울인 까닭에 '스스로 본성의 비춤[自性照]'이 있음이다. 만약 중생의 마음이 청정하다면 자연스럽고 커다란 지혜의 광명이 있다. 비춤은 다른 세계가 아니다...(중략)...묻기를, 이미 (대상이) 없다면 '봄[見]'이란 없지 않는가?

답하여, 비록 본다고 하여도 이것은 (대상을) 본다고 말할 수가 없다. 묻기를 다시 (대상을) 본다고 말할 수 없다고 할 때, 그러면 여기서 봄[見]이란 어떤 의미인가?

답하여, (이런 경우에) 보지만 봄의 대상이 없다[見無物]. 이것이 '참된 봄[眞見]'이고 '항상 봄[常見]'이다.[48]

여기서 '체상용'으로 보면, 이렇다. 거울 자체는 바탕/본성[體]이고, 그곳에 나타난 영상은 형상[相]이라면, 비춤이란 작용[用]에 해당된다. 여기서 신회가 주장하는 중요한 포인트는 비춤과 관련된 작용으로의 '봄[見]'이다. 여기에는 2종류가 있다. 거울에 비유하자면 하나는 거울이 마주하는 대상을 비추는 작용으로서 '봄'이고, 다른 하나는 대상과 마주함과 관계없이 거울 그 자체[自性]의 비춤의 작용으로서 '봄'이다. 전자는 대상과의 관계[因緣]에서 대상을 지향한다는 의미에서 '수

---

48 神會,『南陽和尙問答雜徵義』(『神會語錄』 p.69.), "答 譬如明鏡 若不對像 鏡中終不現像 爾今言現像者 爲對物故 所以現像. 問 若不對像 照不照 答 今言照者 不言對與不對 俱常照 問 ...(中略)...今言照者 復是何照 答 今言照者 以明鏡故 有自性照 若以衆生心淨 自然有大智慧光 照無餘世界...(中略)...問 既無 見是物(勿) 答 雖見 既不喚作是物 問 既不喚作是物 何名爲見 答 見無物 卽是眞見 常見."

연견(隨緣見)'이라면 후자는 대상과 관계없이 스스로의 본질로서 가지는 '자성견(自性見)'이다.

이런 관점은 나중에 종밀에게 영향을 미친다. 종밀은 마음의 본질적 작용[用]을 '견'보다는 '앎[知]'으로 파악했다. 『승습도』에서는 대상에 작용하는 앎을 '수연용(隨緣用)'이라 하고, 마음이 가지는 자체적인 특성으로서 앎을 본래적인 앎[本知]이란 의미에서 '자성본용(自性本用)'이란 용어를 사용한다.[49]

이렇게 양자를 구분하는 마음의 해석학적 전통은 모두 『기신론』의 중생의 마음은 참되고 변화가 없다는 의미의 진여문(眞如門)과 현실적 대상을 따라서 변화하는 생멸문(生滅門)으로 구분하는 해석틀/패러다임에서 유래한다. 자성견은 진여문에, 수연견은 생멸문에 대비된다. 단지 선불교의 신회는 '봄[見]'을 강조하고 화엄불교의 종밀은 '앎[知]'을 강조한 점에서 차이가 있을 뿐이다. 이점에 대해서 신회는 불성/자성을 아는 것을 지[知]라 하고, 불성/자성을 직접적으로 보는 것을 '견[見]'이라고 구분하여 설명한다.

선지식이여, 자기 몸안의 불성을 아직 철저하게 보지 못했다. 왜 그러한가? 여기서 비유하자면 집안에 의복, 가구들이 존재함을 알고 있고, 이것을 다시 의심하지 않는다. 이것을 이름해서 '앎[知]'라고 하고 '봄[見]'이라고 이름하지는 않는다. 만약에 집에 도착하여 집안의 물건을 직접 본다면, 이것은 '봄[見]'이라고 하지 '앎[知]'라고 하지 않는다. 마찬가지로 어떤 사람이 현재 타인에 의해서 몸 안에 불성이 있다는 말을 듣고 자각한 바가 있다지만, 아직 그는 (불성에 대한 '앎'이 있을지라도) 철저하게 불성(佛性)에 대한 '봄[見]'은 아니다.[50]

---

49 『師資承襲圖』 卍續藏經, p.874.

50 『神會, 南陽和尙頓敎解脫禪門直了性壇語』 같은 책, p.12., "知識, 自身中有佛性 未能了了見. 何以故. 喩如此處 各各思量 家中住宅 衣服臥具 及一切等物 具知有 更不生疑. 此名爲知 不名爲見. 若行宅中 見說之物 卽名爲見 不名爲知. 今所覺者 具依他說 知身中有佛性 未能了了見."

여기 인용문은 「남양화상돈교해탈선문직요성단어(南陽和尙頓敎解脫禪門直了性壇語)」에서 가져온 것이다. 비록 불성/성품/본성이 내게 있다는 '앎'은 있지만, 그것을 철저하게 '보지[見]' 못하면 여전히 문제가 된다는 말이다. 이것은 돈오(頓悟)가 아니다. 그렇기에 불성/본성에 대한 '앎[知]'보다는 지금 여기서 경험하는 '봄[見]'이 중요하다는 말이다. 아비담마의 전통이나 징관과 종밀의 화엄불교에서는 '앎/본지(本知)'를 근본적인 마음의 본질로 중시한다. 그러나 선불교의 혜능과 신회는 불성에 대한 인식론적인 '앎'보다는 존재 자체로서의 체험적인 '봄[見]'을 강조하는데 이것은 이후 선불교의 중요한 전통으로 자리잡게 되었다.

이를테면 송대에 들어와서 임제종의 부흥과 함께 화엄사상을 비판하고 교외별전(敎外別傳)이 사상이 성립되었다. 교외별전이란 교학적인 가르침 밖에 별도로 전하는 가르침이란 의미로 직접적인 체험/현량을 진리의 기준점으로 삼는다. 이런 관점에서 임제종의 선불교는 징관이나 종밀이 주장한 화엄종의 '본래적 앎[本知]' 사상을 알음알이로 평가 절하한다.

주지하다시피 '봄[見]'은 직접적인 지각/체험으로서 현량(現量)이라면, '앎[知]'은 직접 눈앞에 보이지 않아도 과거의 경험적 기억이나 추리를 통해서 알게 되는 비량(比量)에 해당된다. 앞의 『신회어록』에서도 보듯이 집안에 침대를 비롯한 옷과 가구가 있다는 사실을 우리는 기억을 통해서 알고 있다. 이것은 '앎'이지 '봄'은 아니다. 그러나 외출하고 집안에 들어가서 옷과 가구를 확인하면 이것은 '봄'이지 '앎'이라 하지 않는다.

그러나 양자는 모두 중요하다. 앎이 없으면 봄은 단순하게 사건 A로 존재할 뿐이다. 전후의 맥락을 유추할 수 없다. 다음에 다시 그 사물을 볼 때 그것은 다시 전혀 다른 새로운 사물로 인식하게 된다. 이것은 제자리 뛰기와 같다. 이런 경우는 현실적인 적응능력이 현저하게 떨어진다. '앎'에 기반할 때 사건 A는 사건 B와 '연결'되면서 인과적 '의미'를 가진다. 필자는 이것을 부정하는 송대 임제종의 입장을 찬성할 수가 없다. 따라서 현대 과학과 연결된 '명상불교'를 교외별전에 철저한 임제종의 '선불교'와는 구별해서 사용한다. 명상불교는 '견'과 함께 '앎'을 현장에서의 실용성을 함께 중시하면서 '견'과 '앎'의 유기적인 통합을 중요한 사항으로 평가한다.

사실 화엄종의 징관과 종밀은 송대 임제종이 지해종도(知解宗徒)로 비판한 바처럼, '앎'을 추리나 개념으로 파악하지 않는다. 물론 전통적으로 '앎'에는 개념적 추리와 같은 요소도 있다. 그러나 이것은 대상에 따른 앎으로 수연용(隨緣用)에서 그렇다는 말이고, 본래적 본성으로서 앎[本知]은 그 자체가 본래적 앎인 자성용(自性用)의 '성찰'이나 '직관'과 연관된다. 때문에 '본래적 앎[本知]'은 개념과 추리의 비량(比量)이 아닌 직접적인 지각과 같은 현량(現量)에 속한다. 그렇기에 '앎'은 '실천성'을 포괄하는 '앎'이다.

이런 점을 『신회어록』에 기반해 비추어 보면 거울에 대상을 비추는 수연견(隨緣見)과는 다르게 본래적인 '자성견(自性見)'은 대상과 관계없이 항상 비춤의 작용[常見]을 가진다는 점에서 종밀의 '본지(本知)'와 다르지 않다. 양자는 모두 직접적인 지각, 직관으로서 '인식론'적 현량(現量)이지만, 오히려 실제로는 '대상과 관계없이' 그 자체로 '항상 현재에 존재한다'는 의미에서 본성의 '존재론'적 해명이라고 평가할 수 있다.

영상관법과의 통합적 이해

제3장에서 영상을 긍정하는 유상유식론과 영상을 부정하는 무상유식론을 논하였다. 이것을 여기서 다시 거론해서 선/명상불교의 수행론과 연결시켜보자.

'유상(有相) 유식론(S)'은 영상을 긍정하고 그것의 본질은 제8식 종자로 본다. 이점은 번뇌의 발생을 설명한다. 마음/거울에 비친 영상은 제8식의 '영상'으로서, 자기/마음이 자기/마음을 본다는 '투사적 동일시' 현상이다. 이런 관점은 마음치유 곧, 심리상담이나 심리치료의 현실적 상황에서 고객이나 내담자의 증상/고통[苦]을 해명하고 설명하는데 유용한 측면이 있다. 이것은 바로 거울의 때가 끼지 않도록 닦음을 강조하는 북종 신수의 입장과 맥락을 같이 한다. 제8식의 종자는 하루아침에 단박에 소멸하지 않기 때문이다.

'무상(無相) 유식론(N)'은 영상을 부정한다. 영상의 본질은 번뇌로서 허망분별이라 그 실체가 없다. 사실상 공(空)한 관계로 그림자와 같고 거품과 같고 이슬과 같아서 부정한다. 마음의 바탕은 청정하고 마음/거울은 그 자체로 빛나는 지혜이다. 거울은 결코 때가 끼지 않는다. 이것은 깨달음을 설명하는 데 유용하다. 혹은 이것을 제8식과 대비하여 정화된 '제9식', '무구식(無垢識)', '백정식(amala-vijñāna)', '자성청정식(自性淸淨識)'이라고 부르기도 한다.[51] 이것은 출현하는 영상에 끌려가지 않고, 그것을 자체의 빛으로 비춤과 같다. 그러면 그림자/닦은 영상은 즉각적으로 소멸하게 된다. 이것은 돈오의 깨달음을 해명하는데 유용한 심리학이다.

다시 『육조단경』에서 보면 신수(神秀)의 북종(北宗)은 거울이 본래 청정하지만 항상 번뇌에 물들어 있기에 부지런히 닦아야 한다[漸修]는 주장이다. 이것은 유상(有相) 유식에서 말하는 영상/번뇌를 긍정하는 생멸문 입장과 같다. 그러나 남종(南宗)의 혜능(慧能)은 거울이란 원래 청정하여 물들지 않아서 닦을 한 물건도 없다[頓悟]. 중요한 것은 단지 물들지 않는 청정한 불성/자성[性]의 비추임만이 중요한 '실재'이다. 마음 거울은 그 자체로 물들지 않는다. 이런 주장은 영상의 존재

---

51 아마라식의 성격에 대한 논쟁이 있다. 아마라식은 제8식이 정화된 의식인가 아니면 별도로 독립된 영역인가. 이점은 결정하기 어려운 난제이다. 이론적으론 논의할 수 있지만 과연 실험에 의해서 검증될 수 있는가 하는 과제를 안고 있다. 마음이란 인연을 따라서 진여심과 생멸심 연기하기에 양자를 엄격하게 구분하기 어려운 일이다. 이점과 관련된 논의는 다음을 참고 바람. Kano, Kazuo(2012), "Paramārtha's Doctrine of a Ninth Consciousness, as Transmitted in Tibetan Texts: Tsong kha pa's Kun gzhi dka' gter and Its Context." In Studies of the Works and Influence of Paramārtha, edited by Funayama Tōru, 345-99. (In Japanese.) Kyoto: Kyoto Institute for Research in Humanities, Kyoto University.; 고영섭(2018), 「분황(芬皇) 원효(元曉)와 삼장(三藏) 진체(眞諦)의 섭론학 이해 - '삼무성(三無性)'론과 '아마라식(阿摩羅識)'관을 중심으로」 『불교철학』3, 43-92; 장규언(2019), 「원측(圓測)의 진제(眞諦) 『구식장(九識章)과 구식설(九識說) 인식의 특징-'해성리야(解性梨耶)'와 '능연(能緣)의 아마라식(阿摩羅識)' 해석을 중심으로」 『선문화연구』26, 203-240.

를 인정하지 않는 무상(無相) 유식론의 진여문의 입장과 연결된다.

반복하지만 이들의 입장을 서로 통합적으로 이해할 필요가 있다. 그렇지 않으면 절음발이가 된다. 한쪽은 현실을 설명하는데 유용하지만 깨달음을 해명하지 못하고, 다른 한쪽은 깨달음을 해명하지만 생멸하는 현실의 문제를 설명하지 못한다. 그러니 양자는 함께해야 한다. 따라서 필자는 현실을 반영하는 번뇌의 영상도 인정하고, 그 번뇌의 영상을 비추고 꿰뚫는 지혜의 본성 역시 인정한다. 양자를 모두 인정함은 모순처럼 보이지만, 사실 모두가 필요하다. 제8식에서 전변하여 떠올라오는 영상을 자체로 비춘다면 그 영상은 정화되고 현실에서 새롭게 적응하고 대처하는 힘으로 작용할 수 있다. 반면에 거울 자체의 깨달음의 빛은 영상을 통해서 현실에 닻을 내리는 통로가 된다. 현실을 반영하지 않는 깨달음은 공허하다. 깨달음 없는 현실은 지옥이다. 양자는 모두 인간의 고유한 특성이자 성품인 것이다.

'영상관법' 수행론의 입장에서 '영상(影像)'은 유상 유식의 생멸문으로 이해한다. 반면에 '관법(觀法)'은 무상유식론의 진여문을 의미한다. 생멸하는 현실을 관찰하는 지혜의 빛을 가져야 하고, 한편으론 현실에 대응하는 생멸문의 영상을 인정한다. 그래야 영상관법은 곧 영상(影像) + 관법(觀法)으로 현장에서의 마음치유에 효과적이고 현실적인 공능을 발휘할 수 있다.

영상 ⇐ 생멸문, 유상 유식, 제8식(저장식/종자식)
관법 ⇐ 진여문, 무상 유식, 제9식(무구식/청정식)

물론 이들은 서로 별개의 영역이 아니라 인연에 따라서 다른 방식으로 나타난다. 『기신론』의 입장에서 보면 이렇게 영상을 소유하여 발생시키는 유상 유식의 생멸문(生滅門)과 전변된 영상을 관찰하고 지켜보는 무상 유식의 진여문(眞如門)은 모두 '한마음[一心]'으로 통합이 된다. 물론 이것은 인연 대상에 따르는 수연견(隨緣見)/수연용(隨緣用)과 스스로 비추는 자성견(自性見)/자성용(自性用)을 구분하고 통합하는 신회(神會, 668-760)와 종밀(宗密, 780-841)의 입장과 통하는 측면이 있다. 또한 고려의 보조지눌(普照知訥, 1158-1210)은 양자를 융합하여 우리 마음은 무상으로서 물들지 않지만, 오랜 습기에 의한 유상의 장애가 없지 않기에 돈오와 함께 점수[頓悟漸修]가 요청된다고 보아 이들을 통합적으로 바라보았다.

이러한 영상에 대한 긍정과 부정이라는 유상과 무상의 유식학파 논쟁은 후대로 내려오면서 결과적으로 '유식[識]'에서 '성품[性]'으로 중심축을 이동시키는 사상적 계기가 되었다. 일반적으로 동북아시아 전통에서는 유식학파를 '법상종(相宗)'이라고 호칭한다. 이것은 현장(玄奘)의 유상유식계열에서 영상/행상의 진실론을 염두에 둔 평가이다. 그러나 이런 평가는 현상에 대한 변계소집(遍計所執)의 측면을 과도하게 부각시킨 평가라고 여겨진다. 왜냐면 우리 마음이 원래 원만하고 부족함이 없이 충족되어 있다[圓成實性]는 성품[性]의 측면을 과소평가한 것이기 때문이다.

반면에 상대적으로 '성종(性宗)'으로 평가되는 선종의 일파인 홍주종의 '평상심시도(平常心是道)'는 구슬 자체의 작용적 입장 즉 마음의 물들지 않는 관점을 지나치게 강조하는 경향이 있다. 마치 물든 마음의 측면을 배제하는 것처럼 보인다. 그러나 『마조어록(馬祖語錄)』을 보면 마음의 청정성을 인정하면서도 마음의 물들고 오염된 측면을 부정하지 않는다. 홍주종의 경우도 '일상의 마음은 허망한 분별일 수 있음'을 인정한다.[52] 이것은 유식론의 마음/종자에 의해서 전변된 형상을 인정하는 논의와 연관된다.

때문에 이론적 명분보다는 실용주의적 입장에서 양 진영을 좀 더 객관적으로 살펴볼 필요가 있다. 밝은 마음은 순간순간 대상에 작용하면서도 물들지 않고, 마음이 대상에 물들지 않기에 새로운 현실에 적절하게 작용하는 지혜를 가진다. 그렇다고 역사적인 현실서 생겨나는 인연에 따른 차별을 부정할 수 없다. 이러한 점

---

52 인경(2014), 「'평상심시도'에 대한 종밀의 비판에 대한 비판 -『강서마조도일선사어록』을 중심으로」, 『불교학연구』41.

이 간과되면 그곳엔 자비가 없다. 구슬 자체는 선악을 떠나서 어디서든지 평상심(平常心)으로 작용을 한다. 이것은 자상(自相)이고 바로 의타기(依他起)이다. 그렇게 현실에 작용하는 순간순간 그것은 진실이고 수행의 길[道]인 것이다.

3) 조사선과 간화선 – 반문성(返聞性), 소리를 듣는 성품을 돌이켜보라.

'일심(一心)'이란 본성[體], 형상[相], 작용[用]의 '순환적 통합체계'로서 '참되고 항상된 마음'인 진여심(眞如心)과 대상을 따라서 '끊임없이 변화를 거듭하는' 생멸심(生滅心) 모두 중생의 '한마음'임을 강조한 말이다. 이것이 심성론이다. 이것의 실천과정은 견(見)/사띠와 지(知)/삼빠잔나가 본성에 근거하여 연기하는 현실에서 순환적 통합과정으로 상호 작용하면서 나타낸다. 이점을 선불교의 조사선과 간화선의 실천론을 중심으로 살펴보고자 한다.

조사선

진여문과 생멸문은 서로 다르게 쪼개져서 경험한다. 현실에서 양자의 통합이 그렇게 쉽지만은 않다. 이를테면 여기서 호흡명상을 한다고 가정해 보자. 처음 시작할 때 호흡에 집중하고자 하면 끊임없는 생각들로 인하여 집중하기가 쉽지 않다. 다른 생각에 빠지면 그곳에는 호흡이 없다. 반대로 호흡에 집중하면 그곳엔 다른 생각이 없다. 이것을 보면 호흡에 대해 집중하는 진여문과 생각에 끌려다니는 생멸문은 서로 쪼개져서 양립되어 경험된다는 것을 알 수 있다. 그럼에도『기신론』에서 말한 파도와 바닷물처럼 생각들의 생멸문도 한마음이고, 호흡에 집중된 진여도 역시 한마음이다. 파도와 바닷물은 서로 다른 것이 아니라 하나인 것이다.

그러나 현실에서 양자는 배타적으로 쪼개져 있다. 인식론에 의하면 마음은 찰나에 생멸하고 그 대상은 계속해서 변화를 거듭하기에 동시에 두 개의 대상을 인식하지 못한다. 한순간에 한 개씩이다. 좌복에 앉아있을 때는 선정상태이지만 좌복을 떠나서 현실 속으로 들어갈 때는 선정이 사라진다. 이것을 어떻게 통합시킬 것인가? 이론이 아닌 실천에서 요청되는 문제이다. 이것의 해결은 앞에서 살펴본 '견(見)'과 '지(知)'의 '순환적 통합'에 의해 가능하다.

호흡명상을 실행할 때 문득 생각에 끌려가면 곧 그것을 알아차림 한다. 그러면 금방 호흡에 돌아올 수 있다. 생각을 알아차림하는 것은 '봄'에 속한다. 그 즉시 생각은 소멸되고, 평상심의 호흡에 집중할 수 있다. 왜냐면 호흡은 늘 그곳에 생명의 흐름처럼 존재하기 때문이다. 호흡과 만나는 일은 '알아차림/봄(見, seeing)'의 체험이면서도 동시에 호흡에 항상 존재하는 '분명한 앎(知, knowing)'을 강화시킨다. 이들은 상호 순환관계에 놓여있다.

이런 순환적 통합은 마조(馬祖, 709-788)로 대변되는 평상심시도(平常心是道)의 조사선(祖師禪)과 매우 닮아있다. 여기에 좋은 사례가 있다. 처음 무업(無業, 762-823)이 마조대사를 만났을 때, 마조대사는 "법당은 아주 큰 데, 그곳에 부처가 없군"이라고 했다. 그러자 큰 덩치의 무업은 무릎을 꿇고 "이론적 교학 공부는 조금 했는데 선문(禪門)에서 '마음이 곧 부처[卽心是佛]'라는 말을 알 수가 없습니다"고 말했다. 마조는 "모르는 그 마음일 뿐 따로 없네"라고 대답했다. 그러나 무업은 여전히 그 뜻을 알 수가 없어서 다시 질문했다.

> 무업은 다시 물었다. "달마대사가 서쪽에서 와서 전한 심인(心印)은 무엇입니까?" 이때 마조는 "정말 소란스럽군, 우선 갔다가 다음에 오게"라고 말했다. 무업이 일어나서 나갈 때 마조는 "이보게!"라며 무업을 불렀다. 무업이 고개를 돌려보자, 마조는 "이것이 무엇인가?"라고 질문을 던졌다. 이때 무업은 깨닫고 마조에게 절을 했다.[53]

---

53 『景德傳燈錄』(大正藏51, 257a), "馬祖睹其狀貌瑰偉語音如鐘 乃曰 巍巍佛堂其中無佛 師禮跪而問曰 三乘文學麤窮其旨 常聞禪門卽心是佛 實未能了 馬祖曰 只未了底心卽是 更無別物 師又問 如

여기서 문답의 의미는 분명하다. '진여문'은 큰 법당의 부처이고 달마대사가 전한 심인이고 평상의 마음이다. 반면에 '생멸문'은 마음이 곧 부처라는 의미가 무슨 뜻인지 묻는 '질문'이고, "이보게!" 부르고, '고개를 돌리는' 등의 모든 '행위'이다.

이것을 '봄[見]'과 '앎[知]'이란 관점에서 해석해 보자. 마조는 불성/심인에 대해서 이미 '보고 있으며', 동시에 그 '앎'을 가지고 있다. 반면 무업은 들어서 그런 '앎'이 조금 있을 수 있겠지만, 직접적으로 '봄'이 없는 상태이다. 그러나 무업이 고개를 돌리는 순간 "이게 무엇인가?"라는 질문을 받고 무업은 깨닫게 된다. 호흡명상에서 알아차림하는 순간 구체적인 호흡을 만나듯이, 그 마음작용 그대로가 달마가 전한 마음의 도장[心印]이고 부처가 깨달은 성품/본성이다. 보고 듣고 느끼고 아는 평상의 작용 그대로가 곧 본성임(작용=본성)을 '보[見]게' 된 것이다.

이것이 '견성(見性)의 체험'이다. 견성은 일상의 연기법을 결코 떠나지 않는다. 일단 우리가 이런 체험을 통렬하게 겪고 그리고 이것을 확인/인가(印可) 받게 되면, 마음의 본성과 그 작용은 마치 호흡처럼 항상 이미 그곳에 있음을 '알[知]게' 된다. 그러면 언제든지 호흡을 만날 수 있듯이, 내면의 밝게 빛나는 청정성에 접속할 수 있다. 여기서 마조대사와 무업의 문답 더 나아가 무업의 '견성 체험'에 대해 조금더 논의해 보자.

첫 번째 이슈는 우선 이러한 체험은 두 단계로 구분할 수 있다. 제1단계는 '대상을 인식하는 앎의 활동'이다. 되돌아가는 무업을 "이보게?"라고 마조대사가 불러 세웠다. 그 소리를 듣고 무업이 고개를 돌리는 순간이 첫 번째 알아차림이다. 귀로 소리를 듣고 그것에 반응한다. 제2단계는 마조대사의 "이것은 뭔가?"라는 질문으로 촉발된 인식/앎이다. 이 순간 무업이 자각한 내용은 고개를 돌리는 순간의 마음을 자각하는 '견(見)'이라고 할 수 있다. 달리 말하면 "이보게!"에 반응하자 "이게 뭔가?"라는 질문에 의해서 발생된 이차적인 앎이다. 이것은 곧 '아는 것을 아는

何是祖師西來密傳心印 祖曰 大德正鬧在 且去別時來 師才出 祖召曰 大德 師迴首 祖云 是什麼 師便領悟禮拜."

마음의 작용'이다.

다른 사례를 찾아보면, 이것은 보조의 『수심결』에서 까마귀 소리를 듣는 장면과 같은 맥락이다. 한 스님이 불성/본성이 무엇인지를, 그리고 그것을 어떻게 알수 있는지를 쉽게 설명해달라고 요청했다. 보조지눌은 회광반조의 사례로서 '까마귀 소리를 듣는 성품을 돌이켜 들어보라[返聞性]'고 제시한다. 눈의 성품은 보는것이고, 귀의 성품은 듣는 것이다. 이것은 일차이다. 그런데 까마귀 소리를 들을 때그것을 다시 돌이켜 들어보라는 것은 이차적 작용이다. 이것은 "여보게!" 부른 다음에 그 소리를 듣는 무업에게 "이게 무엇인가?"하고 묻는 것과 같은 구조이다.

이 과정은 제2장에서 기술한 부정관 명상의 경우와 같다. 먼저 제1단계는 공동묘지에 방문해서 시체의 영상을 채집해서 내재화하는 과정이고, 제2 단계는 집에 돌아와서 조용히 좌선하면서 그 영상을 떠올리고 관찰하는 과정이다. 간화선에서 스승과의 문답은 영상을 채집하는 제1단계이고, 다시 좌선 명상을 하면서 문답의 영상을 참구하는 과정은 제2단계가 된다.

이번엔 영상관법의 입장에서 보자. 제1단계는 눈을 감고 새소리를 듣는다. 제2단계는 새소리를 듣는 그것을 다시 관찰한다. 빗소리를 들어보자. 눈을 감으면 빗소리가 들린다. 듣는 그것을 다시 들어보자. 제1단계는 빗소리를 듣는 것이고, 제2단계는 듣는 그것을 다시 들어보는 성품을 봄이다. 눈의 본성은 보는 작용이다. 제1단계는 눈을 감고 대상영상을 떠올린다. 제2단계는 눈앞에 보이는 표상/영상/이미지를 정밀하게 다시 바라보는 반조의 작업이다. 이것은 바로 보는 작용을 다시'보는' 과정이다.

두 번째 이슈는 '아는 것을 안다고 함은 어떤 의미인가?'라는 문제이다. 불교논리학[因明論]에서 보면 이것은 일종의 상위자각, '메타-자각(meta-awarenes)'에해당된다. 대체로 인간의 본성을 말할 때 후기 구석기 이후로 현재까지 인류를 '호모 사피엔스 사피엔스(Homo sapiens sapiens)'라고 호칭한다. 'sapiens'란 대상을 '알고' '사유하고' '기억하는' 능력을 말한다. 이런 점은 다른 동물과 인간을 구분하는 핵심적 특징이다. 이런 점에서 보면, 조사선의 문답은 '아는 것을 아는' 상위자각 능력을 인간의 본성/본질로 정의한 '사피엔스 사피엔스'와 일치하는 측면이 있다.

물론 '메타인지(meta-cognitive)'라는 말도 있지만, 이것은 자기신념과 같이 지적인 측면이 강조되기에 자기 직관이나 자기 통찰과 동의어인 '메타-자각(meta-awarenes)'이란 표현을 사용한다. 이 용어는 진나(陳那, Dignāga, 480-540)의 '자증분(自證分, svasaṃvitti)'이 여기에 상응한다.[54] 이 용어는 인식하는 견분과 인식되는 상분을 반성적으로 통합하는 의미이다. 호법(護法, 530-561)의 용어로는 '증자증분(證自證分)'에 해당된다.[55] 왜냐면 '견분'을 소리를 듣는 지각작용으로 '자증분'은 대상이 되는 소리를 자각/앎으로 '증자증분'은 소리를 아는 성품을 아는 것으로 해석하면 되기 때문이다.

세 번째 이슈는 『기신론』의 입장에서 보면 마조의 조사선에서 말하는 평상심시도(平常心是道)에서 '평상심(平常心)'이란 체상용의 마음을 모두 포괄한 일심의 '중생심'이다. 무업이 마조와의 문답을 통해서 깨달음을 성취했다면, 그는 어떤 마음을 얻었을까? 만약에 무엇을 얻었다고 말하면 이것은 다시 개념적인 이해로 떨어질 것이다. 그 총체적인 경험을 언어로 다 말할 수 없다. 무업이 질문한 '마음이 곧 부처[心卽是佛]'와 '달마가 전한 심인(心印)'에 대해 만약 마조가 언어적인 설명이나 해석을 했다면, 무업은 그것과 관련된 지식을 하나 더 첨가했을 것이다. 이렇게되면 무업은 마음의 바탕[性]과 작용[用]과 그 공덕[相]을 직접 경험하거나 체득하지 못했을 것이다. 마조 역시 깨달음의 본질을 전하는데 크게 실패했을 것이다.

네 번째 이슈는 종교적 경험이란 관점에서 보면, 무업이 경험한 본성이란 '청

---

54 Dan Arnold(2010), Self-Awareness(svasamvitti) and Related Doctrines of Buddhists Following Dignāga: Philosophical Characterizations of Some of the Main Issues, Journal of Indian Philosophy SCOPUS 38(3), 323-378.

55 『成唯識論』(大正藏31, 10b), "復有第四證自證分 此若無者誰證第三　心分旣同應皆證故 又自證分 應無有果 諸能量者必有果故."

정성[體]'이고 반야지혜의 '작용[用]'이다. 무업은 그 순간에 놀라운 경험[相]과 함께 단순한 인식론적인 인식/앎 그 이상을 보았을[見] 것이다. 이것을 한량없는 기쁨 또는 행복감이나 '신령한 앎[靈知]' 등으로 부를 수 있다. 다만 이런 경험은 언제든지 만날 수 있는 호흡과 같이 스스로 언제든지 반복적으로 경험할 수 있다. 이것은 본인의 강력한 구도의 열정에서 비롯된 바이니 축하할 일이다.

이상으로 정리하면, 선불교의 실천론은 진리의 직접적인 체험으로 곧 현량(現量)을 중시한다. 그렇다고 선불교에서 보여준 선문답이 결코 추론의 비량이나 성언량을 무시한 것은 아니다. 다만 본인의 열정과 함께 직접적인 '체험'을 중시한다는 점이다. 단지 무업과 마찬가지로 "이보게, 이게 뭐가?"라는 질문을 받고 우리도 무업처럼 그 순간에 깨달음/행복감을 경험하기를 희망할 뿐이다.

간화선

"무엇이 너의 본성인가?"

이게 간화선에서 핵심과제이다. 논리적 해명으로 빙 돌아가는 길이 아니고, 질문을 통해서 직접 마음의 본질로 들어가는 자기 직관의 길이다. 마조와 무업의 문답에서 보면, 핵심된 질문인 "이보게! 이게 무엇인가?"를 통해 마음의 본성을 직접 '경험'을 못했다면 '문제'가 생겨난다. 선대의 문답에는 핵심된 언구가 있다. 이런 언구는 잘 이해되지 않는다. 그렇다면 의심하고 참구하여 보자. 이것이 간화선의 출발점이다. 스승이 제자에게 하는 질문을 교육학에서는 '발문'이라고 한다. 간화선에서는 이런 질문을 '화두'라고 부른다. 그런데 해답을 찾지 못했다면, 그는 계속적으로 이 문제를 질문하면서 스스로 탐색해야 한다.

처음에는 무업과 마조대사처럼 선문답이 있었다. 이런 1차적 과정을 '조사선'이라고 부른다. 스승과 제자가 서로 다양한 이슈에 대해 서로 문답하고 논쟁을 하는 시기이다. 모든 문답에는 항상 핵심된 구절, 곧 그곳에는 마음의 본성에 관한 대화가 있다. 그러나 이런 문답에서 막히는 항목이 생겨나고 그것에 대해서 의심을 가지고 집중적으로 탐색을 하거나 탐색을 요구하는 제2차적 시기가 생겨난다. 이런 시기를 '간화선'의 단계라 한다. 마조대사와 무업의 문답을 보면 이런 과정이 모두 포함되어 있다.

다른 사례를 들면, "개에게 불성이 있는가?" 이런 질문에 조주화상이 "無!"라고 대답을 했다. 이런 경우 제1차 시기의 조사선 단계이다. 물론 조주화상은 이 무자를 가지고 360개의 골절과 8만 4천 개의 땀구멍으로 24시간 깊게 질문하고 탐색하라고 하지 않았다. 그러나 후대의 송나라에서 선문답에 대한 문헌들이 인쇄되고 독서하는 지식인 계층에게 널리 알려지면서, 이것을 자기 공부로 삼게 되면서 "무(無)야!", "무(無)야!" 하면서 수행의 도구로 사용하게 되었다. 이것이 제2차인 간화선의 단계이다.

마조대사가 무업에게서 "이보게! 이게 무엇인가?" 라고 했을 때, 만약에 무업이 그 순간에 깨닫지 못했다면, "이게 무엇인가?"는 화두가 된다. 관문을 통과할 때까지 계속적으로 참구를 해야 하는 과제가 된다. 대승불교에서 자주 언급된 본성, 자성, 불성, 법성에 대한 논의는 특히 간화선에서는 직접적으로 체험하고 깨닫는 실천적 입장으로 전환된다.

간화선에서는 질문 자체가 수행의 핵심된 과업이다. 수행에는 과업이 있어야 동력을 얻게 된다. 계속적으로 노력을 하게 하는 자기질문이 있어야 성찰이 있다. 물론 이런 질문에 대해서 논문을 쓰듯이 논리적인 해석으로 대답할 수도 있을 것이다. 그러나 이것은 직접적인 체험이나 체득이 아닌 것이기에 부정된다. 이것들은 일종의 지식이나 논리적 타협, 혹은 선병(禪病)과 같이 취급된다.

불교의 인식 논리학적 관점에서 진리를 인식하는 도구로 대체로 세 가지를 언급한다. 하나는 직접적인 직관으로서 '현량(現量)', 둘째는 개념이나 추리에 의존하는 '비량(比量)', 셋째는 믿을 만한 권위자/스승의 말씀에 의지하는 '성언량(聖言量)'이다. 간화선은 이들을 모두 존중하지만 질문/화두 앞에서는 직접적인 현량을 중시한다. 중요한 것은 자신에게 스스로에게 절박한 화두질문이다. 물론 그 결과에 대해서는 검증을 받아야 한다. 그렇지않으면 잘못된 길에서 헤맬 수가 있기 때문이다.

처음에 논의했던 지수화풍의 문제로 돌아가보자. 불의 본성은 '뜨거움'이다. 뜨거움은 사물을 불태운다. 만약에 이런 특성이 없다면 그것을 '불'이라 부를 수가 없다. 그래서 뜨거움은 불의 본성/본질이다. 마찬가지로 물의 본성은 '젖음'이다. 젖음이 있기에 이곳저곳에 스며들 수가 있다. 만약 물에 젖음의 본성이 없다면 '물'이라 부를 수가 없다. 그래서 젖음은 물의 본성/본질이다.

그러면 마음의 본성은 무엇인가? 눈의 본성은 보는 것이고, 귀의 본성은 듣는 것이다. 그러면 무엇을 마음의 본질이라 할 수 있나? 만약 마음에 그것이 없다면 본성이나 본질이라 부를 수 없는, 이것이 무엇일까? 우리가 일상에서 좋다 싫다 그러는데, 필경 이것은 무엇인가? 대답하여 보라고 한다면 무엇이라고 대답할 것인가?

간화선은 이론이 아니다. 지금까지 앞에서 논의한 바처럼 본성은 인식/앎이요, 청정성이라 말하면 이것들은 말일 뿐이다. 실제적인 경험을 말해보라. 그렇지 못하면 이것들은 모두 다 망상(妄想)일 뿐이다. 이것이 실질적으로 경험되지 못한다면 더욱 그렇다. 간화선은 절박하게 자신에게 질문하여 보고, 그것에 대한 깊은 체험을 요구한다. '마음이 곧 부처다[卽心是佛]'라는 말이나 '달마대사가 서쪽에서 가져온 마음의 도장[心印]'이 무엇인가에 대해서 직접적인 체험을 하지 못하면 아무런 소용이 없다. 마치 매우 목이 마른 데도 직접적으로 물을 마시지 못하고 물과 관련된 이론만 떠든다면, 여전히 목마름의 괴로움을 멈출 수 없는 것과 같다.

그러니 다시금 묻지 않을 수 없다. "이보게! 이게 무엇인가?" 이것은 영상관법으로 가능한 일이다. 이것이 간화선에 기반한 영상관법이다. 눈을 감고 마조와 무업의 대화 장면을 다시 떠올리면서 자신에게 질문하여 보길 권한다.

참고도서

『Saṃyutta Nikāya』(PTS)

『Visuddhimagga』(PTS)

『雜阿含經』(大正藏2)

圓測, 『解深密經疏』(韓佛全第一冊)

佛陀扇多譯 『攝大乘論』(大正藏31)

眞諦譯 『攝大乘論』(大正藏31)

淸辯, 『大乘掌珍論』(大正藏30)

護法, 『成唯識論』(大正藏31)

世親, 『俱舍論』(大正藏29)

窺基, 『成唯識論述記』(大正藏43)

澄觀, 『大方廣佛華嚴經疏』(大正藏35)

宗密, 『禪源諸詮集都序』(大正藏48)

宗密, 『中華傳心地禪門師資承襲圖』(卍新纂續藏經Vol.63)

馬鳴, 眞諦譯 『大乘起信論』(大正藏16)

馬鳴, 實叉難陀譯 『大乘起信論』(大正藏16)

法藏, 『大乘起信論義記』(大正藏44)

『六祖壇經』(大正藏48)

『南陽和尙問答雜徵義』(『神會和尙禪話錄』楊曾文編校)

『南陽和尙頓敎解脫禪門直了性壇語』(『神會和尙禪話錄』楊曾文編校)

『景德傳燈錄』(大正藏51)

고영섭(2018), 「분황(芬皇) 원효(元曉)와 삼장(三藏) 진체(眞諦)의 섭론학 이해— '삼무성(三無性)'론과 '아마라식(阿摩羅識)'관을 중심으로」, 『불교철학』3, 동국대학교 세계불교연구소.

권오민(1994), 『유부 아비달마와 경량부철학의 연구』, 경서원.

권오민(2016), 「아비달마불교에서의 마음에 관한 몇 가지 쟁점」, 『동아시아불교문화』28, 동아시아불교문화학회.

김경래(2016), 「동남아 테라와다의 정체성 확립과 바왕가(bhavaṅga)개념의 전개(1)―Nettipakaraṇa와 Milindapañha를 중심으로」, 『불교학연구』48, 불교학연구회.

김경래(2019), 「남방 테라와다의 정체성 확립과 바왕가(bhavaṅga) 개념의 전개(4)―『청정도론(Visuddhimagga)』 14장(khandhaniddeso)을 중심으로」, 『불교학리뷰』26, 금강대학교 불교문화연구소.

김영미(2021), 「승랑과 원효의 상즉론(相卽論)의 비교연구」, 『인도철학』62, 인도철학연구회

김사업(1998), 「유식무경에 (唯識無境) 관한 해석상의 문제점과 그 해결: 삼류경설(三類境說)을 전후한 인도 중국 교설의 비교를 통하여」, 『불교학보』35, 동국대학교 불교문화연구원

김재권(2018), 「세친의 식전변설을 통해 본 식의 분화구조와 그 의의_'허망분별'과 '자기인식'의 관계를 중심으로」, 『인도철학』52, 인도철학회

김재권(2016), 「초기 유식사상의 구조적 변화와 그 의의-이제와 삼성의 구조적 관계를 중심으로」, 『동아시아불교문화』26, 동아시아불교문화학회.

김치온(1999), 「청변(淸辯)과 호법의 공유논쟁에 대하여」, 『한국불교학』25, 한국불교학회.

김현구(2016), 「짠드라끼르띠의 유식학 비판」, 『범한철학』62, 범한철학회.

대림스님과 각묵스님(2002), 『아비담마 길라잡이』, 초기불전연구원.

범라번역(1999), 『위숟디 막가』, 화은각.

배상환(2010), 「설일체유부의 체용론」, 『불교학보』55, 동국대학교불교문화원.

윤갑종(2006), 「연기(緣起)와 자성(自性)의 양립 불가능성에 대한 용수(龍樹)의 입장: 설일체유부(說一切有部)의 사연(四緣)에 대한 용수(龍樹)의 비판」, 『범한철학』40, 범한철학회.

안성두(2005), 「유식문헌에서의 삼성설(三性說)의 유형과 그 해석」, 『인도철학』19, 인도철학회.

이정희(2016), 「원효의 삼성설(三性說)을 통한 공(空)유(有)사상 종합」, 『한국불교학』78, 한국불교학회.

인경(1999), 「지눌 선사상의 체계와 구조」, 『보조사상』(12), 보조사상연구원.

인경(2004), 「유식의 '변계소집성'과 '인지치료'의 통합적 접근」, 『보조사상』22, 보조사상연구원.

인경(2008), 「영상관법의 심리치료적 함의–인지행동치료와 비교하면서」, 『명상심리상담』2, 한국명상심리상담학회.

인경(2012), 『명상심리치료』, 명상상담연구원.

인경(2022), 『쟁점으로 살펴보는 현대 간화선』, 조계종출판사.

임성빈(2011), 「無表業(avijñapti karman)에 대한 경량부의 비판: 『俱舍論』과 『成業論』을 중심으로」, 『철학논총』66, 새한철학회

장규언(2014), 「공유(空有) 논쟁에 대한 원측(圓測)의 화쟁 논리–『대승광백론석론(大乘廣百論釋論)』 『교계제자품(教誡弟子品)』을 중심으로」, 『철학논집』37, 철학연구소.

장규언(2019), 「원측(圓測)의 진제(眞諦) 『구식장(九識章)』과 구식설(九識說) 인식의 특징–'해성리야(解性梨耶)'와 '능연(能緣)의 아마라식(阿摩羅識)' 해석을 중심으로」, 『선문화연구』26, 한국불교선문화연구소.

조동복(2019), 「용수의 십이연기(十二緣起) 해석」, 『동아시아불교문화』37, 동아시아불교문화학회.

조종복(2020), 「『중론송』의 팔불연기는 연속적인가, 불연속적인가」, 『동아시아불교문화』43권, 동아시아불교문화학회.

정현주(2020), 「유식이십론 '유식무경'의 인지과학적 해명」, 『불교학연구』62, 불교학연구회.

최성환(2018), 「해석학과 마음의 문제」, 『철학연구』48, 철학연구회.

한자경(1999), 「유식무경」, 『철학과 현실』, 철학문화연구소.

황정일(2005), 「설일체유부(說一切有部)의 작용론에 대한 논쟁–세친의 비판에 대한 중현의 반론을 중심으로」, 『인도철학』19, 인도철학회.

A.T. Beck, A.J. Rush, B.F. Shaw, and , G. Emery(1979), Cognitive Therapy of Depression, (New York: The Guilford Press).

Bhikkhu Bodhi(Author), Mahāthera Nārada(Translator)(1993), A Comprehensive Manual of Abhidhamma: The

Abhidhammattha Sangaha of Ācariya Anuruddha, Buddhist Publication Society, Kandy Sri Lanka.

Dan Arnold(2010), Self-Awareness(svasaṃvitti) and Related Doctrines of Buddhists Following Dignāga: Philosophical Characterizations of Some of the Main Issues, Journal of Indian Philosophy SCOPUS 38(3).

Kano, Kazuo(2012), "Paramārtha's Doctrine of a Ninth Consciousness, as Transmitted in Tibetan Texts: Tsong kha pa's Kun gzhi dka' gter and Its Context." In Studies of the Works and Influence of Paramārtha, edited by Funayama Tōru, 345‒99. (In Japanese.) Kyoto: Kyoto Institute for Research in Humanities, Kyoto University.;

Paul Hoornaert(1986), Bhavaviveka's Critique of the trisvabhava-Doctrine, Journal of Indian and Buddhist Studies, 35‒1.

Richard E. Palmer(1969), Hermeneutics: Interpretation Theory in Schleiermacher, Dilthey, Heidegger, and Gadamer, Studies in Phenomenology and Existential Philosophy(35 Books), Northwestern University; 리차드 팔머 (2011), 해석학이란 무엇인가, 이한우옮김, 문예출판사.

Szilvia Szanyi(2021), The Changing Meanings of āśraya in Vasubandhu's Abhidharmakośa(bhāṣya). Journal of Indian Philosophy 49.

Sponberg, Alan(1982), THE TRISVABHAVA DOCTRINE IN INDIA & CHINA: A Study of Three Exegetical Models, 『龍谷大学仏教文化研究所紀要』21.

The Pali Text Society(1975), THE PATH OF PURITY, London.

제Ⅱ부
영상관법의 심리학적인 접근

제 5 장

영상관법과
현상학적 연구

목차

* 출처: 인경(김형록) (2014). 「영상관법의 현상학적 이해」. 『명상심리상담』 11. 수정 · 보완하여 수록함.

요약

제5장의 목표는 외계의 대상보다는 내적인 표상을 강조하는 유식심리학에 기반한 영상관법을 현상학적 관점과 비교해서 그 심리 철학적 기반을 구축하는데 있다. 제1절은 대상을 오직 마음의 표상에 의해서만 인식이 가능하다고 주장하는 '표상주의'를 중심으로 논의한다. 대상은 이미 마음 안에 존재한다는 토마스 아퀴나스와 이런 마음현상을 지향성으로 규정한 브렌타노, 그리고 반표상주의를 주장하는 후설의 현상학적 관점을 유식론에 기반한 '영상관법'의 입장과 비교하면서 논의를 진행한다. 영상관법의 입장은 대상이 마음안에 존재한다는 내재주의와 대상은 현실적으로 인식밖에 존재한다는 반표상적 외재주의를 모두 수용하여 통합하는 입장을 취한다.

제2절은 만성적인 불안을 겪는 내담자를 중심으로 사고형 영상관법의 사례를 보여준다. 불안은 망상적 사유체계로부터 비롯된 경우가 많다. 그렇기에 불안과 생각과의 관계를 탐색하고 분명하게 자각하는 작업은 매우 중요한 지점이 된다. 마음이 어떻게 물들어있는지 영상관법을 통해서 진단할 뿐만 아니라, 감정이나 생각에 물든 상태를 통찰하고 벗어나서 마음의 정화를 이루는 과정을 보여준다. 아울러 사고형 영상관법에서 감정과 생각의 관계를 탐색하는 사례와 함께 생각을 찾아 중얼거리고, 그것의 감각자료를 코끝에 걸고 관찰하는 사고형 영상관법의 진행 매뉴얼을 제공한다.

제3절은 현상학의 핵심된 기법들을 영상관법적 시각에서 이해한다. 이를테면 '사태 자체로'라는 현상학의 모토는 핵심 장면을 의식에 떠올리는 것이라면 '현상학적 환원'은 상황에 대한 집중을 감정의 발생으로, 다시 감정의 발생을 몸느낌으로 환원시키는 작업으로 파악한다. '본질 직관'은 대상을 있는 그대로 관찰하여 그 본질에 도달하는 것으로, '판단중지'는 생각을 멈추고 대상을 있는 그대로 지켜보는 작업으로 이해한다. 그러나 현상학적 연구의 '판단중지'는 연구자뿐만 아니라 연구참여자에게도 요구해야 하는 것으로 현실적으로 불가능한 측면이 있다. 반면 영상관법은 심층 면담을 통해 생생한 자료수집이 가능하다. 이 점은 위해서 현상학적 방법론에 직접적으로 도움을 줄 수 있다. 또한 '본질직관'의 문제인데 현상학적 연구가 경험들의 공통된 '속성'을 중시하기에 피상적인 측면이 많다는 비판이 있다. 이에 비해 영상관법에서 본질직관은 마음치유의 작업으로 고통으로부터의 '해탈'을 추구한다. 더 나아가 현상학적 연구가 '주관성 위에 객관성'을 추구하지만, 영상관법은 개인적 고통에 초점을 맞춘다는 점에서 개별적인 체험을 강조한다. 그 밖에 현상학적 연구가 사회적 현상을 공유하는 장점을 갖는다면 영상관법은 임상적인 상황에서의 질적 접근을 중시한다.

> 키워드 표상주의, 내재주의, 현상학, 사고형 영상관법, 판단중지, 본질직관, 환원.

머리말 – 문제의 소재

질적 연구(Qualitative Research)의 방법은 사례연구, 내러티브연구, 근거이론, 문화기술지연구 등과 함께 2000년 이후 유행하고 있다. '현상학적 연구(phenomenological research)'도 질적 연구의 한 방법으로 그 기원은 철학의 현상학이다. 현상학은 다른 질적 연구와 마찬가지로 현장의 체험을 연구한다는 관점에서 '사태 자체로'라는 모토를 가지고 현장으로 내려간다.

유식심리학에서 비롯된 영상관법은 구체적인 사건과 관련된 미해결과제를 '존재하는 그대로' 관찰함으로써 내적인 정서적 문제뿐만 아니라 현실문제를 해결하는 마음치유의 한 방식이다. 영상관법에 현상학을 접목시키면 현상학은 영상관법의 철학적 측면에 도움을 줄 것이고, 영상관법은 면담을 통한 질적 연구로서 현상학적 연구의 한계점을 보완하여 줄 것이다.

현상학은 원래 자연과학적 방법을 배격하면서 등장한 철학 분야이지만, 체험을 연구한다는 점에서 다른 학문 분야로 응용되었다. 이를테면 문학이나 예술뿐만 아니라 종교학, 간호학, 교육학 등으로 전파가 되었다. 당연한 결과이지만 현상학은 원래 철학적 의미와는 다르게 다양한 형태로 변용되었다. 그러다 보니 응용현상학의 연구방법론을 둘러싸고 현상학의 정체성에 대한 논의가 일어났다.[01] 철학으로서의 현상학적 이념과 응용된 현상학적 연구방법론 사이에 발생한 정체성의 논쟁은 결과적으로 보다 정밀한 현상학적인 방법을 활용하는데, '질적 연구'에 긍정적인 영향을 미치고 있다.[02]

---

01 공병혜, 「간호연구에서의 현상학」 (철학과 현상학 연구, Vol.23. 2004.); 이남인, 「현상학과 질적 연구방법」 (철학과 현상학 연구, Vol.24. 2005.)

02 현상학의 심리치료에 대한 필요성을 언급한 논문은 김영필, 「철학 상담학의 정립을 위한 하나의 제안: 현

마찬가지로 번쇄하고 난해한 유식 불교를 손쉽게 현장에 뿌리 내리는 데 중요한 역할을 한 '영상관법'의 경우도 상담이나 심리치료의 영역에서 많은 성과를 만들고 있다.[03] 그러나 여전히 심리학적 기반의 확립과 현장에서의 프로그램 정비와 체계화가 필요하다. 특히 인터넷이 발전한 이후 유식불교와 현상학과의 비교연구, 철학적인 접근, 현장연구 등 많은 연구가 진행되어왔다.

먼저 유식불교와 현상학을 비교하는 철학적 연구의 초창기는 주로 유식학을 관념론의 시각에서 논의했다. 그러나 유식(唯識)을 외적 대상의 실재론을 배제하는 '관념론(idealism)'으로 이해하는 방식에 대한 비판적 견해가 등장하면서 현상학과의 비교가 진행되었다.[04] 이를테면 그동안 서구철학 전통에서 불교의 유식사상을 '실재론'과 대립되는 '관념론'으로 이해하는 경향이 많았다. 이에 대해 댄 러스타우스(Dan Lusthaus)는『불교 현상학(*Buddhist Phenomenology*)』(2002)에서 유식불교를 서구철학에서 관념론으로 이해하는 종래의 방식을 비판하고 실재론적 경향이 있는 후설의 '현상학'적 관점에서 이해했다. 유식(vijñapti-mātra)을 '오직 마음

상학적 심리치료」(새한학회, 철학논총제28집, 2002)을 참조바람.

03 영상관법과 관련한 박사 논문들은 주로 필자가 교수로 재직한 동방문화대학원대학교에서 27편이 연구되었는데 그중 몇 가지를 살펴보자. 김상임(2023),『영상관법에 의한 공황 치유 경험: 단일사례 내러티브 연구』김진기(2020),『기업 관리자의 직무스트레스에 대한 영상관법 경험: 내러티브 연구』김창중(2019),『대학생의 스트레스 관리를 위한 영상관법 경험: 현상학적 연구』이성권(2019),『대입 재수생의 불안치유 경험: 명상상담을 활용한 내러티브 연구』신정란(2019),『여성노인의 삶을 다룬 명상상담 치유경험: 내러티브 연구』김영미(2018),『명상심리상담사의 영상관법 경험: 현상학적 연구』김광호(2017),『북한이탈주민 여성의 가족해체 치유 경험: 내러티브 연구』정영순(2016),『여성노인의 화병 치유경험: 내러티브 연구』김다현(2016),『학교부적응 청소년의 명상상담 경험: 내러티브 연구』김인희(2014),『영상관법이 공황장애의 증상 감소에 미친 효과: 단일사례 연구를 중심으로』한경옥(2013),『영상관법이 신체변형장애에 미친 효과: 단일사례연구 중심으로』이영순(2012),『영상관법 프로그램이 중년여성의 우울증에 미친 영향에 관한 단일사례연구』등이 있다.

04 여기에 상응하는 대표적인 저술은 Dan Lusthaus(2002), Buddhist Phenomenology: A Philosophical Investigation of Yogacara Buddhism and the Ch'eng Wei-shih Lun. London and New York: Routledge Curzon.가 있고, 이후로 吳汝鈞(2002)의『唯識現象學』(臺北: 臺灣學生書局.), 그리고 司馬春英(2003),『唯識思想と現象學: 思想構造の比較研究に向けて』(東京: 大正大學出版會)과 윤명로(2006)의『현상학과 유식론』(서울: 시와 진실)등이 있다. 이들은 공통적으로 유식사상을 모두 현상학과 직접적으로 비교한 것이다.

만 존재한다(mind-only)'든지 아니면 '오직 의식만 존재한다(consciousness-only)'고 해석하면 결국 이것은 '실재론'을 부정하는 '관념론'적 관점일 뿐이다. 댄 러스티우스는 기존의 이런 해석을 비판하면서 그것의 원인이 '유식(vijñapti-mātra)'이란 용어의 잘못된 해석에서 비롯된 것이라고 주장했다.[05]

이 문제와 관련해 필자는 후설의 현상학이 실재론적인 경향이 강하기에 유식을 관념론으로 이해하는 방식을 거부한 것으로 본다. 실제로 '유식(vijñapti-mātra)'이란 용어는 특정한 대상이 마음에 의해서 '표상되어짐'을 의미한다. 따라서 앞의 3장에서 살펴본 것처럼 유식과 무경을 분리했을 때 반드시 외적 대상을 부정만 하는 것은 결코 아니다. 이와 같이 경험적 입장에서 외적인 대상을 전적으로 부정하지 않는다면, 의식의 지향성을 강조하는 '현상학'적 해석과 잘 맞아떨어질 것이다.

유식불교를 현상학과 연결하여 새롭게 해석하려는 댄 러스티우스의 시도는 국내 문헌학적 연구에도 영향을 주었다.[06] 그러나 이것과 관련된 아직은 체계적인 저술은 없다. 그동안 이루어진 현상학과 유식불교를 비교하는 연구로 의식의 지향성[07], 아뢰야식의 전변과 선험적 주관성[08], 자기의식[09], 심식이론[10], 현상학적 환원[11] 등과 관련된 논의가 있다. 또한 양자 간의 비교 연구는 문헌학적인 측면이나 해석학적 관점에서 이루어진 연구들이 주류를 이룬다.[12] 그러나 유식불교의 현장연구

---

05 Reviewed by Charles Muller, Faculty of Humanities, Tōyō Gakuen University, for Philosophy East and West, vol. 27 Number 1, 2004, pages 135-139.

06 안성두(2016), 「유식(vijñaptimātra)에 대한 관념론적 해석 비판」『철학사상』 제61집: 3-40.; 정현주(2018), 유식사상의 관념론적 해석 고찰: 근세 관념론적 해석을 중심으로, 범한철학회『범한철학』 제88집.

07 한자경(1992), 「유식 사상에 있어서 식의 지향성」『철학과 현상학 연구』Vol.6

08 한자경(1996), 「후설 현상학의 선험적 주관성과 불교 유식 철학의 아뢰야識의 비교 : 선험적 주관성의 구성작용과 아뢰야식의 전변작용을 중심으로」『철학과 현상학 연구』Vol.9

09 최인숙(2007), 「현상학과 유식학에서 자기의식의 의미」『철학과 현상학 연구』Vol.32.

10 이만·배의용(1999), 「불교 유식학과 후설 현상학의 심식이론에 관한 비교연구」『韓國佛敎學』Vol.25.

11 배의용(1997), 「유식학의 유가행과 현상학적 방법 : 언어적 관점에서의 비교」『韓國佛敎學』Vol.23.

12 吳汝鈞의『唯識現象學』과 司馬春英의『唯識思想と現象學』은 양자의 비교할 수 있는 거의 모든 주제

354 │ 제II부 │ 영상관법의 심리학적인 접근

는 매우 미진하여 왔다.

그런데 유식불교에 기반한 영상관법이 확립되고 상담이나 심리치료의 현장에서 활용되면서 본격화 되었다. 특히 필자가 전임교수로 근무한 동방문화대학원대학교에서 박사학위가 배출되는 2010년 이후 본격적으로 이루어졌다. 공황, 불안, 강박증상, 우울, 분노 등 정서장애를 중심으로 현장사례에 영상관법을 적용하여 그 효과성을 입증하였다. 그럼에도 불구하고 비교 연구들을 통해서 영상관법의 심리학적인 기반이나 철학적인 토대가 무엇인지, 그리고 왜 그렇게 진행을 해야 하는지에 관한 확고한 이론적 기반을 세울 필요가 있다. 이런 점에서 먼저 영상관법과 현상학적 연구와의 관계를 고찰한다.

들을 총괄적이고 매우 체계적으로 문헌적 연구이다. 반면에 윤명로(2006)는 양자의 공통성에 초점을 맞추고 있으며, 특히 현상학의 자연적 태도, 지향성, 의식류 등을 비교하면서 의식의 적극적인 구성, 알라야식의 영향력에 의한 망상, 내적인 철저한 반성 등의 일치점을 강조한다. 그러나 이런 현상학과 유식불교를 비교하는 관점에 대해서 비판적으로 검토하면서, 유식론이 후설보다는 오히려 하이데거와의 사이에서 일치점을 발견할 수 있지 않을까 하는 논의도 있다. 박찬국, 「후설의 현상학과 유식론은 과연 일치하는가?-윤명로 교수의 『현상학과 유식론』(서울: 시와 진실, 2006)에 대한 서평」『인문총론』Vol.58. 서울대학교 인문학연구원, 2007.

2

표상주의와 영상관법

영상관법은 미해결과제와 관련된 심층의 닮은 영상을 자발적 혹은 의도적으로 의식의 표층에 떠올려 충분하게 느끼고 머물러 관찰함으로써 문제를 통찰하여 해결하는 명상작업이다. 영상을 떠올리기 위해서는 먼저 영상이 심층에 존재해야 한다. 현장에서 마음치유의 도구로 활용하는 영상관법의 심리학적인 입장은 문제가 되는 미해결된 과제가 고객/내담자의 내면에 내재되었다고 전제한다. 그 미해결된 영상은 바로 고객의 삶에서 반복적으로 오랫동안 부딪치는 과제이다. 이점은 내재화된 표상[唯識, vijñapti-mātra]을 강조하는 점에서 바로 서구철학의 '표상주의'와 연결된다.

표상주의(Representationalism)는 고대 희랍시대부터 오랜 역사를 가진다. 현대에 있어서도 인지과학의 발달과 함께 일반 심리학과 철학 그리고 교육학에 이르기까지 광범위하게 응용된다. 표상주의는 '마음은 외적인 대상을 직접적으로 인식하지 못하고 단지 마음에 나타나는 대상의 이미지/심상/표상을 통해서만 지각할 뿐이다'[13]고 주장한다. 이런 주장은 특히 불교의 유식론에서 '외적인 대상 자체가 존재하지 않고 오직 의식/표상만이 존재한다'는 유식무경(唯識無境)과 매우 유사한 면을 가진다. 이것은 유식불교와 표상주의가 동일한 철학적 태도를 보여준다는 점을 시사한다. 이점에 착안해서 여기서는 '표상주의'를 중심으로 토마스 아퀴나스와 브렌타노, 그리고 반표상주의를 주장하는 후설의 현상학적 관점을 '영상관법'의 입장과 비교하면서 논의를 진행하고자 한다.

---

13 https://www.britannica.com/topic/representationism; By The Editors of Encyclopaedia Britannica.

1) 표상주의적 인식론

표상주의 인식론과 관련해서 아리스토텔레스나 플라톤의 전통을 언급할 수 있지만, 중세에는 대표적으로 토마스 아퀴나스(Thomas Aquinas, 1224-1274)가 있다. 그는 서구 중세를 대표하는 스콜라 철학자이다. 중세에는 심리학과 철학이 서로 분리되기 이전의 시대이다. 물론 신학자인 아퀴나스의 입장이 반드시 표상주의를 주장한다고 말할 수는 없지만 표상주의적 견해를 지지한다. 다시 말하면 아퀴나스는 '인식이란 알려지는 대상이 인식의 주체 안에 존재함으로써 성립된다.'[14] 고 정의한다. 곧 인식 대상이 먼저 인식의 주체 '안'에 어떤 식으로든지 선행적으로 알려져 있고, 그것을 '매개'로 해서 비로소 인식이 성립된다는 것이다. 이것은 분명하게 표상주의적 관점이다.

이를테면 여기에 장미꽃이 있다고 하자. 그 꽃은 외계에 실재하는 사물이다 (A). 우리는 그것을 생각과 개념으로 인식한다(B). 만약 양자 A와 B 사이에 인식관계가 성립되어야 한다면 밖에 존재하는 '사물'과 내면에 존재하는 '생각과 개념'은 어떻게 '만남'이 가능한가? 표상주의는 '유사성' 곧 '닮은 표상/영상'을 통해서 인식이란 현상이 가능하다고 설명한다. 우리가 꽃집에 가서 장미꽃을 사고자 할 때 장미꽃과 안개꽃을 구분할 수 있어야 한다. 양자를 구분하기 위해서는 먼저 사전에 장미꽃과 안개꽃에 대한 표상/지식/개념이 마음에 내재해 있어야 한다는 것과 같은 맥락이다. 만약에 미리 지식/개념으로 내재화되지 않았다면 장미꽃과 안개꽃을 구분할 수 없기 때문이다.

다른 사례를 들어보자. 오랫만에 친구를 만나기 위해서 공항으로 배웅을 나갔다. 친구를 어떻게 인식할 수 있는가? 사진이나 영상을 통해서 인식의 주체에 친구의 얼굴과 같은 개념적 표상이 선행적으로 존재해야 한다. 그러면 그는 출구에서

---

14 이상섭(2003), 「토마스 아퀴나스의 Species Intelligibilis 개념과 그것의 13세기 철학에서의 위치-『신학대전』I,85,2를 중심으로」 『가톨릭철학』 252-281.

나오는 사람들을 자신의 내면에 존재하는 친구의 개념과 대조하고 살펴보면서 친구를 찾아낼 수가 있을 것이다. 만약에 마음속에 선행된 친구에 대한 정보/표상이 존재하지 않는다면, 그는 결국 친구를 알아보지 못할 것이다.

여기서 핵심은 공항에 나가 친구를 만나기 위해서는 먼저 친구에 대한 유식(唯識)적 표상 즉 사진과 같은 인식정보가 사전에 입력되어 있어야 현실에서 친구라는 실재를 찾아낼 수 있다는 점이다. 현실에 효과적으로 대응하기 위해서 유식/표상이란 개념이 인식 주체에게 '이미 알려져 있는 일[所知事]' 혹은 '먼저 알아야 하는 현상[所知法]'으로서 내재화되어 있어야 한다. 이러한 '유식(vijñapti-mātra)'과 유사한 관념이 중세 스콜라 철학의 'species intelligibilis(알려진 개념)'이나 'forma intellibilis(알려진 형상)'이다.[15] 물론 이런 표상주의적 개념들이 관념론인가 혹은 실재론인가 등의 철학적 논쟁이 존재하지만[16], 특정 맥락에서 사용되기에 크게 문제되지 않는다.

중요한 사실은 표상주의나 영상관법 모두 선행적으로 심층의식에 닮은 영상이 존재해야 한다는 것이다. 그래야 앞에서 비유했듯이 공항에서 닮은 영상을 떠올리면서 현실의 친구를 찾아낼 수 있다. 다시 말하면 미해결된 과제를 해결하기 위해서 현실의 삶에서 경험한 닮은 영상/표상을 떠올려 반복적으로 집중해서 관찰하고, 그것으로부터 현실적인 해결책을 찾아가는 영상관법은 '표상'주의적 관점을 취하는 것이다.

그러면 선행적 영상/표상은 어떻게 내재화되는가? 이점을 외상 관련 스트레스에서는 단 한 번의 충격에 의해서도 내재화될 수 있다고 말한다. 또한 충격은 없더라도 반복적으로 경험되면 영상은 저장되어 내재화된다고 한다. 이것을 좀 더

---

15 Leen Spruit(1994), Species intelligibilis: from perception to knowledge, New York: Brill. 여기에 의하면 핵심개념인 Species Intelligibilis의 뿌리는 아리스토텔레스와 플라톤에서 비롯된다. 이 개념은 이데아 또는 인식내용과 같은 의미로서 대상인식을 위해 선행되어 알려진 개념이나 사물의 형상을 의미한다.

16 이상섭(2005), 「토마스 아퀴나스와 표상주의 논쟁」 『철학연구』 227-249.

구체적으로 설명하는 것이 대표적으로 삐아제(Jean Piaget, 1896-1980)의 '인지발달 이론'이다. 아이들은 반복적인 경험과 언어습득을 통해서 외계의 존재에 대한 지식적 표상을 내면에 '도식(schema)'으로 발전시켜 내재시킨다. 만약 새로운 경험을 만나면 기존의 도식적 표상을 '조절(accommodation)'하여 적용해 간다. 이렇게 우리는 평생 적응적인 인지적 도식을 활용해 지식을 확장해간다는 것이다.

　인지적 도식은 일종의 표상으로서 표상주의를 나타내는 키워드이다. 제2장에서 영상관법의 원류를 탐색할 때 '부정관'에서 영상을 채집해서 '내재화'하는 과정을 고찰한 바가 있다. 이것은 표상주의적 인지과학에서 도식을 구성하고 내재화하는 과정과 유사한 면이 있다. 시체가 썩어가는 과정을 반복적으로 정밀하게 관찰하고, 그것의 표상을 눈감고도 선명하게 눈앞에 떠올라올 수 있도록 하는 내재화 과정은 부정관의 성패를 가늠하는 중요한 작업이다. 이것이 가지는 영상관법의 의미는 (1) 첫째로 먼저 선명한 영상을 마음'속'에 확보해야 한다는 점이다. 영상이 인식하는 주체의 내면에 존재한다는 점에서 영상관법 역시 표상주의적인 입장에 속한다. (2) 두 번째 그 영상은 현실에서 취해온 대상과 '닮아' 있어야 한다. 영상은 고객/내담자의 삶을 반영하고 그 내면에 존재하는 미해결된 과제와 닮아있어야 마음치유의 작업을 치유자와 함께 진행할 수 있다. 그래야 고객의 현실에 직접적으로 개입해서 유의미한 효과를 검증해낼 수 있다. 이런 관점은 경험적 실재론에 속한다.

　인식론의 입장에서 보면 대상 표상에 대한 인식 과정은 2단계로 구성된다. 먼저 대상영상을 취하는 제1단계와 채집된 닮은 영상을 재인식하는 제2단계로 구분된다. 제1단계는 형상이 내재화하여 기억되는 '훈습'의 과정이고, 제2단계는 제8식에 저장된 영상이 의식의 표층으로 '출현'하는 현행의 과정이다. 이것은 수행자가 시체가 썩어가는 과정의 형상/표상을 취해서 집으로 돌아온 다음에, 조용히 앉아서 눈을 감고 그 영상을 관찰하는 것과 일치한다. 다른 예를 들어보자. 보통 우리는 아침에 일어나서 출근하기 전에 거울로 자기 자신을 살펴본다. 거울에 비친 얼굴의 표상이 제1차적 반영이라면, 거울에 비친 표상을 관찰하고 평가하는 일은 2차적 인식이 된다.

이것을 『해심밀경』에서는 '마음이 마음을 본다'고 표현한다. 일차적으로 의식의 내부에 내재화된 자기형상을 본다. 이차적으로 그것을 인식하고 평가하면서 화장도 하고 얼굴을 다듬는다. 마음의 거울에 나타난 현현된 대상표상은 과거에 본인의 마음이 포착하고 구성한 내용이다. 이렇게 자신이 구성하고 포착한 내용을 스스로 다시 바라보면서 재구성하는 과정을 '마음이 마음을 본다'고 한다. 이것이 바로 영상관법의 원리이다. 이러한 과정을 '투사적 동일시'란 용어와 관련시켜 제3장에서 논의한 바가 있다.

그런데 내재화된 표상/영상은 반드시 긍정적으로만 작용하지는 않는다. 반대로 역기능적이고 부정적으로 작동하는 영상도 있다. 내담자/고객에게 내재된 표상/영상이 부정적으로 작동하면 분노나 불안 혹은 깊은 우울증을 만들어낼 수가 있다. 이런 경우는 깊게 내재화된 표상/영상을 찾아서 내담자와 함께 치유작업을 해야 한다. 이것은 영상관법을 마음치유의 도구로 사용하는 경우이다. 여기서 강조하고자 하는 점은 일단 우리는 성장하면서 적응적 영상을 내재화하고, 인지도식처럼 계속적으로 세상과 타인, 그리고 자기 자신에 대한 영상/표상을 수정하고 보완하면서 살아간다는 것이다.

2) | 브렌타노의 지향성 개념

지향성(intentionality)이란 대상을 인식할 때 의식이 대상을 향하여 있다는 것을 표현하는 말이다. 목표를 향하여 실천할 때 사용하는 '지향'이란 말을 경험적 심리학의 영역으로 편입시켜 일반 심리 현상을 설명하는 용어로 특화한 이는 브렌타노(Franz Brentano, 1838-1917)이다. 이것을 다시 후설(Husserl)이 채택하면서 현상학의 대표적인 용어 가운데 하나가 되었다. 지향성에 대해서 브렌타노는 『경험의 관점에 선 심리학(Psychology from an Empirical Standpoint, 1874)』에서 다음과 같이 말한다. 이것은 매우 유명한 구절이다. 번역의 객관성을 살리기 위해서 타인이 번역한 그대로 사용한다.

> 모든 심적 현상은 중세 스콜라 학자들이 어떤 대상의 지향적 (혹은 심적) 내존(die intentionale (auch wohl mentale) Inexistenz/the intentional (or mental) inexistence)이라고 불렀던 것, 그리고 전적으로 애매하지 않은 것은 아니지만 우리가 어떤 내용에로의 지칭(die Beziehung auf einen Inhalt/reference to a content), (어떤 외부 사물(eine Realität/a thing)을 의미하는 것으로 이해되어선 안 되는), 어떤 대상을 향한 정향(die Richtung auf ein Objekt/direction toward an object), 혹은 내재적 객체성(die immanente Gegenständlichkeit/immanent objectivity)이라고 부를 수 있는 것에 의해 특징 지워진다.
> 모든 정신적 현상은, 비록 그들이 동일한 방식 속에서 그런 것은 아니지만, 그 자체 안에 어떤 것을 대상(Objekt/object)으로 포함한다. 현시(Vorstellung/presentation)에서는 그 무엇이 현시되고[표상되고], 판단(Urteile/judgment)에서는 어떤 것이 긍정되거나 부정된다. 또한 사랑(Liebe/love)에서는 그 무엇이 사랑되고, 증오(Hasse/hate)에서는 그 어떤 것이 증오되며, 욕구에서는 그 무엇이 욕구된다.
> 이러한 지향적 내존은 오로지 심적 현상(psychischen Phänomenen/mental phenomena)에만 특징적이다. 어떠한 물리적 현상(physiches Phänomen/physical phenomenon)도 그와 같은 것을 보이지 않는다. 그러므로 심적 현상은 그 자체 안에 어떤 대상을 지향적으로 포함하는 그런 현상이라고 말함으로써 우리는 심적 현상을 정의한다.[17]

---

17 김영진(2012), 「브렌타노 지향성 이념의 해석 문제: 바톡의 입장에 대한 비판」『현상학과 현대철학』 1-25.; Brentano, F. Psychologie vom empirischen Standpunkt, Erster Band, Hamburg: Felix Meiner Verlag(1924/1973), 124-125쪽. (Psychology from an Empirical Standpoint, English Tr. by A. C. Rancurello, D. B. Terrell, and L. L. McAlister. New York: Humanities Press, 1973, 88-89.)

지향성을 설명하는 이 브렌타노의 문장은 쉽지만은 않다. 의식이 뭔가로 향할 때를 '지향되어 있다'는 표현을 사용한다. 심적 현상은 항상 특정한 대상과의 관계를 의미한다. 이를테면 화를 내거나 혹은 누군가를 좋아한다면, 그곳에는 항상 대상이 있고, 그것과의 관계를 가진다. 의식은 항상 무엇인가로 향하여 있다는 것이고, 이것을 '지향성'이라 한다. 이것은 물리적 현상과는 확연하게 구분된다. 그러면 여기서 문제는 '지향'된 대상은 의식의 내적인 존재인가? 아니면 의식과는 관계없는 외부의 존재인가?

이 질문과 관련해 지향성을 설명하면서 브렌타노가 사용한 '내존(mental inexistence)'이란 어떤 의미인지에 대해 이후로 많은 논쟁점이 있다. 현상학적 해석자로서 후설을 비롯한 하이데거(Heidegger)의 경우는 브렌타노에게 영향을 받았으면서도 실재론적인 경향이 강하다. 후설은 외적인 대상으로서의 '초월적 현상학'으로, 하이데거는 '세계-내-존재론'적으로 해석한다. 이들은 '내존'을 외적인 대상과의 관계를 의미하는 것으로 보고 존재론적으로 해석한다. 반면에 대표적으로 바톡(Bartok)[18]은 '지향적 내존(the intentional inexistence)'이란 용어로써 외적인 실재론적 해석을 비판하고 의식의 '내부(inside)'나 의식의 내부에 '함께(within)' 존재함을 의미한다고 해석한다.

지향성을 해석함에 있어 외적인 대상에 초점을 맞출 것인가 아니면 내적인 측면을 강조할 것인가의 문제가 놓여있음을 알 수가 있다. 이 문제와 관련해 필자의 입장을 설명해 보자. 위의 브렌타노의 인용문에서 첫 번째 단락의 핵심된 용어는 '지향된 내존(the intentional inexistence)'이다. 이것은 모든 심적 현상의 특징으로 '어떤 대상을 향한 정향(direction)' 혹은 '내재적 객체성(immanent objectivity)'이라고 부를 수 있다. 이것의 의미는 두 가지로 요약된다. 하나는 '내재된 객체성이 마음에 존재한다'는 의미이다. 마치 '돌이 마음에 존재하는 것이 아니라, 돌의 형상이

---

18 Philip J. Bortok(2005), Brentano's Intentionality Thesis: Beyond the Analytic and Phenomenological Readings, Journal of the History of Philosophy, vol.43,. 437-460.

마음의 내면에 존재한다'는 것과 같다. 다른 하나는 어떤 대상을 향한 정향/방향/지향이 내재적으로 존재한다는 것으로 해석한다. 이것은 결코 외적인 사물을 의미하는 것이 아니다.

이것을 영상관법의 시각에서 해석하면 이렇다. 첫째로 내재된 객체성이란 의도와 관계없이 경험되어 내재화된 형상[相]이 선행적으로 마음에 존재한다는 것이다. 이를테면 사물인 '돌' 자체가 마음에 내재한다는 것이 아닌 돌의 '형상'이 제8식에 이미지 형태로 저장되어 있음을 의미한다. 이것은 표상주의적 이해방식이다. 두 번째로 내적인 지향성이란 '심리적인 현상'으로서 선행되어 내재된 형상을 향하는 '지향성'이다. 이것은 이미 구성된 형상에 대한 이차적인 인식, 즉 심리적 지향을 말한다. 심층에 잠재된 자료/형상이 특정한 자극과 함께 의식의 표층으로 현현함/떠올라옴을 의미한다. 그러면 여기에 자꾸 신경이 쓰인다. 그리고 곧 관계가 형성되면서 마음이 그곳으로 지향하게 된다는 의미이다. 세 번째로 인용문에서 '현시(Vorstellung/presentation)'와 관련된 '영상관법'적 시각은 지향의 본래적 의미인 '실천적' 측면을 말한다. 의식의 표층으로 '현시/현현'된 그 표상/영상을 수행의 대상으로 삼아서 집중적으로 관찰하여 그것의 본질을 통찰한다는 지향의 실천적 행위를 내포한다. 후설로부터 하이데거로 현상학과 관련된 인식론이나 철학적 논의가 존재론적 관점으로 전환되면서 '지향성'이 가지는 실천적 의미가 약화되었다. 브렌타노의 '현시/표상'란 용어가 갖는 함의를 확대 해석하면 영상관법의 실천적인 측면과 맥이 닿을 것이다. 이점은 전통적인 '지향'이란 용어가 갖고 있는 실천적 개념과 상응한다고 볼 수 있다.

그런데 한편으로 인식론의 측면에서 중세의 대표적인 스콜라 학자인 아퀴나스는 '지향'의 개념을 두 가지로 구분한다.[19] 하나는 외부에 존재하는 사물을 향하는 제1지향과 외부에 존재하는 대상이 아닌 의식 내부에 존재하는 개념이나 형상

---

19 이남인(2004), 『현상학과 해석학』 서울대학교 출판부.103.

을 지향하는 제2지향이다. 그러나 브렌타노는 위의 인용문에서 외부의 사물로 이해해선 안 된다고 했기에 그가 인정한 지향성의 의미는 내재적 지향 곧 제2지향만을 의미한다고 평가할 수 있다.[20] 또한 아퀴나스의 제2지향은 외부 사물의 실재성을 부인하지 않는 자연과학적 태도가 반영되었으나 브레타노는 반성적인 내적 경험을 중시하면서 자연과학적 방법을 비판하는[21] 자세를 견지한다.

제1지향과 제2지향은 앞의 4장에서 언급한 불교의 소연(所緣)과 소연연(所緣緣)을 구분함과 매우 유사한 개념이다. 소연은 제1지향인 외적인 대상을 말한다면 소연연은 내적인 인식대상으로서 내재화된 제2지향의 대상을 말한다. 부정관에서 외적인 시체가 썩어가는 과정을 인식함은 제1지향이고, 그것들의 영상을 채집하고 집에 돌아와서 그것을 다시 마음속에 떠올려서 관찰함은 제2지향이 된다. 호흡명상에서 보면 들숨과 날숨을 인식함은 제1지향이라면, 길고 짧은 호흡의 일관된 영상을 지켜봄은 제2지향이 된다. 제2지향은 외적인 대상[所緣]에 대한 이차적인 인식대상[所緣緣]을 말한다. 제1지향이 '실재론'적인 측면을 말한다면, 제2지향은 마음에 의해서 구성된 표상/현시로서 '유식론'적인 입장이다. 또한 이것들 모두 근본적으로 인연인 까닭에 그 본질은 공(空)하다고 함은 '중관론'의 입장이다.

위의 브렌타노의 인용문에서 두 번째 문단은 지향적 내존(inexistence)의 구체적인 심적 현상을 예시한다. 심리현상으로서 표상이 현시/출현되면 이것을 긍정이

---

20 브렌타노는 만년(1905, 67세)에 Anton Marty에게 보낸 편지에서 내재적 대상의 의미에 대한 제자들의 잘못된 이해를 지적한 적이 있다. 그것은 곧 말에 대한 표상은 '표상된 말'을 의미하지 않고 '대상'으로서의 말임을 분명하게 밝히고 있다. 이점은 후기에 변화된 입장을 표명한 것으로 이해한다(Jacquette(2004), Brentano's concept of intentionality. p.116. Cambridge University Press). 이 부분은 표상주의를 말하는 것이 아니라 반표상주의로서 실재론적 경향을 의미한다. 그러나 다시 1930년에 O. Kraus(Ed.) 이 간행한 Wahrheit und Evidenz: the true and the evident에서는 다시 '말/horse'을 '바라보는 말(contemplated horse)'이 아니라 '내재된 대상(immantent object)'이라고 말한다. 이점은 이후 많은 논란이 된 과제이다(Ka-wing Leung(2021), Intra-mental or intra-cranial? On Brentano's concept of immanent object. European Journal of Philosophy 29(4) : 1039-1059.). 외재주의든지 내재주의든지 그것은 해석자의 입장에서 따라서 서로 다르게 바라봄은 어쩔 수가 없다. 마치 빛이 파동일 수도 있고 입자일 수 있는 것처럼 자신이 쓴 철학적 안경에 따라서 다르게 나타난다.

21 이남인, 앞의 책, 107.

나 부정으로 평가하고, 나아가서 사랑하고 증오하고 무엇인가를 요구한다. 이것은 반드시 그 '무엇에 대한 지향적' 심적 현상으로 물리적 현상에서 찾을 수 없는 특징이라는 것이다. 사실 사랑하고 미워하고 원함은 그 무엇을 향한 '지향성'이다. 그런데 이것들은 외적인 대상을 향하는 제1지향인가, 아니면 내재된 형상을 향하는 제2지향인가를 따질 수 있다. 물론 이 문제에 대해 명확한 대답을 하기는 어렵다. 예를 들어 누군가를 사랑한다는 말은 어떤 의미인가? 누군가라는 외부에 존재하는 실재적 인물을 향한 사랑인가? 아니면 내재적으로 표상된 인물에 대한 형상/특성에 대한 사랑인가?

이 문제에 대해 명확히 대답하기 곤란하지만 양쪽 모두를 배제할 수도 없다. 왜냐면 특정한 인물에게 관심을 가진 것은 분명하게 내재된 표상/형상에 기인하기 때문이다. 또한 그렇다고 외부에 존재하는 인물의 구체적인 인격과 반복된 접촉에서 오는 감각적 정보도 무시할 수 없다. 그렇기에 양자는 함께 작용한다고 보는 편이 실제적이다. 따라서 심리적으로 내재화된 영상에 기반한 표상주의는 내적 요인을 중시하고, 실재론에 기초한 반표상주의는 외적 요인을 더 중시한다는 절충적 입장을 취할 수 있을 것이다.

3) 후설의 브렌타노 비판과 영상관법의 입장

현대적 의미의 현상학은 후설에 의해서 확립되었다고 해도 과언이 아니다. 후설은 브렌타노의 지향성 개념을 수용하면서도 표상주의적 관점을 비판한다. 표상주의와 반표상주의 혹은 내재주의와 외재주의, 이런 개념들은 이남인의 『현상학과 해석학』에서 브렌타노와 후설의 차이점을 설명하기 위해서 채택한 용어이다. 말하자면 브렌타노의 지향성 개념은 표상주의와 내재주의에 해당된다면, 후설의 지향성은 반표상주의와 외재주의가 중심을 이룬다는 말이다. 이런 관점에서 이남인은 '후설은 브렌타노의 지향성 개념과 표상주의를 비판한다'고 말한다. 요점은 이렇다.

여기에 빵이 있다고 하자. 나는 빵을 먹는다. 그러나 빵의 '상'을 먹는 것은 아니다. 빵의 상을 아무리 먹어도 배가 부르지 않을 것이기 때문이다. 지향이란 무엇인가를 향하는데 그것은 인식으로부터 초월된 대상, 빵 자체를 향하는 것이지, 결코 의식의 내부에 머무는 것은 아니라는 말이다. 이런 점에서 '지각된 사물은 사물의 표상이 아니라, 사물 자체라는 사실이다. 이 사실은 혼란스러운 철학자만 빼고 모두에게 절대적으로 자명한' 일이다.[22]

여기서 핵심은 '지향성은 대상의 상/형상을 향하지 않고, 직접적으로 대상 자체에 향한다.'는 것이다. 나는 빵의 상을 먹는 것이 아니라 빵 자체를 먹는다. 이점은 공감된다. 우리가 먹고 마시는 음식들은 실재하는 구체적인 사물이다. 우리가 지향하는 대상들은 바로 이런 제1지향의 대상들이다.

그러면 여기서 영상관법의 입장에서 후설의 '반표상주의'에 대해 반론을 제기하여 보자. 어떤가? 여기에 나무와 빵이 있다면, 우리는 이것을 어떻게 구분하는가? 나무와 빵에 대한 개념/형상이 사전에 마음에 내재화되지 않았다면 어떻게 그것을 구분할 수 있을까? 우리가 언어를 배울 때를 떠올려 보자. "이것은 나무이고, 이것은 빵이다"고 차별해서 배운다. 빵을 먹는 행위와 빵을 인식하는 것은 서로 다른 문제이다. 빵을 먹고자 하면 빵에 대한 형상/표상이 이미 선제적으로 내면에 존재해야 한다. 그렇지 않으면 어떻게 빵을 먹고자 하는 욕구가 일어나겠는가? 먼저 빵을 인식하기 위해서 사전에 빵에 대한 표상이 있어야 하고, 그런 다음에 빵을 먹고자 하는 욕구가 발생한다. 빵에 대한 개념/형상이 전혀 없는 석기 시대인들은 빵을 먹고자 하는 욕구 자체가 없을 것이다.

이를테면 한 번도 벼를 본 적이 없는 5살 아이는 논에 있는 '벼'를 '배추'라고 인식할 수 있다. 그 아이는 엄마가 시장에서 배추를 사 와서 다듬는 것을 보았고,

---

22 이남인, 앞의 책, pp.112-117.

김치를 먹어본 기억이 사전에 내재된 까닭에 그것을 '배추'라고 지각한 것이다. 자신에게 존재하지 않는 새로운 사물인 '벼'를 만난 아이는 사전에 입력된 형상/지식으로 벼를 '배추'라고 호칭한다.

김치를 보지도 먹어보지도 못한 아프리카인들은 배추를 인식하지 못하고 김치를 먹고자 하는 욕구 역시 느끼지 못한다. 이것은 사물을 인식/지각할 때 언어적인 표상과 연결되지 않으면, 직접적으로 그 대상을 인식하지 못한다는 것을 증명한다. 전혀 새로운 대상을 만나면 선행된 이해에 기반해 인식하다가 그것이 적절하지 못하면 나중에 인식체계를 수정한다.

후설을 중심으로 하는 현상학적 철학자들은 사태 자체로 주어져 있는 그대로를 선입견과 편견을 버리고 접하라고 말한다. 이것은 엄밀하게 말하면 외재주의이고 객관성 확보전략이다. 하지만 아쉽게도 대부분의 감각과 의식은 이미 물들어져 있다. 우리의 뇌는 이미 의미를 형성하는 경험된 이미지를 저장하고 인식한다. 그리고 그것을 표상한다. 이것이 표상주의적 입장이다.

아래의 그림은 유명한 착시현상을 설명해주는 산드로 델 프레테(Sndro del phete, 1937~)의 그림이다. <그림5-1. 착시현상>에서 하얀색에 집중하면 두 연인이 포옹하고 키스하는 그림지만, 얼굴 주변의 검정색에 집중하면 헤엄치는 돌고래가 보인다. 어느 쪽이 먼저 보이는가? 양쪽이 모두 가능하다. 어느 쪽이든지 이런 착시가 일어나기 위해서는 먼저 개념적으로 '키스함'의 영상이나 '돌고래'에 대한 형상이 먼저 뇌에 입력이 되어 있어야 한다. 어른들은 대체로 포옹하고 키스하는 장면으로, 아이들은 돌고래가 놀고 있는 장면을 먼저 인식한다고 한다. 그게 그들의 관심이기 때문이다. 즉, 일종의 투사적 지각인 것이다.

| 그림5-1 | 착시현상

마찬가지로 김치를 먹을 때 처음 김치를 먹어본 서양인들과 어릴 때부터 먹어

온 한국인들의 반응은 무척 다르다. 그들 모두 동일한 김치를 먹었지만 서로 다른 경험을 보고한다. 한쪽은 너무 맵다고 하고 한쪽은 맛있다고 한다. 이것은 대상을 인식할 때 대상 자체보다는 그 표상/영상의 내재화가 중요한 역할을 하고 있음을 보여준다. 따라서 특정한 세계-내-존재자로서 사태 자체로 나아가 존재하는 그대로의 사물을 관찰하는 일은 오히려 희귀한 사례가 아닐까 한다.

이점을 영상관법의 입장에서 검토해보자. 이것은 브렌타노의 지향성 문제이기도 하지만 무엇인가를 향하는 '의식' 자체의 문제이기도 하다. 무엇인가를 향하는 의식은 물들어져 있는가 아니면 무엇인가 대상을 향하는 의식은 그 자체로 청정한가 하는 문제이다. 만약 의식이 이미 선행적으로 영상/표상에 의해 물들어져 있다면, 이것은 표상주의 입장이다. 만약에 물들지 않고 청정하다면 그래서 직접적인 지각이 가능하다는 입장이라면, 이것은 순수한 현상학이 된다.

이런 관점의 차이는 제3장에서 영상 있음의 '유상(有相)' 유식론[S]과 영상 없음의 '무상(無相)' 유식론[N]에서 생겨난 갈등의 문제를 상기시킨다. 유상 유식론에서 말하는 마음은 이미 물들어져 있다. 제8식의 종자는 세계나 자아 그리고 선악의 행위 등에 의해 학습된 영상/표상을 내재적으로 가진다. 이점은 삶을 살아가는 우리들의 번뇌의 발생을 설명하면서 세계-내-존재로서 적응하는 대처방식을 제공한다는 점에서 유용하다. 반면에 무상 유식론의 경우에 마음 자체는 청정하여 물들지 않는[無垢] 깨끗한 상태이다. 대상을 존재하는 그대로 비추어주고 지혜로운 빛[淨光]으로 관찰 가능하다. 그렇기에 영상/표상은 허망한 분별로서 마음을 물들게 할 수가 없다고 본다.

그러면 영상관법의 입장은 어떤가? 영상관법은 명상수행론이기에 먼저 물들어진 마음을 명상수행으로 정화시키는 마음치유의 작업을 중시한다. 번뇌의 발생을 설명할 때는 영상/표상의 있음으로, 번뇌의 소멸을 닦을 때는 영상 없음의 지혜의 빛을 강조한다. 대체로 고객/내담자는 표상/영상에 의한 고통의 미해결된 과제를 가지고 방문한다. 따라서 먼저 영상 있음의 표상주의적 입장을 취하고, 나중에 적절하게 문제 해결하는 단계에서 청정한 마음의 통찰이 요구된다. 영상관법은 양쪽 모두 인정한다.

3

영상관법 사례분석
– 만성적 불안장애를 가진 40대 남성의 사례를 중심으로

영상관법은 과도한 분별과 집착을 만들어내는 역기능적인 영상을 의도적으로 떠올려서 관찰하고, 나아가 본래의 진실을 깨닫게 하여 근본적으로 번뇌를 없애는 과정이라고 정의할 수 있다. 이러한 영상관법은 임상에서 심리적 장애를 치료하는 마음치유나 심리치료에 응용된다. 다시 말해 새끼줄을 보면서 뱀이라고 분별하여 놀라고 공포감을 느끼는 사람이 있을 때 영상관법을 통해서 그들의 아픔과 두려움을 감소시키거나 치유할 수 있다는 것이다. 이처럼 영상관법은 심리상담이나 치료적 의미를 가진다.

먼저 구체적인 사례를 살펴보자. 아래 사례는 이미 필자의 『명상심리치료』[23]에 게재된 내용이다. 그럼에도 여기서 다시 거론하는 이유는 세밀한 사례분석을 제공하기 위함이다. 특히 영상관법에 대한 현상학적 입장에서 새롭게 재조명할 필요성을 느꼈기 때문이다. 또한 '감정형' 영상관법과 연결해 '사고형' 영상관법의 사례를 제시하고자 하는 까닭이다.

내담자/고객은 대졸 학력의 40대 중반의 남성이다. 병원에서 불안과 편집성 진단을 받고 매일 항불안제 계통의 약을 6알씩 먹고 있는 상태였다. 불안증상은 15세에 발병하여 지금까지 약 20년간 지속되어 왔다. 병원에 입원하여 치료를 받은 적도 있지만, 여전히 불안과 피해의식을 가지고 있다. 명상상담을 받으면서 상태가 좋아져서 지금은 하루에 반 알의 약을 먹고 있다.

---

23 인경(2012), 『명상심리치료-불교명상과심리치료의 통합적 연구』(서울:명상상담연구원), 205-209.

영상관법 주제설정

과제 점검이 끝나고, 지난 일주일 동안 불안을 경험한 적이 있는지 묻자 불안하여 힘들었던 사건을 이야기하였다. 내담자는 TV 뉴스 시간에 연쇄 살인범 이야기가 계속 나오니까, 심한 피해의식과 함께 불안감을 느꼈다고 했다. 그런 뒤로 사람들이 많은 곳에 가면 이 사람들 가운데도 사이코패스가 있다는 생각에 매우 불편했다고 말했다. 필자가 상황을 구체적으로 말해보라고 했더니, 버스를 타고 경험한 내용을 이야기하였다. 필자는 경청을 끝내고, 바로 버스에 타고 있는 장면을 주제로 영상관법을 했으면 좋겠다고 제안했다. 내담자의 동의를 얻어 같은 장면으로 영상관법을 4회 실시하였다.

영상관법

편안한 자세로 눈을 감고 호흡에 집중하여 몸에서 힘을 빼 이완되게 하고, 방금 이야기한 내용에서 버스에 타는 장면을 떠올려 보게 하였다. 다음은 이때 했던 문답 내용이다.(상담자는 T, 내담자는 C로 표시함.)

1) 영상관법 제1차시기, 몸의 느낌 충분하게 느끼기

T: (눈을 감고 조금 전에 이야기한 사이코패스와 관련된 부분을 떠올려보아요.) 어떤 장면이 보이는가요?

C: 버스에 올라탔는데 사람들은 아무도 없고, 저기 뒤쪽에 한 사람만 앉아있어요. 그런데 그 사람의 인상이 별로 좋지 않아요. 순간적으로 피해의식이 느껴져서 운전기사 바로 뒤에 앉았어요.

T: 좋아요. 그때 기분이 어떤가요?

C: 매우 불안하고 압박감을 느껴요.

T: 압박감? 좋아요. 그 몸느낌에 집중해보세요. 어디가 제일 불편한가요?

C: 머리가 불편하고, 심장이 마구 조여와요.

T: 심장이 조여 오는군요. 좋아요. 그 강도는 몇 % 정도인가요?

C: 90%요.

T: 네, 좋습니다. 조여 오는 그 느낌을 피하지 말고, 수용하면서 느껴보세요.
… (1분 후)… 지금은 어떠세요?

C: 50 정도입니다.

T: 호흡과 함께 느낌을 살펴보세요.
… (10초 후) …그 조여 오는 느낌의 차이를 들숨과 날숨에서 비교해 보세요.

C: 네, 들숨에서는 긴장되고 좀 더 불안한데, 날숨에서는 안정되고 편안합니다.

T: 잘 했어요. 이제 판단하지 말고 그 장면을 그냥 그대로 지켜보세요. 시간을 드
    릴게요.
…(1분 후) … 지금은 어떠세요?

C: 생각은 편안해졌어요. 그런데 심장이 50 정도로 조여옵니다.

T: 그래요. 심장이 조여오는 느낌에 집중하여 보세요. 그 느낌을 판단하지 말고 적
    극적으로 느껴보세요. 충분히… (1분 후) … 지금은 어떠세요?

C: 지금은 조여옴이 20 정도입니다.

T: 네, 잘했습니다. 깊게 심호흡을 하세요. 다시 한번 숨을 깊게 들이마시고 천천
    히 내쉬기 바랍니다.

이것은 첫 번째 장면이다. 버스를 타고 뒷쪽에 앉은 나이든 남자를 보았는데
고객은 심하게 압박감과 불안감을 느낀다. 여기서 현상학에서 '사태 자체로' 내려
가라는 의미를 생각해볼 수 있다. 일상에서 우리는 무엇인가에 의해 의식 자체가
물들어져 있다. 예를 들어 사람이 죽은 큰 사건이나 폭력적인 뉴스에 노출되기도

한다. 고객/내담자는 버스 뒤쪽에 혼자 앉아있는 남성을 보고도 놀란다. 그는 순수하게 '사태 자체로' 그 남성을 바라볼 수 없다. 인상이 별로인 그 남성을 보는 순간 가슴에 압박감과 불안감이 밀려온다. 마음속에는 내재적으로 선행된 사건의 표상이 입력되어 저장되고 있기 때문이다. 후설은 내재화된 영상에 영향을 받지 않고, '사태 자체로' 직접 사물 자체를 인식할 수 있다고 하지만 여기서 보듯이 고객은 결코 그렇게 할 수 없다. 물론 사람마다 정도의 차이가 있겠지만 우리의 삶은 다양한 방식으로 이미 특정한 정보가 입력된 상태라 대상을 존재하는 그대로 바라보기 힘들다. 이런 경우는 확실하게 영상 '있음'의 유식론과 브렌타노의 표상주의적 태도가 실제적이다.

존재를 있는 그대로 바라보기 위해서는 '특별한 마음현상'으로서 명상적인 노력이 필요하다. 머리가 복잡하고 심장이 마구 조여오는 몸느낌을 있는 그대로 관찰하기 위해서는 상담자의 도움이 필요하다. 상담자는 반복적으로 '생각을 멈추고' 자신의 몸느낌을 '그 자체로 관찰하라'고 요청한다. 그리고 상태를 '보고하라'고 요청한다. 대체로 불안은 생각이 많고, 안전하지 못한 환경이라는 판단에서 발생한다. 고객/내담자는 여기에 알아차림도 하고 집중하고 관찰하면서 상태를 보고하는 노력을 하게 된다. 이런 경우는 특별한 마음현상으로써의 명상작업이다. 또한 후설의 순수 현상학적 접근이 현장에서 구현되는 모습이기도 하다.

2) 영상관법 제2차 시기, 생각 탐색하기(vitakka)

T: 자, 다시 한번 할게요. 처음 장면으로 되돌아갑니다. 나는 지금 집으로 돌아가기 위해서 버스를 타고 있습니다. 버스에는 사람이 없고, 뒤쪽에 한 사람만 있어요. 그때 어떤 생각이 들어요?

C: '저 사람도 사이코패스가 아닐까?' 하는 생각이 들면서… 순간적으로 두려움이 몰려오고, '달려들지도 모른다'… 움츠러들고, 심장이 막히고, 가슴이 마구

뛰어요.

T: 네, 좋아요. 잘 이야기했어요. 그때 몸의 느낌은 얼마나 강해요?

C: 가슴이 60 정도로 뛰어요.

T: 네, 그곳에 집중해 보세요(10초 후) 그냥 편안하게 판단하지 말고…
그 자체로 느낌에만 집중하여 느껴보세요…(1분 후)…지금은 어떠세요?

C: 20 정도 있어요.

T: 호흡은 어떠세요?

C: 조금 떨려요.

같은 장면을 반복적으로 노출한다. 처음보다 느낌의 강도가 '90 → 60'으로 줄
어들었다. 이점은 중요한 시사점을 준다. 반복적인 경험은 느낌을 둔감화시킨다.
이점은 인지행동 제1세대에 해당되는 행동주의자인 월피(J. Wolpe)에 의해서 개발
된 체계적 둔감화 전략을 채택하지는 않았다. 반복적 노출은 감정적인 정화나 혹
은 감소를 유발한다.

주목할 점은 내담자가 영상 대상에 대한 자신의 '생각'을 솔직하게 말한 점이
다. 생각은 자신의 내면에 존재하는 개념/형상이다. 버스에 앉은 남성을 보기 전에
뉴스를 통해서 사이코패스 사건을 접했다. 그때의 느낌을 생각으로 대답한 것이다.
그는 순간적으로 '사이코패스가 아닐까', '달려들지도 모른다'는 생각과 함께 두려
움을 느낀다. 이점은 제2세대 아론벡(A. Beck)의 인지치료적 접근과 유사하다. 생
각이 감정, 두려움을 만들어낸 까닭이다. 그러나 영상관법에서는 먼저 영상 이미지
와의 접촉을 감정발생의 중요한 단서로 간주한다. 내담자는 그 남자를 보는 것이
아니라 자신의 내면에 내재된 영상/표상/형상을 먼저 접촉하고 경험한 셈이다. 제
3장에서 언급한 '마음이 마음을 본다'는 '투사적인 동일시'가 일어난 것이다. 자신이
파란 색깔의 안경을 쓰고서 '저 사람은 파란색이네' 하는 것과 동일하다.

하지만 제3세대의 수용전략을 채택한 명상상담의 영상관법은 제1세대 행동

치료나 제2세대 인지치료처럼 행동과 생각을 의도적으로 '수정'하려는 시도는 하지 않는다. 생각을 탐색해서 찾아내고 그것을 반복적으로 관찰하게 하지만 그것을 애써 수정하지 않는다. 생각과 감정에 대한 수정보다는 충분한 관찰을 중시하는 점에서 명상상담적 접근을 취한다. 이것은 또한 사태 자체로 내려가서 판단을 멈추고 충분하게 경험하는 현상학적 접근 방법이기도 하다. 그러면서 반복적으로 여전히 강하게 다가오는 몸느낌을 관찰하도록 한다. 물론 이러한 경험적 접근방식은 내담자의 상태에 따라서 다르게 운영할 수 있다. 영상관법에서는 인지행동적 접근에서 선호하는 자동사고에 대한 소크라테스식 문답이나 잘못된 신념을 찾아내 논박하는 등의 방법을 채택하지 않는다. 오히려 몸느낌관찰 명상을 중심으로 충분히 정서적 경험을 하도록 한다.

3) 영상관법 제3차 시기, 변화 확인하기

T: 잘 했어요. 다시 처음 장면으로 돌아가서 명상을 한 번 더 해봅시다. 나는 집으로 돌아가기 위해서 버스를 탔습니다. 그런데 맨 뒷좌석에 손님이 앉아 있습니다. 어떤 느낌이 들고 있어요?

C: 인상이 나쁘다. 되게 험하다. 손님이 없구나. 아직 (대)학교가 개학하지 않았구나.

T: '저 사람은 사이코패스가 아닐까?'하고 생각하면 두렵지 않은가요?

C: 지금 그 말을 들으니까 느껴져요. 그 단어에서 느낌이 들면서 … 30 정도 느껴져요.

T: 어디에서 그런 느낌이 느껴지는가요?

C: 가슴이 꼭꼭 찌르는 것 같아요.

T: 그래요. 그 느낌에 다시 집중하여 지켜보세요. 어떤지… (1분 후) …지금은 어떠세요?

C: 네, 조금 풀렸어요. 20%가 남아 있는 것 같습니다.

고객은 3번째 노출에서 내재된 형상/표상에 변화가 일어난다. 여기서 '버스 뒤쪽에 앉아 있는 남자'에게서 시선이 다른 곳으로 바뀐다. '그 남자의 인상이 나쁘다. 되게 험하다.'이다. 그런데 시선이 '손님이 없구나. 아직 (대)학교가 개학하지 않았구나.'라고 말한다. 지향하는 대상이 남자에게서 버스의 빈 좌석으로 옮겨 간다. 이점은 중요한 현상학적 변화이다. 이제야 대상을 있는 그대로 본다. 감정적인 투사가 일어나지 않고 여유가 생겨난 것이다. 그래서 다른 쪽으로 관심을 돌릴 수 있다.

상담자는 정말로 그러한지를 확인한다. 사이코패스란 생각이 들지 않는지 물어본다. 고객은 그 낱말을 들으니까 느껴진다고 말한다. 그것도 30정도라고 한다. 그러니까 90 → 60 → 30으로 계속해서 강도가 가라앉고 있다. 뿐만아니라 시선이 바뀌고 있다. 언어적인 자극이 중요함을 보여주었다. 그런데 여전히 강도는 20정도이다. 그 이하로 떨어지지 않는다.

4) 영상관법 제4차 시기, 대상영상 정밀하게 관찰하기(vicāra)

T: 잘 했어요. 마지막으로 한 번만 더 해봅시다. 처음으로 다시 돌아가 보세요. 어떤 장면이 보이는가요?

C: 버스에 막 올라가고 있어요. 한 손님이 고개를 삐딱하게…음, 졸린운 것처럼 보여요.

T: 나는 어떤 생각을 하나요?

C: 낮 시간이다… 학생들이 없네… 어디에 앉을까?

T: 두려움이 느껴지지 않나요?

C: 거의 느껴지지 않아요.

T: 그 사람은 어떻게 보여요?

C: 머리가 정리되지 않고 엉켜있어서… 바쁘고 서두른 느낌이 들고… 조금 피곤 해 보여요.

T: 그 사람, 사이코패스로 보이지 않나요?

C: 그런 (생각이) 들지 않아요. 그런 생각이 들든 안 들든 지금은 두려움이 거의 없어요.

T: 두려움이 거의 없어요?

C: 네.

T: 그 사람을 다시 보세요. 그 사람이 어떻게 보여요?

C: 앉아서 자려 해요. 피곤해 보여요.

T: 네, 좋아요. 몸의 느낌은 어떤가요?

C: 가슴이 따갑고 답답했던 것이 거의 없어졌어요.

T: 호흡은 어떠세요?

C: 부드럽고 편안해졌습니다.

T: 네, 좋아요. 호흡에 집중하여 조용히 그것을 지켜보세요. 내쉬는 숨에 여섯까지 세어보세요. (수식관이 끝나고) 수고하였습니다. (박수를 치면서) 잘하였습니다.

영상관법에서는 동일한 핵심장면의 촉발자극 영상을 눈앞에 끌어당겨 반복해서 관찰한다. 그러면서 반복적으로 몸느낌을 체크한다. 이것이 감정형 영상관법이다. 이때는 접촉에 의한 감정 발생, 감정으로부터 생각탐색을 중시한다. 반면에 핵심된 장면을 눈앞에 두고 반복해서 관찰하는 것은 사고형 영상관법에 속한다. 사고형 영상관법에서는 이점이 중요한 부분이다. '촉발자극(승객)' → '생각(사이코패스가 아닐까)' → '감정(두려움과 불안)'의 순서로 마음 현상이 발생한다. 승객에 대해서 어떤 장면이 보이는지 직접 설명하게 한다. 여유를 찾은 내담자는 그 상황을 매우 차분하게 이야기를 한다. 이제 그 남자 승객은 '한 손님이 고개를 삐딱하게…음, 졸린 것처럼' 보인다. 처음엔 인상이 좋지 않고 사이코패스가 아닐까 의심해 보았지만, 지금은 졸고 있는 단순한 승객에 불과하다. 대상이 있는 그대로 보인다. 여기서 인지치료적 접근의 상담자처럼 의도적으로 생각을 바꾸기 하지 않는다. 대신 영상관법은 접촉된 장면 이미지를 반복적으로 관찰하여 통찰을 유도한다. 그러면 두려움이 가라앉으면서 대상을 존재하는 그대로 바라본다. 내담자의 내면에 선행된 표상이미지와 함께 판단/생각은 수정되고, 외적인 대상의 객관적인 실재를 그대로 보면서 마음치유가 일어난다.

'나는 그때 어떤 생각을 하는가?' 다시 상담자는 확인한다. '학생들이 평소와 다르게 없다. 어디에 앉을까' 생각한다. 그전에는 '위협적인 상황'으로 인식하고, 안전한 자리를 찾아서 회피했다. 그런데 지금은 스스로 앉을 자리를 선택할 수 있을 만큼 여유를 찾았다. 영상에 대한 관찰을 중시하는 영상관법의 상담자/치료자는 다시 두려움의 대상을 확인한다. 대상표상에 대한 '정밀한 관찰[vicāra]'을 유도한다. '그 사람은 어떻게 보여요?' '머리가 정리되지 않고 엉켜있어서… 바쁘고 서두른 느낌이 들고… 조금 피곤해 보여요.' 이제는 그가 사이코패스인지 아닌지 '그런 생각과 관계없이', 지금은 두려움이 거의 없다. 참 반가운 일이다. 이제 마음에 내재화된 표상/영상으로부터 투사된 생각 그것 자체로부터 벗어난 것이다. 여기서 치료적 변화요인으로 중요한 것은 생각을 불러일으킨 감각 이미지의 변화이다.

반복적으로 대상 영상을 있는 그대로 바라보니까 그는 사이코패스랑 전혀 무관하다는 판단이 생겨났다. 이것은 감정이 가라앉으면서 대상이 객관적으로 보여진 것이다. 그러면서 의도하지 않았음에도 자연스럽게 생각이 바뀐 것이다. 이것은 사고형 영상관법에서 중요한 구성 요소이다. 먼저 생각을 탐색하고 그로 말미암아 생겨난 몸느낌을 충분하게 경험하는 것은 감정형에 속한다. 다시 생각과 감정을 촉발한 '감각자료'의 핵심된 영상 이미지를 있는 그대로 바라보는 것은 이미 내재된 이미지에 대한 제2지향이다.

물론 감정과 몸느낌의 '감정형' 영역을 무시하지 않는다. 사고형 영상관법의 핵심된 내용은 감각적 영상 이미지를 있는 그대로 관찰함이다. 그러면서 그 결과로 몸느낌도 '가슴이 따갑고 답답했던 것이 거의 없어졌고', 호흡도 마찬가지로 '부드럽고 편안해졌다.' 이제는 평상의 마음을 회복했다. 마땅히 축하할 일이다. 인지적 왜곡사태에서 고객이 어떻게 벗어나는지 그 과정을 그대로 잘 보여준다. 상담자나 치료자가 의도적으로 내담자의 인지 왜곡을 수정하지 않고도 온전한 치유 작업이 가능하다.

여기 영상관법에서 중요한 변화요인은 (1) 반복적인 노출로 대상이미지를 관찰하는 것, (2) 몸느낌과 감정을 충분하게 경험하게 한다는 점, (3) 촉발자극의 대상표상/감각자료를 탐색(vitakka)하고 정밀하게 관찰(vicāra)하여 왜곡된 인지적 사태를 스스로 수정된 점, (4) 특히 이런 반복적 과정을 통해서 감정적인 요소가 소멸되자, (5) 선행적으로 내재된 이미지를 있는 그대로 바라볼 수 있게 된 점은 주목할 만한 점이다.

그러면 고객/내담자가 새로운 위협적인 상황을 만나면 불안이 재발되지 않을까? 단 한번의 영상관법으로 온전한 치유가 가능할까? 이런 질문은 의미가 있다. 위의 사례에서 진실에 대한 통찰은 버스의 승객과 관련된 것이고, 다른 상황에서는 역시 불안 감정을 경험할 수 있다. 다만 고객이 불안 관련 약을 점차로 줄이면서 천천히 회복하고 있는 점은 긍정적이다. 따라서 제3장에서 제시한 '순환적 통합모델'에서 보여준 것처럼 설사 불안을 다시 경험하더라도 반복적인 자기 관찰을 통해서 진실을 통찰하게 된다는 것이다. 내담자는 힘든 상황에서도 스스로 self-영상관법의 수행을 계속적으로 실천해갈 수 있다. 정리하자면 약물치료는 약에 의존하고, 인지행동치료는 전문가나 상담사에게 의지한다. 그러나 영상관법은 고객 스스로 자신을 돌보게 한다[自燈明]는 강점이 있다. 이점은 영상관법이 고객/내담자의 심리문제를 치유하고 현저하게 재발율을 낮출 수 있다는 것을 의미한다.

사고형 영상관법 프로그램(T-RIMP) 진행 매뉴얼
−사례의 핵심장면에서 영상을 떠올리고, 감각자료와 생각을 정밀하게 관찰하기

명상상담 4단계 모델

Ⅰ. 사례경청하기(경청, 공감, 요약, 질문)

Ⅱ. 명료화 작업(감정과 생각 관계 탐색하기)

Ⅲ. 체험적 단계(영상관법, 그림그리기)

Ⅳ. 실천적 단계(문제해결, 대안찾기, 계획세우기)

Ⅲ. 체험적 단계:
   사고형 영상관법 프로그램(RIMP)

(1) 제1단계와 제2단계에서 거론된 동일한 사례의
   핵심된 장면에서 하나의 영상, 사진 한 장을 떠올리기

(2) 감정탐색:
   • 무엇이 보이나요? 나열해보세요.
   • 이 핵심장면에 집중해보면 그때 어떤 기분이
     드나요?
   • 그 감정에 이름을 붙여본다면?

(3) 감정을 충분하게 경험하기(감정형과 동일, 사례에
   따라서 간략하게 진행할수 있음):
   • 그 감정을 느낄 때 몸의 반응은 어디(위치)에,
     어떤 종류의 느낌이 생겨나요?
   • 그 몸느낌의 강도, 모양, 색깔 등은 어떤가요?
   • 호흡과 함께 몸느낌을 1분간 관찰해보기

(4) 생각 탐색(vitakka): 그런 감정을 느낄 때, 혹은 그
   런 몸느낌을 느낄 때,
   • 그 감정이나 느낌은 어떤 생각에서 생겨났다고
     보나요?
   • 어떤 생각을 하면, 그런 감정(a, b, c)을 느끼나요?
   • 각각의 감정에 해당되는 생각들을 찾아보세요.

(5) 감정과 생각을 연결해서 확인하기
   • 감정 a는 어떤 생각에서 오나요?
   • 감정 b는 어떤 생각에서 오나요?
   • 감정 c는 어떤 생각에서 오나요?

(6) 핵심된 혹은 가장 강도가 높은 감정의 생각들을 반
   복해 표현하기
   • 찾아진 생각을 의도적으로 반복하여 음미하면서
     중얼거려보세요.
   • 중얼거렸더니 어떤가요?
     감정이 강하게 일어나요?
   • 생각들을 큰 목소리로 말해보세요.
   • 몸을 움직이면서 혹은 몸으로 표현하면서 생각을
     외쳐보기
   • 그렇게 하고 나니 지금 기분이 어떤가요?

*(7) 핵심된 신념탐색하기
   (선택사항임, 증상이 강한 사례에서 사용바람)
   • 그런 생각들 속에는 어떤 믿음/신념이 있나요?
   • 그것들은 내게 어떤 역할을 부여하나요?

(8) 감각자료/촉발자극 영상 이미지 찾기
   • 처음 그 장면을 다시 떠올려보세요.
     감정이 다시 얼마큼 일어나요?
   • 그런 생각은 어떤 감각자료/촉발자극에서 비롯되
     었나요?
   • 눈으로는 무엇을 보았고, 귀로는 무엇을 들었나요?

(9) 감각자료/영상 이미지를 코끝에 걸어두고
   있는 그대로 정밀하게 관찰하기(vicāra)
   • 감각자료, 표정과 목소리(혹은 냄새 등)를 눈앞
     코끝에 두고 지켜보세요.
   • 그것들에 대해 생각이나 판단을 멈추고, 있는 그
     대로 지켜보세요.
   • 그저 제3자의 입장에서 지켜만 보세요.
   • 눈으로 보고 귀로 들리는 것들을 상담자에게 나
     지막하게 말하여 줄 수도 있음.
   • 설사 감정이나 생각이 일어나도 그냥 계속하여 지
     켜 보세요. 지켜보는 시간을 1분 정도 드릴게요.

*(10) 간화선 명상과 연결하기(선택사항임, 생각에 대
   한 집착이 강한 사례에서 사용함)
   • 감감자료/영상 이미지를 코끝에 두고 바라볼 때,
     나는 무엇에 집착하고 있나요?
   • 이런저런 생각을 하는 이놈은 무엇인가요?
   • 그곳에서 무엇이 '참나'인가요?

(11) 리뷰와 마무리
   • 자, 어떤가요? 잘 했어요.
     눈을 뜨고 몸풀기를 하세요.
   • 지금 기분이 어떤가요?
   • 영상관법을 통해서 도움 받은 점은 무엇인가요?
   • 새롭게 알게 된 점이 있다면 그것은 무엇인가요?
   • 영상관법을 하면서 어려운 점이 있다면 그것은
     무엇인가요?

Ⅳ. 실천적 단계:
   새롭게 살아가기 위한 계획을 세우기
   • 앞으로 어떻게 하고 싶은가요?
   • 이런 일이 반복된다면 어떻게 행동하고 싶은가요?
   • 구체적으로 계획을 세워보기

* 본 영상관법 프로그램을 사용하고자 하는 분은 훈련된 명상심리상담사 또는 전문가의 도움 받기를 바랍니다.

영상관법의 현상학적 논의

앞 절에서 '사고형 영상관법'의 사례를 분석하면서 영상관법이 함축하는 현상학적인 관점을 살펴보았다. 이제는 직접적으로 현상학과 관련된 핵심이슈를 살펴볼까 한다. 주로 현상학적인 접근에 필요한 부분을 논의하지만, 철학적인 접근보다는 질적 연구의 한 영역으로서 현상학적 연구, 현실에 현상학을 적용하는 문제 등을 살펴볼 것이다. 철학적 논의와 관계 없이 현실에서 실천을 하고자 할 때는 반드시 생겨나는 과제들이 있다. 이런 점에 초점을 맞추어서 영상관법과 현상학적인 연구의 융합문제를 검토할 것이다.

1) 사태 그 자체로

현상학의 모토는 '사태 그 자체로 돌아가라(Zu den Sachen selbst).'이다. 이것은 자연적 태도에서 일어난 독단이나 선입견에서 벗어나 오직 사물 그 자체로 가라는 의미이다. 선행된 이해에서 벗어나 사태 자체를 그대로 경험한다는 의미에서 현상학적 연구는 체험연구일 수밖에 없다. 여기서 말하는 '사태 그 자체'를 철학적 입장이 아닌 구체적 현실에서 살펴 보면 어떤 의미일까?

이를테면 앞의 사례에서 버스에 타서 인상이 좋지 않은, 저쪽 끝에 앉아있는 남자를 보는 순간이다. 이 순간, 뉴스에서 말한 사이코패스가 아닌가 하는 생각과 함께 두려움이 생겨났다. 그러면 여기서 '사태 자체로 돌아가라'는 의미는 무엇인가? 내담자는 어떤 대상을 바라볼 때 순수하게 대상 자체로 바라본 것이 아니다. 오히려 그 순간 편견과 함께 개인적인 불안함의 증상이 작용했다. 내담자에게 '사태 자체로 돌아간다.'는 말은 어떤 의미일까?

영상관법의 입장에서 보면, 바로 핵심된 주요 사건을 마음에 떠올리는 순간이다. '그때로' 다시금 되돌아가는 반성적인 '노출'이다. 물론 고객/내담자 스스로 이것을 실행하기 쉽지 않지만, 그래도 다시 두려운 위협적 상황을 '마주한다'는 의미이다. 이게 사태 그 자체로 돌아간다는 말이다.

고객/내담자가 불안장애를 가진 까닭에 인상이 좋지 않은 승객을 보고 불안을 느끼고 회피했다면, 이것은 사태 자체로 돌아감이 아닌 '회피'이다. '사태 자체'로 돌아감이란 바로 자신이 회피하는 사태 자체를 직면함을 의미한다. 이것은 내적 형상을 향한 직면이다. 여기서 사태 자체는 후설이 말한 것처럼 초월적이며 외적인 사건일 필요는 없다. 마음속에 존재하면서 우리는 괴롭히는 내적인 문제 역시 사태 자체가 된다. 이런 경우 제2지향이다. 적어도 내담자는 솔직하게 자신이 느낀 바를 상담자에게 그대로 보고하기 때문이다.

현상학에서 말하는 '사태 자체'란 의식에 의해서 지향된 대상이다. 의식은 늘 그 무엇에 대한 의식이므로 상대방에게서 두려움을 느꼈다면, 그것은 그대로 순수하게 자신의 불안 증상을 드러낸 것이다. 따라서 영상관법을 하면서 반성적으로 관찰하는 일은 고객/내담자가 분명하게 '사태 자체로 돌아감'인 것이다. 대체로 현상학적 연구에서는 사태 자체로 몰입하기 위한 '판단중지'가 요구된다. 그러나 영상관법은 고객/내담자가 판단을 멈추고 자신을 존재하는 그대로 관찰하도록 돕는다.

무엇이 사태 자체인가? 버스에서 승객을 직접 접촉하고 불안감을 느낀 고객의 감정과 생각은 편견과 인지적 오류를 포함하고 있다. 후설이 주장한 바처럼 이런 편견을 괄호에 묶어서 배제시키면, 고객/내담자는 사태 자체로 돌아갈 수 없다. 왜냐면 이것은 마음에 내재화된 미리 알려진 정보/형상이 존재하기 때문이다. 만약 반표상주의를 취하는 후설의 현상학이 이것을 표상주의라고 부인한다면, 어떻게 사태 자체로 돌아갈 수 있다는 말인가? 내담자가 자신이 불안을 느끼는 그 순간의 표상 이미지를 부정한다면, 결국 사태 자체로 돌아가라는 모토는 공허한 문구에 지나지 않게 된다.

그렇기에 필자는 현상학적 접근에는 영상관법과 같은 명상과 상담의 요소가 필요하다고 본다. 이런 내담자의 불안 감정에 대해 옳고 그름을 판단하지 않고 그대로 인정하면서 탐색을 돕는 것이 영상관법이다. 영상관법에서는 심층에 내재화된 영상/표상을 인정하기에 고객의 현실과 사태 자체로 돌아갈 수 있다. 정신분석적 상담자는 내담자의 증상이나 내재화된 표상, 그리고 억압된 꿈의 현상들을 분석하고 의식적으로 해석하지만 이것 역시 현상학적 접근은 아니다. 따라서 '사태 자체로'가 지향된 대상을 향한 경험이 되기 위해서는 '해석'보다는 먼저 뭔가를 향한 지향된 사태를 그 자체로 공감하고 수용할 수 있어야 한다.

위의 사례에서 고객은 편견에 의한 불안을 경험했고, 상담자는 내담자의 경험 내용에 집중해서 지향성의 내용을 확인했다. 그 편견과 왜곡된 상태를 배제하기보다는 오히려 그것들을 충분하게 재경험하게 함으로써 불안감을 느끼게한 승객의 본래 상태를 있는 그대로 자각하고 통찰하게 돕는다. 이와 같은 작업은 상담자와 내담자의 공동 작업으로 이루어진다. 경험연구로써 현상학적 접근을 시도할 때 연구자가 내담자/고객의 경험 자료를 수집할 때, 내담자와 함께 사태 자체로 들어감은 매우 중요한 지점이다.

정신분석은 외과의사가 밖에서 수술하는 것과 같이 체험보다도 분석과 해석에 치중한다. 반면에 영상관법은 내담자와 함께 경험 속으로 손을 잡고 함께 들어간다. 이렇게 보면 영상관법은 체험을 연구하는 현상학적 작업에 직접적인 도구를 제공할 수 있다는 점에서 의미가 있을 것이다. 현상학적 연구에서 심층적 면담을 통해 체험내용을 수집한다고 하지만 언어적 대화만으론 한계가 있기 때문이다. 따라서 고객의 경험내용을 생생하게 공유하는 영상관법은 현상학적 작업에 많은 도움을 줄 수 있다.

결국 사태 자체로 들어감은 경험/체험을 의미하고, 이것은 편견이나 선입견 등을 있는 그대로 바라보라는 명상적 의미로 해석된다. 또한 이것은 화면을 되돌려서 '반성하라'는 의미로도 해석된다. 현상학의 작업수행은 사태 자체로 '되돌아가서', '반성적으로 질문하는' 과정이다.[24] 이런 전통은 오랫동안 거짓을 진실로 믿어왔던 것들을 송두리째 무너뜨리고 (철학을) 처음부터 다시 세우고자 했던[25] 데카르트로부터 출발한 현상학의 고유한 특징이기도 하다. 영상관법 역시 반복적인 관찰을 통해서 무엇이 진실인지 확고한 통찰을 얻는 것을 목표로 한다는 점에서 상통하는 면이 있다.

물론 내담자 스스로 영상관법을 자신의 삶에 적용할 수 있다. 그러나 앞의 사례에서 살펴본 것처럼 사물을 편견 없이, 있는 그대로, 객관적으로 순수하게 살펴보는 일은 쉽지만은 않다.[26] 정도의 차이가 있지만, 연구자 역시 고객과 마찬가지로 많은 편견에 물들어져 있는 경우가 허다하다. 물듦은 일종의 문화이기도 하기에 그것을 자각하는 일 자체가 쉽지 않다. 알아차림하고 머물러서 지켜봄과 같은 특별한 마음과 노력이 필요한 작업이다. 이것은 마음치유이고 상호소통의 방법이며 명상적인 작업이다.

이것은 마치 CCTV에 저장된 영상자료를 다시 돌려서 검토해 보는 것과 같다. 고통스러운 기억들을 억압하거나 회피하지 않고 적극적으로 환기시켜서 의식의 지평으로 떠올려 재경험하고 정밀하게 관찰해 해탈을 경험하는 작업이다.

떠올린 영상 장면에서 대해서 '무엇이 보이는가?' 묻는 것은 대상 사물의 본질과 본래적 질료를 탐색하는 작업이다. 떠올린 영상은 반영된 이미지로서 의식에 의해서 지향된 대상이다. 물론 이 대상은 후설이 주장하는 초월적인 제1지향의 외적인 대상이 아니다. 의식[見分, noesis]에 의해 마음 속에서 나타난 대상[相分, noema]이다. 의식이 2차적으로 지향된 내재화된 표상이 있다.

영상관법에서 당시로 '되돌아간다'고 함은 타임머신을 타고 물리적인 시공간

24 한전숙, 『현상학의 이해』 (서울: 민음사, 1984.), p.49.

25 르네 데카르트, 『성찰』 이현복 옮김, (서울: 문예출판사, 1997), p.34.; Rene Descartes, Meditationes De Prima Philosopia, &C.Adam & P.Tannery(ed.), Oeuvres de Descartes(Vol.13)

26 Peter Willis(2001), The "Things Themselves" in Phenomenology, Indo-Pacific Journal of Phenomenology, 1:1, 1-12.

으로 돌아간다는 의미가 아니다. 의식에 의해서 기억되고 구성되는 '처음 그때'의 사태로 돌아간다는 것이다. 또한 그곳에서 반성적으로 질문하고 자세하게 살펴본다[尋伺]는 것은 왜곡된 인식을 벗고 확고한 진실의 토대를 마련한다는 '본질 직관'을 의미한다. 이런 점에서 영상관법은 현상학적 작업 절차와 잘 맞아떨어진다고 평가할 수 있다. 달리말하면 현상학의 이념을 실현해주는 도구가 영상관법이라는 것이다.

물론 차이점도 있다. 현상학이 확고한 철학적 명증성과 사물의 본질을 찾는 것을 중시하는데 비해 영상관법은 감정과 생각을 있는 그대로 경험하여 번뇌로부터 벗어나는 해탈을 중요한 실천적 가치로 삼는다. 더 나아가 후설의 영상관법은 현상학과는 다르게 내재화된 표상과 형상을 인정한다.

후설의 반표상주의적 현상학은 내재화된 형상의 매개적 역할을 인정하지 않고 순수한 본질 직관을 강조한다. 이것은 자연과학적 방법을 벗어나지 못한 변형된 인문학이다. 그럼에도 경험자료를 수집하는데 있어서 현상학적 접근방식인 심층 면접이란 방법을 사용하지만, 이것은 언어적인 측면이 강해서 심층의 생생한 경험 자료를 추출하는 데 한계가 있다. 영상관법을 이러한 점을 보완해 줄 수 있을 것이다.

의식의 본질을 지향성이라고 할 때 그것은 결국 지향된 대상에 대한 체험이고, 이런 점에서 질적 연구의 현상학은 체험연구이다. 하지만 이때의 체험은 어떤 체험인가? 이런 질문은 현상학을 새롭게 간호학이나 교육학에 적용하면서 활발하게 논의되고 있다.

Michael Crotty(1996)는 간호학에서 연구된 30편의 '새로운(혹은 응용)' 현상학적 연구를 검토했다. 그리고 이들의 연구가 대부분 주류 현상학에서 강조해온 현상의 본질을 밝혀내지 못하고, 개인의 감정과 생각들 그리고 지각들에 대한 주관적 경험의 수준에 머물고 있다고 평가한다. 그는 사태 자체라고 하는 것은 단순한 주관적 경험이 아니라 주관성의 심장부에 객관성을 세우는 것이며, '실재'에 대한 추구라고 말한다. 따라서 현재 연구되어지고 있는 현상학적 연구에서 추구하는 '경험' 혹은 '체험'들은 주관적인 것일뿐 객관성을 가진 '현상'이 아니라고 비판한다.[27]

이런 관점을 영상관법과 비교하여 살펴보자. 위의 사례에서 경험한 불안 경험은 편견에 의해 비롯된 주관적인 경험이다. 이곳에는 불안이란 감정이 있고, 혹시 사이코패스가 아닐까 하는 생각이 있고, 선입견에 의해 승객을 자기식으로 바라보는 지각이 있다. Crotty의 비판에 의하면 이것들은 확실하게 일상에서 느끼는 주관적인 경험내용들이다. 이런 관점에서 보면 영상관법에서 이루어지는 경험내용들은 현상학적 환원에 의한 연구라고 볼 수 없다.

이러한 문제와 관련해 먼저 '초월적(혹은 초월론적, 혹은 선험적)[28] 현상학적

---

27 Michael Crotty(1996), Phenomenology and Nursing Research, Melbourne: Churchill Livingston. (신경림·공병혜역, 『현상학적 연구』 현문사, 2001)

28 이 용어(transzendental)에 대한 한글번역에서 논쟁이 있는데, 한전숙(『현상학의 이해』 서울: 민음사, 1984.)와 이남인(『후설의 발생적 현상학과 하이데거의 해석학적 현상학』 한국철학학회, 『철학』제53집, 1997.)는 '초월(론)적'으로 번역한다. 반면에 이런 번역을 비판하는 이종훈(『후설 현상학 이해의 위기』 한

환원'의 정의를 음미해볼 필요가 있다. Clark Moustakas(1994)에 의하면 '초월적 (Transcendental)'이란 자아가 자연적인 태도에서 벗어나 모든 경험 세계 자체로 들어가서 공통적 의미를 발견하는 것이다.[29] '현상학적(Phenomenolgical)'이란 세계가 오직 현상으로 전환되어 의식에 드러나는 것이며, '환원(Reduction)'이란 우리로 하여금 존재하는 그대로의 경험에로 돌아가도록 한다는 것으로 해석한다.[30]

영상관법은 '미해결된 특정한 영상을 자발적으로 혹은 의도적으로 떠올려서 현재의 시점에서 그대로 경험함으로써 선정과 지혜를 닦는 명상 수행법'으로 정의한다.[31] 이들을 비교하여 보면, 영상관법의 '자발적' 혹은 '의도적'은 현상학에서 자아가 자신의 경험에서 의미를 발견하는 개방적 태도와 연결된다. 영상관법의 '(마음의) 미해결된 (닦은) 영상'은 현상학의 '세계가 현상으로 의식에 드러남'과 연관되면, 영상관법의 '현재의 시점에서 그대로 경험함'은 현상학의 '경험 그 자체로 돌아감(환원)'과 상당히 부합된다. 영상관법에서 경험하는 불안경험은 일차적으로 주관적인 체험이다. 그리고 이때의 경험은 무반성적인 자연적인 태도에 의한 것이다. 그러나 이차적으로 이런 경험을 관찰하는 명상으로서의 경험은 스스로 경험한 불안 그 자체로 '되돌아가서' 다시 경험하고 의미를 발견하는 반성적 작업이다.

그렇기에 필자는 영상관법의 작업수행은 '초월적 현상학적 환원'이 적절하게 이루어졌다고 판단한다. 그리고 기존의 면담의 방법과 비교했을 때 영상관법이야말로 현상학적 이념을 실현하는 기술적 방법을 가장 잘 제공한 것으로 본다. 이런

국현상학회, 『철학과 현상학 연구』 Vol.21. 2003.)는 그 동안의 관례에 따라서 '선험적'이라고 번역한다. 선험적이란 말은 '경험 이전이란 의미'이란 뜻이 강하고, 초월이란 말은 '경험을 넘어간다'는 의미가 있고, 번역하기 참 어려운 낱말이다. 여기서는 '초월적'이란 번역을 사용한다. 이것은 '이미 주어진 경험'에 대한 '반성적인 태도'나, 무비판적으로 주어진 경험에 대해서 어떤 선입견을 갖지 않는다는 '개방적 태도'란 의미로 초월적이란 용어를 사용하면 나쁘지 않다고 판단한 것이다.

29 박찬국, 앞의 논문, p.431. 후설은 transzendental이란 의미를 그것이 어떤 대상이든지 인식주체인 의식과의 연관에서 논하는 것을 선험적이라고 한다.

30 Clark Moustakas(1994), Phenomenological Research Methods, London: Sage Publiccation. p.91.

31 인경스님, 앞의 책, p.190.

점에서 영상관법을 통해 결국 승객은 사이코패스가 아닌 피곤해서 졸고 있는 승객으로 재인식된다는 것은 Crotty의 주관성 위에서 객관성을 정립한다는 말과 상통한다고 볼 수 있다.

일반적으로 불안 경험은 뱀(사이코패스)을 보고 싶지 않는 것처럼 혐오자극이기 때문에 다시 경험하지 않으려 한다. 그럼에도 불구하고 영상관법에서는 당시의 상황을 '다시' 떠올려서 경험한다. 이것은 고객/상담과의 자아가 수용적이고 개방적인 태도를 취한다는 것을 의미한다. 이것은 왜곡된 편견으로부터의 초월이고 회피로부터의 자발적 참여이다. 또한 이런 불안 경험은 반성적 의식의 지평 위에 드러난 영상이고 현상이다. 왜냐면 영상이란 세계가 반영된 혹은 닮은 형상의 표상[唯識]으로서 의식에 드러난 것이기 때문이다. 이런 점에서 영상관법은 (1) 일차적으로 당시의 경험세계로 되돌아가 과거 영상의 경험을 현재의 시점에서 떠올려서, (2) 이차적으로 그것을 반복적으로 관찰함으로써 진실을 발견하는 과정이라는 점에서 현상학적 작업이라고 판단한다.

그런데 현상학적 연구에는 중요한 난점이 있다. Crotty는 현재 응용된 현상학적 연구들이 '현상의 본질을 밝혀내지 못하고, 주관적인 경험의 수준에 머물고 있다'고 비판한다. 더 나아가 '사태 자체'란 단순한 주관적 경험이 아니라 주관성의 심장부에 '객관성'을 세우는 것이며, '실재'에 대한 추구라고 말한다.

사실 주관적 경험을 추구하면 객관성을 놓치고, 내재화된 표상주의를 중시하면 실재성을 추구하는 것과는 다른 관점에 놓이게 된다. 이게 문제이다. 고객들에 대한 심층면담을 통해서 수집된 자료를 분석하고 분류하면서 개인들의 경험내용을 조직화한다. 이것은 제1차 작업이다. 이것들은 개인이 주관적으로 경험한 감정과 생각들이고 세계에 대한 지각이다. 따라서 이런 주관성 위에 객관성이라는 실재를 세우는 제2차 작업이 필요하다는 것이다.

현상학적 연구는 대체로 제2차 작업으로 수집된 자료 속에서 공통된 경험내용과 구조적 의미를 추출하는 작업을 진행한다. 그러기 위해서는 최소한 10명 정도의 유사한 경험자들의 경험내용을 수집하고 분석을 진행해야 한다. 불안 장애를 가진 이들의 경험내용을 단일한 개인(n=1)이 아닌 여러 명(n=10)의 불안장애를 가진 내담자 또는 연구참여자에 대한 경험자료를 수집해서 분석해야 한다. 그런 다음에 그들의 경험 속에서 공통되며 본질적인 요소를 직관해서 제공하고 그것의 현상학적 의미를 해석하는 것이다.

그런데 현상학적 연구가 판단중지를 통해 주관적인 편견을 '무시'하거나 현상학적인 환원을 통한 사태 자체의 '본질 구조'라는 엄격한 기준을 중시한다면 결국 이것은 객관성이란 실재를 추구하는 연구가 된다. 이렇게 되면 처음의 '사태 자체를 경험한다'는 현상학의 본래적인 의미를 놓치는 일이 될 수 있다. 결국 후설의 현상학이 다시 실증주의적 자연과학적인 접근을 비판하고 '생생하게 살아있는 경험 자체를 연구한다'고 하면서 다시 자연과학적인 태도로 회귀하는 결과로 이어질 수 있다는 것이다. 주류 현상학자들이 말한 객관성의 '본질' 추구는 과학의 속성을 갖는다. 따라서 '생생한' 구체적 경험내용은 손가락 사이로 빠져나가고, 객관성의 '본질'이란 앙상한 뼈다귀만 남겨질 수 있을 것이다.

현상학의 핵심개념 가운데 하나가 본질직관인데, 서구 철학의 전반에서 본질의 개념은 이데아의 개념과 유사하다. 후설도 마찬가지이다. 특정한 개인의 경험으로서의 본질이란 현상들의 공통된 경험이다. 현상학은 우리가 경험하는 개별적 불안들이 아니고, 수많은 현상들에서 추출된 보편적인 속성으로서의 불안을 탐색하는 것이다. 본질을 직관하는 과정/현상학적 환원은 아래와 같이 3단계로 이루어진다.[32]

   ▷ 다양한 경험 자료를 수집하여 살펴보기
   ▷ 공통된 요소를 몇 개의 범주로 묶기
   ▷ 차이점을 제거하고 본질을 직관하기

본질구조를 탐색하는 이들 3단계 과정은 자료를 분석하는데 가장 널리 활용되고 있는 Van Kaam, A. Giorgi, P.F.Colaizzi 등의 현상학적 질적 연구[33]에서 기본적인 골격을 이룬다. 현상학이란 개별적인 사태 자체로 돌아가서 그곳에서 본질을 발견하는 통찰의 과정이다. 본질이란 수많은 개별적인 현상들 속에서 공통된 요소이면서 속성이다. 그러므로 현상학적 연구방법론을 채택하여 불안의 본질을 탐색하고자 한다면 10명(혹은 그 이상)의 연구 참여자들이 경험한 불안경험의 자료를 수집하고 분석 관찰하는 절차가 필요하다. 본질은 '개별적인 불안'이 아니라 생활세계에서의 '보편적인 불안'을 의미하기 때문이다.

---

32 E. Husserl, Erfahrung und Urteil., Untersuchungen zur Genealogie der Logik, Hamburg: Claassen Verlag, 1948; 한전숙, 앞의 책, p.112. 공병혜(2004), 앞의 논문., p.159. 이남인(2005), 앞의 논문., p.99.

33 이남인, 『현상학과 질적연구』 (서울: 한길사, 2014). 여기서 이들의 다양한 연구방법론에 대한 비교검토하고 있음.

그렇다면 위의 영상관법의 사례에서 '주관적으로' 경험하는 '개별적인' 불안에 대한 기술은 현상학적인 연구의 대상에서 제외시켜야 하는가? 개별적인 불안과 보편적인 불안은 구별이 가능한 것일까? 오히려 보편적인 불안이란 실제로는 경험할 수 없는 허구가 아닐까? 반대로 다양함 위에 세워진 본질이란 실제로는 존재하지 않는 공허한 객관성이 아닐까?

만약 현상학적 연구가 주관성 내의 객관성을 지향하여 보편적인 본질을 강조하면서 개인적인 경험내용의 차별적인 부분을 제외한다면, '사태 그 자체로 돌아가라'는 당초의 이념은 변색되어 버린 것이 아닌가? 삶이란 결국 각자의 구체적인 개별적 경험이 아닌가? 사실 삶이란 보편성보다는 개별성이기에 더욱 감동을 주는 것이 아닐까? 예를 들어, 사랑이란 구체적인 체험이기에 다양한 사랑의 경험 가운데 그것의 공통된 본질을 찾는 일은 공허한 언어적 개념이 아니겠는가? 가장 개인적인 것이 가장 보편적인 것이기에 삶에서 개인의 생생한 경험 그 자체를 제거해버린다면 다시 과학적 실증주의에 빠져드는 일이 아닐까? 물론 이런 의혹에 대해 현상학은 개별성도 아니고 순전한 보편성도 아니다[34]고 주장할 수 있다. 이런 이율배반적인 상황에서 어떤 태도를 취해야 하는가?

여기에는 두 가지 관점이 가능하다. 첫째는 그동안 현상학적 연구에서 수집된 자료를 분석한다고 하는 것은 객관성을 탐색하는 과정이었다. 이에 보편성보다는 개별성을 추구하는 연구 설계를 적극적으로 제안하는 것이다. 수많은 불안이 아니라 개인이 경험하는 불안에 초점을 맞추는 것이다. 농장에서 판매하는 수많은 장미꽃이 아니라 소혹성의 어린 왕자의 장미꽃을 귀중하게 여기는 태도이다. 현상학적 연구가 수많은 개인들의 경험에서 공통적인 속성으로서의 본질탐구를 목표로 하지만 여기서는 한 개인이 경험하는 다양한 개별자의 맥락에서 공통된 요소를 찾아내는 방법이다. 이것은 많은 개인들의 면담이 아니라 철저하게 개인, N=1 방식

---

34 Max van Manen(1990), Researching Lived Experience: Human Science for an Action Sensitive Pedagogy, 신경림·안규남 옮김, 『체험연구』(서울: 동녘, 1994)

의 설계이다. 이것은 한 개인이 경험하는 불안의 다양한 사례들과 그 맥락을 이해하고, 그 속에서 불안의 근본적인 원천으로서의 본질을 탐색하는 방법이다.

그럼으로써 연구자는 한 개인이 경험하는 불안의 본질, 그 핵심에 다가갈 수가 있다. 이런 설계방식으로 연구를 진행한다면 이 방식을 특화시켜서 '현상학적 사례연구', 혹은 '현상학적 마음치유/심리치료'라고 개념화할 수 있다. 이런 유형의 연구사례를 고려해볼 가치가 있다. 이런 경우는 불안경험의 개별적 특성에 초점을 맞추기에 연구결과를 일반화시키려는 의도를 갖지 않는다.

두 번째로 명상수행의 길에서 제시하는 방식으로 개별현상에 대한 직관적 통찰이다. 서구철학에서 말하는 본질은 다양한 사물에서 그 사물을 그것답게 하는, 변하지 않는 이데아적 속성을 말한다. 명상에서 말하는 본질이란 사물의 '개별적 본성'과 같은 의미로서 현상들의 무상(無常)성, 텅 비어있음, 무아(無我)의 체험을 말한다. 이것은 개별적인 경험 내부에서 어떤 공통된 속성을 찾는 방식이 아니고, 현재의 경험으로부터 발생된 집착에서 벗어나는 '해탈'의 경험을 의미한다. 앞의 사례에서 보듯이 유식학에서 이런 마음치유(혹은 치료적) 과정은 3단계[唯識三性]로 설명한다.

▷ 집착된 경험 탐색하기(변계소집성)
▷ 집착의 본질적인 인연요소를 정밀하게 관찰하기(의타기성)
▷ 본래적인 평정을 회복하기(원성실성)

제1단계는 승객을 사이코패스라고 생각하여 불안을 경험한 까닭에 집착으로서의 변계소집성이다. 실제로는 뱀이 존재하지 않음에도 불구하고, 새끼줄을 뱀이라고 언어적 분별과 함께 집착하여 불안과 공포감을 느끼는 단계이다. 변계소집성(遍計所執性)이란 두루 생각하여 집착하는 성질인데, 이것의 대표적인 현상이 언어적 분별이다. 뱀이란 이 뱀 저 뱀이 아닌 일반화된 모든 뱀을 가리키다는 점에서 보편적인 특성을 가진다. 그런데 뱀이란 단지 개념일 뿐이고 영상적 이미지이지만, 우리는 '뱀'이란 언어적 자극에도 혐오감을 느끼면서 회피한다. 승객을 사이코패스라고 인식함과 것과 같은 현상이다. 영상관법은 의도적으로 이런 장면을 마음에 떠올려서 판단을 멈추고 관찰하게 한다.(현상학적 환원) 특히 몸으로 충분하게 그 느낌을 경험하게 함으로써 일상의 감정적 회피에서 벗어나게 돕는다.

제2단계는 고통과 집착을 야기한 인연으로서 사건 자체에 대한 직관이다. 불안을 불러일으킨 승객(새끼줄)의 존재에 대한 인연은 유식학의 용어로 의타기성(依他起性)이라고 한다. 감정적인 불안과 공포가 감소되면서 용기를 갖고 불안을 만들어낸 그 대상(새끼줄, 승객)을 관찰할 수 있는 단계이다. 이 단계는 공포와 두려움의 감정이 감소됨에 따라서 점진적으로 이루어지고, 반복적으로 이루어진다. 여기서 본질이란 현상학에서 말하는 다양한 불안에서 추출된 공통된 요소로서의 불안이 아니다. 여기서의 본질은 반영된 이미지, 영상을 만들어낸 개별적 대상이다. 여기서 이해된 본질(本質)이란 말 그대로 반영된 영상을 만들어낸 '본래[本]의 질료[質]'로서 즉, 원인이다.[35] 결코 외적인 대상의 실재를 말하는 형이상학적 실재론적이 아니다.

플라톤의 동굴의 비유로 설명하면, 동굴의 벽에 비추어진 그림자는 영상이다. 그 그림자를 만들어낸 실체는 본질이다. 다양한 그림자들 속에서 '공통된 요소'를 추출한 것을 본질이라고 말하지 않는다. 그것들 '모두' 그림자이기에 아무리 공통된 속성을 모아놓아도 '여전히' 그림자일 뿐이지 본질이 될 수 없다. 거울에 나타난 이미지를 모아놓는다고 해서 본질 직관은 일어나지 않는다. 우리가 반복된 관찰을 통해서 도달할 곳은 그림자[無我]일 뿐이라는 통찰이다.

이런 통찰을 통해서 그림자를 만들어낸 본래의 사물[本物]을 발견하게 된다.

---

35 司馬春英(2003), 앞의 책, p.31. 여기에 의하면 '質이란 인식을 촉발시키는 것이지만, 완전하게 투명한 것은 아니다.'고 말한다. 곧 새끼줄은 뱀이란 분별을 만들어내지만 뱀이라고 믿는 당사자에게는 그것이 새끼줄임이 선명하게 드러난 게 아니라는 의미이다.

이때 '본래의 질료'란 수많은 뱀의 '공통된 속성'이 아니라 환상을 불러일으킨 '새끼줄'이고, 불안을 만들어낸 '승객'이다. 이것은 매우 구체적인 사물이다. 동굴 벽에 '나타난' 그림자는 스스로 존재하지 않고, 다른 것에 의존해있기[依他]에 본질이라고 말할 수 없고, 그것은 '본질을 반영한 이미지[影像 혹은 唯識]뿐이다'고 말한다.

제3단계, 그러면 본질은 무엇일까? 불안을 벗어나면서 사물을 존재하는 그대로 경험하는 것이다. 개별적 불안에 대한 '존재하지 않음[空]' 혹은 현상들의 '무상함[無常]'에 대한 통찰이다. 아무리 많은 불안을 모아놓고 그것들의 공통된 속성을 찾는다고 해서 불안으로부터 자유로워지는 것은 아니다. 본래 스스로 자유로운 존재이고 부족함이 없이 완성되어 있음을 자각하는 것이다. 유식학 용어로는 원만하게 부족함 없이 갖추어진 성품, 원성실성(圓成實性)이다.

위의 사례에서 이런 경험은 승객이 사이코패스가 아님을 확인하는 과정에서 자연스럽게 발생한다. 뱀이 아니고 새끼줄임이 밝혀지면서 경험하는 내용이다. 공포와 두려움이 사리지면서 경험하는 안도이고, 자신의 분별이 큰 착각임을 자각하는 깨달음이다. 이런 '안도'와 '편안함'과 '깨달음'이 '참나'이다. 그러면 승객에 대한 연민과 함께 스스로도 커다란 안락감을 느낀다. 승객은 내게 불안을 불러일으킨 본래의 것[本質, 物, 因緣]이지만, 그 본질은 평범한 일상의 경험들이다. 공포를 일으킨 영상과 영상을 만들어낸 일상의 소소한 것들은 이제 중요하지 않다. 이런 경험은 어떤 언어적 이해가 아니라, 언어적 문화라는 병 속에 갇힌 새가 병을 깨고 날아오르는 경험이다. 그 새는 어디로 향하여 가는 것이 아니다. 그것은 선종에서 말하는 경이로운 '평상심'으로의 복귀이다. 이게 본질이다.

후설의 본질, 이데아를 찾는 작업은 플라톤 이후로 서구철학의 혈맥 속을 흐르는 변함없는 과업이다. 개별적인 체험과 보편성에 대한 탐색은 현상학의 역사 속에서 끊임없이 고민해온 문제이다. 필자가 이해하기에 후설 이후에 전개되는 현상학의 역사에는 끊임없이 '사태 그 자체', 그 생생한 체험을 새롭게 탐색하는 역사였다. 퐁티의 '지각현상학'도 그렇고, 하이데거의 '존재와 시간', 엘리아데의 종교 현상학에서 말한 '거룩함의 나타남'도 이런 고민의 하나였을 것이다. 필자는 영상 관법의 본질을 '해탈경험'이라고 말한다.

4) 판단중지

사태 그 자체로 돌아가라! 현상학적 환원작업에서 가장 어려워하는 부분은 바로 판단중지(Epoche)이다. 판단중지를 통해서 본질직관에 도달한다. 다시 말하면 기존의 습관적인 이해나 문화적인 선입견들에 대해서 판단을 중지하고 사태 그 자체로, 체험 그 자체로 돌아가는 환원작업이 현상학의 모토이다. 그러나 막상 이것을 실행하려고 할 때 어려움에 봉착한다. 이런 어려움과 관련된 논의는 2가지로 정리된다. 하나는 판단중지의 어려움이고, 다른 하나는 판단중지의 대상이 연구자에게만 해당되는가, 아니면 연구 참여자에게까지 확대할 것인가의 문제이다.

첫 번째로 판단중지는 데카르트적 방법을 계승한 후설에게 자연과학적 지식, 수학 그리고 신의 존재와 같은 문화적인 속성을 모두 포함한다. 이것들을 보류하는 현상학적 환원은 논박이나 방법적 회의, 현상학적 환원으로서의 판단중지(epoche)이다. 판단중지의 어려움은 습관적인 앎의 작용이 무의식에서 일어나는 까닭이다. 의식은 순수한 의식이 아니라 기존의 지식과 관습에 의해서 이미 물들어져 있다. 그렇기에 이때의 판단중지는 모든 실재를 배제하는 것이 아니고, 그것에 대한 무비판적이고 자연적인 태도를 잠정적으로 괄호치자는 것이다. 이렇게 함으로써 현실에 대한 개방적인 태도와 더불어 새로운 통찰의 기반을 확보한다.

후설은 심리학적 판단중지와 매우 엄격하게 진행하는 철저한 현상학적 판단중지를 구분한다. 여기서 판단중지은 장애가 되는 선입견이나 습관적인 반응을 멈추는 것이다. 방해가 되니까 판단중지해서 괄호 속에 넣고자 한다. 그러나 문제는 선입견이나 습관적인 반응 또한 우리 삶의 일부이고 우리가 체험하는 과정의 하나라는 데 있다. 이런 장애에 대한 뛰어난 이해[勝解]가 없이는 철저한 현상학적 판단중지라는 과업을 이룰 수가 없다. 이런 부분에 대한 현상학적 이해와 훈련이 필요하다. 주류 현상학 내부에서는 순수의식에 대한 철학적 논의는 있지만, 그것을 구체적으로 어떻게 실행하고, 장애요인에 대한 통찰을 어떻게 성취하고 훈련해야 하는가는 여전히 과제로 남아있다.

반면에 불교명상은 오랜 역사 속에서 통찰을 방해하는 심리현상을 매우 정교하게 연구해 왔다. 깨어있지 못한 습관적인 반응은 무반성적인 자연적인 태도로 유식학에 따르면 제8식 알라야식(ālaya-vijñāna)의 종자가 그 주범이다. 종자란 어떤 공능을 불러일으키는 잠재적인 힘으로 언어적인 분별, 자아개념, 선악의 행위 등과 같은 것들[36]이다. 이런 아뢰야식의 종자를 방치하고서는 판단중지의 명상수행이나 현상학적 작업은 쉽지 않다. 종자에 의해서 물들어진 의식을 정화하는 것을 유식학에서는 전의(轉依) 혹은 의식이 바뀌어서 지혜가 된다는 전식득지(轉識得智)란 용어를 사용한다. 이것은 마음을 덮는 오염이 제거되면서 본래적인 청정한 마음이 밝게 나타나는 것을 말한다.[37] 물든 의식을 정화시키는 명상은 다양하지만 영상관법도 그중에 하나이다. 습관적인 반응을 유지시키는 종자들의 영상을 반복적으로 떠올려 관찰함으로써 의식을 정화하는 작업이 전식득지의 과정이다. 『유가사지론(瑜伽師地論)』에 의하면 다음과 같이 3단계로 진행된다.[38]

▷ 마음속에 내재된 사물의 영상 떠올리기[影像作意]
▷ 거친 번뇌를 소멸하기[便得轉依]

---

36 『攝大乘論本』(大正藏31, 137b), "此中三種者 謂三種熏習差別故 一名言熏習差別 二我見熏習差別 三有支熏習差別"

37 橫山宏一, 1979.『唯識の哲學』東京 : 平樂寺書店., p.248.

38 玄奘譯, 『瑜伽師地論』(大正藏26, 472c), "云何所作成辦 謂修觀行者 於奢摩他毘鉢舍那 若修若習 若多修習爲因緣故 諸緣影像所有作意皆得圓滿 此圓滿故便得轉依 一切麤重悉皆息滅 得轉依故 超過影像 卽於所知事有無分別 現量智見生"

▷ 사물의 영상을 초월한 지견의 발생[無分別智見]

이것은 앞에서 언급한 유식 삼성설(변계소집성 → 의타기성 → 원성실성)의 순차적인 과정이고 영상관법의 대표적인 '작업모형'이다. 일상에서 집착으로 물들어진 의식[종자, 씨앗]이 점차로 청정한 본래의 모습을 회복한다는 점에서 영상관법은 의식이 지혜로 전환[轉識得智]하는 중요한 길잡이가 된다. 특히 두 번째의 거친 번뇌를 소멸시킨다는 점에서 유식수행의 영상관법은 마음치유의 의미를 가진다. 세 번째의 과정은 영상을 초월하여[超過影像] 무분별의 지견을 통찰하는 것이다. 이것은 내재된 영상이 사라짐을 말한다. 버스 뒷쪽에 앉아있는 승객은 사이코패스가 결코 아니다. 그냥 피곤해서 졸고 있는 평범한 승객일 뿐이다. 이것은 새롭게 생겨난 지견이다. 현상학적 연구에서 사용하는 아래의 3단계 본질직관의 절차와 비교하면 영상관법과 현상학적 작업의 차이점이 분명해진다.

▷ 다양한 경험 자료를 수집하여 살펴보기
▷ 공통된 요소를 몇 개의 범주로 묶기
▷ 차이점을 제거하고 본질을 직관하기

질적 연구로서 현상학적 분석은 자료를 수집하고, 공통된 요소를 범주화하고, 다시 차이점을 제거한 그것의 본질을 직관하는 것이 목표이다. 이점은 어떤 경험의 본질적인 의미를 찾는 '사회적 의미에서의' 현상을 탐색하는 작업이다. 반면에 영상관법은 자료수집이 특정한 개인을 통해 이루어지고 목표는 번뇌의 소멸과 초월적인 통찰이다. 질적 연구의 현상학적 작업이 사회적 삶에 대한 새로운 이해와 더불어 어떤 지식의 체계를 이루는 것이라면, 영상관법은 집착 없는 깨어있음[無分別]과 함께 직접적인 지견(智見)을 얻는 것이다.

현상학적 작업은 객관적인 지식으로서 본질, 의미 있는 해석과 이론을 '구축하는' 작업이라면, 영상관법은 일상의 삶에서 구성된 집착이나 편견과 같은 보편화된 언어적 지식이나 사유체계를 '내려놓는' 작업이다.

한편 현상학에서는 불안을 어떻게 경험하며, 불안을 불안으로 만드는 공통된 요소가 무엇인지를 이해하고 해석한다. 반면에 영상관법에서는 해석하는 대신에 불안을 충분하게 경험한다. 그것의 속성이 본래 존재하지 않음을 발견하고 통찰하여 불안 그 자체로부터 벗어나 참나를 발견하는 것이 중요하다. 우리에게 이들 모두 필요한 과정이다. 물이 가득한 컵은 비워져야 하고, 비워진 컵이어야 다시 채울 수 있다.

두 번째는 판단중지의 대상인데, '누구'에게 적용하는가의 문제이다. 물론 연구자와 연구 참여자 모두 해당된다. 그러나 새로운 '응용' 현상학에서는 자료 수집하는 연구자에게만 판단중지를 적용하고 연구 참여자에게는 적용하지 않는 경향이 있다.[39] 특정한 경험에 대해 자료를 수집하는 과정에서 연구자에게 판단중지를 요구하는 것은 자료수집과 분석 과정에 연구자의 개인적인 선입견 배제시켜 다양한 경험 내부에서 객관성을 확보하려기 때문이다.

그렇지만 연구 참여자의 경우 판단중지라는 현상학적 환원의 방식을 요구할 수 없는 '자연스런 상태'이다 보니, 그들의 경험은 결국 주관적이며 일상적인 체험의 수준에 머물 가능성이 높다. 이런 경험들은 일상적이고 피상적인 경험들로서 주류 현상학에서 말한 반성적인 의미의 현상학적 체험도 아니다. 또한 현상학적 '환원' 작업의 진행 과정을 여실하게 보여줄 수가 없는 한계를 지닌다.

이런 비판을 극복하는 방법은 영상관법처럼 연구 참여자에게도 판단중지라는 현상학적 환원을 적용해야 한다는 점이다. 하지만 현상학적 연구는 주관적인 경험 속에서 보편적인 속성으로서의 본질을 탐색하기 위해 많은 수의 연구 참여자가 필요하다. 따라서 판단중지의 요청은 이상적인 수준에 머물고 현실에서는 사실

---

39 Michael Crotty(1996), (신경림·공병혜역), 앞의 책, p.62.

상 요구하기 힘들다. 더구나 판단을 멈추면서 명상하는 영상관법과 다르게, 면담을 통해서 자료를 수집하는 현상학적 연구는 참여자에게 판단중지를 요구하면 자료 수집에 심각한 문제가 발생한다. 때문에 현상학적 연구는 자연상태를 중시하는 처음의 태도를 견지하여 연구 참여자에게 판단중지를 요구하지 않는 게 좋다. 이것이 오히려 현실을 그대로 반영하기 때문이다.

그러나 냉정하게 보면 판단중지를 소중하게 여기는 현상학적 환원에서 판단중지를 제거하는 일은 심대한 정체성 혼란을 가중시킨다. 사실상 그것은 현상학적 연구가 아니다. 이런 점에서 철학적 논의가 아닌 실천적 현상학은 판단중지나 현상학적 환원의 작업수행에서 극복해야할 과제가 적지 않다. 이것을 극복하는 방법으로 판단중지를 적극적으로 강조하는 영상관법을 현상학적 연구방법론에 도입할 필요가 있다. 만약 판단중지를 빼버리면 현장에서의 현상학적 연구는 Crotty의 비판처럼, 매우 피상적인 수준에 머물 수밖에 없을 것이다. 사실상 그것은 무늬만 현상학적 접근이지 질적 연구로서의 고유한 가치가 없다.

또한 현상학적 연구는 집단적인 작업과 함께 개인적인 접근이 필요하고, 개인적인 탐색을 강조하는 사례연구나 심리치료와 같은 임상적인 상황에 적용하는 노력 역시 요청된다. 물론 선입견이나 습관화된 상식들은 문화적인 요인이고, 생활세계의 문제이기에 현상학적 연구방법을 임상적인 상황에 고려할 필요는 없다고 주장할 수 있다. 그러나 오늘날 다문화적인 상황에서 많은 정신적인 문제가 발생되고 있는 것을 보면 영상관법에 의한 현상학적인 마음치유 분야는 더 많이 논의하고 실천할 가치가 있다.

참고도서

『瑜伽師地論』(大正藏26)

『攝大乘論本』(大正藏31)

공병혜(2004), 「간호연구에서의 현상학」, 『철학과 현상학 연구』23. 한국현상학회.

김영진(2012), 「브렌타노 지향성 이념의 해석 문제: 바톡의 입장에 대한 비판」, 『현상학과 현대철학』1-25. 한
국현상학회.

김영필(2002), 「철학 상담학의 정립을 위한 하나의 제안: 현상학적 심리치료」, 『철학논총』28. 새한철학회.

박찬국(2007), 「후설의 현상학과 유식론은 과연 일치하는가?-윤명로 교수의 『현상학과 유식론』(시와 진
실, 2006)에 대한 서평」, 『인문총론』Vol.58. 서울대학교 인문학연구원.

배의용(1997), 「유식학의 유가행과 현상학적 방법 : 언어적 관점에서의 비교」, 『韓國佛敎學』23. 한국불교학
회.

안성두(2016), 「유식(vijñaptimātra)에 대한 관념론적 해석 비판」, 『철학사상』61. 서울대철학사상연구소.

윤명로(2006), 『현상학과 유식론』(서울: 시와 진실)

이만ㆍ배의용(1999), 「불교 유식학과 후설 현상학의 심식이론에 관한 비교연구」, 『韓國佛敎學』25. 한국불교
학회.

이남인(1997), 「후설의 발생적 현상학과 하이데거의 해석학적 현상학」, 『철학』53. 한국철학회.

이남인(2005), 「현상학과 질적 연구방법」, 『철학과 현상학 연구』24. 한국현상학회.

이남인(2006), 『현상학과 해석학』, 서울대학교출판부.

이상섭(2003), 토마스 아퀴나스의 Species Intelligibilis 개념과 그것의 13세기 철학에서의 위치-『신학대전』
I,85,2를 중심으로, 『가톨릭철학』.

이상섭(2005), 토마스 아퀴나스와 표상주의 논쟁, 『철학연구』.

인경(2012), 『명상심리치료-불교명상과심리치료의 통합적 연구』, 명상상담연구원.

인경(2008), 「영상관법의 심리치료적 함의 -인지행동치료와의 비교하면서」, 『명상심리상담』2.

이한상(2010), 「심리도식치료에 기초한 영상관법이 전업주부들의 스트레스와 정서에 미치는 영향: 사례연
구」, 『명상심리상담』5.

이영순(2010), 「영상관법에 의한 명상상담 개인사례연구」, 『명상심리상담』5.

정현주(2018), 유식사상의 관념론적 해석 고찰: 근세 관념론적 해석을 중심으로, 『범한철학』 제88집.

한자경(1992), 「유식 사상에 있어서 식의 지향성」, 『철학과 현상학 연구』6.

한자경(1996), 「후설 현상학의 선험적 주관성과 불교 유식 철학의 아뢰야識의 비교 : 선험적 주관성의 구성
작용과 아뢰야식의 전변작용을 중심으로」, 『철학과 현상학 연구』9.

한전숙(1984), 『현상학의 이해』, 민음사.

최인숙(2007), 「현상학과 유식학에서 자기의식의 의미」, 『철학과 현상학 연구』32.

르네 데카르트, 『성찰』, 이현복 옮김, (문예출판사, 1997)

吳汝鈞(2002), 『唯識現象學』(臺北: 臺灣學生書局.)

司馬春英(2003), 『唯識思想と現象學: 思想構造の比較研究に向けて』, (東京: 大正大學出版會)

橫山紘一(1979), 『唯識の哲學』. 東京 : 平樂寺書店.

Brentano, F. Psychologie vom empirischen Standpunkt, Erster Band, Hamburg: Felix Meiner Verlag, 1924/1973.

Brentano, sychology from an Empirical Standpoint, English Tr. by A. C. Rancurello, D. B. Terrell, and L. L. McAlister. New York: Humanities Press, 1973.

Clark Moustakas(1994), Phenomenological Research Methods, London: Sage Publiccation.

Dan Lusthaus(2002), Buddhist Phenomenology: A Philosophical Investigation of Yogacara Buddhism and the Ch'eng Wei-shih Lun. London and New York: Routledge Curzon.

https://www.britannica.com/topic/representationism; By The Editors of Encyclopaedia Britannica.

Jacquette(2004), Brentano's concept of intentionality. p.116. Cambridge University Press

Ka-wing Leung(2021), Intra-mental or intra-cranial? On Brentano's concept of immanent object. European Journal of Philosophy 29(4).

Leen Spruit(1994), Species intelligibilis: from perception to knowledge, New York: Brill.

Max van Manen(1990), Researching Lived Experience: Human Science for an Action Sensitive Pedagogy, 신경림. 안규남 옮김, 『체험연구』(동녘, 1994)

Michael Crotty(1996), Phenomenology and Nursing Research, Melbourne: Churchill Livingston.(신경림. 공병혜역, 『현상학적 연구』, 현문사, 2001)

Peter Willis(2001), The "Things Themselves" in Phenomenology, Indo-Pacific Journal of Phenomenology, 1:1.

Philip J. Bortok(2005), Brentano's Intentionality Thesis: Beyond the Analytic and Phenomenological Readings, Journal of the History of Philosophy, vol.43.

Rene Descartes, Meditationes De Prima Philosopia, C.Adam & P.Tannery(ed.), Oeuvres de Descartes(Vol.13)

Reviewed by Charles Muller, Faculty of Humanities, Tōyō Gakuen University, for Philosophy East and West, vol. 27 Number 1, 2004.

제6장

영상관법과
인지행동적 전통

목차

요약

제6장의 목표는 사고형 영상관법의 인지행동적 관점을 고찰해보는 것이다. 이점은 불교적 측면과 서구 심리학적인 관점이 있다. 먼저 제1절에서 유식 삼성설에서 집착에 해당되는 변계소집성을 문헌으로 살펴보고, 발달론적 관점에서 해석한다. 첫째 『해심밀경』에서 집착의 변계소집이란 언어적인 분별작용으로 기호와 이미지, 개념이 상호 작용하는 사유작용[想]의 영역에 속한다. 이점은 영상관법에서 '사고형' 유형을 도입하게 되는 중요한 단서가 된다. 둘째 『대승장엄경론』에서 마음의 심층에 저장된 과거의 습기나 경험내용으로서의 종자/정보에 대한 논의를 살펴본다. 이러한 논의는 영상관법에서의 영상이 미해결된 심층의 종자임을 반증해준다. 셋째 『성유식론』에서는 이런 마음의 작용에서 생겨난 '자아'와 '세계'를 지속적으로 실체화하면서 집착의 고통을 발생시키는 메커니즘을 보여준다. 이러한 논의는 사고형 영상관법에서 무엇이 참나인지를 탐색하는 근거점이 된다.

제2절에서는 사고형 영상관법을 인지치료 및 스키마 테라피와 비교해서 공통점과 차이점을 논의한다. 인지치료에서 촉발자극(A), 신념체계(B), 감정적 결과(C)로 심리현상을 분류하고 신념체계(B)의 생각 바꾸기를 중요한 치료적 전략으로 간주한다. 반면에 사고형 영상관법은 생각을 수정하거나 변화를 시도하기보다는 생각과 감정의 관계를 탐색한다. 특히 촉발자극에 대한 판단중지와 함께 그 감각자료를 관찰하는 것을 치유적 작업으로 핵심으로 삼는다. 마찬가지로 심상작업을 중시하는 스키마 테라피와의 비교에서 영상관법은 심리도식을 유식불교의 종자로 간주하면서 심상을 수정하고 변화시키려는 의도적인 작업을 반대하고, 영상/이미지를 그 자체로 충분하게 경험하고 관찰하는 명상적 접근을 강조한다.

제3절은 원효의 깨달음과 메타인지치료(meta-cognitive therapy)와의 비교이다. 원효의 깨달음을 살펴보면서 메타-인지와 메타-자각을 구분한다. 일차적인 대상 인식(구토)에 대한 부분은 인지적 성격이지만, 이차적인 자각으로서 일체유심조는 분명하게 메타-자각의 측면이다. 인지치료의 내담자와 상담자의 관계에서 고객의 인지적 상태, 잘못된 오류를 수정하려는 상담자는 고객의 사유방식에 대한 탐색으로 소크라테스 문답을 사용하는데, 이것은 새로운 앎을 유도하는 까닭에 역시 메타-인지적 입장에 놓이게 된다. 그렇지만 사고형 영상관법에서 자신의 사고방식을 중얼거리고 분명하게 자각하여 표현하도록 함은 메타-인지적 측면이지만, 그것의 감각자료를 코끝에 걸어두고 관찰하는 명상은 새로운 지식을 취득함이 아니라 새로운 관점이나 통찰을 창출하기에 메타-자각(meta-Awareness)임을 구체적인 사례로 논증한다.

제4절은 영상관법과 수용전념치료와의 관계를 고찰한다. 특히 수용전략과 통제전략은 제2세대와 제3세대를 구분짓는 핵심된 용어이다. 통제전략이란 부정적인 감정이나 생각 혹은 행동 등을 긍정적으로 수정하거나 교정하는 작업을 포함한다. 반면에 수용전략이란 심리적 현상들을 억압하거나 수정하려는 의도를 내려놓고 존재하는 그대로 관찰하고 통찰하는 명상작업을 의미한다. 특히 유식 삼성설과 연결해서 개념자기는 변계소집성, 관찰자기는 의타기성, 맥락자기는 원성실성과 대응시키고, 실질적인 사례분석을 통해서 수용전념치료적 관점이 어떻게 사고형 영상관법과 소통되는지를 보여준다.

키워드 인지행동치료, 수용전념치료, 사고형 영상관법, 메타인지, 메타자각, 원효대사, 해심밀경, 대승장엄경론, 성유식론, 개념자기, 관찰자기, 맥락자기, 소크라테스 문답법.

고통과 고통 발생의 메커니즘
– 집착의 발달론적 이해

명상수행에서 경험하는 마음의 안정감과 자기 자신에 대한 통찰 등은 정신건강과 장애의 마음치유에도 그대로 적용할 수 있다. 실제로 정신분석, 인지행동, 인본주의에 이어서 제4세력의 심리학으로서 깨달음의 심리학이나 긍정심리학이 대두하였다. 동양의 명상과 통합된 심리학적 접근이 적극적으로 이루어져 다양한 연구성과가 1980년대부터 보고되고,[01] 2000년 이후로 오늘에 이르기까지 상당한 성과를 이루고 있다.

이제 명상은 현대인들의 스트레스 관리뿐만 아니라 심리적인 장애를 소거하는 심리치료의 한 방법이라는 인식이 매우 보편적인 가치로 인정되고 있다.[02] 명상이 서구 심리학에 적극적으로 받아들여진 이유는 내담자 스스로 자신을 관찰하고 변화를 주도해가는 자발성의 부분과 함께 증상을 통제하기보다는 존재하는 그대로 수용하는 전략이 매우 효과적임이 과학적으로 밝혀지면서 가능해진 것이다.

서구의 인지행동치료는 1950년대 제1세대의 자극과 반응 심리학에 기반한 '행동'수정이론이다. 학습을 중시하는 파블로프, 행동결과에 대한 스키너의 보상이론, 월피의 체계적 둔감화, 사회적 모델링 등이 대표적이다. 1970년대 제2세대는 주요 증상이 대상에 대한 인지적인 측면 곧 생각에서 비롯되었다고 보고 그것을 수정하는 전략을 강조하는 '인지'치료 및 인지행동의 통제적 접근에서 오는 증상

---

01 Seymour Boorstein(1980), Transpersonal Psychotherapy: 정성덕·김익창 공역, (1997), 『자아초월정신치료』 하나의학사., John Welwood,ed.,(1979), The Meeting of the Ways Exploration in East/West Psychology , New York: Schocken Books.

02 Roger Walsh,ed., (1993), Paths Beyond Ego-The transpersonal Vision, New York: penguin Putnam Inc.

의 재발 문제를 해결하려는 시도가 주를 이루었다. 대표적으로는 자동사고를 자각하는 아론벡의 인지치료(CT)와 신념을 찾아서 논박하는 엘리스의 합리적 정서행동치료(REBT)가 있다. 1990년대 제3세대의 '명상'치료(MT)는 행동, 인지, 명상을 유기적으로 통합해 현장의 요구에 부합하는 프로그램 개발에 초점을 맞춘다. 메타인지치료(MCT), 명상에 기반한 인지행동치료의 MiCBT, 만성적 스트레스 감소에 초점을 맞춘 존카밧진의 MBSR과 명상에 기반한 인지치료인 MBCT, 경계선 성격장애의 심리치료인 DBT, 불안장애에 초점을 맞춘 ACT 등의 프로그램이 대표적이다. 2010년대 이후로 제4세대 '통합'치료로 발전되어 왔다. 여기는 기존의 행동, 인지, 명상을 구분하지 않고 체험중심으로 진행되고 다문화적 관점이나 생태적 측면이 통합된다.

물론 영상관법 역시 기본적으로 동양 명상과 서구의 심리치료를 통합하는 입장을 가진다. 특히 이번 제6장에서는 영상관법의 명상작업이 기반한 유식불교의 이론과 서구 심리학의 인지치료(CT)와 수용전념치료(ACT)와의 비교를 통해서 심리학적 의미를 조명하는 데 초점을 맞춘다. 양자는 공통적으로 언어에 의한 분별, 곧 인지적인 측면이 고통을 만들어내는 핵심요소라는 점에서 서로 공감할 수 있다. 아울러서 사고형 영상관법의 메타인지적 성격을 살펴본다. 영상을 그대로 떠올리고, 정서적으로 어떻게 반응하는지 살펴보고, 자신의 감각자료와 생각들을 코끝에 걸쳐두고 관찰함하는 사고형 영상관법은 메타자각이나 메타인지적 측면을 내포하기 때문이다.

이러한 논의를 위해 먼저 집착(변계소집성)의 발생에 대해서 유식 심리학의 인지적 측면을 문헌적으로 고찰하고 나아가서 서구의 인지행동 상담 계열의 관점과 비교하여 '영상관법'이 가지는 마음치료적 의미를 구체화시킨다. 이를 통해 현장에서 필요한 마음치유 프로그램으로서 사고형 영상관법의 심리학적 측면을 검토해 볼 것이다.

제3장에서 살펴본 바처럼 기신론의 체상용이나 유식 삼성설을 일상의 평이한

용어로 번역하면 사회적 개념인 '자기(self)'라는 관점으로 기술가능하다. 변계소집성은 '집착자기'로, 의타기성은 연기하는 현실을 그대로 관찰하는 '관찰자기'로, 연기를 관찰하여 진정한 자기를 발견하는 원성실성은 '참된자기'로 바꾸어 이해할 수 있다. 물론 이런 이해방식의 적절성 문제와 관련해 반론이 있을 수 있다. 특히 '자기'라는 용어가 초기불교론적 관점의 무아설에 의해서 터부(taboo)시되는 경향이 있다. 물론 여기서 필자가 사용하는 '자기'는 사회적인 맥락에서 사용한 것으로 인도철학의 형이상학적인 '아트만'이 아니다. 다만 여기서는 '자기(self)'를 방편의 용어로 사용한다. 이 점은 체상용과 삼성설을 마음치유의 심리상담이나 심리치료에 활용하는데 긍정적인 도움을 줄 것으로 판단한다.

1) 『해심밀경』의 언어적 분별

마음을 이해하는 유식 삼성설의 정형적인 형태는 『해심밀경』에서 찾아볼 수가 있다. 『해심밀경』의 「일체법상품」과 「무자성상품」에서 삼성설을 전하고 있다. 품명에서 보듯이 『해심밀경』의 삼성설에 대한 기본적인 접근방식은 '모든 현상[一切法]의 성격과 본질은 무엇인가'에 그 초점이 맞추어져서 논의가 진행되고 있다. 먼저 『해심밀경』에서 설하는 집착의 기본적인 개념을 살펴보자.

일체법의 변계소집상이란 무엇인가? 일체법에 대해서 개념으로 그 자성과 차별을 건립하고, 그로 말미암아 (다른 사람들로 하여금) 언설을 발생하게 하는 것이다. 무엇이 모든 현상의 의타기상인가? 일체의 현상은 인연을 따라 자성이 생기한다. 곧 이것이 있기에 저것이 있다. 이것이 생하기에 저것이 생한다. 무명을 인연하여 충동이 있고, 그로 인하여 거대한 고통의 덩어리가 초래한다. 무엇이 원성실상인가? 이른바 일체의 현상이 평등한 진여이다. 이 진여를 인연하여 모든 보살이 용맹하게 정진한 까닭이다. 이런 이치를 작의하여 잘못된 사유가 없기에 이런 인연으로 능히 통달하게 된다. 이런 통달로 점차로 수행하여 마침내 위없는 바른 깨달음을 원만하게 증득한다.[03]

　『해심밀경』에서는 변계소집상의 집착을 언어적인 '개념', '언설'이라 정의하고, 의타기상은 이것이 있으니 저것이 있다는 '연기'로 제시하고 원성실상은 평등성과 진여로 이야기한다. 여기서 주목되는 점은 변계소집'상', 의타기'상', 원성실'상'과 같이 '성(性)'이란 용어보다는 '상(相)'이란 용어를 사용한다. 이것은 일체의 현상에 대한 형상인 '법상(法相)'을 강조한 까닭이다. 물론 경전에서는 이들 세가지 '삼성설(三性說)' 역시 가설로서 무자성(無自性)임을 밝히고 있다.

　여기서 주목할 점은 변계소집상을 '언설(言說)'로 규정한 점이다. 변계소집상이란 일체 현상의 자성과 차별은 그 자체로 존재하는 것이 아니라, 순전히 언어적인 분별에 의해서 발생한다는 인지적 관점이다. 또한 다른 사람에게도 그 언설에 따라서 자성과 차별의 분별을 일으키도록 만든다는 것이다. 여기서 '자성(自性)'이란 차가운 물이나 뜨거운 불과 같은 각각의 현상[法]이 가지는 독자적인 성격을 말하고, '차별'이란 물과 불의 자성이 인연을 따라서 나타나는 차이점을 의미한다. 물과 불은 그 자체의 성품을 가지고 있지만 동시에 온도와 같은 조건에 따라서 다르게 존재한다. 이것들은 '고정된 형상이 없는 현상(無相之法)'[04]이며, '단지 형상(相)과 개념(名)이 서로 상응하여 발생된다.'[05]고 『해심밀경』은 말한다.

　여기에 근거하면 '변계소집상'이란 　언어적인 인식의 결과로서 실제로 존재하는 것이 아니다. 뱀이란 언어적 소리를 듣게 되면 뱀이란 형상 이미지가 자동으

---

03 玄奘譯,『解深密經』(大正藏16, 693-695), "云何諸法遍計所執相 謂一切法名假安立自性差別 乃至爲令隨起言說 云何諸法依他起相 謂一切法緣生自性 則此有故彼有 此生故彼生 謂無明緣行 乃至招集純大苦蘊 云何諸法圓成實相 謂一切法平等眞如 於此眞如 諸菩薩衆勇猛精進爲因緣故 如理作意無倒思惟 爲因緣故乃能通達 於此通達漸漸修集 乃至無上正等菩提方證圓滿"

04 위의 책, 693中, "卽能如實 了知一切 無相之法."

05 같은 책, "相名相應 以爲緣故 遍計所執相 而可了知."

로 떠오르고, 그것은 혐오감을 유발하고 뱀과 뱀이 아닌 것을 구별하게 만든다. 모든 언어는 의사소통의 중요한 수단이지만 연기하는 현실을 그대로 반영하지 못한다. 언어 그것은 기호이고 허구적 이미지이다. 그렇긴 하지만 달콤한 빵과 같은 언어적 자극은 실재와 관계 없이 침이란 생리적 반응을 불러일으킨다는 점에서 인간의 심리 현상에 직접적으로 영향을 미친다는 점에서 실질적인 의미를 가진다.

이와 같이 고통이란 언어적 집착에 의한 발생이라고 해석하는 『해심밀경』의 입장은 아비담마적 이해와는 상당히 다른 측면을 보여준다. 남방전통의 아비담마 불교에서 법(法)은 허구가 아니라 진실로 존재하는 사물로서 그들 각자 독자적인 성품[自性]을 가지는 점이다. 궁극적인 존재로서의 법(法)은 다시 분석되거나 다른 사물로 환원되지 않는다. 하지만 사람, 동물과 같은 언어적 개념들은 진실로 존재하는 것이 아니라 단지 개념적인 사고와 관습적인 표현에 불과한 이름에 불과하다.[06]

이를테면 여기에 '사람'이 존재한다면 그것은 관습적인 개념이고, 허구이다. 그러나 사람[人]을 분석하여 얻어진 구체적인 '몸', '느낌', '생각', '욕구', '의식' 등[五蘊]은 궁극적인 실재[法]라고 본다. 사람[人]의 개념은 부정되지만, 사람을 구성하는 요소[五蘊]는 실재로서 인정한다. 이것을 '인무아(人無我)' 혹은 '인공(人空)'이라고 한다. 요약하면 아래와 같다.

인간(人, 개념) ⇒ 현상(오온, 法) ⇒ 인무아/실재

그러나 『해심밀경』에서는 아비담마의 '실재'로서 인정되는 '법'들까지 언어적인 관념으로서 변계소집의 집착에 지나지 않다고 말한다. 이때는 사람[人]뿐만 아니라 분석된 느낌과 생각, 그리고 갈망 등의 현상(오온, 法)도 마찬가지로 본래 존

---

06 Bodhi(1993), A Comprehensive Manual of Abhidhamma, Sri Lanka: Buddhist Publication Society, pp.23-32.

재하지 않는다는 '법무아(法無我)' 혹은 '법공(法空)'의 입장을 취한다.

인간(人) ⇒ 현상(오온, 法)/인무아 ⇒ 법공/법무아

이런 통찰의 과정은 변계소집성(아트만)/집착 → 의타기성(현상, 법)/관계/관찰 → 원성실성(법공)/진실이라는 유식 삼성설의 3단계 과정을 보여준다. 이렇게 보면 유식 삼성설은 불교 내부의 사상적인 흐름을 반영한 것이다. 대승의 반야사상은 아비담마 불교보다 엄격한 존재론을 보여준다고 할 수 있다. 유식불교는 모든 현상이 마음의 표현이라는 입장을 취하지만 철학적인 배경에서는 설일체유부와 입장과 달리한다.

남방불교의 모태가 되는 설일체유부는 모든 현상이라는 일체 '법'은 궁극적으로 '실재한다'고 주장이지만, 반야공사상에 기반한 대승의 유식불교는 일체법 자체를 언어에 의한 집착인 마음에 의해서 만들어진 변계소집성이라고 본다. 유식론은 실재론적인 존재론적 해석을 비판한다. 외적 대상은 실재하지 않고 오직 마음/연기일 뿐이라는 '유식무경(唯識無境)'의 입장을 드러낸다. 이런 인식론적 특징은 삼성설의 변계소집성을 해석할 때도 그대로 반영된다. 그러나 변계소집성과 다르게 의타기성과 원성실성에 대해서는 긍정적인 태도를 취한다.

결과적으로 변계소집은 언어적인 집착이다. 하나의 낱말은 (1) 기호나 음성, (2) 영상/이미지, (3) 개념/의미를 함축한다. 눈으로 기호를 보거나 귀로 음성을 듣게 되면 자극을 받게 되고, 마음에 영상/이미지를 떠올리게 되고, 마침내 생리적인 반응/의미를 발생시킨다. 이것이 변계소집성이 제공해주는 '고통 발생의 메커니즘'이다. 제5장에서 제공한 '사고형 영상관법 프로그램(T-RIMP)'은 이러한 논의에 근거한다. 먼저 영상/이미지를 떠올리고, 그때 발생하는 감정과 생각의 '관계'를 탐색하고, 다시 판단/생각을 촉발시킨 '감각이미지'를 코끝에 걸어두고 관찰하는 사고형 영상관법은 언어분별에 의한 변계소집(인지)의 집착을 소멸하도록 돕는다.

『해심밀경』에 따르면, 우리가 음성이나 기호로 언어적 자극을 받으면 그것에 상응하는 (1) 영상/이미지와 (2) 사유적 개념과 (3) 몸느낌을 산출한다. 이것을 제1장에서 '삼중 정보처리모델'이라고 했다. 그러면 영상/이미지, 사유적 개념 그리고 몸느낌은 어디에 잠복되어 있다가 마음의 표층으로 출현한 것일까? 『대승장엄경론』은 이것을 설명해준다.

『대승장엄경론』은 '대승의 가르침을 장엄하는 경론'이란 의미로 미륵(彌勒, 270-350)의 설법을 무착(無着, 310-390)이 받아적은 것이라고 한다. 초기 유식사상을 정리한 『대승장엄경론』은 범본과 한역, 티베트역이 전승되고 있다. 「술구품(述求品)」에 의하면 마음을 '능상(能取, 能相), 소상(所取, 所相) 및 시상(示相)'에 의해서 설명한다. 이 품은 마음이란 무엇인가를 설명해준다.

> 偈曰: 소상과 능상은 형상에서 차별이 있다. 중생을 구제하고자 모든 부처께서 시현하였다. 釋曰: 형상[相]에는 두 종류가 있다. 하나는 소상이고 두 번째는 능상이다. 이것은 전체 대의를 포함한다.[07]

위의 인용문은 프라바카라미트라(波羅頗蜜多羅, Prabhakaramitra)가 한역한 『대승장엄경론』의 핵심내용이다. 여기서 능상(能相, lakṣaṇa)이란 인식의 주체적[能]인 측면을 말하고, 소상(所相, lakṣya)은 인식에 포착된[所] 대상의 측면을 가리킨다. 이들은 인식의 상황에서 마음의 주체적인 작용과 상태를 설명한다. 시상은 한역에서는 번역되지 않고 있다. 범본(梵本)에 보이는 '시상(lakṣaṇā, 示相)'[08]은 명

---

07 波羅頗蜜多羅譯, 『大乘莊嚴經論』(大正藏31, 613c), "偈曰所相 及能相如 是相差別 爲攝利衆生 諸佛開示現釋曰 相有二種 一者所相 二者能相 此偈總擧 餘偈別釋"

08 宇井伯壽(1961), 『大乘莊嚴經論研究』(동경: 岩波書店刊行, p.15.); 김명우(2008), 『유식의 삼성설 연

상수행으로 제시한[示] 실천적인 측면을 말한다.

특히 여기서 인식의 주관에 해당되는 능상(能相)은 능동적으로 대상에 작용하는 방식으로 변계소집성(집착자기), 의타기성(관계/관찰자기), 원성실성(참된 자기)의 유식 삼성설을 말한다.[09] 이들은 인식의 주관에서 발생되는 심리적 작용이다. 그 대상에 해당되는 소상(所相, lakṣya)은 몸과 같은 색법, 마음의 심법, 마음 현상[心所法]과 같은 모든 현상으로서의 일체법(一切法)이다. 보살의 실천을 대변하는 시상(lakṣaṇā, 示相)은 마음을 정화해가는 종교적인 실천으로써 부처님의 교법을 유지하는 것[能持], → 바른 가르침을 기억함[所持], → 선정에 의해 법계를 비추는 '청정한 거울의 영상[鏡像]', → 법무아의 이치를 '선명하게 깨달음[明悟]', → 잠재된 의식을 정화해 평등한 지혜로 '전환[轉依]'시키는 다섯 단계의 수행[五種學境][10]을 말한다. 이것은 자질의 공덕을 키우는 '자량위(資糧位)', 더욱 명상하는 '가행위(加行位)', 진실한 마음의 본성을 보는 '견도위(見道位)', 일상의 삶에서 깊게 법무아를 실천하는 '수도위(修道位)', 마침내 구경에 도달하는 '구경위(究竟位)'라는 유식수행의 5단계에 상응한다. 여기서 '영상관법'은 유식수행에서 번뇌에서 벗어나는 두번째 거울의 영상으로 비유되는 '가행위'와 법무아의 자성을 깨닫는 그래서 영상을 초극하는 세번째 '견도위'와 연관된다.

*능상(能相): 변계소집성, 의타기성, 원성실성

*소상(所相): 몸, 마음, 마음현상, 무위법 등 일체법

구』(서울: 한국학술정보, pp.86-87.)

09 『大乘莊嚴經論』 613c, "能相略說 有三種 謂分別相 依他相 眞實相."

10 같은 책, 614a, "釋曰 彼能相復 有五種學境 一能持 二所持 三鏡像 四明悟 五轉依 能持者 謂佛所說正法 由此法持 彼能緣故 所持者 卽正憶念 由正法所持故 鏡像者 謂心界 由得定故 安心法界 如先所說 皆見是名 定心爲鏡 法界爲像故 明悟者 出世間慧 彼有如實見有 非有如實見非有 有謂法無我 非有謂能取所取 於此明見故 轉依者 偈曰 聖性證平等 解脫事亦一 勝則有五義 不減亦不增."

*시상(示相): 교법, 바른 이해/학습, 선정/영상, 깨달음, 전환

『대승장엄경론』에서 논해지는 능상의 삼성설은 대체로『해심밀경』의 입장을 따르고 있다. 다만 유식론의 입장에서 좀 더 구체적으로 기술하고 있다. 이를테면 변계소집성에 대해서 언어적인 분별/집착이라고 언급한『해심밀경』의 입장을 더욱 상론하여『대승장엄경론』은 유각분별상(有覺分別相), 무각분별상(無覺分別相), 상인분별상(相因分別相)의 세 가지로 분류하여 심층적으로 논하고 있다. 이에 대해 살펴보자.

첫째, 자각이 있는 분별로서의 '유각분별상(有覺分別相)'은 스스로 자각이 있는 언어적인 분별로서의 집착을 의미한다. 여기서 말하는 언어적 자각이란 사유나 지각표상으로 번역되는 '상(想)'의 마음현상(心所)이다. 이 사유작용에 의해 이런저런 이미지/표상이나 개념/사유가 일어나는 언어적인 분별을 말한다.[11] 이것은 사고형 영상관법에 이론적인 해석틀을 제공한다. 물론 이것은『해심밀경』에서 정의한 대로 일상 생활에서 다른 사람과 의사소통할 때 발생되는 변계소집상의 내용을 답습하고 있다. 다시 말하면, 말하는 화자 본인과 의사를 청취하는 청자의 언어 분별적인 심리현상으로서의 언어현상 자체를 가리킨다. 언어는 달을 가리키는 손가락일뿐 실재의 달은 아니기 때문이다.

둘째, 자각이 없는 '무각분별상(無覺分別相)'은『해심밀경』에서 설명하지 않는 고유한 내용이다. 무각(無覺)이란 아직 자각되지 않는 상태로『대승장엄경론』에서는 습(習)과 광(光)으로 설명한다 '습(vāsanā)'이란 마음에 잠재된 언어적인 종자인 습기를 말한다. 반면에 '광(bhāsa)'은 종자가 직접 일어나 현현됨을 말한다.[12] 'bhāsa'는 'pratibhāsa'로서 내재된 종자의 영상이미지(reflected imgage)가 밖으로 드

---

11 같은 책, 613c, "意言者謂 義想義郎 想境想郎 心數由此 想於義能 如是如是 起意言解 此是有覺分別相"

12 같은 책, "習光者習謂 意言種子 光謂從彼種子直起 義光未能 如是如是 起意言解 此是無覺分別相"

러남(manifestation)을 말한다. 따라서 무각분별이란 아직 인식의 대상으로 현현되지 않는, 잠재적인 습기로 남겨진 언어적인 분별을 의미한다. 습기는 아직 드러난 것은 아니지만, 마음의 심층에 저장된 종자로서 과거의 경험을 말하는 것이다. 서구 심리학으로 설명하면 프로이트의 무의식이나 파블로프의 개의 종소리를 듣고 침을 흘리기 이전 상태, 아직 학습되지 않는 가능성이 있는 것을 말한다. 혹은 심리도식치료에서 자각없이 잠재된 의식상태로의 스키마 즉, 도식을 가리킨다. 영상관법은 바로 이런 잠재된 종자/씨앗을 분명하게 의식의 표층에 떠올려서 자각하도록 돕는다는 점에서 수행위로는 번뇌에서 벗어나는 '가행위'에 속한다.

셋째, 마지막 상호원인으로서 작용하는 '상인분별상(相因分別相)'은 『해심밀경』에서도 간단하게 언급된 내용이다. 이것은 서로 원인이 되는 분별적 이미지이다. 우리의 언어 현상에서 이름(기호)과 그것이 가리키는 의미(대상 이미지, 영상)와의 작용 관계를 말한다. 표면적 이름(기호)은 의미(대상)에 의해서 나타나고, 반대로 심층의 의미(대상)는 기호에 의해서 드러난다. 이점은 소리를 듣고 곧 이미지를 파악하거나, 이미지를 소리로 재생시키는 작용을 말한다.

이것은 사고형 영상관법에서 눈으로 보고 귀로 듣는 촉발자극을 확인하고 그것이 어떻게 감정과 생각을 발생시키는지를 관찰하는 이론적 기반이 된다. 그런데 이런 자극 → 생각 → 감정에로의 인지적 과정은 진실이 아니다고 말한다. 그것은 오직 분별하는 세간의 사건일 뿐이다. 이것이 표층의 이름(기호)과 심층의 의미(대상)가 서로에게 원인이 되는[相因] 분별상이다.[13] 물론 이것은 중요한 발견이다.

비유하자면 이렇다. 씨앗이 줄기를 뻗고 꽃을 피우고 열매를 맺는다. 열매는 다시 씨앗이 되어서 땅으로 떨어진다. 씨앗은 열매의 원인이요, 열매는 씨앗의 결과가 된다. 마찬가지로 심층에 잠재된 마음의 씨앗은 나중에 행위의 결과로 드러나고, 행하여진 결과는 씨앗처럼 마음에 저장되어 다시 행동의 원인이 되는 것과

---

13 같은 책, "名義互光起者謂 依名起義 光依義起名光 境界非眞 唯是分別 世間所謂 若名若義 此是相因分別相"

같다. 이런 현상은 분별적 환상/환영이라고 해도 개인들에게 절대적인 영향을 미친다는 점에서 중요한 심리현상이다.

『대승잠엄경론』에서 보여주는 변계소집성에 대한 이들 세 가지의 해석은 마치 현대의 언어학 강의처럼 정확하게 우리의 언어적인 습관을 잘 해명하고 있다. 언어와 사물 간의 관계는 필연적 '사실'관계가 아니라 관습적인 '임의'관계이다. 언어적인 분별은 현실적으로 매우 유용한 도구이지만, 이들은 분명하게 의식의 분별상으로 진실이 아니다. 여기서『대승잠엄경론』의 가장 중요한 관점은 역시 잠재된 습기에 의한 심층의 언어종자를 언급한 점이다. 이점은 유식불교의 '종자/씨앗'에 의한 '알라야식(제8식) 연기'의 고전적 단면을 보여준다.

『대승장엄경론』은 변계소집성을 '분별'로, 의타기성을 '의타'로, 원성실성은 '진실'로 요약해서 사용한다. '의타'를 인연해서 '분별'이 생기지만 이들의 본질은 공하다. 진실의 원성실성은 때가 없는 청정[無垢淸淨]임을 강조한다는 점에서 『해심밀경』과 상통한다.

결과적으로 언어적 분별은 자각이 있는 경우, 잠재되어 자각이 없는 경우, 상호인연이 되는 종류로 나뉜다. 특히『대승장엄경론』에서 언어적인 분별이 잠재된 습기로서의 종자/씨앗/도식임을 인정한 점에서 주목된다. 학습된 기운 즉 '잠재된 습기'에 의해서 고통이 발생됨을 시사한 점에서 의미가 깊다.

3) 『성유식론』의 자아와 세계

『성유식론(成唯識論)』은 제목 그대로 유식 이론을 완성한다는 의미로 호법(護法, 530~561)이 기존 유식 논사들의 의견을 규합하여 세친(世親, 320-400)의 『유식삼십송』을 해설한 유식론의 대표적인 논서이다. 동북아시아의 유식사상사에서『성유식론』은 지금까지 많은 영향을 준 저술 가운데 하나이다.『성유식론』의 삼성설은 앞에서 살펴본 무착(無著, 310-390)의『대승장엄경론』과『섭대승론』의 입장을 계승한다.

『성유식론』은 변계소집을 '허망한 집착'으로 규정한다. 인식의 구성체계인 온처계(蘊處界)를 집착하여, 그것을 인식대상으로서의 '세계[法]'로 삼고 또한 인식 주체의 '자아[我]'로 삼아 '차별상을 일으키는 것'[14]으로 정의한다. 여기서 온처계는 감각기관[根]과 인식대상[境]의 결합으로서 연기된 의타기성으로서의 의식(識)을 의미한다. 다시 말하면 언어적 사유작용인 변계소집은 의타기성에 근거해서 의식이 주체와 대상 혹은 자아와 세계로 쪼개지면서 집착을 일으킨다는 것이다. 즉, 집착에 의해 의식이 전변하여 인식주체를 자아로 인식대상을 세계로 실체화시킨다. 이런 이유로 고통을 받는다.

『성유식론』에서 주목되는 점은 이렇다. 첫째로 변계소집/집착의 구체적인 내용을 자기집착[我執]과 대상집착[法執]이라고 정의한 점이다. 『해심밀경』은 주로 언어적인 분별로 규정하고, 『대승장엄경론』은 언어적인 분별과 함께 심층의 종자/습기로 규정한다. 이에 비해 『성유식론』에서는 인식의 주체나 집착의 대상으로서 허구의 자아(我)와 세계(法)를 '실체화'시키는 과정을 구체적으로 밝혀준다는 점에서 의미가 있다.

두 번째로 『성유식론』의 변계소집에 대한 이해는 『해심밀경』이나 『대승장엄경론』, 『섭대승론』의 언어적인 분별이나 훈습된 종자에 초점이 맞추어진 점을 계승하면서도 집착의 주체(能遍計)에 대해서는 안혜(安慧, 510-570)의 해석을 비판한다. 대상에 대한 집착의 주체를 '의식'으로 파악한 점은 안혜와 호법이 동일하다. 하지만 그것의 외연에 대해서는 서로 차이점을 보인다.

『성유식론』에 의거하면 안혜는 집착하는 주체를 여덟 가지 의식[八識]에 의한 마음현상[心所法]으로 본다.[15] 의식은 능취/주체와 소취/대상으로 나타나는데,

---

14 『成唯識論』(大正藏45下), "遍計種種 所遍計物 謂所妄執 蘊處界等 若法若我 自性差別 此所妄執 自性差別 總名遍計所執自性"

15 같은 책, "有義八識 及諸心所 有漏攝者 皆能遍計 虛妄分別 爲自性故 皆似所取 能取現故 說阿賴

이것들은 의타기로서 그 본질은 모두가 허망한 분별이다. 안혜는 마음의 작용 자체가 모두 허망한 번뇌에 물든 까닭에 이것에 의해서 분별된 세계의 표상 역시 허망하다고 본 것이다. 이점은 제3장에서 살펴본 영상을 부정하는 무상유식론의 입장을 나타낸다.

　　반면에 호법은 자아와 세계에 집착하는 주체를 세상에 대한 언어적인 분별을 만들어내는 제6식과 자기에 대한 고집스런 집착을 불러일으키는 제7식으로 한정한다.[16] 언어적인 분별에서 벗어난 감각기관에 의한 전오식(前五識)과 그것을 경험하는 그대로 저장하는 제8식은 제외시킨다. 물론 제8식의 저장된 정보가 인식에 영향을 미치지만, 결과적으로 변계소집의 집착은 세계를 언어적으로 구성하는 제6식과 자아를 주장하는 제7식이라는 점을 분명히 한다.

　　감각의 전오식(前五識)은 존재하는 그대로 지각하고, 마음의 심층의식인 제8식에 저장된 정보를 원인과 조건/의타기로 하여 제6식의 분별과 제7식의 편집에 의해 세계와 자아에 대한 집착이 발생된다고 본다. 이것이 『성유식론』의 입장이다. 결과적으로 안혜는 인식 대상과 인식 주체가 상호작용하는 인식 자체를 허망한 분별로 보지만, 호법은 제6식과 제7식에 의한 마음 작용을 허망 분별로 본 것이다. 이점은 영상을 긍정하는 유상유식론의 입장이다.

　　영상관법의 입장에서는 영상이 마음의 본질을 드러낸다고 긍정하는 유상유식론의 입장과 영상을 부정하고 마음의 본성을 강조하는 무상유식론의 입장을 통합한다. 유상유식론의 관점에서 영상/이미지가 현실을 반영한다고 보고 긍정해서 관찰한다. 이것은 현실을 긍정하면서 현실과 닮은 영상 이미지 속에서 고객의 대응능력을 강화한다. 무상유식론의 관점에서는 영상/이미지가 허구인 까닭에 그것의 본성을 깨닫게 한다. 이런 점을 고려해서 제5장의 사고형 영상관법 프로그램에

　　耶 以遍計所執 自性妄執種 爲所緣故."

16 같은 책, "有義第六 第七心品 執我法者 是能遍計 唯說意識 能遍計故 意及意識 名意識故 計度分別 能遍計故執我法者 必是慧故 二執必與 無明俱故."

서 '감각자료를 코끝에 걸어두고 제3자처럼 관찰하라', 혹은 '판단을 멈추고 있는 그대로 관찰하라'고 요청한다. 그러면서 현실문제 해결의 단서를 찾아낸다. 이것은 영상을 긍정한 접근이다. 반면에 '그곳에서 무엇이 참나인가요?', '그렇게 나라고 판단하는 고놈은 누구인가요?', '만약에 그곳에 나가 없다면 어찌하여 나가 없가요?' 라는 질문을 하기도 한다. 이것은 영상을 부정하고 본래적인 깨달음을 중시하는 간화선 명상과 연결된 진행방법이다. 양쪽이 모두 필요하지만 고객의 사례에 따라서 선택적으로 사용하면 된다.

집착/고통 발생의 순환모형

이상으로 『해심밀경』, 『대승장엄경론』, 『성유식론』 등 유식의 문헌을 중심으로 집착(변계소집성)의 인지적 성격과 고통 발생에 대해서 살펴보았다. 종합하여 보자. 첫째, 집착의 변계소집이란 언어적인 분별작용으로 기호와 이미지, 개념이 상호 작용하는 사유작용[想]의 영역에 속한다. 둘째, 집착은 마음의 심층에 저장된 과거의 습기나 경험내용으로서 심층의 종자/정보에 의해서 발생된다. 셋째, 이러한 마음의 작용에서 생겨난 '자아'와 '세계'를 지속적으로 실체화하면서 집착의 고통을 영속화시킨다고 정리할 수가 있다.

| 그림6-1 | 집착의 순환모형

여기서 문헌에 나타난 집착, 곧 변계소집성의 의미를 <그림6-1. 집착의 순환 모형>처럼 통합된 순환과정으로 이해할 필요가 있다. 순서대로 보면, 먼저 『해심밀경』의 '언어적 분별'이 있고, 이것으로 인하여 『대승장엄경론』의 '심층의 씨앗으로서 종자'가 형성되고, 다시 이 언어적 종자로 말미암아 『성유식론』에서 말한 바와 같이 '자아와 세계에 대한 실체화'가 고착되면서 유지된다고 해석한다. 즉 필자는 고대 문헌의 해석들을 별개로 보는 것이 아니라 지금 여기의 현실에서 작동하는 심리적 현상으로서의 역동적 상호작용 관계모형으로 파악하자는 것이다. 마치 심리적 발달처럼 '언어적 분별' → '심층의 씨앗으로서 종자' → 자아와 세계에 대한 실체화'라는 순서로 전개된다고 보는 것이다. 이 가설은 심리현상이 상호작용하면서 '집착/고통'을 생성시킨다고 본 것이다. 따라서 집착의 소멸은 명상수행과 깨달음에 의해서 이들을 연결하는 순환고리가 끊어지거나 이들이 정화되면서 발생된다고 본다.

결국 고통/집착의 발생은 『해심밀경』의 언어적 분별로, 『대승장엄경론』에서 말하는 자각이 되지 않는 잠재된 분별과 습기, 『성유식론』에 의한 자아와 세계를 지속적으로 실체화시키는 구조에 기인한다. 그런데 이런 고통 발생의 핵심 부분은 바로 영상/이미지와 관련되어 있다. 언어적인 분별은 직접적인 '표상' 이미지이고, 잠재된 습기의 종자도 기억되고 반영된 '영상' 이미지이며, 자아와 세계에 대한 인식도 바로 '심상' 이미지와 연결된다. 이런 이유로 사고형 영상관법이 고통 발생의 연결고리를 끊어내는 결정적으로 중요한 단서를 제공한다는 점에서 유용한 마음 치유의 전략이 된다.

사고형 영상관법과 인지행동치료(CBT)

인간의 마음을 해석하는 데 있어 대표적으로 『기신론(起信論)』의 바탕, 형상/모양, 작용의 체상용이 있고, 다시 이것과 상응하는 유식 삼성설(三性說)이 있다. 이것은 앞에서 살펴본 세 가지 마음으로서 '변계소집성', '의타기성', '원성실성'을 가리킨다. 또한 이것과 달리 인간의 마음과 세계를 '궁극'적 진리의 측면[勝義諦, 眞諦]과 일상의 '세속'적인 측면[俗諦]으로 구별하는 중관학파적 관점이 있다. 유식불교의 삼성설은 이런 궁극과 세속, 진제와 속제라는 두 가지 측면[二諦]을 기반으로 발전되었다는 것이 학계의 보편적 견해이다. 유식불교는 궁극의 진제(眞諦)와 번뇌의 속제(俗諦)를 상호 연결해주는 현실의 연기(緣起)로 상호의존의 의타기성을 도입하여 마음의 세 가지 유형인 삼성설 모델로 재구성한다. 여기서는 인지행동치료적 전통과 관련하여 유식 삼성설을 새롭게 조망할 것이다.

1) 삼성설에 의거한 통합적 이해

인지행동적 상담을 논하기 이전에 먼저 유식의 삼성설(三性說)을 다시 정리하여 보자. 앞장에서 변계소집성을 중심으로 살펴보았는데 변계소집성을 극복하는 일은 의타기성을 깨닫는 작업이다. 이것은 사고형 영상관법에서 생각의 감각적 이미지 단서를 코 끝에 걸쳐두고 관찰하는 명상의 근거가 된다. 그러면 집착에서 벗어난 원성실성에 도달한다. 현실을 그대로 진실로서 인정하면 궁극의 진리가 되고, 반대로 현실을 왜곡하여 번뇌가 되면 집착의 세속적 관점이 된다. 양자의 기본적 근거는 바로 연기하는 현실이다. 결과적으로 유식의 삼성설 모델은 개인이 처한 현실을 '어떻게 인식하느냐?'에 따라서 인간의 행복과 불행, 궁극과 세속을 결정한다는 이론이다. 이점은 서구의 인지행동치료 이론과 상통하기에 양자의 통합적 접근이 이루어질 수 있다.

첫 번째, 번뇌의 '변계소집성(遍計所執性, pari-kalpita-svabhāva)'은 '널리 두루 함' 혹은 '충분함'을 의미하는 접두어 'pari'와 '생각하다' 혹은 '사유하다'의 의미를 가진 'kalpita'와의 결합이다. 현장법사는 '널리 두루 생각하여(遍計)' '집착된 마음의 성품(所執性)'이란 의미로 '변계소집성'이라고 번역하였다. 변계소집성에서 핵심된 용어는 '집착(執着)'이다. 이른바 실제로는 존재하지도 않는 사물을 생각하고 분별하여, 그것이 존재한다고 집착을 일으키는 마음이 바로 변계소집성이다. 집착은 고통이고 세속적인 번뇌의 삶을 지칭하는 용어가 된다.

이점은 앞에서 고찰한 바처럼 언어적인 분별이 고통을 야기한다는 점에서 왜곡된 인지구조가 고통을 발생시킨다는 인지행동상담과 같은 맥락을 가진다. 다만 인지치료가 소크라테스적 '논박'의 기법을 사용하는 반면에, 사고형 영상관법은 고통의 원인이 되는 심상 이미지를 존재하는 그대로 판단 없이 '관찰'하는 명상을 통해서 통찰로 이끈다는 점에서 서로 다른 접근방식을 가진다.

두 번째 현실로서의 '의타기성(依他起性, para-tantra-svabhāva)'은 타자를 의미하는 'para'와 의존하다는 의미의 'tantra'가 결합된 낱말이다. 어떤 사물이든지 스스로 존재하지 못한다. 모든 사물은 서로 다른 것, 즉 타자에게 의존하여 생기한다. '연기'(緣起)란 감정/생각이 조건(緣)으로 말미암아 '일어남(起)'를 의미한다. 인연을 따라서 발생한다는 연기는 부처가 이 세상에 오기 전에도 존재하고 입멸한 이후에도 존재하는 현실이다. 궁극의 부처를 보고자 한다면 연기를 관찰해야 한다. 연기를 보는 자는 곧 부처를 본다. 때문에 연기를 보면 궁극의 진리가 되고, 연기를 보지 못하면 고통의 출발점이 된다.

의타기성이 가지는 마음치유적 의미는 상당하다. 왜냐면 의타기성은 번뇌의 생성과 함께 고통의 소멸을 설명해주는 원리가 되기 때문이다. 번뇌의 생성을 말할 때는 물든 연기[染緣起]로 설명되고 명상/깨달음에 의한 고통의 소멸은 깨끗한 연기[淨緣起]로 설명된다. 이것은 연기의 이중적인 성격을 말한다. 인지행동치료적 접근이 언어적 상담/소통을 통해서 인지의 재구조화가 이루어진다면, 사고형 영상관법은 감각적 정보/자료를 코끝에 걸어두고 명상을 통해 연기를 관찰하고 통찰을 이루어간다는 점에서 서로 차이점을 보인다.

세 번째 궁극의 진리인 '원성실성(圓成實性, pari-niṣanna-svabhāva)'은 '두루함'이나 '완전함'을 의미하는 'pari'와 '성숙하다' 혹은 '완성되다'는 의미를 가진 'niṣanna'가 결합된 용어이다. '성숙'은 심리적으로 성장을 의미한다. 전통적인 해석에 따르면 현장법사의 번역에서 사용된 원성(圓成)은 부족함과 편협함이 없는 인격의 원만함을 가리키고, 실성(實性)은 집착된 자아나 현상의 본질이 공임을 의미한다. 보통 진여(眞如)라고도 하는데 '진(眞)'은 거짓이 없음을, '여(如)'는 변함 없는 한결같음을 의미한다. 한마디로 그것은 '진실(眞實)'을 말한다. 진실은 저 멀리 존재하지 않는다. 그것은 바로 지금 여기에서 연기하는, 왜곡되지 않고 존재하는 있는 그대로의 현실이다.

원성실성은 불성, 영성, 자성의 측면으로 인지행동상담의 관점에서는 크게 강조하지 않는다. 이것을 강조한 심리학파는 자아초월심리학이다. 여기서는 적극적으로 초월적 본성을 언급한다. 그러나 대부분의 심리상담 영역에서는 고객의 현실에 대한 적응에 초점을 맞춘다. 이에 비해 사고형 영상관법에서는 연기로서의 '감각자료'를 관찰하는 지혜를 통해서 참된 성품을 깨닫고 진실한 자기를 현실에서 실현한다. 따라서 단순하게 현실에 적응하는 문제보다도 본성/청정성에 대한 구체적인 실현을 강조한다. 이점은 명상상담의 핵심적 요소이기도 하다.

이상을 보면 유식의 삼성설 모델은 마음의 세 가지 측면을 말한다. 현실의 연기하는 의타기성을 집착하여 고통을 받는 경우가 변계소집의 '집착자기'이다. 연기하는 현실을 있는 그대로 관찰하는 '관찰자기'가 의타기성이다. 변계소집에서 벗어나 현실을 있는 그대로 수용하여 궁극의 본성을 실현하는 것이 '참 자기'의 원성실성이다. 『대승기신론』에서는 '한마음[一心]'을 체상용(體/相/用)의 세 가지로 분류하여 설명한다. 이것은 유식의 삼성설에 상응한다. 변계소집성은 현실의 형상과 모양인 '상(相)'에 대한 집착을 말하고, 연기하는 현실의 원리를 설명하는 의타기성은 집착의 촉발 자극 및 명상 실천으로서 작용[用]에 해당한다. 마지막으로 진실의 원성실성은 본래의 마음 바탕으로서 '체(體)'와 상응한다고 볼 수 있다.

새끼줄 비유

제1장에서도 인용을 했지만, 다시 새끼줄 비유로 유식 삼성설 모델과 그것의 마음치유적 함의를 설명해 보자. 집착, 연기관찰, 진실의 구체적인 내용과 이들 사이의 유기적인 관계에 대해 『섭대승론』에서는 유식 삼성설을 다음과 같은 새끼줄 비유로서 설명한다. '어떤 두 사람이 어두운 밤길을 가다가 그 중 한 사람이 새끼줄을 밟았다. 순간 그는 뱀으로 착각하여, 놀라고 두려워하면서 옆 사람을 껴안았다. 옆에 있던 사람이 아닌 것 같다고 하며 그것을 플래시로 비추었다. 그것은 새끼줄이었다.'

실제로는 존재하지 않지만 잘못된 착각으로 존재한다고 인식된 뱀은 변계소집의 상징이다. 의타기성은 뱀이란 잘못된 인식을 발생시킨 원인과 조건으로 작용한다. 이것은 조건에 따라 연기하는 현실로서의 새끼줄이다. 물론 이 새끼줄 역시 진실은 아니다. 엄밀하게 말하면 새끼줄의 본질은 짚이다. 이 짚이 본래의 질료로서 원성실성을 상징한다. 이때는 고통과 공포가 사라진 안정된 상태이다. 이런 비유와 함께 유식 삼성설을 세 가지의 관점에서 살펴볼 수 있다.[17]

---

17 삼성설에 대한 연구사를 잘 정리한 논문은 김성철(1995), 「초기 유식학파 삼성설 연구-섭대승론을 중심으로」가 있다. 여기서는 유럽학계와 일본학계의 연구성과를 정리한다. 유럽에서는 주로 삼성설의 형성과 구조에 대한 논의가 중심을 이루고, 일본학계에서는 의타기성을 중심으로 삼성설의 성격에 대한 논의가 중심을 이룬다. 하지만 이런 논의의 구조 역시 본 연구의 중심된 관점이 아닌 까닭에 상론은 피하기로 한다. 다만 연구 성과를 정리하면 삼성설은 세계를 설명하는 존재론, 인식의 과정으로 이해하는 인식론, 보살의 실천수행론이라는 세 관점에서 연구가 진행되어 왔음을 지적하고자 한다.

첫째는 존재론적인 관점이다. 뱀, 새끼줄, 짚은 사물의 존재를 나타낸다. 여기의 상황에서 뱀은 착각으로써 결코 현실에 존재하는 사물이 아니지만, 내담자/환자는 뱀의 실재를 고집한다. 물론 이것은 『해심밀경』에서 말한 언어적인 분별이고 집착이다. 새끼줄은 현실적 존재로서 인정된다. 그러나 엄격하게 말하면, 이것 역시 문화적인 구조에 의해서 성립된 가립된 존재[假有]이다. 새끼줄의 진실은 결국 '짚'이라는 사물이다. 물론 이것 역시 영원한 질료는 아니다.

두 번째는 인식론의 관점이다. 인식론의 관점에서 뱀은 비록 잘못된 오류이지만 분명한 인식의 결과이다. 이런 결과는 인식 대상인 새끼줄에 대해 발바닥의 감각자료를 수단으로 의식[識]이 그곳에 접촉함으로써 발생한 것이다. 외적 대상과 신체의 감각이 접촉되는 순간 의식/제8식이 작용함으로써 '뱀'이란 인식이 성립된다. 그런데 함께한 옆의 친구는 어찌하여 뱀이란 인식이 작동되지 않았을까? 물론 그는 새끼줄을 접촉하지 않았을 것이고, 그래서 연기하는 현실적 조건에 다르게 반응했기 때문일 것이다. 이에 비해 뱀을 밟은 사람의 뱀이란 인식은 의식의 깊은 심층에 잠든 종자/언어가 연기하는 현실적 조건과 만나 의식의 표층으로 나타난 것이다. 이것은 『대승장엄경론』에서 말하는 종자의 개념과 관련된다.

세 번째는 명상수행의 관점이다. 뱀이란 인식의 오류를 개선하기 위해서는 대승보살의 명상수행(瑜伽行)이 요청된다. 옆에 있던 사람이 "뱀이라고! 한번 자세하게 살펴보자."고 하여 플래시를 비추어서 관찰하는 명상작업의 영상관법이 필요하다. 그렇게 하여 밟은 것이 뱀이 아니라 새끼줄임이 밝혀짐으로써 공포와 두려움의 감정은 사라진다. 이제 집착으로부터 원래의 평상심에 도달한다. 그런데도 사라지지 않는 경우라면 이것은 깊고 오래된 뿌리가 있다고 보아서 상담이 요청된다. 뱀을 밟은 내담자의 놀란 행동과 두려운 감정이 상담자나 선지식에 의해서 소멸되는 방식은 바로 유식의 삼성설을 의식의 성장과 깨달음으로 나아가는 '명상상담'의 과정이다.

여기서 명상상담이라고 할 때 '명상'은 플래시로 대상을 비추는 직면의 작업이고, '상담'은 놀람을 염려하여 함께 살펴보고 새로운 행동을 탐색하는 과정을 의미한다. 이러한 과정은 고통스런 집착(뱀)에서 연기하는 현실(새끼줄)로, 다시 연기하는 현실(새끼줄)에서 고통을 떠난 진실(짚)로 진행된다. 이들은 서로 분리되지 않고 함께 융합되어야 효과적인 치유와 성장이 일어난다. 이런 이유로 유식의 삼성설에 대해 명상과 심리치료의 통합을 위한 다음과 같은 작업가설이 요청된다.

첫째, 변계소집성 의타기성 원성실성은 보살도의 실천단계이며, 동시에 의식의 성장 과정으로서 명상상담의 순환적 치료단계를 의미한다.

둘째, 변계소집성은 내담자의 집착 내용이 무엇이고, 그것이 어떻게 형성되었지를 밝혀준다는 점에서 고통과 고통의 형성과정으로서 사성제의 고(苦)에 해당된다.

셋째, 현실적 조건으로서 의타기성은 그 집착이 어떤 상황에서 어떤 방식으로 출현하는지 그 원인을 해명하는 교설로서, 고통의 원인과 조건인 사성제의 집(集)에 상응한다. 또한 연기법, 의타기성은 명상실천을 통해서 집착과 원인을 분석하고 통찰할 수 있는 기법이다.

넷째, 원성실성은 내담자를 본래 완성된 진실로서의 궁극적이고 건강한 마음으로 회복하게 하는 길로서, 사성제의 멸(滅)에 해당된다. 그렇긴 하지만 대부분의 현장에서는 체험적인 기술로서 영상관법을 채택한다.

다섯째, 마지막으로 행동적으로 새롭게 살아가는 방식이다. 그것은 뱀이 아니라 새끼줄임을 확인하는 방법이고, 본래 가려던 올바른 삶의 방향을 조정하고 앞으로 나아가는 도(道)가 그것이다.

이와같이 고집멸도에 근거한 유식 삼성설을 심리치료의 관점에서 살펴보면 상담 혹은 치료란 집착의 변계소집성이 현실의 의타기성을 의지하여 원성실성으로 전환하는 성장과 깨달음의 과정이다. 이런 과정은 마음치유의 과정으로 제1장에서 밝힌 것처럼 '고집멸도'의 구조에 기반한 '명상상담 4단계'이다. 이것은 먼저 번뇌와 그 번뇌가 발생하는 원인(苦集)을 규명하고, 그런 다음에 명상을 통해서 번뇌의 소멸과 새로운 가치를 탐색하는 멸도(滅道)의 작업이다.

명상상담 4단계 모델

Ⅰ. 고: 사례의 경청공감 단계

Ⅱ. 집: 명료화작업, 원인탐색 단계

Ⅲ. 멸: 체험적 단계

Ⅳ. 도: 실천적 단계

심리적인 장애의 성격과 그 발생 과정을 이해하지 못한다면 그것을 소멸시키는 길을 발견할 수가 없다. 집착의 소멸은 바로 연기가 드러남이요, 연기를 보는 일은 원성실성의 현존을 체득하는 일이다. 그러나 심층의 종자는 일시에 정화시킬 수 없고, 종자는 현실속에서 항상 함께 나타나는 까닭에 순환적인 접근이 필요하다. 이런 점에서 순환적 통합모델이라고 호칭한다.

2) 장애 발생의 일반모델

유식불교가 마음[遍計所執性]의 집착을 (1) 언어적인 분별로서 사유작용, (2) 제8식의 잠재된 습기/종자, 그리고 (3) 자신과 세상에 대한 인식이나 구성으로 규정할 때, 이와 부합되는 대표적인 서구 심리치료이론은 인지치료 계열이다. 제1세대 행동치료 이후로 등장한 제2세대의 인지치료는 심리적인 장애발생의 요인을 인지적 측면에 초점을 맞추어서 해명하고, 내담자나 고객의 왜곡된 사고작용을 포착하여 현실적이고 합리적인 방식으로 수정하거나 재구조화시키는 작업을 통해서

치료가 이루어진다고 믿는다.

이렇게 하기 위해서는 심리적인 장애(disorders)의 발생을 분명한 구조로 이해할 필요가 있는데 일반적으로 인지치료 전통에서 '촉발요인', '선행(잠재)요인', '유지요인' 세 가지로 구별하여[18] 설명한다. 이것은 대표적인 인지치료적 이해이다. 여기서는 불교적 관점과 융합해서 이해한다.

촉발요인(Precipitating or Trigger factors)은 잠재된 장애를 발생시키는 직접적인 촉발 자극이다. 대체로 불교에서는 이것을 감각기관인 눈과 귀 등을 통해서 일어난다는 점에서 '접촉[觸]'이라 한다. 접촉을 현실적으로 해석하면 생로병사(生老病死)와 같이 누구나 겪을 수 밖에 없는 고통과 원하는 직장을 잃거나 사랑하는 사람과 헤어지는 것과 같은 여덟 가지의 고통[八苦]을 발생시키는 외적인 사건이다. 유식의 삼성설에 의거하면 현재 경험하는 인연으로서 현실적 '의타기성'을 말한다. 접촉은 『해심밀경』에서 말하는 언어적 분별을 발생시킨다. 촉발 자극이 원인이 되어 선행 인자의 잠재적 씨앗이 '활성화'되는 것이다.

선행요인(Predisposing factors)란 과거의 사건과 같이 현재 사건의 선행 조건이다. 장애를 직접 발생시키지는 않지만 정서적인 혼란을 증대시킬 수 있는 '잠재된' 요인들이다. 정신병리학에서는 보통 스트레스와 기질의 근거로 설명한다. 스트레스는 외적인 환경과의 관계에서 받는 자극적 반응이라면, 기질이란 스트레스에 쉽게 활성화될 수 있는 취약성[19]을 말한다. 선행 요인들에 자극을 받으면 성격적인 장애가 활성화된다고 본다.

이것은 『대승장엄경론』에서 말한 마음의 심층에 저장된 과거의 '습기'로서 본인에게는 '자각되지 않는 분별상[無覺分別相]'에 상응한다. 달리 말하면 아직은 의식의 표층으로 현행(現行)되지 않는 제8식 즉, 알라야식의 종자에 해당된다. 종

---

18 Michael L. Free (1999), Cognitive Therapy in Groups. England: wiley, pp.10-11.

19 Dadid G. Kindon(2002), Cognitive-Behavioral Therapy of Schizophrenia, New York: Guilford Pr,. pp.45-55.

자/습기가 잠재적으로 마음에 저장된 정보로 선행하기에 촉발된다는 의미이다.

유지 인자(Maintaining factors)는 일단 발생하여 활성화된 심리적인 장애를 계속적으로 유지하고 반복적으로 발생시키는 요인이다. 이것은 본인 스스로 개선시킬 수 없는 '회피'와 같은 행위[業]이기도 하고, 혹은 직장이나 가족과 같은 사회적인 '관계'일 수도 있고, 혹은 자신과 세계를 해석하는 사유방식으로서의 '신념'일 수도 있다.

유식의 변계소집성에서는 언어적인 분별에 의한 기호와 대상과의 상호작용으로 이해한다. 이것은 『성유식론』에서 말하는 자아[我]와 세계[法]가 항구적으로 외계에 존재한다고 믿는 신념'체계'나 언어적인 '구조'로 깨달음의 '결여' 상태인 어리석음, 무명(無明), 잠든 상태[睡眠]라 할 수가 있다

정리하면 선행요인으로서의 어떤 취약성이나 기질은 현실에서 촉발요인과 접촉하게 되면 장애가 발생한다. 그리고 이것들을 깨달음 혹은 자각의 플래시로 비추어보지 못하면 내담자/고객은 회피를 선택하거나 자신의 신념에 집착하는 유지 요인를 통해서 부정적 증상을 더욱 견고하게 유지하게 되는 것이다.

앞에서 언급한 뱀의 비유에 다시 적용하여 보자. 사건의 발생은 뱀을 밟았다는 사실이다. 이것은 외적인 사건으로서 '촉발요인'이 된다. 하지만 모든 사람이 뱀을 밟았다는 사건에서 반드시 공포와 두려움을 경험하지 않는다. 오히려 이것은 기질적으로 뱀에 대한 취약성의 종자를 가진 '선행요인'을 조건으로 발생한 오직 마음과 연결된[唯識] 사건이다. 선행요인으로서 뱀에 대한 부정적인 분별 종자의 표상/영상을 가진 사람이 뱀을 밟음이란 촉발요인으로 인해 뱀에 대한 공포와 두려움 등의 감정을 경험한다. 과거의 뱀에 대한 경험내용으로서의 선행요인 알라야/제8식에 저장된 씨앗이라고 할 수가 있다.

그래서 이 사람은 다른 장소에서도 비슷한 촉발사건을 만나면 부정적인 정서를 계속적으로 경험할 수가 있다. 이러한 문제에 대해 인지행동은 회피를 주된 요인으로 보지만, 불교 심리학에서는 자신에 대한 무지 때문이라고 말한다. 즉, 뱀과

관련된 두려움과 집착에 의한 자아와 세계관을 가지고 있기 때문인데, 영상관법은 그것을 직접적으로 체험하고 관찰하게 한다.

인지행동치료의 장애발생 모델은 집착을 분석하는데 유용한 해석틀이 된다. 이를테면 '내가 밟은 이것은 뱀이다.'와 같은 언어적인 분별에 대해 유식불교와 인지치료 모두 증상/고통의 '촉발'요인으로 주목한다. 그러면 심층의 취약성과 같은 부적응적인 심리도식이 활성화된다. 내재화된 '선행'요인으로 과거 뱀에게 물린 기억을 상기시킨다. 이것은 우울과 불안 혹은 심한 분노를 표출하게 한다. 왜냐면 취약성의 종자/도식은 자신과 세상을 향하고 있기 때문이다. 일차적으로 '그때 하필 뱀이야.' 하면서 세상/대상에 대해서 분노를 표출하고, 이차적으로 '넌 겁쟁이야.' 하면서 자기 자신을 공격하여 우울해진다. 이것은 뱀에 대해 취약한 자아/세계에 대한 관념을 심화시키고 결과적으로 증상을 고착시키는 '유지'요인이 된다. 이것을 앞절의 『해심밀경』, 『대승장엄경론』, 『성유식론』에서 언급한 집착의 순환모델과 비교하여 정리하면 아래와 같다.

유식불교의 집착 순환모델:

　언어적 분별/접촉 ⇒ 심층의 종자 ⇒ 자아와 세계의 실체화

인지행동치료의 고통발생 일반모델:

　촉발요인 ⇒ 선행(잠재, 도식)요인 ⇒ 유지(회피)요인

여기서 인지행동치료는 상대적으로 외적으로 관찰이 가능한 '촉발'요인에, 그리고 심리도식치료는 심층의 종자로서 어린 시절부터 형성된 부적응적 도식으로서의 '선행'요인에 초점을 맞춘다. 인지행동치료는 촉발된 사건의 행위보다 그것을 지각하고 해석하는 분별의 근거로서 '유지'요인인 자아와 세계에 대한 판단이나, 신념체계로서 분별에 초점을 둔다. 치료전략으로는 자극에 대한 대처 행동을 수정하거나, 자아 관념 유지의 요인이 되는 신념체계나 내적인 심리도식을 수정하

는데 서구 전통의 논박 기술이나 소크라테스의 문답기술을 사용한다.

그런데 이런 전략들이 교정과 수정에 기반한 의도적인 통제전략이다 보니 매번 고객과 보이지 않는 줄다리기를 해야 한다. 인지행동치료는 약물치료보다 효과성이 좋지만, 여전히 재발율이 50% 정도로 높다. 그런 까닭에 '명상에 기반한 인지치료(MBCT)'나 '명상을 통합한 인지행동치료(MiCBT)' 프로그램에서 보듯이 전적으로 수용전략의 명상작업을 활용하는 경우가 많다. 명상치료의 경우는 재발율이 30%대로 알려져 있다. 이런 결과로서 명상치료 혹은 명상상담은 촉발요인의 근거가 되는 육체적인 감각기관과 내면을 향한 통찰작업을 통해, 저기에 놓인 세계의 대상을 명료하게 재인식하고 관찰하는 전략을 사용한다.

특히 유식불교에서는 감각의 직접적인 대상으로서의 자상(自相)과 언어적인 분별의 대상인 공상(共相)을 엄격하게 구별해 냄으로써 사유의 허망성을 자각하도록 한다. 자상은 그 자체의 본래적인 형상으로서 감각의 직접적인 대상 즉, '새끼줄'이다. 하지만 공상은 언어적인 분별의 결과로 사유작용에 의해서 구성된 실재하지 않는 개념인, '뱀'이다. 영상관법에서는 주로 기억된 경험과 닮은 영상을 떠올려서 관찰하는데, 이것은 실질적 경험[自相, 依他起性]에 대한 통찰을 증대시켜 상대적으로 언어적인 분별의 습관을 감소시킨다. 결과적으로 '뱀'이란 개념에 불과하고 사유[共相, 遍計所執性]에 의한 왜곡된 인지구조임을 깨닫게 한다. 이것이 집착을 일으킨 근거로서의 현실적인 의타기성을 직접적으로 경험하게 하는 '사고형 영상관법'의 핵심 내용이다.

이점은 기존의 인지행동치료에서 주목하지 못하였다. 설사 인지되었다고 하더라도 내담자나 고객의 고통이 발생된 일반적인 상황을 청취하여 이해하는 수준이지, 그 집착이 발생되는 근거로서의 몸과 세계 '자체'를 명상의 대상으로 있는 그대로 관찰하는 명상적 작업에 주목하지 못하였다.

여기서 촉발자극/뱀에 대한 자신의 잠재적인 반응 요인이 언제 어떻게 형성되었는지 '선행요인'을 발견하고, 선행요인이 현실 속에서 어떤 패턴을 통해서 계속적으로 유지 발전되고 있는지 '유지요인'을 조사하는 일은 중요하다. 만약 이런 과정을 주목하지 못하고 방치한다면 그는 여전히 같은 행동[業]을 반복하면서 윤회/재발할 수밖에 없다. 그렇기에 유식불교식으로 치료 전략을 말하면 선행요인으로서 알라야식의 종자를 찾아내고, 그것이 현행되는 패턴으로서의 유지요인을 충분하게 탐색하는 것이다.

사건 '자체'보다는 그것을 '해석'하는 방식이 삶의 행불행을 결정한다. 무슨 일을 겪었는가보다는 그것을 어떻게 생각하고 해석하는 가에 따라 괴로움이 일어난다고 보는 것이 인지치료(CT)의 중요한 모토이다. 이점은 '외계의 대상을 부정하고, 오직 마음만이 존재한다'는 유식불교의 이념과 상통한다. 사건[依他起性]이 외적인 환경적 촉발요인이라면, 선행요인인 과거의 경험에 의지하여 그 사건을 해석하는 언어적 사유작용[遍計所執性]은 바로 유지요인이다.

ABC 모델 이점을 공식화시킨 형태가 바로 인지의 ABC 이론이다. 이것은 아론벡(Aaron T. Beck)[20]과 엘리스(A. Ellis)[21]에 의해서 강조된 모델이다. 이것은 장애가 발생하는 과정을 '사건-사고-감정'으로 가정한다.[22] 특히 사건에 대한 지각과 해석이 우울과 불안과 같은 감정을 발생시킨다는 관점에서 사건을 해석하는 사고나 지각의 재구조화를 통해서 감정과 행동의 변화를 시도한다. ABC에서 A는 'Activating Event'의 약어이다. 이것은 촉발요인으로 외형적인 사건을 말한다. 숲속에서 뱀을 밟은 것이나, 실직했거나, 이혼한 사건으로 마음이 자극을 받는 것을 말한다. 이렇게 스트레스를 받으면 우리는 그 순간에 놀람, 비관, 원망과 같은 부정적인 정서를 경험한다. 이것은 감정적인 결과(emotion as a Consequence)로서 C이다.

행동주의 입장에서 보면 자극(S)에 따른 반응(R)으로, 그것은 A-C의 모델이다. 물론 행동수정에서도 선행 행동(A), 문제 행동(B), 결과 행동(C)이란 관점에서

---

20 Judith S. Beck(1995), Cognitive Therapy, pp.45-48.

21 Albert Ellis, Growth through Reason, 홍경자역, 1984, 『이성을 통한 자기성장』 서울: 탐구당.

22 Michael L. Free(1999), ibid, 46-49.

외형적인 사건을 중심으로 ABC를 함께 분석한 사례를 제시한다. 하지만 인지치료는 기계적인 '자극반응'의 행동주의를 비판하고, 그것을 해석하는 사고나 신념이 중요한 역할을 한다는 점을 강조한다. 이것이 신념체계(Belief System)로서 B가 개입된 A-B-C의 모델이다.

사건 그 자체보다는 그것을 어떻게 해석하고 지각하는가, 곧 신념이나 믿음체계 B에 따라서 뒤따르는 감정적인 경험이 달라진다는 가정은 초기 인지치료에서 매우 중시된 이론이다. 인지치료의 ABC 이론은 유식의 변계소집성/집착을 설명하는데도 유용한 해석틀이 된다. A는 숲에서 새끼줄을 밟았다는 사실이고, B는 밟은 새끼줄은 뱀이라는 반성 없는 즉각적인 자동사고이고, 그 결과로서 C는 두려움과 공포의 정서이다. 이런 부정적인 정서의 발생은 뱀을 밟았다는 판단이 실제로 무엇을 밟았는지보다 더욱 중요한 요인이 된다.

또한 뱀에 대한 혐오감이나 징그럽다는 등과 같은 과거 경험의 '선행요인'은 두려움에 대한 습관적인 사고와 감정을 불러일으킨다. 마찬가지로 실직이나 이혼이란 사건이 그를 비관과 원망의 감정에 휩싸이게 하는 것이 아니라, 자신감 결여와 같은 자신(我執)에 대한 부정적인 평가나 세계와 미래(法執)에 대한 패배적인 가치판단이 중간에 개입되어 나타난 것이다. 따라서 부정적인 사고와 감정에 따른 행동의 변화를 가져오기 위해서는, 사건 A와 그 결과 C를 중재하는 왜곡된 사고와 신념체계인 B를 발견하여 새롭게 재구조화시키는 방법이 절실하게 요청된다.

이런 방법은 바로 인지 치료에서는 자주 사용하는 소크라테스의 '문답법'이나, 신념에 대한 '논박하기(dispute)'이다. 이것은 질문을 던져서 집착된 감정과 관념을 직면하여 그것을 깨뜨리게 하는 것이다. 인지치료의 '논박'이나 '문답'은 왜곡되거나 과장된 비합리적인 자동사고나 신념체계를 수정하거나 합리적이고 긍정적인 방향으로 교정하는 것이다. 반면에 영상적 접근은 생각의 '내용'을 교정하기보다는 생각이나 감정 그 자체를 직견하여 마음의 본성을 '깨달아' 체득하게 한다. 아니면 그것을 존재하는 그대로 관찰(如實知見)하도록 한다. 즉, 명상은 감정과 사고를 수정하여 현실에 적응하도록 하기보다 그것이 본래 존재하지 않는 허구임을 '자각'하는데 목표를 둔다.

결과적으로 양자는 적용방식과 치유방식이 서로 다르지만, 언어적인 집착과 분별에 의해 왜곡된 사유작용을 멈추게 하는 점에서 동일한 형태를 보여준다. 다만 불교의 명상상담에서는 현실 적응의 문제보다는 사물의 본질을 존재하는 그대로 직접 관찰하는 점을 중시한다. 물론 철학적으로 보면 인지 치료는 외적 사건의 실재성을 부정하지 않는다. 반면에 유식불교는 사건 그 자체까지도 마음에 의해서 구성된 허구라고 본다. 다시 말하면 대상에 대한 집착의 허망성을 폭로하는 점은 같지만, 인지치료와는 달리 명상상담에서는 새로운 인지구조를 재구성하는 것을 목표로 삼지 않는다. 설사 사고방식이나 신념체계가 바뀐다고 해도 그것은 부가적인 성과이고, 그 자체를 결코 중요하게 평가하지 않는다. 인지치료가 유연한 현실 '적응'에 가치를 두는 데 비해 영상관법의 명상상담은 영적 '성장'이나 깨달음을 지향하는 초월적인 입장을 강조한다.

3) 도식(Schema)과 영상관법

현재의 행동을 결정하는 요인이 인간의 심층에 존재한다는 가설은 동서양에서 오래된 사유방식이다. 이것과 관련된 인지구조로서의 '도식'에 관한 이론은 현재에 나타난 사고나 신념이 과거에 학습된 '선행요인'과의 직접적으로 관계되었음을 강조한다. 이것은 유식불교의 종자설이나 제8식의 알라야 연기설에 상응한다.

이를테면 명상작업을 하거나 심리상담을 진행할 때 자신의 잠재적 집착이 언제 어떻게 형성되었는지 선행요인으로서의 종자를 발견하고[苦], 그것이 현실 속에서 어떤 패턴을 통해서 계속적으로 유지 발생되고 있는지 원인으로서 유지요인을 조사하는 일[集]은 핵심이 된다. 이런 유식불교의 종자설과 유사한 개념으로 인지치료의 '인지도식'[23]이란 개념이 있다. '인지도식'에 대한 논의는 아론벡(A. Beck)에 의해서도 언급되었지만, 제프리영(Jeffrey E. Young) 등에 의해서 인지치료를 보완하는 과정으로 체계화되고 있다. 인지치료는 증상의 정도가 깊지 않으며 어느 정도 문제 해결 능력이 있는 지적인 사고가 가능한 내담자나 환자에게는 효과적이다. 그렇지만 기질적으로 취약성이 깊고, 만성적인 성격장애를 가지고 내담자 혹은 치료적인 관계를 거부하고 어린 시절에 학습되어야 할 적응적 인지도식을 개발시키지 못한 환자에게는 적합하지 못하다. 이런 문제를 가진 환자를 위해서 개발된 것이 바로 '스키마 테라피(Schema Therapy)'이다.

그렇다면 구체적으로 무엇이 스키마인가? 그것은 '감정 인지 감각으로 구성된, 자신 및 타인과의 관계에 대한 평가와 관련된, 견고한 역기능적인 표상과 패턴'이라고 정의된다.[24] 이 도식은 대부분 인생의 초기 발달단계에서 형성되며, 전생애에 걸쳐서 반복된다고 가정한다.[25] 새끼줄을 밟고도 뱀을 밟았다는 왜곡된 지각을 발생시키는 선행된 잠재요인[集]이 바로 '도식'이다.

과거 유년 시절에 상처받은 경험과 비슷한 상황에서 심리적 도식은 활성화된다. 일단 심리도식이 자극되면 어른이 된 현재의 시점에서도 당시의 부정적인 감정을 다시 경험한다. 고객/내담자는 자신의 친숙한 도식을 계속적으로 유지하려하고, 그것을 바꾸려는 시도에 두려워하며 저항한다. '그것은 새끼줄이 아니라 분명하게 뱀이었다.' 그렇기 때문에 나의 현재의 감정은 늘 그랬던 것처럼 '정당하다'고 고집한다. 그는 당시의 현장에 되돌아가서 그것이 뱀이 아니라 새끼줄이었음을 확인하는 상담자의 작업을 두려워하고 격렬하게 저항할 수가 있다. 오히려 자신의 어둠 속에서 자신의 부정적인 인지 도식에 갇혀 지내는 것에 편안함을 느낄 가능

---

23 인지도식이란 개념의 기원은 '인지발달론'을 창안한 piaget에게 연결된다. 그에 의하면 인지도식이란 세계와 자신을 해석하는데 바탕이 되는 개념과 기술적인 틀을 의미한다. 이것은 환경과의 부단한 상호작용을 통해서 획득되는 언어적인 형식이란 점에서 유식불교의 변계소집과 연관된다.

24 Jeffrey E. Young(2003), Schema Therapy, New York: Guilford Pr.,pp.1-9.

25 ibid, p.44.

성도 있다. 유식불교에서 보면 이것은 변계소집의 집착이다.

인지전략과 경험전략

변계소집성, 언어적 집착을 타파하는 접근방식은 제8식의 집착(알라야) 연기설에 의하면 두 가지 관점에서 검토할 수가 있다. 첫째는 과거에 형성되어 '저장'된 종자를 발견하는 작업이다. 유식심리학에서는 이것을 '현재의 경험[現行]이 심층의 종자/씨앗을 훈습한다[現行熏種子]'라고 말한다. 인지치료에서는 신념체계나 인지도식이 형성되는 트라우마, 외상에 해당된다. 둘째는 현실 속에서 인연을 만나 자극을 받으면, 종자가 어떻게 '현재로 활성화'되어 나타나는지를 검토하는 일이다. 이것을 '심층의 종자가 현재에 활성화된다[種子生現行]'고 말한다. 인지치료에서는 도식에 따른 대처행동이나 패턴방식을 의미한다.

만약 환자나 내담자에게 자신의 종자와 같은 인지도식을 확인하게 하고, 그것들이 어떻게 형성되었는지를 보여주고, 다음으로 현실 속에서 그것들이 현행하는 패턴이나 행동방식이 어떻게 인지도식과 종자를 영속적으로 유지하고 실체화시키는지 알 수가 있게 한다면, 그래서 이런 '인지전략'이 효과적으로 작동한다면 환자는 새로운 변화를 경험하기 시작할 것이다.

스키마에 대한 '인지전략(Cognitive Strategies)'은 유식심리학의 종자의 훈습과 현행의 과정을 발견하는 것에 해당된다. 이것은 명상상담 4단계의 고집(苦集)에 해당된다. 그리고 이런 인지전략에 기초하여 변화를 적극적으로 촉발시키는 '경험전략(Experiential Strategies)'은 영상관법 수행의 핵심 내용이다. 이것은 명상상담 4단계의 멸도(滅道)에 해당된다. '인지전략'이 장애를 발생시키는 인지구조에 대한 지적인 이해를 가져와서 변화에 대한 강한 의지를 유도한다면, '경험전략'은 현실 속에서 구체적으로 재구조화하는 작업이다. 이 기술들은 불교의 명상과는 상당한 차이점을 보여주지만 매우 유사한 측면도 있다.

이를테면 '인지도식의 타당성에 대한 논박'은 불교의 문답이나 선종에서 보여주는 선문답과 유사한 기능을 가진다. 선문답에서는 고정되고 고착된, 변계소집의 언어적인 분별과 관념의 감옥을 깨뜨리는 부정적 논박을 선호한다. 그러나 심리도식치료는 인지적인 작업보다 경험적 작업에 초점을 맞춘다는 점에서 명상적인 작업이라고 볼 수 있다.

영상관법과 심상 작업

스키마 치료의 가장 특징적인 작업은 '이미지/심상 작업(imagery work)'[26]이다. 이것 역시 '영상관법'과 상통하는 측면을 가진다. 영상관법은 심층의 종자/씨앗과 연결된 닮은 영상을 현재의 의식에 떠올려서 관찰하는 명상기술이다. 이것은 일종의 이미지 노출작업이다. 제1단계는 문제와 연결된 도식/집착된 종자와 관련된 영상 이미지를 의도적으로 떠올린다. 제2단계에서는 발생된 감정을 몸느낌으로 전환하여 그것을 충분하게 경험한다. 감정형 영상관법은 몸느낌을 알아차리고 머물러 지켜본다는 염지관/알머지 명상에 의해서 관찰하고, 객관적으로 통찰하는 명상작업을 진행한다. 사고형 영상관법은 감정과 연결된 생각들의 촉발자극과 감각자료 이미지를 코끝에 걸어두고 관찰한다. 제3단계에서는 현재의 상황에서도 여전히 작동하는 좌절된 정서적 욕구를 개선시키거나 현실문제를 해결하는 인지적 작업과 행동 작업을 병행한다.

영상관법에서 영상이란 『해심밀경』에 따르면 '마음에 떠오르는 영상은 거울 표면에 나타난 이미지처럼[27], 결국은 오직 종자/씨앗에 의해서 현재에 현현된 마

---

26 ibid, pp.110-145.

27 『解深密經』(大正藏16, 698下) "然卽此心 如是生時 卽有如是 影像顯現 善男子 如依善瑩淸淨 鏡面 以質 爲緣還 見本質而 謂我今見於影像及 謂離質別有所行影像 顯現如是 此心生時 相似有異 三 摩地所行 影像顯現 世尊若諸 有情自性 而住緣色 等心所行影像 彼與此心 亦無異耶 善男子亦 無 有異而 諸愚夫由 顚倒覺於 諸影像不能如實知唯是識"

음의 대상'을 말한다. 이때 영상관법의 명상 절차는 첫째로 심층의 대상을 알아차림[sati, 念]하고, 둘째는 마음의 평정인 분별이 없는 영상[無分別影像]의 사마타(samatha)에 의한 집중을 행하고, 셋째는 사마타에 기초하여 떠오른 대상 영상에 대한 분별 있는[有分別影像] 위빠사나(vipasyana)를 닦는 것이다.[28] 그럼으로써 영상 이미지가 실제로 존재한 것이 아니라 다만 마음의 작용(감정, 생각, 갈망)에 의한 환상이고, 그 본질은 공이고 허망이며, 내게 더이상 상처가 될 수 없음을 통찰하고 경험하는 것이다.

스키마 치료의 이미지/심상 작업은 프로이트의 '자유연상법'이나 칼융의 '적극적 명상법'의 전통을 계승한 것으로 보인다. 정신분석은 자유롭게 관련된 주제를 연상하면서 억압된 '무의식'을 발견하는 작업이고, 칼융의 적극적 명상법은 자유연상법과 유사하게 적극적으로 무의식적 이미지를 만나고 뿌리 깊은 개인적의 문화적인 '원형'을 탐색한다. 스키마 치료에서의 이미지 작업은 어린 시절에 형성된 부적응 도식을 스스로 발견하게 하여 현재로 연결시키는 심리치료적 작업이다. 이들은 서로 이론적 기반이 다르지만 현장에서 영상 이미지 등을 활용하고, 그것에서 벗어남을 목표한다는 점에서 진행하는 형태나 절차가 매우 흡사한 과정으로 볼 수 있다.

물론 뱀의 비유처럼 치료 상황에서 고객은 두려움과 공포에 휩싸여 앉아있지 못하고 밖으로 도망갈 수 있다. 이때 '안전한 장소'의 이미지(safe-place imagery)를 설정하는 일은 중요한 역할을 한다. 고객은 일단 부정적인 정서와 패배적인 세계관으로 자아가 약해진 상태이기 때문이다. 영상관법의 경우도 고객이 이러한 좌절을 느끼는 경우가 종종 발생한다. 영상관법은 호흡명상이나 몸느낌관찰 명상과 함께 진행하고, 이들에 대한 연습이 이루어진 이후에 실시하기에 대체로 마음의 안정감(禪定, safe-place)을 확보하는 장점이 있다. 하지만 심상을 활용하는 관점에 대

---

28 위의 책, "一是奢摩他 所緣境事 謂無分別影像 一是毘鉢舍那 所緣境事 謂有分別影像"

한 양장의 통합과 차이점에 대한 논의는 임상적인 실험 연구가 필요하다.

　　다만 서구의 인지행동치료에 기반한 심상작업이 적극적으로 심상 이미지를 수정하는 작업을 중시한다면, 영상관법의 명상작업은 대상 및 감각자료를 있는 그 대로 관찰하는 통찰적 작업을 강조한 점에서 분명한 차이점이 존재한다.

3

원효대사의 깨달음과 메타인지치료(MCT)

원효대사의 깨달음을 서구의 인지치료적 관점에서 해명하는 일은 동서양의 관점을 서로 비교해서 통합하려는 노력이다. 이점은 2000년 이후로 지난 20년 동안 불교 명상과 서구 심리치료를 통합하는 움직임이 국내외에서 일어났고 상당한 성과를 이루었기 때문이라고 생각한다. 일반적으로 심리치료란 현실적으로 적응하지 못한 어떤 개인의 심리적인 장애를 사회적인 체계나 가치에 적응할 수 있는 건강한 상태로 변화시키는 것이라고 정의할 수 있다. 이런 경우 변화와 효과성에 초점을 맞추다보니 상담자가 내담자의 감정이나 생각을 통제하는 접근방식으로 이루어진다.

명상적 접근은 자발성을 중시한다. 인지행동치료와는 다르게 상대적으로 '통제전략'보다는 자신을 관찰과 스스로의 자각능력을 존중한다. 이런 점에서 명상은 '수용전략'을 채택한다. 인간의 정신에 대한 부적응의 상태뿐만 아니라 자아실현에도 머물지 않고 궁극적인 해탈, 깨달음의 상태로 나아가도록 돕는다. 이런 점에서 명상상담의 마음치유 작업은 일반적인 심리치료/상담과 그 영역을 달리한다.

1) 일체유심조(一切唯心造)

현대 인지과학의 발전으로 인지적 측면이 마음치유 작업에서도 중요한 측면을 갖는다. 사물 자체보다는 그 사물/대상에 대한 인지적인 측면이 정서적인 반응에 지대한 영향을 미친다는 가설에 기인한다. 앞에서도 살펴보았지만 아론 벡(Aaron T. Beck, 1921-2021)에 의하면 우울한 감정은 그것을 발생시키는 부정적이고 역기능적인 생각이나 인지적 도식에 의해 발생한다. 따라서 이런 생각이나 인지적

도식을 찾아서 수정하거나 교정한다면 우울한 감정을 조절할 수 있다고 말한다.

그러니까 외부에서 오는 자극보다도 그것에 대한 내적인 사고가 개인의 행불행에 크게 영향을 미친다는 의미이다. 이점은 '일체란 마음이 만든다[一切唯心造]'는 불교심리학적 언구와 매우 유사한 시각이다. 이것을 잘 보여주는 설화가 원효대사의 깨달음이다. 이것은 유명한 해골물과 관련된 에피소드이다.

옛날 동쪽 나라에 원효와 의상법사가 있었다. 두 사람은 함께 당나라에 가서 스승을 찾고자 하였다. 밤이 되었는데 묵을 곳이 없자 무덤 안에 머물렀다. 원효법사는 목이 말라 물을 마시고 싶었다. 마침 자리 곁에서 고인 물을 발견하고는 손으로 퍼서 마셨는데 매우 맛이 좋았다. 다음날이 되어서 보니 그것은 '죽은 시체의 즙(死屍之汁)'이었다. 곧 혐오감에 휩싸여 토하였다. 그러다가 크게 깨달았다. "나는 삼계(三界)가 오직 마음[心]이고 만법(萬法)이 오직 의식[識]이다는 부처님 말씀을 들었다. 그런 까닭에 좋고 싫음이 나에게 있는 것이지 실로 '물'에 있는 것이 아님을 알겠다." 원효는 발길을 돌려서 고향으로 돌아와 지극한 가르침을 널리 폈다.[29]

이 설화는 『종경록』(961년)에 근거한다. 『송고승전』(988년)과 『임간록』(1107년)에서도 찾아볼 수 있지만 구체적인 서술은 없고 『종경록』을 요약한 수준이다. 이후 해골물을 마시는 장면은 원효대사의 전기집을 비롯하여 사찰의 벽화에도 자주 등장하는 소재가 되었다.

그런데 원효(617-686)의 생몰년대에 비추어 보면 원효대사의 해골물 설화는

---

29 宗鏡錄撰(961년), 『宗鏡錄』 中華民國 商務印書館, 1935 권11., "昔有東國元曉法師義相法師. 二人同來唐國尋師. 遇夜宿荒, 止於塚內. 其元曉法師, 因渴思漿, 遂於坐側, 見一泓水, 掬飲甚美. 及至來日觀見, 元是死屍之汁. 當時心惡,吐之, 豁然大悟, 乃曰, 我聞佛言, 三界唯心, 萬法唯識. 故知美惡在我, 實非水乎. 遂却返故園廣弘至教."

275년이 지난 후의 기록이라는 점에서 진실성이 의심되기도 한다.[30] 또한 원효의 해골물 설화를 종교학적인 측면에서 접근하기도 한다. 이런 경우 역사적인 사실보다는 그것이 유통되면서 표준화 과정[31]을 거치면 전기적 측면과 함께 깨달음과 관련된 종교적인 원형[32]으로 이해하는 연구들이 있다.

필자가 여기서 원효의 깨달음 설화를 꺼낸 이유는 인지치료적 관점에서 원효의 깨달음을 조명하기 위한 것이다. 이 설화가 종교적인 의미 혹은 대중에게 유통되는 과정적 측면 더 나아가 이 설화의 역사적 사실성 여부보다 이 설화가 가지는 '마음치유'적 관점이 중요하기 때문이다. 특히 원효의 해골물 설화는 서구 심리치료 이론과 비교할 때 인지치료적인 관점을 가진다.

첫째로 처음 해골물을 먹고 난 뒤의 반응이다. 매우 기분이 상쾌했다. 그것은 목마름을 채워준 것이다. 둘째로 아침에 일어나서 보니, 밤에 먹은 물이 해골물이었다. 그래서 혐오감으로 구토했다. 셋째는 그 순간에 깨달음이 일어났다. 원효는 무엇을 깨달았는가? 좋고 싫음은 외적인 대상보다는 자신의 가치판단에 따라 경험하게 된다는 사실을 자각한 것이다.

어젯밤에 마신 그 물은 좋았으나 아침에 혐오감을 느낀 이유는 바로 '해골물'이란 지각/판단때문이다. 밤에는 이런 판단이 없었다. 아침에 해골물이라고 지각하자 구토한 것이다. 결정적 차이점은 여기에 있다. 세계를 구성하는 외적인 대상 '물'보다는 그것에 대한 주관적인 '생각과 판단'이 결과적으로 '좋음'과 '싫음'의 마음을 발생시킨 것이다. 해골물이란 사건 자체보다는 그 사건을 어떻게 판단하고 해석하느냐가 행복과 불행을 결정한다는 것이다. 이것을 확장해서 일반화시키면 '일체는 마음이 지은 것, 일체유심조(一切唯心造).'이다. 이런 관점은 인지치료의

30 김영태(1980), 전기와 설화를 통한 원효 연구, 『불교학보』17, pp. 49-55.

31 한승훈(2018), 원효대사의 해골물 : 대중적 원효설화의 형성에 관한 고찰, 『종교학연구』36집, 25-48.

32 로버트 버스웰(1995), 문화적·종교적 원형으로서의 원효: 한국 불교 고승전에 대한 연구, 『불교연구』 11·12, 17-21.

방식과 같은 맥락에 있다.

이것과 유사한 사례를 『육조단경』에서도 찾아볼 수가 있다. 이것은 '풍번(風幡)' 즉, 바람과 깃발의 문답으로 알려져 있다. 이 문답은 8세기 중엽에 편집된 '돈황본'에는 없고, 10세기 967년경에 편집된 '혜흔본'에 등장한다.

하루는 인종법사가 『열반경』을 강의하고 있다. 바람에 날리는 깃발을 보고, 한 승려는 바람이 움직인다고 했고, 또 다른 승려는 깃발이 움직인다고 주장했다. 이때 혜능이 나서서 말하였다. "바람이 움직이는 것도 아니요, 깃발이 움직이는 것도 아니요, 사람의 마음[心]이 스스로 움직인 것이다.[人心自動]"[33]

| 그림6-3 | 바람의 깃발

깃발이나 바람이 움직이는 것이 아니라 그대의 마음이 움직인 것이다. 왜냐면 깃발이 움직인다는 것도 바람이 움직인다는 것도 모두 다 인간의 사유와 해석에 의한 '언어적 판단'이기 때문이다. 앞에서 분석한 유식 삼성설에서 변계소집성은 언어적인 분별이고, 이런 언어적인 분별은 제8식에 저장된 종자/씨앗으로 부터 깊은 영향을 받고, 그런 영향으로 자아와 세계가 구성된다고 하였다. 해골물의 비유에서 보듯이 이런 집착은 '문화적'이고 '집단적'인 특징을 갖는다. 누구든지 해골

---

33 "値印宗法師講涅槃經 時有風吹幡動 一僧云幡動 一僧云風動 惠能云 非風動幡動 人心自動": 349c "値印宗法師講涅槃經 時有風吹幡動 一僧曰風動 一僧曰幡動 議論不已 惠能進曰 不是風動 不是幡動 仁者心動"

물을 마셨다고 생각을 하면 구토할 것이고, 깃발이 흔들리거나 바람이 불어서 흔들린다고 생각할 것이다. 명상수행을 하지 않는 사람이라면 그것이 마음에 의해서 구성되고 판단되어진 현상이라고 깨닫기 쉽지 않다. 이런 판단은 개인보다는 집단 교육과 같은 문화적인 영향이 크다.

이런 인지적 관점은 이야기 치료나 글쓰기 치료에도 활용된다. 또한 현대에 와서는 문학이나 영화에서 시나리오를 구성하는 모티브로 사용되곤 한다. 다시 말하면 등장인물들 각각의 마음이 움직였기에 사건은 상호작용하여 전개되고 결국 위기와 클라이맥스를 맞아서 종결된다. 심리학적인 입장에서는 대상이나 사건의 전개보다 오히려 그것들에 접촉하는 인물들의 마음이나 성격이 움직였기에 그러한 사태가 발생되었다는 것이다.

따라서 사건 자체보다는 그것이 어떻게 구성되었는지 살펴보고 다시 그것을 재구성하는 일은 매우 중요하다. 등장 인물들/내담자가 자신의 경험내용을 어떻게 인식 해석하고 판단하느냐에 따라서 의미가 완전히 달라질 수 있는 것이다. 그렇기에 마음치유에 초점을 맞추는 '내러티브'적 마음치유 작업에서 고객/내담자가 자신이 경험한 이야기를 어떻게 재구성하는가는 중요한 변화요인이 된다.

이점은 영상관법에게 중요한 시사점을 준다. 바로 지나간 '과거에 어떤 경험을 했느냐'보다는 과거의 경험을 '현재의 시점에서 어떻게 해석하고 재구성하느냐'가 더욱 중요하다는 것이다. 영상관법에서 제8식에 저장된 정보도 중요하지만, 그것을 의식의 지평에 떠올려 어떻게 경험하고 재구성하느냐는 마음치유의 본질적 영역이다. 결과적으로 인지치료적 관점은 외적인 대상의 존재보다는 그것을 표상하는 내재적 사태/인식을 강조하는 것으로 유식불교의 세계관과 잘 어울린다.

물론 원효의 사례는 생각을 재구성하지는 않는다. 단지 그렇다고 자각하고 자신의 마음이 어떻게 반응하며 왜 그러한지를 깨달을 뿐이다. 이점은 인지치료보다는 메타인지(meta-cognitive)적 성격을 보여준다. 일차적으로 지난 밤에는 물이 상쾌했다. 아침에 일어나서 그것이 해골바가지 물이라는 새로운 정보가 제공되면서 구토를 경험한다. 같은 물인데 어제와 오늘은 어떻게 다르게 반응했는가에 대한 각성은 이차적인 자각이란 점에서 메타인지적 측면을 가진다.

혜능의 풍번의 문답에서도 마찬가지이다. '깃발이 움직인다.' 또는 '바람이 분다.'는 판단은 대상에 대한 일차적인 성격을 가진다. 그런데 깃발이 움직인다거나 바람이 분다는 것은 모두 마음의 판단이고 지각이라는 것은 이차적인 판단인 메타인지적 성격을 가진다. 결국 명상이나 깨달음은 아는 것을 돌이켜 아는 메타적인 성격을 지닌다고 말할 수 있다.

2) | **소크라테스 문답법**

다시 새끼줄과 뱀의 비유를 살펴 보자. 두 사람이 밤길을 가다가 한 사람이 뱀을 밟았다고 착각해 깜짝 놀랐다. 옆 사람이 플래시를 비추어보니 새끼줄이었다. 그래서 공포와 놀람은 사라졌다. 무엇을 밟았는지도 중요하지만 새끼줄을 '뱀'이라고 '지각'한 것이 공포감을 경험하게 한 것이다. 마음치유의 입장에서 중요한 지점은 손전등으로 비추어보는 작업이다. 이것을 영상관법의 명상으로 진행할 수 있다.

인지치료적 접근은 대체로 소크라테스 문답법을 통해서 '뱀을 밟았다'는 사고/생각을 수정하는 작업을 진행한다. 소크라테스 문답법의 핵심과제는 뱀이란 근거가 무엇인지를 구체적으로 확인하는 작업이다. 여기서 인지 치료사나 인지적 상담사가 진행하는 구체적인 예시를 살펴보자.

여기 학생(14세)은 합창단에 가입하기 위해서 오디션을 보았다. 그런데 노래를 부르는 동안에 청중석의 학생들 몇몇이 일어나서 나갔다. 이것을 보고 학생은 놀라면서 '내가 노래를 못해서 사람들이 떠났다'고 생각하면서 오디션을 망치고 말았다. 아래 문답은 소크라테스 문답법에 해당되는 부분이다.[34]

---

34 Robert D. Friedberg and Jessica M. McClure(2002), Clinical Practice of Cognitive Therapy with

치료자: 자 이제 정말로 노래를 못해서 사람들이 자리를 떠난 것인지를 알아보는 거다. 한번 알아볼까?

학생: 좋아요. 해보죠.

치료자: 네가 노래를 못했기에 사람들이 자리를 떴다고 했는데, 그 생각을 어느 정도로 확신하니? 10점 만점에 어느 정도니?

학생: 9점 정도요.

인지치료적 관점에서는 먼저 내담자가 믿는 생각을 확인한다. 얼마나 강력하게 그것을 믿고 있는지, 자신이 노래를 못해서 사람들이 자리를 떠나서 우울하고 창피했다는 학생의 생각을 확인한다. 이것은 과연 이런 생각이 올바른 판단인지를 검증하기 위한 선행작업이다. 그런 다음에 반대증거를 탐색한다. 이게 소크라테스 문답법의 핵심이다.

치료자: 너는 공연 도중에 자리에서 일어나 본 적이 있니?

학생: 네, 화장실에 가거나 음료수를 마시기 위해서요.

치료자: 공연이 재미가 없어서 자리를 일어났었니?

학생: 아니요. 배가 고팠거나 화장실이 급해서 일어난 거예요.

치료자: 좋아. 네가 무대로 올라간 게 몇 시쯤이었지?

학생: 오후 5시 30분에서 6시 사이요.

치료자: 오디션은 몇 시에 시작이 되었지.

학생: 오후 3시에요.

치료사: 그렇군. 중간에 쉬는 시간이 있었니?

학생: 제가 알기론 없었어요.

Children and Adolescents-The Nuts and Bolts. The Guilford Press.; 아동과 청소년을 위한 인지치료, 정현희·김미리혜 옮김. 스그마프레스, 2007.

치료자: 그러면 저녁 식사는 몇 시에 시작하지?

학생: 오후 5시 30분에서 6시 무렵이요.

치료자: 이점을 어떻게 생각하지?

학생: 아마도 배가 고파서 자리에서 일어난 사람도 있겠어요.

치료자: 그렇지. 그러면 그 사람들이 자리를 뜬 것과 네가 노래를 부른 것은 관계가 없다는 것인데 어떻게 생각하니?

학생: 모르겠어요.

치료자: 보자, 그날 오후 학교에 다른 행사는 없었니? 농구경기나 동아리 모임 같은 것들 말이야.

학생: 에디는 선수고요. 줄리와 에리카는 치어리더예요. 아마도 일부 다른 사람들은 농구팬이었을 거예요.

치료자: 그러면 농구게임은 몇 시에 있었니?

학생: 아마도 6시요.

치료자: 그러면 네가 노래를 부른 시간과 거의 일치되는데, 맞지?

학생: 네. 맞아요.

치료자: 자리를 뜬 사람들 중에 다시 돌아온 사람도 있었니?

학생: 잘 모르겠어요. 아, 네. 분명하게 돌아온 사람들도 있었어요.

치료자: 노래가 끝나기 전에?

학생: (웃으면서) 네.

치료자: 네가 그렇게 노래를 못했으면 그들이 돌아왔을까? 어떻게 생각하지?

학생: 그러네요.

여기서는 '노래를 내가 잘 못해서 사람들이 자리를 떠났다'고 생각하는 학생의 판단에 대해서 반대증거를 제시해서 '그들이 자리를 떠난 것은 내가 노래를 잘 부르지 않아서 떠난 것이 아니다. 그들이 자신들의 필요에 의해서 일어나 나갔다.'

고 생각을 수정하는 소크라테스의 문답 과정을 보여준다.

위의 사례에서도 '내가 노래를 잘못해서 사람들이 자리를 떠났다'는 문장에 대해서 상담자는 반대증거를 제시하면서 그렇지 않음을 논증한다. (1) 나도 공연 중에 화장실을 가거나 음료수를 마시려고 나간 적이 있다는 것 (2) 오후 오디션을 3시에 시작했지만, 중간에 쉬는 시간이 없었다는 것 (3) 저녁 식사 시간과 노래를 부른 시간이 겹친다는 것 (4) 그 시간에 다른 경기가 시작된 점 (5) 그럼에도 나갔다가 일부는 돌아온 점 등의 증거를 들어서, '내가 노래를 부른 것과 사람들이 자리를 뜬 것과는 서로 인과 관계가 없음'을 논증한다. 물론 합리적으로 강요하지 않고 관련된 반대증거를 제시하면서 내담자를 설득한다.

이런 과정은 '논박하기'라 매우 조심스럽다. 잘못하면 법정에서 논쟁하는 듯한 분위기나 혹은 심문당하는 느낌이 들 수가 있다. 이점은 각별하게 조심해야 한다. 소크라테스는 자신이 지혜롭다는 신탁의 판단을 검증하고자 질문을 던졌다. 그래서 지혜롭다고 여겨지는 철학자, 정치인, 시인 들을 만나서 문답하고 그들의 어리석음을 논증하였다. 소크라테스의 문답에서 핵심된 부분은 어떤 명제가 있으면 그것의 반대증거를 제시하여 그 명제가 잘못되었음을 폭로하는 것이다. 그러나 이런 과정에서 상대방의 기분을 상하게 만들었고, 청소년들을 잘못된 길로 이끈다는 죄목으로 아테네 시민들에게 고발당해 끝내는 독배를 마시게 된다.

이점은 소크라테스 문답법을 사용할 때 주의해야 할 점을 시사한다. 논증을 하다보면 고객과 논쟁하거나 내담자의 생각을 수정해야 하는 문제로 내담자나 상담자 모두 부담을 느낄 수 있다. 다만 인지치료나 인지상담의 접근에서 '생각'을 수정하고 교정하는 일은 중요하고 핵심된 지점이라는 것이다. 가장 좋은 것은 한밤중에 먹은 물이 해골물임을 지각하는 순간 발생된 문제의 원인을 분명하게 통찰한 원효의 경우처럼 전문가의 도움을 받지 않고 내담자 스스로 깨닫고 자각하는 것이다. 하지만 이런 경우는 매우 희귀한 사례이고 대부분은 전문가의 도움을 받아야 한다. 이점은 인지치료가 당면한 과제이다.

앞에서 자극을 받으면 생각이 촉발되고, 촉발된 생각에 의해서 감정이 일어난다는 인지치료의 가설을 고찰했다. 인지행동적 접근은 생각과 행동을 수정하기 위해 소크라테스 대화법을 사용한다. 물론 불교명상에서도 달마대사와 혜가의 문답에서 보듯이 문답법을 사용하지만 내적인 자기성찰과 깨달음을 강조한다는 점에서 차이점이 있다.

물론 양자의 공통점도 있다. 바로 고통의 발생이 언어적인 '생각'에서 비롯된다는 것이다. 생각이 감정을 결정한다는 인지상담과 생각하는 마음이 고통을 발생시킨다는 불교명상의 관점은 동일한 맥락에 놓여있다. 그러면 인지적 관점에서 생각을 수정하는 것이 가진 마음 치유적 의미를 살펴보자.

앞장에서 소크라테스 문답의 사례에서 보듯이 인지치료는 부정적인 자동사고나 신념을 수정함으로써 불안이나 우울과 같은 감정을 치유하고자 한다. 앞의 사례에서 보듯이 오디션에서 학생들이 자리를 뜬 내가 노래를 못해서 생긴 일이라고 생각한다. 학생들이 중간에 나간 이유와 내가 노래를 잘못한 것은 상관관계가 있다고 추론을 한 것이다. 원효의 사례로 보자면 해골물을 마셨기 때문에 아침에 구토했다는 것이다. 구토와 해골물은 깊은 상관관계를 가진다는 암묵적 인과관계를 상정했기 때문이다. 이런 경우에 상담자는 과연 그러한지를 검토한다.

그러면서 결국 학생들이 밖으로 나간 이유는 내담자가 노래를 잘 못해서가 아니라 자신들의 개인적인 일정이나 이유 때문에 나갔다는 것을 깨닫게 하는 것이다. 원효의 경우는 어젯밤에 먹은 물과 관계없이 마음에서 일어난 생각에 의해서 구토한다고 깨닫게 되었다. 그러면 이들 사례에서 마음치유를 발생시킨 변화요인은 무엇인가?

물론 세계를 외적인 대상보다는 그것을 해석하는 내적인 방식이 변화를 가져오게 된 것이라고 말할 수 있다. 다시 말하면 기존의 생각이 바뀐 것이다. 학생의 경우는 새로운 증거확보가 설득력을 주었고, 원효의 경우는 내적인 통찰이 변화를 가능하게 했다. 양자의 공통점을 '메타-자각'이라고 부를 수가 있다. 이들 사례에서 보면 기본적인 사유는 이렇다.

- 나는 노래를 잘 부르지 못한다. 그래서 친구들이 자리를 떴다.
- 나는 더러운 해골물을 마셨다. 그래서 구토를 한다.

여기에는 모두 자기 자신에 대한 판단과 대상/세계에 대한 해석이 담겨 있다. 이것들은 자동사고로서 검증되지 않는 상식적인/문화적인 가설적 판단이다. 앞에서 고통의 순환모델에서 보듯이 자아와 세계에 대한 언어적인 분별은 과거에 경험한 선행된 정보/종자에 의한 것이다. 노래를 잘못해서 친구들에게 지적받은 적이 있거나 혹은 해골물은 더럽다는 선행된 판단이 마음에 내재화된 상태이다. 이런 평가는 분명히 위협적인 인식을 야기한다. 인지치료에 의하면 이런 도식(Schema)은 자동사고를 발생시키고 정서적 고통을 야기시킨다(Beck, 1979).

고객/내담자의 자기 평가는 결국 내재화된 자신의 감각과 사유방식에 '끌려가면서' 정서적인 불쾌감을 경험하게 한다. 친구들이 밖으로 나간 것을 보고 '내가 노래를 부르지 못한다'고 판단하면서 깊은 우울감을 경험하거나, '내가 어젯 밤에 마신 물이 해골물이구나' 하는 지각과 함께 구토를 경험한 것은 모두 내적인 경험에 그대로 끌려간 것이다. 이것은 일차적으로 발생하는 '동일시(identification)' 현상이다. 그러나 이런 심리현상을 그대로 알아차림하고 자각하는 것은 이차적 현상으로서 탈동일시(disidentification)의 상위인지(meta-cognition) 혹은 상위자각(meta-awareness)이다.

학생의 경우는 상담자의 도움을 받으면서 생겨난 것이고 원효의 경우는 자발적으로 생겨난 깨달음에서 비롯되었다. 학생의 경우는 '내가 노래를 잘 부르지 못해서 친구들이 나간 것이 아니다'로 인지 내용이 바뀐 점에서 '상위-인지'란 표현이 적절하고, 원효의 경우는 내재화된 자신의 생각에서 구토가 비롯되었음을 깨달았기에 '상위-자각'이란 표현이 더 적절하다. 양자는 분명하게 구분될 필요가 있다.

상위인지는 긍정적인 결과를 가져오거나 부정적인 정서를 야기할 수 있다. 상위인지는 인지/생각을 조사(monitoring)하거나 통제(control)하거나 평가(appraisal)하는 인지적 과정이다(Flavell, 1979).[35] 모든 인지적 과정은 상위-인지적 성격을 가지는데 이것은 긍정적인 결과도 있지만 역기능적인 부정적인 결과를 초래할 수 있다.

상위인지가 자신의 마음상태를 조사하고 평가하고 통제하는 주도적인 측면이 강조된다면, 원효의 사례에 나타난 메타-자각은 통제적인 관점보다는 자각/깨달음 자체가 강조된다. 무엇보다도 자신을 조사하여 평가하려는 의도를 갖지 않는 특별한 마음현상으로서의 명상적 접근이다. 이것은 감정 생각 갈망과 같은 보편적 마음현상이 어떻게 움직이든지 있는 그대로 관찰함에서 오는 통찰적 깨달음이다. 이것은 분명히 언어적인 분별과는 구분된다.

학생의 사례에서 학생이 자신의 감정이나 생각에 집착된 상태로 이끌려간다면 상담자는 상위-인지적인 입장에서 그것을 조사하고 질문하고 새롭게 평가한다. 그럼으로써 학생의 상위-인지적인 측면인 자신의 사고방식에 대한 부정적 '평가'를 개선시킨다. 반면에 원효의 사례에서는 어젯밤에 마신 물과 오늘 아침에 지각한 물이 서로 다르지 않지만, 자신의 내면에서 발생된 현상을 관찰한 점에서 메타-자각적 입장을 취한다.

사고형 영상관법 기반 상담사례

아래는 폭력적인 남편에 대한 아내의 공포감을 보여주는 갈등 사례이다. 아

---

35 J.Flavell(1979), Metacognition and cognitive monitoring: A new area of cognitive-developmental inquiry. American psychologist.-psycnet.apa.org.

내는 남편이 술을 먹고 들어온 날 매우 심한 불안감을 가진다. 여기서 메타-인지적 측면이 엿보인다.

> 💬 주말인데 친척분이 찾아오기로 했어요. 그런데 갑자기 남편에게서 집 앞이라면서 전화가 왔는데 (목소리로 판단함) 술을 많이 마시고 왔어요. 순간적으로 공포감을 느꼈어요.
>
> 🎙 남편이 술 마시고 집 앞에 와서 전화했는데, 많이 두려웠다는 말이죠?
>
> 💬 "맞아요."
>
> 🎙 그때 어떤 생각을 한 것 같아요?
>
> 💬 "아이고, 또 술을 마셨구나. 골치 아프네. 너무 싫다. 또 스트레스를 받겠네."

여기서 공포감에 가까운 두려운 자극은 '남편이 술을 마시고 집에 온다'는 것이다. 이것은 아내에게 매우 힘든 내재화된 고통을 환기시킨다. 자극은 귀로 들려오는 남편의 소리, 술을 마시면 생겨나는 독특한 거친 숨결이다. 순간적으로 스트레스가 강하게 느껴진다. 모든 아내가 남편의 술 마심에 대해 공포감을 느끼는 것은 아니다. 공포감과 두려움을 느끼는 것은 선행된 경험적 기억(남편의 폭력적 술버릇에서 받은 상처)에 대한 메타-인지적 판단을 드러낸다. 곧 자신의 스트레스에 2차적으로 반응한 결과이다. 과거의 두려운 경험에서 유추하는 2차적인, 아직 오지 않는 미래의 위협에 대한 통제할 수 없는 생각/걱정이다(A. Wells, 2000).[36] 이것은 회피행동으로 나타난다.

> 🎙 남편이 술을 마시고 들어오면 많이 힘든가 봅니다.
>
> 💬 "남편이 술을 마시면 괴팍해져요. 계속해서 아내인 나를 괴롭혀요. 옛날에는 신

---

36 A. Well(2000), Emotional Disorders and Metacognition: Innovative Cognitive Therapy. Chichester, Wiley.

체적인 폭력도 행사했는데, 요즈음 그렇게는 하지 않지만, 시비하고 비난을 해요. 잠을 재우지 않고, 계속해서 말을 하고, 내게는 두려운 존재예요. 나는 도망가야 해요. 그래서 그날도 시장을 가야 한다고 핑계를 대고 나왔어요."

🄠 그렇군요. 그럼 나는 어떤 사람인가요? '나는 ~ 사람이다'는 문장을 완성해 본다면…

💬 "나는 술 먹은 남편에게 약한 사람이다. 나는 희생자이다. 무기력해진 사람이다. 나는 불쌍한 사람이다. 매우 슬프고, 공포감을 느끼고, 남편이 변하지 않으니까."

🄠 그럼, 술을 마시지 않을 때, 남편은 어떤 사람이죠? '술을 마시지 않는 남편은 ~ 사람이다'는 문장을 완성해본다면요?

💬 "남편은 여린 사람이다. 유우부단하고, 늘 불안한 사람이다. 말은 거칠게 하는데 속은 착한 사람이다. 자기 자신을 잘 모르는 사람이다. 본인이 불안을 겪고 이것으로 인하여 강박을 부린다. 깨끗하게 집안이 정리되는 걸 요구하고, 시간을 엄수하는 것, 그러면서 타인의 견해는 전혀 수용하지 않는다. 내게 반박과 비난을 일삼고, 자주 화를 낸다. 가족에 대한 배려를 모른다."

인지적 접근에서 중요한 영역은 사고방식이다. 부부상담에서 상대방에 대한 대상-지각들이다. 메타-인지치료에서는 대상을 인식하는 '대상레벨'과 대상에 대한 판단과 평가를 의미하는 '메타레벨'을 구분한다(A. Wells, 2000). 이를테면 상담자가 '남편은 어떤 사람인가요?' 혹은 '나는 어떤 사람인가?' 질문하는 것은 '자기개념(Self-knowledge)'에 관한 질문으로 대표적인 메타-인지적 관점이다. 이것은 메타레벨(Meta-level)이다. 왜냐면 내외적 대상레벨에 대해서 스스로가 느끼는 감정이나 생각들에 대한 자기'평가'를 포함한 까닭이다. 반면에 대상레벨은 메타레벨의 평가대상이 된다. 애착 대상인 중요한 타자로서 남편, 곧 '대상개념(object-knowledge)'은 술 먹지 않은 남편과 술을 마신 남편으로 양분된다. 평소에 술을 먹지 않는 날의 남편은 여리면서도 깨끗함에 대한 강박증이 있지만 착한 남편이다. 그러나 술 마시고 집에 들어온 날은 모든 게 바뀐다. 남편은 아내를 비난하고 괴팍해진다. 그러면 나는 어떤가? 나는 나약해지고 불쌍한 사람이 된다. 변하지 않는 남편에 대해서 참 슬프고 무기력하다. 나는 희생자가 된다. 물론 이것 역시 남편과의 관계에서 자신을 평가하는 자기의 대상레벨(Object-level)이다.

그래서 긍정적인 메타-신념으로 '나는 항상 준비를 잘해야 한다.'고 생각한다. 이것은 인지적인 자기조절 모델(cognitive Self-regulatory model)에 의한 회피전략이다. 이런 회피전략은 '나는 나약하여 통제할 수 없다.'는 부정적인 메타-신념에서 출발한다(P. Fish · A. Wells, 2016).[37] 그러나 이런 신념들은 긍정과 부정이 서로 시너스/악순환 효과를 만들고, 결국 회피적이고 통제적인 자기조절(Self-regulatory) 전략은 실패하고, 부정적인 정서적 증상을 계속 유지하는 조건[maintain factor]으로 작용한다. 미래의 위협을 계속적으로 걱정하고 주의하면서 침투적 생각을 억압한다. 이런 경우는 여기 사례에서 보듯이 반드시 과거의 외상사건(남편의 폭력이나 어린 시절 부모와의 관계)과 연결된 경우가 많다.

Q 네, 많이 힘들었군요. 참 오랫동안…이와 유사한 기억이 어린 시절에도 있는가요?

"어릴 때...엄마와 아빠가 자주 싸웠어요...그때 나는 움츠려들고, 무섭고...나는 겁나고 두렵고 힘들어 하고..."

Q 그러면 나는 어떻게 행동했나요?

"얼어붙었어요. 아무것도 할 수가 없었어요. 방에서 웅크리고 있으면서, 제발 그만했으면 좋겠다고 생각했어요. 그런 싸움이 왜 일어났는지 모른 채로, 정확하게 기억하지 못해요. 아무것도 하지 않고, 움크리고만 있었죠. 당황스럽고 어찌할지 몰라서..."

---

37 P. Fish · A. Wells(2009), Metacognitive Therapy: Distinctive Features, Routledge.; 『메타인지치료』 정지현역, 학지사. 2016.

ⓠ 그랬군요!

💬 "엄마는 엄마 편을 들라 하고, 아빠는 엄마를 때리기도 했어요...정말로 나는 가
엾고, 불쌍하고, 힘이 없고, 위축된 아이였죠..."

ⓠ 지금은 어떤가요?

💬 "어릴 때와는 조금 다르지만, 현재에도 마찬가지인 것 같아요. 남편과의 관계에
서도 공포감을 느끼죠. 그러면 힘이 없고, 이젠 도망 가죠...예전에는 남편과 맞
서 싸워보기도 했지만...원하는 대로 인정을 해주기도 했지만, 요즘 피하는 게
상책이라 생각을 하고...도망을 가죠. 그날도 친척이 찾아온다고 했어도...이게
나를 보호하는 방법이니까요. 이렇게 했죠."

다시 '동일한 고통을 겪고 싶지 않음', 이것은 경험적 회피이다. 도망은 나
를 보호하는 수단이다. 도망을 정당화시키는 것은 두 가지이다. 대상에 대한 일차
적 화살(Object-level)은 감각적으로 경험된 남편의 폭력이지만, 이차적 화살(Meta-
level)은 공포감을 불러일으키는 메타-인지이다. 이것은 과거의 두려움에 대해 예상
되는 미래의 두려움이다. 어릴 때도 그랬지만 '나는 상처받음을 걱정한다.', '이것
은 공포이다.', '도망이 나를 보호한다.' 이것들은 메타-인지적 신념이다.

그렇다면 여기서 치유전략은 무엇인가? 명상에 기반한 메타인지치료(Meta-
cognitive Therapy)에서 제공하는 치유전략은 무엇인가? 크게 보면 대표적으로 두
가지이다. 첫째는 명상적 접근으로서 '거리를 둔 알아차림(Detached Mindfulness)'
이다. 둘째는 인지행동적 관점에서 '걱정/반추 조율하기(Worry Modulation
Experiment)'이다.

물론 이들 방식은 영상관법에서도 자주 사용하는 방법이다. 첫째 '거리를 둔
알아차림'은 제1장에서 제시한 감정형 영상관법 프로그램에서 사용하는 알아차리
고, 머물러, 호흡과 함께 지켜보기라는 '염지관(念止觀)' 명상에 상응한다. 먼저 핵
심된 장면을 노출시켜 감정을 촉발시킨 다음에 감정과 함께 '몸느낌' 명상을 실시

한다. 이때 감정에 의한 몸느낌을 알아차림하고 그곳에 머물러서 호흡과 함께 충분하게 느껴본다. 그러면 감정은 점차로 가라앉게 되고 나중에는 감정/몸느낌이 감소되고 마침내 소멸을 경험하게 된다. 이렇게 되면 감정으로부터 분리되고 거리 두기가 가능해지는데 이것은 '관찰자기'의 모드에서 비롯된 부분으로 메타-자각의 효과에 의한 것이다. 그럼으로써 몸느낌/감정은 오래 지속되지 않고 결국 사라짐을 통찰하면서 동일한 상황에서도 감정에 끌려가지 않고 차분하게 대응할 수 있는 내적인 힘이 강화된다.

둘째의 '걱정/생각 조율하기' 방법은 사고형 영상관법에서 자주 사용하는 것으로 자신의 생각/걱정/자동사고를 '중얼거리는' 방식과 유사한 기법이다. 제5장에서 기술한 '사고형 영상관법 프로그램'에서 보듯이 먼저 생각/신념을 찾고, 그것을 중얼거리게 한다. 처음에는 스스로 의도적으로 걱정스런 생각과 신념을 소리내서 중얼거리면서 음미해본다. 자신의 걱정을 오히려 크게 소리낸다. 그러면서 자신의 소리를 들으며 그것을 음미한다. 그러다가 점점 주파수를 크게 높여 본다. 특히 집단상담이라면 몸 동작과 함께 큰소리로 외쳐본다.

그러면 감정의 주파수가 더욱 증폭되는 경우도 있지만 대부분 감소되는 경우가 많다. 증폭된 경우는 자신의 걱정을 억압하고 회피한 경우에 해당된다. 그렇지만 점점 주파수를 높여서 큰소리로 자신의 걱정이나 신념을 크게 소리지르면, 내담자는 눈물을 흘리기도 하고 시원하다고 한다. 아니면 자신의 고착된 생각이 소리로 '변조'되는 게 웃겨서 혼자서 웃기도 한다. 그러면서 자신의 걱정과 생각이 별 것 아니라는 통찰 즉, 새로운 메타-인지가 생겨난다. 이 방법은 생각을 바꾸는 인지치료적 방법보다 접근하기가 쉽다. 소크라테스 문답처럼 내담자와 논쟁의 위험이 없는 방법이기에 사고형 영상관법 프로그램에서 자주 사용한다.

마지막으로 영상관법이 끝난 다음에 체험내용을 세 장(처음/중간/끝)의 그림으로 그리게 하고, 다시 그것을 가지고 영상관법의 과정을 리뷰한다. 위의 사례에 해당하는 그림은 다음과 같다.

아래 그림은 사고형 영상관법을 끝내고 처음/중간/끝의 경험내용을 그린 그림이다. 그림에서 사람의 상반신은 몸느낌이고, 아래에 덩어리진 모습은 감정을 표현한다. 첫 번째 제1차 <그림6-4>는 처음 감정에 접촉된 장면이다. 여기서의 감정은 술을 많이 마신 남편과의 전화통화에서 느낀 두려움과 공포감이다. 두통으로 골치가 아프고, 눈에서는 열기와 함께 눈물이 나고, 몸이 하얗게 된다. 강도는 처음 이야기할 때는 100 정도지만 말을 하는 지금은 80 정도이다. 머리와 눈의 색깔이 온통 '검정색'이다. 뭔가 억눌린 상태이다. 무서운 감정은 어찌할 바 모르는 혼돈으로서 뒤얽힌 철사들 같다. 그림에서 주홍색으로 그린 부분은 떨림을 표시한 것으로 머리에서부터 시작되어 어깨와 팔까지 이른다.

영상관법 1차시는 감정형 영상관법으로 진행했고 2차시는 사고형 영상관법으로 진행하였다. 2차시는 생각을 탐색하고 그것을 중얼거리고 음미한 다음 크게 말해보았다. 크게 말을 하고 나니 시원하다고 한다. 이때의 <그림6-5>는 머리와 눈 부위가 열기로 인해서 검정색에서 '빨간색'으로 바뀌었다. 어깨와 팔뚝은 '노랑색'으로 변화되고, 떨림은 욱씬거림으로 변하고, 강도는 80에서 50 정도로 낮아졌다. 반면에 감정의 철사들은 서로 엉키면서 둥글둥글한 모양으로 변했고, 색깔은 푸른 빛으로 바뀌었다.

영상관법 3차시는 몸느낌, 감정, 걱정되는 생각

| 그림6-4 |　처음

| 그림6-5 |　중간

| 그림6-6 |　끝

이 가라앉아서 편안함을 느끼는 장면이다. 위에서 세 번째 <그림6-6>이다. 여기서는 전화를 받는 남편의 목소리를 눈앞에서 관찰하면서 자신의 생각을 지켜보았다. 그 결과를 그려보니 색깔이 전체적으로 연한 보라색으로 바뀌었다. 전 그림과 비교해 보면 얼굴 표정도 확실하게 밝아졌다. 감정 역시 보래색으로 바꾸었지만 회색 색깔의 파편이 나타났다가 사라지면서 눈앞에서 어른거렸다고 한다. 강도는 30를 지나서 완전히 편안해졌고, 뒷골의 당김도 없어졌고, 정수리가 가렵다고 한다.

영상관법 4차시는 역할극으로 진행했다. 그리고 같은 장면에 노출될 때 다시 감정이 일어나는지를 확인할 목적으로 집단의 참가자로 하여금 술취한 남편 역할을 대리해서 전화하게 했다. 그랬더니 내담자/주인공은 내 이야기가 아닌 것 같고, 상황이 우수꽝스럽고, 몸느낌은 일어나지 않는다고 보고한다. 술취한 남편이 전화를 거는 장면 자체가 떠오르지도 않는다고 보고한다. 눈물을 흘린 이유가 무엇인지에 대해서는 자신이 '불쌍하고 가엾고 안타까워서' 눈물이 났다고 한다. 자신에 대한 연민으로 눈물을 흘린 것이다.

논의사항

인지행동치료나 메타-인지치료에서는 부정적인 행동이나 생각을 바꾸기 위해서 다양한 기술들을 사용하지만, 명상상담의 영상관법에서는 아예 처음부터 '생각바꾸기' 작업을 하지 않는다. 멈출 수 없는 자신의 걱정과 생각을 분명하게 자각하고 그것을 있는 그대로 표현하고 바라보는 명상작업만으로도 충분하다고 본다. 이런 점에서 통제적 전략보다는 수용-통찰전략을 취한다.

첫째로 자신의 생각이나 걱정을 큰 소리로 말하게 방법은 인지적 노출치료가 아닌가 하는 반론이 있을 수 있다. 자신의 생각이나 걱정거리를 충분하게 자각하고 객관적으로 거리두고 바라보게 하는 작업은 명상상담의 영상관법과 인지치료 혹은 메타인지치료가 함께 적용된 부분이다. 그러나 정확하게 그 원류를 말하면 명상적 접근방법에서 자주 사용하는 '이름 붙이기'의 일종으로 나중에 인지행동치료에서 채택한 기법이다.

둘째는 집단상담에서 사용한 역할극은 반드시 명상적 접근이 아니라는 지적이다. 여기서 사용한 역할극은 점검 차원에서 이루어졌다. 전통적인 심리극은 아니다. 심리극의 핵심이 노출하고 충분하게 재경험하기이다. 여기서는 영상관법에 의한 치유작업이 끝나고 그것의 효과성을 검증하거나 점검하는 단계로 사용한 것이다. 처음부터 치유적 목적으로 사용한 것은 아니다. 다시 말하면 순수한 심리극이 아니라 '명상에 기반한 역할극'이란 표현이 더 정확하다.

셋째로 메타-인지와 메타-자각을 구분하는 문제이다. 필자는 영상관법을 비롯한 명상작업의 특징적 요소를 '메타-인지'보다는 '메타-자각'이란 표현을 사용한다. 왜냐면 감각자료에 근거한 생각 자체를 바라보고 통찰한 결과는 언어적인 분별이나 생각을 바꾸는 지식이 아니기 때문이다. 영상관법의 궁극적 목표가 마음의 청정함과 같은 개운함이나 밝은 미소와 같은 치유 경험적 요소를 강조하기 때문이다.

넷째로 그림 그리기이다. 영상관법이 끝나고 그림을 그리는 것이 미술치료적 접근이 아닌가 하는데, 이점은 올바른 지적이다. 그러나 이 경우도 치료적 목적보다는 영상관법이 끝난 이후 보조적으로 사용된다. 반드시 그림을 그려야 할 이유는 없다. 영상/이미지와 그림은 상통한 점이 있다. 그림은 제3자의 입장에서 시각적으로 보여주는 효과가 있고, 그것을 통해서 소감나누기를 할 수 있는 장점이 있다. 종종 그림을 그리면서 새로운 통찰을 경험하는 사례도 있기에 유용한 전략이다.

4

수용전념치료(ACT)와 영상관법 진행사례

인지행동상담에서 자주 사용하는 소크라테스의 문답법이나 메타인지치료에서 사용하는 메타신념을 수정하는 걱정 조율하기 등은 확실히 내담자의 신념과 같은 인지구조를 변화 혹은 수정하고자 하는 의도가 있다는 점에서 통제적 전략에 속한다. 물론 이런 접근이 잘못되었다는 말은 아니다. 특히 왜곡된 인지구조나 신념체계를 수정하는 일은 필요한 작업이다. 그러나 이런 통제적 접근은 오히려 역효과를 만들어내는 까닭에 특히 수용전념치료(ACT)에서 사용하는 수용전략이 요구된다.

영상관법에서 사례개념화작업을 하거나 사례분석을 할 때는 인지행동치료적 기술을 원용하지만, 의도적으로 인지적인 왜곡을 수정하려는 시도를 하지 않는다는 점에서 수용전략계열에 속한다. 인지행동치료의 통제적 전략은 역시 가치 있고 필요한 까닭에, 영상관법에서는 수용적 전략인 수용전념치료(ACT)적 접근과 함께 통합적으로 접근한다.

1) 통제전략과 수용전략

수용(Acceptance)이란 말은 수용전념치료(ACT)에서 자주 사용한다. 개인이 경험하는 사건에서 느끼는 감정이나 생각, 혹은 신체적인 느낌을 존재하는 그대로 받아들인다는 의미이다. 이것은 갈등상황에서 상대방의 의견을 받아들인다는 의미와는 약간 다르다. 여기서는 자신의 경험내용에 대해서 회피하거나 억압하지 않고, 그것을 존재하는 그대로 받아들인다는 것을 의미한다.

이산화탄소 흡입실험

자신의 감정이나 생각을 어떻게 평가하느냐에 따라서 기꺼이 수용하기도 하고 반대로 그것들을 억압하여 회피하기도 한다. 긍정적 평가는 직면하게 하지만 부정적인 평가는 도망가게 한다. 이런 점은 메타-인지적 관점을 드러낸다. 특정한 사건에서 자신의 감정이나 생각에 대해서 회피하거나 억압한다는 것은 상황이나 자신을 통제하려는 전략이다.

현대 자본사회는 생산성을 높이기 위해서 물적 인적인 관리를 엄격하게 진행한다. 우리는 모든 경쟁에서 생존하기 위해 필요한 것은 통제전략이라고 알고 있다. 물론 통제전략은 생존에 필요한 유용한 방식이다. 하지만 이 전략은 개인들에게 심각한 스트레스를 부과하고 결과적으로는 사업적 실패로 나타나는 경우가 많다. 이것과 관련하여 좋은 실험의 예가 있다. 이 실험의 이름은 불안환자들을 대상으로 하는 '이산화탄소 흡입실험(carbon dioxide challenge test)'이다.[38]

집단을 수용집단과 통제집단으로 분류한다. 수용집단은 그것이 무엇이든지 받아들이는 훈련을 했던 사람들로 구성되고, 통제집단은 자신을 통제하는데 익숙한 사람들의 집단이다. 이들에게 이산화탄소(carbon dioxide)가 들어있는 비닐 봉지를 통해 공기(이산화탄소 35%, 산소 65%)[39]를 10분간 흡입하게 했다. 이산화탄소를 마시면 역겨워서 회피행동을 취할 뿐만 아니라 심한 경우는 죽을 것 같은 공포감을 경험하게 된다. 이런 경험에 대해서 어떻게 반응할까?

통제에 익숙한 집단은 참여자들 가운데 20%가 중간에 포기하거나 실제로 발작을 일으키는 사람들이 나타났다. 그러나 자신의 경험을 수용하도록 훈련된 집단에서는 중도탈락자가 하나도 나타나지 않았다. 결과적으로 이 실험은 수용전략을

---

38 Eifert, G. H. & Forsyth, J & P.(2005). Acceptance & Commitment Therapy for Anxiety Disorders: A Practitioner's Treatment Guide to Using Mindfulness, Acceptance, and Values-Based Behavior Change Strategies. Oakland: New Harbinger Publication.

39 공황장애 환자들에게 진단목적으로 사용하기도 함.https://chdr.nl/clinical-studies-development/

선택한 사람들이 오히려 자신을 훨씬 잘 통제한다는 시사점을 제공하였다. 다시 말하면 부정적인 생각과 감정을 억압하고 회피하는 전략은 오히려 불안을 증가시킨다. 이것은 메타-인지적 통제적 방식이 문제 해결책이 아님을 보여준다.

이 실험에서 공포감을 그대로 수용한다는 말은 그 경험을 기꺼이 받아들인다는 것이다. 반면에 통제한다는 말은 경험하는 공포감을 변형시키거나 감소시키려는 노력을 의미한다. 곧 비닐종이를 코에서 떼어내거나 그렇지 않으면 발작 행동을 일으키는 것을 말한다.

일상의 다른 사례로 연인과 헤어지게 되어 공허감이 밀려오면 그것을 달래기 위해서 술을 마시는 사람이 있다고 하자. 여기서 술을 마시는 행동은 공허감을 감소시키려는 통제적 행동이다. 여기서 통제의 대상은 가슴에서 느껴지는 공허감이다. 이런 불쾌한 경험을 제거하는 행동이 술을 마시는 행동으로 나타난 것이다. 이것은 자신의 경험에 대한 회피를 의미한다. 그리고 이러한 행위는 공허감을 감소시키기보다 오히려 공허감과 상실감을 반복적으로 경험하게 만든다. 사실상 자신의 부정적 감정에 대한 통제가 바로 문제행동이 되는 것이다.

그렇기에 자신의 경험을 회피하지 않고 직면하여 그것을 온전하게 수용한다는 것은 마음치유의 첫 번째 단추가 된다. 명상할 때 떠오르는 잡념을 통제하려고 하면 더욱 생각들이 몰려옴과 같다. 긴장하면 할수록 더욱 집중하기 어렵다. 외적인 물질적 대상은 통제전략이 유효한 경우가 많다. 하지만 마음의 경우는 비효과적이다. 불안을 통제하여 억압하면, 다른 마음들도 함께 억압된다. 그래서 우울을 통제하려는 전략이 우울을 계속적으로 약을 복용하게 할 수 있다. 이렇게 되면 깨어있는 긍정적인 마음까지도 몽롱하게 만들어 버린다.

이런 점에서 경험을 있는 그대로 수용하는 우리가 살면서 학습해야 할 중요한 삶의 기술이다. 살아가면서 항상 좋은 일만 겪을 수 없지 않는가? 싫고 어렵고 힘든 일도 경험하지 않는가? 그래서 수용한다는 말은 설사 그때의 경험내용이 불쾌하거나 혐오스런 자극이 된다고 하더라도, 그것을 인위적으로 변화시키려는 의도를 갖지 않고 존재하는 그대로 경험한다는 말이다. 이런 경험을 통해서 우리는 개방적 태도와 유연성을 확보하게 된다.

개방성이란 세계에 대한 보다 넓은 시각이다. 개인들은 자신이 경험하는 사건에 갇혀 지내는 경향이 있다. 수용적 태도는 좁아진 주관적 시각을 넓게 만들어준다. 우리는 넓어진 시야를 통해서 효과적이고 유연한 행동을 선택할 수 있다. 자기 시각에 갇히게 되면 경직되어 동일한 행동을 반복한다. 유연성은 습관적이고 관습적인 행동을 융통성 있게 만드는 데 필요한 심리적 여유를 제공한다.

수용적인 태도는 깊은 정서적인 안정을 바탕으로 하고, 내적으로 보면 깊은 침묵의 고요함에서 비롯된 자질이다. 이런 자질은 결국은 명상을 통해서 확보되고 계발된다.

일상에서 우리는 상황을 수용하기보다는 통제하려 한다. 그래야 힘이 있다고 느낀다. 이런 습성은 현대 자본 사회에 의해서 조장되기도 한다. 우리는 생산성을 높이기 위해서 물적 인적 관리를 엄격하게 실행한다. 통제전략은 경쟁에서 생존하기 위한 최상의 전략처럼 보인다. 하지만 이 전략은 개인들에게 심각한 스트레스를 부과하고 대인관계를 악화시켜 결과적으로는 성장을 저해하는 부정적인 영향을 준다.

탈동일시

명상의 심리치료적 효과를 설명할 때 탈동일시, 탈융합, 탈중심화와 같은 용어를 사용한다. 탈동일시는 정신분석 전통에서, 탈융합은 수용전념치료에서, 탈중심화는 인지행동치료에서 사용하는 용어이다. 이들 용어는 동일하지만 사용하는 맥락에 따라서 미묘한 차이를 보여준다.

탈동일시란 용어는 '동일시에서 벗어난다'는 의미로 영어 'Dis-identification'의 번역어이다. 'identification'란 '신분증', '신원 확인'이란 뜻이다. 공항 등에서 신분증은 자신을 스스로 증명할 때 사용된다. 심리학에서는 다른 사람의 존재나 행동을 자기 자신과 동일하게 여김으로써 만족감을 느끼는 심리현상을 '동일시'라고 한다.

이를테면 청소년들이 자신이 좋아하는 가수나 스포츠 스타의 행동을 그대로 따라하거나 머리나 옷차림을 동일하게 함으로써 만족을 느끼는 행위를 가리킨다. 이러한 행위를 반드시 부정적으로 볼 필요는 없다. 자기가 좋아하는 인물의 행동을 모델링하는 것은 청소년들에게 긍정적인 영향을 주기도 한다.

심리학에서는 동일시를 외적인 대상보다는 내적인 마음현상에 대한 집착의 의미로 사용된다. 동일시와 탈동일시를 심리치료의 중요한 기술로 사용한 인물은 이탈리아의 정신통합 심리학자 아싸지오리(Roberto Assagioli, 1888~1974)이다. 그에 따르면[40], 동일시는 다양한 대상이나 인물들을 자신과 동일시하면서 생겨난 자기 이미지이다. 이런 동일시된 이미지들은 긍정적으로 작용할 때도 있지만, 부정적인 역기능으로 작동하면서 성장을 방해하는 경우도 있다. 성장이란 부정적인 낡은 이미지를 떨쳐내고 새롭고 건강한 이미지를 내면에서 만들어내는 창조적인 과정이다. 그는 이것을 '탈동일시'라고 부른다[41].

---

40 통합적 치료를 개척한 이탈리아 아싸지올리(Assagioli, 1888-1974)는 정신분석적 훈련을 받은 정신과 의사였다. 나중에 그는 '정신통합(Psychosynthesis)'의 접근방법을 개발해서(Assagioli, Roberto. 2012. Psychosynthesis: A Collection of Basic Writings. Psychosynthesis Center Publishing.) 명상을 매우 중요한 치료적 도구로 사용한다. 아싸지올리의 명상치료는 1. 마음의 안정에서 시작하여, 2. 문제를 숙고하는 사색적 명상, 3. 상위의식의 메시지를 수용하는 수용적 명상, 4. 실제 생활에서의 표현과 실천의 단계인 창조적 명상을 거친다.(김지명, 2014. 불교에서 본 아싸지올리(Assagioli)의 명상관 -「니까야」와 『청정도론』을 중심으로, 『종교문화연구』vol23. 한신대학교 종교와문화연구소. pp.277-307.)

41 그는 명상의 핵심기술을 '탈동일시(dis-identification)'로 설명한다. 불건강한 경우에 대체로 자신의 신념이나 자기 이미지, 혹은 자신의 생각과 욕구 등을 자신과 동일시하여 끌려다니게 된다. 이렇게 되면 객관적으로 자신을 관찰할 수 없고, 오히려 자신과 타인뿐만 아니라 세계를 왜곡시키면서 고통을 증대시킨다. 자기-동일시에 끌려다님으로부터 벗어나는 '탈동일시' 경험은 스스로를 통제하게 하고, 자아의 환상에서 깨어나게 하는 정신건강에 핵심적 역할을 한다.(Will Parfitt, 2006. Self Identification and Disidentification, Psychosynthesis: The Elements and Beyondhttps. www.willparfitt.com) 이렇게 보면 탈동일시는 집착으로부터의 분리 과정이고, '상위-자각(meta-awareness)'으로서의 사실상 자아-초월적 경험이고, 명상에서 말하는 자기 관찰적 마음에 대한 심리학적 해명이다.

낡은 이미지는 새로운 이미지에 통합되는데 이런 과정은 심리치료의 과정이기도 하다. 동일시는 특정한 이미지에 지배받는 심리적 현상으로 사회 속에서 정체성을 확립하고 적응하는데 도움을 준다. 그러나 동일시된 대상에 과도하게 집착하면서 새로운 자기 이미지를 만들어가는 것을 거절하면서, 상당한 수준의 고통을 받을 수 있다.

자기 이미지를 제3장에서는 '투사적 동일시'란 표현으로 설명한 바가 있다. 거울의 비유에서 거울에 비친 이미지를 자기라고 동일시하는 것이다. 제8식에 저장된 정보가 의식의 표층에 출현하면 이것은 '투사'이고, 투사된 이것을 자기[我]이고 자신의 것[我所]이라고 집착하면 동일시가 된다. 외부의 대상을 향해서 집착하는 경우도 마찬가지이다.

불교심리학의 입장에서 동일시 과정을 설명해 보자. 『반야심경』의 '오온이 모두 공함을 비추어보라. 그러면 고통과 액난을 벗어난다(照見 五蘊皆空 度一切苦厄)'는 구절은 매우 유명한 경구이다. 여기서 오온이란 우리의 감정이고 생각이다. 우리는 자신의 감정과 생각을 나라고 집착을 한다. 그러면서 자신의 자아 이미지를 만들어낸다. 즉, 자신의 감정과 생각에 집착되었다면 그는 감정과 생각을 자신의 '소유[我所]'라고 믿는 것이고 나아가서 그 감정과 생각은 바로 '자신[我]'이라고 믿게 된다. 이것은 내면에서 생겨나는 생각이나 감정에 끌려가는 것으로 동일시 현상이다. 이렇게 자신의 생각이나 감정 혹은 갈망의 '자기 이미지'에 붙잡히고 갇혀있는 한 고통에서 벗어날 길이 없다.

이를테면 어떤 사람이 '나는 존중받아야 해'라는 생각에 깊게 빠져있다. 그래서 자신의 주변 인물들이 자기에 대해서 존중하지 않는 태도를 보일 때마다 화를 내는 사람이 있다면 그는 자신의 이미지나 생각에 '동일시'된 상태라고 진단한다. 동일시 현상은 일상의 삶에서 매우 자주 목격 가능한 현상이다. 이런 동일시 현상에서 벗어나는 것을 '탈동일시'라고 말한다. 고통에서 벗어나는 탈동일시는 어떻게 가능할까?

우선 제1단계(vitakha)로 동일시된 현상 즉, 이미지 혹은 그 대상을 찾아내는 작업이 필요하다. 동일시 현상을 발견해냈다면 2단계(vicāra)로 그것을 정밀하게 관찰하는 작업이 필요하다. 정밀하게 관찰함은 정서적으로 충분하게 경험하기를 포함한다. 제3단계(magga)는 현실 속에서 어떻게 행동할지를 선택하는 행동작업이다. 이것은 과거의 습관화된 행동과 비교하여 그것을 교정하거나 수정하는 작업을 내포한다.

물론 이전의 낡은 이미지를 새로운 자기 이미지로 수정 교정 교체하는 작업은 결코 쉽지는 않다. 그렇지만 이런 작업이 보다 효과적으로 이루어지기 위해서는 먼저 자신의 마음현상을 존재하는 그대로 관찰하는 조견(照見)의 연습이 필요한데, 이것이 바로 명상훈련이다.

명상은 동일시 현상을 발견하게 하고, 나아가서 탈동일시를 생성하는데 중요한 역할을 하는 창조적인 활동이다. 왜 그런가? 우선 자기를 끊임없이 관찰하는 명상은 동일시된 이미지를 발견하는데 도움을 준다. 다음으로 명상은 발견된 이미지를 수정하려하지 않고 그자체로 알아차림하고 수용하는데 관심을 갖는다. 그럼으로써 집착된 자기 이미지로부터 자유로워진다.

탈융합

요즈음 '융합(fusion)' 혹은 '퓨전'이란 말이 자주 사용된다. 퓨전음악, 퓨전음식이란 말처럼 서로 다른 분야가 결합하여 새로운 상품이나 물질을 만들어내는 방식을 말한다. 동양의 음악과 서양의 음악이 뒤섞이고, 맥주와 소주를 혼합하여 마신다. 이런 현상은 동서양의 문화적인 교류가 심화되면서 생겨난 현상이다.

자동차와 컴퓨터의 기술이 융합되고, 명상과 상담이 만나서 명상상담이 되고, 심리학과 법학이 만나서 새로운 학문분야가 탄생하기도 한다. 또한 교육에서는 융합적 사고를 가진 인재를 양성할 목적으로 교육과정을 개편하기도 한다. 산업화의 진행과 더불어 학문분야가 전문화되고 영역별 간극이 심화되면서 융합의 필요성이 제기된 것이다. 융합 혹은 퓨전이란 용어는 오늘날 문화 전반에 나타난 현상을 설명하는 데 중요한 키워드이다.

한편 심리학에서는 융합이란 용어가 긍정적으로만 사용되지 않는다. 이를테면 가족관계에서 엄마와 딸이 서로의 성장에 방해될 만큼 서로 의존하여 분리되지 않는 상태를 '융합'이라고 한다. 엄마는 딸의 모든 일들을 걱정한다. 어떤 바지와 치마를 입을지 결정해준다. 물론 가능한 이야기이다. 하지만 딸이 대학을 다니고 있어도 여전히 모든 일정을 점검한다. 심지어는 손톱의 매니큐어 색깔까지 결정해준다. 딸의 자율권을 손상시킨다. 반대로 딸은 어떨까? 밖에서 경험한 사소한 것들까지 무엇이든지 엄마에게 말하고 의사결정을 할 때마다 엄마에게 물어본다. 그렇지 않으면 불안하고 자신의 결정에 자신감을 가질 수가 없다. 이런 상태를 '융합관계'라고 부른다.

융합관계에 있다가 서로가 분리되는 순간에는 매우 힘든 경험을 한다. 억울하고 배신감을 느낀다. '내가 그렇게 잘 해주었는데, 어떻게 내게 그럴 수 있어.' 엄마는 딸을 원망한다. 이런 엄마를 보는 딸은 엄마에게 잘못했다고 말하면서 모녀는 옛날의 익숙한 융합관계를 다시 유지한다. 서로 매우 불편하지만 분리의 고통이 더 크기 때문에 어쩔 수가 없다.

가족관계가 아닌 심리 내적인 대표적 융합관계는 생각과 행동의 융합이다. 생각하면 즉각적으로 행동하는 것을 말한다. 혹은 감정과 생각과의 관계에서 생각과 감정이 서로 분리되지 않고 양자가 서로 혼재되어 있을 때도 융합되었다는 표현을 사용한다. 양자는 구분되지 않아 감정이 생각이고 생각이 곧 감정이다. 이런 까닭에 '수용전념치료(ACT)'에서는 심리치료의 중요한 목표를 '탈융합(defusion)'에 둔다.

그래야 심리적인 경직에서 벗어나 유연성/탄력성을 회복하게 된다. 특히 특정한 언어적인 판단에 지배받을 때 융합되었다고 말한다. '나는 패배자야', '나는 무가치해'와 같이 만약 어떤 사람이 이런 생각에 압도당하여 우울증에 빠져 집안에 갇혀 지낸다면 융합된 상태라고 말한다. 이런 생각에 빠지면서도 여전히 흔들리지 않고 자신의 일들을 해낸다면 이런 상태를 융합된 상태라고 말하지는 않는다.

비유적으로 말하면, 융합은 자신의 언어적 안경을 쓰고 '그것을 통해서' 세상을 바라보는 것이다. 반대로 탈융합은 안경을 '벗고서' 자신과 세상을 보는 것을 말한다. 융합상태에서 탈융합으로 옮겨가려면 먼저 자신이 어떤 종류의 안경을 쓰고 있는지 알아차려야 한다. '난 아무 것도 할 수 없어.'라고 하면서 이것을 굳게 믿는다면, 그는 실제로 아무 것도 할 수 없는 상태가 된다. 하지만 이 순간에 자신의 생각이나 신념을 존재하는 그대로 '알아차림' 한다면, 그는 새로운 행동을 선택할 수 있는 여유가 생겨나지 않겠는가?

특히 선불교에서는 '문자를 세우지 않고[不立文字] 언어적인 가르침 밖에 별도로 전해진[教外別傳] 가르침이 있다'고 말한다. 경전(『대승입능가경』)에 의하면 부처님께서는 48년 동안 설법을 하셨지만 '한마디도 설하지 않았다'고 하시고, 선종사찰의 입구에는 평전(平田)선사(770-843)의 '이 문에 들어는 자[入此門來者]는 지적인 이해를 내지 말라[莫存知解]'고 하는 문구가 있다. 이 말은 설사 고결한 가르침이라고 해도 집착하지 말라는 의미가 있다.

하지만 우리의 일상은 온통 언어적인 지식에 갇혀 있다. 하얗고 달콤한 크림빵이 입안에 있다는 말을 들으면 우리는 입안에 침이 가득 고인다. 이런 식으로 인터넷과 TV에서 쏟아지는 언어적 정보는 우리의 의식을 지배하고 우리의 생리적인 기능까지 장악하고 있다. 언어는 우리의 경험을 변화시키고, 존재 자체를 통제한다. 우리는 언어적 문화라는 거대한 감옥에 갇혀 있다. 그러면서도 이 사실을 보지 못한다.

일반적으로 심리상담이나 심리치료에서 개인적인 '자아(ego)'나 사회적 '자기 (self)'를 강화시키는 경향이 있다. 고통을 받는 스스로 자존감(Self-esteem)이 낮기 때문이다. 인지행동치료에서는 '나는 실패자이다.', '나는 희망이 없어.', '나는 바보야.'와 같이 부정적이고 상처받은 자아개념을 보다 융통성이 있는 낙천적인 수준으로 수정하는 것을 중요한 치료 목표로 설정한다. 그래서 '나는 희망이 없는 곳에서도 대안을 찾아내곤 한다.', 혹은 '나는 실패를 할 때도 있지만, 성공하는 경우가 더 많다.'고 긍정적인 자기개념으로 바꾸는 것을 심리상담의 목표로 삼는다.

하지만 불교심리학에서는 '무아(無我)'를 이야기하면서 이런 자아개념을 강화하는 것이 오히려 고통의 원천이라고 주장한다. 왜냐면 약한 자아와 강한 자아는 서로 연결되어 있기 때문이다. 사실 강한 자아는 약한 자아를 기반으로 성립되고, 약한 자아 역시 강한 자아에 대한 상대적인 개념일 뿐이다. 이들은 서로 밀접하게 관련되어 있기에 한쪽의 강화는 결국 역설적으로 다른 쪽을 잉태한다. 실제로 우리는 항상 높은 수준의 자존감을 유지할 수가 없다. 높은 자존감은 역설적으로 쉽게 상처받는 약한 자아개념일 가능성이 높다. 강한 자아란 결국 통제적 전략을 선택하게 만드는 요소이기도 하다.

헥사모형

이런 이유로 수용전념치료(ACT)에서는 기존 자아개념의 수정전략을 '통제'나 '회피'라고 보고 이것이 오히려 증상을 악화시킨다고 주장한다. 존재 자체를 그대로 수용하는 전략이 불안을 감소시키는데 더욱 효과적이라는 상담/치료전략을 세운다. 이것은 아래 <그림6-7>(출처: https://aurorafcs.org/seminars/act)과 같이 '헥사모형(hexaflex act model)'으로 대표된다.

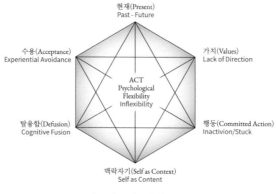

| 그림6-7 | 헥사모형

　이것은 ACT의 핵심된 6가지 접근방식이다. 크게 3단계로 구분된다. 제1단계는 세계에 대해서 '회피'하지 않고 존재하는 그대로 정확하게 이해하는 명상(Mindfulness)에 의한 (1) '현재에 머물기'와 자신의 경험을 (2) '수용하는' 과정(Acceptance Process)으로 이해한다면, 제2단계는 개념적 자기로부터 (3) 탈동일시나 탈융합에 의한 (4) '진정한 자기 탐색'의 과정이다 마지막 제3단계는 가치작업으로 (5) '가치방향'의 탐색과 현실 속에서 실천하는 (6) '전념(Commitment)'의 단계이다. 이들의 주요 치유전략을 간단하게 살펴보자.

　첫째, 먼저 과거의 트라우마나 미래에 의한 집착(Past-Future)으로부터 **현재에 접촉하기**(Contact with the Present Moment)이다. 불안이나 우울 등을 겪는 환자나 내담자는 대부분 시간을 과거나 미래의 경험에 집착함으로써 지금 여기의 현재를 접촉하지 못한다. ACT에서는 개념화된 과거나 미래로부터 현재로 되돌아오고 현재에서 의미 있는 행동을 할 수 있게 돕는다. 그럼으로써 삶이란 불행하거나 행복하든지 현재에 발생된 사건이고, 이 현재의 경험에 직접적으로 접촉하는 것임을 자각하도록 돕는다. 이런 자각은 환자나 내담자가 미래나 과거의 경험에 대한 집착에서 벗어나게 하여 보다 유연하고 여유 있는 삶의 태도를 갖게 한다. 알아차림 명상을 통해서 현재에 머물러서 충분하게 경험하고, 설사 불쾌한 감정일지라도 회피하거나 억압하지 않고 온전하게 경험하게 하는 수용이 중요하다.

둘째로 회피(Avoidance)로부터의 **수용(Acceptance)** 전략이다. ACT에서는 내담자나 환자의 병리적 특징이 불안이나 걱정으로부터의 회피나 통제에 의한 것으로 보기에, 최우선적으로 감정적인 통제나 회피의 패턴과 방식을 탐색하고, 그것들에 대해서 자발적인 수용을 학습시킨다.

예를 들면 외상 후 스트레스 장애를 가진 내담자가 상처받는 장면을 생각하고 싶지 않다고 강박적으로 회피하는 행동을 한다. 그렇지만 역설적으로 그것으로부터 회피하려고 할수록 더욱 그것에 매달리게 되는 현상이 일어나게 된다. '어떤 X를 생각하지 말아야지' 생각하면 할수록, 우리는 이미 벌써 X에 주의를 두고 더욱 X를 불러일으키는 결과를 가져온다.[42] 그 어떤 X를 회피하려는 걱정이나 상상이 오히려 함정과 덫이 되어 더욱 갇히게 된다. 웅덩이에 갇힌 사람이 빠져나오기 위해 애를 쓸수록 웅덩이 안으로 파고드는 형국이 된다. 열심히 빠져나가기 위해서 웅덩이 파지만 그는 더욱 경직되고, 근심이 늘어나고, 불안해진다.

여기서 웅덩이를 빠져나가는 방법으로 수용(Acceptance)을 권한다. 수용은 불안을 회피하고 통제하려는 의도를 포기하는 것이다. 내담자나 고객에게 지금까지 얼마나 많은 회피와 통제의 시도를 했는지 그리고 그것에 대해서 얼마나 성공했는지를 묻고 확인하는 것은 회피와 통제의 전략이 효과적이지 못함을 자각하게 한다. 이것을 '창조적 절망(Creative Hopelessness)'이라고 한다. 창조적 절망은 웅덩이에 갇힌 사람에게 지금까지의 방법을 포기하게 하고 새로운 길을 탐색하게 한다는 점에서 상담 초기에 중요한 기술이다. 내담자는 창조적인 절망을 통해서 불안과 걱정을 그 자체로 수용할 수 있게 된다.

셋째는 융합(Fusion)으로부터 **탈융합(Defusion)**의 전략이다. 대부분 불안을 가진 내담자는 불안을 회피하고 모면하기 위한 이유나 변명을 적극적으로 만들어 낸다. 장애를 가진 내담자는 정말로 가치 있고 필요한 활동을 회피하는데, 이때 그

---

42 Jason B. Luoma, Steven C. Hayes, Robyn D. Walser(2017), Learning ACT: An Acceptance and Commitment Therapy Skills Training Manual for Therapists. Context Press.

들은 필요 없다는 이유를 만들거나 상대방을 비난한다. 이것은 주로 경험적 회피(experiential avoidance)와 인지적 혼란(cognitive fusion)에서 비롯된다. 하지만 이들은 행동주의자들이 말하는 학습이라든가 혹은 인지치료에서 말하는 자동적인 사고에 의해서 기능하는 것이 아니다. ACT에서는 사건과의 관계 혹은 맥락에서 비롯된다고 본다. 특히 이런 맥락이론에서 보면 인지치료의 부정적인 생각을 수정하지 말라고 통제하는 것은 곧 역설적으로 그런 생각을 만들어낸다고 본다. 그래서 선택한 것이 알아차림(mindfulness)과 탈융합(defusion)의 전략이다. 이것이 부정적인 경험에 대한 회피와 언어적인 규칙에서 비롯된 인지적 혼란을 줄일 수가 있다고 본 것이다. 우울환자가 "내가 만약 자살을 한다면 고통을 없앨 수가 있을 거야. 이것은 좋은 일이야."[43]라고 혼자 중얼거리는 것은 인지적 융합을 보여준다. 이것은 부정적 메타-인지적인 관점이기도 하다. 여기서 분리는 사건 상황에 개입된 개인적인 경험맥락을 분명하게 자각함으로부터 생겨난다. 이것은 생각을 바꾸려는 통제적 노력이 아니라 개인적인 사건의 경험에 대해 둔감화되고 객관화되는 것을 말한다. 그럼으로써 생각은 단지 생각일 뿐임을 자각하게 된다.

넷째는 **개념적 자아**(Self as Content)로부터 **맥락으로서의 자기**(Self as Context)에 대한 자각이다. 맥락으로서의 자기란 개념화된 자기의 개념을 대체하는 것을 말한다. 개념화된 자기란 사회적인 관계를 통해서 형성된 자기개념이다. '나는 전문가이다.' '나는 바보다.' '나는 희생자에 불과하다.' '나는 돈이 필요하다.' 등과 같이 언어적인 개념에 의해서 파악된 자기이다. 이것은 사회적인 활동을 통해서 적응되거나 형성된 까닭에 유용하지만, 개인에게 동시에 많은 고통을 주고 불안감을 안겨다 준다. 반면에 맥락적인 자기는 고착되고 굳어진 지식에 의해서 파악된 자아가 아니라 맥락/상황에 의해서 매우 융통성이 있는 자기로서, 자신의 모든 경험을 수용하고 관찰할 수 있는 심리적으로 안전하고 지속적인 자기를 말한다. 맥락적 자

---

43 Hayes, S. C., Follette, V. M., Linehan, M. M. (2004) Mindfulness and Acceptance: Expanding the Cognitive-Behavioral Tradition, New York: The Guilford Press.

기는 저기보다는 여기, 과거나 미래보다는 지금을 강조하는 자기의식을 말한다.

다섯째는 가치결여(Lack of direction)로부터 **가치방향 탐색**(Values)이다. 여기서 가치는 매우 일상적인 의미이다. 이를테면 친구가 영화를 보자고 제안을 했다. 그런데 영화를 보는 것보다는 친구들과 만나는 것 자체가 불안하고 그들이 자신을 어떻게 볼지 걱정하다가 결국은 포기한다고 할 때 가치탐색을 할 수가 있다. 정말로 원하는 것이 무엇인지, 친구와의 관계가 문제인가, 아니면 무엇이 나를 힘들게 하는지, 내 삶에서 무엇이 가치 있는지 등 실제로 본인이 원하지만 못하고 있는 것이 무엇인지를 살펴보는 것이다. 부정적인 감정과 싸우면서 실질적으로 희생된, 그래서 하고 싶었지만 못했던 것들을 탐색한다.

여섯째는 무기력(Inaction)이나 파업(struck)으로부터의 **행동전념**(Committed Action)이다. 가치 있는 방향으로 삶의 나침반을 설정하였으면 그것들의 장애들을 잘 통찰하여 구체적인 행동을 선택하고 책임감 있게 실행한다. 여기서는 생각과 행동이 구분된다. 생각은 행동하지 않고 단지 걱정만 하고 있는 것을 말한다. 행동은 실질적이며 구체적으로 행동하는 것이다. 설거지와 같은 매우 일상적인 행동, 숙제와 같은 학습 활동이나 친구와 함께 영화를 보는 것 등을 포함한다. 불안과 우울과 같은 부정적인 감정을 털고 일어나 자신의 삶을 사는 것을 의미한다.

세 종류의 자기

이들 6가지의 주요한 치유 전략은 결국은 명상에 의한 수용, 참된 자기발견과 가치선택을 통한 행동변화로 요약된다. 이때 명상은 가장 기본적인 전략으로 채택되고 있다. 이 6가지의 치유적 전략에서 명상은 직·간접적으로 모두 관여된다는 점에서 매우 중요한 핵심 요소이다. 다음으로 귀중한 지점은 융합된 자기로부터 탈융합하는, 거짓된 자기를 벗겨내고 진정한 '자기'를 찾는 과정이다.

수용전념치료(ACT)에서는 자기(Self)를 세 가지 유형으로 구분한다. '개념적 자기(Self as Concept)', '과정적 자기(Self as Process)', '맥락적 자기(Self as Context)'
가 그것이다.[44] 학자에 따라서 개념적 자기는 '내용적 자기(Self as content)', 과정적
자기는 '현재의 자기-자각(Ongoing Self-awareness)', 마지막으로 맥락적 자기는 '관
찰적 자기(Observing self)' 혹은 '관점적 자기(Self as perspective)'로 부르기도 한다.[45]
이들은 세 종류의 자기는 아래와 같이 정리된다.

  - 개념적 자기(Self as Concept)/내용적 자기(Self as content)
  - 과정적 자기(Self as Process)/현재의 자기-자각(Ongoing Self-awareness)
  - 맥락적 자기(Self as Context)/관점적 자기(Self as perspective)/관찰적 자기
    (Observing Self)

이들에 대한 호칭은 학자들마다 조금씩 다르다. '개념' 자기와 '내용' 자기는
서로 큰 차이점이 없어 문제가 되지 않는다. '과정' 자기와 현재적 자기 '자각'도 다
르지 않다. 마지막 맥락적 자기나 관점적 자기도 서로 유사하고 다르지 않다. 그러
나 '관찰'자기는 두 번째로 옮겨서 이해하는 것이 좋겠다.

인생을 바둑에 비유해 보자. 이를테면 <그림6-8. 바둑>처럼(출처: https://
bravo.etoday.co.kr) 흑백의 바둑돌은 '개념'이고 '내용'적 자기이다. 바둑의 수읽기
를 하면서 게임을 운영하는 것은 '과정'이나 '자각' 혹은 '관찰' 자기에 해당한다.
왜냐면 계속 집중하여 판을 관찰해야 하기 때문이다. 그러면 '맥락'이나 '관점' 자
기는 무엇일까? 그것은 판 전체를 조망하여 게임을 가능하게 하는 상호작용의 '인

---

44 Robert Zettle(2007), ACT for Depression: A Clinician's Guide to Using Acceptance and
   Commitment Therapy in Treating Depression. New Harbinger Publications; Joseph V. Ciarrochi
   (Goodreads Author), Ann Bailey, Steven C. Hayes(2008), A CBT Practitioner's Guide to ACT: How
   to Bridge the Gap Between Cognitive Behavioral Therapy and Acceptance and Commitment
   Therapy. New Harbinger Publications.

45 Patricia A. Bach, Daniel J. Moran(2008), ACT in Practice: Case Conceptualization in Acceptance
   and Commitment Therapy, New Harbinger Publications.

연'으로서 바둑 '판' 자체를 말한다.

| 그림6-8 | 바둑

　　개념/내용적 자기는 '나는 검정색의 머리를 가진 사람이다.' 혹은 '나는 테니
스를 즐기는 사람이다.'와 같이 기질, 가치, 습관, 사회적 성격에 의해서 개념화된
자기이다. 이것은 '당신 자신을 어떻게 보는가?'라는 질문에 의해서 드러난다. 앞
의 부부 갈등 사례에서 '남편은 어떤 사람인가요?' 혹은 '아내인 나는 어떤 사람인
가요?'라는 질문에 대답할 때 생겨나는 개념을 말한다. 자존감은 바로 개념적 자기
와 관련된다. 치료자가 높은 수준의 자존감을 내담자에게 강조하면, 대부분 낮은
자존감을 확인하고 오히려 절망감을 경험할 수 있다. 높은 자존감이 기준이 되어
낮은 자존감을 배제하려 하기 때문에 자신의 주요한 증상에 대해서 회피하거나 인
지적 오류를 부추기는 효과를 자져올 수가 있다.

　　이런 점에서 통제보다는 수용을 강조하는 수용전념치료(ACT)는 치료의 목표
를 개념적 자기보다는 과정적 자기나 맥락적 자기에 초점을 맞춘다. '과정적 자기'
는 내적인 경험을 관찰하고 순간에 일어나는 것들을 알아차리는 것이다. '당신은
지금 어떤 느낌입니까?', 혹은 '지금 경험하는 것은 무엇입니까?'라는 상담과정에
서 일어나는 탐색적 질문에 의해서 발현된다. 다시 말하면 '나는 지금 기분이 좋지
않다는 것을 알아차리고 있어.', 혹은 '나는 그것이 옳지 않다는 것을 알고 있어.'와
같은 것이 과정/관찰로서의 자기이다. 이것을 개발시키기 위해서 판단 없이 관찰

하는 연습 혹은 내적인 경험을 그대로 묘사하게 한다. 과정/관찰의 자기는 자신의 느낌이나 생각을 그대로 알아차리는 능력이다. 이것은 앞에서 언급한 염지관(念止觀) 명상 훈련과 유사한 관점을 가진다. 판단하지 않고 현상을 그대로 알아차리고 집중해서 지켜보는 훈련은 바로 과정/관찰적 자기를 발견하는 방식이다.

마지막으로 맥락/관점적 자기란 과정으로서의 자기를 연습하면서 생겨난 어떤 위치나 관점을 의미한다. 이것의 이론적 기초는 관계구조이론(Relational Frame Theory)에서 온다.[46] 일상에서 무의식적으로 작동하는 삼단 논리로 보면 a와 b가 관계가 있고, 그리고 b와 c가 서로 관계가 있으면, 우리는 객관적 사실과 무관하게 a와 c가 관계가 있다고 추리하고 구성한다. 이것은 개념 자기와 과정 자기를 설명하는 데 유용하다. 이러한 관계를 구성하는 인식상황에서 대상과 인식의 관계를 구성하는 기본적인 맥락 자체가 관점적 자기이다. **여기 책상에 꽃병이 있다고 하자.** 꽃병의 다양한 꽃들을 분별하는 것이 '개념자기'라면, 다양한 색깔의 꽃과 꽃병의 관계를 자각하는 것은 '과정/관찰자기'이고, 방안에서 꽃과 꽃병을 떠받치고 있고 그것을 인식하는 의식 자체는 '맥락 자기'이다.

맥락 자기는 언어적인 측면에서 문맥으로 비유할 수 있다. '말'이란 낱말은 여러 종류가 있을 수가 있지만, 그것의 의미는 낱말 자체보다는 그 낱말이 관계하는 문맥/맥락에서 그 의미가 드러난다. 문장의 구조 자체는 낱말이 바뀐다고 해서 바뀌지 않는 것과 같이, 맥락은 의미를 생성하는 플랫폼과 같다. 이것은 독립된 실체를 부정하는 불교의 '인연(因緣)'이나 '연기(緣起)'라는 용어로도 설명가능하다.

수용전념치료(ACT)에서는 대개 이것을 체스판/보드에 비유하곤 한다. 검정색과 하얀색의 체스를 가지고 보드 위에서 게임을 한다. 하지만 보드 자체는 검정색의 체스도 아니고 하얀색의 체스도 아니다. 보드는 게임을 가능하게 하는 판 자체로서 맥락이다. 무아의 맥락/관점적 자기는 우리에게 안전하고 튼튼한 '장소'를

---

46 Steven C. Hayes, Victoria M. Follette, Marsha M. Linehan(2004), Mindfulness and Acceptance: Expanding the Cognitive-Behavioral Tradition. The Guilford Press.

제공한다. 이런 맥락적인 자기로 인하여 개념적 자기와 과정적 자기가 유지된다. 맥락적 자기를 자각하고 깨닫는 작업이야말로 바로 통제로부터의 '수용'과 인지적 오류로부터의 '탈융합'으로 나아가는 길목이 된다.

유식 삼성설과 비교

이들 세 종류의 자아를 불교의 명상전통과 비교하면 다양한 관점에서 유사한 교설을 쉽게 찾아 낼 수가 있다. 앞에서 언급한 바가 있는 『기신론』의 체상용(體相用)이나 유식불교의 변계소집성(遍計所執性), 의타기성(依他起性), 원성실성(圓成實性)이 이와 상응한다. 개념적 자기는 형상에 대한 '집착'자기로서 대상을 개념화하거나 영속적인 특질로 파악하는 경향이 있다. 과정적 자기는 의타기성과 연결된다. 이것은 인식과 대상의 상호관계에서 알아차림하고 관찰한다는 점에서 관찰자기와 상응한다.[47] 마지막의 맥락적 자기는 무아와 상통한 의미로 근본적인 바탕[體] 즉, 장소로서의 안전하고 부족함이 없는 '청정성'을 의미한다는 점에서 참자기/원성실성이라고 말할 수 있다.

이들 세 종류의 자기는 마음치유의 심리상담이나 심리치료적 상황에서 순차적인 접근이 가능하다. 내담자가 개념적 자기에 집착된 관계로 어떻게 고통받고 있는지를 밝히고, 그런 다음에는 현재의 경험에 접촉하게 하고 관찰하게 하여 과정적 자기를 자각하게 한다. 마지막에는 안전한 공간으로서 무아를 의미하는 청정성의 본래적 자기를 깨닫게 도와준다. 또한 유식불교에서 자주 사용되는 새끼줄 비유에 의하면 새끼줄을 뱀으로 착각하는 것은 변계소집성(遍計所執性)의 집착 경험[相]을 나타내고, 그것이 사실은 뱀이 아니고 새끼줄임을 현재에서 자각하는 것은 의타기성(依他起性)의 관계를 의미하며[用], 두려움에서 벗어나 본래의 자

---

47 Daniel J. Moran, Patricia A. Bach, Sonja V. Batten (Author) (2018), Committed Action in Practice: A Clinician's Guide to Assessing, Planning, and Supporting Change in Your Client. Context Press.

리로 돌아오는 것은 원성실성(圓成實性)의 진실 경험[體]을 의미한다(인경, 2007). 이것을 ACT의 경우와 비교하여 표로 정리하면 아래와 같다.

유식불교: 개념의 집착자기 ⇒ 인연의 관찰자기 ⇒ 평정의 본래자기
수용전념치료(ACT): 개념적 자기 ⇒ 과정적 자기 ⇒ 맥락적 자기

이것은 내담자가 자신의 개념적인 자기에 집착하여 고통을 받기에 곧장 무아/청정성의 맥락 자기로 갈 수 없는 상황에서, 먼저 집착된 개념적 자기의 내용을 인식하게 하고, 다음 단계에서는 현재에서 경험한 연기를 관찰하여 과정적 자기/관찰자기에 접촉하게 하고, 마지막에는 청정한 본래적 자기/맥락적 자기에로 이르게 하는 마음치유의 절차이다.

한편으로 세 개의 자기에 대한 접근법에는 각 단계마다 다른 방식이 요청된다. 개념적 자기는 고통과 관련하여 '무엇이 문제인가'라는 관점이기에 일반적인 심리상담을 통해서 그것의 내용을 파악할 수 있다. 반면에 과정적 자기/관찰자기는 명상(mindfulness)연습을 통해서 현재에 접촉하게 할 수 있게 하며, 마지막의 맥락적 자기는 간화선과 같은 문답법이 유용하다.

간화선에서는 '당신은 누구인가?'라든지 혹은 '무엇이 진정한 나인가?'하는 질문을 던지곤 한다. 물론 이런 참구적 질문이 반드시 간화선의 방식이라곤 하기엔 무리가 있다. 거의 모든 문화에서 나타나는 인간의 고유한 특질을 나타낸 질문이기 때문이다. 이런 질문에 대해서 ACT에서는 맥락적 자기로서 대답한다.

수행자 혹은 내담자가 자신의 개념 자기에 집착하여 고통을 경험할 때, 곧장 무아(無我)의 맥락 자기로 진행할 수 없는 상황에서는 점진적인 과정이 필요하다. 제1단계로는 먼저 개념적 '집착'의 내용을 탐색하여 인식하게 하고, 제2단계에서는 고통을 발생시키는 현실의 연기적 관계를 파악해 경험의 '과정'에 접촉하게 하고, 마지막 제3단계에서 본래 심성(心性)의 바탕인 맥락적 '진실' 자체에 이르게

한다.

이것은 반복적으로 걸어야 할 명상수행의 길이면서 명상에 기반한 심리상담의 과정이기도 하다. 필자는 이것을 '명상상담'이라고 부른다. 왜냐면 이들 3단계 '탐색 → 관찰 → 체득'의 과정 모두 명상적 요소와 심리상담의 과정을 포함하고 있기 때문이다. 사실 '명상'이란 위로는 깨달음을 구하는 상구보리(上求菩提)이고, '상담'은 동시대인들과 소통하면서 고통을 치유하는 작업을 의미하는 하화중생(下化衆生)의 길이다. 필자는 명상의 깨달음과 상담의 치유작업이 서로 별개가 아니라 현실에서 상호작용하는 연기적 혹은 변증법적인 순환체계를 이룬다고 본다.

우리는 살아가면서 우울에 빠질 때가 있다. 이때 특정한 개념적 자기에 빠져든다. 그리고 이것으로부터 벗어나기 위해서 여러 가지 통제 혹은 회피적인 활동을 한다. 행동주의자처럼 기존 행동을 수정하여 보기도 하고, 인지치료자처럼 고정된 생각이나 집착된 신념을 바꾸는 도전을 해보기도 한다. 아니면 공감을 앞세우는 인본주의자처럼 자존감을 높이는 작업도 추구한다. 우리는 이런저런 작업을 통해 크게 도움을 받기도 하고 반대로 도움을 주기도 한다. 그렇지만 종종 이런 작업들로 인해 오히려 깊은 수렁에 빠지게 되는 경우도 있다. 이런 경우가 있다면, **'뭐가 나지?'** 하고 한번 자신에게 근본적인 질문을 해보면 많은 도움이 될 것이다.

3) │ ACT에 기반한 사고형 영상관법의 상담사례

ACT에서 중요한 헥사모델의 구성요소는 6가지이다. 이것들 각각을 프로그램 회기별로 독립해서 운영할 수도 있지만, 하나의 사례 속에서 유기적으로 통합해 진행할 수 있다. 반드시 일정한 순서를 따라서 진행되는 것이 아니라 사례에 따라서 적절하게 융통성을 가지고 운영할 수 있다. 여기서는 ACT의 '현재에 머물기', '회피에서 수용/직면', '융합에서 탈융합', '개념자기에서 맥락적 자기', '몰가치에서 가치작업', '미루기에서 전념하기'와 같은 6가지 기법들이 '영상관법 프로그램

(RIMP)'에 자연스럽게 녹아들고 통합되면서 어떻게 진행되는지 사례분석을 통해서 제시하고자 한다. 특히 '투사적 동일시'와 함께 '세 종류의 자기'에 대한 문답이 어떻게 진행되는지 살펴볼 수 있는 기회가 될 것이다. 이런 이유로 순수하게 ACT의 기법을 보여주기보다는 오히려 영상관법(RIM)과 통합한 형태를 취한다.

제1단계, 경청요약(경청과 공감):

🎙 무슨 일인가요?

💬 "오빠의 4살 아이를 주말에 돌봐주고 있어요. 둘째가 태어나서 오빠가 힘들어 해서요. 제가 요즘 주말 출장을 비롯해서 여러 가지로 바빠지면서 잘 보지 못하고 있어요. 그런데 오빠로부터 자꾸 문자도 오고, ...아이가 보고도 싶기도 하고 ...미안한 마음도 들고...복잡하게 여러 감정이 얽혀있는 듯하고..."

🎙 무엇이 나를 힘들게 하나요?

💬 "아이를 보면 어린 시절의 내 모습이 투사가 되요. 엄마의 사랑을 잘 받지 못하고 아빠는 집에 관심이 없어 혼자서 지낸 내 모습이 자꾸 겹쳐요...잘 해주고 싶고, 조카가 사랑스럽고, 너무 예쁘고...복잡한 감정이 들어요."

🎙 그렇군요. 어릴 때 사랑받지 못했던 내 모습과 자꾸 겹치면서 아프군요?

💬 "네, 나와 동일시하면서, 첫 조카라 그런지 유난히 마음이 가요. 복잡한 마음을 정리하고 싶어요."

감정과 생각들이 '융합(fusion)'되어 서로 얽혀있다. 특히 어린 시절의 자기모습을 어린 조카에게서 다시 보게 된다. 그러면 가슴이 아프다. 당연하게 조카는 부모가 돌봐야 하는데, 무슨 일인지 오빠도 동생인 내게 자꾸 맡기려 한다. 그러나 고객/내담자는 그것을 단호하게 끊어내지 못한다. 그것을 가로막는 것은 어린 시절의 내 모습을 조카에게 본다는 것이다. 조카를 어린 시절의 자신과 동일시한다.

이 사례는 젊은 부부들이 자식을 키우는데 나타나는 사회적인 단면을 엿볼 수 있다. 아울러서 한국의 가족들이 서로 분화되지 않고 감정적으로 힘들어하는 전형적인 장면도 발견된다. 여기서 중요한 키워드가 등장하는데 바로 '투사'와 '동일시'다. 이런 용어는 고객/내담자가 사용한 용어지만 가족 내 심리적인 문제를 해명하는데 무척 중요하다.

ACT에서 말하는 탈동일시나 탈융합의 작업은 자신의 삶에서 중요한 가치를 명료화하는 것과 함께 조카에 대한 연민의 감정을 정확하게 구분해서 자각하는 일이다. 이것을 명상상담에서는 명료화작업이라고 부른다. 그것은 아래와 같다.

제2단계, 마음작동모델 5요인에 의한 명료화작업:

◉ 그렇군요. 마음이 참 그렇겠어요. 예쁜 조카가 보고싶은데 내 현실이 바쁘니, 응답해주지 못한 마음이 이해가 되요. 이런 복잡한 마음은 어떤 자극을 받을 때 일어나요? (촉발자극 탐색)

💬 "오빠가 보낸 문자요. 주말에 시간이 있는지 하는..."

◉ 조카를 돌봐달라는 문자군요. 핸드폰의 화면에서 눈으로 본 오빠의 문자를 보면, 어떤 감정이 올라오나요?

💬 "(한숨을 쉬면서) 미안해지죠. 조카가 보고도 싶고, 어떻게 지내는지 걱정도 되고...아무튼 복잡해요."

촉발자극과 함께 발생된 융합된 감정을 탐색한다. 어린 조카가 보고 싶고 잘 돌봐 주고 싶은 생각과 함께 자신의 삶을 살아야 한다는 가치에서 고민한다. 결정이 어려운 이유는 투사적 동일시, 융합으로서 어린 조카에게서 사랑받지 못한 어린 시절의 자신을 본다. 그렇기에 냉정하게 끊을 수 없다. 이것이 고민의 핵심이다.

그럴 때, 어떤 생각을 하면 미안하고 마음이 복잡해지나요(동일시된 감정과 융합된 생각찾기)?

"아이가 고모를 보고 싶어하는데, ...못가서 미안하다...할머니가 잘 돌봐주어야 하는데 나이가 있어서 걱정이 되기도 하고...내가 바쁜 것은 내 삶을 잘 살고 있다는 생각에 다행이라고 여겨지고...그러면서 아이 엄마는 무엇을 하는지...왜 오빠는 나만 찾는 것인지? 의심도 생겨나요..."

정말로 그렇군요. 마음이 참 복잡하겠어요. 보고 싶기도 하고, 할머니가 돌봐줄 수 있는데 하는 것과 애기 엄마는 무엇을 하나, 왜 나만 찾는 거야...여러 가지를 생각하면, 그렇죠. 조금 복잡하네요. 그렇죠?

"(웃으면서,) 말을 하고 나니 그렇군요."

그곳에서 정말로 내가 원하는 것은 무엇인 것 같아요?

"그게 두 가지인데...아이를 보고 싶기도 하고...내 삶을 살고 싶기도 하고..."

맞아요. 두 가지를 다 갖고 싶네요. 그렇죠? 오빠가 문자를 보내는 이런 상황에 놓이면, 어떻게 행동하세요.

"(아이를) 못 본다고 문자를 보냈어요."

그렇군요. 잘한 선택으로 보입니다. 조카는 엄마와 아빠가 있으니, 그렇게 해야죠. 맞벌이 부부가 힘든 것은 사실인 것 같아요.

"그러게요."

내담자는 끝내 자신의 일/가치를 선택하였다. 상담자는 이점에 역시 공감과 동의를 표시한다. 조카를 돌봐야 하는 것과의 자신의 일을 행하는 것과 갈등에서 무엇을 선택할 것인가? 이런 갈등 상황에서 어떻게 했는지를 묻자, '아이를 돌봐줄 수 없다'고 문자를 보냈다고 한다. 이점은 중요한 선택이다. 그 무엇을 선택하든지, 자신의 불편한 감정을 분명하게 자각하고 그대로 수용하면서, 자신이 원하는 삶의 가치와 방향을 분명하게 선택함은 ACT에서 매우 중요한 지점이다. 자신의 어린 시절과 닮았다는 점이 감정적으로 힘들게 하지만 현실적인 자신의 일을 선택한 것이다. 이런 감정적인 고민을 회피하지 말고, 영상관법을 통해서 좀더 직접적으로 머물러서 '기꺼이' 경험해보자.

제3단계, 영상관법1(vitakka): 영상 탐색하기

🅠 영상관법을 해볼께요. 눈을 감고 호흡에 집중해봐요. 자, 방금 말씀하신 영상을 떠올려봐요. 뭐가 보이나요?

💬 "오빠의 문자가 보이고, 아이의 얼굴이 떠올라요."

🅠 기분이 어떤가요?

💬 "아쉬움, 안타까움, 다행, 가슴 아픔(눈물 흘림)"

🅠 어떤 느낌이 제일 강한가요?

💬 "안타까움이요...보고싶지만 그렇게 못하니까."

🅠 생각은?

💬 "아이가 고모를 보고싶어하는데...응답을 못해주어서 미안함...그래도 내 일을 계속할 수 있어서 다행이에요."

여기서는 생각과 감정의 융합을 분리하는 작업이다. 감정과 생각을 분리함으로써 객관적으로 '집착자기'를 있는 그대로 관찰한다(관찰자기). 영상관법에서는 어떤 영상을 떠올리느냐가 중요한 과제이다. 고객의 주호소문제와 연결된 핵심된 미해결된 과제를 떠올리는 것이 중요하다. 감정과 촉발된 자극에서 어떤 생각을 하는지 질문하여 다시금 자신의 내면을 자각/관찰하도록 돕는다. 조카를 만나지 못해서 다양한 감정적인 아픔을 경험하지만 내 일을 해서 다행이라는 점이 인상 깊다.

감정형 영상관법2(vicāra/정밀한 관찰):
알아차리고[念] 머물러[止] 호흡과 함께 살펴보기[觀]

🌀 그렇군요. 감정의 강도를 살펴볼게요.

💬 "아쉬움은 40 정도, 안타까움은 50 정도, 다행 20 정도, 가슴 아픔은 30요."

🌀 여러 감정을 정확하게 구분을 해주시니 좋군요. 지금 신체 반응은 어떤가요?

💬 "가슴이 50 정도로 떨리면서 주파수 같은 파동이 일어나고 있어요. 색깔은 검정색으로 복잡하게 빠르게 움직여요."...

🌀 또 다른 곳은 없는가요?

💬 "눈에서 눈물이 흘려요...물방울이 느껴져요(실제로 울고 있음)...색깔은 보라색입니다.

🌀 좋아요. 보고를 참 잘해주었어요. 그 느낌을 알아차림하면서 놓치지 말고 집중해서 호흡과 함께 관찰합니다. 시간을 드릴게요.

🌀 지금 어떤가요?

...(1분후)가슴의 파동이 뛰는 진동으로 바뀜...강도는 30 정도이고 검정 색에서 붉은 색으로 바뀌고 점점 속도가 느려지고 있음..."

🌀 눈은 어떤가요?

💬 "눈물 방울이 느껴지고... (보라색) 색깔이 하얀색으로 바뀌고 있음."

🌀 잘 하고 있어요. 계속해서 관찰을 진행하세요. 그 느낌에 집중하세요.

🌀 ...(1분후)지금은 어떤가요?

..."진동하는 가슴의 음파가 펴져나가고 있음...강도는 20에서 10정도로 낮아짐...색깔은 없어져서 보이지 않음..."

🌀 눈은요?

💬 ..."눈물은 멈춤."

🌀 (1분후)...네, 지금은 어떤가요?

💬 "진동이 사라지고, 색깔도 없고, 일(一)자 모양만 남아있어요. 다른 것은 보이지

않아요."

앞에서는 집착자기에 초점을 맞추었다면, 여기서는 관찰자기에 초점을 맞추었다. 특히 감정적인 변화를 경험하면서 있는 그대로 관찰함은 ACT의 회피하지 않고 현재에 머물기에 해당된다. 특히 영상관법에서 회피 대신에 감정을 수용하면서 '충분하게 느끼기'는 ACT의 '기꺼이(willingness) 경험하기'의 변용된 형태이다.

여기서 감각적 진동과 파동의 움직임은 제4장에서 거론한 지수화풍에서 '바람[風]'의 요소에 해당된다. 영상을 떠올려서 관찰하는 데는 영상과 직접적으로 연결된 감정을 탐색하는 '위따카(vitakka)' 단계와 정밀하게 관찰하는 '위짜라(vicāra)'의 두 단계로 나눈다. 탐색에서는 핵심 장면을 선택함이 중요하고, 정밀하게 탐색하는 위짜라 단계는 몸느낌을 알아차림하고, 충분하게 머물러서 호흡과 지켜보는 염지관(念止觀) 명상이 핵심을 이룬다. 그러기 위해서는 영상관법을 시행하기 전에 호흡명상과 몸느낌에 대한 염지관명상이 훈련되어 있으면 좋다. 처음인 내담자는 영상을 떠올리는 것을 어려워하거나 혹은 몸느낌의 관찰을 어려워할 수 있다. 물론 절박한 고객들은 대체로 잘 따라서 한다. 이점은 상담자의 경험과 숙련도에 따라서 다를 수 있다.

사고형 영상관법3: 코 끝에 걸어두고 관찰하기

⚲ 좋아요. 잘 했어요. 지금 기분이 어떤가요?

💬 "편안해졌어요."

⚲ 그러면 눈물을 흘리게 만든 중요한 자극, 그러니까 그 촉발요소는 무엇인가요?

💬 "처음에는 오빠의 문자이고 나중에는 조카에요...어쩌면 저 자신이구요."

⚲ 그것을 눈앞에 떠올려서 살펴보세요. 뭐가 보이나요?

💬 "오빠가 보낸 핸드폰 문자가 보여요."

⚲ 그때 나는 어떤 생각을 하나요? 중얼거려보세요.

💬 "왜 자꾸 내게 문자를 보내는 거야. 내 일을 해야 하는데,...조카는 보고싶다...언니(아이엄마)도 있는데, 왜 자꾸 내게 도와달라고 하는 거야. 나도 힘들다."

🎤 그 생각들을 크게 소리쳐 말해보세요. (크게 소리쳐 말한다.) 어떤가요?

💬 "시원해지면서도 조금 화가 나요."

🎤 화가 난 부분은?

💬 "아이 엄마가 제 역할을 하지 않고 있다고 생각하니까요. 그러면서 조카를 생각하면 안타까워요."

🎤 좋아요. 잘 했습니다. 이번에는 장면 이미지와 함께 생각들을 코끝에 걸어두고 바라보기를 해보세요. 마치 제3자처럼 관찰합니다. 숨을 마시고 내쉬면서 그냥 지켜보세요. 어떠세요?

💬 "점점 사라지고 있어요. 장면들이 흐려지고 생각들이 떠오르지 않아요"

🎤 그래서 기분이 어떤가요?

💬 "가벼워지고 내 일이 아닌 것 같아요. 오빠 가족일에 괜히 신경을 썼다는 느낌이 들어요."

🎤 네, 잘 했습니다. 축하드려요.

사고형 영상관법은 자신의 생각을 대상으로 (1) 정확하게 말하면 감정을 발생시킨 생각을 정확하게 소리내서 표현하기이다. 그러면 억울해서 화가 더 날 수도 있고, 그러다가 점점 소멸되어 상쾌해지기도 한다. 그런 다음에는 (2) 장면의 감각 자료 이미지를 눈앞에 코 끝에 걸어두고 조용히 관찰한다. 그러면 분리와 탈융합이 일어나면서 '그것은 내 일이 아니라 오빠 가족의 일이다. 내가 관여할 것이 아니다.'라는 통찰이 생겨난다.

영상관법을 끝내고 처음, 중간, 끝이라는 세장의 그림을 요청했다. 그림 세 장을 요청함은 체상용/집착자기, 관찰자기, 맥락/참자기라는 세 단계를 시각적으로 보기 위한 것이다. 물론 그림으로 그려보게 하는 것은 탈융합의 일부이다. 이렇게 하면 영상관법의 처음/중간/끝의 변화를 확실하게 재조명하고 리뷰하는 시간을 갖게 된다. 각각의 그림을 보면서 영상관법을 어떻게 했는지를 점검할 수 있고, 그 과정을 통해서 새롭게 알게 된 점이나 어려워하는 지점을 확인할 수 있다. 더 나아가 이 그림을 가지고 문답을 할 수 있다.

제4단계, 문답하기:
무엇이 진정한 나인가요?

ⓠ 잘했습니다. (고객이 그린 <그림6-9>을 보면서) 첫 번째 그림의 떠올린 장면에서 내가 집착하는 것은 무엇인가요?

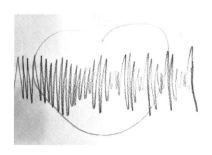

| 그림6-9 | 처음

ⓐ "조카를 통해서 나의 연민에 집착함. 나와 조카를 동일시함."

ⓠ 아, 참 좋은 통찰입니다. 그러한 내 모습을 알아차림하고 머물러 자세하게 관찰해 보니, 어떤가요?

ⓐ "(두 번째 <그림6-10>을 보면서) 감정을 자세하게 느끼고 관찰해보는 것이 좋았는데, 특히 조카에 대한 감정과 나에 대한 연민의 감정을 분명하게 구분하게 된 점이 좋았어요."

| 그림6-11 | 중간

ⓠ 그렇군요. 조카에 대한 그리움과 나의 연민을 혼돈/융합하지 않고, 그것을 구분하여 동일시하지 않고 빠져나왔다는 말처럼 들립니다. (웃음) 영상관법을 끝내고 난 지금[體, 圓成實性]은 어떤가요?

| 그림6-11 | 끝

💬 "(세 번째 그림을 보면서) 편안해지고...오랜 감정에서 초연해진 듯하고, 집착에서 분리된 느낌을 받아요."

🧘 축하드립니다. 그러면 이들 세 가지 가운데, 진정한 내 모습(맥락 자기/본래적 참된 자기)은 무엇인가요?

💬 "그것은 마지막 과거의 집착에서 벗어나서 깨끗해진 것, 이것이 진정한 내 모습이 아닐까요?"

🧘 이런 통찰은 어디서 일어났어요?

💬 "분명하지 않는데, 생각을 바라보면서 생겨난 것 같고, 그림 3장을 서로 비교하면서 더욱 분명해진 것 같아요."

상담자의 입장에서 그림을 보면서 문답하는 일은 편안하다. 구체적인 근거자료를 보면서 진행하기 때문이다. 위 그림의 특징은 파동이 유난히 많다. 이것은 제4장에서 지수화풍과 관련해서 언급한 것처럼 핵심감정이 불안에서 비롯된 것이라고 볼 수 있다.

특히 '무엇이 진정한 나인가?'라는 질문은 간화선 명상의 핵심이다. 이 사례처럼 영상관법을 통해서 이루어질 수 있다. 전통적인 간화선에 익숙한 이들에게는 약간 생소할 것이다. 그러나 간화선이 현실 속에서 제 역할을 하기 위해서는 총림이나 당/송대에 널리 알려진 선문답에 한정하는 일은 스스로 한계를 지우는 것으로 보여진다. 선문답의 본질은 과거의 문헌이 아닌 고객/내담자의 현실적인 문제에 기초하는 것이다. 고대 문헌으로부터 자유로워지는 것, 이것은 영상관법이나 간화선의 중요한 지점이다.

여기서 체상용(體相用)의 세 가지 마음 가운데 '어느 것이 진정한 나인가'라는 기술적 질문은 자기 정체성을 확립하는 데 있어서 중요하다. 마음치유자는 여기서 한 가지 해답만을 미리 정해놓고 고집하면 안 된다. '청정함[體, 圓成實性]'이 자기라고 하면 '어찌하여 집착이 있는지'를 질문하면 된다. 반대로 '집착[相, 遍

計所執性]'하는 현실의 나를 자기라고 하면 '그런데 어떻게 고통을 감내하고 있는 지'를 질문하면 된다. 그리고 염지관에 의해서 '관찰[用, 依他起性]'하는 것이 나라면 관찰을 통해서 '무엇을 깨달았고', 앞으로 '어떻게 할 것인지'를 물으면 된다. 이렇게 해서 상담자나 치료사는 내담자가 자신의 문제를 정확하게 통찰하도록 돕는다.

자기공감(self compassion)하기

ⓠ 눈을 감고 두 손을 가슴에 올리고 자기를 향하여 자기-공감을 해보세요.

💬 "(자기 이름을 부르면서) 어릴 때 사랑받지 못하고 열외된 그 모습에 마음이 아프구나. 이런 마음으로 인하여 자꾸 조카를 보려고 했구나...아이는 내가 생각한 만큼 그렇게 사랑받지 못함의 실재가 아닌데도, 나의 마음을 통해서 그렇게 보았구나. (자기 이름을 부르면서) 다른 사람의 슬픔이나 아픔을 공감하되, 오늘처럼 나의 아픔과 슬픔으로 동일시하지 말고...그렇게 마음치유를 실천해가면 좋겠다."

자기공감/자기자비는 고객의 자존감을 회복시켜, 앞으로 어떻게 문제를 해결하고 실천할지 결심시키고 시뮬레이션하는 단계이다. ACT에서 이 장면은 가치탐색을 끝내고 자기 삶의 가치에 전념하는 '실천(take action)'의 단계이다. 여기서 고객이 제공하는 핵심 키워드인 '투사적 동일시(projective identification)'는 심리상담이나 마음치유의 작업에서 고모와 조카의 관계뿐만 아니라, 상담자와 고객/내담자와의 관계에서 어떻게 나타날 수 있는지 살펴보게 한다는 점에서 유익하다.

제3장에서 '거울의 비유'를 통해서 '마음이 마음을 본다'는 '투사적 동일시'를 설명했다. 거울에 투사되어 비치는 영상 이미지를 보고 그것이 바로 나라고 동일시한다. 고모가 어린 조카를 보면서 자신의 어린 시절의 모습과 동일시하는 것과

같은 현상이다. 이때 일어나는 연민의 감정은 조카에게서 느껴지는 것도 있지만, 근본적으로는 내면의 어린아이와 만나는 자기감정이다.

영상관법은 이런 감정을 억압하지 않고 충분하게 재경험하게 함으로써 투사된 동일시 감정을 통찰하게 한다. 결과적으로 이것은 어린 조카에게 투사된 자신의 감정을 알아차림하고 그것으로부터 분리하는 '탈동일시(disidentification)'의 과정이다. 이렇게 '탈동일시'가 일어나면 세 번째 그림이 보여주는 것처럼 감정과 분리되고, 본래의 청정성과 함께 사랑을 경험한다. 물론 이 사례에서 고객이 본래적 자기를 깨닫게 되었다고 평가하는 일은 시기상조이다. 어린 조카를 다시 만나면 과거 자신의 모습에서 오는 연민의 감정이 재발할 수 있다. 이때 그 감정을 선명하게 알아차림 할 수 있다면 충분하다. 이것이 비록 대오(大悟)는 아닐지라도 내담자의 삶에서는 유의미한 변화이기 때문이다.

논의사항

첫째, 감정을 충분하게 경험하기이다. 감정형 영상관법의 핵심된 내용은 미해결된 영상을 떠올려 발생된 감정을 회피하지 않고 충분하게, 기꺼이 재경험하는 것이다. 그래야 감정에서 벗어날 수가 있다. 이점은 영상관법과 수용전념치료의 동일한 관점이다. 다만 이것을 어떻게 실행할 것인가라는 구체적인 작업에서 인지적 전통의 수용전념치료는 체험적 접근을 강조하는 영상관법에 비해 선명하지 않다.

둘째는 인지적 융합의 문제이다. 위 사례에서 융합은 자신의 어린 시절의 내면아이를 조카에게 투사하여 동일시한 부분이다. 영상관법을 통해서 고객은 조카와의 문제가 사실 자신의 미해결된 문제임을 발견하면서 융합에서 탈융합의 상태로 변화하였다. 이점 역시 인지적 접근방식의 수용전념치료가 제공하는 이미지 노출과 유사한 면이 있지만[48], 명상을 통해서 반복적으로 문제장면을 코끝에 걸어두

---

48 Michael P. Twohig., Steven C. Hayes(2008), & ACT verbatim for Depressin & Anxiety, New Harbinger Publication. p.116.

고 관찰하는 영상관법의 장점이 잘 발휘되었다.

셋째, 자기개념의 문제이다. 수용전념치료는 개념자기, 관찰자기, 맥락자기를 구분한다. 필자는 이것을 『기신론』의 체상용과 유식론에서 집착의 변계소집성, 인연의 의타기성, 진실의 원성실성과 연결해서 이해했다. 그러면서 영상관법을 끝내고 그림 세 장을 보면서 '진정한 내 모습은 무엇인가요?'라는 질문했는데 이 점은 간화선 명상과 연결된다. 그런데 무아설을 주장하는 입장에서 자기란 표현은 어색할 수 있다. 영상관법은 '자아'나 '자기'의 실재성을 인정하지 않지만 일상에서 사용하는 관습적인 개념을 활용하면 '집착자기[相, 遍計所執性]', '관찰자기[用, 依他起性]', '본래자기[體, 圓成實性]'라는 표현이 가능하기에 무아설을 염두에 두고서도 무엇인 진정한 자기인지 질문하는 방식을 선택한 것이다. 이런 접근은 수용전념치료의 입장에서도 유효한 방식이라 판단된다.

넷째는 과정자기와 관찰자기의 문제와 함께 의타기성을 관찰자기로 대응할 수 있는지 문제이다. 수용전념치료에서는 학자에 따라서 과정자기와 관찰자기를 구분하고 관찰자기를 맥락자기와 동일하게 취급하기도 한다. 필자는 과정자기와 관찰자기를 의타기성과 같은 맥락에서 파악하고 같은 의미로 배정한다. 왜냐면 의타기성은 불교의 연기로서 연기를 관찰함을 중시한 까닭이다. 그 결과로서 맥락자기에 도달하는 까닭에 관찰자기를 의타기성에 배열하고 맥락자기를 원성실성에 대응시킨다.

다섯째는 행동적 접근방식인 가치작업이다. 수용전념치료에서 수용도 중요하지만 동시에 행동적 실천을 제공하는 가치적 전념이 중요한 항목이다. 그러나 위의 사례에서는 가치작업을 수용전념치료에서 제공하는 상세한 접근이나 검사의 방식을 사용하지 않았다. 단지 문제를 발견하고 앞으로 그것을 어떻게 할지에 대해서 간단하게 고객/내담자가 발견하고 대안을 찾는 수준으로 멈추었다.

참고도서

『解深密經』(大正藏16)

『大乘莊嚴經論』(大正藏31)

『成唯識論』(大正藏45)

『宗鏡錄』

『大慧語錄』(大正藏48)

김명우(2008), 『유식의 삼성설 연구』(서울: 한국학술정보.)

김성철(1995), 「초기 유식학파 삼성설 연구−섭대승론을 중심으로」

김영태(1980), 「전기와 설화를 통한 원효 연구」, 『불교학보』17.

김지명(2014), 「불교에서 본 아싸지올리(Assagioli)의 명상관−『니까야』와 『청정도론』을 중심으로」, 『종교문화연구』23. 한신대학교 종교와문화연구소.

로버트 버스웰(1995), 「문화적・종교적 원형으로서의 원효: 한국 불교 고승전에 대한 연구」, 『불교연구』11・12.

인경(2005), 「염지관명상」, 서울: 명상상담연구원

인경(2007), 「불교영성과 명상치료」, 『명상심리상담』창간호, 서울: 한국명상심리상담학회

한승훈(2018), 「원효대사의 해골물: 대중적 원효설화의 형성에 관한 고찰」, 『종교학연구』36집.

宇井伯壽(1961), 『大乘莊嚴經論研究』(동경: 岩波書店刊行)

Albert Ellis, Growth through Reason, 홍경자역(1984), 『이성을 통한 자기성장』, 탐구당.

A. Well(2000), Emotional Disorders and Metacognition: Innovative Cognitive Therapy. Chichester, Wiley.

Assagioli, Roberto(2012), Psychosynthesis: A Collection of Basic Writings. Psychosynthesis Center Publishing.

Bodhi(1993), A Comprehensive Manual of Abhidhamma, Sri Lanka: Buddhist Publication Society.

Ciarrochi, J. V., Bailey, A, Hayes, S. C.(2008), *A CBT Practitioner's Guide to ACT: How to Bridge the Gap Between Cognitive Behavioral Therapy & Acceptance & Commitment Therapy*, Oakland, CA: New Harbinger.

Daniel J. Moran, Patricia A. Bach, Sonja V. Batten (Author)(2018), Committed Action in Practice: A Clinician's Guide to Assessing, Planning, and Supporting Change in Your Client. Context Press.

Dadid G. Kindon(2002), Cognitive-Behavioral Therapy of Schizophrenia, New York: Guilford Pr.

Didonna, F., ed.(2009), *Clinical Handbook of Mindfulness*, springer Science+Business Media.

Eifert, G. H. & Forsyth, J. P.(2005), Acceptance & Commitment Therapy for Anxiety Disorders: A Practitioner's Treatment Guide to Using Mindfulness, Acceptance, and Values-Based Behavior Change Strategies. Oakland: New Harbinger Publication.

Hayes, S. C., Follette, V. M., Linehan, M. M.(2004), *Mindfulness and Acceptance: Expanding the Cognitive-Behavioral Tradition*, New York: The Guilford Press.

Hayes, S. C. and Strosahl, K. D., ed.(2004), *A Pratical Guide to Acceptance and Commitment Therapy*, Springer Science+Business Mrdia, Inc.

Jason B. Luoma, Steven C. Hayes, Robyn D. Walser(2017), Learning ACT: An Acceptance and Commitment Therapy Skills Training Manual for Therapists. Context Press.

Joseph V. Ciarrochi (Goodreads Author), Ann Bailey, Steven C. Hayes(2008), A CBT Practitioner's Guide to ACT: How to Bridge the Gap Between Cognitive Behavioral Therapy and Acceptance and Commitment Therapy. New Harbinger Publications.

J. Flavell(1979), Metacognition and cognitive monitoring: A new area of cognitive – developmental inquiry. American psychologist.–psycnet.apa.org

Judith S. Beck(1995), Cognitive Therapy.

Jeffrey E. Young(2003), Schema Therapy, New York: Guilford Pr.

Luoma. J. B., Hayes, S. C., & Walser, R. D., (2007), *Learning ACT: An Acceptance and Commitment Therapy skills training manual for therapists*. Oakland, CA: new harbinger publication

Michael P. Twohig., Steven C. Hayes(2008), ACT verbatim for Depressin & Anxiety, New Harbinger Publication.

Michael L. Free(1999), Cognitive Therapy in Groups. England: wiley.

Moran, D. J., & Bach, P. A.(2007), *ACT in practice: Case conceptualization in Acceptance and Commitment Therapy*. Oakland, CA: new harbinger publication.

Patricia A. Bach, Daniel J. Moran(2008), ACT in Practice: Case Conceptualization in Acceptance and Commitment Therapy, New Harbinger Publications.

Robert Zettle(2007), ACT for Depression: A Clinician's Guide to Using Acceptance and Commitment Therapy in Treating Depression. New Harbinger Publications.

Robert D. Friedberg and Jessica M. McClure(2002), Clinical Practice of Cognitive Therapy with Children and Adolescents-The Nuts and Bolts. The Guilford Press.; 아동과 청소년을 위한 인지치료, 정현희 · 김미리혜 옮김. 스그마프레스, 2007.

Roger Walsh,ed.(1993), Paths Beyond Ego-The transpersonal Vision, New York: penguin Putnam Inc.

Seymour Boorstein(1980), Transpersonal Psychotherapy: 정성덕 · 김익창 공역, 1997. 『자아초월정신치료』, 하나의학사., John Welwood,ed.(1979), The Meeting of the Ways Exploration in East/West Psychology , New York: Schocken Books

Steven C. Hayes, Victoria M. Follette, Marsha M. Linehan(2004), Mindfulness and Acceptance: Expanding the Cognitive-Behavioral Tradition. The Guilford Press.

Twohig, M. P., Hayes, S. C.(2008), *ACT Verbatim for Depression & Anxiety: Annotated Transcripts for Learning Acceptance & Commitment Therapy*, Oakland, CA: New Harbinger.

Will Parfitt(2006), Self Identification and Disidentification, Psychosynthesis: The Elements and Beyondhttps. www.willparfitt.com/

Zettle, R. D.(2007), *Act for Depression: A Clinician's Guide to Using Acceptance and Commitment Therapy in Treating Depression*, Oakland, CA: New Harbinger.

제 7 장

영상관법과
심상작업

목차

요약

제7장의 목표는 심리생리학적 관점에서 몸과 마음의 문제를 불교심리학적 입장과 서구 심리학에서 뇌−인지과학의 발전과정을 살펴본 다음에 영상관법과 심상작업을 비교해서 차이점을 드러낸다. 제1절에서는 불교심리학에서 몸과 마음의 관계를 안전할 때나 위기에서 함께 작동한다는 안위동일의 개념으로 설명한다. 실질적 지각과 영상/이미지의 접촉이 동일한 효과를 만들어낸다는 공통성과 관련하여 제8식의 알라야식과 함께 뇌과학적 의미를 살펴보고, 영상관법에 의한 만성적 어깨통증의 사례를 제시한다.

제2절에서는 데카르트의 이원론(Dualism)이 구체적으로 어떤 의미인지 고찰한 다음에 바이오피드백이나 fMRI와 같은 측정도구의 발달로 뇌−마음의 일체론(Identity Theory)에 관한 논증과 함께 신체화된 마음(Embodied Mind)이라는 현대 인지과학의 발달과정을 살펴본다. 초창기는 '내적관찰'이 중시되었는데 컴퓨터의 발전과 함께 마음의 활동을 디지털화하면서 정보처리로 이해하고, 다시 뇌과학의 급속한 발전과 함께, 인간의 몸과 마음을 문화역사와 함께 생태계적 환경적 요소를 고려하고, 현재에는 영상/이미지 연구와 더불어서 사물인터넷의 발전으로 확장해가는 인지과학의 발전과정을 이해한다.

제3절은 몸느낌관찰을 중시하는 감정형 영상관법과 사고체계를 다루는 사고형 영상관법의 사례를 통해서 '내적관찰'의 객관적 측정을 위한 신체느낌의 강도, 모양, 색깔 등의 '자기보고'와 함께 영상관법의 과정을 '3단계 그림 그리기'하는 명상상담의 방식을 제공한다. 그럼으로써 이것들이 바이오피드백이나 fMRI와 같은 측정도구가 가지는 비용 부분이나 접근적 불편함에서 오는 문제를 개선하는 대안이 될 수 있음을 밝힌다.

제4절에서는 영상관법과 심상작업의 차이점을 논증한다. 양자가 영상/이미지를 치유작업에 활용한 점에서는 동일하지만, 그 접근방식에서 영상관법이 수용과 관찰을 중시하는 명상작업이라면 심상작업은 부정적인 이미지를 긍정적 이미지로 수정하고 교정하는 통제적 전략을 사용한다는 점을 논증한다. 물론 현장에서는 사례에 따라서 수용전략과 통제전략을 함께 사용할 수 있지만, 양자의 근본적인 차이점을 분명하게 알고 사용해야 한다는 점을 제시한다.

> **키워드**   안위동일, 뇌과학, 인지과학혁명, 뇌−마음 일체론, 몸 마음의 이원론,
> 신체화된 마음, 심상작업, 영상관법, 바이오피드백, fMRI.

불교심리학적 접근

심리생리학은 심리학의 한 분과 영역으로 심리적 상태를 생리학적 관점에서 접근한다. '심리생리학'은 'psycho-physiology'의 번역어로 '정신생리학'라고도 한다. 생리학이 신체나 육체적 문제를 주로 다룬다면 심리-생리학은 몸과 마음/정신의 관계에 관한 문제를 심리학적 관점으로 다룬다. 이후로 학문영역이 다양하게 세분화되면서 1970년대에는 심리-생리학으로, 1990년대에 들어서면서는 컴퓨터의 등장과 뇌과학의 발전으로 몸(뇌)과 마음의 관계에 대한 '신경-생리학 (Neurobiology)'으로 확장되었다.

이를테면 명상할 때 나타나는 대뇌피질의 '뇌파'를 비롯한 자율신경계나 중추신경계의 반응을 조사하고, 2000년대 이후로 기능적 자기공명영상(functional magnetic resonance imaging, fMRI)이라는 측정 도구의 발달로 '뇌파'보다는 뇌'영상'을 찍어서 명상의 효과성을 검증하는데 활용하기도 한다. 신경생물학적 접근은 fMRI와 같은 과학적 의료기구를 통해서 명상활동이 가져다주는 뇌신경망 활성화 정도와 심장혈관이나 내분비선 호르몬의 변화 등을 영상으로 찍어서(neuroimaging) 명상과 뇌의 활동을 관찰한 점은 획기적이다.[01]

감정형 영상관법에서 몸의 긴장이나 심장박동, 그리고 몸느낌의 변화를 관찰하고 강도나 색깔, 모양 등을 보고하는 방식은 신경-생리학이나 혹은 심리-생리학에 적절한 접근방식이다. 이것은 과학적 기계를 활용한 심장혈관이나 자율신경계, 중추신경계 등에 대한 직접적인 관찰정보는 아니지만, 내적관찰을 통한 자기보고 형식으로 신경과 관련된 몸과 몸느낌의 변화를 관찰하고 보고한다는 점에서 역시 유사한 접근이라고 본다. 오늘날 의료계에서는 바이오피드백이나 fMRI와 같은 과

---

01 Clinical Handbook of Mindfulness. ed. Fabrizio Didonna. Springer, 2009.

학적 도구를 이용해 정밀하게 측정하여 중요한 정보를 제공해 준다는 점에서 유용하다.

그렇지만 이런 과학적 도구의 사용은 오히려 연구자나 상담자의 필요에 의해서 이루어진다는 점에서 고객/내담자 중심의 접근은 아니다. MRI는 고객 스스로가 자신의 내면을 관찰할 수 있는 기회를 제공하지 못한다. 기계가 대신 측정하고, 고객은 나중에 전문의사를 통해서 영상 이미지가 나온 결과를 통보받을 수 있을 뿐이다. 그러나 영상관법은 자발성에 기초하고 고객/내담자가 자신의 생리적 변화를 주체적으로 관찰하고 보고한다. 직접적으로 연구에 참여하도록 하고 무엇보다도 내적인 성찰을 강화시켜 성장을 돕는다. 현상에 대한 통계적인 연구가 목적이 아니라면, 질적 접근으로 일상의 자연상태에서 쉽게 활용할 수 있는 영상관법의 장점은 무시할 수 없다. 이런 점에서 명상활동이나 상담현장에서 '영상관법'의 활용은 큰 장점이 된다.

여기서는 영상관법이 가지는 심리-생리학(psychophysiology)적 의미를 중심으로 고찰한다. 심리-생리학은 심리적인 현상뿐만 아니라, 몸/뇌의 변화에 초점을 맞추는 신경과학(neuroscience)과 깊게 연결된다. 심리-생리학이 상대적으로 심리학적 측면을 강조한다면 신경-생리학은 마음보다는 몸/뇌의 변화에 관심을 갖는다. 그러면 이들 양자는 서로 어떤 관계가 있을까? '몸(뇌)'과 '마음'의 관계에 대한 다음과 같은 쟁점이 가로놓여 있다.

- 몸(뇌)과 마음은 서로 다른 두 개의 실재인가?
- 양자는 하나로서 별도로 구분할 수 없는 일체인가?

이들 질문에 어떻게 응답하느냐에 따라서 서로의 입장이 드러난다. 간단한 실험을 해보자. 앞에서도 자주 이야기했던 사례이다. '여기에 달콤한 하얀색의 크림빵이 있다'고 하자. 어떤가? 이 말을 읽거나 들을 때 입안에 침이 맴돌지 않는가?

이런 현상을 어떻게 설명할 것인가? 입안에 침이 고이는 것은 분명히 생리학적인 현상이다. 이때의 현상을 fMRI로 뇌영상을 찍어서 입증할 수도 있다. 이것을 연구하는 뇌과학자라면 뇌영상이나 뇌파를 찍어서 증명할 것이다. 그러나 영상관법에서는 생생한 심리-생리적 경험을 관찰해서 보고해 달라고 요청하고 그림으로 그려낼 것이다. 입안에 침이 고인 것은 '달콤한 하얀색의 크림빵'이란 글자에 대한 시각적인 자극/접촉/지각에서 비롯된 반응이다. 먼저 불교심리학적 관점부터 살펴보자.

1) │ 연기법(緣起法)의 심리 생리학적 이해

몸과 마음이 관련된 심리-생리학적 현상을 불교심리학적인 관점에서 어떻게 이해하면 좋을까? 불교심리학적 입장에서는 가장 먼저 십이연기(十二緣起)에 의거해 설명 가능하다. 곧 '접촉[觸, phassa]에서 → 느낌[受, vedana]이 발생한다'는 '연기론'으로 설명할 수 있다. 접촉은 '감각기관[根]', '대상[境]', '의식[識]' 세 가지가 만나는 것을 의미하는데 감각과 대상은 신체적인 측면이고, 의식은 마음의 영역에 속한다. 이들이 '접촉'하여 '느낌이 발생한다'는 말은 심리-생리학적인 관점을 잘 표현하는 언구이다.

> 눈은 색/대상을 인연하여 눈의식[眼識]이 생긴다. 이와 같이 세 가지가 화합하여 접촉이 생긴다. 접촉을 조건으로 느낌이 발생한다. 느낌은 괴롭거나 즐겁거나 괴롭지도 즐겁지도 않은 것이다.[02]

감각기관은 시각/눈이고, 대상은 눈에 의해서 지각된 '하얀색의 달콤한 크림

---

02 雜阿含經(大正藏2, 54a), "眼緣色 生眼識 三事和合觸 觸緣受 若苦 若樂 不苦不樂."

빵'이며, 의식은 대상에로 향해진 집중된 의식/마음이다. 이들 세 가지가 만나서 결합/화합[三事和合觸]된 심리적 영역[界]이 '접촉'을 이룬다. 접촉은 바로 즐겁거나 불쾌한 '느낌'을 만들어낸다. 이를테면 크림빵의 경우 생리적으로 침이 생기고, 이 접촉은 달콤하면서 즐거운 느낌을 가져다준다. 물론 이것은 '접촉'하면 왜, 어떻게 '느낌'이 발생하는지에 대한 설명은 아니다.

영상관법의 입장에서 접촉은 감각에 대한 표상/이미지에 의식이 감응하는 것이다. (1) 감각에 대한 표상/심상/영상은 이미 심층의식에 저장된 상태이고 (2) 그것이 자극을 받으면서 의식의 표층에 활성화된다. 이런 과정은 일종의 인지적 절차이다. 반면에 고양이는 '하얀색의 달콤한 크림빵'이란 말/소리를 듣지만 생리적으로 반응하지 않는다. 왜냐면 크림빵이란 소리-이미지가 고양이 의식에 내재화되지 않았기 때문이다. 이런 점에서 특정한 상황에 접촉하면 왜 느낌이 발생하는지 '연기'의 메카니즘을 설명할 필요가 있다. 이점을 설명해주는 불교심리학적 개념은 유식심리학의 제8식, 종자식/알라야식 개념이다.

고양이는 크림빵과 언어적인 결합이 이루어지지 않은 상태라 언어적 소리와 접촉이 있어도 생리적 반응은 생겨나지 않는다. 일단 대상이 되는 하얀 크림빵은 외계에 실재하지만 고양이에게는 그것이 소리-이미지로 의식에 내재화되어 있지 않다. 반면에 어떤 인간에게는 하얀 크림빵에 대한 내재화된 정보가 심층에 존재한다. 그렇기에 대상을 보거나 소리를 듣게 되면, 접촉/지각이 일어나고 심층의 '의식/종자'가 활성화되면서 몸에서 침이 생리적인 반응을 일으킨다. 만약에 고양이처럼 언어적 정보나 종자의 영상이 사전에 내재화 되지 않았다면 '접촉'에도 불구하고 '느낌'이라는 반응이 없을 것이다. 접촉과 느낌 사이에는 내재화된 정보/종자가 매개 역할을 하며, 이러한 매개가 없으면 양자가 관계가 있어도 아무런 느낌이 발생하지 않는다. 이런 점에서 '종자'라는 개념은 접촉과 느낌의 발생에서 중요한 역할을 한다.

일체의 종자라는 의식은 두 가지 '가져 지님[執受]'이 있다. 첫째는 일상의 욕계

(欲界)에서 모든 감각기관과 신체를 가진다. 둘째는 이미지[相]와 이름[名]으로 분별하고 언설로 희론하는 습관적 기운[習氣]이다. 선정이 있는 색계(色界)에서는 이 두 가지 '가져 지님'이 존재하지만 관념이 사라진 무색계(無色界)에서는 존재하지 않는다.

광혜여. 이 식을 '아다나식[阿陀那識]'이라고도 한다. 왜냐면 이 식으로 말미암아 몸에 '지니고 가져[執持]' 유지하는 까닭이다. 또 이름하여 '알라야식[阿賴耶識]'이라고 한다. 왜냐면 이 식으로 말미암아 몸에서 받아들여[執受] '저장하고[藏] 숨겨서[隱]' 안전하거나[安] 위태로움[危]에서도 동일하게 작용하는 뜻이 있기 때문이다. 또한 이름하여 마음이라 한다. 왜냐면 이 의식으로 말미암아 색성향미촉 등의 대상이 쌓여 집적되고 더욱 자라나 생성하기 때문이다.[03]

일체의 종자식이란 심층의식 즉, 곧 제8식을 의미한다. 종자란 새싹을 움트게 하는 공능/효력을 가진다. 이런 공능의 힘이란 (1) 하나는 감각기관과 몸이다. 신체의 유지 곧 신체를 '가져 지님'이고, (2) 다른 하나는 모양 이미지와 명칭에 의한 언어적 분별이다. (3) 의식의 대상에 대해서 저장하고 집적해서 더욱 자라나게 한다. 이것이 마음현상이다. 몸에 가져 지님이고 → 명칭과 이미지로 분별함이고 → 집적하여 더욱 자라나게 함이다. 이런 메커니즘은 마음의 습기로서 자극과 반응이라는 연기적 종자를 심층에 가져 지녀, 저장하고, 더욱 번성하게 만든다. 이것이 세 가지 기능이다.

제8식의 명칭은 다양하다. 아다나식(ādāna-vijñāna)에서 ādāna란 '가져 지님'의 집수(執受)/집지(執持)를 의미한다. 알라야식(ālaya-vijñāna)의 알라야(ālaya)는 집

---

03 「解深密經」(大正藏16, 692b), "依二執受 一者有色諸根及所依執受 二者相名分別言說戲論習氣執受 有色界中具二執受 無色界中不具二種 廣慧此識亦名阿陀那識 由此識於身隨逐執持故 亦名阿賴耶識 何以故 由此識於身攝受藏隱同安危義故 亦名爲心 何以故 由此識色聲香味觸等積集滋長故."

수한 몸과 마음의 정보를 영상 이미지나 언어적인 분별로 '저장'하는 것이다. 마음(citta)은 저장된 정보를 색성향미촉법의 대상에 향하여 더욱 '성장'시킨다는 의미가 있다. 이들 3가지 기능은 정보의 '수집' → '저장과 분별' → '표출'과 '성장'이라는 인지적 과정에 따라 구분해서 그 이름을 달리 부르고 있다.

그렇기에 '하얀색의 달콤한 크림빵'이란 언어적인 소리를 듣거나 감각기관을 통해서 접촉이 되면(정보 수집), 내재화된 영상/이미지가 활성화되고(저장된 분별), 그러면 몸/입안에서 반응한다(표출과 성장). 여기서 핵심된 요인은 내재화된 종자/효능감이다. 이것은 오랜 기간 경험을 통해서 '몸'에 저장되어 마음/의식이 가져 지닌 까닭에 인연을 만나면 싹이 발아하고 꽃을 피우는 것과 같다. 이것이 유식심리학의 '심리-생리학'이다.

여기에 따르면 몸의 생리적 반응은 접촉을 조건으로 해서 몸에 저장된 종자의 '효능감'이 작동한 것이다. 이것은 사전에 심층에 저장된 경험내용으로서 영상/이미지가 내재화되는 과정을 통해 종자/씨앗이 감각기관과 함께 몸에 저장됨을 말한다. 그리고 다음 단계에서는 저장된 대상에 대한 이미지나 명칭이 감각기관에 의해서 촉발/접촉/지각이 되면, 그 씨앗은 움을 틔우고 격동하여 잠에서 깨어 난다. 그래서 우리는 크림빵이란 이미지/말을 듣게 되면 실제적인 생리적 반응으로 입안에 침이 고인다.

다시 말하면 제1장에서도 '삼중 정보처리모델'에 의거해서 살펴보았지만, 심층의 알라야식에 (1) 먼저 정보/이미지가 내재화가 되고 → (2) 그런 다음에 대상 영상/이미지에 대한 분별적 접촉이 일어나면 → (3) 몸의 느낌과 같은 반응 → (4) 행동이 생겨난다. 그런데 여기서 중요한 점은 대상에 대한 직접적인 '지각'이 아닌 의식의 상상에 의해서도 그것에 대한 모양[相]이 떠오르게 되고 언어[名]적인 '분별'만으로도 실제적인 효력이 발생한다는 것이다. 이것이 가능한 것은 이미 그 정보가 내재화된 까닭이다. 이것을 유식심리학에서는 카르마/행위/업에 감응하여 일어난다는 '업감(業感) 연기'와 구분하여 심층의 종자/영상/씨앗에 의한 '알라야식 연기'라고 한다.

아무튼지 크림빵과 침의 사례에서 보면 우리의 뇌는 실제적인 '지각' 경험과 이미지를 통한 '영상' 접촉을 구분하지 못한다는 점이다. 크림빵을 실제로 먹지 않았지만, 그것을 먹는 '영상/이미지'에 접촉만 해도 입안에 침이 가득해진다. 이것은 우리가 아직 오지 않은 미래를 생각만해도 기뻐하거나 걱정을 한다는 것이 타당함을 설명해준다. 불안이나 외상 후 스트레스가 심한 사람은 현실적인 지각이 아니라도 상상이나 생각만으로도 격한 불안으로 심하게 고통을 받을 수 있음을 의미한다.

이것을 파블로프의 개(Pavlov's dog)처럼 자극-반응에 의한 '학습'의 결과라고 말할 수 있다. 그러나 모든 개가 종소리를 듣고 반응하지 않고 고양이에게 '달콤한 크림빵'이라고 소리쳐도 침을 흘리지 않는다. 그것은 개나 고양이는 사전에 크림빵에 대해 소리-이미지로 조건화 되어 '내재화/학습'된 습관적인 기운, 습기/씨앗이 없기 때문이다. 이것을 유식심리학의 입장에서는 알라야식의 씨앗과 신체의 관계를 보여주는 생리적인 현상/알라야식 연기로 이해한다.

고통발생 다음으로는 고통의 소멸에 대한 해명이 필요하다. 크림빵에 대한 접촉으로 생리적인 반응을 한다면 이것을 어떻게 소거/변화시킬 수 있는가의 문제이다. 서구 행동주의 입장에서는 결과에 대한 '상과 벌'로 설명한다. 스키너(Skinner)의 비둘기 실험에서 보듯이 특정한 지점 A를 쪼아대면 음식물이 나오다가 A지점을 쪼아도 음식물/보상이 나오지 않으면, 결국 비둘기는 더이상 지점 A를 쪼아대지 않을 것이다. 반면에 영상관법에서는 그 촉발자극의 표상 이미지를 눈앞 코끝에 걸어두고 반복적으로 '관찰하여' 고통은 소멸시킨다. 이러한 점은 고통을 이해하고 접근하는 방식에서 행동주의 '상과 벌'의 접근 방식과 근본적인 차이점을 보여준다.

그러면 영상관법에서는 고통의 발생과 소멸을 어떻게 설명하는가? 그것은 '접촉'과 '분리'의 메커니즘으로 설명한다. 대상영상에 대한 '접촉'이 몸느낌/고통의 발생을 야기시킨다. 이를테면 여름에 손바닥으로 머리를 만지면 뜨겁고, 겨울에는 따뜻함을 느낄 것이다. 이번엔 손을 머리에서 떼어보자. 어떤가? 여름과 겨울에 관계없이 그 '뜨거움'과 '따뜻함'은 사라질 것이다. 뜨거움과 따뜻함이 사라진 이유는 '접촉'에서 '분리'가 일어난 까닭이다. 즉, 이런 생리적 변화의 발생과 소멸을 만들어낸 요인은 연기법/인연에 근거한 '접촉'과 '분리'이다.

영상 이미지에 '접촉'하면 느낌이 일어나고 '분리'되면 느낌이 소멸된다. 영상관법의 명상수행에서 '관찰'은 분리를 의미한다. 코로나19로부터 사회적인 '거리두기'를 실시하듯이, 대상영상을 '관찰하기' 위해서는 대상과의 일정한 '거리'가 존재해야 가능하다. 영상관법 수행에서 관찰과 통찰은 접촉으로부터 분리를 가져오고, 분리는 '거리두기'에 의해서 가능하다. 이것은 연기의 원리에 의한 고통의 소멸을 의미한다.

이것은 영상관법에서 자주 목격하는 현상이다. 고객/내담자는 신체적인 고통[危]을 충분하게 경험하고 관찰한다. 그리고 그것이 어떤 인연에 의해서 생겨나는지 '통찰'하면서, 오랫동안 유지되어 온 육체적인 고통이 사라짐을 경험한다. 여기서 변화의 중요한 첫 번째 요인은 '관찰'과 함께 하는 내적인 통찰/성찰이다. 이것은 중요한 질적인 변화/전환점[轉依]을 가져다준다. 마음의 '통찰'이 신체적 고통의 소멸을 가져오고, 다시 '신체'적인 고통의 소멸은 마음의 '편안'함을 가져온다. 이렇게 몸과 마음은 '상호순환모델'로 서로 연결되어 있다.

여기서 분리의 두 번째 메커니즘은 몸느낌과 호흡관찰과 연관된다. 영상대상에 대한 접촉에서 일차적으로 발생된 감정을 충분하게 경험하면서 분리하는 작업으로 '영상'으로부터 '몸느낌'으로 관찰대상을 옮겨간다. 그러면 대상 영상에 대한 접촉에서 분리가 일어난다. 그런 다음에 경험되는 몸느낌을 호흡과 함께 관찰하여 지켜보기를 진행한다. 이것은 대상 영상으로부터 느낌 관찰로 이어지는 이차적인 분리작업이다. 호흡은 선악의 가치판단이나 즐거움과 괴로움이라는 느낌에서 벗어난 중립적 대상으로 마음치유작업에서 매우 효과적인 분리의 메커니즘을 제공해준다.

이와 같이 영상관법의 핵심 구성요소는 '대상영상', '몸느낌', '호흡'이다. 따라서 영상관법을 실행하기 이전에 고객은 먼저 호흡명상과 몸느낌관찰 명상을 연습할 필요가 있다.

2)   **안위동일(安危同一)**

몸과 마음의 관계를 설명하는 교설로 유식심리학에서 주장하는 '안위동일(安危同一, ekayogakṣema)'이 있다. 'ekayogakṣema'란 용어는 'eka(하나)', 'yoga(결합)', 'kṣema(편안하게 거주함, 평온함, 열반)'이 결합된 말로 명상수행을 통해서 '(몸과 마음이) 하나로 결합되어서 편안하게 머물다'고 해석할 수 있다.

한역에서는 '알라야식/마음의 작용이 몸과 결합되어 편안과 위태로움이 함께 동일하게 작용한다'는 의미에서 '안위동일(安危同一)', 혹은 '안위공동(安危共同)'이란 용어를 사용한다. 안위가 공동이란 말은 통찰에 의한 '접촉'의 '분리'가 일어나면 마음의 고통이 사라지고, 몸도 마음과 상응하여 편안해진다는 것이다. 반대로 몸의 고통이 사라지면 마음도 편안하게 된다는 말로 이해할 수 있다. 이를테면 두통으로 몸이 아프면 마음이 불편하지만, 두통이 사라지면 마음도 편안해진다는 원리이다. 위의 『해심밀경』에 의하면 몸과 마음의 심층에 저장된 종자는 마음작동의 핵심 역할을 한다. 내재화 과정을 통해서 이미 정보가 알라야(Ālaya)식에 저장되어 있기에 '평온한 안전함에서 혹은 위태로운 위기에서 동일하게 작용한다'는 의미로 '동안위의(同安危義)'를 말한다. 이것은 몸과 마음이 즐거운 느낌이나 괴로운 느낌에서 동일한 방식으로 함께 작동한다는 의미로 결국 '몸과 마음은 서로 다르지 않다'는 것이다.

여기서 편안함[安]은 'anugraha'의 번역어이다. 이것은 이득(benefit), 호의(favour), 친절(kindness) 등을 의미하는 것으로 수행에서는 '평온'이나 '거룩함'과 같은 종교적 경험으로 이해되기도 한다. 위기나 위태로움[危]으로 번역된

'upaghāta'는 위해(infringement), 손상(injury), 손해(damage) 등의 '고통'을 의미한다. 안위동일(安危同一)/동안위의(同安危義)는 마음과 몸이 상호연결되어 함께 작동하는 '마음의 생리현상'으로 이해할 수가 있다. 이것에 대한 논의는 요코야마 고이치(橫山紘一)의 『唯識の哲學』(平樂寺書店, 1979, pp.131-136)[04]에서 다음과 같이 정의되어 있다.

> 안위동일은 A와 B가 관계가 있다면, A가 양호[安]하거나 좋지 못한 상태[危]이면 B 또한 그에 대응하여 양호 또는 불량한 상태가 되는 상호작용을 의미한다.

요코야마는 여러 다양한 문헌들에서 안위동일의 논거를 찾아내면서 이론적 근거를 제공한다. 즉, 『해심밀경』의 아뢰야식과 신체,[05] 『대승아비달마잡집론』의 심·심소와 신체,[06] 『유가사지론』의 심·심소와 갈라람(羯羅藍, 수태, kalala),[07] 『유가시지론석』의 사대[四大種]와 사대로 이루어진 물질[所造色],[08] 『중변분별론석소』의 마음[心]과 심리현상[心所][09] 등의 사례를 열거한다.

이들을 종합하여 보면 안위동일의 개념은 3가지 맥락에서 사용된다. 첫째는 가장 널리 사용되는 방식으로 마음과 몸의 상호작용을 명확히 보여준다. 몸이 좋지 않으면 마음 역시 불편하고, 마음이 불편하면 몸도 불편하다는 것이다. 두 번째는 『해심밀경』의 안위동일의 개념을 통해서 알라야식/마음이 신체/몸을 부서지지 않게 유지하게 하는 기능이 있음을 알 수 있다.

---

04 橫山紘一, 『唯識の哲學』(平樂寺書店, 1979, pp.131-136.) 이 책은 나온지 10년이 지나 국내에서 『唯識哲學』(妙柱譯, 經書院, 1989)으로 번역 출간되었다.

05 解深密經, 大正藏16, 692b; 攝大乘論釋, 大正藏31, 383b.

06 大乘阿毘達磨雜集論, 대정장31, 721a.

07 瑜伽師地論, 大正藏30, 283a; 攝大乘論釋, 대정장31, 332a.

08 瑜伽師地論, 大正藏30, 290a.

09 中辺分別論釈疏/Madhyantavibhagatika, p.33.

갈라람(수태)의 몸과 마음·마음현상은 안위가 공동인 까닭에 서로 의탁한다. 마음·마음현상이 서로 의탁하는 힘으로 말미암아 몸/신체는 문드러져서 붕괴되지 않는다. 신체의 손해와 이익으로 말미암아 마음[心]·마음현상[心所] 또한 손해와 이익이 있는 까닭에 안위공동(安危共同)을 설한다.[10]

신체가 문드러지고 붕괴되지 않는 이유는 마음/마음현상과 상호 의탁하는 '힘'이 있기 때문이다. 손해가 있을 때나 이익이 있을 때나 함께함을 말한다. 마음과 몸은 좋을 때나 좋지 못할 때나 서로 의탁되어 있고, 이런 힘에 의거하여 신체와 마음은 서로 부서지지 않고 유지된다는 것이다. 이점은 알라야(ālaya)식의 어원이 ā-√lī로서 '애착', '집착'과 함께 '저장'의 의미가 있음을 상기할 필요가 있다.

세 번째로 안위동일의 개념은 명상수행의 과정에서 나타나는 전의(轉依, āśraya-parāvṛtti) 개념을 설명할 때도 활용된다. 전의란 영상관법과 같은 명상수행을 통해서 의지처[依]가 바뀌는[轉] 몸과 마음의 질적인 전환을 말한다.

(영상)관법을 닦는 행자는 사마타·위빠사나를 혹은 닦고 혹은 익히고 혹은 닦고 익히는 인연으로 말미암아 모든 인연된 '영상'에 작의/집중하여 원만함을 얻게 된다. 이러한 원만함으로 인하여 문득 전의를 이룬다. 일체의 거칠고 무거운 번뇌가 쉬고 소멸하여 전의를 이룬 까닭에 '영상'을 초월하여 넘어간다. 알아야만 하는 일체의 일/사건/사례에서 분별함이 없고, 직접적 지각[現量]의 지견(智見)이 생겨난다.[11]

---

10 解深密經, 282a. "又此羯羅藍色與心心所 安危共同故名依託 由心心所依託力故 色不爛壞 色損益故彼亦損益 是故說彼安危共同."

11 瑜伽師地論, 같은 책, 427c. "謂修觀行者 於奢摩他毘鉢舍那 若修若習若多 修習爲因緣故 諸緣影像 所有作意 皆得圓滿 此圓滿故便得轉依 一切麤重悉皆息滅 得轉依故超過影像 即於所知事有無分別 現量智見生"

위의 인용문은 『유가사지론』의 본지분(本地分) 중 성문지(聲聞地)에서 영상을 활용해서 수행을 설명하는 것으로 매우 중요한 구절이다. 이것은 전의 과정을 보여주는데 영상관법 3단계로 나누어 설명하고 있다. 1) 알아야 할 대상 영상을 떠올려서 작의(作意)/집중하는 단계, 2) 거칠고 무거운 번뇌가 정화되면서 영상을 초월하는 전의(轉依)의 단계, 3) 분별함이 없는 직접적인 지각[現量]과 지혜의 통찰[智見]이 생겨나는 단계가 그것이다.

다시 말하면 처음에는 제8식에 저장된 영상/습기의 집착적 개념자기가 의지처[依, āśraya]였지만, 나중에는 작의/집중과 내적 성찰로서의 관찰자기로 의지처가 '전환[轉, parāvṛtti]'된다. 그럼으로써 거친 번뇌가 소거되고, 습기의 영상이 소멸되면서, 몸과 마음은 가볍고 편안함의 진실한 참된 자기로 계합하게 된다. 이것은 전의가 '집착자기' → '관찰자기' → '참된 자기'로 의지처가 차례로 바뀜을 설명해준다. 이점은 서론에서 세 종류의 마음으로, 제6장에서 수용전념치료와 비교해서 논의한 바가 있다.

여기서 거칠고 무거운 '추중(麤重)'의 번뇌란 일반적으로 마음의 평정을 장애하는 번뇌장(煩惱障)과 지혜의 깨달음을 방해하는 소지장(所知障)을 말한다. 이런 장애의 출현은 몸과 마음을 무겁고 거칠게 한다. 그러나 이런 장애와 관련된 영상을 사마타와 위빠사나의 영상관법에 의해서 청정하게 정화시키면 거칠고 무거운 몸과 마음이 가벼움과 평안함[輕安]을 얻는다. 이것은 안위동일에 의한 전의의 과정을 보여준다.

이러한 전의 과정을 『성유식론』에서는 유식 삼성설로 이해하기도 한다.[12] 전의에서 의(依)란 의타기성을 말한다. 제4장에서 논의한 것처럼 의타기성(依他起性)은 물든[染] 연기와 청정한[淨] 연기가 있다. 물든 연기는 변계소집성(遍計所執性)을 말하고, 청정한 연기란 원성실성(圓成實性)을 말한다. 전의 즉, 질적인 변

---

12 成唯識論, 51a. "依謂所依卽依他起與染淨法爲所依故. 染謂虛妄遍計所執. 淨謂眞實圓成實性. 轉謂二分轉捨轉得."

혁이란 현실의 의타기/연기 자체는 변함없이 그대로인데, 번뇌로 물든 집착 상태
가 진실한 청정으로 의지처가 바뀜을 의미한다. 전의는 연기하는 현실에서 물든
부분이 청정성의 연기로 변화됨을 말한다.

3) **영상관법 사례, 만성적 어깨 통증 – 몸/느낌에서 마음/영상으로**

몸과 마음이 서로 별개가 아니라 일체임을 보여주고 나아가서 영상관법에 의
한 전의/마음치유의 과정을 보여주는 구체적인 사례가 필요하다. 그래야 문헌에서
현장으로 들어가는 안위동일의 마음-생리학적인 의미가 드러날 것이기 때문이다.
아래 사례의 주인공은 50대 여성이다. 영상관법의 구체적인 절차에서 생겨난 정보
는 개인적 정보노출 방지를 위해서 생략하고 전체적인 흐름을 중심으로 기술한다.

늘 어깨가 아프다. 마사지를 하고 병원에 가서 사진을 찍어보아도 개선되지 않는
다고 한다. 그래서 필자는 신체/몸의 아픈 부위에 집중해서 조용히 관찰해보라고 요청
했다. 그곳에서 어떤 영상, 이미지가 떠오르는지를 조용히 지켜보라고 했다.

어깨의 통증에 대해서 처음으로 회피하지 않고 집중해 본다. 그런데 그 통증을 통
해서 6살 때의 기억이 떠오른다. 아빠의 죽음과 연결된 기억이다. 아빠는 딸을 너
무나 사랑했다. 동네 사람들은 딸을 땅에 내려놓은 적이 없다고 말한다. 아빠는 딸
바보였다. 그런데 어느 날 아빠가 보이지 않는다. 아빠가 돌아가신 것이다. 어린
딸은 아빠를 찾는다. 그러자 아빠는 돌아가셨고, 커튼 뒤쪽에 누워계신다고 했다.
어린 딸은 아빠를 부르면서 커튼 뒤쪽으로 가려한다.

그런데 그 순간에 뒤쪽에서 강력한 힘이 어깨를 꽉 잡고 놓아주지 않는다. 엄마가
가지 못하도록 딸의 '어깨'를 잡은 것이다. 앞으로 갈 수가 없다. 아빠를 부르면서
소리 내어 울어도 소용이 없다. 아빠를 잃은 절망감과 함께 서럽게 남겨진 아픔이
바로 어깨의 통증이다. 이것은 50이 넘은 지금도 사라지지 않고 문신처럼 몸에 남

아 있다. 그래서 항상 그렇게 어깨가 아파 왔음을 이제야 알게 되었다.

영상관법을 통해서 당시의 몸느낌을 충분하게 다시 경험하면서, 아픔의 의미가 무엇인지를 관찰하고 깨닫게 되면서 마침내 어깨의 통증은 천천히 가라앉았다. 그리고 이후로 어깨의 만성적인 통증은 신기하게도 사라졌다. 아버지가 돌아가신 날에 고향을 방문하면 늘 아버지 산소에 찾아가서 인사를 드린다는 고객은 기뻐하면서 귀가했다.

이 사례는 편안과 고통이 함께 한다는 안위동일에 의한 마음과 몸의 상응관계를 검증하는 사례 가운데 하나라고 평가할 수 있다. 이 경우도 『해심밀경』의 구절처럼 몸이 과거의 아픔/경험내용을 저장하고 있다는 것이다. 문제는 내담자가 그것을 인식하지 못했다는 것이다. 곧 6장에서 살펴본 심층에 저장된 자각이 되지 않은 영상 이미지[無覺 分別相]이다.

임상적으로 보면, 이것은 오랫동안 내담자 스스로 인지하지 못한 '외상 관련 스트레스'인 트라우마이다. 트라우마는 몸이 기억한다는 점에서 '몸과 마음은 서로 다르지 않고, 하나이고 일체이다'는 주장은 설득력이 있다. 이 사례는 몸에 기억되고 저장된 애착대상으로서 아버지에 대한 상실과 그리움의 마음이다. 그래서 고객은 무의식 속에서 아버지와의 기억을 잊지 않고 간직하기 위해 몸에 지니고 싶어 했을 것이다.

영상관법(이 사례는 감정형으로 진행하였다. 몸과 마음의 관계를 살펴보는 감정형이 적절하다고 판단함)의 진행절차를 보면 먼저 (1) 고객의 불편함/주호소/고통의 문제가 무엇인지를 파악하고, (2) 몸/어깨의 통증에 집중해서 영상을 떠올려보는 작업이다. (3) 떠오른 영상의 경위(아버지와의 관계)를 경청하고, (4) 당시에 경험했던 몸느낌, 어깨의 통증에 집중해서 반복해서 충분하게 경험해보는 사띠/사마타/위빠사나의 염지관(念止觀) 명상단계이다. (5) 몸의 통증과 떠올라온 영상과의 관계나 의미를 통찰하고 몸느낌과 영상의 소멸에서 오는 가벼움과 안락함을 경험하는 전의 단계이다. 마지막 (6) 영상관법이 끝나고 나서 전환/전의가 일어난 경험을 그림으로 그리는 단계이다.

첫 번째(1)와 두 번째(2)는 불편한 '몸/느낌'에서 '마음/영상'으로의 연결과정이다. 여기서 영상은 알라야식의 종자/정보를 의미한다. 이들은 몸과 알라야식의 상호관계를 나타내고 안위동일의 불편함/손해/고통이다. 이것은 거칠고 무거운 추중의 번뇌에 해당된다. 세 번째(3)는 현실 속에서 아버지와의 관계에서 생겨난 트라우마가 어떻게 발생하였고, 그것이 왜 어깨의 통증으로 자리를 잡게 되었는지를 해명한다. 대부분은 현실의 고통 경험을 먼저 말하고 나중에 신체적 통증을 말하는데, 이것은 신체적인 통증을 먼저 말하고 나중에야 그것의 연유를 발견하는 순서이다. 이런 것들은 주로 아주 오래되어 연유를 망각해버린 만성적 스트레스가 중요한 원인이다.

네 번째(4)는 대상영상을 관찰하는 명상의 단계이다. 대부분의 경전에서는 '지관'을 말하는데 필자는 '염지관/염정혜'를 강조한다. 이때 영상관법에서는 '염/sati/알아차림/기억함'은 심층의 종자를 의식의 표층으로 떠올리는 '환기'를 의미한다. 사진 찍을 때처럼 배경을 전경으로 끌어당겨서(pratibhāsa, 현현) 알아차림(사띠, 念)하고, 그런 다음에 대상 영상에 머물러 집중(사마타, 止)하고 소멸될 때까지 그것의 표상을 코끝에 걸어두고 관찰하는 위빠사나[觀]을 실행한 까닭이다.

다섯 번째(5) 전의(轉依) 단계는 몸느낌과 함께 영상에 대한 집착반응이 소멸/초월되고 무거움[重]이 가벼움[輕]으로, 거친 답답함[麤]이 편안함[安]으로 전환되는 이익/안락함의 안위동일이다.

마지막(6)은 영상관법을 하면서 질적인 변화를 경험한 내용을 그림 그려서 확인하는 단계이다. 아래 그림은 영상관법이 끝나고 난 이후의 그림이다. 양쪽을 비교해보면 전후의 변화가 분명하다. 왼쪽 <그림7-1>에서 어깨의 통증은 날카로운 모양의 빨간색으로 나타났지만, <그림7-2>는 통증의 흔적이 어깨와 목 뒤로 연결되어 있는 회색으로 바뀌었음을 알 수 있다. 양쪽 신체 형상을 비교해 보면 왼쪽은 마치 고통으로 어깨가 부어있고 얼굴이 보이지 않는다. 그러나 영상관법을 끝낸 오른쪽은 어깨가 날씬하고 자신의 얼굴 윤곽도 함께 그렸다. 보기에도 편안하게 느껴진다.

| 그림7-1 | 어깨통증

| 그림7-2 | 통증소멸

현대에서는 의료과학기계의 발달에 힘입어 뇌영상 <그림7-3. fMRI 영상촬영> (출처: www.gmiraec.com)을 촬영하거나 신체의 다양한 변화를 <그림7-4. 바이오피드백>(출처: http://brainsecrets.co.kr)으로 측정하면서 몸과 마음의 관계를 과학적으로 연구할 수 있다. 이러한 도구는 측정의 관점에서 보면 확실히 객관성을 확보하게 하는 장점이 있다.

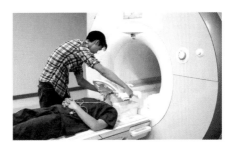

| 그림7-3 | fMRI 촬영

그러나 일상의 상담실에서는 이런 기계의 도움을 받기가 어렵다. 비용문제도 있을 뿐아니라 도구 자체가 자연상태가 아니라 보니 피험자의 심리 상태에 특정하여 영향을 미치기도 한다. 그러나 영상관법은 이렇게 과학적 기계를 사용할 수 없는 심리상담의 현장에서 손쉽게 활용할 수 있다. 영상관법의 그

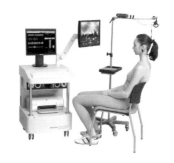

| 그림7-4 | 바이오피드백

림 그리기는 <그림7-1>과 <그림7-2>처럼 몸의 특정한 부위에 대한 측정이 필요한 때에 특히 '명상 후 변화결과'를 관찰하고자 할 때 몸의 변화와 효과성을 영상/시각 이미지로 보여준다는 점에서 매우 효과적이다. 그림으로 표현된 첫 번째 <그림7-1>의 거칠고 무거운 '추중'의 무거움에서 두 번째<그림7-2>의 가볍고 편안한 '경안'으로 전환/전의된 모습은 영상관법에서 경험한 내용을 선명하고 객관적으로 보여준다는 점에서 의의가 있다.

또한 같은 자리에서 상담을 계속할 수 있는 장점도 있다. 그림을 다 그린 다음에 어떻게 이런 전의/전환이 일어났는가를 묻자, 내담자는 통증의 원인이 무엇인지를 통찰하고 어깨의 통증에 직면해서 바라보기/관찰을 하면서 변화가 일어났다고 대답했다. 또한 고객/내담자에게 영상관법과 그림 그리기의 차이점을 물으면 대체로 그림 그리기가 쉽다고 말한다. 그냥 그림만 그리라고 하면 어려웠을텐데, 본인이 '영상'으로 떠올렸던 장면의 모양이나 감정의 색깔을 관찰하고 경험한 그대로 그렸기 때문이라고 한다.

그런데 그림 그리기 작업의 어려운 점으로 영상관법에서 경험한 내용을 그대로 그릴 수 없는 솜씨의 부족함을 언급한다. 색깔이나 모양을 그린다곤 하지만 떠올린 영상과 차이가 있다고 말한다. 본인이 직접 경험한 느낌의 변화를 언어로 표현하지 못함과 같이, 영상관법에서 본 미묘하고 섬세한 모양과 느낌을 모두 그림으로 그릴 수 없다고 한다. 그럼에도 영상관법을 끝내고 그림을 그리는 작업은 객관적인 입장에서 자신의 정황과 감정을 재확인할 수 있다는 장점이 있다. 이때 새로운 통찰이 일어나기도 한다. 상담자 입장에서는 내담자의 변화를 시각적으로 확인할 수 있어 효과적이다.

4) 핵심이슈에 대한 논의

불교심리학적 관점에서 영상관법의 심리생리학적 의미를 살펴보았다. 이것과

관련된 몇 가지 논의가 있다. 첫째는 왜 뇌는
영상/이미지에 노출/접촉될 때와 실질적인
경험과 구분하지 못하는가의 문제이다. 이점
은 '영상현상학'에서도 오랫동안 문제가 된
영역이다.[13] 실제의 빵을 보거나 먹을 때 침
을 흘리는데, 실제적인 빵을 접촉하지 않고
단지 영상 이미지를 접촉할 때도 동일한 생
리적인 반응을 일으키는 이유에 대한 문제
이다. 본 장에서는 이것을 알라야식의 종자
개념으로 설명했지만 좀더 구체적인 생리학
적인 해명이 요청된다.

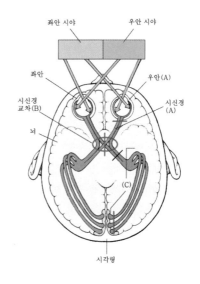

| 그림7-5 | 시각령

'대뇌'의 판단작용과 함께 먼저 몸이 반응하는 '생리'적 이유로 신경-생리학적
측면의 해명이 가능하다. 영상관법에서 문제가 되는 미해결된 문제와 관련 영상
을 눈앞/눈의식[眼識]에 떠올려 그것을 코끝에 걸어두고 바라보자. 그러면, 그림
7-5(출처: MSD매뉴얼, http:s://msdmanuals.com/co.kr)과 같이 마치 프로젝터를 활
용해서 스크린에 영상을 띄우듯 떠올린 장면의 영상이 눈의 '망막'에 그대로 반영
된다. 그리고 망막에 반영된[影, reflected] 이미지[像, mental images]는 시신경을 자
극한다. 그러면 그림에서 보듯이 시신경을 담당하는 대뇌의 후두(시각령)에 전달
되고 이것은 중추신경을 통해서 온몸, 신체에 전달된다. 그러니까 영상관법에서 감
정이 활성화되는 이유는 (1) 직접적으로 '지각'되지 않고도 영상/이미지만으로도
시각의 시신경이 자극되고, (2) 뇌의 동일한 후두(後頭) 영역에서 정보를 처리하기
때문이라고 할 수 있다.

그런데 위의 사례에서 '왜 하필 어깨의 통증인가?' 하는 부분은 뇌/몸의 신경

---

13 Hackmann, A.; Bennett-Levy, J.; Holmes, E.A.(2011), The Oxford Guide to Imagery in Cognitive
    Therapy Oxford, Oxford University Press.

조직이 그 사건을 함께 기억하고 있기 때문이라고 해석할 수 있다. 특정한 트라우마와 관련된 영상과 접촉되면 당시에 경험했던 신체의 특정 부위가 반응하는 이유는 몸/뇌가 그것을 당시의 '상황'과 함께 강하게 기억하기 때문이다. 이것은 <그림7-6. 변연계>에서 보듯이[14], 대뇌 피질보다는 주홍색으로 표시된 정서적인 기능을 담당하는 변연계(limbic system)의 편도체(amygdala)와 오래된 사건을 기억(long-term memory)하는 해마(hippocampus)와 밀접한 관련이 있다. 이것은 해마가 손상되면 오래된 정서적 기억을 재생할 수 없다는 것을 통해서 확인할 수 있다.

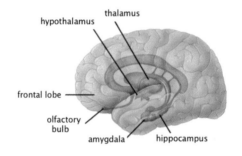

| 그림7-6 | 변연계

　　이를 유식 심리학적으로 해명하면 편도체와 해마에 기록된 장기기억은 일종의 '습기(習氣)'와 관련지을 수 있다. 이것은 학습된[習] 기운[氣]으로서 자극을 받으면 반복적으로 출현하는 잠재적 씨앗/종자/트라우마이다. 이 종자가 몸/뇌에 기억되어있다는 말이다. 그렇기에 정서적인 측면에서 보면 언어적 사유를 담당하는 대뇌보다는 중뇌의 변연계 역할이 중요하다. 그리고 이것은 마음치유에서 언어/대화 중심의 상담적 접근보다는 영상관법과 같은 정서적인 접근이 몸/뇌의 신경조직에 직접 접촉하는 체험적인 접근으로서 효과적임을 시사한다.

14　http://webspace.ship.edu/cgboer/limbicsystem.html/The Emotional Nervous System, ©
　　Copyright 2002, 2009, C. George Boeree.

그런데 위 사례에서 해마의 손상을 입지 않았는데도 신체의 어깨통증에 대한 연유를 오랫동안 기억 속에서 인식하지 못한 것은 무엇 때문일까? 심리학적으로는 고통이 심했기에 의도적으로 회피하여왔다고 설명할 수 있다. 이것에 대한 신경생리학적 설명으로 '게이트 통제이론(Gate control theory)'이 있다.[15] 여기에 따르면 신경 조직망에서 뇌의 게이트가 항상 열려 있다면 고통이 발생할 때 그 신호가 직접적으로 뇌에 곧장 전달되어서 아주 높은 수준의 고통을 경험하게 된다. 반대로 고통이 아주 클 때 뇌의 게이트가 닫혀 고통의 신호가 뇌에 아주 작게 전달된다면, 우리의 고통 경험은 그만큼 작아질 것이다. 그렇기에 아주 강하거나 반복되는 외상 스트레스나 고통에 대해서 뇌는 그것을 의도적으로 감소시키거나 기억에서 삭제해버릴 가능성이 높다. 이런 이유로 종종 강한 트라우마는 많은 부분 기억하지 못할 수도 있다. 이런 경우 마음치유를 위해서는 잃어버린 고통의 기억을 '환기(sati)'시켜서 되찾는 작업이 중요하다. 영상관법은 이런 드러냄(pratibhāsa) 작업을 통해 치유작업에 접근할 수 있는 통로를 마련한다는 점에서 의의가 있다.

두 번째 논의는 유식심리학의 '안위동일'의 마음/심리-생리학은 알라야식과 몸의 관계를 설명한다는 점에서 매우 중요한 교설이고 중요한 개념임은 분명하지만, 교리적으로 다소 부자연스럽다고 하는 야마베의 지적과 관련된다.[16] 알라야식의 안위동일 개념은 요코야마가 말한 대로, 『해심밀경』과 『유가사지론』 등 거의 모든 유식론에서 거론된 중요한 개념이다. 그런데 알라야식은 시간이 흘러서 성숙하는 이숙(異熟)으로 평생 상태가 변하지 않는 안정성과 연속성을 갖는데 어떻게 편안[安]할 때와 위태로울[危] 때가 있다는 것인가라는 야마베의 반론이 존재한다.

---

15 https://www.verywellmind.com; Kendra Cherry(2022), "What Is Gate Control Theory?" 이 이론은 1965년 Ronald Melzack and Patrick Wal에 의해서 "고통에 대한 게이트통제이론"으로 발표되었다. 여기에 따르면 만성적인 고통을 회피하기 위해서 고통의 신호가 오면 뇌는 게이트 통제를 통해서 고통을 감소시키거나 문을 닫아버린다는 이론이다. Mendell L.(2014), Constructing and deconstructing the gate theory of pain. Pain155(2): 210-216.

16 山部能宣(2012),「アーラヤ識論」『唯識と瑜伽行』春秋社, 181-219.);「알라야식론」 시리즈 대승불교7 『유식과 유가행』 김성철역, 씨아이알, p.193.

필자가 보기에 안정과 변화에 대한 논의는 결국 '알라야식을 어떻게 이해할 것인가' 하는 문제와 연결된다. 제3장에서 논의한 바가 있지만 알라야식에 대해서 유상(有相)유식과 무상(無相)유식의 관점이 있다. 유상(有相)의 종자/씨앗/습기의 영상을 가진 알라야식은 물들어 있지만, 그것들은 진실하고 실재한다. 반면에 무상(無相)의 종자/씨앗/습기로서의 영상은 거짓된 분별로 허망한 성격을 가진다.

이때 마음은 두 가지 역할을 한다. 유상유식의 입장에서 알라야식은 적극적으로 영상을 포섭하고 구성하고 전변시키는 능변(能變)의 역할을 한다. 반면에 무상유식에서 알라야식은 한걸음 물러나서 단지 영상을 반영하고 객관적으로 비추는 관찰의 역할만을 수행한다. 유상유식(有相唯識)의 마음이란 제8식으로서 본래적 질료/창고[藏識]로서 작용하고 형상/영상을 소유하여 현실에 전변시킨다. 이 경우는 구성된 영상이 현실을 반영하는 까닭에 영상은 의미 있는 진실을 담고 있다. 반면에 무상유식(無相唯識)에서 마음/알라야식은 허망한 영상을 소유하지 않고 청정한 빛[眞如]으로 문제가 되는 영상/형상을 단순하게 비추기만 한다. 이 경우 마음의 본성이 중요하고 영상은 거짓된 허망한 분별이다.

그러면 야마베의 입장은 어느 쪽인가? 알라야식은 안정되고 변화가 없다는 입장이다. 그렇기에 안전할 때와 위태로울 때가 없지 않다는 입장이다. 이러한 점에 의거하면 무상유식적 관점에 서 있는 것처럼 보인다. 그런데 여기서 다시 '알라야식'과 '종자'가 하나인가 아니면 서로 다른가 라는 문제가 제기된다.[17]

유상유식에서 알라야식과 종자는 서로 분리되지 않는 하나이다. 비유하자면 창고와 그곳에 보관된 물건은 서로 구분되지 않는 것과 같다. 물건/종자가 없으면 그것은 창고/알라야식이 아니기 때문이다. 이런 경우 편안할 때와 위태로울 때가 존재한다. 그러나 무상유식의 관점에서는 알라야식과 종자/습기는 서로 다르다.

---

17 成唯識論(앞의 책, 8a), "此中何法名爲種子 謂本識中 親生自果 功能差別. 此與本識 及所生果 不一
    不異."

씨앗/정보는 청정한 창고/알라야식을 물들게 할 수 없다. 따라서 편안할 때와 위태로울 때가 없다. 왜냐면 알라야식은 청정한 무구식(無垢識)이기 때문이다. 그렇긴 하지만 청정한 알라야식/창고와는 다르게 종자/물건은 서로 구별된 까닭에 알라야식과 관계없이 저장된 종자/씨앗/습기는 편안할 때와 위태로울 때가 있을 수 있다. 결론적으로 알라야식을 어느 쪽으로 보든지 몸과 알라야식의 관계를 나타내는 마음-생리학에서 '안위동일(安危同一)'적 성격은 성립된다고 본다.

세 번째 논의는 '안위동일'에서 몸과 마음은 일체이고 상호작용한다는 입장이지만, 몸이 먼저인가 아니면 마음이 먼저인가 하는 관점이 있을 수가 있다. 이점은 향산(정경진)의 「아뢰야식 어의에 관한 일고찰」(2018)[18], 「初期唯識思想における 安危同一について」(2019)[19]를 비롯하여 「초기 유식사상에 있어서 아뢰야식의 신체적 메커니즘」(2020)[20], 「안위동일의 문제를 중심으로 본 「초기유가행파의 아뢰야식과 유가행의 관계」」를 다룬 논문(2021)[21]에서 촉발된 질문이다.

향산은 먼저 위의 논문(2018, 2019, 2020)에서 알라야식을 신체의 의식이라고 파악한다. 그리고 한 걸음 더 나아가 야마베의 논문[22]을 인용하면서 안위동일의 관계는 신체의 락(sukha, 樂)이 심의 경안을 일으킨다고 하는 신체 중심적인 관계라는 점과 안위동일이라는 용어에는 신체의 변화가 심의 변화를 이끈다는 신체 중심적인 관계 규정이라는 의미가 있음을 밝히고 있다.

요코야마 이후 야마베나 향산 모두 안위동일에 대한 문헌적 근거를 제공하면

---

18 정경진(2018), '아뢰야식' 어의에 관한 일고찰, 『불교학연구』57, 235-259.

19 香山(鄭景珍)(2019), 初期唯識思想における安危同一について, 『印度學佛教學研究』第68巻第1号.

20 정경진(2020), 초기 유식사상에 있어서 아뢰야식의 신체적 메커니즘, 『불교학보』92, 35-61.

21 정경진(향산)(2021), 초기 유가행파의 아뢰야식과 유가행의 관계-안위동일의 문제를 중심으로, 『동아시아 불교문화』48, 153-194.

22 山部能宣(2016), 「アーラヤ識説の実践的背景について」『東洋の思想と宗教』33:1-30 . ; Nobuyoshi Yamabe(2018), Ālayavijñāna from a Practical Point of View, J Indian Philos.46 : 283-319). 이들은 동일 논문이다. 2015년 독일 뮌헨에서 발표된 이후에 토론자의 의견을 보완하여 일본어와 영문으로 발표한 것이다.

서 몸과 마음의 상호작용 관계'를 언급한다. 그렇긴 하지만 요코하마나 야마베보다 향산은 신체-중심적 관계임을 더 많이 강조한다. 그러다 보니 알라야식과 신체의 관계가 일체라는 관점을 유지하면서도 '신체-중심인가' 아니면 '마음-중심인가' 하는 쟁점을 유도한다.

이점은 참 난감한 문제임은 분명하다. 앞의 어깨 통증을 호소하는 사례를 중심으로 문제를 다시 살펴보자. 몸/신체의 관점에서 보면 어깨의 통증이 영상관법을 통해서 소멸된 이후에 마음이 경안을 성취한 점에서 질적 전환점/전의를 이룬 것이고, 그렇기에 안위동일은 확실하게 '몸-중심'의 생리현상이라고 평가된다.

그러나 이번엔 몸에 반영되고 기억된 종자 즉, 영상의 입장에서 보면 어떨까? 종자/영상은 이미지[相]이고, 언어[名]에 의한 분별(分別)이고, 움켜쥐는[執受] 기운으로서의 습기(習氣)이다.[23] 이것을 반복적으로 지켜보는 영상관법을 통한 내적 분리/전의가 이러한 내적인 집착과 습기/애착의 힘을 약화시켜 몸/어깨의 통증이 소멸되었다고 볼 수 있다. 따라서 마음의 변화가 몸의 평안을 가져왔기에 안위동일은 '마음-중심'의 생리현상이라고도 볼 수 있다.

필자는 양쪽 모두 타당한 관점이라고 본다. 일단 결정을 보류하고 '상호작용'의 관계라는 시각으로 남겨두고자 한다. 이점은 현대 뇌과학이나 심리생리학에서도 여전히 쟁점이 되는 과제로 쉽게 결론을 내릴 수 없는 항목이다. 뇌과학의 신경 생리학 관점은 몸-중심으로 볼 것이고, 심리학적 입장에서는 마음-중심에 좀더 중심을 둘 것이다.

---

23 成唯識論, 10a. "執受有二 謂諸種子及有根身 諸種子者謂諸相名分別習氣 有根身者謂諸色根及 根依處 此二皆是識所執受 攝爲自體同安危故."

2

뇌-인지과학(Cognitive Science)적 접근

불교에서는 자아의 개념을 인정하지 않기에 몸과 마음은 상호작용하는 하나로서 서로 분리되지 않는다는 관점을 지지한다. 반면 서구 심리학은 독립된 자아개념의 존재를 인정하는 경향이 강하다 보니, 그 결과로서 몸과 마음이 서로 분리되는 이원적 견해가 지배적이다. 그러다가 20세기 이후 몸과 마음이 하나라는 관점이 우세를 보이다가 최근에는 뇌과학의 영향력으로 몸/뇌의 역할이 강조되면서 오히려 몸이 마음을 지배한다는 경향을 보여준다.

1) 데카르트의 이원론(Dualism)

몸과 마음에 대한 이원론적인 태도는 근대적 자아의 개념을 강조한 데카르트에게 비롯된다. 그에 의하면 몸과 마음은 서로 다른 영역으로 독립적으로 작동된다. 양자가 따로 놀지 않기 위해서는 몸과 마음을 연결하는 기관이 있어야 한다. 이것을 뇌의 '송과선(松科腺)' 혹은 '송과체(pineal gland)' 혹은 '솔방울샘'이라고 한다. 모양이 솔방울처럼 생겼다고 해서 붙여진 이름이다.

마음은 온몸과 연결되어 있다. 그러나 마음이 다른 부분보다 그 기능을 잘 발휘하는 부분이 몸속에 있다는 것도 알아둘 필요가 있다. 일반적으로 뇌나 심장일 것이라고 믿고 있다. 뇌라고 하는 것은 감각기관이 뇌와 연결된 까닭이고, 심장이라고 한 것은 정념(passion)이 느껴지는 것은 심장 속이기 때문이다. 그러나 면밀히 검토한 결과 몸 가운데 마음이 그 기능을 직접 발휘하는 부분은 결코 심장이나 뇌가 아니다. 뇌의 가장 깊은 곳에 있는 '송과선'이라는 것을, 나는 분명하게 확인했다

고 자신한다.[24]

이 인용 구절은 데카르트 『정념론』 31항이다. 데카르트 이후로 오늘날 송과선에 대한 많은 기능들이 밝혀지고 있다. <그림5-5. 솔방울샘>(출처: 서울대학교 신체기관정보 사전)에서 보듯이 현대의 송과체에 대한 의학적 이해는 척추동물에서 발견되는 내분비샘으로 주로 멜라토닌의 공급을 담당한다고 한다. [25]

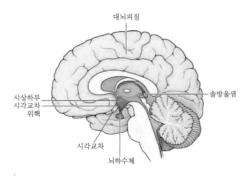

| 그림7-7 | 솔방울샘

위의 사진에서 송과체/솔방울샘/송과선은 중뇌와 소뇌 중간에 위치한다. 종종 솔방울샘은 종교적 접근에서 영적인 제3의 눈이라고 말하기도 하는데 이것은 솔방울샘이 빛에 반응하기 때문에 생겨난 과도한 해석이 아닌가 한다. 아직 분명하게 검증은 되지 않았다. 현대 의학적으로 그 기능을 살펴보면 솔방울샘에서 생산되는 멜라토닌 호르몬은 밤-낮의 빛에 따라서 몸의 수면-각성의 사이클에 관여

---

24 R.데카르트, 『방법서설/성찰/철학의 원리/정념론』소두영옮김, (서울: 동서문화사, 1978), p.408.

25 https://www.brainmedia.co.kr/Insight/양현정, 2018년 07월 01일, 「양현정의 뇌활용연구실」16편-송과체 이야기. 송과선 기능에 대한 아래 의학적 인용은 여기서 재인용 비롯되었음을 밝힌다.

하고[26], 세포의 노화를 막아주는 항산화 효능을 가지고 있으며[27], 솔방울샘은 명상의 선정수행 중에 활성화가 된다는 사실이 fMRI(기능적 자기공명영상법)에 의해서 밝혀졌다.[28]

현대의 솔방울샘 연구는 솔방울샘이 주로 멜라토닌 호르몬을 분비한다는 점에 착안하여 멜라토닌과 관련된 항목을 중심으로 이루어지고 있다. 특히 우리의 건강과 관련하여 노화방지와 함께 명상수행에 의해서 솔방울샘이 활성화된다는 연구결과는 주목할만 하다. 그러나 데카르트가 관심을 가진 것은 몸과 마음을 연결하는 핵심된 기관으로서 송과선의 기능이다.

마음이 그 기능을 직접 발휘하는 장소가 온몸에서 송과선밖에는 없다고 내가 확신하는 까닭은, 우리에게 눈이 둘이고 손이 둘이고 귀도 둘이고 감각기관도 모두 둘씩 있는 것과 마찬가지로 뇌의 부분도 모두 짝을 이루고 있다는 점이다. 두 개의 한 쌍이 되는 감각기관을 통해서 생기는 두 개의 영상, 단 하나의 대상에서 오는 이중의 인상이 마음에 의해서 하나가 아닌 두 개의 대상을 나타내지 않도록, 마음에 도달하기 전에 하나로 합쳐질 곳이 꼭 필요하다고 생각한다. 이들 영상, 또는 인상이 이 송과선 안에서 합쳐진다는 것은 쉽게 이해된다. 이 송과선에서 합쳐지지 않는다면, 이렇게 합쳐질 수 있는 곳은 몸 안에 달리 없다는 것이다.[29]

이것은 『정념론』 32항이다. 데카르트(1596-1650)는 일단 몸과 마음을 구별한

---

26 Arnao MB, Hernandez-Ruiz J (May 2006). "The physiological function of melatonin in plants". Plant Signal Behav. 1 (3): 89-95.

27 Tan DX, Chen LD, Poeggeler B, Manchester LC, Reiter RJ (1993). "Melatonin: a potent, endogenous hydroxyl radical scavenger". Endocrine J. 1: 57-60.

28 Liou CH, Hsieh CW, Hsieh CH, Chen DY, Wang CH, Chen JH, Lee SC. Detection of nighttime melatonin level in Chinese Original Quiet Sitting. Journal of the Formosan Medical Association 2010; 109(10): 694-701.

29 데카르트, 『정념론』 앞의 책, p.409.

다. 그런 다음에 이들을 연결하는 핵심 기관으로 송과성을 설정한다. 물론 그는 구체적인 과학적 증거를 제시하지 않는다. 아마도 17세기 당시에는 fMRI와 같은 뇌의 영상 이미지를 찍을 만한 과학적 도구가 개발되지 않았다. 그렇다 보니 명증한 학문을 지향하지만, 여전히 몸과 마음의 관계에 대한 철학적 상상이 가미되었다.

그런데 데카르트는 송과선으로 연결된 몸과 마음의 관계에 대해 놀라운 주장을 한다. 다시 말하면 '의지'에 의해서 이들 몸과 마음의 관계를 '재-설정'할 수 있다는 주장이다.[30]

> 저마다 송과선(腺) 운동은 우리가 태어날 때부터 자연히 각 상념에 결부되어 있다. 그러나 이 운동은 습관에 의해서 다른 상념/생각에 결부시킬 수도 있다.(50항)

데카르트에 의하면 '몸-송과선-마음'으로 연결되어 있다. 이것은 매우 자연스러운 연결패턴이다. 예를 들면 우리가 위협적인 상황을 보면 몸의 송과선과 연결되면서 마음에서 공포감을 느낀다. 반대로 아름다운 장면을 보면 몸의 송과선과 연결되어서 마음이 즐거움을 느끼도록 설정되었다는 것이다. 데카르트는 이것을 태어날 때부터 타고난 자연적-패턴/설정이라고 본다.

> 이런 패턴/설정은 습관에 의해서 결부가 되는데, 이 습관은 단 한 번의 행동으로도 획득할 수 있다. 이를테면 맛있는 음식을 먹고 있는데 뜻밖에 더러운 벌레를 보았다면, 그 놀라움이 뇌의 상태를 크게 변화시켜서 나중에는 지금까지 좋아했던 음식이지만 싫증을 느끼게 된 것과 같다.(50항)

그러나 데카르트는 이런 팬턴은 재-설정이 가능하다고 본다. 자연적으로 습득

---

30 이재환(2019), 정념을 어떻게 지배할 것인가?-데카르트의 경우, 『철학논총』95, 239-259.

된 패턴은 의지에 의한 수련이나 습관으로 다른 송과선운동으로 연결시킬 수가 있다(44항).

> 보통 우리가 갖고 싶어하는 정념과 연결되어 있는 사물이나 또는 우리가 버리고 싶어하는 정념과 상반되는 사물을 마음에 그림으로써 혹은 자극되고 혹은 제거될 수 있는 것이다(45항).

이점은 오늘날 인지행동치료나 심리상담에서 자주 사용하는 상반되는 사물을 마음에 그리는 '심상작업'과 매우 유사한 기법에 속한다. 곧 부정적인 상념을 긍정적인 상념을 바꾸는 의지적 작업으로 상반되는 상념/이미지를 마음에 떠올려서 마음상태를 변화시키는 작업이다. 예를 들면 혼자서 밤길을 걸을 때 두려움이 밀려온다면 두려움과 상반되는 관세음보살이나 천사와 같은 대상 이미지를 마음속에 떠올려 담력을 자극하거나 즐거운 기분을 의도적으로 만들어내어 부정적인 생각이나 감정을 이겨낼 수 있다. 다른 예로 누군가를 과도하게 미워한다면 그와 즐거웠던 기억을 마음에 그린다. 그러면 뇌의 송과선 운동이 변화를 가져온다는 논리이다.

상반된 사물을 마음에 떠올리는 데카르트식 '심상작업'은 수용과 통찰의 전략을 선택하는 '영상관법'과는 접근방식이 다르다. 심상작업은 매우 의지적인 활동이고 통제적인 기법이지만 상당한 효과가 있는 경우도 있다. 수용과 통찰의 역량이 약한 고객/내담자에게 유용한 전략이다. 이를테면 엄마가 오지 않아서 불안해하는 아이에게 노래를 부르게 하면서 엄마를 대체할 수 있는 장난감과 함께 놀게 하면 불안감이 사라지기도 한다.

오늘날의 관점에서 상반되는 사물/영상을 마음에 떠올려 기존의 설정된 연결관계를 수정할 수 있다는 데카르트의 주장은 심리치료적 의미가 상당히 크다. 확대해석하면 몸과 마음은 송과선에 의해서 연결되고, 이런 연결관계는 의지에 의해서 수정가능하다. 그리고 그 구체적인 방법은 '사물을 마음에 그림으로써' 가능한다는 것이다. 다시 말하면 데카르트가 말하는 송과선에 대한 '재-설정'의 기법은 오늘날 인지행동상담/치료에서 부정적인 정념/감정을 긍정적인 상념/생각을 통해서 '재-구조화'하는 작업과 매우 유사한 접근방식이라고 평가할 수 있다.

데카르트가 말하는 정념/감정은 송과선에 의해서 몸의 생리적인 반응과 결합되어 있다. 이것은 영상/이미지에 의해서 촉발되는 까닭에 그것과 상반되는 사물이미지를 떠올림으로써 송과선의 운동을 새롭게 설정하는 중요한 계기로서 작용한다. 이런 논의는 데카르트의『정념론』이 가지는 마음치유적 성격을 재발견이 아닐까 생각해 본다.

2) 몸―마음의 일체설(Identity Theory)

철학적으로 데카르트는 몸과 마음의 이원론적 관점을 취한다. 이후 일부 종교계에서는 지지를 받았지만 많은 비판의 대상이 되었다. 이런 비판은 세 갈래로 분류된다.

첫째는 가장 중요한 것은 뇌과학의 발전이다. 송과선/솔방울샘에 대한 과학적인 연구가 진행되면서 몸과 마음을 중재하는 기능이 실질적으로 없다는 것이다. 화학적 물질인 호르몬/멜라토닌을 분비하는 솔방울샘은 뇌의 많은 구성요소 가운데 하나일 뿐이다. 몸과 마음을 평행선으로 만드는 이원론은 철학적 환상이기에 심리-생리적 관점을 사실적으로 설명할 수가 없다.

이를테면 데카르트는 공포감은 송과선 운동에 의한 몸과 마음의 자연적-설정이라고 했지만 현대 뇌과학에 의하면 공포감은 중뇌 변연계(limbic system)의 편도체(amygdala)에서 담당한다. 송과체(pineal gland)가 아니라는 말이다. 만약에 편도체가 손상되면 동물은 위협으로부터 아무런 공포감을 느끼지 못한다. 실제로 쥐의 편도체를 제거했을 때 고양이를 무서워하지 않거나 죽음의 공포로 발작을 일으키는 인간에게 편도체를 제거했더니 공포감을 느끼지 못함이 확인되었다.[31] 만약 송과선이 이런 역할을 한다면 편도체가 없더라도 여전히 공포감을 경험해야 한다.

만약 우리가 위협 앞에서 두려움을 느끼지 못하면 상황에 적절하게 대응하지 못할 것이다. 반대로 상황이 그렇지 않는데도 과도한 위협으로 지각하여 발작을 일으킨다면 이것 역시 문제가 된다. 또한 최근의 국내 연구에서 나이가 들면서 여성들이 남성보다 상대적으로 위협에 대해서 대담해지는 성격적인 변화가 편도체와 관련이 있음이 밝혀졌다.[32] 이러한 현상들은 몸과 마음의 이원론으로 설명하기 힘들다.

두 번째는 영혼이나 자아와 같은 철학적인 개념의 쇠퇴이다. 만약에 변하지 않는 영혼이나 자아가 존재한다면 이것은 이원론을 지지하는 근거가 된다. 왜냐하면 몸의 생리적 현상으로부터 독립된 영혼이나 자아가 존재하기 때문이다. 유명한 '나는 생각한다. 고로 나는 존재한다'는 'Cogito ergo sum'이란 생각과 자아라는 두 개의 영역이 존재하는 이원론을 보여준다. 그러나 생각하는 사유 그대로가 자아의 존재를 증명하는 것은 아니다. 이후 철학계는 사유하는 마음과 신체적인 존재에 대한 이원론적인 관점을 타파하는데 많은 시간을 보냈다.

데카르트의 이원론은 근대를 대표하는 사유체계이다. 이후 탈근대화를 향한 다양한 철학적 노력은 불교에서 아트만/영혼을 부정하듯이 자아와 같은 핵심개념을 해체하는 운동(데리다), 제3장에서 다룬 바 있는 전체와 부분의 순환적인 해석을 강조하는 해석학적 접근(딜타이), 제5장에서 다룬 체험과 현상을 중시하는 현상학 운동(후설) 등으로 나타났다.

---

31 EE. Benarroch(2015), The amygdala: functional organization and involvement in neurologic disorders. Neurology;84(3): 313-24.

32 Hengjun J Kim, Namkug Kim, Sehyun Kim, Seokjun Hong, Kyungmo Park, Sabina Lim, Jung-Mi Park, Byungjo Na, Younbyoung Chae, Jeongchan Lee, Sujung Yeo, Il-Hwan Choe, Seung-Yeon Cho, Gyunggoo Cho(2012), Sex differences in amygdala subregions: evidence from subregional shape analysis Neuroimage;60(4):2054-61.

세 번째는 심리-생리학의 발전과 함께 나타난 영상/이미지에 대한 새로운 시각의 출현이다. 자아의 개념이 해체되면서 남겨진 것은 신체적 감각과 마음현상이다. 심리-생리학은 신체와 마음이 서로 다르지 않고 동일하다는 '동일이론(identity theory)'에 기반한다. 이를테면 '자아란 무엇인가'라는 질문에 그것은 감각의 다발로 응답한다. 자아란 실제로는 존재하지 않는 형이상학적인 허구이기에 남겨진 실재는 '감각현상들'과 이들의 '상호작용하는 관계'라는 것이다.

심리-생리학에서는 자아개념이 해체되고 남겨진 신체의 감각 현상들을 통제하는 중요한 요소가 마음의 영상/이미지라고 본다.[33] 다시 말하면 영상/이미지는 마음과 몸/뇌가 하나라는 심리-생리학적 기반을 제공하는 중요한 근거이다. 이런 영상/이미지의 생리학적 의미에 관한 연구는 20세기에 들어와서 본격화되었다. 대표적으로 영상/이미지는 스트레스로 긴장된 근육을 이완시키고(Jacobson, 1932) 생리적-신체를 둔감화시켜서 조절하는(Wolpe, 1974) 심리치료의 중요한 도구로 활용되기 시작했다.[34] 이후 영상/이미지를 활용한 심리치료의 전통은 인지행동치료와 인본주의 심리치료, 정신역동심리학과 자아초월 심리학에 이르기까지 핵심된 역할을 하게 된다. 2000년 이후 최근에는 영상/이미지 기법이 건강과 영적 성장을 위한 명상에 적극적으로 활용되고 있다.

영상/이미지가 심리-생리학의 측면에서 가지는 의미를 정리하면 이렇다. (1) 떠올리진 영상/이미지가 생생할수록 자율신경계를 지배하고 (2) 신체적인 타인이란 자극되어진 '지각'인 것이고, 정신적 자기란 사실은 내부에서 발생한 '영상/이미지'이다. (3) 그렇기에 '지각'된 감각들은 '이미지화'된 감각과 질적으로 아무런

---

33 Robert G. Kunzendorf(1990), Mind-Brain Identity Theory: A Materialistic Foundation for the Psychophysiology of Mental Imagery, The Psychophysiology of Mental Imagery, Routledge; 9-36.

34 Carol E. McMahon and Anees A. Sheikh(2002), Imagination in Disease and Healing Processes: A Historical Perspective, Handbook of Therapeutic Imagery Techniques. Routledge; 1-26.

차이점이 없다.[35]

앞에서도 이점을 언급한 적이 있지만 '달콤한 크림빵'을 실제로 '지각'하지 않아도 우리는 글을 읽거나 소리를 듣게 되면 자율신경계가 활동한다. 빵의 영상/이미지가 생생할수록 더 많은 침이 입안에 고인다. 물론 우리는 실제의 빵과 영상/이미지로서의 빵을 혼돈하지 않는다. 여기서 중요한 것은 이런 현상이 몸/뇌와 마음/영상이 서로 긴밀하게 연결/결합된 일체임을 보여주는 데 있다.

그런데 여기에서 핵심된 문제가 있다. '달콤한 하얀 빵'이라는 말을 듣고 침이 입안에 가득고였다면 이때 우리는 언어적인 자극을 받은 것일까? 아니면 이미지에 자극을 받아서 신체적 반응을 한 것일까? 물론 언어와 이미지가 동시에 자극을 받았다는 '이중인지모델'이 일반적인 견해이겠지만 심리학자들은 이것을 확인해 보고 싶어 실험을 진행하였다.

첫 번째는 실제적인 지각노출과 이미지 노출의 차이점에 대한 것이다. 불안장애를 치료하는데 공포를 유발하는 대상에 실제로 노출되는 것과 그 대상 영상을 상상하는 것이 어떠한 차이가 있는지, 실험한 결과 동일한 효과가 있음이 보고되었다(FOA, 1980). 다시 말하면 실제 지각과 영상/이미지에 의한 노출은 같은 효과를 갖는다.

실험이 아니라도 우리는 수많은 영화을 비롯하여 유튜브와 같은 영상에 접촉한다. 이들에 접촉 되면 실제적 '지각'과 동일한 생리적 효과를 가져온다. 특히 영화에서 보듯이 생생한 영상/이미지일수록 직접적인 경험처럼 감정을 촉발시키고 신체의 생리적 반응을 발생시킨다.

두 번째는 언어적 자극과 이미지 자극을 비교할 때의 차이점에 대한 것이다. 부정적 정서에서나(Holmes and Mathews, 2005; 2010) 긍정적 정서에서나(Holmes et al, 2006) 영상/심상을 통한 자극이 언어적인 자극조건보다 높은 수준의 정서적

---

35 Robert G. Kunzendorf, ibid.

반응을 한다는 사실이 밝혀졌다. 영상/심상적 자극이 언어적인 자극보다 훨씬 강력한 정서적 효과를 가져온다는 것이다.

오늘날은 미디어의 발달로 소설을 읽지 않는 시대가 되었다. 사람마다 다르겠지만 통계적으로 보면 언어적인 자극인 소설을 영상/이미지의 영화로 만들었을 때 훨씬 많은 관객을 동원하게 된다. 이점은 인터넷의 발전으로 가속화되면서 서점은 서서히 문을 닫고 있다. 책으로 읽을 때는 글자와 언어적인 자극을 통해 심상화 된다. 그러나 영화와 같은 영상매체를 통한 자극은 마치 실제적인 현실처럼 생생한 지각과 감정적 반응을 일으킨다.

국내에서도 심리-생리학(psychophysiology)의 바이오피드백을 활용한 다양한 연구들이 진행되고 있다. 예를 들면 공포와 혐오정서에 대한 아동의 심리생리적 반응[36], 범불안장애 환자의 정신생리적 반응[37], 공황장애 환자의 정신생리적 반응[38], 스트레스의 정신생리학적 평가[39] 등이 그것이다. 이들은 모두 영상/이미지와 생리적 반응의 관계를 탐색한다.

이를테면 '공포와 혐오정서에 대한 아동의 심리생리적 반응'이란 논문은 아이들에게 공포 및 혐오와 관련된 영상/이미지를 보여주고, 그때 발생된 정서와 함께 촉발된 신체의 생리현상을 실험한 연구이다. 여기에 따르면 공포와 혐오를 불러일으키는 2분짜리 동영상에 노출되었을 때 연구에 참여한 47명의 아동들이 느끼는 정서적 강도는 5점 만점에 4.07 정도의 높은 수준으로 나타났다. 신체의 생리적 반응인 심전도, 호흡, 심장박동, 땀, 혈류량, 피부온도 등을 BiopacAmp.로 측정하였다.

---

36 장은혜·손진훈·우태제외(2007), 공포와 혐오 정서에 대한 아동의 심리생리 반응, 『감성과학』10(2). 273-280.

37 정상근·황익근(1997), 범불안장애환자의 정신생리적 반응. 『수면·정신생리』Vol.4 No.1. 107-119.

38 정상근,조광현,정애자,박태원,황익근(2001), 공황장애환자의 정신생리적 반응. 『수면·정신생리』Vol.8 No.1. 52-58.

39 최환석(2006), 스트레스의 정신생리학적 평가. 『스트레스硏究』Vol.14 No.2. 57-62.

여기서 증명되거나 전제된 이론은 (1) 반영된 영상/이미지가 인간의 감정/정서를 촉발시킨다는 것과 (2) 촉발된 감정은 뇌의 화학적 반응과 함께 신체의 생리적 반응을 불러일으킨다는 것이다. 이런 실험연구의 진행 과정은 '영상/이미지 → 감정촉발 → 신체의 생리적 반응 → 측정'의 순서가 된다. 이런 연구는 영상/이미지가 공황이나 불안, 스트레스같은 심리적 불건강의 상태를 발생시키는 중요한 원인으로 작용하고 있음을 보여준다. 이런 점에서 몸과 마음의 심리-생리학에서 영상/이미지의 역할이 언어적인 접근보다도 중요한 위치를 차지하고 있음을 알 수 있다. 이점은 자극에 대해서 생각이 먼저 반응한다는 인지치료적 접근보다 생리적인 관점이 우선함을 보여준다.

반면에 명상수행으로서 관찰과 통찰을 중시하는 영상관법은 부정적인 심리-생리현상이 어떻게 발생되는가를 넘어서 그것으로부터 온전하게 벗어나는 '치유의 방식'으로 영상/이미지를 활용한다. 병리적인 상태를 발생시키는 심층에 저장된 기존의 영상을 의도적으로 노출시켜서, 그것을 정밀하게 관찰하는 명상으로서, 영상관법(RIM)은 신체의 생리적 반응과 함께 영상의 소멸을 경험하게 하여 심리적 건강을 회복하는 마음치유의 길을 보여준다.

물론 그동안 앞에서 언급한 바처럼, 영상관법과 같은 마음치유적인 접근방식의 많은 연구(박사학위 27편)가 진행되어 왔다. 대부분 영상관법의 사례연구는 질적 연구방법이 활용되거나 혹은 그림을 활용한 상담사례에 대한 질적인 분석을 중시하다 보니, 생리심리학에서 자주 사용하는 바이오피드백이나 뇌과학에서 애용하는 fMRI와 같은 측정도구를 사용하지 않는 면이 있다. 이점은 앞으로 과제이다.

3) 영상 이미지의 fMRI 연구

앞에서 살펴본 바처럼 '달콤한 하얀 크림빵'에 대한 심리-생리학적 반응은 몸 느낌에 대한 '자기보고'나 '그림그리기' 혹은 '바이오피드백'에 의해 측정가능하다.

그러면 실제적인 지각과 함께 영상/이미지에 접촉[觸]될 때 뇌에서는 어떤 반응이 나타날까?

뇌의 반응은 직접적으로 관찰되지 않았지만, fMRI가 발전하면서 뇌를 촬영하는 것이 가능해졌다. fMRI(Functional magnetic resonance imaging)는 1990년에 일본의 세이지 오가와가 발견한 '혈액 내 산소수준 의존성(BOLD)' 신호를 촬영해 측정하는 것이다. 뇌가 활성화되면 그 지점으로 혈류가 흘러서 산소량이 증가하는데 이런 혈관 속 산소량의 변화를 측정하는 기구가 fMRI이다. 기존의 MRI를 기능적으로 개선한 의료기구이다.

데카르트가 송과선을 언급한 이후로 오늘날의 많은 뇌과학자들은 인지적 정보처리에 대한 연구에서 fMRI를 활용한다. 'Mental Imagery'나 'Mental Image'를 연구할 때도 역시 fMRI를 활용한다. 뇌와 관련된 영상/이미지에 대한 인지과학 연구는 뇌와 마음의 일체론에 기반하여 1970년대, 1990년대, 2010년대를 거치면서 많은 연구가 진행되었다. 정확한 시대적 구분은 불가능하다. 단지 그러한 경향을 제시할 수 있을 뿐이다. 이 기간에 대두된 동향을 간단하게 살펴보면 아래와 같다.

첫 번째 접근방식은 (1) 외적 대상의 지각과 (2) 내적 영상/이미지, 그리고 (3) 언어와의 결합이다. 정신적 영상(Mental Imagery)이란 '물리적 자극이 없는 상태에서 지각(perception)에 대한 주관적 경험(subjective experience)이다(Hepp, 1968)라고'[40] 정의하는데, 이 정의에서 중요한 키워드는 '지각'이고 주관적 경험으로서 '영상/이미지'이다. 영상은 지각과 관련된다는 함축과 함께 그것을 주관적인 경험이라고 정의한다.

이런 정의는 '마음속의 그림'이란 의미의 '심상(心象)'과 서로 연결된다. 영상/이미지는 외적인 자극이나 직접적인 지각과 관계없이 마음속에서 일어나는 이미지/영상을 의미한다. 따라서 문학적인 심상이나 프로이트가 강조했던 꿈에서 나

---

40 D.O.Hebb(1968), "Concerning imagery", American Psychological Association Psychological review Vol.75 No.6.

타난 이미지들 그리고 백일몽과 같은 영상 등은 순수한 정신적 상태를 표상하는
까닭에 '정신적 영상/mental imagery'이라고 부를 수 있다.

그런데 이 정의에서 '지각에 대한 주관적 경험'이라고 하여 영상을 '지각'과
'주관적 경험'으로 연결시키면서 1970년 이후 지각과 영상과의 상호관계와 '인지'
과정에 대한 논쟁을 불러일으켰다. 다시 말하면 지각과 영상(imagery)은 동일한 효
과/경험(experience)을 가져오는가 아니면 서로 다른가의 문제이다.

물론 일상에서 우리는 마음에서 일어난 '영상'과 실제의 '지각'을 인식적으로
구분한다. 그러나 양자가 서로 전혀 다르다면 우리의 인식이 영상/이미지와 관련
하여 어떻게 성립되는지 설명하기 어렵다. 그래서 Paivio(1971)는 기억을 포함한 인
간의 인지가 언어적 인지처리와 시각적 이미지 인지처리의 양쪽 모두를 포함한다
는 '이중코딩이론(dual coding theory)'을 제안했다.[41] 언어를 배울 때를 생각해보면
쉽다. 사과라는 그림을 보여주면서 '사과'라는 글자와 소리를 보여준다. 그러면 나
중에 사과란 소리를 듣게 되면 눈앞에 사과가 없어도 사과의 '이미지'를 떠올릴 수
있다. 이것이 함축하는 의미는 사과라는 '이미지'와 현실 속의 '지각'은 동일한 효
과를 가져온다는 것이다.

이런 점에서 인지과학의 발전과 함께 많은 연구자들은 외적 대상의 지각
과 그에 따른 영상/이미지가 구조와 기능에서 긴밀한 관계를 가지며, 주관적
경험과 실질적 효과가 동일함을 주장한다(Shepard & Cooper, 1982[42]; Kosslyn,
1994.[43]) 이를테면 코믹한 영화를 보면 실제로 얼굴 표정이 웃게 되고, 공포영화
를 보면 온몸에서 소름이 돋는다. 음악을 듣는 경우에도 마찬가지이다. 실제적인
슬픔과 기쁨의 사건을 직접 목격/지각하지 않아도 내적으로 동일한 경험/효과

---

41 A. Paivio(1979), Imagery and Verbal Processes, New York: Psychology Press.

42 R.N. Shepard & L.A. Cooper(1982), Mental Images and Transformations. Cambridge, MA: MIT
Press.

43 Stephen M. Kosslyn(1980), Image and Mind. Cambrige, MA: Harvard University Press.; 1994.
Image and Brain: The Resolution of the Imagery Debate. Cambridge, MA: MIT Press.;

성을 만들어낸다.

물론 이런 경험은 사람에 따라서 그 정도가 다를 수는 있지만 실제적인 지각과 유사한 효과를 경험한다는 점은 공통적이다. 그러나 70년대에 이점은 확고하게 입증되지 않는 가설로 남아 있었다. 당시의 인지과학은 바이오피드백과 같은 컴퓨터과학이 발전되지 안았고 무엇보다도 뇌에 대한 촬영기술이 발달되지 않아서 고객의 보고에 의존한 심리-생리학적 측정만이 가능한 상태였다.

두 번째 동향은 뇌과학적 접근이다. 컴퓨터의 등장과 함께 1990년대 이후로 실질적인 지각과 영상/이미지에 의한 경험을 설명하는 '마음과 뇌의 일체론 (Mind-Brain Identity, R.G. Kunzendorf, 1990)'[44]과 같은 중요한 뇌과학적 이론과 함께 인지-신경과학이 성립되었다. 이것은 바이오피드백과 같은 컴퓨터 분석을 활용하면서 뇌와 함께 정보처리가 이루어지는 신경생리학(Neuro-physiology)의 입장에서 대상에 대한 '지각된(perceived)' 감각과 '이미지화된(imaged)' 감각의 변화를 주도하는 중추신경계(central nervous system)와 말초신경계(peripheral nervous system)가 서로 매우 유사한 구조를 보여준다는 점이 확인되었다(Robert G. Kunzendorf, 1990.).[45]

이 시기에 몸은 뇌로, 마음은 바로 마음속에 존재하는 그림/영상(Mental Imagery)으로 몸과 마음의 관계가 정립되었다. 그러면 이것을 처리하는 뇌의 영역은 어디인가? 그것은 후두부의 시각적 '지각'을 담담하는 뇌의 영역이다. 더구나 이 지각적 영역은 시각적 영상/이미지를 처리하는데 있어 동일한 뇌의 영역임이 확인되었다.[46] 이것은 중요한 성과이다. 그것의 위치는 그림<7-8. 대뇌의 시각

44　Robert G. Kunzendorf(1990), "Mind-Brain Identity Theory: A Materialistic Foundation for the Psychophysiology of Mental Imagery" The Psychophysiology of Mental Imagery, Routledge; 9-36.

45　Robert G. Kunzendorf(1990), ibid, p.18.

46　Stephen M. Kosslyn(2005), "Mental Images and the Brain". Cognitive Nueropsychology, 22, 333-347.

피질, 출처: https://foundationsofvisionvision.stanford.edu/>과 같이 대뇌의 후두골 (occipital bone)에 위치한 영역인 초기 시각령(Primary visual cortex)이다.

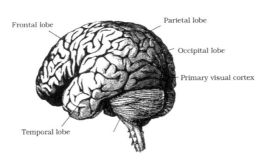

| 그림7-8 | 대뇌 시각피질

앞에서도 언급했지만 이것이 함축하는 의미는 마음과 뇌는 동일한 까닭에 '뇌 속에 존재하는 그림'이 바로 영상/이미지가 되고, 지각과 정보처리 영역이 후두부로 동일한 까닭에 양자는 동일한 경험/효과를 만들어낸다는 '상응이론'이 성립된다(마음=영상=뇌)는 것이다. 그렇다면 만약에 시각을 담당하는 피질 뇌에 결함이 생기면 어떤 일이 일어날까? 시각적 지각이 결핍된 환자에 대한 사례 연구에서 시각적 '영상'의 결함은 곧 시각적 '지각'의 결핍에서 발생하고, 시각적 영상은 뇌의 좌측 측두엽 활동이 중요한 역할을 한다는 사실이 밝혀졌다.[47]

이렇게 되면 결국 '마음'이란 뇌를 비롯한 중추신경의 활동이고, 마음속의 '영상/이미지'는 뇌를 비롯한 신체의 신경조직과 함께 그 활동의 '드러남'으로 정의할 수 있다. 그런데 불교심리학적 관점에서 보면 '영상'은 마음[心]에 '부속된 현상[心所]'이다.

---

47 Moro V, Berlucchi, G, Lerch, J, Tomaiuolo, F, Aglioti S(2008), "Selective deficit of mental visual imagery with intact primary visual cortex and visual perception." Cortex. 44(2):109-118. "Our study indicates that: (i) visual imagery deficits can occur independently from deficits of visual perception; (ii) visual imagery deficits can occur when the primary visual cortex is intact and (iii) plays an important role in visual mental imagery."

이를테면 시각적 '지각'과 시각적 '영상'이 유사하거나 동일한 경험을 촉발하는 문제와 관련해 그것은 양자가 뇌의 동일한 영역에서 정보처리가 이루어진다는 가설을 검증할 때 fMRI에 의한 촬영자료는 유용한 정보를 제공한다. 시각적 지각(perception)과 영상(imagery) 정보를 처리하는 뇌영역에 대한 fMRI 연구에 의하면, 양자는 감각적 정보처리는 각각 다르게 작동하는 경우도 있지만 동일한 영역에서 인지정보처리가 이루어지면서 활성화된다는 것을 확인하였다.[48]

또 다른 연구는 <그림7-9. 영상과 fMRI 촬영>에서 보듯이 '젤리가 담긴 항아리를 향해서 개미가 체크무늬 천으로 덮혀진 책상 위를 기어가고 있는' 장면을 떠올려 보라고 주문하고 시각적 영상/이미지를 10초간 노출하고 멈춘다(a). 이때 연구자는 참가자의 생생한 보고와 함께 대뇌피질 후두골 시각피질과 뇌의 전체적인 활성화 정도를 fMRI로 측정한다. 이것의 결과는 <그림7-9>와 같다.

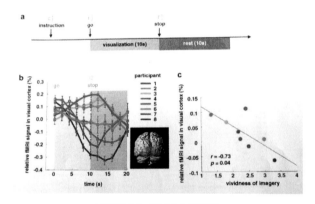

| 그림7-9 | 영상과 fMRI촬영

위 그림(b)는 8명 참가자 각각의 개인적인 경험과 함께 혈중 내 산소수준 의존성(BOLD) 측정그래프와 후두골 시각피질의 활성화에 대한 fMRI의 촬영결과(b)를 보여준다. 그래프(c)는 8명의 참가자들이 주관적으로 경험하는 이미지의 생생

---

48 Giorgio Ganis, William L. Thompson, Stephen M. Kosslyna(2004), "Brain areas underlying visual mental imagery and visual perception: an fMRI study". Cognitive Brain Research 20. 226-241.

함 정도와 시각피질의 활성화 상관성을 fMRI로 비교한 그래프이다.[49]

이들 연구결과에 대해서 저자들은 다음과 같은 점을 확인한다. (1) '영상' 경험을 개인적으로 보고하는 주관적인 보고와 객관적인 뇌의 활성화를 측정한 결과 매우 상관성이 높음을 보여주었고, (2) 개인적인 보고가 없다고 하여도 객관적으로 경험을 측정할 수 있다는 것이다. 다시 말하면 (1)에 의하면 주관적인 보고에 의한 측정이나 평가는 객관적 측정과 마찬가지로 상당히 신뢰할만 하다는 것과 (2)에 의하면 말을 하지 않고 침묵하거나 혹은 잘못된 보고나 거짓말을 하는 경우에도 거짓말탐지기처럼 객관적인 측정이 가능하다는 것이다. 마찬가지로 Olivetti Belardinelli et al(2009).[50], Herholz, Halpern, & Zatorre(2012)[51]등의 연구에서도 영상에 대한 주관적 '자기보고'와 지각의 감각에 대한 대뇌피질 활동의 neuro-imaging 촬영 증거가 매우 깊은 상관성을 가진다는 유사한 결과를 보고하고 있다.

이와같이 1990년에 fMRI가 개발된 이후 2000년에 들어서서 뇌영상 촬영(nuero-imaging)을 통한 마음/뇌의 동일이론이 확인되면서 '뇌과학'이란 이름으로 대중에게도 많은 영향을 미쳤다. 마음을 직접 볼 수 없다. 그러나 마음이 곧 뇌(마음=뇌)라면 그리고 몸의 감각과 뇌를 영상으로 촬영할 수 있으면 미래사회는 몸-마음의 메커니즘을 해독할 수 있을 뿐만 아니라, 사물인터넷의 발전과 함께 뇌/생각만으로도 방안의 불을 켜거나 로봇과 같은 외부대상을 통제할 수 있는 시대가 올 것이라고 예측할 수 있다.

---

49 Xu Cui 1, Cameron B Jeter, Dongni Yang, P Read Montague, David M Eagleman(2007), "Vividness of mental imagery: individual variability can be measured objectively". Vision Research. 47(4): 474-478.

50 M.Olivetti Belardinelli, M.Palmiero, C.Sestieri, D.Nardo, R.Di Matteo, A.Londei, A. D'Ausilio, A.Ferretti, C.Del Gratta, G.L.Romani(2009), "An fMRI investigation on image generation in different sensory modalities: The influence of vividness." Acta Psychologica.132. 190-200.

51 Herholz, Sibylle C.; Halpern, Andrea R.; and Zatorre, Robert J.(2012), "Neuronal Correlates of Perception, Imagery, and Memory for Familiar Tunes." Journal of Cognitive Neuroscience: 1382-1397.

영상에 대한 연구동향 세 번째는 '영상/이미지'란 다름 아닌 '신체화된 마음 (embodied mind)' 혹은 '신체화된 인지(emboded cognitive)'라는 것이다. 이 개념은 뇌과학적 성과를 바탕으로 2010년대에 본격적으로 논의가 이루어지고 있다. 먼저 필자는 신체화된 마음(emboded mind)이란 개념을 선호한다. 여기서 마음이란 유식 심리학에서 말하는 '알라야식'을 말한다. 알라야식은 다양한 정보/씨앗을 몸이 저장하고 있다는 의미이다.[52] 『해심밀경』의 안위동일(安危同一)에 근거하면 여기서 저장은 지각과 같은 종류의 영상, '이미지[相]'에 의한 정보처리가 먼저 이루어지고 난 이후에 '언어[名]'적인 접근이 뒤따른다고 본다. 그렇기에 영상/이미지는 몸에 저장된 관계로 '신체화된 마음'이라고 정의할 수 있다. 신체화된 마음은 몸/신체와 함께 편안할 때/즐거운 느낌이나 위태로울 때/괴로운 몸느낌이나 함께 한다[53]는 것을 말한다.

반면에 '신체화된 인지(embodied cognitive)'란 개념은 서구의 인지과학적 맥락에서 사용되는 개념이다. 마음과 뇌를 '뇌=마음'으로 동일시할 때 생겨나는 마음/정신의 과도한 물질화에 대한 비판적 견해를 담고 있다. 그러나 최근에는 '인지'라는 좁은 영역을 벗어나서 몸, 뇌, 마음, 환경에 대한 다양한 관점에서의 접근이 이루어진다.[54] 이런 점에서 여기서는 '신체화된 인지'란 표현보다는 '신체화된 마음'이란 표현이 더 적절하다고 보고 이점에 대해서는 다음 절에서 살펴본다.

4) 신체화된 마음(Emdodied Mind)

'몸과 마음은 서로 다르지 않다.' 이 말은 철학적으로 데카르트의 이원론을

---

52 인경, 영상관법의 인지치료적 함의, 앞의 논문

53 김동한(2013), 신체느낌과 명상심리치료: 念止觀 명상을 중심으로, 동방문화대학원대학교 박사논문.

54 Iachini, T.(2011), "Mental Imagery and Embodied Cognition: A Multimodal Approach." Journal of mental imagery. Vol.35 No.3-4.

비판하는 핵심 언구이다. 유식 심리학에서는 몸과 마음의 관계에 대해 '안위동일(安危同一)'이란 용어를 사용하고, 서구 인지심리학에서는 몸과 마음의 '일체론(Identity theory)'을 강조한다. 유식 심리학에서는 정보의 종자/씨앗을 어디에 저장하는가의 문제가 중요한데 이것을 해명하는 언구가 제8식과 함께 마음의 정보가 바로 몸에 저장된다는 '안위동일'의 개념이다.

그러나 서구 심리학에서 몸과 마음의 일체론은 컴퓨터공학의 발전과 함께 인지과학의 영역에서 커다란 전환점이 되었다. 인지과학은 마음의 본질을 '앎(知)'으로 본다. 그러면 앎이란 무엇인가? 어떻게 이해해야 하는가? 이점에 대한 인지과학의 역사적인 변천/동향을 간단하게 살펴보자.

첫 번째는 전통적인 맥락에서 "'앎'이란 어떻게 가능한가?"라는 방식/방법에 대한 질문이다. 이것은 앎의 타당성을 확보하는 방식으로 마음/대상에 대한 확고하고 명증한 입장을 요청하면서 생겨났다. 고전적 인지심리학이나 불교적 전통에서는 이를 **내적 관찰[內觀]**'이라고 했다. 달라이라마의 영향으로 최근에는 물질적인 자연과학과 구분하면서 '마음의 과학'이라는 용어를 사용하기도 한다. 이것은 곧 대상을 알아차림[sati, 念]하면서, 대상의 표상/nimitta에 대한 집중의 사마타[止, samatha]와 대상의 변화를 존재하는 그대로 관찰하는 위빠사나[觀, vipassanā]의 염지관 명상방법이다. 동양의 명상이 서양에 전파되는 1970년대를 지나 1990년대 이후 인지행동상담이나 인지치료적 접근(MBSR, MBCT, DBT, ACT)에서도 명상에 기반한 내적관찰의 방식을 적극적으로 수용하여 활용하고 있다.

두 번째 관점은 몸과 마음의 이원론적 관계에 대한 것이다. 인지과학의 초창기에 '앎'이란 문제는 내적 관찰이라는 접근방식에서 중시되었지만, 후반기에는 '마음'의 문제가 '몸/뇌'의 문제로 환원되었다. 이 시기에 서구의 '인지과학'은 컴퓨터의 발전과 더불어서 다양한 분야로 세분화되면서 주로 컴퓨터를 활용해 생리적 변화를 측정(Biofeedback)하거나, 뇌의 활성화를 촬영하는(neuroimaging) 과학적인 도구(fMRI)를 사용한 점에서 획기적인 발전을 이루었다. 이런 과정은 다음과 같은 세대별 이해가 가능하다.

　제1세대는 컴퓨터의 발전과 함께 마음의 앎을 '개념화된 정보처리체계(Information Processing System: IPS)'의 관점에서 바라 보았다. 이것의 장점은 마음보다 몸-현상에 초점을 두고 철학적 태도에서 벗어나(anti-mentalism), 마음을 **디지털 컴퓨터**의 software와 연결시킨다. 단점은 마음을 물질화시켜 상징체계(physical symbol system)로 만든다는 점이다.

　제2세대는 1990년 이후로 마음과 컴퓨터의 정보처리를 '뇌'의 신경망과 연결하는 시도들이다. 고전적인 정보처리 과정이 보다 구체화되면서 **뇌과학**의 발전을 촉발시키고 과학적 도구를 활용하여 뇌에 대한 촬영기술로 확대한 시기이다. 이런 연구방법의 발전은 뇌 기능에 대한 새로운 발견과 더불어서 인지과학을 '뇌과학' 혹은 '신경과학'으로 확대하였다. 이런 경향은 심리학과 철학분야에서 마음을 철저하게 물질화시킨 환원주의에 불과하다는 논쟁을 불러일으킨 점도 있다. 그러나 새로운 우주의 영역을 탐험하는 것과 마찬가지로 fMRI적 접근을 통한 뇌에 관한 새로운 발견은 이런 논의를 압도하였다.

　제3세대는 21세기 인지과학의 연구가 현상학은 물론 몸과 관련된 사회학과 예술분야에 이르기까지 다양한 영역으로 확장된 시기이다. 대표적인 예로 '마음'의 작용을 '몸', '뇌'와 '환경'적 맥락에서 강조하는 '신체화된 인지(Emboded Cognition)'라는 개념이다. 이 입장은 인간의 마음이란 불교에서 강조한 것처럼 다양한 요소가 물리적, 사회적, 환경적 맥락과 함께 서로 상호작용하는 순환적 과정이며, 이런 작용은 바로 문화, 역사, 사회적인 맥락에서 구성된 신체적인 활동이라는 것이다. 즉, 마음이란 '몸의 활동에 기초한 인지(Emboded Cognition)'임을 강조한다.

　이상으로 보면 현대의 인지과학은 컴퓨터 공학의 발전과 함께 해온 측면이 있다. 또한 컴퓨터에 의한 디지털화 → fMRI에 의한 뇌과학의 발전 → 생태계 환경과의 상호작용이라는 관점으로 논의가 진행되고 있다.

인지과학의 세 번째 관점은 인지/앎에서 중요한 역할을 담당하는 지각과 표상에서 발생된 '정신적 영상(mental imagery)'의 중요성을 강조한다. 신체화된 인지적 접근에서 보면 인간이란 마음/뇌/몸의 구성물이고, 이것들은 복잡하고 역동적인 시스템이다. 특히 지각과 행동이 중요한 역할을 담당하지만 감정과 성찰 그리고 사회적인 상호작용의 중요성을 결코 소홀히 할 수 없다는 입장이다.[55] 이런 구성요소를 모두 포괄한 중요한 것이 바로 '영상/이미지'이다. 더구나 상업적으로 **영상/이미지**는 인공지능(AI) 로봇과 사물-인터넷에서 구현되는 자동화 설비에서 감각-운동(sensori-motor)과 시각적 공간/환경과 연결된 몸-행동(body-action)을 매개한다는 점에서 중요한 측면을 갖는다.

물론 인문사회의 현장에서도 역시 영상/이미지가 인지적 정보처리에서의 무형(amodal)의 언어적 측면을 배제하는 것은 아니지만 비언어적인 체험을 제공한다는 점에서 무척 중요하다. 유식적 관점에서 '반영된 영상(reflected image)'이란 몸에 심어진 기억된 마음이기에 곧 신체화된 인지의 대표적인 사례가 된다. 여기서 '반영됨(reflected)'이란 환경/인연에 의해서 형성된 '조건'을 말한다. 환경은 우리의 생존에 필수적인 항목이다. 우리는 이런 맥락 안에서 행동함으로써 목표와 소망들을 성취한다. 이런 점에서 신체화된 마음은 몸/뇌와 구분할 수 없고, 그 환경적 맥락을 분리시켜 논의할 수 없다.[56]

이상으로 보면 (1) '내적관찰'이라는 마음의 중요한 관점에서 → (2) 마음의 활동을 디지털화하면서 정보처리로 이해하고 → (3) 다시 인지혁명이라는 뇌과학의 급속한 발전과 함께 → (4)인간의 몸과 마음은 문화역사와 함께 생태계의 환경적 요소를 결코 무시할 수 없으며 → (5) 영상/이미지 연구와 더불어 사물인터넷의 발

---

55 Tina Iachini(2011), Mental Imagery and Embodied Cognition: A Multimodal Approach. Journal of Mental Imagery, 35(3&4) 1-66.

56 Andrew Mathews, Valerie Ridgeway, and Emily A. Holmes(2013), Feels like the real thing: Imagery is both more realistic and emotional than verbal thought, Cognition and Emotion; 27(2): 217-229.

전으로 확장해가고 있음을 본다.

　　인지과학과 관련된 최근의 논의는 마음과 컴퓨터의 정보처리 과정, 몸과 뇌과학적 측면, 직관의 내관과 과학적 측정의 문제, 환경과 상호작용하는 신체화된 마음 등을 중심으로 한다. 현대에 있어서 인지과학적 논의는 너무나 다양하여 일관된 설명을 하기 힘들지만 인공지능과 로봇의 발전과 함께 제4차 산업혁명시대를 지배하는 중요한 이슈라는 점은 분명하다. 이런 인지과학의 혁명적 물결 속에서 소외되고 황무지가 되어가는 인간에게 영상관법은 몸/감정/본성/사회적 환경에 대한 '체험'적 접근을 시도하는 좋은 대안이라고 본다.

영상관법과 심상작업

앞에서 간략히 인지과학의 철학적 논의와 그 역사적 동향을 고찰했다. 여기서 보면 영상/이미지에 대한 연구는 환경문제나 마음치유의 관점에서 로봇과 인공지능으로 대표되는 제4차 산업혁명시대에서도 여전히 중요한 이슈임을 확인하였다. 보통 '마음치유'라고 하면 불건강한 상태를 건강한 웰빙으로 전환하는 과정이다. 불건강한 경우는 정신적인 충격을 받아서 생겨난 병리적 환자 수준일 수도 있고, 환자 수준은 아니지만 현실에서 적응하는 과정에서 고통과 함께 불편함을 호소하는 경우가 있다.

전자는 전문의사의 도움을 받는 약물 치료적인 접근이 필요하고 후자는 명상적 접근이나 심리상담을 통한 치유가 가능하다. 일반적으로 치료와 치유는 동일한 의미로 사용되기도 하지만 대체로 양자를 서로 구별해서 사용한다. 치료는 손상이 심해서 일상 생활에 심한 불편감을 느끼는 사람을 대상으로 한다는 점에서 의료적인 접근이 필요하다. 반면에 치유는 일상에 적응하는데 아직 문제가 없지만, 많은 스트레스로 행복을 경험하지 못하는 대상을 염두에 둔 용어이다. 어느 쪽이든지 영상/이미지는 인간의 정신 건강에 중요한 역할을 한다는 점에서 마음치유의 접근/평가나 치유적 도구로서 충분하게 활용되고 있다. 이런 점에 초점을 맞추어 명상수행의 '영상관법'과의 임상적인 치료에 관심을 가지는 '심상작업'과 차이점을 살펴보자.

1) 영상관법과 심상작업의 진행절차

영상관법이 문제가 되는 과제의 관련된 핵심 영상을 떠올려서 그것을 존재하는 그대로 관찰하는 내관(內觀)을 중시한다면, 대체로 심상작업은 문제가 되는 영상/이미지를 제거하여 긍정적 이미지로 변환시키는 '수정'작업에 초점을 맞춘다. 양자의 공통점은 심리적 문제에서 영상/이미지의 역할이 중요함을 인정하는데 있다. 영상관법은 그것을 관찰해서 통찰하는 것을 중시한다면, 심상작업은 그것을 긍정적으로 변환시키려고 한다는 점에서 차이점을 보여준다.

영상관법

앞장에서 설명하고 예시한 바처럼, 영상관법은 명상상담의 고집멸도 4단계로 진행한다.

> Ⅰ. 사례경청하기(경청, 공감, 요약, 질문)
>
> Ⅱ. 명료화 작업(감정과 생각 관계 탐색하기)
>
> Ⅲ. 체험적 단계(영상관법, 그림 그리기)
>
> Ⅳ. 실천적 단계(문제해결, 대안찾기, 계획세우기)

첫째 고통[苦]의 단계는 고객의 고통/괴로움이 무엇인지를 파악하는 단계로 주로 경청과 공감과 같은 상담적 요소가 중시된다. 고객은 신체적인 문제나 감정적 관계 혹은 대인관계 등에서 경험한 고통 등을 가져온다.

둘째 원인[集]의 단계는 고통 발생의 원인과 맥락을 파악하는 것이다. 이때는 발달론적 관점뿐아니라 사회적인 대인관계나 심리적인 측면 역시 세심하게 살펴본다. 사례 개념화는 주로 마음작동 5요인(자극, 느낌과 감정, 생각과 신념, 갈망,

행동)으로 실시한다.

셋째 소멸[滅]의 단계는 주로 영상관법에 의해서 이루어진다. 이것은 다시 몇 단계로 구분할 수 있다. (1) 먼저 영상관법에 필요한 핵심된 주제를 선정한다. 여러 가지 문제나 이슈가 있지만, 그 가운데 가장 중요한 결정적 장면을 선정해야 효과를 만들어낼 수 있다. 핵심된 장면은 사진 한 장으로 압축된다. 그곳에 감정을 복받치게 하는 촉발 자극이 존재하는 것은 선택해야 마치 감정을 지각하는 것처럼 생생하게 재경험할 수 있다.

영상관법은 감정형, 사고형, 의지형의 세 유형으로 구분한다. 여기서 감정형을 중심으로 보면 (2) 일단 감정이 노출되면 그것을 몸느낌으로 환원시킨다. 왜냐면 영상관법은 영상을 지속적으로 관찰함을 중시하는데, 마음의 감정보다는 몸느낌이 구체성과 지속성을 가진 까닭이다. 물론 감정이 일어나면 반드시 그곳에는 신체적인 반응이 생겨난다. 그렇지 못한 경우 떠올린 영상이 선명하지 않거나 문제가 불투명한 주제인 경우가 많다. (3) 사고형의 경우는 감정에서 생각이나 신념을 탐색하고 그것을 중얼거리거나 큰소리로 외쳐서 분명한 자각을 유도한다. 그런 다음에는 그 신념이나 생각을 불러일으킨 감각자극 이미지를 코끝에 걸어두고 관찰하는 명상작업을 실시하는 것이 중요하다. 억압 당한 경험이 많은 고객의 경우에 몸느낌이 약하거나 없을 수가 있는데, 이때는 차수를 반복하여 진행하면 몸느낌을 분명히 자각하는 경우가 많다.

(4) 수용과 통찰이다. 계속적으로 관찰하면서 새로운 시각에서 문제의 영상/이미지를 바라본다. 이것은 자연스럽게 발생된다. 감정이 가라앉고 생각이 바뀌면서 새로운 통찰이 생겨난다. 모든 감정은 제행무상(諸行無常)이라 관찰하고 지켜보면 반드시 소멸되고, 이로 인하여 감정이 바뀌면 그에 따라서 생각도 바뀐다.

넷째는 도(道)로서 실천적인 문제해결의 단계이다. 길[道]은 실제로 실천해야하는 덕목이다. 경전에서 팔정도(八正道)를 말한다. 여기서는 고통 발생의 원인을 개선하는 실천적 혹은 행동적 측면을 가리킨다. 좀더 구체적으로 말하면 다시 '처음 그때의 영상을 떠올리면서' 현실 속에서 '문제가 무엇이고', 앞으로 '어떻게 할지' 그 대안을 찾는 과정이다. 이미 감정적으로 안정되었기에 객관적 입장에서 자신을 살펴볼 수 있다. 다양한 대안을 찾았다면 가장 실현 가능한 목표를 어떻게 실천할지 상세한 계획을 세운다. 가능하면 미리 시뮬레이션을 해보면서 현실적인 실현 가능성을 높인다.

심상작업

영상관법의 경우도 그렇지만 심상작업(Imagery Intervention)의 절차는 매우 다양하여 일률적으로 규정할 수 없다. 여기서는 대표적으로 D. Kolb의 학습이론을 심상작업에 적용한 경우를 살펴본다. 먼저 콜브의 학습이론을 4단계로 정리해보자.[57]

제1단계는 구체적인 경험(Concrete Experience)이다. 이 단계는 학습자가 일상에서 타인과의 관계상황에서 생겨난 문제에 대해 정서적 열린 태도, 변화에 대한 적응 등의 반응을 보여준다. 정리하면 '구체적 경험'이란 특정한 행위를 하면서 감각적이고 정서적으로 몰입하는 과정이다.

제2단계는 반성적 관찰(Reflective Observation)이다. 이 단계에서 학습자는 기존의 관점과는 다른 상황과 사상을 이해하게 된다. 그럼으로써 객관적이고, 인내심을 가지고, 조심스럽게 판단한다. 아직은 어떤 행동을 취하지는 않는다. 학습자는 자신의 감정과 생각에 기반한 자신만의 의견을 가지게 된다. '반성적 성찰'은 구체적인 경험을 돌아보는 과정으로 이를 통해 경험으로부터 얻은 것들을 상호 관련지을 수 있다.

제3단계는 추상적 개념화(Abstract Conceptualization)이다. 학습자는 상황과

---

57 D. Kolb(updated on Feb. 2. 2024), Kolb's Learing Styles and Experiential Learning Cycle, www. simplepsychology.org.

문제를 이해하기 위해서 상호작용 관계나 정서적인 측면보다는 이론적이고 논리적인 접근을 한다. 대부분 조직화된 계획과 실질적인 문제 해결을 위한 이론과 사상을 만들어낸다. '추상적 개념화'는 집중적인 사고를 통해 이론과 개념들을 전반적인 학습과정에 '통합'하는 과정이다. 이러한 추상적 개념화가 있는 학습을 '깊이 있는 학습(deep learning)'이라고 한다. 깊이 있는 학습은 정확한 원리 및 본질적인 의미를 파악하고, 사실과 느낌을 이해하며, 이전에 획득된 지식과의 통합을 이루는 것이다

제4단계는 적극적 실험(Active Experimentation)단계이다. 학습자는 다른 상황에도 실험적으로 '적용'하면서 적극적인 학습 경험을 해나간다. 학습자는 단순히 관찰적 입장보다는 실제적인 접근을 취한다. 적극적 실험은 축적된 경험, 경험에 대한 숙고의 결과로 형성된 개념 등을 특정한 상황이나 맥락에 '행동함'으로써 적용해 보는 과정이다.

이런 4단계 과정은 새로운 경험에 대한 대응 과정과 그 인지적인 학습과정을 잘 설명해준다. 이런 4단계를 Ann Hackmann과 그의 동료들은 다음과 같이 심상 작업에 적용한다.[58]

제1단계는 '경험(Experience)'이다. 심상을 불러일으키기 위해서 경험을 실제나 혹은 이미지화된 단서에 노출한다. Kolb에게서 이 단계는 문제와 관련된 정서적 '몰입' 단계이다. Hackmann은 이것을 영상/심상 작업의 '노출'로 이해한다.

제2단계는 '탐색(Observation)'이다. 영상/이미지를 객관적으로 자각(awareness)함이다. 영상 이미지에 의해 촉발되는 감각적 요소를 포함하여 내용, 의미, 중요성, 정서, 영향력, 행동 등을 탐색한다. Kolb는 이것을 반성적 성찰로, Hackmann은 자각과 관찰로 이해한다.

제3단계는 '성찰(Reflecting)'이다. 분석하고 의미를 발견하고, 이미지의 경험

---

58 Ann Hackmann, James Bennett-Levy, Emily A. Holmes(2011), Oxford Guide to Imagery in Cognitive Therapy. Oxford University Press.

을 개념화하고, 과거와 현재에 연결시키고, 지식과 생각을 새로운 관점으로 조직화한다. Kolb에게 이것은 논리적 개념화 작업으로, Hackmann은 성찰로 이해한다.

제4단계는 '계획세우기(Planning)'이다. 넓어진 시각에서 실천적 의미를 고려해 보는 작업으로 어떻게 새로운 관점에서 실행할 것인지 탐색한다. Kolb와 Hackmann 모두 구체적인 행동실천을 다룬다.

플랫폼 비교하기

전체적으로 영상관법과 심상작업을 비교해 볼 때, 영상관법이 불교의 '고집멸도'라는 4단계 진행절차의 플랫폼을 가진다면, 심상작업폼은 Kolb과 Hackmann의 학습 4단계 사이클에 이론적 기반을 둔다. 이들을 정리한 <그림7-10. 심상학습패턴>은 Kolb의 학습패턴을 영상/심상작업에 적용한 Hackmann의 심상적 학습사이클이고, <그림7-11. 고집멸도 4단계>는 영상관법의 이론적 기반이 되는 고집멸도 4단계를 나타낸 것이다. 양자는 서로 다른 문화적 기반을 가지지만 유사한 면이 많다.

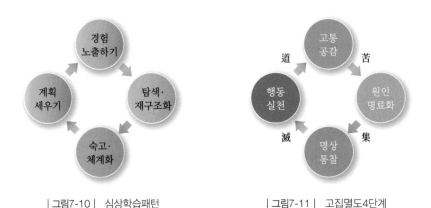

| 그림7-10 | 심상학습패턴 | 그림7-11 | 고집멸도4단계

첫 번째 경험 노출의 단계는 고통[苦]의 단계이다. 이것은 설명할 필요도 없이 고통이란 경험을 노출하는 단계와 매우 동일하다. 이 단계는 고객의 고통을 이해

하고 평가하면서 마음치유의 진행절차를 기획하는 단계이다. 이점에 대한 양쪽의 관점은 거의 동일하다.

두 번째 단계는 서로 다르다. 명상상담의 영상관법에서는 고통의 원인[集]을 명료화하는 작업이다. 구체적으로 자신의 감정과 생각을 정리하여 자신을 되돌아보면서 상황과 문제의 원인을 명료화한다. 다시 말하면 고객/학습자가 자신이 처한 충격적인 상황과 문제를 자신의 시각에서 탐색, 이해, 해석하는 단계이다. 특히 고객/내담자의 사태에서 마음작동 5요인 분석 작업을 진행해 문제의 핵심된 요소를 찾는다.

그러나 심상작업에서는 곧장 문제에 대한 원인 탐색을 하지 않고 심상을 떠올려서 자각하고 탐색한다. 떠올린 장면을 구체적으로 설명하고 그것의 의미를 탐색하고 신체적인 느낌에 집중하기도 한다. 이때 상담자는 심상작업을 통해서 상세한 정보를 수집한다. 1인칭 시점과 관찰자 시점을 바꾸기도 하고, 과거와 현재 시점을 연결시키기도 하고, 심상작업을 통해서 무엇을 배웠는지 묻기도 한다.

더구나 심상작업은 인지치료에서 자주 사용하는 소크라테스식 질문을 하기도 한다. "새롭게 알게 된 점은 무엇일까요?" 혹은 "기본적인 믿음, 신념은 무엇일까요?" "그것이 어떠했으면 좋을까요?" 이런 질문들은 분명하게 심상을 재구조화하려는 전략들이다.

세 번째 단계 역시 차이점이 있다. 한쪽은 명상과 통찰을 통해 고통의 '소멸 [滅]'을 중시하며 다른 쪽은 논리적 개념을 '체계화'시키는 숙고와 성찰을 중시한다. 이점이 바로 영상관법과 심상작업의 결정적 차이이다. 영상을 그대로 관찰하여 그 본질을 통찰하는 명상적 접근과 부정적 영상/이미지를 긍정적으로 재구성하려는 조작적 작업은 확실히 서로 다른 관점이다.

심상작업에서는 심사숙고하게 심상을 충분히 관찰하게 한다. "그것은 어떤 의미일까요?" "현실과는 어떻게 다른가요?" "다르게 해석을 한다면 어떻게 하면 좋을까요?"라는 질문을 할 수 있다. 영상관법에서는 이런 심사숙고와 성찰의 질문은 네 번째 마지막 실천의 단계에서 이루어진다. 영상관법의 세 번째 단계는 '의미' 탐색이나 '해석'보다 영상/이미지가 촉발시킨 감정, 생각, 갈망을 '충분하게 경험하고' 있는 그대로 '관찰'하는 데 초점을 둔다.

진행절차의 플랫폼에서 두 번째와 세 번째에서 결정적으인 차이점이 있다. 영상관법이 선악 모두를 있는 그대로 수용하고 관찰하여 통찰하는 것을 중시한다면, 심상작업은 그것의 인지적 의미를 탐색하고 부정적인 측면을 제거해 긍정적으로 재구조화하는 개입을 강조한다. 구체적 차이점을 적시하면 아래와 같다.

- 명상적 접근의 영상관법: 상황 속에서 문제의 영상을 떠올리고 알아차려 충분하게 경험함. 몸느낌과 생각 등의 변화를 관찰하고 지켜보면서 문제를 수용하고 통찰하면서 문제해결의 대안을 찾아감.
- 재구조화의 심상작업: 상황과 문제를 분석하고 이해하면서, 현재와 과거를 연결시키고, 새로운 관점으로 의미를 탐색하고 재조직화하는 개입작업.

넷째는 실천[道]의 단계이다. 이 경우는 행동을 계획하거나 실천한다는 점에서 양자의 입장이 크게 다르지 않다. 상황과 문제에 대한 구체적인 해결방안을 찾고, 실천계획을 세워서 실천하는 같은 목표를 가진다.

이렇게 보면 고집멸도의 명상적 접근 방식이나 심상작업의 학습적 재구조화 접근이나 크게 보면 거의 동일한 방식이나 진행절차를 가진다. 그러나 가까이 다가가서 보면 한쪽이 고통에서 '해방'이란 명상적 '수용'과 '통찰'을 강조한다면, 다른 쪽은 '학습'적인 '재구조화'라는 '적응'적 수준을 강조다는 점에서 차이점이 있다. 필자는 내담자의 사례에 따라서 양자가 모두 필요하고 요청될 수 있다고 본다.

반복해서 말해왔지만 영상 이미지의 가장 핵심된 역할은 숨겨진 감정을 촉발시키는 것이다. 만약 출근하기 전에 엄마나 아내와 심하게 다투었다면 지하철에서 본인의 의지와는 관계없이 그 장면이 반복적으로 의식에 침투함을 느낄 것이다. 그런 다음에 언어적인 판단이 뒤따른다. 그 판단에 따라서 감정을 경험하게 된다. 이런 경우는 외적인 접촉이 없이 가까운 사건과 연결되어 자동적으로 발생한 것이다. 이것은 언제나 감정을 불러일으킨다. 영상 이미지의 발생은 감각적 신호와 닮은 지각을 통해 촉발되고 과거의 기억과 같은 에피소드를 재경험하게 만든다.[59]

대체로 감정을 촉발시키는 이런 종류의 영상 이미지는 현실적 장면에서 감각적 인상, 이미지를 그대로 반영하거나 재현시킨다. 그러면서 많은 생각들과 함께 착잡한 감정/기분에 빠져들게 할 수도 있다. 마치 백일몽처럼 영상 이미지는 문득 우리 마음을 지배하고 순간적으로 현실감을 놓치게 한다. 심한 경우는 당시 상황에 돌아간 것처럼 옆 사람에게도 들리게 혼자서 중얼거릴 수도 있다. 이것은 영상 이미지가 분명하게 개인의 업무를 방해하거나 정신건강에 매우 중요한 수준으로 영향을 미친다는 증거이다. 이미 아침에 있었던 갈등상황은 사실 이미 지나갔다. 하지만 정신/마음은 여전히 그것을 떠나지 못하고 기억해서 재생한다. 이런 문제를 감정형과 사고형의 영상관법을 통해 살펴본다. 감정형은 영상 이미지의 접촉에 곧장 감정이 올라오고, 사고형은 그런 감정의 발생에 생각이 크게 작용한 경우이다.

---

59 Emily A. Holmes, Andrew Mathews(2010), "Mental imagery in emotion and emotional disorders" Clinical Psychology Review 30 349-362.; Hackmann, A.; Bennett-Levy, J.; Holmes, E.A.(2011), The Oxford Guide to Imagery in Cognitive Therapy. Oxford University Press.

1 감정형 영상관법 사례, 외상 후 스트레스

내담자는 오랫동안 남편으로부터 가정폭력에 시달리다가 최종적으로 이혼 했다. 이혼 후 지방으로 이사가서 살던 그녀는 일이 있어서 기차를 타고 서울을 올라왔다. 그런데 기차에서 내리는 순간부터 온몸이 마구 떨리기 시작했다.

이런 상황을 그린 것이 <그림7-12. 몸떨림>이다. 기차에서 내려서 지나가는 사람들을 본다. 그런데 그림에서 보듯이 '남성'을 보면 힘들어지는데, 특히 대머리인 남성을 보는 순간에 온몸이 떨려온다. 왜냐면 전남편이 대머리였기 때문이

| 그림7-12 | 몸떨림

다. 특정한 대상에 대한 지각과 함께 과거 기억의 에피소드를 촉발시키고 감각적 신호가 일어난다. 다른 행인들은 그냥 지나가지만 <그림7-12> 속 대머리인 두 남성은 나/내담자를 쳐다보고 있다. 그들이 나를 쳐다본다고 주관적으로 느낀다. 그들은 유독 크고 또렷하게 보인다. 내담자/나는 그 자리에서 꼼짝 못하고 떨고 있다. 모두가 까만색이다. 내 가슴에는 날카로운 검정색의 공포감이 달라붙어 있다. 얼어붙으면서 피할 수 없게 온몸이 떨려온다. 남편에게 당한 가정폭력의 트라우마/외상 후 스트레스를 다시 재경험하는 순간이다.

사실 오랫동안 진행된 이혼이었기에 그런 순간은 이미 지나갔다. 또 지방으로 이사도 갔다. 하지만 여전히 몸과 뇌는 그것을 기억하고 있다. 전남편과 유사한 대머리 남자를 보는 순간 너무나 힘이 든다. 내가 보는 것이 아니라 그들이 나를 보는 것 같다. 나는 위기와 위협 속에 노출되어 있다. 이것은 트라우마와 관련된 기억된 영상 이미지이다. 이럴 때 영상 이미지를 어떻게 정의할 수 있을까?

앞에서 언급한 인지과학과 연결해 영상 이미지를 이해해 보자. (1) '뇌 속의 그

림'이고, 이것에 접촉이 되면 마치 현실적 지각처럼 '동일하게' 감정을 발생시킨다. (2) '신체화된 마음'이라 인간의 감정, 생각, 갈망에 매우 깊은 영향을 미치는 '신경' 활동이다. (3) 세상/환경을 접촉할 때 행동과 연결되는 중요한 인지적 정보처리의 한 과정이다.

(1)이 접촉, 촉발자극이라면 (2)는 감정, 생각, 갈망의 내적 마음 현상을 나타나고 (3)은 행동과 연결된다. 이렇게 보면 영상 이미지는 인지적 과정의 일부이다. 영상은 지각, 뇌, 신체화된 마음, 신경 활동, 환경, 행동 등과 같은 인지과학적 용어로 정의 가능하다.

이런 정의는 역시 '마음작동 5요인'의 관점을 반영한다. 영상은 자극이고 감정이고 생각이고 갈망을 함축하고 행동으로 연결되는 '압축된' 파일이다. 일상의 삶에서 영상 이미지가 중요한 이유는 위의 사례처럼 마음/제8식 속에 기억되고 반영되어 당시 몸으로 경험했던 감정/공포감을 그대로 재현시켜 고통을 반복적으로 유발시킨다는 점이다. 이것을 방치하는 경우에는 '외상 후 스트레스 장애(PTSD)'처럼 점점 더욱 심화되고 고착될 위험이 있다. 이런 이유로 어디를 가지도 못하고, 계속적으로 회피하면 현실 속에서 적응하지 못하게 할 것이다.

임상적 상황에서 당신의 고객/내담자가 이러한 특정한 '영상'에 사로잡혀서 영상에 의해서 반복적으로 감정적 고통을 경험한다면 어떻게 치유적 작업을 진행할 수 있을까? 물론 현실적인 '지각(perception)'과 '정신적 영상(mental imagery)'이 자주 동일시되어서 분열증/조현병의 상태로 진단하고, 뇌속의 호르몬 분비가 비정상이라고 하면서 약물치료를 진행할 수 있겠지만 여기서는 일단 약물치료적 접근은 제외시킨다. 약물 대신에 영상 이미지를 활용한다면 어떻게 할지 초점을 맞추자. 그러면 두 가지 접근 방법이 제안된다. 하나는 영상관법이고 다른 하나는 심상작업이다. '영상관법'은 문제가 되는 영상 이미지를 명상의 주제로 삼아 지속적이며 반복적으로 영상 이미지를 관찰하면서 통찰하는 것이다. 반면에 '심상작업'은 문제가 되는 영상을 수정하고 변형시켜 그것의 부정적 영향력을 감소시키거나 소거시키는 방법이다. 전자는 존재를 있는 그대로 관조하는 동양적 마음치유의 명상이고 후자는 서구의 의료적 관점으로 치료, 혹은 수술과 같은 조작적 관점이다. 양자는 문제에 대한 접근방법에서 차이점이 있지만, 현장에서는 사례에 따라서 적절하게 사용할 수 있을 것이다. 먼저 영상관법(감정형)의 사례를 중심으로 살펴보자.

영상관법 프로그램(Reflected Image Maditation Program, RIMP)의 치유전략은 문제가 되는 미해결된 영상 이미지를 포착하여 그것을 있는 그대로 관찰하는 명상적 접근이다. 위의 구체적인 사례를 통해서 설명해보자.

| 그림7-13 | 몸느낌(명상 전) | 그림7-14 | 몸느낌(명상 후)

위의 두 개의 그림을 보자. <그림7-13>의 명상 전과 <그림7-14>의 명상 후가 확연하다. <그림7-13>는 기차에서 내려서 대머리 남자를 보는 앞의 <그림7-12> 장면에서 가슴 중심의 상체 부위만을 확대한 것이다. 여기서 고객/나는 외투로 얼굴을 가렸다. 그리고 몸은 떨고 있고 가슴에는 검정색 불가사리 같은 것이 달라붙어 있다.

반면에 <그림7-14>는 영상관법 이후 느낌의 변화를 그린 것이다. 양자의 불가사리 모양은 유사하지만 색깔과 내용은 다르다. 영상관법 1차 시기에서는 당시의 장면을 떠올리지만, 2차 시기는 가장 강한 몸부위의 느낌의 주의를 집중시킨다. 주의집중이 핵심된 장면의 대상영상에서 몸느낌으로 바뀌는 것이다.

몸의 떨림을 지속적으로 관찰한 결과 <그림7-13>의 가슴의 무거운 검정색은

<그림7-14>의 가벼운 주황과 노랑색으로 변하고 끝내는 시원한 녹색으로 점차로 바뀌어갔다. 분명하고 생생하게 감정적 변화를 경험한 것이다. 무엇이 이런 변화를 불러일으켰을까? 그 변화요인은 무엇일까? 이것을 영상관법의 적용 과정으로 살펴보면 이렇다.

첫째는 문제장면의 노출하기/알아차림[念]이다. 고객/내담자는 신체적인 불편감을 피하지 않고 충분하게 영상을 떠올려서 알아차림하고 노출하였다. 자신의 고통/불편감을 그대로 인정하고 기꺼이 내관(內觀)했다. 처음에는 상황 전체의 영상이지만 나중에는 핵심된 장면, 감정을 강하게 불러일으키는 사진 한 장을 선택하여 그곳에 집중한다. 그리고 어떤 감정이 일어나는지 탐색한다.

둘째는 당시의 경험내용에 초점을 맞추어서 충분하게 경험하기/집중[止]이다. 가슴의 무거운 고통/공포감을 피하지 않고 적극적으로 경험하면서 느껴본다. 물론 쉽지 않겠지만 긴장을 내려놓고 초점을 눈앞에 떠올린 장면/영상이 촉발시킨 감정에서 몸느낌으로 이동시킨다. 이것은 '주의초점'이 당시 '공포감'의 감정에서 감정이 만들어낸 몸/가슴의 느낌으로 바뀐 것이다. 위협적인 상황/환경에서 몸느낌으로의 변경은 좀더 안전함으로의 전환이며 더욱 강력한 집중과 함께 지속적인 경험을 가능하게 하는 계기가 된다.

셋째는 호흡과 함께 몸느낌을 조용히 지켜보기[觀]이다. 몸느낌은 영원하지 않고 변화한다. 조용히 지켜보면 가슴의 공포감은 서서히 가벼워지고 점차적으로 무거운 검정색 → 가벼워지는 주홍색 → 안심되는 노랑색 → 시원한 녹색으로 그 느낌이 바뀐다. 이것은 부정적 감정에서 분리되어 긍정적 느낌으로 전환됨을 의미한다. 여기서 상담자나 내담자 모두 이런 변화를 의도적으로 유발시키지 않았다. 어떤 조작적 작업을 진행하지 않았음에도 자연스러운 변화가 일어났다. 호흡과 함께함(사전연습 필요)은 몸느낌을 관찰하면서 다른 생각에 빠지지 않고 느낌에 집중하기 위함이며, 무엇보다도 안전한 공간을 확보하려는 배려이다. 호흡은 다른 생각에 빠지지 않고 두려움과 같은 위협에서 벗어나게 하는 데 직접적으로 도움을 준다.

이런 결과로 생겨난 성찰/통찰은 무엇일까? 무엇보다도 감정형 영상관법을 통해서 마음의 상태가 변화할 수 있다는 자신감과 함께 명상을 계속적으로 공부할 동기가 형성된다는 것이다. 위협적인 감정이라도 결국 '지켜보면 사라진다'는 것이다. 궁극적으로 감정이 본래 존재하지 않음을 깨닫기도 하겠지만, 비슷한 상황이 닥쳐오면 명상을 통해서 자신의 감정을 스스로 조절할 수 있다는 용기를 얻는다.

또한 동일한 스트레스 상황에 부딪히면 어떻게 할지 그 대처방안을 미리 세워둘 수도 있다. 실제 고객/내담자는 최악의 상황에서 폭력적인 상황에 맞닥뜨리면 경찰에 보호를 요청하면 된다고 말했다. 그리고 이런 생각을 통해 불안감이 많이 가라앉았다고 하였다. 이것은 적절한 대처방안에 대한 준비는 위협적인 불안을 현저하게 감소시킴을 의미한다.

② 사고형 영상관법 사례, 부부갈등

감정형 영상관법은 주로 감정과 몸느낌을 충분히 경험하게 하는데 초점을 맞추고 대상 영상의 강도, 모양, 색깔 등을 보고하도록 한다. 사고형 영상관법은 생각이나 그 속에 함축된 신념체계를 관찰한다. 아래는 전형적인 부부갈등사례이다. 먼저 감정형을 진행한 이후에 계속해서 사고형 영상관법을 진행한다. 그리고 영상관법을 끝내고 아래와 같은 '3단계 그림그리기' 작업을 진행하였다.

| 그림7-15 | 처음 핵심장면

부부갈등 사례는 매우 사소한 일에서 시작될 수 있다. <그림7-15>는 남편이 설거지하지 않고 TV를 시청하는 아내에게 "야, 너 설거지 않고 뭘 해! 빨리 설거지 해!"라고 크게 소리치는 장면이다. 고객/아내의 그림을 보면 남편의 얼굴이 화가 나서 빨간색, 파란색, 검정색으로 붉으락푸르락 뒤엉켜 있다.

반면 TV 보는 아내/나는 마찬가지로 화가 나서 밖으로 검정색 에너지가 쏟아지고 온몸이 붉은색이다. 남편의 고성과 손짓에 불안과 약간의 공포감도 느껴지고 몸이 순간적으로 얼어붙고 짜증이 나고 화가 난다. 몸느낌은 긴장되고 경직되면서 가슴이 쥐어짜는 듯한 느낌이 80 정도의 강도로 느껴진다. 그래서 숨쉬기가 불편하다고 보고한다.

당시의 상황/장면의 영상을 그대로 포착하고, 몸느낌을 충분히 느끼면서 호흡과 함께 지켜본다. 1분 정도 지난 후에 "지금은 어떤가요?"라고 물었다. "바위처럼 단단한 것이 말랑말랑해지고 색깔이 옅여지고 가슴의 통증이 점점 적어지고...허리에 통증이 느껴진다." "남편의 목소리에 짜증이 나지만 내 감정은 동요가 없다. 남편의 얼굴이 처음보다 온화해 보인다."고 말한다. 처음 당시의 장면으로 다시 돌아가서 그 핵심된 영상을 떠올려 다시 살펴보고(2차 시기), 어떠한지를 물었더니 다음같이 대답한다. "감정은 많이 가라앉았고 숨소리가 빨라졌다. 남편의 얼굴과 목소리도 온화해졌다. 약간 편안해졌다."

| 그림7-16 | 감정형 영상관법 후

<그림7-16>을 보면 남편의 검정색의 에너지 파장은 파랑과 주홍색으로, 아내 역시 주홍색으로 발산하는 모양도 날까로운 번개에서 단순한 직선 모양으로 바뀌었다. 아내의 몸통/가슴도 빨간색에서 주홍색으로 변화되었다. 편안하지만 여전히 약간(30~40정도)의 긴장과 불편함은 남아있다.

이번에는 사고형 영상관법이다. 사고형은 당시 상황에서 어떤 생각을 했고, 그런 생각들 속에는 어떤 신념이 놓여있는지를 탐색한다. 생각들을 소리를 중얼거리면서 음미하고 표현한다. 마지막으로 촉발 자극을 코끝에 걸어두고 존재하는 그대로 관찰한다.

첫 번째, 당시에 어떤 생각/판단이 스치고 지나갔는지 찾아보라고 한다. 고객/내담자는 다음 세 가지를 말했다. ① 남편이 화가 나면 큰소리를 내서 불편하고 무섭다. ② 그때마다 나는 위축된다. ③ 감정이 올라오면 감당하기 어렵다.

두 번째, 찾아낸 생각을 중얼거리며 음미해보고, 다음엔 큰소리로 소리쳐보라고 요구했다. 소리친 이후 감정의 변화가 어떤지를 보고해달라고 하자, 오히려 "감정이 가라앉는다"고 말한다. 대부분 가라앉는 경우가 많다. 하지만 오랫동안 억압이 심했던 경우는 눈물과 함께 감정이 계속적으로 올라오는 경우도 있다. 이를 통해 고객이 가지는 문제의 깊이를 가늠해볼 수 있다.

세 번째, 그런 생각들의 밑바닥에 어떤 신념이 있는지를 살펴보고 이야기해달라고 했다. 그랬더니 다음과 같이 보고하였다. ① "같이 화를 내면 내가 다친다. 내가 손해다." ② "상대가 화를 내면 일단 피해야 한다." ③ "후퇴해야 한다." 아마도 처음에는 맞대응을 했겠지만, 오랜 경험으로 남편과의 갈등을 효과적으로 대처하는 방법을 터득한 것이다. 어떻게 해볼 수 없는 현실적인 나름 최선의 대응이다.

아론 백(A. Beck)의 인지치료(Cognitive Therapy)에서는 이런 상황에서 남편과의 관계를 개선시킬 목적으로 소크라테스식 문답법을 사용하거나 엘리스(Ellis)의 합리적 정서행동치료(REBT) 전략을 통해 비합리적인 신념체계를 찾아내 논박기술로 신념체계를 수정하거나 변경을 시도한다. 물론 웰스(A. Wells)의 메타-인지치료(Meta-Cognitive Therapy) 역시 통제적 강도는 약하지만 비슷한 방식으로 진행된다. 반면 수용전략의 영상관법에서는 내담자가 가진 신념체계에 대해서 조작적 시도/변경을 하지 않는다. 내담자의 오랜 경험에서 오는 고유한 방식을 수정하려는 시도는 가급적이면 삼간다. 자칫하면 내담자의 자존감을 떨어뜨릴 수 있기 때문이다.

네 번째, 사고형 영상관법은 그 상황에서의 촉발자극을 존재하는 그대로 바라보도록 요청한다. 남편의 큰소리를 듣고, 남편의 화난 표정을 판단하지 않고 정면으로 바라보라고 요청한다. 남편에 대한 생각이나 신념체계의 변경을 요청하지 않는다. 대신에 사진 찍듯이 그 영상대상을 눈앞으로 잡아당겨서 바로 코끝에 걸쳐놓고 '바라보기'를 요청한다. 물론 힘들 수도 있지만 사전에 감정형 영상관법을 통해서 어느 정도 감정이 가라앉았기에 가능한 일이다. "판단을 멈추고, 단지 눈으로 보이는 그대로, 귀로 들리는 그대로 지켜보라."고 요청한다. 이것이 사고형 영상관법의 핵심된 요소이다.

그런 다음에 일정 시간이 지난 후 상태를 물어본다. ① "머리에 약간의 통증이 느껴진다." ② "가슴의 강도는 20 정도, 위축된 가슴이 팽창되는 느낌이 든다." ③ "(남편의) 목소리도 잘 들린다." ④ "약간 무섭지만 피하지 않는다."

이것은 중요한 변화이다. 그동안 회피를 선택해왔지만, 이번에는 머리가 아프고 무섭지만 피하지 않는다. 물론 직접적인 현실이 아닌 영상이기에 가능한 일일 것이다. 지각과 동일한 효과를 가져오는 영상/이미지이기에 피하지 않음은 중요한 변화를 암시한다.

다섯째, 현실에 대한 구체적인 대응전략이다. 유사한 상황을 다시 만난다면 어떻게 대응할지 묻는다. 그랬더니 ① "이제 내가 힘이 생겼고, 당당해졌다." ② "당당하게 내 생각/마음을 말하겠다." ③ "남편의 마음도 알아주고" ④ "지금 기분은 편안하고 시원하다." 라고 대답한다. 이점은 평소의 회피적 신념과 달라진 모습이다.

| 그림7-17 | 감정형 영상관법 후

　　영상관법을 끝내고 그린 것이 <그림7-17>의 세 번째 그림이다. 첫 번째 <그림7-15>의 남편의 얼굴과 비교하면 전혀 다른 사람이 되었다. 빨간 입술로 바뀐 남편이 온화하게 웃는다. 입고 있는 옷의 색깔도 따뜻한 색깔로 바뀌었다. TV를 보고 있던 아내는 TV를 보지 않는다. 마음이 안정되고 웃고 있다. 옷 색깔이 주홍색에서 노랑색으로 바꿔 입었다. 영상관법을 끝낸 소감은 편안하고 가볍고 시원하다고 말한다.

　　고객/내담자에게 이런 변화가 어디서 왔는지? 물었더니 이렇게 대답한다. "가장 큰 변화는 감정이 바뀌면서 일어났다. 남편에 대한 화가 가라앉으니 그가 다르게 보인다." 결코 남편이 바뀐 것은 아니다. 같은 남편이고 같은 상황/환경이다. 단지 내 마음에서 감정이 변하게 되니, 신기하게도 남편의 표정이 달리 보인다는 것이다. 그림에서 보듯이 영상관법이 감정형에서 사고형으로 진행되면서 남편의 표정은 확연하게 달라졌다. 결국 '지각'은 마음의 '투사'임을 알 수 있다.

　　인지치료에서는 '생각이 바뀌면 감정이 바뀐다'고 말한다. 그런데 여기서는 반대로 '감정이 바뀌니, 생각이 달라진다'가 된다. 주목할 만한 점이다. 우리는 대상을 바라볼 때 존재하는 그대로 보지 못하는 경향이 있다. 자신의 감정과 기대를 투사해서 상대방을 바라본다. 고객은 '마음이 세계를 창조해낸다[一切唯心造].'고 통찰했다.

필자는 그동안 영상(影像)을 '반영된 이미지(Reflected Image)'란 용어로 풀어서 사용하여 왔다. 이 용어는 심층에 저장된 제8식의 종자/씨앗을 전제하는 유식심리학에서 채택된 용어이다. '반영됨'은 이중적 의미를 가진다. 하나는 의식의 표층에서 경험된 내용을 심층에 저장하거나 기억한다는 의미를 함축한다. 두 번째는 표층에 출현한 영상/이미지는 제8식의 종자/씨앗을 반영한 혹은 닮은 이미지란 의미이다. 이것은 정보를 입력(in put)하고 출력한다(out put)는 의미이다.

반면에 서구 인지심리학에서 사용하는 'mental imagery'는 '정신적 이미지'란 의미로 보통 '심상(心象)'이라고 번역된다. '정신적 이미지'는 실질적인 '지각'과 무관하게 나타나는 주관적인 이미지를 뜻하지만 과거의 기억과 연결되고 강력한 감정적 반응을 유발한다는 점에서 '반영된 이미지'와 크게 다르지 않다. 이런 점에서 필자는 '영상'과 '심상' 혹은 '표상'을 세밀하게 구분(심층, 자아의식, 표층)하기도 하지만 대부분 구별하지 않고 사용한다.

다만 불교의 유식심리학에서 사용하는 영상/이미지는 명상적인 관점에서 중요한 명상주제가 된다면 서구의 인지심리학에서는 심상을 치료적인 관점에서 접근한다는 점에서 차이가 있다. 치료적 관점은 환자의 병리적 증상에서 영상/이미지가 중요한 역할을 한다는 것이다. 따라서 문제가 되는 '부정적 영상(negative imagery)'를 찾아내 그것을 긍정적 이미지로 '변환'시키는 것이 중요한 작업이 된다. 이것을 '심상개입(Imagery Intervention)'이라고 한다. 이것의 핵심된 작업은 부정적으로 작동하는 영상/이미지를 마치 외과수술처럼 의도적으로 수정하거나 제거하는 작업이다. 필자는 이것을 '심상작업'이라고 호칭한다.

1 아론벡(A. T. Beck) 인지치료의 영상개입 기법

치료적 상황에서 영상 이미지를 자주 활용한 경우로 아론벡(A.T. Beck)의 인지치료를 꼽을 수 있다. 그는 이것을 '심상 수정하기(Modifying Imagery)'라고 부른다. 환자의 과거의 외상적 사건을 다시 체험하게 하고 그것에서 비롯된 태도나 인지 등을 수정하여 재구성하는 방법을 취한다. 인지치료의 창안자라고 알려진 아론벡의 치료적 환경에서 영상 이미지의 활용은 널리 알려져 있다. 다양한 기법을 사용하기에 여기서 모두 소개할 수는 없다. 다만 대표적인 몇 가지를 소개하면서 인지치료에서 사용하는 '심상작업'인 심상 수정하기가 어떤 성격을 가지고 있는지 살펴보고자 한다. 쉽게 활용 가능한 몇 가지를 소개해본다.[60]

심상 수정하기(modification)

제1단계는 불안해하는 환자가 있다면 불안한 상황을 스스로 상상해보게 한다. 이때 그것을 '말하게' 하기 보다는 생각과 감정을 스스로 '느껴보게' 한다. 그리고 치료자는 특히 '오감'에 대해서 어떤 경험을 하는지 질문할 수 있다. 떠올린 그림/이미지를 보고 '색깔, 소리, 움직임, 냄새, 감촉, 이미지의 생생함, 감정' 등을 점검한다.

제2단계는 유도된 영상을 수정하는 작업이다. 이를테면 한 직원이 폭풍에 대비하여 덧문을 주문했는데 그만 실수로 잘못 주문해 전혀 다른 종류의 물건이 도착했다고 하자. 그러나 이 30대 환자는 너무나 두려워서 사장에게 차마 그 말을 못한다. 전후 사정을 설명할 수 없을 정도로 불안하다. 이런 상황에서 어떻게 '심상작

---

60 Beck, Aaron T. Emery, Gary Greenberg, Ruth L.(2005), Anxiety disorders and phobias: A cognitive perspective. Basic Books/Hachette Book Group. 이하 여기서 소개한 사례는 이 책에서 인용된 사례임을 밝힌다.

업'을 통해서 이미지를 수정할까? 그것은 다음과 같다.

"사무실에서 나는 사장과 대화를 하고 있어요. 그런데 나는 어른임에도 점점 작아지고 작아져서 7살 아이가 됩니다. 반대로 사장은 점점 커지고 얼굴은 붉은색으로 변해서 나를 위협하고 있어요. 나는 아무런 말도 못하면서 울면서 애원합니다."

이런 심상작업은 이미지-확장을 통해서 '최악의 시나리오'를 은유적으로 작업한 것이다. 그러자 그 환자는 바로 어린 시절에 굉장히 화가 나서 그를 공격하던 아버지와의 관계가 떠올랐다. 그때 그는 엄마 뒤로 숨었다. "나는 힘껏 달아났고, 아버지는 나를 쫓아왔어요."

이번에 치료자는 두 번째 새로운 판타지를 제시하였다. "곧장 사장에게 전화를 한다. 폭풍을 대비한 덧문은 내가 주문한 것과 동일한 것이 아니다. 내가 처음 본 샘플은 좋은 제품이었다. 그런데 그것들은 생산이 중단되어서 낮은 수준의 덧문을 보냈다. 그래서 나는 그것을 받지 않았다."

두 번째 심상/판타지와 함께 환자의 불안감은 현저하게 낮아졌다. 좀 더 자신감을 갖게 되었다. 첫 번째 심상/판타지에서 이 30대 환자가 느낀 두려움은 어릴 때 경험한 영상 이미지의 과도한 확장이었다. 이것이 두 번째의 긍정적 이미지로 대치되면서 환자의 불안은 감소되었다.

이런 종류의 영상 이미지 수정하기는 현실에서 최악의 경우와 함께 최적의 대안을 경험하게 한다. 그러나 이 심상작업은 환자가 직접 최악의 심상이나 반대의 대안적 심상을 찾도록 선택의 기회를 주기보다는 약물을 처방하듯이 리더자/치료자의 선택에 의해서 심상이 제공된다는 점이다.

그러나 영상관법이라면 환자에게 어떻게 심상을 수정하고 싶은지 혹은 그런 상황에서 어떻게 하고 싶은지 등 문제해결의 기술과 연결하여 사용할 것이다. 다시 말하면 치료자 중심이 아닌 내담자 중심으로 진행했을 것이다. 이것을 '의지형' 영상관법에서는 '시뮬레이션'이란 이름으로 자주 사용한다. 현실에서 최적의 대안찾기를 할 때 리더자가 해결된 심상을 제공하는 것이 아니라, 고객 스스로가 다양한 대안들을 마음속으로 시뮬레이션 할 수 있게 돕는다. 결론적으로 심상이나 영상을 활용해 현실에서 적절한 해결 대안을 찾고 그것을 구체적으로 어떻게 대처할지를 찾아내는 작업은 서로 다르지만 심상작업이나 영상관법 모두 마음치유 전략에서 중요하다고 할 수 있다.

턴(Turn)–오프(Off) 기법

환자가 특정한 판타지에 푹 빠져있을 때, 그를 둘러싼 환경에 주의를 돌리라고 지시한다. 그리고 그 대상을 세밀하게 관찰하여 소리내서 아주 상세하게 묘사하도록 요청한다. 불안한 판타지가 이런 식으로 방해를 받게 되면 불안이 감소된다. 불안을 촉발시키는 영상, 대상 이미지에 대한 주의를 그것이 아닌 주변 환경으로 신경을 '분산'시키는 기법이다. 마치 방안에서 TV를 보는데 불을 꺼버리거나 채널을 돌리는 것과 같다. 현재에 집중된 지각상태를 다른 지각대상으로 변경시키는 '조작'기술이다. 즉, 불안을 촉발하는 이미지를 즐거운 판타지로 변경한다. 스트레스가 강한 업무를 즐거운 활동으로 변경하는 것과 같다.

예를 들면 자주 죽음에 대한 공포감을 경험하는 환자가 있다고 하자. 이것은 아주 오랜 세월 환자를 괴롭히는 부정적 영상 이미지이다. 이것이 떠올라오면 환자는 매우 심한 불안을 경험한다. 이것을 어떻게 턴-오프할 수 있을까? 치료자는 환자가 죽음에 대한 이미지로 심한 공포감을 느낄 때 스스로 손뼉을 세 번 치라고 요청한다. 그러자 환자는 죽음의 판타지가 사라졌다고 보고한다. 이런 과정을 상담실에서 반복해서 연습하면 쉽게 따라할 수 있고, 집에 돌아가서도 죽음의 공포가 밀려오면 그때마다 손뼉을 쳐서 벗어날 수 있다. 그런 다음 즐거운 활동으로 보상한다면 효과는 강화된다.

이 기술은 명상수행에서 다른 생각이 떠오르면 곧 알아차림하고 현재의 집중대상인 화두나 호흡으로 돌아오는 것과 유사하다. 그러면 뒤따르는 고통을 감소시키거나 해소할 수 있다. 영상관법에서도 내담자가 심각한 감정적 경험으로 견디지 못할 만큼 힘들어지면, 문제가 되는 대상에 대한 집중을 중단하고 호흡으로 돌아오게 하거나 잠깐 음료수를 마시게 하는 등 상황에서 벗어나게 유도한다.

반복하기(repetition)

부정적 영상 이미지가 문득 침습하면 그것을 의도적으로 반복해서 관찰한다. 이 기법은 영상관법에서도 자주 사용하는 기술이다. 반복적으로 영상 이미지를 떠올리면 부정적인 느낌이 감소되고 당시에는 보지 못했던 새로운 사실을 보게 되면서 통찰 얻게 된다. 이것은 같은 과일을 반복적으로 먹게 되면 점차로 맛을 잘 느끼지 못함과 같다. 자극과 반응에서 감수성의 둔감화나 자극에 대한 역치값이 일정 이상 높아지면 더 이상 자극을 느끼지 못하는 현상과 같다.

20대 젊은 남자가 있다. 그는 자신의 여자 친구에게 선물을 보냈다. 그러나 그는 자신의 선물이 적절하지 않다고 생각했고, 그녀가 거절할 것이라는 자동적인 판타지를 경험했다. 그래서 그녀에게 선물을 주는 걸 두려워했다. 그래서 상담자는 그 판타지를 다시 반복하게 했다. "그녀는 선물꾸러미를 풀어보고 놀랐고, 경멸과 실망스런 표정을 지었다. 하지만 그녀는 좋아하는 체했다. 나는 이 장면에서 비참함을 느꼈다". 치료자는 이 판타지를 여러 차례 반복해서 떠올려보라고 요청했다. 그랬더니 이 환자는 말했다. "그녀는 선물을 개봉했다. 그녀는 기뻐했다. 왜냐면 그녀는 그렇게 놀라운 선물을 기대하지 않았기 때문이다. 그녀는 정말로 그것을 좋아했다. 그녀는 뜻밖의 선물에 감동했다. 그녀는 내게 키스했다."

반복적으로 판타지를 반복할 때 긍정적 이미지가 새롭게 나타난 것이다. 물론 자신이 원하는 판타지일 수 있지만, 실제로 자신의 선물에 만족해하는 여자친구를 만날 수 있을 것이다. 이런 긍정적 판타지를 경험했기에 현실에서도 그녀를 기쁘게 할 가능성이 높다. 반복을 통해 미래에 대한 재앙적 사고가 멈추어졌다.

미래-투사하기(time projection)

종종 환자들뿐만 아니라 우리들 역시 오지 않은 미래의 특정한 시간으로 가서 걱정하곤 한다. 특히 우울환자들은 미래에 대해서 매우 비극적인 시나리오를 예상한다. 예를 들면 자신의 어린아이가 탈장으로 수술을 받아야 한다는 소식을 접하고 이 여성 환자는 급격한 불안감에 휩싸였다. 수술에 대한 심각한 심리적인 타격과 함께 신체적인 측면에서 고통받았다. 치료사는 6개월 후를 예상하고 판타지/영상를 구성하여 보라고 요청하였다. 그러자 그녀는 "아이는 가족의 품안으로 잘 돌아왔어요. 아이의 사타구니는 붕대로 감겨있어요. 그러나 아이는 기분이 좋아요. 통증이 종종 있어요."라고 말했다. 이번에는 3년 후를 이야기해보라고 요청했다. "아이는 아주 건강해졌어요. 다른 아이들하고 함께 놀고 있는 장면을 그릴 수 있어요." 이렇게 이야기 하면서 아이의 수술에 대한 환자의 과도한 걱정이 완전히 사라졌다.

영상관법에서도 이 기법을 종종 사용한다. 6개월 이후나 3년 혹은 10년 이후의 자신의 모습을 그려보게 한다. 그러면서 앞으로 어떤 준비를 해야 하는지를 묻게 되면 깊은 관심을 가지고 계획을 세울 수가 있다. 미래에 희망을 갖게 하라. 이것은 불안과 걱정이 많은 내담자들에게 매우 효과적인 접근방법이다. 이런 미래-투사기법은 어떻게 할지 결정을 못하고 걱정만 하는 대부분의 불안한 내담자에게 큰 도움을 준다. 이런 경우에 한국 사회에서는 사주를 보거나 운세를 보곤 한다. 이것들 역시 미래-투사기법의 일종이다. 내담자는 자신이 듣고자 하는 긍정적인 메시지를 받고자 한다. 만약에 부정적인 운세를 받게 되면 매우 불안하기에 다른 곳으로 사주를 보러가기도 한다.

이상을 보면 인지적 관점에서 실행되는 심상작업은 매우 효과적이다. 문제가 되는 영상 이미지를 적극적으로 수정하고 변형시키고 조작한다. 그럼으로써 부정적 이미지를 긍정적 이미지로 조작한다. 이점은 인지치료자들이 부정적인 생각을 긍정적인 생각으로 바꾸는 작업과 동일한 양상을 가진다. 이러한 영상 이미지를 바꾸게 하는 작업은 생각을 바꾸는 작업보다 접근성이 쉬운 측면이 있다. 생각 바꾸기는 고객과 논쟁할 여지가 있다. 이에 비해 이미지는 내담자가 자신의 상상력을 동원해서 자유롭게 조작할 수 있다. 상담자나 치료자 입장에서도 생각을 바꾸는 논리적인 작업보다 용이한 접근이라 편안감을 준다. 하지만 양쪽 모두 환자/내담자의 상태를 잘 평가해보고 그 특성을 파악한 이후에 적절한 기법을 선택하거나 맞춤형 기법을 창안해서 적용해야 한다.

2 제프리 영(J. E. Young)의 재양육기법

인지치료적 접근이 행동주의나 정신분석의 입장을 극복하고 인지적 측면을 강조한 면은 강점이지만 정서적인 측면이 상대적으로 덜 강조되는 면이 있다. 인지적 전통을 견지하면서도 인지적 접근의 약점을 보완하면서 영상/심상/이미지에 의한 체험적 접근을 강조한 대표적인 경우가 제프리 E. 영의 '심리도식치료(Schema Therapy)' 상담기술이다.[61]

심리도식치료에서의 핵심된 기법은 심상작업을 통한 '재양육기법'으로 알려져 있다. 왜냐면 환자/내담자의 중요한 증상은 그것은 어린 시절에 형성된 심리도식에 의해서 촉발된 까닭에 다시금 결핍된 어린 시절의 문제를 영상/심상에 의한 재양육을 통해서 개선하는 것이다. 이런 과정은 일종의 구조화된 프로그램으로 되어 있다. 그것은 (1) 심상작업 소개하기 (2) 안전한 공간 심상화 (3) 아동기의 문제적 양육이나 부모와 같은 중요한 타인에 대한 심상작업 (4) 중요한 타인과 심상 대

---

61 Jeffrey E. Young, Janet S. Klosko, and Marjorie E. Weishaar(2003), Schema Therapy A Practitioner's Guide. Guilford Press; 2005. 『심리도식치료』 권석만 외 번역, 학지사.

화 (5) 재양육을 위한 심상작업 (6) 행동패턴 바꾸기 심상화 등으로 구성된다. 여기서는 가장 중요하고 핵심된 '재양육기법'을 중심으로 살펴보고자 한다. 이 과정은 다시 3단계로 구성되어 있다.[62]

제1단계: 라포형성, 동의 구하기

어린 시절 문제가 되는 영상/심상을 떠올린다. 그런 다음에 그 심상/영상 속으로 상담자가 들어가도 좋은지 허락을 받고 어린 고객/내담자에게 다가가서 대화를 한다. 이런 대화의 시작은 라포형성과 관련된다. 어린 고객은 누군가와 대화하는 것 자체가 힘들기에 대화를 거절할 수도 있다. 이때 중요한 사항은 그런 저항/방어적 감정을 체크하고 공감하는 것이다.

그런데 이 지점이 성패를 가름하는 핵심된 요소이다. 신뢰가 형성되고 안전함이 확보되면 어린 아이와 대화가 가능하게 된다. 그 심상 안으로 들어가도 되는지, 두렵다면 무엇이 두려운지, 그렇게 두려운 이유는 또 무엇인지를 점검하고 동의를 구해야 하는 과정을 포함한다.

제2단계: 탐색하고, 원하는 바를 역할극하기

상담자는 내담자의 심상 속으로 들어가서 재양육기법을 시현한다. 이를테면 상담자가 어린 아이와 가까이 앉을 수 있게 허락을 구하고 옆에 혹은 앞에 앉을 수 있다. 일단 허락이 되면 옆에 앉아서 손을 잡거나 하면서 몇 가지 질문을 한다. 질문을 통해 내적인 감정이나 생각 혹은 원하는 바를 탐색한다.

---

62 Arnoud Arntz, Hannie Van Genderen, Hannie(2009), Schema Therapy for Borde & line Personality. John Wiley & Sons Ltd;(2015), 『경계선 장애를 위한 심리도식치료』 김동한번역, 명상상담연구원.

이를테면 떠나가버린 엄마에 대해서 화가 난다는 것, 그것은 엄마가 자신을 버렸다고 생각하는 것, 그러면 지금은 무엇을 원하는지를 물어본다. 엄마가 돌아와 주길 원하고 자신을 따뜻하게 안아주길 원한다면 상담자는 엄마가 되어서 어린아이를 안아준다. 물론 이런 과정은 영상/심상작업이지만, 실제로는 '역할극'의 성격을 가진다. 만약에 함께 시장을 보거나 놀아주길 원한다면 상담자는 구체적인 상황을 설정해서 아이와 함께 놀아준다. 어린 시절에 아이가 원했지만 실질적으로 결핍된 부분을 이제라도 충족할 수 있게 한다는 점에서 '재양육기법'이라 한다.

제3단계: 역할바꾸기

상담자가 영상작업을 통해서 어린아이와 함께 놀아주거나 안아주었다면, 이번엔 반대로 내담자/고객에게 어른이 되어서 어린 내면 아이를 양육하게 한다. 이것은 일종의 '모델링'으로서 먼저 상담자가 실행한 '역할'을 그대로 흉내내서 어린 아이에게 '재양육'을 실시하는 것이기에 어렵지는 않다.

고객/내담자는 방금 보았던 상담자를 모델링해서 어린 자신의 내면아이에게 다가가서 동일한 방식으로 '대화'를 한다. 감정과 생각을 물어봐 주고 그것에 대해 공감한다. 그런 다음에 그가 원하는 바를 함께 역할극으로 '실행'한다. 이때에 상담자는 대리인을 세울 필요가 있는데, 만약 없다면 인형을 활용해도 좋다.

이런 작업은 어린 시절에 이루지 못한 정서적인 욕구를 채워준다. 또한 구체적으로 어떻게 행동할지, 어른으로서의 건강한 방식을 학습하는 기회가 된다. 그런데 여기서 역할극과 심상작업을 병행하는 것이 효과적이다. 방법은 정해져 있지 않기에 상황에 따라서 달리 적용하면 된다. 먼저 영상/심상작업을 하고 난 이후에 역할극을 시행해도 되고, 역할극을 먼저 하고 심상작업으로 연결하는 방법도 있다. 대체로 먼저 영상작업을 하고 나서 실질적인 역할극으로 옮겨가는 것이 더 부담스러움을 줄일 수 있다.

이상으로 불교명상 기반의 '영상관법'과 서구 인지행동치료적 전통에서 사용하는 '심상작업(Waking Images)'의 공통점과 차이점을 살펴보았다. 이것은 명상중심의 '영상관법'과 서구에서 개발되어 국내에 소개된 '심상작업'을 현장에서 적절하게 활용하기를 바라는 의도가 함축되어 있다. 영상관법이 마음치유의 명상적 기술이라면, 심상작업은 심리치료나 상담에서 활용되는 방식이다. 영상관법이 충분하게 대상 영상을 경험하면서 자기를 관찰하는데 초점이 맞추어져 있다면, 심상작업은 부정적인 영상/심상을 긍정적인 방향으로 교정하고 수정하는 작업을 중시한다는 점에서 커다란 차이점이 있다. 영상관법이 관찰과 수용적 전략을 취한다면, 심상작업은 말 그대로 인지적 측면에서 수정하고 교정하는 심리적 작업을 의미한다.

참고도서

『雜阿含經』(大正藏2)

『解深密經』(大正藏16)

『瑜伽師地論』, 大正藏30

『攝大乘論釋』, 大正藏31

『中辺分別論釈疏』

『大乘阿毘達磨雜集論』, 大正藏31

김동한(2012), 「염지관 명상의 몸느낌 관찰에 대한 이론적 고찰 – 신경과학적 접근으로」, 『명상심리상담』7.

인경(2008), 「영상관법의 인지치료적 함의–인지행동치료와의 비교하면서」, 『명상치료연구』(구 『명상심리상담』)2.

이재환(2019), 「정념을 어떻게 지배할 것인가?–데카르트의 경우」, 『철학논총』95.

정상근, 황익근(1997), 「범불안장애환자의 정신생리적 반응」. 『수면 · 정신생리』4.1.

정상근, 조광현, 정애자, 박태원, 황익근(2001), 「공황장애환자의 정신생리적 반응. 『수면 · 정신생리』8.1.

장은혜 · 손진훈 · 우태제 외(2007), 「공포와 혐오 정서에 대한 아동의 심리생리 반응」, 『감성과학』10(2).

정경진(2018), 「'아뢰야식' 어의에 관한 일고찰」, 『불교학연구』57.

정경진(2020), 「초기 유식사상에 있어서 아뢰야식의 신체적 메커니즘」, 『불교학보』92.

정경진(향산)(2021), 「초기 유가행파의 아뢰야식과 유가행의 관계–안위동일의 문제를 중심으로」, 『동아시아 불교문화』48.

최환석(2006), 「스트레스의 정신생리학적 평가」, 『스트레스研究』Vol.14.2.

香山(鄭景珍)(2019), 初期唯識思想における安危同一について, 『印度學佛教學研究』第68巻第1号.

山部能宣(2012), 「アーラヤ識論」唯識と瑜伽行」春秋社, 181 – 219.); 「알라야식론」, 시리즈 대승불교7 『유식과 유가행』, 김성철역, 씨아이알.

山部能宣(2016), 「アーラヤ識説の実践的背景について」『東洋の思想と宗教』33.

데카르트, 『방법서설/성찰/철학의 원리/정념론』소두영옮김, (서울: 동서문화사, 1978)

横山紘一, 『唯識の哲學』(東京: 平樂寺書店, 1979.); 『唯識哲學』(妙柱譯, 經書院, 1989)

Andrew Mathews, Valerie Ridgeway, and Emily A. Holmes(2013), Feels like the real thing: Imagery is both more realistic and emotional than verbal thought, Cognition and Emotion; 27(2)

Ann Hackmann, James Bennett-Levy, Emily A. Holmes(2011), Oxford Guide to Imagery in Cognitive Therapy. Oxford University Press.

Arnoud Arntz, Hannie Van Genderen, Hannie(2009), Schema Therapy for Borderline Personality. John Wiley & Sons Ltd; 2015. 『경계선 장애를 위한 심리도식치료』, 김동한번역, 명상상담연구원.

A. Paivio(1979), Imagery and Verbal Processes, New York: Psychology Press.

Arnao MB, Hernandez-Ruiz J (May 2006). "The physiological function of melatonin in plants". Plant Signal Behav. 1 (3).

Beck, Aaron T. Emery, Gary Greenberg, Ruth L. 2005), Anxiety disorders and phobias: A cognitive perspective. Basic Books/Hachette Book Group.

Carol E. McMahon and Anees A. Sheikh(2002), Imagination in Disease and Healing Processes: A Historical Perspective, Handbook of Therapeutic Imagery Techniques(2002), Routledge.

Clinical Handbook of Mindfulness. ed. Fabrizio Didonna. Springer, 2009.

D.O.Hebb(1968), "Concerning imagery", American Psychological Association Psychological review Vol.75 No.6.

D. Kolb, updated on Feb. (2. 2024), Kolb's Learing Styles and Experiential Learning Cycle, www.simplepsychology.org.

EE. Benarroch(2015), The amygdala: functional organization and involvement in neurologic disorders. Neurology;84(3).

Emily A. Holmes, Andrew Mathews(2010), "Mental imagery in emotion and emotional disorders" Clinical Psychology Review 30 349 – 362.; Hackmann, A.; Bennett-Levy, J.; Holmes, E.A. 2011. The Oxford Guide to Imagery in Cognitive Therapy. Oxford University Press.

Giorgio Ganis, William L. Thompson, Stephen M. Kosslyna(2004), "Brain areas underlying visual mental imagery and visual perception: an fMRI study". Cognitive Brain Research 20.

Hackmann, A.; Bennett-Levy, J.; Holmes, E.A(2011), The Oxford Guide to Imagery in Cognitive Therapy Oxford, Oxford University Press.

Hengjun J Kim, Namkug Kim, Sehyun Kim, Seokjun Hong, Kyungmo Park, Sabina Lim, Jung-Mi Park, Byungjo Na, Younbyoung Chae, Jeongchan Lee, Sujung Yeo, Il-Hwan Choe, Seung-Yeon Cho, Gyunggoo Cho(2012), Sex differences in amygdala subregions: evidence from subregional shape analysis Neuroimage;60(4).

Herholz, Sibylle C.; Halpern, Andrea R.; and Zatorre, Robert J.(2012), "Neuronal Correlates of Perception, Imagery, and Memory for Familiar Tunes." Journal of Cognitive Neuroscience.

Iachini, T.(2011), "Mental Imagery and Embodied Cognition: A Multimodal Approach." Journal of mental imagery. Vol.35 No.3-4.

Jeffrey E. Young, Janet S. Klosko, and Marjorie E. Weishaar.(2003), Schema Therapy A Practitioner's Guide. Guilford Press; 2005. 『심리도식치료』, 권석만 외 번역, 학지사.

Liou CH, Hsieh CW, Hsieh CH, Chen DY, Wang CH, Chen JH, Lee SC. Detection of nighttime melatonin level in Chinese Original Quiet Sitting. Journal of the Formosan Medical Association(2010; 109(10).

Nobuyoshi Yamabe(2018), Ālayavijñāna from a Practical Point of View, J Indian Philos.46 : 283 – 319).

Mendell L.(2014), Constructing and deconstructing the gate theory of pain. Pain155(2).

M.Olivetti Belardinelli, M.Palmiero, C.Sestieri, D.Nardo, R.Di Matteo, A.Londei, A. D'Ausilio, A.Ferretti, C.Del Gratta, G.L.Romani(2009), "An fMRI investigation on image generation in different sensory modalities: The influence of vividness." Acta Psychologica.132.

Moro V, Berlucchi, G, Lerch, J, Tomaiuolo, F, Aglioti SM.(2008), "Selective deficit of mental visual imagery with intact primary visual cortex and visual perception." Cortex. 44(2):109-118.

R.N. Shepard & L.A. Cooper(1982), Mental Images and Transformations. Cambridge, MA: MIT Press.

Robert G. Kunzendorf(1990), Mind-Brain Identity Theory: A Materialistic Foundation for the Psychophysiology of Mental Imagery, The Psychophysiology of Mental Imagery, Routledge; 9-36.

Stephen M. Kosslyn(1980), Image and Mind. Cambrige, MA: Harvard University Press.; 1994. Image and Brain: The Resolution of the Imagery Debate. Cambridge, MA: MIT Press.;

Stephen M. Kosslyn(2005), "Mental Images and the Brain". Cognitive Nueropsychology, 22, 333-347.

Tan DX, Chen LD, Poeggeler B, Manchester LC, Reiter RJ(1993), "Melatonin: a potent, endogenous hydroxyl radical scavenger". Endocrine J. 1: 57-60.

Tina Iachini(2011), Mental Imagery and Embodied Cognition: A Multimodal Approach. Journal of Mental Imagery, 35(3&4) 1-66.

Xu Cui 1, Cameron B Jeter, Dongni Yang, P Read Montague, David M Eagleman(2007), "Vividness of mental imagery: individual variability can be measured objectively". Vision Research. 47(4): 474-478.

제 III 부
영상관법 적용 사례연구

제**8**장

스트레스와
영상관법

의지형 영상관법에 기반한
감정코칭 전문가
훈련프로그램(MFCT)을 중심으로

목차

* 출처: 김형록(인경스님) (2019), MFCT 영상관법: 염지관 명상과 자비소통 · 명상에 기반한 감정코칭 전문가(MFCT) 훈련 프로그램을 중심으로, 한국명상심리상담학회, 명상심리상담 Vol.22. 수정·보완하여 수록함.

요약

　현대인들은 과도한 경쟁으로 많은 스트레스에 노출되어 감정적인 고통을 받는다. 본 장은 이런 감정적인 문제를 치유하고 해결하는데 영상관법을 활용한 '명상에 기반한 감정코칭 전문가 훈련프로그램(이하, MFCT로 호칭함)'의 경험적 접근을 탐색한다. MFCT는 감정적 체험을 중시하는 바로서 '감정포착', '충분한 감정 경험', '감정의 표현', '자신과 상대방의 입장에 대한 소통연습', 그리고 '문제해결'이라는 5단계 과정을 포함한다. 감정인식이라는 경험의 영역은 명상적 접근이라면, 감정의 표현과 소통 등은 행동적 접근이다. 특히 소통연습은 대사회적인 자비수행으로서 마음의 평정과 관련한 선정수행에 포함된다.

　스트레스와 관련된 감정조절의 문제를 치유하고 해결하는 다양한 개입프로그램이 국내에 소개되고 있다. 예를 들면 아동을 대상으로 하는 부모교육으로서 John Gottman의 '감정코칭' 프로그램과 불교의 명상과 자비 사상을 수용하여 적용한 Kristin Neff의 '마인드풀 자기-자비(mindful Self-compassion)' 프로그램이 있다.

　MFCT는 스트레스에 노출된 감정적 문제를 가진 현대 직장인들이나 감정노동자를 대상으로 한 점에서, 그리고 감정을 관리하는데 명상을 활용한 점에서 John Gottman의 감정코칭과 구분된다. 또한 갈등에서 감정을 조절하는 방식으로 소통을 중시하여 자기-감정을 표현하는 Neff의 MSC와 자기-공감과 함께 타인-공감으로 자기-자비(Self-compassion)을 강조하는 MFCT와 구별된다.

　이처럼 MFCT는 명상으로서 영상관법을 도입한 부분과 자비소통을 강조하는 측면에서 기존의 프로그램과 차별성이 있다. 그렇긴 하지만 이런 요소들이 프로그램에서 어떻게 구성되고 어떤 효과가 나타나는지 검증할 필요가 있다. 여기서는 '포커스 그룹' 접근 방식을 채택한다.

　연구결과는 다음과 같다. 첫째로 영상관법에서 염지관 명상은 '경직형'에게는 충격으로부터 정신 차려서 상황을 정확하게 살펴보게 하고, '도망형'에게는 상황에 직면하여 억압된 감정을 분명하게 자각하게 하고, '투쟁형'에게는 감정적 투사에서 벗어나 상황을 객관적으로 바라보는 힘을 제공한다.

　둘째로 자비소통은 '경직형'에게는 긴장된 자신의 감정을 표현하면서 단절의 위협에서 벗어나 편안하게 된다. '도망형'의 경우도 자신의 분명하지 못한 회피된 내적 감정을 포착하고, 그것을 표현하면서 도움을 받는다. 반대로 '투쟁형'의 경우는 자신의 주장이 앞서기에 오히려 상대방의 입장을 역지사지로 이해하면서 감정이 풀린다는 것을 알 수 있다.

　셋째로 염지관 명상과 자비소통의 효과성에 대한 차이점에 대해서 '경직형'은 명상과 소통의 양자가 함께 작동할 때 효과가 있다고 말한다. 반면에 '회피형'은 문제 발견의 내적인 성찰의 명상이 선행되어서, 이후 적극적으로 문제해결의 실마리를 찾는 자비의 소통이 이루어졌다. '투쟁형'의 타입에서 염지관 명상은 객관적으로 상황을 인식하는데 도움을 주었고, 자비소통은 역지사지로 상대방의 입장을 이해하면서 감정이 풀리는 것을 경험했다고 말한다.

　이상으로 명상과 자비소통은 모두 필요한 영역이고, 상호보완적으로 작용하고 있음을 확인하였다. 특히 스트레스 유형에 따라서 명상은 감정을 조절하고 문제를 명확하게 인식하고 통찰하는데 도움을 주었다면, 자비소통은 현실 속에서 어떻게 해결해야 하는 대안을 찾는데 유용했음을 알게 한다. 앞으로 과제는 스트레스 유형별로 체크리스트 개발과 함께 보다 일반화 작업을 위해서 통계적인 양적 연구와 더불어서, 후속연구로서 임상적인 실험연구가 진행되기를 기대한다.

> 키워드　MFCT, MSC, 경직형, 회피형, 투쟁형, 스트레스, 자비소통, 감정코칭,
> 　　　　영상관법, 염지관.

머리말 – 연구문제

　'스트레스'를 정확하게 정의하는 일은 상당하게 어려운 일이다. 우리가 일상에서 생리적으로나 심리적으로 힘들 때 사용하는 용어가 '스트레스'이다. 스트레스는 어원이 '팽팽하게 조이다'는 라틴어 'strigere'에서 유래한다.[01] 외부나 내부에서 강한 자극이 오면 유기체의 반응에 혼란이 발생하면서 팽팽하게 발생되는 긴장, 압박감을 말한다. 이렇게 되면 스트레스는 신체적으로는 몸의 경직과 함께 생겨나는 생리적 현상으로서 긴장과 두통과 위장 장애를 발생시키거나, 정신적으로는 불안이나 분노와 같은 감정적 상태를 유발시키기도 한다. 스트레스는 넓은 의미에서 갈등하는 대인관계에서 생겨나는 압박감을 의미할 때도 있다.

　오늘날 우리는 과도한 경쟁력으로 인한 정치 사회적인 갈등뿐만 아니라 정보화 시대를 맞이하여 많은 스트레스에 노출되어 고통을 받는다. 이때 감정조절이 되지 않아서 쉽게 분노를 표출하고, 치열한 경쟁으로 인한 무력감과 우울감에 빠지거나, 불확실한 미래에 대해서 많은 불안을 경험하곤 한다.

　더구나 현대의 노동자들은 육체적 노동보다도 감정을 사용하는 감정노동자들로서 업무에서 스스로의 감정을 관리하고 효과적으로 처리해야 하는 상황에 처해 있다. 노동자들(가정주부를 포함하여)은 자신의 업무에서 자신의 실제적인 감정과는 무관하게 고객(가족)에게 감정적 노동을 제공하는 환경에 처해 있다. 고객에게 화를 낼 수 없으니 미소짓는 연습을 해야 한다. 그러다 보면 자신의 실제적 감정을 인식하지 못하고 억압하면서 스트레스가 더욱 심해진다.

　이런 사회적인 배경에서 감정코칭, 감정관리, 감정케어, 감정조절이란 용어가

01　Fricchione, Gregory.(2016), The Science of Stress-Living Under Pressure. University of Chicago Press. p.14.

기업체나 학교 및 시민사회 속에서 관심이 높아지고 있다. 필자 역시 몇 년 전부터 가정이나 학교와 기업체 등의 서비스업에 종사하는 감정노동자에게 스트레스를 이겨내고 치유하는데 적용할 수 있는 '명상에 기반한 감정코칭 전문가(Meditation based Feeling Coaching Teacher, 이하 MFCT로 약칭함) 훈련프로그램'을 개발하여 운영하여 왔다. MFCT 훈련프로그램은 아래와 같이 5단계로 진행된다.

1. 사례경청: 감정포착하기, 공감하여 라포 형성
2. 명료화 작업: 감정반응(3F), 생각과 갈망이나 대처방식 파악하기
3. 의지형 영상관법 명상하기: 알아차리고 머물러 지켜보기[念止觀] 명상
4. 자비소통: 자기 감정표현, 자기 공감[慈], 타인 공감[悲]
5. 문제해결: 문제발견과 해결방안모색

본 장은 'MFCT 훈련프로그램' 매뉴얼을 제시하고, 영상관법에 기반한 '염지관 명상'과 '자비소통'을 중심으로 MFCT의 이론적 기반과 실제적 사례연구를 통한 효과성을 제시하는 데 목적이 있다. 명상은 전통적으로 내적인 성찰을 강조하고, 소통은 상담영역으로 사회적인 관계를 다루는데 효과적인데 양자의 역할과 융합의 관계를 현장에서 파악할 필요가 있기 때문이다.

대인관계에서 효과적인 의사소통 기술을 적용할 때 어떤 프로그램이든지 감정인식, 감정공감, 감정표현, 현실문제와 연결하기 등은 필수적인 요소이다. 이점은 갈등상황에서 자신이 원하는 바를 분명하게 이해하고 주장한다는 점에서 의지형 영상관법의 특징이기도 하다. 다만 MFCT는 영상관법에 기반하여 감정을 알아차리기, 머물기, 지켜보기라는 염지관(念止觀) 명상을 도입한 점과 갈등해결을 위한 자비의 소통으로 '자기감정 표현', '자기-공감', '타인-공감'이라는 영역을 포괄한 점에서 고유한 특성을 가진다.

또한 최근에 감정을 조절하는 전략으로 명상과 더불어서 자기 자비 또는 자기

돌봄이란 용어가 유행되고 있다. 이것은 대인관계의 갈등적 상황에서 자기 자비가 인지적인 공감을 가능하게 하고, 갈등을 해결하는데 유익한 도움을 제공할 수 있음을 보여준다(김지원, 김희경, 2019). 자기 자비의 개념과 체크리스트는 K. D. Neff(2003)에 의해서 개발되었다. 타인보다는 자기에게 초점을 맞춘다는 의미에서 '자기-자비'란 개념을 제시한다.

K. Neff는 자기-자비(Self-compassion)를 3가지로 요약한다. 첫째는 자신에 대한 친절(Self-kindness)이고, 둘째는 삶에서 경험하는 고통의 보편성(common humanity), 셋째는 부정적인 사고와 감정에 집착하지 않는 알아차림(mindfulness)이다. Neff의 자기-자비와 MFCT를 비교하면 자신에 대한 친절은 자기 공감과 상통하고, 알아차림은 염지관 명상에 연결된다.

하지만 고통의 보편성은 타인의 구체적인 경험 자료를 요구한다는 점에서 보편성을 갖지만 동시에 구체성이 부족한 상당한 추론적 성격을 내포한다. K. Neff의 자기-자비가 자기에게로 초점이 맞추어져 있다. 이에 비해 MFCT의 자비소통은 (1) 솔직한 자기감정표현 (2) 자신을 그대로 수용하는 공감하는 자기-공감 (3) 타인에 대한 배려와 이해를 촉진하는 타인-공감으로 구성되어 사회적인 소통을 강조한 점에서 큰 차이가 있다.

바로 이런 점에서 개인적인 성향의 명상과 사회적인 소통이 결합된 MFCT 프로그램에서 영상관법 기반 염지관 명상과 자비소통에 대한 참여자들의 경험내용과 함께 갈등적 상황에서의 치유 효과를 사례를 통해서 살펴볼 필요가 있다. 이와 관련된 연구문제는 다음과 같다.

1. MFCT 프로그램 참여자가 영상관법을 통한 염지관 명상을 어떻게 경험하는가?
2. 스트레스 반응의 유형에 따라서 세 가지 방식의 자비소통(감정표현, 자기-공감, 타인-공감)을 어떻게 경험하는가?
3. 염지관 명상과 자비소통의 효과성을 비교할 때 어떤 차이점이 있는가?

2

이론적 고찰

1) MFCT 영상관법 프로그램

영상관법 기반 MFCT이란 용어는 MFCT 훈련프로그램에 특화된 영상관법이란 의미로 사용한다. 필자는 영상관법의 유형을 감정형, 사고형, 의지형으로 분류한다(인경, 2012). 여기에 다시 MFCT 훈련프로그램에 특화된 영상관법을 포함시키려는 의도로 'MFCT 영상관법'이란 용어를 만든 것이다. 이것은 기존의 분류 체계로는 '의지형' 영상관법에 속한다. 의지형에 속한 이유는 자신이 원하는 바를 분명하게 알고서 자신의 감정을 적극적으로 표현하고 상대방에 대한 공감을 자비의 관점에서 소통하고, 자신의 의지로서 실천하는 까닭이다.

앞장에서도 언급한 바처럼 영상관법(影像觀法)이란 주제로 필자는 그동안 꾸준하게 논문을 발표하여 왔다(인경, 2008a, 2008b, 2014, 2015). 영상관법은 미해결된 과제와 관련된 영상을 의도적으로 눈앞에 떠올려서 관찰하는 명상수행의 한 방법이다. 여기서 말하는 영상(影像)이란 용어는 유식심리학에서 사용되는 pratibimba의 번역이다. 사전적 의미(Monier Williams, 1899)로 prati는 '~를 향하여' 혹은 '~에 대한'이란 의미이고, bimba는 '본래의 사물'을 뜻하는 것으로 유식학파에서는 '본질(本質)'이라고 한역하였다. 반면에 pratibimba는 '반영된 이미지'란 의미로서 영상(影像) 혹은 '마음의 거울에 비추어진 모양'이란 의미에서 경상(鏡像)이라고 번역한다. 다시 말하면 본질은 서구 철학에서 말하는 형이상학적인 의미가 아니라, '있는 그대로의 본래 사물'이란 의미이고, 영상은 본질이 '마음에 반영된 혹은 편집된 이미지'이다(A. Charles Muller, 2011).

아침에 일어나서 거울을 본다고 할 때 거울에 비친 그림자가 영상이다. 이 영상은 본래의 얼굴을 반영한 이미지인 것이다. 혹은 허공에 있는 태양이나 달이 강물에 비칠 때 강물에 반영된 이미지로서의 태양은 영상이고 하늘의 태양은 본래의 사물로서 본질에 해당된다. 이들은 분리될 수 없는 서로 연결된 연기적 관계에 놓여 있다. 여기서는 영상의 유사한 표현으로 의식에 나타난 '표상(表象)'이나 마음에 떠오르는 이미지란 의미의 '심상(心象)'과 동의어로 사용한다. 물론 앞장에서 언급한 것처럼 제6식에서는 표상이란 용어를, 제7식에서는 심상이란 용어를, 제8식과 관련해서는 영상이란 용어를 사용한다. 여기서는 주로 미해결된 과제를 다루기에 '영상'이란 용어를 자주 사용하는데, 영상을 하위개념으로 '표상'과 '심상'과 구분해서 사용한다. 상세한 내용은 제10장을 참고하길 바란다.

유식심리학에서는 보면 본질은 의식의 심층에 저장된 정보로서 제8식의 종자이고, 영상은 저장된 종자가 외적인 자극을 받아서 의식의 표면으로 현현된 상태이다. 이것과 관련된 경전의 근거로, 『해심밀경(解深密經)』과 원측(圓測, 613년-696년)의 『해심밀경소(解深密經疏)』가 있다.

> A: 자씨보살이 부처님께 여쭈었다. "세존이시여. 위빠사나의 삼매에서 나타나는 영상은 이 마음과 더불어서 같습니까? 다르다고 해야 합니까?[02]
>
> B: 여기서 말하는 위빠사나의 삼마지[毘缽舍那 三摩地]란 본질에 의지하여 일어난 영상이다. 이 영상에 의탁하여 관찰한다. 또한 『세친석』제5권(世親釋第五卷)에 의하면, 본질에 입각하여 곧 영상이 일어남을 자각한다.[03]

위에서 A는 『해심밀경』의 영상과 관련된 문장이고, B는 원측(圓測)의 『해심

---

02 『解深密經』 p.698, "慈氏菩薩復白佛言 世尊 諸毘缽舍那三摩地所行影像 彼與此心當言有異當言無異"

03 圓測 解深密經疏(1982), "毘缽舍那三摩地云, 依本起影 託影觀察(303下)"; "又世親釋第五卷云 卽於本質起影像覺(307中)"

밀경소』에 있는 논평글이다. 명상수행하는 과정에서 나타나는 호흡과 같은 무분별 영상은 사마타명상의 대상이고 마음현상과 관련된 분별의 영상은 위빠나사의 대상이다. 이것에 대한 원측의 해석은 본질에 의지하여 영상이 출현하고, 이 본질에 의지해서 나타난 영상을 관찰하는 것이 위빠사나 명상수행이다. 여기에 비추어서 보면 영상관법은 넓게 보면 위빠사나 수행의 한 형태가 된다. 여기서 '본질'이란 본래의 것이란 의미로서 이것은 앞장(제3장)에서 살펴본 것처럼 제8식을 어떻게 해석하느냐 하는 문제와 연결된다. 제8식은 물들지 않는 마음의 본래적 바탕으로서 본성을 의미하는가, 아니면 물든 제8식의 종자를 말하는가? 유식불교의 유상(有相)학파 전통에서는 제8식의 물든 종자를 가리키지만, 무상(無相)학파에서는 본래적 바탕으로서의 본성의 청정식이라고 해석한다. 필자는 하늘과 구름의 비유처럼, 이들 양자를 모두 인정한다.

　　우리는 다양한 현실 경험을 하며 살아간다. 유식 심리학에 의하면 이런 경험들은 유실되지 않고 그대로 제8식에 저장된다. 마치 컴퓨터 데스크에서 기록된 정보가 C드라이브에 저장되듯이, 그리고 저장된 정보를 다시 불러오기를 통해 의식의 화면에 재생시키는 것과 유사하다. 컴퓨터 화면에 나타난 영상/이미지는 C 드라이브(제8식)에 저장된 원자료[本質, 종자]를 그대로 반영한다. 이때 특정 정보는 그 가치가 매우 중요해서 우리의 삶에 지대한 영향을 미친다. 우울은 우울을 야기하는 씨앗이 있고, 분노는 분노를 발생시키는 종자가 있다. 이런 제8식의 저장된 정보를 의도적으로 의식에 반영시켜 떠올려서 관찰하고, 그것이 가지는 의미를 통찰하여 자신을 변화시키는 명상을 '영상관법'이라고 한다.

　　MFCT 영상관법은 영상을 떠올려 현장 속으로 되돌아가 그곳에서 느끼는 감정을 염지관 명상하고, 다시 갈등을 해결하는 자비소통을 한다는 점에서 영상관법에 기반한 감정케어/감정코칭의 과정이다. 일반적으로 명상상담의 전체적인 과정은 주지하다시피 4단계로 구성된다. 첫째 경청과 공감, 둘째 명료화 작업, 셋째 체험적 접근, 넷째의 문제 해결 단계이다. 전체가 4단계로 구성된다. 그러나 MFCT

영상관법은 여기에 '의사소통'의 단계를 첨부하여 다음과 같이 5단계 매뉴얼로 구성되었다. 이것은 의지형(willing type) 영상관법(RIM)의 한 형태이다. 다음을 보자.

제1단계는 상황에서 감정을 인식하는 단계로 사건의 줄거리를 이해하는 단계이다. 제2단계는 명료화단계로서 감정, 생각, 갈망을 포함하여 대처방식을 탐색한다. 제3단계는 영상관법으로 호흡과 함께 느낌과 감정을 충분하게 느껴보고 조용히 지켜보는 염지관 명상이다. 제4단계는 소통의 단계로서 당시 상황에서 자기 감정을 인식하고 그것을 표현해본다. 그런 다음에 가슴에 손을 올리고 자기감정을 공감하고 위로한다. 마지막으로 관련된 상대방의 감정과 입장을 이해하는 방식으로 타인을 공감해본다. 여기서 다시 자신이 느낀 감정이나 생각을 상대방에게 표현하는 자비소통의 단계를 포함한다. 여기서 역할극을 시행할 수도 있다. 마지막 제5단계는 문제의 원인과 함께 해결의 대안을 탐색하는 단계이다.

2) 스트레스 반응체계 – F³: Fight, Flight, Freeze

영상관법은 눈을 감고 탐색할 특정한 주제와 연결된 영상을 마음속으로 떠올려서 정밀하게 관찰하는 명상의 한 유형이다. 여기서 말하는 특정한 주제는 크게 두 종류이다. 하나는 마땅히 알아야할 성인의 가르침으로서 진리[所知法]이고, 다른 하나는 일상에서 생겨난 미해결된 과제들[所知事]이다. 전자는 주로 경전에서 다루는 불교의 수행과 관련된 주제이고, 후자는 일상에서 자주 경험하는 갈등으로 여기서는 주로 대인관계에서 오는 스트레스 상황을 포함한다.

스트레스를 설명하는 가장 널리 알려진 이론은 행동주의로서 스트레스를 '자극과 반응'의 관계로 설명한다. 이것과 관련된 선구적인 학자인 Walter Cannon 은 스트레스란 외적인 위협자극에 대한 생리적인 항상성이 깨진 상태로 정의한다(Cannon, 1939). J.A. Gray는 스트레스에 대한 반응을 공격과 싸움(Fighting)이나 회피와 도망(Flight)의 이원체계로 분류하였다(Gray, 1987). P.J. Corr는 자극에 대한 예민성의 강화(Reinforcement Sensitivity Theory)로 설명하면서 공격과 회피의 이원체계에 경직(Freezing)을 첨가하여 '투쟁(Fighting)-도망(Flight)-경직(Freezing)'이란 F³체계로 확장하였다(Corr, 2008). 이후 삼원체계는 스트레스를 설명하는 널리 알려진 일반이론이 되었다. 최근에는 아부나 아첨(Fawn)을 첨가하여 4원 체계를 언급하기도 한다(Kirkpatrick, https://www.betterhelp.com). 그러나 본 장에서는 아부나 아첨도 도망(Flight)의 범주에 넣어서 F³ 삼원 체계를 그대로 유지한다.

경직(Freezing)은 얼어붙음으로 처음 충격을 받으면 일시적으로 마비되는 현상이다. 몸은 마비된 느낌처럼 경직되고 마음은 당혹스럽고, 답답해지면서 어떻게 할지 몰라하는 멍해진 상태이다. 기억이 잘되지 않고 머리가 새하얗게 변하면서 잠시 동안 대처능력이 생각나지 않는다고 보고한다. 심리적으로 '얼어붙음'이다.

도망(Flight)은 현실적인 혹은 잠재적인 위협으로부터 도망가는 상태를 말한다. 회사원이면 늦게 출근하거나 내담자는 상담 일정을 알면도 변명거리를 찾아서 회피한다. 기분 나쁜 현실에 대해 직면하기를 꺼린다. 설사 위협에 대면하더라도 어쩔 수 없이 수동적인 자세로 임한다.

투쟁(Fighting)은 위협에 대해 공격적인 태도를 취하는 것이다. 마치 오랫동안 참아왔던 일처럼 스스로 억압해오다가 마침내 폭발하는 것과 같다. 그동안의 손해를 다 보상받을 심산으로 과잉 보상을 요구하는 상태가 된다. 대부분 격렬한 분노를 동반하거나 짜증을 내는 것으로 표현된다.

경직은 위협적 현실에 순응하거나 굴복된 상태이고, 견딜 수 없다고 판단되면 도망가고 회피한다. 그래도 여건이 개선되지 않으면 공격적인 태도를 취한다. 이런 점에서 갈등상황에서의 스트레스 반응은 자극에 따른 '경직→도망→공격'의 순서로 나타나는 경우가 많다. 대부분 이런 패턴은 일상에서 반복되는 경우가 많다. 반복된 패턴은 대부분 자극과 반응이라는 습관의 무의식적인 결과이다. 정서와 함께 인지적인 측면도 개입되고 특히 두통이나 소화기 계통, 가슴의 답답함과 같은 생리적인 신체반응을 동반한다.

그러면 이런 스트레스 반응의 F³체계에 대한 효과적이고 유용한 치유전략은 무엇일까? 본 장에서는 크게 두 가지 전략으로 구분한다. 첫 번째 전략은 내적 방향으로서 자기성찰로 이끄는 명상이고, 두 번째는 외적인 방향에서 갈등에 효과적으로 대처하는 자비의 소통이다. 명상은 자신의 내면을 성찰하여 감정적이고 생리적인 반응문제를 직면하게 하는 힘을 부여하고, 자비의 소통은 사회적인 관계 속에서 자신과 타인 그리고 상황에 대한 적극적 공감과 통찰을 통해서 문제 해결의 실마리를 발견하도록 돕는다.

3) 염지관 명상

본 장에서는 자기성찰의 명상으로 염지관(念止觀)을 제시한다. 물론 제1장에서 뿐만 아니라 자주 언급한 바 있다. 염지관 명상은 특정한 대상에 대해서 분명하게 알아차리고[念, sati], 그것에 머물러[止, samatha], 지속적으로 지켜보는[觀, vipassanā] 명상을 말한다(인경, 2005). 대상에 대해서 '알아차리고 머물러 지켜본다'는 이유로 '알머지'로 호칭하기도 한다. 여기서 특정한 대상이란 매우 넓은 영역을 포괄한다. 걷거나 활동할 때 '신체'의 움직임일 수도 있고, 몸에서 발생되는 두통이나 가슴의 답답함과 같은 생리적인 감각'느낌'이나 분노나 슬픔과 같은 '감정'을 포함하여 탐착이나 억압이나 회피와 같은 '마음'현상, 그리고 일어났다가 사라지는 생멸하는 '현상[法]'이나 지속적으로 반복되는 심리적 패턴, 도식일 수도 있다.

염지관 명상의 이론적 근거는 두 가지이다. 먼저 불교심리학에 의하면, 감각[根]과 대상[境]과 의식[識]이 '접촉[觸]'되면, 그곳에는 반드시 불쾌나 즐거움과 같은 '느낌[受]'이 발생되고, 즐거운 느낌에 대해서는 탐착이 불쾌한 느낌에 대해서는 성냄의 마음이 일어난다고 말한다. 여기서 접촉은 느낌과 함께 몸과 연결된다는 점이 중요하다. 왜냐면 접촉을 통해서 일어난 감정이나 마음현상은 반드시 생리적인 몸의 반응을 동반하기에 몸느낌을 관찰하는 것은 그대로 역자극이 되어 스트레스를 감소시키기 때문이다.

행동주의 심리학에서는 유기체가 (음식 냄새와 같은) 어떤 특정한 자극을 받으면, 그것에 대해서 (침과 같은) 생리적인 신체 반응을 한다고 말한다. 인지심리학적 관점에서는 사건에 대한 특정한 해석이나 판단 혹은 자동적 사고가 감정적인 반응을 불러일으킨다고 하고, 이런 종류의 감정은 행동주의와 마찬가지로 생리적인 변화를 필연적으로 동반한다고 본다. 이점은 불교심리학과 공통된 부분이다.

두 번째의 근거는 제1장에서 보듯이 유식심리학에서 말하는 별경심소이다. 우리를 성장으로 이끄는 특별한 마음현상이다. 유식심리학에서는 별경심소(別境心所)라고 하는데, 그것은 욕승해염정혜(欲勝解念定慧)의 다섯 가지이다. 별경(別境)이란 대상이 별도로 있다는 의미로 보편적인 마음현상[遍行心所]처럼 마음이 일어나는 곳에 항상 존재하는 것이 아니라 대상에 대해서 특별하게 주의를 집중해야 하는 마음 현상[心所]이다. 이를테면 알아차림[念]의 경우 우리는 모든 행위에서 항상 알아차림을 실행하지 못한다. 오히려 알아차림이 결여된 채로 자동적으로 무의식속에서 행동하는 경우가 많다. 그러기에 의도적으로 알아차림의 노력이 요청되는데 이런 마음을 별도의 마음현상이라고 부른다.

첫 번째는 의욕[欲]이다. 의욕은 동기를 말하는데 우리는 항상 의욕에 넘치는 것은 아니다. 또한 그 대상에 따라서 의욕의 정도가 달라지기도 한다. 나이가 들면서 의욕의 대상이 변화됨을 쉽게 경험한다. 의욕은 우리를 성장시키고 변화를 가져오는 중요한 동력이다. 상담상황에서 내담자나 고객 모두 자신의 문제를 해결하고자 하는 의욕이 있고, 상담자나 치료자는 고객의 과제를 파악하기 위해서 적극적인 경청의 자세를 견지할 수 있다. 이것이 의욕이다. 의욕은 MFCT 제1단계인 경청과 공감의 출발점이 된다.

두 번째는 승해[勝解]이다. 승해는 직역하면 '뛰어난 이해'를 말하는데, 이론적인 측면보다는 오히려 현실적 경험에 근거한 이해이다. 상담이나 심리치료적 관점에서 보면, 문제의 증상에 대한 명료화 작업을 통한 분명한 앎을 말한다. 핵심 증상, 현상에 대한 전후 맥락이나 발달상의 문제 원인을 파악하는 탐색적인 단계이다. 말하자면 인지행동주의에서 강조하는 일종의 사례개념화에 해당된다. 이것이 MFCT 제2단계의 명료화 작업에 해당된다.

셋째가 영상관법 기반 MFCT 명상수행의 단계이다. 여기에 염정혜(念定慧)라는 3단계가 속한다. 염(念, sati)은 대상을 포착하는 단계로서 '알아차림'으로 번역한다. 대상, 감정을 평가하지 않고 있는 그대로 포착하여 인식하는 지각의 일종이다. 예를 들면 어떤 부정적인 생각에 깊게 빠져 있음을 자각할 때, 바로 이때가 '생각에 대한 알아차림'이 되는 순간이다. 어깨의 묵직함을 느낄 때, 이때가 바로 느낌을 알아차리는 순간이다.

우리는 위협적인 상황에 노출되면 알아차림이 쉽지 않다. 얼어붙거나 순응하거나 굴복하는 경직된 상태(Freezing)에 떨어진다. 이때가 바로 호랑이에게 물려가는 때이다. 우리는 정신을 차리기 위해 소리친다. 갑작스런 위협적 자극에 대한 치유전략은 바로 알아차림이다.

넷째는 집중[止, samatha]에서 발생된 고요한 정(定)의 단계이다. 생각이 많고 어깨가 묵직하면 혼란스럽고 산란하다. 이런 상태를 알아차림[念]하고 특정한 하나의 대상에 집중하여[止] 그 결과로 마음이 고요해지면[定], 이때가 선정이고 평정을 이룬 상태가 된다. 특정한 하나의 대상에 대한 집중으로 도달되는 견고한 상태가 삼매이고 선정이다.

상담이나 심리치료에서 뭔가에 집중한다는 것은 대상을 회피하지 않고 그대로 직면하여 충분하게 경험한다는 의미이다. 우리는 스트레스 대상에 대해서 본능적으로 회피하거나 억압을 한다. 이런 도피(flight)에 대한 치유전략은 이완되고 안전한 상태에서 대상을 직면하고, 머물러 수용하여, 충분하게 경험하는 것이다. 집중의 심리학적인 의미가 이것이다.

다섯째는 대상에 대한 관찰[觀, vipassanā]을 통한 통찰[知]과 지혜[慧]의 단계이다. 여기서는 알아차림[念]을 통해서 포착한 대상을 인내를 가지고 충분하게 경험하면서[止], 그 대상의 움직임이나 변화를 따라가면서 지켜보는[觀] 단계이다. 대상을 관찰한다는 것은 대상의 변화를 비롯하여 대상의 본질을 통찰한다는 것이다.

명상을 활용한 상담에서 분노를 다스리는 방법으로 염지관 명상을 제시한다. 물론 분노는 왔다가 사라진다. 분노가 사라지지 않고 더욱 격해진다면 고통스런 일이다. 자신의 분노를 묵묵히 끝까지 지켜보는 힘을 가지면 분노가 사라져가는 과정을 온전하게 지켜볼 수 있을 것이다. 이것이 자신의 분노(fighting)에 대한 치유전략이다.

4) | 자비의 소통

우리는 다양한 업무에서 스트레스를 받는다. 스트레스는 위협적인 갈등상황에서 받게 되는 심한 압박감이다. 현대인들에게 위협적인 상황이란 대부분 대인관계에서 비롯된 갈등상황이다. 갈등은 스트레스의 중요한 요인으로 정치 사회적인 갈등뿐만 아니라 가족 내의 부부간이나 부모와 자식 사이에서도 발생된다. 그중에도 대표적으로 고부갈등은 역사적으로 널리 알려져 있다. 또한 기업 간의 경쟁이 심해지면서 직장과 거래처를 비롯하여 상사와 직원과의 갈등도 존재한다. 학교에서도 마찬가지이다. 학부모와 학생들의 보이지 않는 긴장감으로 스트레스를 호소하는 교사들이 늘고 있는 실정이다.

이런 갈등관계에서 해결의 실마리를 찾기 위한 중요한 가치는 자비와 소통에 있다. 자비는 자애[慈]와 연민[悲]의 결합으로서 불교심리학에서 보면 자신을 사랑하는 것[慈]을 출발로 해서 타인의 고통을 이해하고 뽑아주려는[悲] 크고 깊은 가르침이다. 자애[慈, maitrī]가 모든 중생들에게 이익과 행복을 주고자하는 배려 친절 사랑이라면, 연민[悲, karuṇā]은 적극적으로 중생의 고통을 제거하고 치유하여 뽑아줌을 의미한다.[04] 자애는 자기로부터 상대방을 향하는 사랑이라면, 연민은 상대방의 아픔 고통 상처를 치유하는 적극적 공감이다.

소통은 자신의 감정이나 생각을 상대방에게 표현하는 것과 더불어 동시에 상대방의 감정이나 입장을 적극적으로 경청하고 파악하는 활동이다. 이것은 자신으로부터 출발하여 타인에 대한 자비가 기반이 될 때 효과적인 결실을 맺는다. 이런 점에서 소통은 '자비'의 소통이여야 한다.

그러나 갈등상황에서는 신뢰가 깨진 적대적 상황이다 보니 스트레스로 인하여 정상적인 소통이 방해를 받는다. 그것이 바로 '경직(Freezing)-도망(flight)-투쟁(fighting)'의 F^3체계이다. 스트레스 반응으로 생겨난 F^3체계는 갈등을 해소하기보다는 역기능으로 작용하는 경우가 많다. 따라서 여기에 대응하는 스트레스를 관리하는 가장 적절한 방식은 자비 의 소통전략이 요청된다. 자비소통을 구성하는 세 가지 요인은 자기-감정표현, 자기-공감, 타인-공감이다.

자비의 소통전략
- 감정표현/경직에 대한 적극적 대처
- 자기공감/도망에 대한 자기 보상
- 타인공감/적의와 투쟁에 대한 자비

첫 번째의 자기-감정 전달표현은 특정한 상황이나 상대방에 대한 감정을 인식하고 그것을 의지형 영상관법을 통해 그대로 표현해보는 것이다. 불편했던 자신의 감정을 경직(Freezing)되어서 표현하지 못하거나 분노(fighting)로 억압하거나 혹은 회피(Flight)하여 표출되지 않았던 감정을, 내적인 성찰에 기반하여 편안하게 있는 그대로 전달하는 것을 말한다. 처음에는 작은 목소리로 하지만 필요하다면 의지를 가지고 큰 목소리나 몸동작을 사용해서 할 수 있다.

---

04 『阿毘達磨發智論』(大正藏26, p.1010c), "思惟何等入慈定 答與有情樂 思惟何等入悲定 答拔有情苦"

물론 소통은 쌍방으로 이루어진다. 타인의 감정이나 입장을 적극적으로 공감하는 동시에 자신의 감정과 생각을 표현하는 것이다. 대부분 소통을 방해하는 것은 F³체계이다. 일상에서 우리 자신을 되돌아보면 자신의 감정을 억압하고 회피하거나 반대로 거칠게 표현하여 공격함으로써 다시 상대방에게 상처를 되돌려주면서 수치심과 후회를 더욱 깊게 하는 악순환에 빠지는 경우가 많다. 이때 자비소통에 기초한 의지형 영상관법으로 상대방을 앞에 떠올리고, 안전한 공간에서 자신의 감정을 솔직하게 표현해보는 연습은 중요한 과정이다.

　　둘째는 자기-공감이다. 상처받아서 억압하고 도망(Flight)가면 나중에 반드시 자책과 후회 그리고 자괴감에 빠지기 쉽다. 상대방의 입장을 이해하기 위해서라도 먼저 상처받은 자신의 아픔을 공감하는 작업이 요청된다. 자기감정을 조절하지 못하면 타인과의 소통이 힘들어진다. 자기 비난이나 수치심으로 가득 차 있으면 스스로도 힘들고 타인과의 소통도 어렵다. 따라서 타인과의 소통을 시도하기 전에 먼저 자신의 감정을 조절하고 정화시켜야 한다. 자기-공감은 위협적인 자극으로부터 회피(Flight)하거나 경직(Freezing)되어 생겨난 감정적 경험을 포착하고 그것을 존재하는 그대로 인식하여 스스로 공감하고 격려하는 작업이다. 이것은 자신을 비난하고 질책하는 대신에 따뜻하게 껴안아주는 자비이고, 자신의 아픔을 다독거리는 자기 공감이다.

　　세 번째는 타인-공감이다. 타인에 대한 적의는 투쟁과 공격(Fighting)으로 나타난다. 이것을 정화하는 작업이 '자비명상'이다. 특정한 상황에서 생겨난 상대방의 감정을 읽어주고, 적극적인 경청을 바탕으로 상대방의 입장을 공감한다.

　　여기서 공감은 두 종류이다. 하나는 정서적인 공감이고, 다른 하나는 인지적인 측면이다. 자신과 깊게 연결된 인연 있는 중요한 타인, 그분이 느꼈을 감정과 생각에 공감하는 것은 어려울 수 있다. 왜냐면 상대방에 대한 도망(flight)을 선택하는 경향이 있기 때문이다. 그러나 회피하거나 억압하는 자신의 감정을 포착하고 자신의 상처를 다독이는 자기-공감이 이루어진 이후라 위협에 직면하여 상대방을 만나는 도전은 중요한 기회이다. 자기-공감으로 생겨난 심리적인 공간에 기반하여 당혹스런 경직상태에서 벗어나 여유를 가지고 상대방의 입장에서 그의 감정이나 입장을 이해하는 것이다. 이렇게 되면 상대방을 따뜻하게 수용하고 원활하게 소통할 수 있게 될 것이다. 물론 반대로 상대방이 이해되지 않는 경우도 있다. 이런 경우는 왜 그러한지를 물어서 그 이유를 분명하게 살펴볼 필요가 있다. 그러면서 그것에 대한 감정표현과 자기-공감의 작업을 새롭게 시도한다. 이런 후에 비로소 타인-공감이 가능해진다. 의지형 영상관법에서 역할극을 진행해서 역지사지를 경험하게 한 점도 좋은 선택이다.

이렇게 자비소통은 (1) 자신의 감정을 인식하고 표현하는 연습 (2) 함께 상처받은 자신에 대한 공감과 위로 (3) 상대방에 대한 이해를 통한 공감으로 구성된다. 그러면서 (4) 역지사지(易地思之)의 소통훈련과 함께 무엇이 문제인지 성찰해 새로운 대안을 찾도록 한다. 의지형 영상관법 프로그램(W-RIMP)에서 자신의 감정과 갈망을 인식하고 그대로 표현해보고 그것을 상대방에게 전달하고, 자신뿐만 아니라 타인과 소통하는 것은 매우 중요한 관점이다.

3

연구방법

1) 참여자 선정

연구 참여자 선정은 별도로 공지하여 선발하지 않고, 필자가 운영하는 목우선원 명상상담평생교육원의 교육과정에 참여하시는 분들을 대상으로 하였다. 교육원의 교육과정 일부로서 MFCT 훈련프로그램을 진행했기에 별도로 모집하지 않았다. 오히려 연구참여로 공지하면 참여자들에게 선입견을 주어 잘 반응하려고 하거나 반대로 위축될 수 있기 때문이다.

본 장의 연구문제를 탐색하기 위한 연구설계로 필자는 효과성 입증을 위해 양적 통계에 의한 집단비교 연구를 진행하지 않았다. 의지형 영상관법에 기반한 MFCT 훈련프로그램은 9월 4일 수요일, 9월 8일 토요일, 9월 28 토요일 걸쳐서 총 25명을 대상으로 세 번에 걸쳐서 진행하였다. 세 집단은 구성원이 서로 다르다. 본 연구는 세 집단에 동일한 프로그램을 진행하여 참여자들이 어떻게 염지관 명상과 자비소통을 경험하는지, 자연 상태에서 경험을 그대로 수집하여 분석하는 질적 연구방법론을 선택하였다.

물론 염지관 명상과 자비소통의 효과성을 특정한 대상을 중심으로하는 집단 설계로 비교 연구할 수도 있지만, 일상의 갈등상황에서 스트레스를 받는 참여자들이 어떻게 이 둘을 경험하는지 연구해 보고 싶었다. 집단 간의 비교연구는 아닐지라도 두 번째 연구문제에 응답하기 위해서 수집된 질적 자료를 통해서 염지관 명상과 자비소통의 효과성을 비교해볼 수는 있다. 본 장은 염지관 명상과 자비소통을 순서대로 진행하고 이들 효과의 차이점을 간접적으로 살펴본다.

자료 수집은 MFCT 5단계 훈련프로그램을 진행하고, 그것에 대한 소감을 작성하게 하였다. 전체적인 소감은 물론 각 단계별로 어떻게 진행을 했고, 무엇을 경험했는지 상세하게 적도록 하였다. 이렇게 수집된 자료를 다음과 같은 절차를 따라서 분석하였다.

첫째, 영상관법에서 떠올린 사건의 영상을 스트레스 감정반응(F^3)에 따라서 분류하는 것이다. 그 결과 경직(Freezing)형은 8개, 도망(flight)형 8개, 투쟁(fighting)형 9개로 분류되었다. 여기서 스트레스반응 F^3에 대한 검사지(Danielle J. Maack, Erin Buchanan and John Toung, 2015)를 사용하여 분류하지는 않았다.

둘째, 분류된 유형들의 세부 내용이 풍부하고 각 단계별로 의미 있는 수준으로 기록된 사례를 골랐다. 이렇게 골라진 사례는 경직(Freezing)형 2개, 도망(flight)형 2개, 투쟁(fighting)형 2개였다.

셋째, 각 사례의 기록물을 읽어보고 핵심키워드로 코딩작업을 진행했다 코딩작업은 영상을 떠올려 현장 속으로 들어가기, 염지관 명상, 자비소통의 3영역을 대상으로 실시하였고 전체 소감이나 평가부분은 분석에 참고하였다.

넷째, 3가지 영역에 대한 키워드 코딩을 끝내고, 이들이 가지는 스트레스 반응을 유형별로 모아서 영역별 경험의 특징이 무엇인지를 파악했다.

다섯째, 포커스 그룹을 중심으로 염지관 명상과 자비수행의 차이점과 특성이 어디에 있는지, 양자의 고유한 특성이 무엇인지를 살펴보았다.

MFCT 5단계 훈련프로그램의 진행절차는 앞에서 언급한 바와 같다. 참여자의 예민한 개인정보(이름, 소속)는 사전에 차단하였다. 특히 사례의 경우도 자료수집 이후 분석하는 과정에서 간결하게 요약하고 축약하였다. 선택된 6개의 사례에 나타난 주제는 가족관계, 장례식장, 회사에서의 고객과의 다툼, 친구간의 험담과 갈등, 교실에서 교사와 학생 간의 갈등, 고부갈등 등이었다. 이들은 꼭 필요한 요약으로 처리하고 상세한 정보는 모두 제외했다.

프로그램 매뉴얼은 개인적인 사례에 따라서 유동성이 있다. 사례마다 달라질 수 있어서 전제적인 흐름만을 제공하기로 한다. 이를테면 제1단계의 사례경청-감정포착하기, 공감하여 라포 형성하기와, 제2단계의 명료화 작업을 어떻게 했는지, 제3단계의 영상관법 진행하기-알아차리고 머물러 지켜보기[念止觀] 명상, 제4단계의 감정표현과 자비소통-자기 공감[慈], 타인 공감[悲], 제5단계의 문제해결도 개인 사정에 따라서 다르게 적용되었다. 사례연구이기에 하나의 정해진 틀로만 적용할 수 없다. 단지 본 연구 주제와 연결된 제3단계 영상관법과 제4단계의 자비소통에 대한 정보를 중심으로 자료를 수집 및 활용했다.

의지형 영상관법 프로그램(W-RIMP) 매뉴얼
– 명상을 활용한 감정코칭 훈련 프로그램(MFCT)을 중심으로

제1단계

苦 | 기술적 내러티브

사례를 통한 상황파악
적극적 경청, 공감/감정을 알아차림/자각
갈등 사례를 이야기해줄 수 있나요?
어떤 기분/감정이 드세요?
누구에게 언제, 왜 그런 감정을 느꼈나요?

제2단계

集 | 설명적 내러티브

원인탐색
감정/반응/상황을 수용하기/공감해주기/따뜻한 질문하기
그런 감정은 어떤 생각에서 비롯되었나요?
원하는 것이 무엇이었나요?
대처방식/당시에 어떻게 행동했나요?

제3단계

滅 | 체험적 통찰/치유적 내러티브

체험/경험단계...눈을 감고
1) 그 장면/영상(사진 한 장을 골라냄) 떠올려서
2) 그때 느낀 감정을 다시 충분하게 느껴보기...
   감정을 충분하게 느끼기/강도는…
3) 몸느낌/어디에/….
   강도/모양/색깔 보고하기
4) 염지관/명상하기...알아차림/
   그곳에 머물러/호흡과 함께 지켜보기
   …(1분후)...지금은 어떤가요?
   …강도/모양/색깔…보고하기
   …(1분후)...지금은 어떤가요?
   …강도/모양/색깔…보고하기
   …(1분후)…지금은 어떤가요?
   …강도/모양/색깔…보고하기

제4단계

道1 | 자비명상에 기반한 소통의 내러티브

감정을 자각하고/그것을 표현하여 보기
처음 장면으로 되돌아가… 동일한 핵심장면/사진 한 장을 떠올려보기
감정은 어떤가요?
장면의 모양은 어떻게 되었나요?
절차: 1) 처음 장면을 떠올리고 감정 확인작업
　　　2) 그 감정을 (눈앞에 있다고 느끼면서) 상대방에게 감정 표현해보기/말과 행동으로
　　　3) 자기-공감/가슴에 손을 올리고 자기-공감하기/다독거리고/위로하기
　　　4) 타인-공감/...상대방의 입장이 되어서...이해하고 말해보기
　　　*5) 영상을 떠올리면서 역할극하기

제5단계

道2 | 행동하기/새롭게 살기/실천적 내러티브

문제해결/어떻게 하실래요?
1) 뭐가 문제인가요?...
   이 장면에서 무엇이 문제죠?...
2) 본인/상대방/상황에 대해서...
   어떻게 하면 좋겠어요...3가지 대안찾기.
3) 실천 가능한 최선의 대안/
   구체적으로 실행계획을 세워보세요…
*4) 미리 시뮬레이션 해보기

**눈을 뜨고 몸풀기/소감나누기

1) 끝나고난 기분
2) 어려운 점
3) 도움 받은 점은
4) 새롭게 알게 된 점

*본 매뉴얼은 명상심리상담 전문가의 도움을 받고 진행하길 바랍니다.

4

연구결과

본 장의 연구과제는 '의지형 영상관법을 통한 염지관명상과 자비소통을 어떻게 경험했는가?'이다. 이것을 사례연구라는 형식으로 진행을 하였다. 여기에 따른 부가적 과제는 첫째, 수집된 사례를 어떻게 분류할 것인가? 둘째, 염지관 명상과 자비소통을 어떻게 경험했는가? 셋째, 염지관명상과 자비소통의 효과를 비교하면 어떤 차이점이 있는가? 이다.

1) 사례분류

영상관법은 결정적인 장면을 마음에 떠올려서 재경험하고 통찰하는 과정을 포함한다. 이때 탐색의 주제로 핵심된 장면을 선택해야 한다. 먼저 수집된 25개의 사례 가운데 분석대상의 포커스 그룹으로 선정하는 첫번째 기준은 경험내용의 기술이 비교적 선명하고, 명상과 소통에 대한 언급이 모두 기술되어 있는 경우를 선정하였다. 두 번째 선정 기준은 F^3체계 즉, '갈등상황에서 보인 스트레스 반응의 형태'에 따라서 경직(Freezing)반응, 도망(Flight)반응, 투쟁(Fighting)반응으로 분류하고 그것의 성격이 분명하게 기술된 경우를 선택했다. 이런 기준으로 해서 가운데 총 6개를 질적 분석 대상으로 선정하였다. 그것을 정리하면 다음과 같다.

경직(Freezing)형(5개): 뜻밖의 사건에 대해서 경직, 얼어붙음. 2개 사례.

도망(Flight)형(11개): 힘이 센 대상에 대한 감정 억압과 회피반응. 2개 사례.

투쟁(Fighting)형(9개): 약한 대상에 대한 짜증과 분노의 공격반응. 2개 사례.

가장 많이 선택하는 스트레스 반응은 회피이고, 다음이 공격이고, 마지막이 얼어붙음이다. 선택된 이들 사례를 세부적으로 살펴보면 '경직'반응의 사례주제는 ①복통 ②장례식장 참여이다. 이들은 공통적으로 어찌할 수 없는 상황에 처하면서 겪은 얼어붙음, 경직, 당혹감이다. '갈등' 스트레스로부터의 도망 반응과 관련된 주제는 ①시어머니와의 갈등 ②고객과의 가격다툼이다. 이들은 공통적으로 힘 있는 상대와의 갈등이거나 불편한 상황에 노출된 경우이다. 자신의 주장이 있고 화도 나지만 잘 표현할 수 없는 감정노동이다. '투쟁' 반응의 주제는 ①수업 준비를 하지 않는 학생과의 갈등 ②친한 친구의 험담이다. 이들은 힘없는 상대방을 공격할 수 있는 환경에서 감정적인 분노와 화를 표출한다.

2) 염지관 명상과 자비소통 경험

반응하는 유형들에 따라서 갈등상황에서 어떻게 염지관 명상을 하고, 자비소통을 경험했는지 5단계 가운데 제3단계 영상관법에 의한 노출과 염지관 명상, 제4단계 자비의 소통 순서로 살펴보고자 한다.

영상관법이란 영상을 떠올려 현장 속으로 들어간다는 의미이다. 이것은 과거가 아닌 현시점에서 당시의 영상을 떠올리는 노출을 의미한다. 물리적으로 과거의 경험을 현재에 재생할 수 없기에, 기억된 영상을 회상하여 그때의 현장 속으로 들어가서 다시 경험하는 것이다. 물론 현장이란 것도 이미 지난 간 사태로 현존하는 장소는 아니라, 의식에 존재하는 일종의 현상으로서 주관적인 표상, 심상의 형태이다.

자비의 소통은 스트레스 반응의 F3에 대한 새로운 형태의 반응으로서 현실 문제의 해결 방안을 탐색하여 대안을 찾게 한다. 그럼으로써 감정을 조절하고 문제 해결의 실마리를 발견하는 경험을 하게한다.

❶ 경직(freezing)형

영상관법에 의한 노출

사례1은 과식으로 인하여 속이 불편해져서 화장실에 앉아 있는 상황이다. 식은땀이 난다. 기가 막힌 느낌. 손발이 차다. 사례2는 지인의 죽음으로 장례식장에 와 있다. 가깝게 지낸 분의 영정 사진을 보면서 무겁고 슬픈 마음이 든다.

이들 모두 긴장과 경직의 경험으로 얼어붙음(Freezing)의 반응이다. 얼어붙음은 예상 못한 외적 또는 내적인 자극을 받아서 어떤 선택도 하지 못하고, 충격으로 경직된 상황이다. 사례1과 사례2는 공통적으로 뜻밖의 상황에서 당혹감과 충격으로 어떻게 해볼 수 없는 신체적이고 심리적인 경직된 경험을 하였다.

염지관 명상

염지관 명상은 본 연구에서 지속적으로 반복해서 설명한 것처럼 3단계로 구성된다. 첫째는 알아차림[念]으로 상황에서 불편한 감정이 무언인지를 살펴본다. 두 번째는 충분하게 머물기[止]로 여기서는 느낌과 감정의 강도, 모양, 크기, 색깔, 맛을 탐색하고 경험하는 과정이다. 세 번째는 호흡과 함께 지켜보기[觀]로 느낌에 대해서 들숨과 날숨의 차이점을 비교하여 지켜보고 관찰하는 것을 말한다. 이것에 대한 평가는 '명상이 감정조절에 도움 되었나요? 구체적으로 (알아차림, 머물기, 지켜보기의 염지관에서) 무엇이 효과가 있었다고 생각하나요?'라는 질문으로 구성된다.

사례 1 | 화장실, 복통, 긴장

1. 알아차림 보고

   - 화장실, 복통, 통증으로 몸을 펼 수 없음

2. 충분하게 머물러 경험하기

   - 강도: 90%　　　　　　- 색깔: 검정

   - 모양: 거대한 바위　　　- 맛: 쓴맛

3. 호흡과 함께 지켜보기

   - 들숨: 몸이 쪼그라든 느낌　- 날숨: 몸이 펴지는 느낌

   - 호흡과 지켜보니, 힘듦이 줄어들었다. 60%. 색깔도 흐린 흑색으로 바뀜

   - 한 번 더 지켜보기 후 결과, 복통 강도 30%

   - 머리가 세워지고 몸이 펴진다.

   - 색깔은 붉은 색. 큰 바위가 줄어들었다.

4. 핵심 효과

   - 장면에 머물러 지켜보니깐 옅어졌다.

   - 보고 하려고 그 느낌을 탐색하니 옅어진 것 같다.

위의 사례1에서 복통의 강도는 점차로 '90 → 60 → 30'으로 변화를 보여주었고, 복통의 모양과 색깔은 '검정색 → 흐린 흑색 → 붉은 색'으로 바뀌고, '거대한' 바위는 점점 '작은' 바위로 변화한다. 또한 복통으로 배가 아파서 세울 수 없던 굽어진 허리도 펴진다. 이것을 보면 염지관 명상은 통증 완화에 확실하게 효과가 있다. 무엇이 이런 효과를 가져왔는지를 물었을 때, 참가자는 "거기에 머물러 지켜보니까 옅어졌다. '알아차림 보고'를 하려고 그 느낌을 탐색하니까 옅어진 것 같다."고 대답한다.

사례 2 | 장례식장, 엄숙한 분위기, 슬픔

1. 알아차림 보고

   - 장례식장, 슬픔, 울컥하는 느낌

2. 충분하게 머물러 경험하기

   - 강도: 70%　　　　　　　- 색깔: 진한 검정

   - 모양: 없음　　　　　　　- 맛: 쓴 맛

3. 호흡과 함께 지켜보기

   - 들숨: 슬픔이 강해짐　　　- 날숨: 슬픔의 강도가 낮아짐

   - 점차 슬픔의 완화됨

   - 강도가 50% 낮아졌다. 진한 검정색에서 옅어졌다.

   - 한 번 더 지켜보기 후 결과, 마음이 편안해졌다. 강도 30%

   - 색깔: 검정색에서 파란색으로 바뀜

4. 핵심효과 직면하여 지켜보기

   - 직면하여 지켜보기

　　두 번째 사례에서 지인의 죽음에 대한 슬픔은 '70 → 50 → 30'으로 변화되었고, 쓴맛의 진한 '검정색'의 슬픔은 점차로 옅어지면서 '파란색'으로 바뀐다. 그러면서 그 결과로 마음이 편안해졌다고 보고한다. 마찬가지로 이런 효과가 어디에 있었다고 보는지를 물었더니 "직면해서 지켜보니 효과가 있었다"고 대답한다.

　　위의 사례1과 사례2는 참여자가 예상하지 못한 뜻밖의 사건이다. 하나는 음식물을 잘못 먹고 생겨난 복통이고, 다른 하나는 지인의 죽음에 대한 슬픔이다. 모두 갑작스럽게 닥친 것으로 위협적인 자극(복통, 죽음)에 대한 경직된 얼어붙음(Freezing)의 반응에 해당된다. 얼어붙은 긴장감을 대상으로 염지관(念止觀) 명상을 하여보니, 모두 확실한 효과가 나타났다. 특히 호흡과 함께 지켜보는 단계에서 변화를 경험했음을 보고하고 있다.

자비의 소통

참가자의 '얼어붙음' 반응에 대한 '염지관 명상'과 더불어 '자비소통'을 어떻게 경험하였는지 분석한다. 참가자는 영상관법(이미지 노출명상)을 통해서 자비의 소통을 시도한다. 먼저 자신의 감정을 상대방에게 표현한다. 그 후에 아픈 자기를 공감하고, 타인을 공감한다. 마지막으로 그 효과를 평가해 본다. 분석한 코딩작업을 정리하면 아래와 같다.

사례 1 | 화장실, 복통, 긴장

1. 감정표현: 많이 고통스럽다. 힘들다. 미안해. 좋아질 거야. 가족을 위해서라도 내 몸을 잘 챙겨야겠다.
2. 자기-공감: 괜찮다. 좋아질 거야. 지나갈 거야. 빨리 추스르자. 배를 따뜻하게 하면 좋아질 거야. 밖에 식구들이 있어. 괜찮아.
3. 타인-공감: (가족) 많이 놀랐겠다. 미안하다. 걱정해 주어서 고마워.
4. 핵심효과: 상대의 감정이 어떠하겠다는 것을 알았고 나의 감정도 알아서 좋았다.

사례 2 | 장례식장, 엄숙한 분위기, 슬픔

1. 감정표현: 이렇게 갑자기 떠나셔서 슬픕니다.
2. 자기 공감: 아, 그분이 돌아가셔서 많이 슬프구나.
3. 타인 공감: (돌아가신 지인을 향하여) 살아오면서 힘들고 고통스러움이 많았습니다. 이제 다 내려놓고 편히 쉬세요. 힘들었던 세월에 집착하지 마시고요. 이제는 편안히 가십시오. 자식들에 대한 원망 내려놓으세요.
4. 핵심효과: 힘든 감정을 표현하는 것이 많은 도움이 되었다.

자비의 소통은 자신의 감정을 표현하고, 힘든 자신의 감정을 다독이고, 자신과 연결된 중요한 타인과 소통하는 과정이다. 사례1에서는 치유의 효과로 자신의 감정을 알게 되었고, 가족들의 걱정하는 마음을 알게 된 점이 좋았다고 말한다. 사례2에서는 지인의 죽음에 대한 힘든 감정과 애도를 표현하는 것이 좋았다고 말한다.

염지관 명상은 강도와 색깔에서 확실한 변화를 가져왔다. 자신의 경직된 감정을 알아차리고 직면하여 호흡과 함께 지켜보는 것으로 도움을 받았다. 또한 자비소통에서는 타인의 감정을 알게 되고 자신의 억눌린 애도 감정을 표현한 것이 많은 도움이 되었다.

❷ 도망(flight)형

영상관법에 의한 노출

여기서 불편함은 도망과 회피반응(Flight)이다. 사례3은 시어머니와 갈등문제로 남편과 이야기하는 것이다. 눈은 남편을 보지 않는다. 시어머니가 대상포진에 걸렸다고 하는 남편의 소리에 시어머니 편을 드는 듯해서 가슴이 불편하다. 시어머니와 며느리 사이의 갈등에서 시어머니에 대해 회피적 반응을 보인다. 남편의 눈을 직접적으로 바라보지 않고, 시어머니가 대상포진으로 고생한다는 남편의 말소리를 귀로만 듣는다. 이것은 시어머니를 모셔야 하는 며느리 입장에서는 피하고 싶은 스트레스 가운데 하나이다.

사례4는 인테리어 사무실을 운영하고 있는데 불편한 고객이 터무니 없이 가격을 깎아달라고 한다. 더해서 비난까지 하니 매우 화가 난다. 그래도 참고 말한다. 화를 그대로 표출할 수 없는 감정노동자의 모습을 본다. 우리는 이런 상황에서 어떤 감정과 신체느낌을 경험할까?

염지관 명상

사례 3 | 시어머님, 불편, 안타까움

1. 알아차림 보고

   - 남편과 대화의 갈등, 시어머니의 대상포진, 불편함, 슬픔, 분노

2. 충분하게 머물러 경험하기

   - 신체반응: 가슴 답답함과 통증　　　- 강도: 70~80%

   - 색깔: 회색　　　　　　　　　　　- 모양: 찌그러진 모양

   - 맛: 먹을 수 없는 맛, 악취

3. 호흡과 함께 지켜보기

   - 가슴의 통증. 슬픔에서 안타까움으로 변화됨

   - 모양, 색, 축소되기는 했지만 크게 차이는 없다.

   - 다시 한 번 지켜보기: 가슴 통증이 더 깊게 찌르는 듯하다.

   - 모양은 작아지고, 통증은 더 깊어진다.

4. 핵심효과

   - 효과가 있다기보다는 내가 안고 있는 문제가 더 선명해지는 것을 느낀다.

   - 감정, 가슴의 통증, 막연한 것들이 선명해짐. 완화된 것은 없음.

해묵은 고부갈등이다. 전통적으로 시어머니는 갑의 위치에 있다. 그러나 며느리 당사자는 불편하고 화가 나지만 표현할 수 없다. 이런 점에서 '회피'이다. 이런 상황 자체가 슬프다. 모양은 '찌그러진' 상태이고, '회색'의 맛은 쉽게 먹을 수 없는 맛, '악취'가 난다.

이런 복잡한 감정을 대상으로 염지관 명상을 해 보니 슬픔은 '안타까움'으로 바뀐다. 모양이나 색깔은 축소되고 있지만 강도는 큰 차이가 없다. 한 번 더 깊게 살펴보니 오히려 통증이 '더 깊게' 찌른다. 시어머니로부터의 상처가 오래되고 깊

다는 반증이다.

명상의 효과가 무엇이라고 보는가를 묻자 "효과가 있다기보다는 내가 안고 있는 문제가 더 선명해지는 것을 느낀다. 막연한 것들이 더욱 선명해진다. 그러나 완화된 것은 없다."고 보고한다. 물론 이것도 명상의 효과 가운데 하나라고 본다. 그러면 감정이 쉽게 가라앉지 않는 이유는 뭘까? 오래된 아픔이 '깊기' 때문일 것이고, 또 다른 이유는 참여자가 '회피'하기 때문일 것이다.

사례 4 | **고객, 황당함, 답답함**

1. 알아차림 보고:

   - 융통성이 없다고 말하는 고객의 모습.

   - 목이 답답하다. 목에 가래가 낀 듯 불편하다. 자꾸 헛기침이 난다.

2. 충분하게 머물러 경험하기

   - 감정: 당황   - 강도: 60%

   - 모양, 크기, 색깔: 동글하다. 내 주먹만하다. 회색. 씁쓸한 맛

3. 호흡과 함께 지켜보기.

   - 들숨 날숨 차이: 들숨일 때는 없음. 날숨에서는 색깔이 흐려지고 편안해진다.

   - 지금은 어떤가: 머리가 멍해졌다. 계속 무겁다. 목이 답답하다. 60%

   - 모양, 색깔, 맛: 모양 안 보임. 색깔 안 보임, 맛도 안 느껴짐.

   - 통증 부위 변화: 목 → 머리 → 눈

   - 다시 한 번 지켜보기 후 장면을 떠올리니 다시 확 올라온다.

   - 머리 무거움이 좋아짐 30%, 눈 아픔 50%

   - 목은 아직 답답하다.

4. 핵심효과: 내 감정을 정확하게 볼 수 있다.

   감정도 회피했다는 것을 알아차릴 수 있었다.

사례4 역시 감정 회피의 반응 사례이다. 고객과의 관계에서 벌어지는 일로 일상에서 쉽게 만날 수 있는 상황이다. 참여자는 인테리어 관련 일을 하는데 너무 터무니없이 가격을 깎아달라고 하는 고객과 불편한 감정을 겪었다. 화가 나지만 억압하고 표현하지 않는다. 나중에 자신의 화를 자각하고 회피했음을 말한다. 왜냐면 손님과 싸울 수는 없으니까. 그렇다 보니 감정의 조절이 쉽지 않다.

감정의 느낌이 '목 답답함 60% → 머리 무거움 30% → 눈 아픔 50%'로 변화를 일으킨다. 실제 감정은 물건을 제대로 평가하지 않고, 융통성 없다고 비난하는 고객에 대한 분노이다. 그러나 실질적인 자신의 감정을 표현할 수 없다. 그러니 목에 가래가 끼고 헛기침이 난다. 서비스업에 종사하는 감정노동자의 사례로 신체적 느낌(눈 통증 50)의 강도가 다시 올라간 점이 눈길이 끈다. 그러면 명상의 효과는 무엇인가? 그것은 바로 '자신이 회피한 감정을 정확하게 볼 수 있었다'는 점이다. 바로 이점이 감정을 변화시킨 요인이다.

자비의 소통

위협에 대한 회피반응은 매우 자연스럽다. 며느리에 대한 시어머니는 매우 강력한 회피 대상이고, 서비스업에 종사하는 사업자는 예의 없는 고객에게 화가 나지만 그래도 웃어야 하는 딜레마에 빠지곤 한다. 회피는 위협적인 상황에서 자주 일어난다. 이들은 대인관계에서 약자의 입장에 놓인 경우로 자신의 감정을 억압하거나 스트레스에 대해서 회피 반응을 한다. 이들의 자비 소통은 어떨까?

사례 3 | 시어머니, 슬픔, 안타까움
───

1. 감정표현: 나한테 (시어머니가 대상포진에 걸렸다는) 그런 이야기를 하지 마.
   내가 도움을 줄 수 없는데, 당신 힘들지만 당신 혼자 감당해. 나 그냥 내버려둬.

나가고 싶지 않아. 나 연락도 안하고 싶어...하지만 내가 해야 할 것...할거야.

2. 자기-공감: 너 많이 힘들지. 서둘지 마. 내가 좋은 대로 해. 내가 우선이야. 그래도 (시어머님이니까) 조금 마음을 넓게 가져보지 않을래? 그러나 억지로는 하지만, 나중에 후회할 일을 줄여야 되지 않겠니?

3. 타인-공감: 당신(남편)도 중간에서 많이 힘들구나. 힘들겠지만 조금만 더 기다려줘. 힘든 거 잘 알아. 나를 이해해줘서 고마워.

4. 핵심효과: 남편이랑 안 좋은 감정에 휘둘리지 않고 편안하게 이야기할 수 있는 것. 내 감정을 정확하게 표현함.

사례 4 | 고객, 당황스러움, 답답함

1. 감정표현: 고객이 금액을 낮춰달라는 건 이해했지만, 거짓말이란 말엔 많이 당황스러웠다. 융통성이 없다는 얘기는 나도 알고 있는 부분이라 화가 났다. 그래도 고객에게 화를 낼수는 없었다...이렇게 자괴감이 들 때가 있다.

2. 자기-공감: 잘 참았다. 정색을 안 해서 다행이다. 설명을 천천히 잘했다. (성질급한) 너의 성격상 이렇게 못해왔는데. 잘했네, 웃으면서 대한 것 잘했다.

3. 타인-공감: 생각했던 금액보다 비싸서 당황스러웠군요. 단칼에 거절해서 무안하셨네요. 제 입장에서만 설명해서 힘드셨군요. 당신도 가게를 나가면서 무안하셨겠어요.

4. 핵심효과: 감정을 표현하는 것이 명상을 하는 것보다 편함. 타인을 공감하면서 상대편의 감정을 들여다보니 상대방이 이해되면서 내 마음이 위로를 받음. 다른 사람을 객관적으로 볼 수 있게 됨.

사례3, 사례4는 위협적인 상황에서 회피하는 경우이다. 그러나 자신이 회피하고 있음을 충분하게 자각하지 못한다. 앞의 경직형과 비교하면 본 사례에서 보여주는 도망형들은 감정조절이 쉽게 되지 않고 조금 시간이 필요하다. 사례3은 염지관 명상을 통해서 문제가 선명해졌지만 어떠한 감정의 변화를 경험하지 못했다. 사례4는 자신의 회피감정을 알아차렸다고 말한다. 그러나 나중에 눈의 아픔이 50 정도로 다시 올라간 점은 의미가 있다.

이들은 명상도 좋았지만 자비소통을 통해서 더 많은 효과를 경험한 것으로 보인다. 이것은 감정을 억압함에서 오는 회피, 도망형의 고유한 특징 가운데 하나이다. 사례3은 남편에게 편안하게 시어머님 문제에 대한 자신의 감정을 표현할 수 있어서 좋았고, 사례4는 고객의 감정을 이해하면서 오히려 자신의 마음도 위로받았다는 점이 인상 깊다.

❸ 투쟁(fighting)형

영상관법에 의한 노출

세 번째 유형은 짜증과 분노의 공격적 반응(Fighting)이다. 이 경우는 대체로 자신의 힘이 상대방과 대등하거나 강하다고 판단될 때 선택하는 반응행동이다. 사례5는 수업 준비를 매번 잘 안해오는 학생의 뻔뻔한 표정, 말투로 인하여 화가 난 사례이다. 그래서 학생의 요구를 거절하지만 불편해하는 교사의 입장이 보인다. 사례6은 지인이 다른 친구들에게 본인이 했던 말을 왜곡시켜서 좋지 않게 퍼뜨리고 다닌 경우이다. 화가 매우 난다. 친구를 불러다 따졌다. 이들이 어떤 감정과 신체 낌을 경험할지 궁금해진다.

염지관 명상

사례 5 | 학생에게, 화가 남

교실, 등줄기의 땀

1. 알아차림 보고

    - 교실에서, 수업 준비를 해오지 않은 학생의 뻔뻔한 표정과 말투.

    - 괘씸하고, 화가 남

2. 충분하게 머물러 경험하기

    - 신체반응: 등줄기에서 땀이 남   - 강도: 90% → 80%

    - 색깔: 검은 색 → 주황   - 모양: 농구공

    - 맛: 떫은 맛 → 쓴맛

3. 호흡과 함께 지켜보기

    - 들숨은 진땀이 나는 느낌

    - 날숨은 명치 끝 가슴이 아픔

    - 지켜보니 색깔은 검은색에서 주황으로, 크기도 줄었다.

    - 등줄기의 땀이 식음, 여전히 가슴에 아픔이 남아있음. 강도는 40%

    - 다시 느낌을 지켜본 후: 색깔은 부분적으로 흰색, 맛은 쓴맛. 강도는 20%

4. 핵심효과

    처음엔 너무 힘들었음, 손으로 가슴을 눌러서 진정시킴

    상황을 객관화시키는데 도움을 받음.

위의 사례5는 요즈음 교실에서 쉽게 목격할 수 있는 상황이다. 수업 준비가 되지 않는 학생과 교사와의 갈등이다. 수업 준비를 전혀 해오지 않은 학생을 교사의 입장에서 보면 매우 뻔뻔하다. 괘씸하고 화가 난다. 그렇다고 많은 학생들 앞에서 화를 낼 수 없다. 올라오는 화의 강도는 전체가 100이라면 90% 정도로 매우 크다.

염지관 명상을 하여보니 강도가 점차로 '90 → 80 → 40 → 20'로 줄어들고, 색깔도 '검은 색 → 주황 → 흰색'으로 바뀐다. 등줄기에 땀도 난다. 처음엔 가슴을 손으로 눌러야 할 만큼 힘들었다. 느낌을 알아차리고, 그 느낌에 머물고 지켜보는 명상이 상황을 객관화시키는 데 도움을 주었다.

사례 6 | 친구의 험담, 불쾌감

소리를 들으니, 가슴이 흥분됨

1. 알아차림 보고

  - 친구가 다른 친구에게 험담을 하고 다님

  - 화가 나고, 매우 불쾌함.

2. 충분하게 머물러 경험하기

  - 강도: 60%

  - 색깔: 흰색, 회색이 교차됨.

  - 모양: 찌그러진 축구공

  - 맛: 씁쓸한 맛

3. 호흡과 함께 지켜보기

  - 들숨에서 괘씸한 생각이 일어남

  - 날숨에서는 씻어 내리는 듯한 느낌

  - 테니스공 크기 40

  - 연초록, 무덤덤한 맛

  - 다시 지켜본 후: 모양이 탁구공 크기로 줄고

  - 색깔은 흰색으로 변함, 강도는 10정도

4. 핵심효과

  - 마음을 알아차림하고 지켜보는데 도움을 줌.

위 사례6의 경우도 일상에서 자주 경험하는 상황이다. 뒤에서 험담하고 친구들을 이간질하는 경우를 듣게 되면 정말로 화가 나고 분노에 휩싸일 수 있다. 그런데 참여자는 불쾌감의 강도를 60정도로 호소한다. 조금 억압한 것으로 보인다. 불쾌감의 감정은 '60 → 40 → 10'로 변화했고, 이것과 상응하여 모양은 '찌그러진 축구공 → 테니스공 → 탁구공'으로 점차 작아졌으며, 색깔도 '회색 → 연초록 → 흰색'으로 변화되었음을 보고하였다. 이런 변화는 염지관 명상의 감정조절효과를 잘 보여준다. 이점에 대해 참여자 역시 "내 마음을 알아차리고 다스리는데 도움을 주었다."고 보고 하였다.

자비의 소통

위협적인 상황에서 공격적인 반응은 힘에서 우위에 있다거나, 동등한 위치에 있을 때 자주 발생한다. 사례5는 학업에 충실하지 않는 학생의 무례함에 대한 교사의 분노이고, 사례6은 친구의 뒷담화와 험담이다. 역시 매우 불쾌하고 화가 나서 친구를 불러서 혼내주었다. 이런 경우 자비의 소통을 통해 어떻게 경험했고, 그것의 효과는 어떻게 발생했는지를 살펴보는 일은 본 연구문제의 중요한 사안이다.

사례 5 | 교실, 화가 남

1. 감정표현: 너희(학생)가 (학습) 준비를 안 하면 나(교사)는 너무 힘들어.

2. 자기-공감: 잘하고 있어, 잘하고 있어, 힘들었어. 정말 잘하고 있어.

3. 타인-공감: 이 과목에 관심도 없는데 너(학생)도 힘들지. 잠도 잘 못자고 떠들고 싶어도 못하지. 수업 준비 안해 온 것을 (선생님은) 조용히 안 넘어가고 너도 힘들 거야.

4. 핵심효과: 화난 감정이 줄어듦. 강도는 10. 없어지지는 않았다. 색깔은 흰색이

많이 보이고 모양은 농구공에서 넓은 사각형, 맛은 떫은맛은 없어지고 신맛이
느껴짐. 역지사지를 알 것 같다.

사례 6 | 친구의 험담, 불쾌감

1. 감정표현: 친구가 대구에서 왔어. 비가 많이 와서 먼저 일어나 갈려고 할 때 봉
   투에 돈 3만원 넣어 주자는 말이 기분 나빴니? 회비는 회비이고 친구 사이에 규
   칙보다는 베푸는 마음으로 하면 좋지 않을까?

2. 자기-공감: 내(참여자 본인)가 기름 값을 회비에서 주라고 한 말을 (친구가) 회
   비에서 주는 게 맞냐고 하면서 (다른 친구에게) 묻고 다니는 것이, ...그래서 기
   분이 나빴지?

3. 타인-공감: 회비로 친한 친구가 멀리서 왔다고 총무도 아닌 내가 주라고 한 것
   이 월권했다는 생각도 들어. 총무가 알아서 할 건데, 내(참여자 본인)가 참견해
   서 기분이 상할 수도 있다고 생각해.

4. 핵심효과: 감정이 20%로 낮아지고, 가슴이 후련해졌다. 편안해 졌다. 친구의 감
   정과 배려의 마음을 친구가 아닌, 나의 입장에서 바라봤던 점이 잘못이다.

사례5, 사례6은 위협적인 상황에서의 공격적 반응이다. 공격은 자기주장이나
입장을 앞세운다. 다시 말하면 먼저 타인의 잘못된 점을 보기에 자기 공감에 비해
서 타인 공감이 쉽지 않다. 투쟁형은 감정의 극적인 변화를 경험하고, 회피형에 비
해 빠른 속도로 상황이나 상대방에 대한 입장을 이해한다. 염지관 명상을 통해서
감정조절이 되었다. 사례5는 상황이 객관적으로 보이고 학생의 입장에서 보니까
이해되었다고 한다. 사례6의 경우도 상대방의 입장이 이해되면서 완전하게 감정이
가라앉았다. 이런 점에서 명상을 통해서 전후맥락에 대한 성찰이 이루어지고 상대
를 배려하는 자비소통을 통해서 분노와 화가 감소했음을 알 수 있다.

참여자는 염지관 '명상'과 자비 '소통'의 차이점에 대해서 어떻게 경험했을까? 본 장의 중요한 연구문제 가운데 하나이다. 양자 간의 차이점이 어떤지를 현장의 사례 속에서 파악하는 일은 명상과 소통의 활용성을 높이는데 도움을 줄 것이다.

❶ 염지관 명상

경직형 사례1과 사례2는 순간적으로 경직되고 갑작스럽게 당한 사건이라 당황하고 놀람이 그 특징이다. 이럴 때 '명상이 문제해결에 어떻게 도움이 되었는지'를 질문을 했을 때 다음과 같이 대답한다.

> **사례1:** (복통을 일으킨 당시) 그 상황으로 돌아가서 충분히 느끼면서 세세하게 알게 되었기 때문에 실마리를 찾을 수 있었다.
>
> **사례2:** (지인의 죽음에 대한 슬픔과 같은) 집착하는 감정을 조절하는데 많은 도움을 주었다.

명상은 일단 당시의 놀란 상황으로 되돌아가서 세세하게 살펴보고, 그 때의 집착된 감정을 포착하여 '조절'하는데 도움이 되었다고 말한다. 이것은 순간적인 충격으로 경직된 상태로부터 정신을 차리는데 염지관 명상이 도움을 준 것이다.

> **사례3:** 시어머님에 대한 내 감정이 가슴이 아프고, 답답해요. 그럼에도 불구하고 내가 해야 할 일을 해야 한다는 것을 알게 되었다.
>
> **사례4:** 회피했던 감정들이 있다고 것을 알아차리면서 좋았다. 고객과의 관계에서

내가 봉착한 문제를 직면하게 해줬다.

사례3과 사례4는 도망형으로 시어머니나 고객에 대한 불편함에서 오는 회피와 억압을 특징으로 한다. 이들은 명상의 효과가 사뭇 다르게 나타난 경우이다. 사례3은 감정이 감소되기 보다는 막연한 문제가 '선명하게' 드러났고, 사례4는 신체의 변화가 낮아졌지만 접촉하면서 다시 오히려 높아졌다. 문제에 대한 회피에서 비롯된 것으로 여기서 명상은 도망가지 않고 상황에 '직면'하는데 도움을 준다. 상황에 직면함으로써 시어머니에게 어떻게 해야 할지를 알게 되고, 고객과의 관계에서 표출하지 못하고 회피했던 분노의 감정을 자각하게 된다.

사례5: 명상을 한 후 상대방과 상황을 객관화 시켜서 좋았다. 항상 이 경우(학업준비가 부족한 학생과의 갈등)에 속상한 일 많았는데 명상 후 좋아졌다.

사례6: 명상이 도움준 것. 순간적으로 격해지는 감정에 현실을 직시하고 관찰자 입장으로 돌아가면 현실적으로 감정 정리가 되었다. 나를 비난하고 다니는 친구에게 상처받은 내 마음을 알아차리고 머물러 지켜보는데 도움이 되었다.

투쟁형은 갈등상황에서 자신의 주장을 적극적으로 '표현'하고 필요하다면 공격적 태도를 취한다. 사례5는 수업에 불충실한 학생에게 분노를 표시하였고, 사례6은 험담하는 친구를 불러다 놓고 전후 사정을 따졌다. 이들에게 명상은 분노의 감정을 다스리는데 도움을 주었다. 사례5는 '객관적으로' 학생을 바라보는데 도움을 주었다. 감정을 대상에게 투사하는 대신에 탈동일시가 일어난 것으로 본다. 사례6은 감정을 조절하고 관찰자 입장으로 돌아가서 상처받은 자신의 마음을 정리하는데 명상이 도움이 되었다고 말한다.

2 자비의 소통

명상이 내적인 성찰, 직면과 충분한 정서적 경험에 초점을 둔다면, 소통은 근본적으로 현실의 문제에 대한 사회적인 관계의 복원을 의미한다. 이를 위해 현실 속에서 문제를 해결하는 실마리를 찾을 필요가 있다. 자비소통은 어떻게 대처할지 모르는 상황에서 보다 분명하게 사회적인 관계를 회복하는 기회를 제공한다.

자비소통은 어떤 도움을 줬나?

사례1: 사람과 사람의 관계가 아니다. (복통은) 나 혼자와의 문제였지만 그래도 함께 한다는 것을 느꼈다. (가족의) 따뜻함. 위로받음이 있었다. (끝나고 나서) 편안하다.

사례2: 충분하게 감정을 표현함으로써 (지인의 죽음으로 촉발된) 죽음에 대한 걱정과 불안을 해소해 주었다.

식사를 잘못하여 화장실에서 앉아 있는 상황이다. 소통의 대상은 바로 걱정하는 가족이다. 대부분 화장실에서는 자신의 일에만 집중한다. 그러나 자비의 소통을 통해 '우리'라는 동질성과 함께 가족의 따뜻함으로부터 위로 받음을 느낀다. 지인의 죽음은 충격이고 참으로 무거운 느낌이다. 그러나 자비소통을 통해서 '애도'의 감정을 충분하게 표현함으로써 걱정과 불안에서 해방된다. 이것이 자비소통의 중요한 장점이다.

사례3: 남편에게 내 감정을 이야기하면서, 위로의 말을 들으면서 서로 감정을 주고받을 수 있는 것 (부부싸움으로 번지지 않고)

사례4: 자비 소통을 하면서 감정을 표현하고, 상대방의 감정을 통해서 내 감정이 정리가 되었다.

도망형의 사례3, 사례4는 위협적인 상황에서 도망한다. 그러나 명상을 통해서 직면하고 자신의 감정을 분명하게 자각했다. 이런 후에 자비소통은 좀 더 용이하게 다가온다. 도망형의 경우에는 먼저 자기 성찰의 명상이 선행되면 좋다. 그래야 자비의 소통이 가능할 것이다. 그렇지 않으면 자기 질책이나 원망으로 이어질 것이다. 며느리는 시어머니 문제로 남편과 자주 싸운다. 그러나 이번에는 남편과의 자비로운 소통을 통해서 원만하게 해결한다. 공격적인 고객의 입장을 이해하면서 오히려 자신의 감정을 정리한 판매자도 소통의 중요성을 자각한 경우라고 할 수 있다.

사례5: (학생의 입장에 서보는 것) 역지사지를 알 것 같다. 이런 상황이 오면 지금처럼 하면 덜 힘들 것 같다.

사례6: 자비의 소통을 하면서 그 친구의 성향을 알아차리며 그 친구가 그렇게 밖에 할 수 없는 성향이었다는 것을 알게 되었다.

사례5, 사례6은 투쟁형의 사례이다. 이들은 자신의 주장이 강하기 때문에 타인에 대한 공감능력이 부족하다. 타인의 말을 듣기보다는 자신의 말을 먼저 한다. 그래서 이들에겐 더욱 더 타인의 입장을 이해하는 노력이 필요하다. 이것이 바로 자비의 소통이다. 사례5는 학생의 입장으로 돌아가면서 비로소 감정이 가라앉았다. 염지관 명상을 하면서 가슴이 너무나 아파 가슴을 누르면서 명상을 했고, 감정이 쉽게 조절되지 않았다. 그러나 자비의 소통을 하면서 학생의 입장을 이해하고 감정이 평소처럼 내려갔다. 사례6의 경우도 친구의 성향을 이해하면서 자신의 분노를 내려놓을 수 있었다. 자신의 시선으로는 잘 이해가 되지 않지만 상대방의 입장이 되면서 친구를 수용하게 된다.

❸ 효과성 비교

염지관 명상과 자비의 소통을 비교할 때 효과성에서 어떤 차이점이 있을까? 이점은 효과요인을 찾는 것으로 현장에서 양자의 차이점을 인식하는데 도움을 준다.

> 사례1: 명상은 나 혼자이지만 타인과 공감력을 높여주는 것 같다. 소통은 타인과 관계 속에서 이루어지는 것 같다. 내가 상대방의 감정을 공감해주는 능력이 커지고, 타인을 생각하는 시간도 되는 것 같다.
> 사례2: (양자를 모두) 병행함으로써 효과가 배가 되었다. 소통을 함으로써 내 감정을 드러낼 수 있었고, 문제 해결의 단서를 알게 되었다.

사례1은 자신의 감정에 대한 염지관 명상이 오히려 타인에 대한 공감을 높인다고 말한다. 이점은 명상이 먼저 선행되고 소통이 뒤따르면 효과가 있음을 말한 것이다. 사례2에서도 명상과 소통은 서로 함께 할 때 효과가 배가된다고 말한다. 이것은 경직형의 견해이다. '회피형'은 어떻게 말을 할까?

> 사례3: 내 몸 전체가 (구석구석) 이완되어 편안하게 느껴짐. 가슴에 차있는 것을 말로 표현하면서 답답함이 조금은 해소. 내 감정 생각이 두루뭉술했던 것들이 말을 함으로써 선명해진다. 더 늦기 전에 안부전화하고 주말에 찾아뵙자. (시어머니와의 관계) 많이 힘들면 봉사활동 하러 간다고 생각해보자.
> 사례4: 염지관 명상은 문제를 발견하고, 자비소통은 해결의 실마리를 찾는데 도움을 주었다. 내가 회피하면서 사는 감정이 많았구나. 감정을 직면하지 않으려 했구나. 이점을 알게 되었다.

도망형의 사례3은 신체가 이완되고 가슴에 숨겨진 말을 함으로써 답답함이 해소되고 문제가 선명해진다고 말한다. 신체느낌을 구석구석 살펴보면서 편안하게 됨은 염지관 '명상'의 효과이다. 문제가 선명해지고 구체적인 해결책을 마련한 것은 자비의 '소통'을 통해서 이루어진다. 시어머니에 대한 미움으로 끝내 가기는 싫지만, 시댁방문을 봉사활동으로 전환시킨 표현은 인상 깊다. 사례4는 명상이 문제를 발견하는데 도움을 주고, 소통은 해결의 실마리를 찾는데 도움을 준다고 말한다. 명상과 소통의 효과의 차이점을 비교하는 매우 함축적인 표현이다. 내적인 성찰은 문제발견에 장점이 있고, 소통은 현실 속에서 문제해결의 실마리를 발견하는데 효과적이다.

> 사례5: 명상을 통해서 화난 감정이 진정되는 효과를 보았다. 그 상황을 알아차리고 머물고 지켜보면서 객관적인 입장이 되었다. (소통하면서) 중고등학생이었을 때 좋은 것, 나쁜 것이 떠오름. 무던하게 넘어가야 될 것 같다. 지나친 감정을 안 갖는 것이 좋겠다.
>
> 사례6: 명상은 나를 알아차릴 수 있었고 자비의 소통에서는 그 친구의 성향을 알 수 있었다. 친구의 감정과 배려심을 친구가 아닌 나의 수준에서 바라봤던 점이 잘못이다.

사례5는 공격적인 상황에서 명상을 통해서 화가 진정되고 객관적인 입장이 되었다. 화가 가라앉으면서 자신의 학생시절이 생각나면서 상대방에 대한 역지사지가 되었다. 이것 역시 명상이 먼저 선행되어 감정이 정화되고 난 이후에 소통을 하는 것이 효과적임을 보여준다. 사례6의 경우도 먼저 명상을 통해서 자신의 감정을 분명하게 경험하였고, 자비 소통을 통해서 친구의 성향, 습성을 알게 되었다. 그럼으로써 갈등이 해소되었다. 따라서 먼저 명상으로 감정을 인식하고 조절이 된 이후에 자기의 감정을 부드럽게 표현하는 자비의 소통이 효과적으로 작동한 것이다. 특히 투쟁형은 공격이 앞서기 때문에 역지사지의 소통방법이 효과적이라고 판단된다.

5

결론 및 논의

　본 장은 MFCT 훈련 프로그램 참가자들의 세 가지 유형의 스트레스 감정적 반응을 바탕으로 영상관법의 명상과 자비소통의 효과를 비교하였다. MFCT 훈련프로그램 참가자 25명 가운데 질적 분석대상으로 포커스 그룹, 6명을 선정하여 MFCT 데이터 분석을 실시하였다. 최대한 자연에서의 경험을 수집하고 분석하는 질적 연구 방법론을 선택했다. 연구결과는 영상관법의 명상이 문제를 명확하게 인식하고 이해하는 데 도움이 된다면, 공감적 자비소통은 현실에서 문제 해결의 대안을 찾는 데 도움이 되는 것으로 보고되었다.

　여기서 잠시 몇 가지 관련된 이슈에 대한 논의를 해보자. 첫째로 '감정코칭'과의 비교이다. MFCT는 정서적 접근을 중시한다는 점에서 감정코칭과 유사한 면이 있다. 국내에 들어온 감정코칭 교육프로그램은 주로 John Gottman의 감정조절 이론에 기반한다(Gottman, 2004). '코칭'이란 용어는 원래 기업체의 비즈니스 현장에서 구성원의 기업 업무에 대한 개별적 역량 강화와 더불어서, 자발성을 향상시키는 활동에서 사용한다. John Gottman의 '감정코칭'의 경우 어른의 입장에서 아동의 감정을 조절하기 위한 교육적 프로그램이다. 여기에 따르면 감정코칭이란 아이의 감정문제를 인식하고 그 상황을 이용해 아이에게 올바른 감정 표현법을 가르침으로써 스스로 문제를 해결해나갈 수 있게 도와주는 교육적 활동 과정이다. 아래는 John Gottman이 제시하는 감정코칭의 단계들이다.

제1단계: 자녀의 감정 인식

제2단계: 친밀감 조성과 교육에로 연결하기

제3단계: 감정을 공감하고 경청하기

제4단계: 감정에 이름 붙이기와 표현하기

제5단계: 좋은 해결책 찾기

명상 기반 MFCT 훈련프로그램(의지형 영상관법)과 Gottman의 감정코칭은 감정을 포착하는 것, 감정을 공감하고 경청하는 것, 감정을 표현하는 것, 문제해결로 이끄는 것에서 매우 유사하다. 이 부분은 대부분의 정서-중심의 접근에서 공통된 영역이다. 아래는 MFCT의 절차이다.

1. 사례경청: 감정포착하기, 공감하여 라포 형성

2. 명료화 작업: 감정반응(F^3), 생각과 갈망이나 대처방식 파악하기

3. 영상관법 명상하기: 알아차리고 머물러 지켜보기[念止觀] 명상

4. 자비소통: 자기 감정표현, 자기 공감[慈], 타인 공감[悲]

5. 문제해결: 문제발견과 해결방안모색

양자의 가장 큰 차이점은 MFCT가 불교의 고집멸도라는 절차적인 과정을 채택하고 감정을 적극적으로 경험하여 통찰하는 영상관법을 활용하고, 자비명상의 일종으로 소통의 구체적인 방법과 훈련을 제공한다는 점에 있다.

두 번째는 알아차림 명상에 기반한 자기-자비 프로그램과의 비교이다. 여기서 핵심된 개념은 '알아차림의 자비(Mindful Compassion)'란 개념이다. 여기서 '알아차림의 자비'는 종종 '자기-자비(Mindful Self-Compassion)'란 개념과 동의어로 사용된다. 이때 자기-자비는 자신의 감정을 억압하거나 자신을 비난하지 않고 부정적인 경험이라도 있는 그대로 수용하고 받아들인다는 것을 의미한다. 다시 말하면 대상을 동일시하지 않고 존재하는 그대로 자각한다는 의미의 알아차림(Mindfulness)은 그 자체로 자기 자신을 부정하지 않는 자기-자비가 된다(Paul A. Gilbert, Kunzang Choden, 2015)

이런 명상의 전략은 영상관법의 경우와 큰 차이점은 없다. 단지 영상관법이 보다 심층의 잠재된 미해결된 과제를 다룬다면, 알아차림 명상은 상대적으로 현재에 드러난 관점을 다룬다.

반면에 Paul A. Gilbert는 심리학적인 기반으로 자기-자비는 '정서조절체계(Emotional Regulation systems)'라는 세 가지 타입을 제공한다고 말한다. 첫째는 위협(threat)과 자기방어적(Self-protection) 시스템이다. 이것은 위협을 탐지하게 하고 위협에 대해서 방어적이고 공격적인 태도를 취한다. 둘째는 추동(drive) 및 보상적(resource-seeking) 시스템이다. 적극적으로 원하는 바를 추구하고 뭔가에 집중하고 성취한다는 점에서 보상이 된다. 셋째는 진정(soothing)과 제휴(affiliation) 시스템이다. 이것은 보상과 추구가 만족되면 긴장을 내려놓고 휴식모드에 들어가거나 갈등을 협상해서 해결한다.

이점을 Kristin Neff의 Mindful Self-Compassin(MSC) 역시 인용하고 있지만, Neff는 구체적으로 다음과 같은 3가지 대안을 제시한 점에서 차이가 있다. 그것은 자기에 대한 부정적 판단에 대한 자기-친절(Self-kindness), 고독이나 고립에 대한 공동체적 인간애(Common humanity), 과도한 자기-동일시에 대한 알아차림(Mindfulness)이다(Neff, 2003). 이점은 한걸음 진보된 형식이다(Kristin Neff, Christopher Germer, 2018)

하지만 본 장에서 선택한 심리 이론적 기반은 스트레스 감정반응(F³)이다. 위협과 자기방어적 시스템은 공격적 반응인 공격형에 상응한다. 그러나 갈등을 회피하는 회피형이나 얼어붙는 경직형은 정서조절시스템으로는 설명되지 않는다. 오히려 감정조절시스템보다는 스트레스반응의 분류체계가 자기-자비의 치유적 필요성을 요청하는데 더 적절해 보인다. 아울러서 MSC과 비교할 때 MFCT가 치유전략으로서 감정포착, 감정발생의 원인 탐색, 충분한 감정경험과 명상을 통한 통찰, 갈등에 대한 소통과 문제해결이라는 5단계로 제시한 점은 고유한 특징이 된다.

세 번째는 의지형 영상관법(W-RIM)의 정체성 문제이다. 의지형은 감정형과 사고형과 함께 영상관법의 중요한 이슈이다. 의지형은 내적인 갈망을 탐색하고 그것을 현실에서 어떻게 성취할까 하는 문제와 연결된다는 점에서 행동치료(BT)나 현실치료(RT)적 접근과 유사하다. 여기서 현실적 문제를 파악하고 문제해결을 위한 접근으로서 의사소통의 중요성을 강조한 점은 MFCT의 고유한 특징이라고 할 수 있다.

참고도서

『阿毘達磨發智論』(大正藏26),

『解深密經』(『大正藏』16),

圓測, 『解深密經疏』(解深密經疏, 韓佛全1),

김지원, 이희경(2019), 「대학생의 자기자비가 갈등해결전략에 미치는 영향 인지적 공감의 매개효과를 중심으로」, 『청소년학연구』26(1).

인경(2005), 「염지관 명상」, 명상상담연구원.

인경(2008), 「유가행파의 유식영상관법」, 『보조사상』29.

인경(2008), 「영상관법의 심리치료적 함의─인지행동치료와의 비교하면서」, 『명상심리상담』2.

인경스님(2012), 『명상심리치료─불교명상과 심리치료의 통합적 연구』, 명상상담연구원.

인경(2014), 「영상관법의 현상학적 이해」, 『명상심리상담』11.

인경(2015), 「호흡명상의 심리치유적 효과─영상관법에 의한 상담사례를 중심으로」, 『한국불교학』75권,

Cannon, Walter B, W.W.(1939), *The wisdom of the body*, Norton & Company, inc.

Charles Muller(2011), "Woncheuk圓測 on Bimba本質 and Pratibimba影像 in his Commentary on the Samdhinirmocana-stitra", *Journal of Indian and Buddhist Studies* 59. 3.

Corr, P.J.(2008), Reinforcement Sensitivity Theory(RST): Introduction. In P.J.Corr(Ed.), The Reinforcement Sensitivity Theory of Personality(pp.1-43). Cambridge: Cambridge University Press.

Danielle J. Maack, Erin Buchanan and John Toung(2015. Development and Psychometric Investigation of an Inventory to Assess Fight, Flight, and Freeze Tendencies: Fight, Flight, Freeze Questionnaire, *Cognitive Behaviour Therapy*, 44. 2.

Gottman, John Mordechai(2004), *What am I feeling?* Parenting Press ; 『존 가트맨 식 감정 코치법: 내 기분이 어떤지 아세요?』, 존 가트맨 지음, 정창우 옮김, 인간사랑, 2007.

Gray, J.A.(1987), *The psychology of fear and stress*. London: Cambridge University Press.

Kristin Neff, Christopher Germer.(2018. *The Mindful Self-Compassion Workbook: A Proven Way to Accept Yourself, Build Inner Strength, and Thrive Paperback* – Illustrated, The Guilford Press.

Neff, K. D.(2003), The development and validation of a scale to measure self-compassion. *Self and Identity*, 2.

Nicola Kirkpatrick(2019), Fight Flight Freeze: How To Recognize It And What To Do When It Happens, https://www.betterhelp.com.

Monier Williams, *Sanskrit English Dictionart*(Oxford University Press, 1899),

Paul A. Gilbert, Kunzang Choden, 2015. *Mindful Compassion*. New Harbinger Publications Paperback.

제**9**장

영상관법과 우울증
단일사례연구

목차

* 출차: 김형록(인경스님), (2013), 알아차림 명상의 치유적 효과, 질적연구학회 질적연구Vol.14 no2. 수정 · 보완하여
  수록함.

요약

본 연구는 영상관법에 기반한 명상상담이 우울정서를 가진 연구 참여자(햇살님)에게 어떤 치유적 효과가 있는지 사례연구로 살펴본다. 이에 따른 주요 연구문제로는 (1) 주호소 문제와 그 원인이 무엇이며, (2) 명상적 개입의 결과로 주요 증상이 어떻게 변화되었고, 그 변화요인은 무엇인가 등을 탐색한다. 명상상담에서는 가급적 문제를 파악하고 노출을 돕는 공감과 지지적인 입장에 상담적 요소를 활용하고 직접적인 개입은 호흡명상과 느낌명상, 그리고 영상관법을 적용한다.

결과적으로 고객/내담자는 현실적인 상황을 그대로 수용함으로써 대인관계에서 숙모와의 갈등관계가 무덤덤한 수준으로 변화되고, 남자친구의 문제도 자연스럽게 정리되었다고 보고하였다. 만성적인 우울로 나타난 위염이 개선되고, 고통스런 신체현상도 축구공만한 답답함에서 마늘모양으로, 결국 ㄱ자 모양으로 작아져서 마침내 사라졌다. 또한 호흡명상의 알아차림, 느낌명상의 충분하게 머물러 경험하기, 영상관법의 반복된 노출과 내적 현상을 존재하는 그대로 지켜보기 등이 중요한 변화요인임을 확인하였다.

본 연구의 남겨진 과제도 몇 가지 있다. 첫째는 명상과 상담의 통합에서 지향점에 따른 다양한 유형을 탐색할 필요가 있고, 둘째는 본 사례연구에서 숙모나 남자친구와의 관계에 대한 직접적인 개입을 하지 않았지만, 이들의 관계가 자연스럽게 정리가 된 것은 현실에 대한 수용이 중요하게 작용했기 때문이었다. 그렇다면 수용은 어떻게 왜 발생하였는지 그리고 명상수행과는 어떤 관계가 있었지에 대한 부분은 좀 더 구체적인 연구가 요청된다. 셋째는 진로탐색과 가치작업 부분에 대한 영향. 넷째는 치유적 관계가 치료에 어떤 영향을 미쳤고, 해석의 객관성을 유지하기 위해 참여한 관찰자의 역할을 좀더 살펴볼 필요가 있다. 마지막으로 질적 연구방법론으로 활용되고 있는 현상학과의 관계이다. 판단중지하고 경험을 순수하게 그 자체로 경험하려는 이념은 명상과 현상학적 접근이 충분하게 서로 소통하고 공감을 이룬다. 하지만 상담이나 심리치료의 영역에서 현상학을 이끌어올 때 발생하는 판단중지와 개입간의 갈등을 어떻게 처리할 것인가 하는 부분은 중요한 과제이다. 이런 부분은 앞으로 보다 정밀한 논의가 이루어져야 할 것이다.

키워드 우울증, 사례 연구, 진로, 가치작업, 영상관법, 염지관명상, 호흡명상, 알아차림.

머리말 – 연구문제

1) 연구의 필요성

우울증은 DSM이 발간된 1952년에 공식화된 이후로 오늘날 정신적 감기라고 할 정도로 널리 알려진 대표적인 기분장애 가운데 하나이다. 본 장에서는 우울정서를 가진 연구 참여자의 단일사례연구를 통해서 '알아차림 명상의 치유적 효과'를 탐색한다. 우울증 치료에 대표적 전략은 약물치료와 인지행동치료 전략이 있지만 2000년 이후로는 명상치료나 명상상담 전략을 통해서 접근하는 방법이 증대하고 있다.

명상은 전통적으로 종교적인 성격을 가지고 깨달음이나 영적 체험을 위한 수행적 의미가 강조되었다. 최근에는 깨달음을 추구하는 전문적인 수행자만이 아니라, 상담이나 심리치료에도 적극 활용되고 있다. 임상상황에 따른 명상의 도입은 오랫동안 통제와 관리의 전략을 중시해온 인지행동치료적 전통에서 수용과 알아차림을 강조하는 새로운 패러다임의 출현을 의미한다. 인지행동은 우울 정서를 촉발시키는 생각을 바꿈으로서 우울감정을 변화시키려는 전략을 선택한다. 그러나 '생각바꾸기'는 생각만큼 쉽지 않고 현장에 접촉하면 다시 예전의 습관화된 생각으로 되돌아가곤 한다. 무엇보다도 자신의 신념체계를 고수하려는 고객/내담자와의 저항이나 갈등에 봉착할 수가 있다.

반면에 명상은 우울정서를 촉발시키는 부정적 생각을 바꾸려는 의도적인 시도를 하지 않는다. 감정이나 생각을 있는 그대로 관찰하고, 그것을 변화시키려는 의도를 갖지 않는다는 측면에서 메타-자각을 강조한다. 이런 경향을 수용전념치료(Acceptance & Commitment Therapy; 이하 ACT로 약칭함)에서는 '제3의 물결'로 비유했다.(Hayes, Follette, & Linchan, 2004) 더 나아가 심리학자들은 행동치료와 인지치료적 관점과 분명하게 구분하여 '명상치료(Mindfulness Therapy)'라고 부른다(Siege, Germer, & Olendzki, 2009). 미국의 심리치료 네트워크 조사에 의하면(Simon, 2007) 현장에서 명상치료를 사용하는 전문가들이 41.4%, 인지행동치료가 68.8%, 정신역동/정신분석치료가 35.4%로 보고되고 있다. 이것은 명상치료가 정신분석치료를 추월하면서 급속하게 대두하고 있는 동향을 보여준다.

우울증치료는 약물치료보다 인지치료가 더 효과가 있다는 1970년대 연구결과(Russ, Beck, Kovac, & Hollon, 1977) 이후로 약물치료와 함께 인지치료가 널리 사용되고 있다. 하지만 1990년대에 명상적 요소가 첨가되면서 새로운 전기를 맞게 되었다. 이것은 매사추세츠 대학교 의료센터의 Jon-Kabat Zinn과 그 동료들이 다양한 임상상황에 적용할 수 있는 '명상에 기초한 스트레스 감소 프로그램(Mindfulness Based Stress Reduction; 이하 MBSR로 약칭함)'을 개발하면서 시작되었다(Jon-Kabat Zinn, 1990). 이런 경향은 곧 우울증치료에도 영향을 주면서 전통적인 인지치료(Cognitive Therapy)와 새롭게 등장한 MBSR에서 사용한 명상요소를 통합한 '명상에 기반한 인지치료(Mindfulness Based Cognitive Therapy; 이하 MBCT로 약칭함)'가 개발되었다(Segal, Williams, & Teasdale, 2002). 특히 MBCT는 우울증의 재발방지에 초점이 맞추어졌다. MBCT에 대한 경험적 평가는 2번 이상 주요 우울삽화를 경험한 환자 145명(실제로는 77%가 3회 이상 경험)을 대상으로 이루어졌다(Ma & Teasdale, 2004). 이 결과 MBCT는 두 번의 우울삽화를 경험한 환자들은 54%, 세 번 이상 우울삽화를 경험한 환자들의 경우는 36%의 재발율을 보여주었다. 이것은 통상적인 우울치료가 두 번 이상을 경험하는 경우가 56%, 세 번 이상의 재발율이 72%인 까닭에 MBCT는 세 번 이상의 우울 환자에게 상당한 수준에서 재발위험을 제거한 것으로 보인다. 이것은 우울증 치료에 대한 명상적 접근이 만성적인 우울환자에게 매우 효과적임을 시사한 것이다.

국내에서는 MBSR나 MBCT와 같은 외국에서 개발된 프로그램을 수입하여 우울, 불안, 공격성과 같은 다양한 맥락에 적용한 연구가 진행되었다. 하지만

MBSR이나 MBCT에 기초한 연구는 기존 외국의 연구에 의존되어 있고 그 성과에서도 크게 벗어나지 못하고 있다. 특히 호흡명상이나 바디스캔 명상을 중심으로 이루어지면서 구체적이고 개인적 문제에 대해서는 직접적으로 다루지 못하는 약점을 보인다.

이들 프로그램들은 단지 명상적인 요소만이 개입에 사용하고, 고유한 '개인'적인 문제를 다루지 않는다. 대부분 통제된 상태에서 명상 프로그램을 진행하고, 우울과 불안과 같은 증상에 대한 사전 사후 검사로 그 효과성을 검증하는 '집단'적인 통계에 기초한 연구가 주류를 이룬다. 그렇다 보니 내담자의 문제나 증상에 대해서 명상의 어떤 요소가 어떻게 영향을 주고 있는지에 대한 정보를 제공하지 못하는 경향이 있다. 현실을 살아가는 내담자들은 필연적으로 현실적인 문제를 상담실로 가져오기 때문에 특정한 현실 경험에 대해서 어떻게 경험하는지에 대한 상담적 접근을 배제할 수 없을 것이다.

최근에 명상에 상담적 요소를 통합하여 외국에서 개발된 명상치료 프로그램의 약점을 보완하려는 노력이 있다. 이것을 본 연구에서는 '명상상담'으로 개념화한다. 이를테면 '염지관', '영상관법'과 같이 명상에 기초하면서도 개인의 구체적인 현실문제에 직접 개입하는 상담과 통합된 사례연구가 그것이다. '염지관' 명상에 기초한 우울증 연구(김말환, 2007)는 군병원에 입원한 환자들을 대상으로 연구한 것으로 호흡명상과 느낌명상에 초점을 두면서도 상담적인 요소를 채택하는 명상상담적 관점에서 개인적 문제를 다루었다. 그렇지만 통제된 병원이고 집단적 성격이 강하고 또한 대상자들이 약을 복용하는 관계로 자기보고에 결점이 드러나면서 우울증상의 구체적인 변화과정을 충분하게 잘 보여주지 못하는 약점이 있다. 반면에 우울증을 가진 중년여성을 대상으로 연구한 '영상관법' 프로그램의 경우(이영순, 2012)는 오히려 상담요소가 너무 많이 개입되어 있다. 특히 역할극이나 심리극과 같은 명상 외적인 요소도 함께 적용되었기에 순수한 명상적 개입이라고 평가하기 힘들다.

간단하게 국내외 명상치료나 명상상담 관련 연구들을 조망하여 볼 때 병원을 중심으로 이루어진 이런 대규모 집단연구는 전체적인 맥락에서 매우 중요하고, 명상치료의 효과성을 통계적으로 증명하는 장점이 있다. 그렇지만 질적인 측면 곧 명상의 어떤 요소가, 구체적으로 어떻게, 왜 우울증에 영향을 주는지에 관한 정보가 매우 부족한 실정이다.

그러므로 무엇보다 첫째로 집단연구보다는 단일사례연구의 필요성이 있다. 둘째는 연구대상을 선정함에 있어서 병원의 통제된 상황보다는 자연스런 상태 곧 일상의 생활을 유지하는 연구 참여자가 필요하다. 셋째는 시간의 흐름에 따라서 명상의 효과가 어떻게 나타났는지에 대한 양적인 측정뿐만 아니라, 왜 치유적 효과가 있는지에 대한 질적 접근의 혼합연구가 요청된다.

이런 필요성에 의해서 본 연구는 기존의 연구 성과를 계승하면서 집단보다는 연구 참여자의 단일사례(n=1)를 중심으로 호흡명상이나 느낌명상을 영상관법에 통합한 명상상담 접근을 통해서 우울경험과 그 변화요인을 탐색하는데 목적을 둔다.

2 | 연구문제

첫째, 연구 참여자의 주된 우울경험은 무엇이고, 그 원인은 무엇인가?
둘째, 우울의 주호소 문제가 어떻게 변화되었고, 알아차림 명상의 변화요인과의 관계는 어떠한가?

2

연구방법

1) 연구 참여자의 선정

연구자는 연구의 목적으로 필자가 운영하는 명상수련 집단 참여자들에게 내담자를 구한다는 공지를 했다. 공지를 듣고서 신청한 4명의 신청자를 면담하여 적절한 인물로 2명을 결정하여 상담을 진행하였다. 한 분은 분노의 문제를 가지고 있었지만 생각보다 심각하지가 않아서 4회 상담으로 마무리를 했다. 다른 한 분은 심각한 수준의 입원해야할 환자는 아니지만, 상당히 오랫동안 우울증으로 일상생활에서 힘들어했고 또한 8회까지 상담을 했기에 본 연구 보고서의 사례로 결정을 했다.

본 연구 참여자는 종교가 불교이고 절에서 청소년 법회를 돕는 교사로 활동도 하는, 28세의 미혼여성이다. 앞으로 연구 참여자를 호칭할 때는 '햇살'이란 별칭을 사용하기로 한다. 햇살님은 우울정서에서 벗어나 햇살을 보고 싶어 하여 스스로의 별칭을 햇살로 정했다. 햇살님은 5살 어린 나이에 부모의 이혼으로 엄마에 의해서 고아원에 맡겨졌다가, 8살 무렵에 아버지가 찾아와서 할머니와 숙모에게 양육되었다. 이후로 햇살님은 동생의 소식을 알지 못했다. 아버지와는 1년에 한두번 연락을 하지만 엄마와는 만난 적이 없다고 말했다. 어린 시절의 유기 경험은 햇살님의 우울 경험에 깊게 관계된 부분이다.

연구 참여자의 명상경험은 본 상담을 실행하기 이전 2012년 가을부터 필자가 운영하는 명상집단에 참여하였고, 2013년 1월에는 4박 5일 명상수련회에 참여한 경험을 가지고 있다. 본 상담은 2013년 2월 25일부터 4월 22일까지(사이에 한 번 빠짐), 1주일에 1회 상담으로 2시간씩 총 8회를 진행하였다. 본 상담을 시작하면서 필자가 운영하는 수요일 명상반에서 주 1회 2시간씩 호흡명상을 별도로 수련하였다.

본 연구는 우울정서를 가진 연구 참여자에게 '명상상담'을 적용한 질적 사례 연구이다. 명상상담(Meditation Counseling)이란 '특정한 증상에 대해서 치유적 목적으로 행하는 명상에 기초한 상담적 개입'이라고 정의 한다. 이것은 알아차림 명상(mindfulness meditation)에 기초한 상담으로 다음과 같이 고집멸도에 기반한 명상상담 4단계로 이루어진다(인경, 2011; 장금주, 2012). 첫째는 '공감과 지지적 단계'이다. 이때 주로 사용하는 기술은 주호소 문제에 대한 적극적 경청과 반영적 되돌려주기이다. 둘째는 '명료화 단계'로서 문제와 그 소재에 대한 분명한 인지적 자각을 목적으로 한다. 여기서 주로 사용하는 기술은 마음현상(감정, 생각, 갈망)에 대한 분석과 증상의 발생에 대한 체계적 이해이다. 셋째는 '체험적 단계'로 중요한 사건에 대한 재경험, 증상에 대한 노출을 통한 통찰의 단계이다. 이때 주로 사용한 명상의 기술이 '영상관법'이다. 마지막 네 번째는 앞으로의 과제를 다루는 '행동적 접근'이다. 새로운 행동을 모색하고 실천하는 계획을 세운다.

명상상담은 명상과 심리상담이 결합된 형태이다. 본 연구에서는 상담적 이론이나 기술적 요소는 지지와 공감, 주요 문제에 대한 명료화에서 활용하고, 반면에 명상적 요소는 치료적 혹은 치유적 개입전략에 적극적으로 활용하였다. 증상을 진단하거나 문제를 파악하고, 원인을 분석하는 일은 서구에서 개발한 상담적 도구들을 도입하여 사용하지만 문제의 변화에 대한 개입의 상황에서는 명상적 접근에 초점을 맞추었다. 명상적 접근은 현재의 경험내용을 '알아차리고(sati, 念)', 충분하게 '머물러(samatha, 止)', 그 변화를 '지켜보는(觀, vipassanā)' 3단계로 정의한다(인경, 2005) 이들의 관계는 독립된 명상수행이나 치료적 기술로 사용되기도 하고, 서로 유기적인 관계를 가지면서 하나의 과정 혹은 체계로서 운영하기도 한다. 여기서는 독립적으로 활용할 때 '알아차림'의 경우는 호흡명상으로, 충분하게 '머물기'는 느낌명상으로, 변화에 대한 '지켜보기'는 영상관법으로 한다. 유기적인 체계로서는 호흡명상과 느낌명상을 영상관법에 통합하여 하나의 체계로서 활용한다. 영상관법은 증상이 잘 나타난 사건을 현재의 시점에서 영상으로 떠올려서 탐색을 하고, 그 결과로 나타난 신체의 느낌에 머물러 충분하게 느껴보는 느낌명상을 실시한 다음, 호흡으로 돌아와서 안전한 상태로 마친다.

3) 자료수집, 분석방법

자료수집은 주로 면담의 방법을 사용하고 모든 내용은 녹음하여 상담 축어록으로 산출하였다. 면담과 상담은 본 연구자의 연구실에서 3차에 걸쳐서 이루어졌다. 기간은 1차는 2013년 1월 명상수련회, 2차는 2월 25일부터 4월 22일까지 주1회에 상담하면서, 3차는 같은 기간 수요일 저녁 명상반 활동 시간에 이루어졌다. 본 상담을 실시하기 전에 면담에서 사용한 질문내용은 연구의 목적과 동기를 설명하고 연구에 참여할지 여부, 연구에 참여하게 된 동기, 어떤 부분이 힘들고 도움을 받고 싶은지, 주호소 문제에 대한 과거력, 명상수행을 언제부터 시작했고 그것의 개인적 효과성에 대한 소감 등을 물었다.

수집된 자료에 대한 분석의 방법은 일반적으로 널리 알려진 코딩(수집), 범주화(분류), 의미해석의 3단계로 나누어서 진행하였다. 첫째는 일단 상담 축어록을 중심으로 개입의 준거틀로서 명상상담의 4단계를 중심으로 회기별로 제1차 코딩작업을 하였다. 둘째는 반복적으로 축어록을 읽어보면서 우울정서와 관련된 알아차림, 머물기, 지켜보기에 의한 명상의 개입부분과 연구문제에 초점을 맞추어 주제별로 범주화하고 편집하였다. 마지막으로 의미해석의 단계에서는 체크리스트 결과에 대한 해석과 함께 효과에 대한 명상상담의 요인분석을 체계적으로 진행하였다.

4) 타당성 확보와 윤리적 고려

본 연구에서는 신뢰도와 타당성 확보를 위해서 첫째는 호흡명상, 느낌명상, 영상관법에 대한 의미를 정확하게 정의하고 연구자의 개입과 연구 참여자의 반응에 대한 축어록을 제공한다. 이렇게 함으로써 제3자도 반복적으로 시행할 수 있을 것이다. 이점은 신뢰성을 확보하는 질적 사례연구의 최대한 장점이다. 둘째는 양적 연구에서 자주 사용하는 체크리스트나 검사지를 병행하여 사용한다. 질적·양적 접근을 비교하여 공통된 특성과 차이점을 검토함으로써 현상에 대한 보다 타당한 해석을 제공하려고 노력한다. 마지막으로 자료를 수집하고 해석함에 있어서 연구 참여자의 승인 아래 관찰자(박사과정 학생)를 두었고, 보고서 작성에 연구 참여자의 의견을 적극적으로 반영한다.

본 상담을 위해서 연구 참여자의 상담신청서를 받았고, 연구의 목적을 위해서 자료수집과 출간에 대한 서면 동의서를 받았다. 연구 참여자의 개인적인 정보를 보호할 목적으로 최종 보고서는 연구 참여자의 사전 확인을 받아서, 사적인 부분은 보고서에서 제외하거나 약간의 편집을 하였다.

3
연구결과

1) 주호소 문제는 무엇인가?

1 우울정서

햇살님이 상담에 참여한 주요한 요인은 우울이다. 가족관계에서 거의 10년 동안 우울로 인하여 많이 힘들었다고 보고한다. 분노도 있지만 우선적으로 우울이 문제이다.

> (우울을) 말할 때 그런 거 안 올라오는데, 혼자 있을 때, 드라마를 본다든지, 그냥 혼자 있을 때, 그렇게 욱하고 올라와요...이때 우울하고 굉장히 슬퍼요. 한창 우울함을 많이 겪었었거든요...근 10년 가까이 우울했던 거 같아요. 십대 후반 이후로....(1회기)

햇살님의 주호소 부분이 우울정서인 까닭에 우울체크리스트로 검사하였다. Burns의 우울 체크리스트(David D. Burns, 1980)는 생각과 감정, 활동과 대인관계, 신체적 징후, 자살에 대한 주장 등 4영역을 체크하고 총점은 100점 만점이다. 햇살의 검사결과는 46점이 나왔다. 여기에 의하면 햇살님의 우울의 수준은 보통의 우울과 심한 우울의 중간 지점에 위치한다. 하지만 실제 면담에서는 자신의 우울에 대해 체크리스트의 결과보다는 심한 수준으로 보고한다.

> 상담자(이하 T로 약칭함): 우울 정도는 얼마나 되지? 90-100? 아니면?
> 햇살(이하 P로 약칭함): 90-100은 아니고요. 지금은 60-70정도 되는 거 같아요.

T: 60-70 정도.

P: 작년에는 90-100이었어요.

T: 작년은 90-100정도였다면, 올해는 많이 개선되었네. 작년에는 진짜 우울했고 올해는 견딜 만하다. 이 말인가?

P: 그렇죠. 지금은 견딜만하죠. 그냥 무덤덤해진 것도 있고. 그리고 숙모님도 예전만큼 절 다그치지 않으시니까요.(제2회기)

우울 스트레스와 불편감이 작년에는 90-100정도였는데 올해는 명상공부를 하고, 같이 동거하는 숙모와의 갈등관계가 소원해지면서 60-70정도로 낮아졌다. 여기서 주목되는 점은 우울 체크리스트에 의하면 햇살님의 우울 수준은 '보통(46)'에 속하지만, 상담을 통해서 스스로의 우울에 대한 평가는 매우 '심한' 우울로 판단한다. 이것을 어떻게 해석해야 할까? 이런 부분은 질적 연구와 양적 연구의 차이점의 하나이다. 체크리스트에 나타난 지수가 일반적이고 보편적인 우울의 특성(trait)을 보여준다면, 반면에 질적인 접근에서 스스로 체감하는 우울강도는 이보다 높다. 구체적인 상황에 노출되는 에피소드 상태(state)가 표현된 것으로 이해할 수 있다.

- 솔직히 작년 만해도, 작년 중반 명상공부하기 전만해도 불안하고 거의 우울 했죠. 매일 매일이 슬프고 우울 했죠. 그리고 분노는 가끔 한 뭐 2~3일에 한 번 씩...(1회기)
- 뭐가 뜻대로 안 되거나, 내가 당했다는 생각이 들면, 조금 편한 사람한테는 막 표출이 되요...그 사람이 잘못한 게 아닌데, 화났던 게...그 사람한테 그냥 쏘아 붙이는 거 같더라구요.(1회기)

햇살님의 정서적인 과제는 우울과 분노이다. 이들은 가족관계에서 오는 '분리 불안'에서 비롯되었고, 자신에게 향할 때는 우울로 나타나고 밖으로 향할 때는 분노로 나타나고 있다. 여기서 '그 사람'이란 남자친구를 말한다. 지금은 소원해진 관계로 이 부분은 마지막 8회기에 더 많은 말을 했다. 아마도 처음에는 부끄러워서 미처 말하지 못하고 상담관계가 좀 더 편안해지면서 자연스럽게 노출되었다고 본다. 이런 부분은 상담관계를 만들어가는 과정에서 노출에 대한 부담감이 있었음을 보여준다. 그럼에도 불구하고 햇살님의 강점은 스스로의 위기를 극복하려는 의지가 높았다. 특히 작년 가을부터 시작한 명상의 효과에 대한 신뢰를 갖고 있었다. 이런 점들은 명상적 개입전략을 가진 상담자와의 초기 라포 형성에 도움을 주었다.

❷ 신체증상

햇살님은 10대 후반 이후로 근 10년 동안 우울한 상태가 지속되었다. 이런 경우는 반드시 신체화된 증상이 있게 마련이다. '신체적인 징후가 어떻게 나타났는가'는 바로 우울의 정도를 평가할 수 있는 중요한 진단기준이 된다.

- 가슴이 답답한 것, 굉장히 오래 앓았어요. 만성으로 앓았거든요. 6년, 7년 앓았어요. 예전에는 등이 같이 아팠는데, 등은 없어지고 지금은 가슴이 아파요...집에 가도 반기는 사람이 없고(1회기)
- 예전에 가슴에 진짜 축구공만 한 게 있었어요. 너무 답답해서 소화도 안 되고 원래도 속이 안 좋았고, 화병이 있었던 것 같아요.(3회기)
- 위염이 있어서, 만성 위염이었거든요. 그래서 약을 먹었고, 조금 괜찮아지면 안 먹고 이랬는데 나중에는 약도 안들을 때가 있었어요. 그래서 효소도 먹고, 좀 단식도 하면서 조절을 했어요...가슴으로 제대로 못 느꼈어요. 항상 여기에 뭔가 들어차 있는 것 같고, 숨도 차고 답답하고 막 굉장히 불편했어요. 이렇게 근 7-8년, 10년 정도 이렇게 살았어요.(8회기)

햇살님은 거의 10년 동안을 신체적인 징후로 고통받다. 이것은 가족관계에서 숙모님과 함께 했던 시기와 일치한다. 그것들은 주로 가슴에 답답함, 막힌 듯함, 축구공만 한 게 무엇이 꽉 찬 느낌이다. 또한 위염에 걸려서 오랫동안 약을 먹었고, 단식을 하면서 고치려고 노력을 계속하여 왔다. 이런 부분은 체크리스트에서 잡히지 않았던, 상당히 심각한 증상으로 평가할 수가 있다. 신체 느낌의 변화는 명상상담의 중요한 목표 가운데 하나이다.

2) 우울경험의 원인은 무엇인가?

햇살님의 우울발생 원인에 대해서 상담 축어록에 대한 1차 개방코딩에 나타난 관련 자료를 2차적으로 다시 범주화했다. 그리고 가족치료, 인지치료, 애착이론 등의 세 관점에서 분석하고 해석하였다.

❶ 가족관계

햇살님의 가족관계를 한눈에 볼 수 있는 것이 <그림9-1. 나-중심 가계도>이다. 이것은 청소년기를 기준으로 그린 것이다.

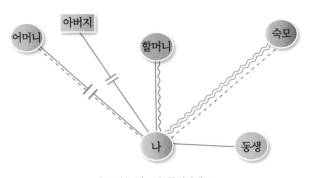

| 그림9-1 | 나-중심가계도

참고로, 위의 '나-중심가계도'는 필자가 개발한 방식이다. 보웬의 다세대 가계도 보다 개인적 역동 관계를 선명하게 보기 위함이다. <그림9-1>에서 ──은 친밀감, - - -은 소원, ⌇⌇은 갈등을 나타낸다. 여기서 의하면 햇살님은 부모와는 단절된 유기상태이다. 그나마 할머니와 가깝지만 불편함도 함께 가지고 있다. 반면에 동거하는 숙모와는 심한 갈등관계를 보인다. 여기서 가장 큰 특징은 가족들과의 관계가 단절되었거나 거리가 멀리 떨어져 있다는 점이다. 햇살님은 고아원에서 지내다가 아버지에 의해서 8살 이후로 할머니에게 맡겨졌다(조손가족). 이후로 햇살님은 가장 행복한 시절을 보냈던 것 같다. 할머니는 손주를 매우 사랑하였다. 햇살님을 '매우 예뻐해 주셨고, 잘 때는 데리고 주무셨다. 이때는 행복했고 참 좋았다.'(1회기) 그런데 햇살님이 고 3학년 때에 작은 아버지와 숙모랑 같이 살게 되면서, 문제가 발생하였다.

- 근데 그건(우울) 저희 숙모님하고 연관이 많이 돼 있어요...(사촌)여동생한테는 무조건 호응하고 특히 밥상에서 더 그래요. 내 이야기는 한마디도 없어요. 제 이야기를 하면요, 말도 못하게 하고 막기만 하고 조용히 하라고 하고...근데 동생이 어떤 이야기 하면 친구처럼 편안하게 잘 들어주는 느낌이라고 할까. 그런 거 너무 많이 경험해가지고 너무 대놓고 그게 보여요.(1회기)
- 왜냐하면 그게 시발점이예요. 모든 저의 슬픔, 우울...그러니까 뭐라고 해야 하지? 숙모님하고 틀어지니까, 다 틀어지는 거예요. 관계가 그러니까 할머니하고 틀어질 수밖에 없고 제 자리가 없으니까, 동생이 우습게 여기고 그런 게 있죠.(2회기)

햇살님의 우울은 바로 숙모와의 관계가 시발점이다. 햇살님은 숙모는 자기 딸은 무척 예뻐하면서도 햇살님에 대해서는 무조건 꾸짖기만 하고, 강하게 거부한다고 느낀다. 할머니와 햇살님 사이에 숙모가 끼어들면서 가족 내에서 햇살님의 자리가 없어졌다.

- 할머니도 어느 순간부터 (우울해하고, 분노를 터뜨리는) 저를 피곤해하시더라고요. 제가 약간 고집을 꺾지 않는 부분이 있거든요. 아니라고 생각했을 때 그럴 때,...그때 할머니도 '너는 애가 왜 그러니.' 하시면서 그렇게 말씀 많이 하시죠. 예전에는 저를 너무 예뻐하셨는데 또 이제는 그 반대가 되신 거 같아요.(1회기)
- 하...(우울이) 불쑥불쑥 찾아온다고 하는 게 좋을 것 같아요. 문득은 드문드문이고요. 불쑥이 맞을 거 같아요...네 불쑥불쑥 그게 맞는 것 같아요. 제가 숙모님이 없는 공간에서 좋은 데요...숙모님이 있으면 막 불편해요. 그 자리가 너무너무 그것 때문에 할머니하고도 너무 많이 다퉈야 하고, 그런 것들...(2회기)

햇살님을 우울하게 한 것은 숙모님과의 관계(견제)로 인하여 애착의 대상인 할머니와의 관계가 소원해진 것이다. 이게 힘들다. 햇살님에게 숙모의 이미지는 어떻게 그려질까? 햇살님은 숙모를 못된 사람으로 사악한 악마로 표현하기도 한다.(4회기) 아마도 지난 10년 오랫동안 불편한 관계를 유지해온 결과가 아닌가 한다.

❷ 침투하는 생각들

인지치료에서 특정한 생각이 우울과 같은 정서적 반응을 발생시킨다고 할 때(Beck, 1979), 햇살님에게 가족 관계나 대인관계에서 우울을 불러일으키는 생각들은 어떤 것들일까? 일단 우울한 경우에 어떤 생각을 했거나, 하고 있는지와 관련된 생각들을 나열해보면 아래와 같다.

- 세상을 사는 게 너무 슬픈 것 같아요.(1회기)
- 그냥 다들 너무 애쓰고 힘들게 사는 게 제 눈에 그렇게 보이나 봐요.(1회기)
- 그냥 제 처지가 너무 불쌍한 것 같아요.(1회기)
- 제가 좀 동떨어져있다는 생각이 들 때.(2회기)
- 나는 하늘에서 뚝 떨어진 애 같다.(3회기)

이것들은 자기 자신에 대한 지각들이다. 엄마와 살았지만 곧 고아원에 보내졌고, 할머니의 사랑을 받았지만, 다시 숙모가 끼어들면서 10대 후반 이후 근 10년 가까이 우울하게 지내왔다. 최근엔 남자친구하고도 소원해지면서 더욱 힘들다. 이때 불쑥불쑥 찾아오는 생각들은 자신의 처지, 곧 '어디에도 속하지 못한', '불쌍하고, 동떨어지고', '하늘에서 뚝 떨어진 애'라는 생각이 자꾸 반복된다. 어디에도 소속되지 못한, 잃어버린 아이로서 동떨어진 외톨이라는 자기-지각은 타인과 세상에 대한 인식에도 적용된다. 여기서 세상은 자신이 살아가는 집이기도 하고, 다른 사람과의 관계의 어려움이기도 하다.

- 집에 들어가면 그런 기운이 막 느껴져요. 숙모하고는 너무 안 맞더라구요.
  (1회기)
- 한 번도 (내 의견이 숙모님에게) 받아들여진 적이 없고, (나를) 굉장히 불쾌해하셨고 (내게) 굉장히 화만 내셨는데, 다른 사람이 그런 이야기를 하면 아주 흔쾌히 받아들이는 것 같다.(2회기)
- (가족 내에서) 제가 낄 자리가 없고 제가 발언권이 없고, 그런 느낌인 거죠.
  (3회기)

이것들은 가족관계에서 특히 숙모와의 갈등에서 자주 하는 생각들이다. 자기 딸만을 더 사랑하는 숙모님의 행동은 이해된다. 그렇지만 너무 하는 것 아닌가. 집 안에서 모든 권한을 다 가지고 있으면서 왜 그럴까. 햇살님은 숙모의 태도에 대해서 이해가 잘되지 않는다.

- (숙모님도 이상하게) 저희 할머니에게 애정을 갈구하시는 것이 너무 크신 거 같아요...독차지 하려고 하시는 거 같아요. (6회기)
- 근데...(숙모님이) 할머니하고 함께 같이 계신 모습을 보면 문득문득 화가 치솟아

올라와요. 그럴 때 좀 강하게 올라오더라고요. 한 60-70씩 막 팍팍 올라와요. 그냥 막 혈압 오르듯이 팍팍 올라가요. 얼굴이 막 울그락, 불그락 되고(8회기)

상담의 중후반부에서 더욱 명확하게 보이는 부분은 햇살님의 우울의 본질이다. 겉으로는 집안에서 경제권을 쥐고 있는 숙모와의 갈등이지만, 실제로 할머니의 관심을 받지 못한 부분이 매우 크다. 숙모로 인하여 할머니의 사랑을 받지 못한다는 판단이 잠재의식에 있다. 이것은 상실감, 박탈감이다. 이럴 때 분노가 마구 일어난다. 이것들은 오래 심리적 역사를 반영한다. 엄마와 살았지만 곧 고아원에 보내졌다. 나중에 할머니의 사랑을 받았지만 다시 숙모와의 삼각 관계에서 버림받은 느낌이 오면 바로 우울로 분노로 경험된다.

3 애착의 단절

부모의 이혼으로 햇살님은 가족으로부터 버림을 받고 할머니가 돌보아주었다. 햇살님은 엄마에 대한 기억은 거의 없다. 상담의 후반부에서 자신의 엄마에 대해 기억나는 부분을 조금 이야기했을 뿐이다.

- 아, 이거(손) 보면 데어서 상처가 있는데요. 어렸을 때 아주 어렸을 때 저희 어머니가 이렇게 커피포트의 물을 쏟으신 거예요. 근데 그럼 병원에 데려가서 응급처치해야 할 텐데...(아직도) 이게 보면 이게 응급처치가 안 된 상태가 나타나요. 이럴 정도로 아이를 보살필 수 있는 그런 분이 아니셨던 거예요. 제가 생각하기에 아마 제가 태어나서 어머니의 사랑을 못 받았을 것 같아요.(8회기)
- 어머니한테 그런 거를 못 받아 봤을 거라고 그래서 분리가 되면 불안하고, 그건 제가 느끼는데 원초적인 그런 거 같아요. 원초적인 본능인 거 같아요. 정말. 어머니한테 눈도 마주치고 이런 걸 했었어야 하는데 그 제일 중요한 시기에 그것이

안 되었던 게 아닌가. 그런 느낌이 좀 들어요.(8회기)

엄마에 대한 기억이 많지 않다. 정확하게는 자신을 고아원에 맡긴 엄마에 대한 좋은 기억은 별로 없다. 엄마는 잘 돌보아주지 않았고, 특히 눈 맞춤을 잘 안 해주신 것 같다. 그래서 더욱 햇살님은 누군가의 사랑을 원초적인 본능으로 갈망한다. 어쩌면 무의식 속에 자신을 고아원에 맡긴 엄마에 대한 분노가 자리 잡고 있는지 모른다.

- 하여튼 내 뜻대로 받아들여지지 않는구나, 내 뜻이 하나도 소용이 없구나...이런 생각이 들면, 분노가 엄청 분노가 일어나요. 거절당했다는 이런 생각이 드는 거 같아요. 폭풍처럼 일어나요. 걷잡을 수 없이.(1회기)
- 실질적으로 제가 서포트를 받는 그런 사람이 없어요. 보호받지 못한 느낌...모든 사람들을 그렇게 보는 경향이 생겼어요. 제 사고가 삐뚤어졌는지 피해의식이 많은 건지...보통 수준을 넘어서 생활에 피해를 줄만큼 그랬던 것 같아요.(1회기)

애착관계에서 버림받고 거부당했다고 느끼면 견딜 수 없는 분노가 일어난다. 이게 햇살님이 대인관계에서 자주 경험하는 중요한 특징이다. 이것은 청소년 법회에서 교사 활동을 할 때도 나타났고, 특히 남자친구를 알게 되면서, 그리고 그 관계가 소원해지면서 극단적으로 표출되었다. 스스로 놀랄 만큼, 알 수 없는 또 다른 나가 내 안에 있다.

- 확신할 수 없다는 생각이 들고 더 힘들기 전에 여기서 그만 두자. 아, 이런 자격지심이 있는 거 같아요.(5회기)
- 불교학생회 자원봉사 교사활동 하면서 중요한 학생이 나오지 않자 저는 속이 타들어가고 피가 마르더라고요...제가 막 멘붕이 되는 거예요. (나중에 연락이 되

자) 말할 때 제가 말을 무섭게 하더라구요...제가 나쁜 말을 하면 상대방을 힘들게 한데요.(7회기)

- 남자친구에게 제가 놀랠 정도로...경계선이 다 무너지고. 그래서 막 화가 나면 소리도 지르게 되고, 되게 히스테리로 변하게 되는 때도 있고 그러더라고요. 제가 그래서 스스로 그때 되게 많이 놀랐고...음, 좀 많이 힘들었죠. 근데 연락이 안 되는 것이 제일 힘든 거 같아요. 하여튼 간에.(8회기)

이것은 햇살님의 대인관계 방식, 분리불안을 잘 보여주는 사례들이다. 무리에 끼기 싫어하고 확신이 들지 않으면 미리 그 자리를 피해버린다. 하지만 반대로 편안한 대상이나 애착대상에 대한 심한 집착과 가혹한 공격적인 성향을 보여준다. 자격지심으로 무리에 함께 섞일 수가 없고, 혼자라면 외로움으로 견딜 수가 없다. 이것은 유기도식, 곧 그 애착의 단절에서 비롯된 것으로, 이런 모순된 대인관계 방식에서 햇살님은 스스로 힘들어하고 우울해한다.

이상의 범주화에 의한 논의를 요약 정리하면, 햇살님의 우울과 분노의 뿌리는 어린 시절의 유기경험이다. 다행히 청소년기에는 할머니 덕분에 행복했다. 그러나 다시 청소년기 이후로 숙모와의 갈등과 최근에는 남자친구와 소원해진 관계로 힘들었다. 햇살님은 관계에서 단절되거나 소원해지면 곧 연락이 되지 않으면 너무나 견딜 수가 없다는 말을 자주 한다.

이것이 햇살님의 우울[苦]과 그 우울발생의 메커니즘[集]을 잘 설명해주는 핵심 진술들이다. 그 특징은 자신의 의견이 수용되지 않거나 거절되거나 버림받는 느낌이 들면 처음엔 세상이 끝난 것 같은 충격을 받고, 이로 인하여 공격적으로 분노를 표출한다. 그리고 그 결과로 사람과의 관계가 소원해지면서 우울을 불쑥불쑥 스스로 재경험한다.

분리단절 → 분노표출(공격 혹은 회피) → 대인관계 소원 → 우울경험

이런 메커니즘은 어린 시절의 기억과 연결되고 특히 애착의 대상과는 가감 없이 그대로 노출된다. 이를테면 보호를 받지 못하고 버려졌다는 느낌이 들 때, 분노한다. 그러나 반대로 다른 사람과 편하게 말을 못하거나 섞이지 못할 때는 자신의 처지가 불쌍하고 하늘에서 뚝 떨어진 애라는 생각으로 자꾸 우울해진다. 햇살님은 상담을 끝내는 과정에서 솔직하게 사랑하기보다는 사랑을 받고 싶다고 말한다. 이 것은 가족관계에서 버림받은 기억이 있는 햇살님으로서는 매우 당연한 정서적 보상의 강한 욕구이다. 하지만 이것은 동시에 스스로 어떤 자격지심으로 사랑받지 못할까 하는 숨겨진 두려움을 표현한 것이기도 하다.

3 | 어떻게 변화되었는가?

주호소문제가 어떻게 변화되었는가는 치료 혹은 치유의 과정에서 중요한 관심사이다. 햇살님의 우울을 평가하고 변화를 조사하는 방법으로는 우울체크리스를 활용하고 구체적인 사례에서는 면담 축어록을 조사하였다. 다행히 햇살님도 자신의 상태를 보고할 때 대부분 명상 공부를 시작하기 이전과 명상을 적극적으로 공부한 후의 상태를 자주 비교해 보고하여 주었다. 그래서 자연스럽게 <그림9-2. 변화결과>를 작성할 수 있었다. 첫 번째 작년 가을 명상공부하기 이전(2012년 9월, 파란색), 두 번째 상담을 시작할 무렵(2013년 2월 25일, 빨간색), 세 번째 상담이 끝날 때(2013년 4월 22일, 연두색)의 세 시점(ABC설계)으로 점검할 수 있었다.

❶ 우울 체크리스트

Burns의 우울 체크리스트 결과 상담 초기에는 '보통'의 우울인 46점이었고 8회 상담을 마치는 시기에는 '약간'의 우울인 22점이었다. 햇살님이 작년 가을에 명상공부를 시작한 이후 많이 좋아졌다는 보고를 해서, 필자가 명상공부를 하기 이전 당시를 기준으로 체크해주기를 부탁했는데 그 결과 '심한' 우울상태를 나타내는 68점이 나왔다. 햇살님의 우울정서에 대한 변화의 정도를 우울체크리스트의 4항목을 조사하여 비교하여 보면 <그림9-2>와 같다.

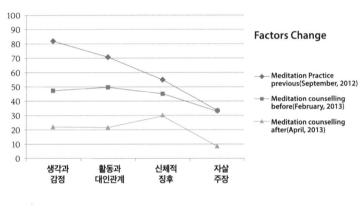

| 그림9-2 | 변화결과

<그림9-2>는 우울과 관련된 4영역별(생각과 감정, 활동과 대인관계, 신체적 징후, 자살주장)의 변화를 보여준다. 명상공부를 하기 이전의 우울상태와 상담한 이후의 변화를 각 영역별로 분석하여 백분율로 변환하여 나타낸 것이다. 여기서 보면 가장 큰 변화는 '생각과 감정'의 영역이다. 시기별로 각각 82, 58, 22로 변화가 되었다. 다음으로는 '활동과 대인관계'의 영역이다. 시기별로 각각 72, 50, 20이다. 신체적 징후 역시 변화가 일어났지만 변화가 55, 45, 30으로 상대적으로 크지 않다. 하지만 신체적 징후의 변화에 대한 직접적이고 주관적 보고는 훨씬 나아진 것으로 보고하였다. 자살에 대한 생각은 32에서 8로 떨어졌다.

② 신체징후

우울정서로 인한 햇살님의 신체적인 주요 징후는 주로 가슴에서 느끼는 '답답함'과 스트레스로 인한 만성적 '위염'이었다. 이런 신체적 증상은 거의 10년 동안 계속되었다. 이들에 대한 변화는 명상상담의 효과에 대한 매우 중요한 평가의 준거가 된다. 회기별로 신체증상과 관련된 진술을 추출하여 정리하면 아래와 같다.

- 가슴이 답답한 것, 굉장히 오래 앓았어요. 만성으로 앓았거든요. 6년, 7년 앓았어요. 예전에는 등이 같이 아팠는데, 등은 없어지고 지금은 가슴이 아파요.(1회기)
- 가슴에 예전에 진짜 축구공만 한 게 있었어요. 너무 답답해서 소화도 안 되고 원래도 속이 안 좋았고, 화병이 있었던 것 같아요.(3회기)
- (가슴에) 마늘 모양이 딱 걸려있는 것 같아요. 평소보다는 조금 그렇게 크게 느껴지는 것은 아닌 것 같고요...세모 모양은 아니고 좀 둥글둥글한데, 위에서 살짝 걸려서 안 내려가는 것 같아요.(4회기)
- 가슴이 답답해요. 이렇게 ㄱ자 모양 같아요. 어떤 고리인데 걸려 있는 것 같아요.(5회기)
- 가슴은 살짝 답답해요. 사실은 어제 (슬픔이 아니라) 불안감도 느꼈어요.(7회기)
- 아, 그리고 위가 되게 많이 좋아졌어요. 저 요즘에는 거의 예전처럼 식사를 하고 있는 것 같아요. 그래서 이제 가슴만 특별히 아프거나 그런 것 많이 없어졌어요.(8회기)
    (* 밑줄친 부분 __은 연구자가 강조의 목적으로 사용한 것임.)

회기별 신체적 증상의 변화를 추적해보면 아주 분명한 모습으로 변화되고 있음을 알 수가 있다. 주로 1회기에서는 만성적인 '가슴' 답답함을 느꼈고, 심한 경우는 '등'도 함께 아팠다. 3회기에서는 '가슴'에 축구공만 한 것이 가로막고 있다고 했고, '위염'으로 소화가 되지 않았고, '화병'이 있었던 같다고 보고 했다. 4회기에는 마늘모양에서 둥글둥글한 모양이라고 보고했다가, 5회기에는 ㄱ자 모양이라고 했다가, 7회기는 살짝 답답하다고 했으며, 8회기에서는 위염으로 병원에서 약 처방을 받았고, 이것을 극복하기 위해서 자연식품과 단식에 의지했었는데 요즘에는 위가 많이 좋아져서 정상적으로 식사도 하고 있다고 보고한다.

이런 변화의 과정은 영상관법이나 몸느낌 명상을 하면서 보고한 내용이다. 특히 인상 깊은 부분은 비유적인 표현으로 '축구공'(3회기) → '마늘모양(4회)' → 'ㄱ자 모양(5회기)' 등으로 매우 천천히 그러면서도 분명한 모양으로 변화됨을 보고한 것이다. 이런 부분은 양적 연구에서 자주 사용하는 체크리스트에서는 발견할 수 없다. 상담이나 심리치료와 같은 질적 사례연구이기에 파악 가능한 내용으로 볼 수 있다.

③ 개인적 평가

체크리스트와 신체징후는 연구자의 분석에 의해서 나타난 부분이다. 그러면 연구 참여자 스스로는 변화에 대해 어떻게 느꼈을까? 그래서 상담자는 '얼마만큼 변화되었고', '그것이 왜 변화되었는지'라는 평가적 질문을 하였다.

> Q (숙모님이랑)이 문제는 어떻게 해결이 되었어요? 지금 해결이 되었나요? 아니면 여전히 그 상태로 있나요?
>
> A "해결이 됐다고 말하기도 그렇고...아니라고 말하기도 그런 게 그냥 좀 무감각 해지고, 그렇게 부딪칠 일이 더더욱 없어지고, 그냥 현실로 받아들인 거 같아요. 그것을 개선시키려고 노력하는 것도 아니고, 어쨌든 예전보다 보는 것도 편해진 거 같고...불편함이 한 90정도 됐으면, 지금은 10-20정도 되는 거 같아요.(6회기)"

ⓠ (남자친구가) 전화를 받을 수가 없다는 안내 멘트가 나오면, 기분이 어때요?

ⓐ "굉장히 슬프고 외롭고..."

ⓠ 그때 당시 우울과 슬픔의 강도는?

ⓐ "90에서 100. 이렇게 되면 머리가 도는 것 같아요. 진짜 그야말로 애들 말로 멘탈 붕괴 사태가 와요. 왜냐면 제 상황이 할머니하고 숙모님에게 의지할 수 없는 상황이잖아요. 그래서 제가 더 그렇게 심하게 느끼는 거예요."

ⓠ 그 외롭고 슬픈 감정이 지금 현재는 얼마 정도로 느껴지나요?

ⓐ "지금은 많이 줄었고요. 지금 뭐 한 20 조금 넘나. 그 정도로 많이 사라지는 것 같아요. 지금 그게 한 1-2주 사이에 되게 많이 줄어들었어요. 제가 좀 마음을 바꾸어서 받아들여야겠다. 그렇게 마음을 돌렸어요.(8회기)"

햇살님이 대인관계에서 가장 힘들었던 것이 가족관계에서는 숙모와의 갈등 관계이고, 보다 힘들었던 부분은 남자 친구와 소원해진 부분이다. 상담자는 이들의 관계를 변화시키겠다는 의도를 전혀 갖지 않았다. 이 부분에 대해서는 단지 경청하고 이해하는 수준으로만 머물렀고, '앞으로 어떻게 하고 싶은지?'라고 질문하는 정도로 최소한의 개입에 멈추었다. 그래서 직접적으로 개입하지 않았다. 그래도 상담자는 궁금하여 연구 참여자에게 숙모 문제는 6회기에서, 남자친구 문제는 8회기에서 어떻게 되었는지 물어보았다.

햇살님의 보고에 의하면, 정서적 단서를 제공하는 신체적 징후의 변화와 함께 대인관계의 갈등부분에서 상당한 수준의 개선을 보였다. 이것은 전반적으로 체크리스트의 결과와 일치된 부분으로 햇살님 스스로도 대인관계에서 오는 외로움과 슬픔을 덜 느끼고 있었다. 당시에는 90-100 정도였던 강도가 지금은 20 정도로 낮아졌다고 보고한다.

이렇게 된 중요한 변화요인은 3가지로 요약된다. 햇살님의 보고를 정리하면 첫째는 현실적으로 대상과 자주 부딪치지 않거나 정리된 부분이 있다. 둘째는 상당히 무감각해진 부분도 있고, 편안해진 상태로 자신의 상황이나 처지를 부정적으로 비관하지 않는다. 셋째는 현실을 받아들이고 수용하면서 가능했다. 이런 점은 심리적인 부분과 현실적인 부분이 함께 표현된 것으로 상당히 인상적이다.

4 | 변화요인으로서 명상과의 관련성은 어떠한가?

본 연구에서 사용한 명상상담 프로그램은 사전에 상담자에 의해서 미리 정해 놓지 않았다. 연구 참여자의 내적인 흐름에 따라서 비구조화된 방식으로 진행했다. 상담의 영역은 주로 가족관계(할머니, 숙모), 대외적 활동(청소년법회), 대인관계(남자친구)를 중심으로 이루어졌고, 명상의 영역으로 호흡명상, 몸느낌명상, 영상관법을 활용하였다. 본 연구는 가족이나 대인관계의 변화를 위한 의도적인 상담적 개입전략을 최소화하였고, 기본적으로 명상적 전략을 유지하였다. 이를테면 할머니와 숙모와의 삼각 관계를 변화시키기 위한 '가족치료'적 개입, 생각이나 신념체계를 바꾸는 '인지행동치료'적 접근, 남자친구와 관련된 햇살님의 교류방식이나 대화법의 변화와 같은 상담적 개입 역시 하지 않았다. 엄마의 부재에서 오는 '애착관계'의 형성에서 힘들어하는 부분(장애)이 발견되었지만, 역시 이 부분에 대해서도 아무런 개입을 하지 않고 그냥 공감하고 이해하는 경청적 수준에 머물렀다. 물론 이런 공감과 지지가 상담이나 심리치료에 크게 작용하였겠지만, 본 연구에서는 변화요인으로 상담적 요소보다는 명상적 개입에 초점을 맞추었다. 구체적으로 호흡명상에 의한 알아차림, 느낌명상의 충분하게 느끼기, 영상관법의 반복된 노출과 지켜보기라는 3가지 개입전략을 일관적으로 적용하였다.

1 호흡명상, 알아차림 하기

알아차림은 특정한 대상에 대해 현재 순간에 왜곡 없이 있는 그대로 자각하는 것이다. 이것은 판단을 멈추고 발생된 현상을 순수하게 지각하는 것이기도 하다. 알아차림의 훈련에 가장 적합한 것은 호흡명상이다. 숨이 들어오거나 나가는 것에 대해 어떤 판단도 하지 않는 채 순간순간 자각하는 수련이다. 본 상담 중에 별도로 호흡명상을 연습하지는 않았다. 연구 참여자가 매주 명상수련회에 참석하고 있었기 때문이다. 햇살님은 상담하기 전부터 명상수행에 참여하였고, 명상의 효과에 대해 좋은 기억을 가지고 있다.

- 제가 생각에 너무 빠져가지고 헤어나오지 못했거든요. 방법을 전혀 몰랐었거든요. 좀 멍청했던 것 같아요. 요새는 많이 좋아졌어요.
- 명상공부도 하면서 이렇게 해나가야 된다고 제가 나름대로 나를 보려고 하다 보니까, 거기서 빠져 나오는 방법을 조금씩 알아가는 것 같아서 많이 편해졌어요. 솔직히 작년만 해도 작년 중반 명상하러 오기 전만 해도 불안하고 우울했죠. 매일, 매일이 슬프고 우울 했죠.(1회기)

이것은 올해 명상집단에 적극적으로 참여하면서 변화된 자신의 모습을 말하는 부분이다. 작년 중반까지는 매일 슬프고 우울했지만, 명상을 시작한 작년 2012년 가을 이후로는 우울에서 빠져나오는 방법을 알게 되면서 많이 편해졌다는 것이다. 명상공부가 햇살님에게 변화를 가져준 요인은 바로 우울정서에서 빠져나오는 방법을 제공한 것이다.

구체적으로 왜 어떻게 좋아졌는지는 '알아차림 명상척도'를 분석하고 면담한 부분에서 찾아볼 수가 있다. 알아차림 명상척도는 필자가 개발한 체크리스트로서 총 20문항(100점)으로 이루어졌다. 햇살님이 3월 수요일 명상수련회에 참여할 무렴(2회기)의 알아차림 명상척도는 '40'점이고, 그로부터 한 달이 지난 4월 중순(7회기)에는 '57'점으로 변화되었다. 이들 20문항 가운데 의미가 있는 문항4개에 대해서 햇살님은 개인적인 의견을 내었다.

- (나는 과거나 미래에 일어난 일에 사로잡혀있는 경우가 있다. 항목3에 대해서) 예전에는 과거의 일로 우울한 감정이 잘 조절되지 않아서 일상생활에 부정적인 영향을 미쳤는데, 지금은 과거의 일로 감정이 불편해지는 경우가 많이 줄었다.
- (나는 부정적인 생각이 일어나면 곧 그것을 알아차리고 호흡으로 돌아온다. 15항목에 대해서) 예전에는 부정적인 생각이 일어나면 그 생각에 빠지거나 억압, 회피하려 했는데, 지금은 바로 알아차리는 경우가 많아지고, 부정적인 생각이 들면 호흡으로 돌아오려고 노력을 한다.
- (나는 사물의 냄새나 향기를 알아차리고 지켜본다. 16항목에 대해서) 예전에는 주변의 사물을 지각하는 능력이 부족했는데 요즘은 주변의 사물을 인식하는 경우가 많아졌다.
- (나는 부정적인 생각을 억압하는 경향이 있다. 17항목에 대해서) 예전에는 부정적인 생각이 들면 억압하고 회피하려고만 했는데 지금은 부정적 생각을 알아차리고 호흡으로 돌아오는 경우가 많아졌다.

이것을 보면 확실히 햇살님의 경우에 호흡명상을 통한 '알아차림'이 중요한 변화의 요인임을 알 수 있다. 호흡명상은 햇살님에게 즉각적인 알아차림의 힘을 가져다주고 결과적으로 부정적인 생각이나 우울과 분노 등의 감정에 대해서 회피나 억압하지 않고 호흡으로 돌아오게 함으로써 안전한 내적 공간을 마련해주었다. 처음의 1회기 면담을 진행할 때는 생각에 빠져들 때 어떻게 나오는지 방법을 몰랐는데, 호흡명상을 통해서 스스로 그 방법을 알고 잘 활용하고 있다. 위협적인 생각에 빠져들 때 그곳에서 빠져나오는 방법을 조금씩 터득해가고 있다고 평가된다.

2 몸느낌, 머물러 충분하게 느끼기

햇살님에게 '버림받은' 느낌은 가장 불쾌한 느낌인데, 이런 느낌이 오면 상대방을 공격하거나 회피하거나 억압하지 않고 그 자체를 있는 그대로 경험하는 일은 두 번째의 명상적 개입전략이다. 이것의 핵심은 느낌명상으로 특히 연구자는 '보고형 느낌명상'을 적용했다. 이것은 신체에 나타난 느낌을 먼저 알아차리고, 그것에 이름을 붙여서 보고하고, 다음에는 느낌에 머물러 충분하게 경험하는 3단계의 염지관 명상이다. 이것을 '느낌명상'이라고 한 이유는 명상의 주제가 몸에서 발생한 느낌이기 때문이다.

느낌명상의 목적은 첫째, 어떤 느낌이 신체의 어느 부위에 존재하는지를 인식하는 것이고 둘째, 그것을 충분하게 경험함이고 셋째, 그 느낌이 변하는 과정을 지켜보아 소멸을 경험하는 것이다. 신체의 증상에 대한 느낌명상은 증상에 대한 진단 평가로서도 사용하고, 느낌의 본질이 끝내는 사라진다는 무상에 대한 통찰(sampanana, 正知)을 하게 하여 습관적으로 반응하는 신체적 조건화에서 벗어나게 돕는 치료적 개입으로도 사용한다. 아래는 증상에 대한 평가의 측면으로 사용한 경우이다.

> 🎤 몸 전체 가운데 어디가 가장 강한 느낌이 있어요?
>
> 💬 "가슴에 25% 정도로 답답함이 있어요...그게 굉장히 오래 앓았어요. 만성으로 앓았거든요. 6년, 7년 앓았어요. 예전에는 등이 같이 아팠는데, 등은 없어지고 지금은 가슴이 아파요."(1회기)

햇살님의 신체적인 징후는 가슴의 답답함으로 매우 오래된 현상임을 보고하였다. 다른 부위는 느낌명상을 하면 그 강도가 낮아지거나 사라지는데, 가슴의 느낌은 변화가 없다. 연구자는 이것을 중요한 증상의 단서로서 판단하여 상담의 핵심된 목표로 삼았다.

이것의 원인을 주로 가족관계나 대인관계에서의 거부나 거절에 대한 경험으로 보고 이런 상황을 노출하고 직면하여 그때 어떻게 몸느낌을 느끼는지를 회기별로 추적하였다. 이때 대인관계 자체를 변화시키려는 개입은 하지 않고 단지 불편한 영상을 의도적으로 떠올리거나 혹은 그 상황을 이야기하게 하였다. 노출을 유도하고 회기가 진행됨에 따라서 신체의 반응이 어떻게 변하여 가는지 추적하였다.

그 결과 햇살님은 그 변화의 비유적인 표현으로 '축구공'(3회기) → '마늘모양(4회)' → 'ㄱ자 모양(5회기)'으로 보고했다. 처음에는 등도 아팠고, 가슴도 늘 답답했고, 심한 위염도 있었다. 마지막 회기에서는 이것들이 좋아지고 식사도 정상으로 하고 있다는 보고했다. 연구에 동참한 관찰자(박사과정 학생)는 나중에 이것을 '기적과 같다'고 표현했다. 그렇다면 무엇이 이런 변화를 가져다주었을까? 이점은 햇살님에게 물었을 때(8회기) 햇살님은 아래와 같이 대답한다.

T: 좋아진 이유가 어디서 온 같아요? 식생활의 조절이 된 것 같은데?

P: 식생활도 제가 신경을 썼고요...이렇게 상담도 받고, 명상공부도 하니까, 마음이 좀 안정되는 것 같아요.

T: 많은 요인이 있겠지. 많이 아팠던 그때 약을 얼마나 복용했지요?

P: 아, 그때는 지방학교에 다니던 때라, 집에 왔을 때, 한번 타 가지고 가면, 한 달 치, 두 달 치를 막 타가지고 가서, 아플 때만 비상시로 먹었어요...아, 근데 이게 전에 여기서 상담을 받을 때, 그 바디스캔 하면서 숙모님 이야기하면서,...분노 그거 이야기할 때, 여기에 제가 이런 갈고리 같이, 그런 게 걸려 있는 것 같다고 말씀드렸다가(5회기), 그걸 지켜보라고 하면서, 이게 둥그러지고 점점 이렇게 펴지고 없어지고 그랬거든요. 그런데 그때 많이 좋아졌던 것 같아요.

T: 숙모에 관한 영상관법을 하면서?

P: 네, 그때 신기하게 이렇게 좀 안 아프더라구요.

영상관법을 통해서 자신의 신체적인 느낌을 충분하게 경험하면서 그것이 변화하는 과정을 조용히 지켜보기를 하면서 많이 좋아졌다는 보고이다. 고통이 소멸하는 과정을 계속적으로 지켜보면서 보고하는 보고형 느낌명상은 명상수련회에서도 연습을 했던 바라, 햇살님은 이것에 대한 거부감이나 미숙한 부분이 없이 자신의 몸느낌을 잘 보고해주었다. 햇살님이 도움을 받았다는 부분은 필자도 정확하지 않아서 나중에 축어록을 다시 살펴보았다. 숙모님에 대한 영상관법은 3회기에 했었고, 가슴의 'ㄱ자 모양'에 대한 느낌관찰은 실제로는 5회기에 있었다. 이것은 특정한 신체 부위의 몸느낌에서 이미지를 떠올려서 관찰하는 일종의 영상관법이다. 다시 보면 이렇다.

T: 가슴은 어때요?

P: 가슴은 좀 답답하고요.

T : 모양은 어떤 모양?

P : 이렇게 ㄱ자 모양 같고요. 기역자 모양 같아요.

　　어떤 고리 같은데 걸려 있는 거 같아요.

T : 그 기역자 모양에 집중해 봐요...지금 어떤 이미지가 떠올라 오는지?

P : 기역자가 많이 펴졌어요.

T : 오케이. 무슨 모양이 됐어요?

P : 반 타원형인데 반짜리 타원형이었는데 일자로 자꾸 변해가는 거 같고

　　없어지는 거 같고 그래요.

T : 없어졌어요? 그 이미지가?

P : 네.

T : 지금은 어때요?...그 전체적인 느낌...답답한 느낌은?

P : 이제 동그란 점으로 남아 있는 거 같아요.

T : 좋아요. 계속 그걸 지켜봐요....지금은 어때요?

P : 거의 다 사라졌어요.

T : 지금 가슴은 어때요? 어떤 느낌이 있어요? 가슴에

P : 약간 묵직한 게 남아 있는데, 많이 아까...그게 거의 없어졌어요.(5회기)

여기서의 핵심은 신체의 느낌을 집중하여 그 '느낌으로부터' 어떤 영상을 떠올리고, 그것의 변화를 따라가면서 계속적으로 살펴보는 것이다. 이것을 연구자는 몸의 느낌을 관찰하는 것이니 '느낌명상'이라고 하였다. 그러나 이런 경우에 순수한 느낌관찰이라기보다는 느낌의 영상을 떠올려서 관찰하기에 '영상관법'의 하나로 분류하기도 한다. 햇살님은 작년 가을부터 명상상담 집단에서 공부를 하고, 올해는 워크숍과 수요 명상수련회에 참여한 관계로 어려움 없이 잘 따라온 것으로 보인다. 위에서 ...의 부분은 시간(10초에서 1분 사이)을 주면서 기다리는 부분이다.

❸ 영상관법, 반복적 노출과 지켜보기

명상상담에서 가장 적극적으로 실행한 치유적 개입은 영상관법이다. 이것은 내담자에게 자신을 통찰하게 하는 중요한 계기를 마련하여 준다. 또한 상담자나 치료자에게는 내담자의 몸과 심리적인 상태를 파악하는데 도움을 준다.

영상관법을 할 때 가장 중요한 것은 바로 '그때의' 사건이나 상황을 의도적으로 '현재의 시점'에서 떠올려서 관찰하는 것이다. 두 번째는 같은 사건을 '반복적으로' 떠올리고 지속적으로 관찰하여 새로운 통찰을 얻도록 돕는 것이다. 햇살님의 사례를 보면 상담 3회기에 실시한 '가족이 함께 식사를 하는 장면'이 그것이다. 그 중심에는 할머니와 숙모가 있다. 이분들과의 관계가 우울정서를 불러일으키는 시발점이 된 부분이고, 식사시간은 햇살님에게 위염을 불러일으키는 모티브가 된 부분이다. 연구자는 바로 이런 장면이야말로 영상관법이 탐색해야할 '결정적인 순간'이라고 본다. 길지만 여기에 전체를 소개하면 이렇다.

제1차 시기

T : 어제 좀 우울했죠. 그 상황을 떠올려 봐요. 어떤 장면이 보여요?

P : 저녁을 같이 먹고 있어요.....그냥 거기 있고 싶지 않은데, 있어야 하는 게 너무 힘든 것 같아요. 밥은 먹어야 되니까.

T : 지금 느낌이 슬픔이죠.

P : 그런 거 같아요.

T : 좋아요. 잘했어요. 슬픔이 지금 어디서 느껴져요?

P : 가슴 속에서

T : 거기에 집중해 봐요. 그 슬픔이 몇 퍼센트에요? 얼마 정도에요?

P : 80퍼센트는 되는 거 같아요. (눈물을 흘린다.)

(......)

T : 가슴에 뭐가 있어요?

P : 예전에 진짜 축구공만 한 게 있었어요. 너무 답답해서 소화도 안 되고 원래도 속이 안 좋았고 화병이 있었던 것 같아요. 가슴이 항상 답답해요. 그거는 좀 오래 됐어요.

제2차 시기

T : 지금 눈 감고 그렇게 이야기 하니까 어때요?

P : 훨씬 이야기하기가 편하고, 더 잘 떠오르고, 그때 상황을 더 많이 전달해드리는 거 같아요.

T : 이야기하고 눈물 흘리고 나니까 좀 나아요?

P : (웃음) 네. 좀 나아요. 저번에도 느꼈는데 여기서 이렇게 이야기를 하고 가면 좀 든든하더라고요...

T : 가슴에 축구공이 있는 거예요?

P : 그거는 많이 작아졌어요. (웃음)

T : 야구공 정도.

P : 야구공 정도 되는 거 같아요. 많이 작아졌어요.

T : 좋아요. 가슴에 집중해 봐요. 느낌 명상을 해 봐요. 가슴에 그 야구공만한 답답함에 집중해서 호흡과 함께 쭉 지켜봐요.

(......)

P : (할머니와 숙모가) 머리가 안 보여요 가슴밖에 안 보여요.

T : 그걸 계속 봐요....계속 바라보니까, 어떤 감정이 일어나요?

P : 보기가 힘들어요.

T : 보기가 힘들어요? 그래도 봐요.

P : 계속 보니까 계속 눈물이 나요.

T : 눈물이 나요? 오케이. 계속 눈물 흘리면서 봐요. 계속 바라봐요. 숙모님하고 할머님 가슴만 보인다고 했는데 계속 바라봐요. 숨 크게 들이마시고 내시면서 바라봐요....지금은 어때요?

P : 아까보다 좀 편해진 거 같아요. 아까는 보기 싫은데 자꾸 보라고 하셔가지고, 한 90퍼센트? 힘들었는데 지금은 한 70?

T :....지금 보기 싫음은 몇 퍼센트 정도예요? 계속 보고 있으니까.

P : 많이 좋아졌어요.

제3차 시기

T : 지금은 눈앞에 뭐가 보여요?

P : 얼굴은 안 보이고, 음... 옷이 어둡지는 않은 것 같아요. 밝은 거 같아요. 곁에 조끼는 어두운데 보랏빛인데 안에는 밝은 것 같아요.

T : 지금은 어때요?

P : 요상해요. 알 수가 없어요. 저분을 믿어야 되는가 말아야 하는가. 확신이 서지 않아요....밝음도 있는데 어디까지 그게 도대체 얼마나 갈 것인가, 또 어느 순간

에 어떻게 변할 것인지. 그것이 항상 알 수가 없기 때문에 다가가려고 마음을 냈다가도 다시 접어버리는 거 같아요. 그냥...

T : 숨을 크게 들이시고 바라보세요. 판단은 멈추고 그냥 바라봐요. 그냥 바라만 보기...

P : 네. 괜찮아요.

T : 어떤 기분이 올라와요? 느낌이? 싫은 느낌이?

P : 아니요. 싫은 느낌은 아니고요. 별 느낌이 없어요. 보래서 보는 거예요.

T : 별 느낌이 없어요?

P : 네

T : 견딜만한가요?

P : 네

T : 싫은 느낌은 몇 퍼센트에요? 별 느낌 없는 것은?

P : 싫은 것은 한 5퍼센트 정도? 거의 없는 거 같고,

T : 별 느낌 없는 것은?

P : 별 느낌 없는 것은 한 90퍼센트?

T : 좋은 느낌은?

P : 그것도 5퍼센트? 그런데 지금 제가 머리를 안 봤어요. 제가 얼굴을 안 봤기 때문에 가능한 것 같아요. 아까 얼굴을 떠올려 볼까 해봤는데 억지인 것 같아요.

T : 얼굴을 보지 않아서 보기가 가능했다 이거죠?

P : 좀 더 수월했던 것 같아요. 숙모님 얼굴이 안 떠오르네요. 예전보다 확실히. 할머니 얼굴은 확 떠오르는데, 숙모님 얼굴이 진짜 많이 안 떠올라요.

햇살님은 가족과 함께 할 수 없는 슬픔, 보기 싫음의 불편함을 피하지 않고 반복하여 관찰하면서 결국 거의 잘 느껴지지 않게 되었다. 영상관법은 있는 그대로 관찰하는 것, 상담자가 아니라 연구 참여자(내담자) 스스로의 통찰을 중시한다. '바

라보기' 힘든 장면을 의도적으로 반복적으로 보면서, 당시의 감정에 압도되어 보지 못했던 부분이 차차 보인다. 객관적인 상황이 눈에 보이고, 그것들을 보고하면서, 몸에서 어떤 느낌이 발생하는지를 분명하게 자각한다. 그 슬픔(1차시기)에 충분하게 머물러서 계속적으로 대상을 지켜본다. 햇살님은 보는 것 자체가 불편했고 (2차시기) 감정에 압도당했지만, 차차 가슴의 반응이 내려가면서 그들(할머니와 숙모)의 가슴과 목까지 별 느낌 없이(3차시기) 바라볼 수가 있었다. 이렇게 함으로써 일상에서 그분들을 다시 만날 때, 특히 숙모님에 대한 싫은 느낌이 사라지고 무감각해지면서 현실을 수용하고 보다 객관적으로 대응할 수 있는 힘을 갖게 되었다. 설사 부정적인 생각에 빠지더라도 보다 빠른 속도로 몸느낌과 생각들을 알아차리고 호흡으로 돌아온다. 이것이 호흡, 느낌을 통합한 영상관법의 효과이다.

4

결론 및 논의

　　최근에 명상이 가지는 치유적 효과에 대한 많은 연구와 논의가 진행되고 있다. 하지만 이런 논의는 대부분 집단 간 비교연구가 주류를 이루고, 질적 접근은 이제 시작하는 단계에 있다. 이런 시점에서 본 연구와 관련한 주요한 이슈들을 다음과 같이 논의하고자 한다.

　　첫째는 우울이란 정서적 경험, 현상에 관한 발생적 문제이다. 명상은 주로 개입전략에 사용하기에 그 자체로는 우울의 원인과 발생에 관한 어떤 이론을 제시하지 않는다. 그렇다면 우울의 원인에 대한 기존의 이론을 채택할 수밖에 없는데, 어떤 이론적 관점을 택할지가 연구자로서 고민이다. 일단 대표적인 이론들을 요약해 보자. 생물학적으로 신경전달물질의 문제, 정신분석이나 애착이론에서 말하는 중요한 대상으로부터의 버림받음, 어린 시절의 상실경험, 행동치료에서의 사회적인 기술과 대처능력의 결핍, 인지치료에서의 자신과 세상에 대한 비관적이고 부정적인 사고패턴이나 신념체계 등이 있다(Kwon, 2003).

　　그러나 본 연구에서는 연구 참여자의 우울정서와 그 원인을 이해하는데 있어서 특정한 이론을 전적으로 의존하지 않고, 각각의 이론적인 부분을 유기적으로 통합하여 활용하는 것이 더 적절한 방식이라고 판단했다. 이런 통합적 관점에서(Corey, 2000) 구체적인 현실적 사례 속에 들어가서 참여하고 이해하면서 우울 발생의 메커니즘을 '분리단절 → 분노표출(공격 혹은 회피) → 대인관계 소원 → 우울경험'으로 해석하였다. 여기서 분리단절은 정신분석이나 애착이론적 관점에서, 분노표출은 인지치료의 침투적 사고와 연결하고, 대인관계의 소원은 행동주의에서 언급하는 사회적 기술능력의 미숙이라는 시각으로 이해하였다. 또한 우울정서를 그 발생의 맥락에서 독립시키지 않고, 발생이라는 전체적인 메커니즘을 통해 이해하려고 노력했다. 이것은 우울현상을 이해함 있어서 요소와 전체, 구조와 역동을 발생의 흐름이나 맥락을 통해서 함께 보려는 해석학적 입장을 전제한 것이다.

둘째는 명상치료(Mindfulness Therapy) 개입에서 매우 중요한 술어인 'Mindfulness'에 대한 이해의 적절성 문제이다. 기존의 통제적 전략보다는 수용과 알아차림을 강조하는 제3의 물결에서 중시하는 대표적인 키워드가 바로 'Mindfulness'이다. 이 용어를 어떻게 이해할 것인가는의 문제는 명상치료의 전체적인 이해방향을 결정하는 데 중요하다. 명상의 의미는 매우 다양하겠지만 불교명상이 심리치료에 적용되면서 전통적인 의미와는 다른 약간의 오해도 있다. 그 대표적인 용어가 'sati'란 용어와 'vipassanā'란 빨리어이다. 서양의 심리치료 학자들은 이들 용어가 서로 다른 의미임에도 불구하고 모두 'Mindfulness'로 번역하여 사용한다(Germer, 2005). 그런데 국내 심리학계나 불교계 일부에서 이들 용어에 대한 해석을 비판 없이 그대로 직역하여 사용한다(Kim, 2004; Jang, 2006). 원어 'sati'에는 마음이란 의미가 없음에도 불구하고 영어식으로 번역하여 '마음챙김'이란 용어를 사용하면서 다시 거리를 두고 바라본다는 의미를 가진 'vipassanā'의 경우도 '마음챙김'으로 번역하여 사용한다. 이를테면 호흡명상을 빨리어로 ānāpānassati라고 하는데, 이것의 의미는 '들숨날숨(ānāpāna)를 sati하라'는 의미이다. 여기서 sati를 '마음챙김'으로 번역하게 되면 '들숨과 날숨을 마음챙김하라'는 의미가 되어서 명상의 주제가 '호흡'인지 '마음'인지 헷갈리게 만든다.

이렇게 이해한 명상의 의미를 상담이나 심리치료에 응용할 경우에 심각한 문제를 발생시킬 수가 있다. 예컨대 '나는 외톨이야!' 라는 생각으로 말미암아 우울한 정서를 경험하는 본 연구의 연구 참여자에게 적용하여 보자. 1950년에 풍미한 행동치료적 접근 이후 1970년대에 등장한 인지치료적 접근은 자신이 외톨이라는 생각이 과잉 일반화된 오류이고, 잘못된 귀인임을 논박하여 수정하려고 개입할 것이다. 그러나 1990년대 이후에 등장한 제3세대 명상치료(Mindfulness Therapy)는 나는 외톨이라는 자동사고가 일어나는 그때의 생각을 교정하려는 시도를 하지 않는다. 대신에 현재의 순간에 판단을 멈추고 단지 그 생각을 분명하게 자각하게만 할 것이다. 이때 명상의 의미를 '마음챙김'으로 이해한다면 명상의 의미가 무엇인가를 소유해야한다는 뉘앙스를 줄뿐만 아니라, 특히 '자신이 외톨이라는 생각을 마음챙김하라'는 의미가 되기 때문에, '그 생각을 챙기라는 말인지? 생각하는 마음을 챙기라는 말인지?' 내담자나, 치료자 혹은 연구자 모두 혼란에 빠지게 된다. sati의 본래 의미는 '잊지 않고 기억하다'이다. 현재의 들숨과 날숨에 집중하고 기억하여 과거나 미래로 떠돌지 않는다는 의미이고, 혹은 과거나 미래로 흘러가면 곧 알아차림하여 현재의 호흡으로 돌아온다는 의미이다. 때문에 sati의 적절한 이해는 알아차림, 주의집중이라고 해야 타당한 해석이 된다. 외톨이라는 생각이 일어나면 곧 그 생각을 알아차리고 호흡으로 돌아옴으로써 우울정서에 빠지지 않고 자신을 객관적으로 바라보게 된다. 이것이 적절한 명상수련이고 명상의 효과적인 개입이다.

또한 'vipassanā meditation'에서 vipassanā란 용어가 '거리를 두고서(vi) 대상을 바라보다(passa)'는 직관의 의미를 가진다. 이것을 상담이나 심리치료적 상황에 대입하면 대상에 거리를 둘 때 감정적 투사상태, 동일시, 자기중심, 융합된 상태에서 벗어나게 되고, 대상의 존재를 있는 그대로 바라볼 때 사물의 본질을 꿰뚫게 된다는 의미이다. 따라서 'vipassanā'의 영어 번역어인 Mindfulness Meditation를 '마음챙김 명상'이라고 번역하면 본래의 의미를 상당하게 왜곡시킨다. 대상을 '있는 그대로 본다'는 말은 연구자나 수행자가 자신을 개방하고, 대상을 '존재하는 그대로 바라본다'는 의미인데, 오히려 마음챙김은 어떤 마음이 존재하고 그것을 챙긴다는 의미를 내포한 까닭에 존재를 있는 그대로 보기보다는 통제하거나 관리하려는 서구의 전통적 관점으로 되돌아가버린다. 따라서 Concentration(samatha) Meditation은 '집중명상', Mindfulness Meditation는 '통찰명상'이라고 번역하는 것이 적절한 번역이라고 본다.

이런 이유로 본 연구는에서는 명상의 의미를 적절하게 표현하는 용어로 sati는 '알아차림(주의)', samatha는 '머물기(집중)', vipassanā는 '지켜보기(통찰)'로 사용했다. 대상에 대한 지각이나 알아차림에서 그것에 대한 집중 혹은 머물기가 발생하고, 이런 머물기에 의해서 지속적인 지켜보기가 가능하다고 판단하였다. 이때 다만 Mindfulness란 용어가 명상기술의 술어인 경우는 '알아차림'으로 하고, Mindfulness Therapy처럼 학파적인 이름으로 사용할 때는 '명상치료'로 번역하여 사용하였다.

셋째는 변화요인과 관련된 부분이다. 우울정서를 이해하고 진단하는 것은 서구전통에서 발전시킨 이론들을 활용하였지만, 개입전략에서는 명상에 기초한 상담 곧 명상상담의 입장을 견지하였다. 이것은 명상의 어떤 요소가 치유적 효과를 가져왔는지에 대한 문제이다. 명상이 가지는 치유적 효과에 대한 기존 연구 성과는 탈동일시(탈중심화, 탈융합), 반추의 감소, 주의집중의 조절, 수용의 증가 등으로 알려져 있다(Kocovski, Segal, & Battista, 2009). 이런 연구는 대부분 서구 심리학적 전통에서 명상을 이해하는 관점을 반영한다. 탈중심화는 정신분석적 전통에서 이해한 것이고, 탈동일시와 탈융합은 인지행동적 전통에 기반한 이해방식이고, 반추의 감소와 주의집중은 MBCT에서, 수용의 증가는 ACT의 이해방식이다. 이런 명상의 변화요인에 대한 다양한 이해는 결국 그 연구대상과 연구자의 관점에 따라서 다양하게 해석되고 있음을 시사한다. 이점은 명상과 명상의 효과를 이해하는 다양성을 제공한다는 점에서 명상의 적용분야를 넓혀가는 긍정적인 현상이 아닌가 한다.

본 연구에서는 우울정서를 다양한 관점에서 통합적으로 해석한 만큼 개입에서도 체계적인 접근을 중시하였다. 그래서 치유적 개입에서도 우울정서에 압도당하는 대신에 그 자체로 '알아차림'하기, 다른 방향으로 회피하거나 억압하지 않고 우울한 몸느낌과 정서적인 상태에 직면하여 '충분하게 머물기', 버림받고 상처받았던 아픈 장면을 존재하는 그대로 반복적으로 '지켜보기'로 구체화하였다. 또한 호흡에 대한 '알아차림', 느낌에 대한 '충분하게 머물기', 영상에 대한 '지켜보기'의 명상기술을 순차적으로 학습한 다음에 자신의 우울정서에 적용하는 점진적 방식을 채택하였다. 이런 점진적이고 체계적인 접근은 시간이 걸리지만, 명상의 습득과 치유적 효과를 높여가는 점에서 장점이 된다. 특히 신체적인 통증과 연결되어 있는 우울정서에 대한 접근방식에 보다 효과적이다.

넷째는 영상관법과 관련된 부분이다. 일반적으로 명상은 내담자의 문제에 직접적으로 개입하거나 접촉하기가 쉽지 않다. 이러 약점을 보완하여 명상과 상담을 통합한 접근 방식이 '영상관법'이다. 이런 이유로 영상관법은 명상상담의 핵심된 기술이다. 영상관법은 우울경험을 경청하고(상담적 요소) 우울증상을 발생시키는 결정적인 장면(과거나 최근 경험)을 현재의 시점에서 의도적으로 떠올려서, 반복적으로 지켜보는 명상법이다. 영상관법과 전통적인 위빠사나 명상을 비교하여 본다면 공통점은 현재의 마음현상에 대해서 판단을 멈추고 바라보는 것을 중시한다는 점이다. 차이점이라면 (1) 첫째는 MBSR이나 MBCT에서 사용하는 알아차림 명상이나 위빠사나 명상은 현실문제에 직접적으로 개입하지 못한 반면에, 유식불교에 기반한 영상관법은 현실문제나 과거의 경험으로 잠재의식에 숨겨진 미해결된 과제를 직접 다룰 수 있다. (2) 둘째는 과거의 외상에 직면하기를 거부하고 힘들어하는 이미지를 '의도적으로 개입하여' 현재의 시점으로 가져오게 한다. (3) 셋째는 증상과 관련된 영상을 직접적으로 노출하여 반복적으로 지켜보게 한다.

또한 서구의 심리치료와 비교할 때 영상관법은 반복적인 노출이라는 점에서 행동치료에서 제시하는 체계적 둔감법과 비교할 수 있다. 체계적 둔감법이 이완기술을 주로 사용하는 통제전략인 반면에 영상관법은 현상을 존재하는 그대로 지켜보는 수용전략으로서 통찰을 중시한다는 점에서 차이가 있다. 이런 점에서 영상관법은 연구 참여자로 하여금 인지적 자각이나 통찰을 얻게 한다. 결과적으로 집착된 감정과 생각에 의한 자기중심적 해석에서 벗어나서 상황을 그 자체로 수용하게 하는 장점이 있다.

참고도서

Beck, A. T., Rush, A.J., Shaw, B. F., & Emery,G., (1979). *Cognitive Therapy of Depression*, New York: The Guilford Press

Corey, G. (2000). *The Art of Integrative Counseling*, CA: Books/cole, Cengage Learning.

David D. B., (1980). *FEELING GOOD-The New Mood Theapy*, New York: Avon Books.

Didonna, F., ed., (2009). *Clinical Handbook of Mindfulness*, New York: Springer.

Germer, C. K., (2005). Mindfulness, What Is It? What Does It Matter? *Mindfulness and Psychology*, New York: The Guilford Press.

Hayes, S., Follette. V., & Linchan. M,. (2004). *Mindfuless and Acceptance: Expanding the cognitive-behavioral tradition.* New York: Guilford Press.

Inkyung(인경), (2005). *Sati-Samatha-Vipassana Meditation*, Seoul: Meditation Counseling Research Institution.

Inkyung(인경), (2012). *Meditation Psychotherapy*: An Integretive Study on Buddhist Meditation and Psychotherapy, Seoul: Meditation Counseling Research Institution.

Jang, H. K., (2006). The Effect of MBSR-K Program on Emotional Response of College Students, *Korean journal of health psychology*. Vol.11 No.4 . 673-688.

Jang, K. J., (2012). *A Single Case Study on Effects of LIDA-Meditaion on the Reduction of the Chronic Anxiety Disorder*, Dongbang Graduate University, Seoul.

Kabat-Zinn. J., (2003). Mindfulness-based intervations in context: past, present and future. *Clinical Psychology: Science and Practice*.10(2), 144-156.

Kwon, S. M., (2003). *Modern Abnormal Psychology*, Seoul: Hakjisa.

Kim, J. H., (2004). Suggestions for Clinical and Everyday Application of Mindfulness = What Is Mindfulness? *Korean journal of health psychology* Vol.9 No.2

Kim, M. H., (2007). A Case Study in Sati-Samatha-Vipassana Meditation Therapy —a soldier depressive patient. *Korean Journal of Meditationtherapy*, 1, 167-208.

Kim, H. R., (2011). Meditation and Psychotherapy-Focusing on LIDA Meditation Program. *Journal of Eastern-Asia Buddhism and Culture*, 7, 137-168.

Kocovski, N. L., Segal, Z. V., & Battista, S. R. (2009). Mindfulness and Psychopathology: Problem Formulation. *Clinical Handbook of Mindfulness*, New York: Springer

Lee, E. J., (2010). Phenomenology of Buddhist Meditation(Vipassana), *Research in Philosophy and Phenomenology*. 45. 29−74.

이영순, (2012). *A Single Case Study on Effects of Image-Based Mindfulness Meditation Program(IBMMP) on a Middle-Aged Woman's Depression*, Dongbang Graduate University, Seoul.

Ma, S. H., & Teasdale, J. D. (2004). Mindfulness-based cognitive therapy for depression: Replication and exploration of differential relapse prevention effects. *Journal of Consulting and Clinical Psychology*, 72. 31−40.

McLeod. J., (2010). *Case Study Research IN COUNSELLING AND PSYCHOTHERAPY*, London, Sage.

참고도서

Nancy L. Kocovski, Zindel V. Segal, & Susan R. Battista, (2009), Mindfulness and Psychopathology: Problem Formulation, *Clinical Handbook of Mindfulness*.

Russ, A. J., Beck, A. T., Kovac, M., & Hollon, S. (1977). Comparative Efficacy of Cognitive Therapy and Pharmacotherapy in the Treatment of Depressed Outpatient. *Cognitive Therapy and Research*, Vol.1, No.1.

Segal, Z., Williams, J., & Teasdale, J. (2002). *Mindfulness- based cognitive therapy for depression: A new approach to preventing relapse. New York*: Guilford Press.

Siege, R. D., Germer, C. K., & Olendzki, A., (2009). Mindfuless: What is it? Where did it come from? *Clinical Handbook of Mindfulness*, New York: Springer

Simon, R. (2007). The Top Ten. *Psychotherapy Networker*, March/April.

Zindel V. Segal, J. Mark G. Williams, & John D. Teasdale, (2002). *Mindfulness- Based Cognitive Therapy for Depression*, New York London: The Guilford Press.

제 10 장

코로나 불안과
영상관법의
치유적 효과

목차

* 본 논문은 2020년 11월에 한국명상심리상담학회 학술대회에서 발표된 논문이다. 그러나 논문지에 투고는 하지 않았다. 당시 제목은 '코로나 불안과 치유 프로그램 개발 – 설문조사와 영상관법을 중심으로'이다. 이것을 수정·보완하여 게재함.

요약

본 장은 두 가지 목표를 가진다. 하나는 일상에서 코로나19의 불안을 어떻게 경험하고 있는지를 설문 조사하여 살펴본다. 다른 하나는 이미 개발된 영상관법 프로그램을 적용하여 코로나 불안을 어떻게 치유할 수 있는지 사례연구의 방법을 통해서 그 치유적 효과성을 검증한다.

첫 번째는 퓨리서치센터 외국의 조사에 의하면 우리나라 사람들의 코로나 불안은 외국의 조사는 89%로 전세계에서 1위를 기록했다. 반면에 국내조사는 48%로 나왔다. 필자가 실시한 간편 조사에서는 사회적 거리두기에 대한 적극적 참여가 80%, 코로나불안이 46%로 나왔는데 이점은 국내의 조사와 유사한 수치이다. 이점은 퓨리서치센터의 조사가 코로나 초창기의 조사이고, 이번 간편조사는 2차 시기인 까닭에 변화가 생겨난 부분이 반영된 결과로 보여진다. 그러나 자영업자를 대상으로한 조사에서는 일반인들과는 사뭇 다르게 사회적인 거리두기 실천은 86%로 비슷하지만, 퓨리서치센터의 조사와 유사하게 불안경험이 96%, 우울경험이 83%로 매우 높은 수준으로 조사되었다.

둘째로 이미지를 나타내는 '영상', '표상', '심상'을 구분하였다. 코로나 불안과 관련해서 영상관법을 진행하면서 7개의 개별 사례에서 다시 외적인 자극을 반영해주는 감각적인 '표상'과 내적인 자아 갈등을 상징적으로 드러나는 이미지를 '심상'으로 구분한다. 이것들은 모두 제8식의 정보로서의 심층의 '영상' 이미지에 근거해서 전변된 의식이라고 해석한다.

영상관법에서 감정을 충분하게 경험하는 단계에서 강도, 모양, 색깔을 보고하게 하고 명상을 통해서 그것이 어떻게 변해가는지를 추적하거나 그것을 그림그리는 작업을 진행한다. 강도는 구체적인 수치로 표현하여 전후 비교를 가능하게 하고, 모양은 영상 이미지를 떠올려 집중하고 관찰하는데 도움을 주고, 명상과 함께 변화하는 모양과 색깔을 나중에 그림 그리게 해서 이후에 점검하도록 한다.

이렇게 강도, 모양, 색깔의 변화를 마음치유의 효과로 본다. 강도, 모양, 색깔은 변화의 실증적인 자료이고 증거로 제시한다. 그런데 이때 이것은 '상태'변화인지, 아니면 '특성'변화인지를 점검할 필요가 있다. 다시 말하면 이러한 변화가 일시적인 변화로써 다시 재발할 수 있음을 의미하는지, 아니면 근본적으로 치유가 되어서 재발이 발생하지 않는지는 추후상담에서 점검의 대상이 된다.

셋째로 치유의 효과를 가져온 요인들은 영상관법의 각 단계들로 인하여 발생되었다고 판단한다. 그것은 닮은 영상을 떠올리기, 감정을 충분하게 경험하기, 지속적으로 지켜보기이다. 그밖에 호흡명상과 인지적인 측면에서 생각과의 관계를 자각함 등을 비롯해서 현실적인 문제 해결이 중요한 역할을 했다고 본다.

키워드 코로나 불안, 표상, 심상, 영상, 퓨리서치센터, 효과성 연구.

머리말 – 연구문제

코로나19로 인하여 주변에서 많은 고통을 호소하고 있다. 코로나 이후에 세상은 어떻게 변할 것인가 많은 이야기를 한다. '사회적 거리두기'가 가져오는 엄청난 변화를 우리는 분명하게 실감하고 있다. '언컨택트(uncontact)'는 코로나 확산을 방지하는 효과적인 정책이지만, 동시에 심리적으로는 코로나에 대한 두려움과 불안감 혹은 우울감을 확산시키는 역할도 한다.

코로나19의 대유행 이후 언론에서 '코로나 우울'이나 '코로나 불안'이란 용어를 자주 사용하는 경우를 본다. 실제로 우리가 자주 경험하는 감정은 '코로나 우울'보다는 '코로나 불안'이다. 코로나 우울은 매우 심각한 상태이고 반면에 코로나 불안은 매우 널리 퍼진 현상인 점에서 그렇다는 말이다. 본 장은 코로나 불안에 초점을 맞춘다. 코로나 불안이 사용되는 용례를 살펴보면 2가지 방식이 있다. 하나는 코로나 확진자가 경험하는 불안이다. 이것은 직접적으로 죽음의 공포와 연결되고 (지금은 많이 완화되었다.), 완치 가능할지에 대한 걱정을 동반한다. 다른 하나는 아직 확진자는 아니지만 사회적인 대유행이란 위협적 상황에서 '나도 코로나에 걸릴지도 몰라!' 하는 걱정을 가리키는 말이다.

본 장에서는 '코로나 불안'을 입원해야 하는 환자로서의 확진자가 아니라, '코로나로 인하여' 사회 전반에 확산된 '일반화된 불안'을 경험하는 심리적인 측면을 가리키는 용어로서 사용한다. 코로나의 대유행으로 불안과 걱정은 매우 심각한 수준으로 일상에서 경험된다. '사회적 거리두기'가 격상될수록 그 불안의 강도는 비례해서 상승한다. 정책적으로는 코로나로부터 소상공업자들의 경제적 피해를 최소화해야 되겠지만, 동시에 일반 국민의 정서적 측면 역시 관리되어야 하는 위기 수준에 도달한 것으로 평가한다.

이를테면 미국의 퓨리서치센터(Pew Research Center)에서 코로나 확진에 대한 걱정도를 14개국을 대상으로 조사했는데, 많은 유럽인들은 코로나 팬데믹(Pandemic)에서도 여전히 '기후변화'를 가장 위협적인 요소로 간주했다. 그러나 한국은 코로나 확산을 국가의 중대한 위협(Greatest Threat)으로 보는 응답율이 89%로 1위를 기록했다. 또한 코로나 사태에서 경제에 대한 걱정도 14개국 중 1위를 기록했다(Pew Research Center, SEPTEMBER 9, 2020.). 반면에 코로나 대유행과 관련한 불안이나 우울과 관련한 경기연구원의 설문조사에 의하면(이은환, 2020), 국민의 48% 정도가 코로나19로 인하여 불안/우울감을 경험하고 연령이 증가할수록 그 정도가 심해지는 것으로 나타났다. 불안/우울을 느끼는 비율은 10대의 경우 40%, 30대의 경우 46.5%, 50대의 경우 52.2%로 연령이 증가할수록 높아졌다.

한국이 코로나의 확산을 중대한 위협으로 인식한다는 말은 그만큼 불안과 걱정이 많다는 반증이다. 아마도 이것은 코로나 대유행 이전에 이미 메르스와 사스의 감영병에 의한 재난을 경험한 적이 있기 때문일 것이다. 일종의 '외상 후 스트레스'를 가진 상태라고 할 수 있다.(신지윤 외, 2019) 이런 경험이 코로나를 가장 위협적인 요소로 인식하게 만든 요소로 작용했을 것이다. 왜냐면 불안이란 바로 위협적인 상황에서 안전에 대한 걱정이기 때문이다. 더구나 위협의 정도를 89%로 반응한다는 것은 정신건강을 해치는 매우 위험한 수준을 나타내는 지표가 된다. 반면에 국내의 설문조사는 연령 별로 조금 다르지만 불안감을 48% 정도로 경험하는 것으로 조사결과가 나왔다. 미국의 퓨리서치센터 조사와 국내 설문조사 결과가 너무나 큰 차이점을 보여준다. 무엇이 이런 차이를 만들까? 이것은 본 장의 첫 번째 문제의식이다. 이점에 착안하여 자체적으로 간편하게 설문조사를 실시하여 그 결과를 검토한다.

다행히 코로나 확산 이후로 국가의 방역 당국은 질병관리본부를 관리청으로 승격하고, 코로나 확산방지에 총력을 기울이는 의지를 보이고 있다. 당국은 2020년 8월 말 사회적 거리두기 2.5단계를 두 달 후인 10월에 제1단계로 하향 조정하였다. 그러나 여전히 불안을 안고 있다. 가을이 되면서 실내 활동의 증가, 단풍놀이 등의 대규모 인구변동이 예상되기 때문에 고위험군을 중심으로 '맞춤형' 방역대책 보완이 시급하다고 지적한다(한겨레, 2020.10.12.). 사회적 거리두기로 인한 2차적 피해로서 경제적인 어려움과 함께 국민의 정신건강 피해에 따른 코로나 '블루'/'불안'으로부터 '마음방역' 혹은 '심리방역'으로서 대상자별 맞춤형으로 심리적 회복 지원 프로그램이 절대적으로 필요한 시점이다.

그러나 대부분 이런 프로그램은 확진자를 치료하는데 초점이 맞추어져 있다. 확진자는 아니지만 일상에서 불편감을 호소하는 대다수의 코로나 불안을 치유하는 데까지 손길이 미치지 못하고 있는 실정이다. 지금까지 코로나로 인한 심리/정신적인 피해에 대한 특화된 개입 프로그램은 명상을 포함한 기존의 인지행동치료적 개입방식을 원용하는 형태를 취한 경우가 대부분이고(곽희용 외 4인, 2020), 아직 코로나 불안과 관련된 국내 치료연구는 보고되지 않고 있다.

이러한 상황에서 본 장은 이미 개발된 '영상관법'을 코로나 불안에 적용하여 '어떠한 효과가 있는지'를 확인하여 제시하고자 한다. 영상관법은 불교 유가행파의 유식 심리학에 기초한 명상법으로(인경, 2008; 2014; 2015; 2019) 지금까지 사회공포증(김인희, 2014), 외상 후 스트레스(조덕인, 2015), 우울(신정란, 2015), 화병(정영순, 2015), 양육 스트레스(김길영, 2011), 신체변형 장애(한경옥, 2014) 등 다양한 현장에 적용되는 연구가 진행되었다. 이런 연구 성과에 기초해서 코로나 불안에 영상관법을 적용하여 그 효과성을 살펴본다. 이것은 코로나 사태로 야기된 정신건강 분야에 하나의 대안을 제공한다는 데 의의가 있다.

코로나 관련 간편 설문조사

여기서는 코로나 불안과 관련 설문조사를 일반인 대상과 직접적인 피해를 입은 소상공업자나 자영업자를 대상으로 간편 설문조사를 실시한 결과를 보고한다. 설문조사를 하고자 하는 일차적 필요성은 기존 연구(퓨연구센터의 89%와 국내 경기도연구원 조사결과 48%)가 서로 너무나 격차가 커서 왜 그러한지를 살펴보고자 함이고, 이차적으로는 적절한 코로나 불안치유 프로그램을 개발하는 현실적 필요성의 근거를 확보하고자 함이다.

1) 일반인 대상

2020년 10월 현재 사회적 거리두기가 1단계로 완화되었다. 정부는 2달 전 코로나로 인하여 8월 30일부터 9월 6일까지 2.5단계로 '사회적 거리두기'를 실시한다고 발표했다. 이것은 지난 3월에 신천지 교회로부터 확산된 코로나 대유행이 시작했을 때의 제1차 유행과 서울 사랑제일교회와 광복절 대규모 집회로 촉발된 제2차 코로나 재확산을 방지할 목적으로 실시한 고강도 사회적 거리두기이다. 사회적 거리두기 3.0단계가 사회에 미치는 부정적인 영향이 크기에 고민 끝에 마련한 시행안이지만 사실상 3.0단계에 버금가는 조치이다. 2.5단계로 시행되는 사회적 거리두기의 내용은 아래와 같다.

- 다중이용시설의 운영을 제한
- 수도권의 프랜차이즈형 커피전문점에서는 포장과 배달 주문만 가능

- 음식점과 제과점은 밤 9시 이후 야간 영업이 제한
- 스타벅스와 커피빈 등 프랜차이즈형 커피전문점은 포장·배달 주문만 허용
- 실내 체육시설은 운영 중단
- 요양병원·요양시설은 면회 금지
- 수도권 학원에서는 비대면 수업만 허용
- 독서실과 스터디카페도 사실상 운영 금지
- 9인 이하 교습소는 이번 방역 조치 적용 대상에서 제외

많은 이들이 이용하는 다중시설을 포함하여 대부분의 사회적 교류가 가능한 시설은 모두 제한하고 있다. 영업이 제한되면서 수입감소로 인해 소상공업자들의 고민이 깊어지겠지만 코로나 확산을 더 이상 방치할 수 없는 당국의 조치는 이해가 된다. 이런 배경으로 말미암아 필자는 일반 시민이 코로나의 확산과 더불어서 '사회적 거리두기'를 어떻게 경험하는지, 그리고 어떤 피해를 보고 있는지에 대한 설문조사를 아래와 같이 기획했다.

이런 '사회적인 거리두기'에 대해서 귀하는 어떻게 체감하고 있나요? 설문에 응답을 해주시면 좋겠습니다. 가능한가요? 그냥 편안한 마음으로 하시면 됩니다.

이렇게 시작하는 설문조사는 코로나 확산을 방지하기 위해서 사회적 거리두기 2.5가 시행되는 8월 30일(일)부터 9월 6일(일)까지 시행되었다. 방법은 간단하게 필자가 운영하는 네이버 밴드의 '투표하기 기능'을 통해서 실시하였다. 필자는 이 방법을 '간편 설문조사'라고 한다. 타이밍이 중요한 여론조사처럼 쉽고 편하게 실행할 수 있는 장점이 있다. 그러나 일반화시키거나 신뢰성은 담보할 수 없는 약점을 가진다. 물론 본고는 전체적인 분위기나 흐름을 파악하는 목적으로 활용한다. 설문내용과 그 결과는 아래와 같다.

코로나로 인한 사회적인 거리두기에 대해서 귀하는 어떻게 체감하고 있나요? 설문에 응답을 해주시면 좋겠습니다. 가능한가요? 그냥 편안한 마음으로 하시면 됩니다.

전체참여율 : 41명 참가/136명 열람 = 30%

1. 코로나로 인한 '사회적 거리두기'를 적극적으로 참여한다. 33명, 80%

2. 코로나로 인하여 집안에서 명상을 한 적이 있다. 22명, 54%

3. 코로나19가 앞으로 내 생활 전반에 걸쳐 분명한 변화를 줄 것이라 생각한다. 20명, 49%

4. 코로나로 인하여 불안감을 경험한 적이 있다. 19명, 46%

5. 사회적 거리두기로 음식을 배달하여 식사한 적이 있다. 14명, 34%

6. 코로나로 인하여 집안에서 영화를 본 적이 있다. 11명, 27%

7. 사회적 거리두기로 물적/심리적 피해를 입은 적이 있다. 9명, 22%

8. 코로나로 인하여 재택근무를 한 적이 있다. 6명, 15%

9. 사회적 거리두기를 종교적 의미로 받아들여 생각해본 적이 있다. 4명, 0.9%

이상의 설문 조사의 결과를 해석하여 살펴보자. 첫 번째 코로나의 '사회적 거리두기'에 적극적으로 참여하는 비율이 80%이다. 이것은 우리가 코로나 위기로부터 빨리 회복할 수 있는 근거가 된다. 적극적 참여의 동기는 무엇일까? 다양한 해석이 가능하지만 위협적인 상황에서 본능적으로 자기를 보호하려는 사회적 태도이다. 그것의 배경에는 불안이나 걱정이 가로놓여 있기 때문일 것이다.

두 번째로 코로나로 인한 불안이나 근심의 정도를 46% 정도로 경험하고 있다. 이것은 경기도연구원에서 나온 48%와 유사한 설문결과이다. 그런데 미국의 퓨연구센터에서 코로나를 국가적 중대한 위협으로 느끼는 89%와 비교하면 현저한

차이가 난다. 이런 차이는 왜 생길 것일까? 아마도 이것은 조사하는 시기, 곧 퓨리
센터의 조사가 6월 10일부터 8월 3일까지 이루어졌기 때문이다. 이 시기는 코로나
가 제1차로 대유행하는 시점이다. 본 설문 조사는 제2차 유행되는 시기라 처음의
충격에서 벗어난 모습을 보였다고 할 수 있다. 또한 퓨연구센터의 설문 조사가 기
후변화나 테러 등과 비교하여 질문하였는데 이러한 방식도 차이를 만든 요인이 되
었을 것이다.

세 번째로 주목할 점은 사회적인 거리두기로 인하여 집에서 지내는 시간이 많
은데, 이때 무엇을 하는가에 대한 질문이다. 물론 이 항목은 매우 다양하여 모두
열거할 수가 없다. 본 조사에서 나온 높은 순서대로 열거하면 명상 54%, 음식배달
34%, 영화 27%, 재택근무 15%, 종교적 활동 0.9% 등으로 나타났다. 집에 머무면서
명상을 한다는 비율이 54%로 가장 높게 나왔는데, 이점은 상당히 고무적이다. 다
만 명상과 관련된 밴드이기에 이런 특성이 반영되었을 것이다.

2) 자영업 종사자 대상

코로나로 인하여 소상공업자들의 피해가 심각하다. 언론 보도뿐만 아니라 주
변에서 피해를 호소하는 분들이 많다. '경제의 실핏줄 소상공인 사업체 324만개,
코로나 재확산에 한숨'이란 제목에서 보듯이(연합뉴스, 2020.08.23.), 이들이 차지
하는 전체 사업체는 84.9%이고, 종사자는 642만 명에 상당하다고 한다. 또한 코
로나로 인하여 자영업자들이 대폭 감소한 보도도 눈에 띈다. 작년에 비하면 자영
업자가 12만 7천명 줄었고, 그 감소폭 작년의 약 5배에 달한다. 특히 종업원을 두
고 있는 업체일수록 악전고투하고 있다(연합뉴스, 2020. 09. 08). 또한 대학수업이
비대면으로 전환되면서 대학상권도 사회적 거리두기로 침몰하고 있다(국민일보,
2020.09.20).

필자는 직접적인 코로나 피해를 보고 있는 자영업자의 '정신적인 고통을 어떻

게 경험하고 있는지'에 초점을 맞추어서 제2차 설문을 진행했다. 이것은 명상심리상담교육원의 협조를 얻어서 설문를 조사하였다. 조사방법은 9월 8일 명상심리상담교육원과 인연 있는 분들에게 메일로 설문지를 보내고 9월 20일까지 도착한 답장을 분석하는 방식으로 진행되었다. 그런데 회수된 응답자 숫자는 150명 가운데 23명(15%)이었다. 일반적 여론조사의 회수율처럼 강제성이 없는 까닭에 낮은 편이다. 응답자들의 직업을 분류하면 개인 사업체 경영(6명), 명상센터(4명), 상담센터 운영(4명), 사찰 운영(5명), 대학원 학생(4명) 등이다. 이들은 넓게 볼 때 코로나로 인한 사회적 거리두기에 의해 직접적 피해대상이 되는 자영업자로 분류할 수 있는 분들이다. 이들의 응답은 대면 활동을 중심으로 하는 업종에 종사하는 자영업자들의 피해와 심리적 고통을 파악하는데 도움이 되었다. 이들의 설문과 응답을 분석하면 아래와 같다.

설문 2

코로나로 인하여 우리 삶의 방식이 변하고 있습니다. 이에 관련하여 연구목적으로 설문을 진행하고자 합니다. 응답을 부탁드립니다. 아래 질문에서 해당사항을 ○표하시길 바랍니다.

총 응답수 23명/150명, 15%

1. 적극적으로 사회적 거리두기에 참여한다. 20명, 86%

2. 사회적 거리두기로 인해 매출감소의 피해를 본 적이 있다. 16명, 70%
   80 이상 1명 6%, 60 이상 2명 12%, 40 이상 7명 44%, 30 이하 6명 38%

3. 코로나로 불안을 경험한 적이 있다. 22명, 96%
   80 이상 2명 0.9%, 60 이상 5명 23%, 40 이상 7명 32%, 30 이하 8명 36%

4. 코로나로 우울을 경험 한적이 있다. 19명, 83%
   80 이상 0명 0%, 60 이상 0명 0%, 40 이상 4명 21%, 30 이하 15명 79%

5. 집안에 방콕(집콕)을 하면서 주로 무엇을 하는가(중복반응)?

명상 17명, 독서 11명, 운동 10명, 공부 5명, 영화 3명, 요가 2명

이 경우도 앞의 밴드에서의 설문조사 결과와 마찬가지로 86%가 코로나로 인한 사회적 거리두기를 적극적으로 참여하고 있었다. 그러나 물적, 정신적 피해는 상당한 차이를 보인다. 일반인 대상의 설문 조사에서는 피해를 보았다는 응답이 22%를 차지한 반면에 자영업의 조사에서는 매출감소로 인한 피해를 보았다고 70%가 반응하였다. 코로나에 대한 불안과 같은 정신적 경험이 밴드 조사의 경우 46%라고 응답한 반면에, 자영업 종사자들은 불안경험을 96%, 우울경험을 83%로 응답하여 상당한 차이를 보였다. 이런 결과는 일반인들이 느끼는 코로나로 인한 피해에 대한 인식과 업체가 직접적으로 체감하는 피해에 대한 인식차를 보여준다. 표본이 작아서 일반화시킬 수는 없지만, 이런 결과는 전체 사업체의 84.9%를 차지하는 소상공인들의 깊은 한숨소리를 보여준다. 또한 이것은 악전고투하는 자영업체의 감소폭이 코로나 이전에 비하여 5배에 달한다는 언론보도와도 일치한다.

앞의 퓨리서치센터가 한국인의 코로나에 대한 걱정도가 89%로 1위라고 했다. 이것을 자영업자를 대상으로 한 간편 조사 결과인 불안경험 96%, 우울경험 83%의 평균값(=89.5%)과 비교하면 정확하게 일치한다. 자영업자가 느끼는 코로나에 대한 불안과 우울은 일반인을 대상으로 한 경우(46%)와 현격한 차이점이 있다는 것이고, 더 나아가 대면 활동이 중심인 소상공업자의 경제적인 2차피해에 대한 심각성을 보여준다고 할 수 있다.

연구방법

앞의 설문 조사를 통해서 사회 전반적으로 많은 사람들이 코로나 사태 속에서 힘들어하고 물적 정신적인 피해가 발생되고 있음을 보았다. 이러한 때에 코로나로 인하여 힘들어하는 개인들의 고통을 치유하고 마음의 건강을 회복하는 명상 프로그램을 진행하여 그 효과를 검증할 필요가 있다고 판단되었다. 본 장에서는 '코로나 불안을 가진 자영업자에게 영상관법이 어떤 효과를 주고, 왜 그러한지' 사례분석을 통해서 제시하고자 한다.

1 | 영상관법 프로그램(RIMP)

영상관법(影像觀法)은 유가행파에 이론적 기초를 둔, 삶에서 경험한 닮은 영상을 떠올려서 관찰하는 명상방법이다(인경, 2012). 이번 코로나 사태 속에서 영상관법이 코로나 불안을 극복하는 명상 프로그램이 될 수 있음을 사례분석을 통해서 입증하고자 한다. 여기서 진행한 영상관법의 프로그램 절차는 코로나로 불편한 경험을 나누는 '집단상담'을 먼저 실시한 이후에, 불안 경험을 떠올려서 관찰하는 '영상관법'을 진행한다.

코로나 불안과 관련된 맞춤형 영상관법의 프로그램 절차는 다섯 단계로 진행한다. 첫째는 코로나 관련된 주제선정, 둘째는 영상을 떠올려서 알아차림[sati, 念]하기, 셋째는 코로나로 인한 불안 경험에 집중하여 충분하게 경험하기[samatha, 止], 넷째, 호흡과 함께 지켜보기[vipassana, 觀], 다섯째는 영상관법 이후 문제 해결과 관련된 소감과 통찰을 마음나누기 한다.

2 | 사례수집

참가자 모집은 따로 하지 않았고 명상심리상담교육원의 협조로 교육과정의 일부로 진행하였다. 1차는 9월 19일 10명의 집단이었고, 2차는 10월 10일 12명의 집단으로 진행하여 총 동참 인원은 22명이다. 먼저 불안 감정의 상황을 탐색하고 그런 다음에 영상관법 명상을 진행했다. 마지막으로는 '경험과 통찰'에 초점을 맞추었다. 영상관법은 개별이 아닌 집단으로 진행한 다음에, 개별적 면담을 통해서 보다 구체적으로 점검을 하면서 정보를 수집하였다. 진행된 면담내용에서 개인정보의 유출 위험이 있는 사항은 생략하거나 약간의 편집을 하였다.

3 | 분석방법

수집된 사례를 분석하는 방법은 크게 두 가지로 나누어서 진행했다. 하나는 전체 22명을 대상으로 '어떤 상황에서' 코로나 불안을 '어떻게 경험했는지'를 주제별로 분류하여 코로나 불안 경험을 파악하는 작업이다. 두 번째는 22명 모두에게 영상관법 5단계 프로그램을 적용하여 치유 경험을 수집하고, 이들 가운데 주제별로 일곱 사례를 선택하여 심층적으로 효과성과 요인을 분석하는 다중사례연구 방법론을 적용하는 것이다. 코로나 불안 경험을 분석하는 사례의 선택기준은 우선적으로 불안을 심하게 경험한 자영업에 종사하시는 분들의 사례를 중시한다. 가급적이면 유형별로 균등하게 분배하고, 보고내용이 풍부하고 선명한 사례를 분석대상으로 선택한다. 분석방법으로는 영상관법의 5단계 절차에서 주제에 따른 영상을 떠올리는 단계를 하나로 합해서 4단계로 분류하여 자료를 조사한다. 제1단계는 어떻게 코로나 불안을 경험하는지, 제2단계는 영상관법을 통해서 어떻게 치유의 효과를 경험하는지에 초점을 맞추고, 제3단계는 치유의 핵심요인이 무엇이었는지, 제4단계는 현실의 문제에 대한 해결로서 어떻게 할지를 살펴본다.

4

연구결과

1) 코로나 불안경험의 유형들

개인별로 불안을 경험한 유형을 보면 다양하다. 코로나 불안을 어떤 상황에서 경험하였는가에 대한 관점은 코로나 불안을 느낀 구체적인 현실을 파악하고, 어떻게 불안을 경험했는지를 이해하는데 도움을 준다. 연구집단에 참여한 전체 22명이 제공한 사례를 분류하여 보면 아래와 같다.

❶ 직접적 불안 경험(6명)

코로나 진단 관련 진료소, 동네 교회에서 확진자가 발생하면서, 자가격리 기간에, 모임 참석인 가운데 확진자 나옴, 확진자 발생으로 소도시가 황량해짐, 코로나 검진 경험.

- 진료소에서 만난 불안해하는 사람들의 얼굴표정, 나도 걸리면 어쩌지, 가슴 두근거림, 어디 나가지 못함에 답답함과 짜증, 검진을 기다리면서 심한 걱정과 불안 강도 70 이상을 경험함.
- 동네 가까운 교회의 대규모 행사로 확진자가 무더기로 발생함에 따라 동네 가게들이 모두 다 문을 닫고, 황량해짐. 자가격리 14일 동안 다른 사람에게 피해를 줄까봐 죄인 같은 느낌, 이런 시국에 대규모 행사를 한 교회에 대한 불쾌감과 분노를 함께 경험함.
- 거주하는 소도시에서 코로나 확진자가 10명 이상 동시에 확인됨. 도시의 기능이

마비되고, 사람들의 왕래가 완전하게 끊어짐. 시내 한복판에 나 홀로 아무도 없이 쓸쓸하게 서 있음, 불안과 공포스러움 경험함.

- 아이가 다니는 어린이집에 코로나 감염자가 다녀갔고, 이에 가족과 친구들이 검사를 받고 결과가 나오는 시간 동안, 걱정스러운 생각을 멈출 수가 없었음. 어린이집과 아파트 놀이방 역시 얼마 뒤 폐쇄되었음.

- 아파트 옆동에서 확진자가 나옴. 이러다가 내가 걸리면 어쩌지 하는 심한 불안감이 생겨남. 자주 만나는 사람과 소소한 모임도 못하고 짜증이 나고, 가족들이 사람이 많은 곳에 갈까 봐 매번 불안해함.

- 밀접접촉 환자의 코로나 검사 기간에 심한 불안감을 느낌, 외부로 나가서 식사를 마음 놓고 할 수가 없음. 사람을 대할 때 마음 놓고 만날 수가 없음. 혹시나 피해를 줄까 봐, 혹은 받을까 봐.

2 회사의 매출 감소(5명)

일정 취소로 경제적 어려움, 텅 빈 상담실, 회사의 심각한 매출 감소, 코로나로 지방으로 회사 이전 상황, 남편의 매출 부진.

- 코로나가 발생한 중국 우한에 대한 부정적 이미지로 인하여 보이차 판매에 타격을 받음. 차방을 열었으나 판매 부진으로 결국 닫게 됨.

- 코로나로 인하여 회사매출이 현저하게 줄어들면서, 직원들의 걱정이 많아짐. 또한 협력 업체들이 지방으로 옮겨감으로써 함께 옮겨가야 하는지 고민이 많음. 직원들의 불안해하는 모습과 회사가 어찌 될지 수근거림을 보면서 마음이 불편함. 회사 경영위기로 걱정과 고민이 깊어짐.

- 운영하는 병원의 매출이 많이 감소됨. 코로나로 인한 사회적 거리두기 상황에 따라서 늘어났다가 줄어들었다가 둘쭉날쭉임. 특히 어르신들의 경우가 심함. 정

신적 물질적 피해가 심함.

- 고객들의 방문이 거의 없음. 텅 빈 상담실을 바라보면서 쓸쓸하고 허한 느낌이 듬. 우울함. 그러고 보면 그동안 참 잘 되었던 것 같음.
- 어렵게 다시 시작한 사업에서 코로나로 인하여 인원이 모이지 않음. 아이들이 학교에 가지 못함. 불안한 소식에 경제가 황폐화되는 소식에 한숨만 나옴.

③ 비대면 학교수업이나 집단활동(3명)

요가원 수업에서, 학교에서 학생들을 보면서, 비대면 수업 진행.

- 수업이 계속 중단되어서 금전적 손실이 있고, 설사 수업을 해도 다들 마스크를 착용하는 까닭에 호흡이 불편하고 혹시 누군가 코로나를 옮기지 않을까 수업하는 중간중간에 불안감이 든다. 마스크를 쓴 회원들의 표정을 볼 수가 없다. 그러면 어쩌지? 난 아무 것도 해주지 못하는데, 케어해 줄 수가 없는데.
- 학생들의 숨소리가 크게 들린다. 그럴 때마다 코로나가 혹시나 하는 불안감이 생겨난다. 저 가운데 코로나 걸린 학생이 있지 않을까? 괜히 무리하게 집단을 시작했나? 문제가 생기면 난리가 날 텐데.
- 힘들게 대학원에 복학을 했는데 일방적 비대면 수업으로 바뀌었다. 비싼 등록금을 내고 제대로 수업이 진행되지 않아서 매우 속상함.

④ 확진자 관련 뉴스를 접하면서 불안경험(3명)

코로나 관련 뉴스를 보면서, 체조 교실의 지인으로부터 확진자 소식, 주변 동창들의 이야기와 언론 보도.

- 함께 모임에 참석한 선생님의 학교에서 확진자가 나왔다는 뉴스를 보았고, 가족

여행은 취소되었고, 이후 계속하여 근심과 걱정을 하게 됨.

- 전 국민을 다 발을 묶어놓은 갇힌 기분, 사람들의 아우성 소리가 들리고, 뉴스를 보면 온통 코로나 소식으로 더욱 불안해짐.

- 지하철 안에서 슬리퍼로 뺨을 때리는 모습, 옆에서 구경하는 사람들. 욕설하는 소리, 주먹질하고 소리 지르는 모습들이 힘들게 함. 저런 일이 내게도 일어날 수 있겠다는 생각으로 불안함. 또한 장사가 되지 않아서 폐업신고를 하는 많은 사람들을 보면서 가슴이 답답함을 느낌. 두렵고 막막해짐. 언제 끝나지.

5 집콕의 답답함과 가족갈등(3명)

학교 가지 못한 답답함, 자녀와의 돌봄 스트레스, 심한 가족갈등으로 앞이 깜깜해짐, 절망감을 느낌.

- 코로나로 인하여 바깥출입이 어려워져서 계속 실내만 머물기 때문에 일상이 무기력해짐. 지인들과의 교류도 단절되고 고립감이 점차로 심해짐.

- 코로나 사태로 집 밖에 나가지 못하고 방안에서 창밖을 보면서 화창한 날씨를 보는데 새소리가 들림. 나가지 못하는 답답함, 우울감과 불안감을 느낌

- 가게를 오픈하려는 시기에 코로나로 인하여 생활에 직접적인 타격을 입었음. 코로나로 인하여 남편이 회사의 매출 부진과 자금난으로 집에 와서도 불만스럽고 불안해 하고 자주 짜증을 냄. 집안 분위기가 안 좋음. 두렵고 불안하고 앞이 깜깜한 느낌이 듬.

6 코로나와 유사증상에 두려움(2명): 감기 기운과 관련하여

- 계속 기침이 나오고 힘이 듬, 혹시나 독감인가 아니면 코로나가 아닐까 하는 생각으로 안절부절함.

- 감기가 걸렸는데, 혹시나 해서 병원도 못가고 약국을 돌아다니면서 조금씩 약을 삼. 사람들이 나를 피하는 느낌, 병원에서도 나를 거부할 것 같은 느낌으로 매우 우울하고 불편함을 겪음.

이상으로 전체 총 사례 22개를 개수가 많은 순서로 나열하고 내용별로 6개 유형으로 분류한 것이다. 코로나로 인한 불안을 다양한 형태로 경험하고 있음을 알 수가 있는데 이들은 1차적 불안과 2차적 불안으로 구분할 수 있다. 검사나, 자가격리 그리고 피해에 대한 직접적인 목격과 같은 항목을 1차적 직접적인 불안(6개, 27%)이라고 한다면, 코로나로 인하여 이후에 나타나는 매출 감소, 교육 및 집단활동 제한, 관련 뉴스, 가족 갈등, 유사증상에서 경험하는 간접적인 영향은 2차적 불안(16개, 73%)에 해당된다.

이렇게 보면 코로나불안 경험은 코로나로 인한 1차적인 '실재적 불안'이기보다는 대부분 2차적인 '심리적 불안'이 대다수를 차지함을 알 수가 있다. 코로나로 인한 사망과 확진자의 의료적인 문제에 따른 불안을 1차적인 피해라고 한다면, 이로 인해서 파생되는 2차적 피해는 매우 광범위한 사회적 피해(집단활동 위축에서 오는 장사가 되지 않음, 교육 활동의 취소, 불편함 호소, 언론 보도에 따른 불안감)라고 말할 수 있다. 이런 점에서 코로나 불안은 '불안에 대한 불안'이라고 그 특징을 정의할 수 있다.

위의 사례는 일차적인 불안에 대한 이차적인 불안을 경험하는 것이 다수를 차지한다. 혹시나 나도 걸릴 수도 있다는 과민한 걱정과 염려가 주류를 이룬다. 실제적인 의료적 접근도 중요하지만, 과민한 걱정과 염려가 주류를 이루기에 심리적인 측면에서의 치유적 명상작업이 필요함을 알 수 있다.

영상관법은 코로나 불안을 경험했던 기억(닮은 영상)을 떠올려서 관찰하는 명상이다. 이것은 전체가 5단계이지만 첫 번째 단계의 주제선정과 마지막 단계의 통찰과 소감을 제외하면 직접적으로 명상과 관련된 부분은 다음 3단계이다. 제1단계는 불편한 장면에서 힘들었던 접촉 자극[觸]를 찾아서 알아차림(sati, 念)하기, 제2단계는 몸에서 느껴지는 감정에 머물러 집중하고 충분하게 경험하기(samatha, 止), 제3단계는 호흡과 함께 느낌/감정을 지켜보기(vipassanā, 觀)이다. 필자는 이것을 염지관(念止觀) 혹은 알아차리고 머물러 지켜보다는 의미에서 '알머지' 명상이라고 호칭한다. 다음은 영상관법을 하면서 코로나 불안을 어떻게 경험하고 치유했는지를 보여주는 7개 사례이다.

이것을 보면 직접적인 불안 경험(6명), 회사의 매출감소로 느끼는 불안(5명), 비대면 수업진행(3명), 확진자 뉴스를 보면서 불안경험(3명), 집콕으로 답답함과 가족갈등(3명), 감기와 같은 유사증상에 대한 두려움(2명) 등 다양한 방식으로 불안을 경험하고 있음을 보여준다.

사례 1

직원들에게 확실한 답을 주지 못하는 것에 대한 걱정, 머리가 지끈지끈 아프고 근육이 경직되는 느낌, 강도는 90 정도이고 굉장히 가슴이 답답하고 몸에서 힘이 쭉 빠짐. 모양은 자동차 타이어 크기의 검정색 톱니바퀴임. 두 개 톱니바퀴가 맞물려서 서로 부딪히는 느낌, (1분 후) 호흡과 함께 바라보니 느낌의 강도가 80에서 50으로 조금씩 줄어들고 있음, 색깔도 검정색에서 회색으로, 점차로 밝은 회색으로 바뀌어지고 있음, (1분 후) 두 개의 톱니바퀴도 서로 거리가 멀어지면서 사라지고 없음. 색깔이 밝은 회색에서 푸른 하늘색으로 변화되었음, 강도는 여전히 50정도이고 호흡 상태가 보임.

이것은 코로나로 인한 사회적 거리두기로 2차적 피해를 본 소상공업자의 불안사례를 보여준다. 여기서 핵심은 두 개의 톱니바퀴이다. 현실 속에서 회사를 지방으로 이전할 것인지, 아니면 사업을 접어야 할 것인지, 또한 직원들의 입장도 고려해야 하는 책임을 느끼는 사장으로서 결정을 해야 하는 걱정과 고민이 반영되어 있다. 두 개의 톱니바퀴가 서로 맞물려서 돌아가면서 사장을 괴롭히는 형국이다. 그러나 점차로 톱니바퀴가 서로 이완되면서 고민과 걱정의 강도는 점차 '90→80→50'로 줄고, 색깔도 '검정색→회색→밝은 회색→푸른 하늘색'으로 변화되고 있음을 보고 한다. 그러나 불안 강도는 여전히 50정도로 남아 있는데, 이것은 아직 현실속에서 진행되고 있는 미해결된 과제 때문일 것이다.

사례 2

대구의 코로나 사태로 매출이 급격하게 하락하면서 집안의 분위가 좋지 않다. 남편은 자주 화를 내고 학교에 가지 않는 아이도 스트레스를 준다. 심장이 벌렁거리고 분노 60, 힘이 쭉 빠지는 불안이 50 정도로 느껴진다. 뒷골이 땡기고 가슴이 답답해진다. 마치 시커먼 솥뚜껑 같은 것이 누르고 있는 듯하다. 관찰을 계속하여 보니 솥뚜껑이 옆으로 비켜가고 빗살무늬 주황색이 보이고, 뒷골이 땡김 10, 눈이 당김 30 정도임. 처음에는 뾰족한 산 같은 것이 보이다가 형체가 사라지고, 파란 보라색이고, 이제 불안과 화는 가라앉고 올라오지 않는다.

이것은 코로나로 인한 한 가족의 갈등상황을 보여준다. 가정주부로서 위기를 만난 남편도 내조해야 하고, 학교에 가지 못한 아이와도 친구가 되어주어야 한다. 그것에 따른 압박감이 '솥뚜껑'이란 모양으로 나타난 것으로 해석된다. 가슴을 내리누른 시커먼 검정색의 심상이 솥뚜껑인데, 이것을 대상으로 명상을 하니 점차로 솥뚜껑은 비켜가고, 뾰족한 산 모양으로 변하더니, 나중에는 사라졌다. 이제 불안과 화의 감정도 사라졌다.

사례 3

코로나로 도시가 마비되었다는 공포감, 70 정도의 불안감이 느껴지고 몸에서 한기가 들어옴, 오싹해짐. 모양은 겨울 눈의 결정체처럼 손바닥 크기가 보임, 계속 지켜보자 결정체가 눈처럼 녹아들고 강도는 10으로 줄고, 색깔도 없어짐. 함께 불안과 공포도 사라짐. 개운한 느낌이 느껴짐.

이것은 소도시에서 코로나 확진자가 발생하면서 사람들이 밖으로 나오지 않아 도시 전체가 유령도시가 된 상황을 매우 적나라하게 보여준다. 공포감과 몸에서 느껴지는 차가운 기운으로 오싹한 느낌이다. 이것의 심상은 추운 겨울의 눈 결정체 모양이다. 추워서 얼어붙는 기분으로, 도망가지 않고 직면하여 지켜보자 눈결정체는 녹고, 그에 따라서 공포감도 사라졌다. 그러나 불안감은 여전히 10 정도의 강도로 남아 있다.

사례 4

목이 아프고 계속 해서 기침이 계속 물을 마시고 일어났다 앉았다함. 자세를 바꾸어도 기침이 멈추지 않음, 잠을 잘 수 없는 불안감, 기침이 나오니 코로나 같음. 불안 강도 100, 가슴이 아프고 진땀이 나고 어지러움이 느껴짐. 명상하면서 온몸에 넘치는 큰 구름 같은 것 점점 작아짐, 붉은색이 회색으로 변하고 가장자리에 흰색이 보임. 강도가 30 정도로 약화 되고 나중엔 햇살이 보이고 주먹만큼 작아지면서 조그만 구름이 됨. 이젠 다 없어짐.

이것은 일상에서 문득 들어오는 침투적 사고의 한 형태이다. 목이 이상하게 아프고 기침이 난다. 코로나에 걸린 것일까? 하는 순간적인 생각이 일어나고 이후로 여기에 지배당하는 모습을 보여준다. 물도 먹어보고 자세를 이리저리 바꾸어도 여전히 멈출 수가 없다. 진땀이 나고 어지럽다. 이것을 주제로 집중하여 명상해보니 온몸을 넘쳐나는 큰 붉은색의 구름이 보인다. 그리고 색깔도 '붉은색→회색→흰색'으로 바뀌고, 형상도 조그만 구름으로 바뀌면서 결국은 사라진다. 그러나 강도는 여전히 30으로 남겨져 있다. 이와 유사한 상황에서 재발할 가능성이 있다고 해석된다.

사례 5

이런 코로나 시국에 대규모 행사를 진행한 교회의 어리석음에 대한 짜증, 분노가 일어남. 강도는 불안은 80 정도인데, 분노는 90 정도로 더 많음. 가슴이 미어터질 듯이 답답하고, 천둥번개처럼 날카롭고, 빨간색으로 온몸에서 열기가 남. 호흡에 집중하니 즉각적으로 불안과 분노가 사라지면서 점차로 모양이나 색깔이 엷어지고 있음. 이제 색깔과 모양이 다 사라졌음. 감정이 쑥 빠져버린 느낌. 이제는 편안하게 호흡을 하고 있음.

이것은 불안보다도 분노가 지배한다. 동네 교회의 대규모 행사로 인하여 확진자가 무더기로 발생하여 살던 동네가 공동화되는 현상을 목도하고 심한 분노가 일어난 사례이다. 분노가 천둥번개로 형상화되고, 색깔은 빨간색으로 몸에서 열기가 난다. 그런데 호흡에 집중하는 순간, 즉각적으로 분노가 사라지는 신기한 경험을 한다. 분노의 모양과 색깔은 점차로 사라진다고 보고한다. 왜 그런지 질문을 했더니 늘 평소에도 호흡명상을 한다고 말한다.

사례 6

무서움과 분노가 올라옴. 많은 사람들이 있는 지하철에서 폭력을 행사하고, 주변에서 구경만하는 방관자적 태도에 더욱 화가 남. 저 상황이 내게도 일어날 수 있음. 감정에 집중하여 보니, 가슴이 답답해지고, 두렵고, 두근거림. 강도는 40 정도 되고, 모양은 동그랗고, 사진으로 본 코로나 모양임. 색깔은 빨간색임. 숨을 들이 마시면 조여들고, 내쉬면 답답함. (1분후) 조금씩 나아지고 있음. 강도는 30 정도이고, 점점 빨간색이 회색으로 바뀌었음. (1분후) 이제 좋아짐. 감정이 사라져서 강도는 10이 됨. 모양은 같은데 색깔이 엷어지고 연회색이 됨.

이 경우도 앞의 사례처럼 불안보다 분노를 경험한다. 지하철에서 코로나 마스크를 쓰지 않았다는 이유로 신발로 폭력을 행사하는 뉴스를 보고 분노가 일어난 사례이다. 그런데 더욱 화가 난 점은 방관자적인 태도를 취하며 구경하는 사람들이다. 감정을 느껴보니 40 정도로 아주 높은 강도는 아니다. 아마도 연결되어 있지 않는 까닭이다. 모양은 사진으로 본 코로나19의 둥글고 빨간 모양에 주변에 뾰족한 돌기들이 나 있다. 이것을 주제로 집중하여 명상을 해보니 강도는 '40 → 30 → 10'으로 줄어들고, 색깔도 '빨간색 → 회색 → 연회색'으로 바뀌었다. 그러면서 안정되었다.

사례 7

불편함을 느낌, 강도는 50 정도임. 뾰쪽뾰쪽한 모양과 우중충한 색깔을 가졌음. 들숨에서 우중충하게 번져나가는 듯한 것이 놀라움. 날숨에서 작아지면서 내려감. (1분후) 처음엔 신체가 연기처럼 뭉실뭉실 올라가는 거대한 느낌. 지켜보니 20 정도로 부피가 작아지면서 내려가는 듯함. (1분후) 지금은 색깔과 형체가 작아져서 그것이 두렵게 느껴지지 않음. 우중충함이 아주 선명해지면서 답답함은 내려감. 강도는 10 정도로 아주 없어지지는 않음.

이것은 강의실에서 경험한 내용이다. 요가실습을 마스크 쓰고 진행한다. 학생들의 표정을 볼 수가 없고 숨소리만 들린다. 저들 가운데 코로나가 있을 수 있다는 생각이 일어나자, 그때부터 가슴이 답답해지면서 호흡이 불편하고 잘 되지 않는다. 연기가 신체에서 일어나고 거대한 느낌이 몸을 감싼다. 지켜보니까 강도가 '50 →

20 → 10'으로 가라앉고, 모양도 뾰쪽하고 우중충한 연기가 점차로 작아지면서 두렵게 느껴지지 않게 되었다. 그러면서 색깔은 오히려 선명해지고 답답함은 내려갔다.

이상으로 영상관법을 하면서 경험한 7개의 사례를 살펴보았다. 이것은 전체 22개에서 유형별로 선택해 분석한 사례로 직접경험이 2개, 그밖에 회사매출 감소, 가족갈등, 유사증상, 언론뉴스, 집단수업 등 각각 1개씩이다. 이제 이들이 경험한 치유적 의미를 논의해 보자.

첫째로 '영상'의 하위개념으로서 '표상'과 '심상'의 문제이다. 영상관법에서 영상은 현실에서 경험한 내용이 제8식 알라야식에 저장되어 있다가 의식의 표층으로 떠올라온다는 유식불교 심리학(이하 유식심리학으로 약칭함)의 가설에 기반한다. 이때의 영상은 현실 자체의 경험이 아니라 의식에 의해서 반영되고, 기억된 닮은 영상(影像, pratibimba)이다. 현실이 본래의 질료(bimba)라면 영상은 현실의 경험을 반영한[影] 이미지[像]이다.

이를테면 위의 첫 번째 사례는 코로나로 인하여 회사가 힘들어지면서 사장이 걱정하는 모습이다. 직원들의 불안해하는 모습으로 보고 수근거림을 듣는다. 이것은 현실을 반영하는 표상이다. 물론 이것은 현재의 경험이 아니라 과거의 경험이 제8식에 저장되어 반영된 이미지란 의미에서 '영상'이기도 하다. 이 영상을 떠올리면 90 정도의 높은 강도로 머리가 지끈거리고 근육이 긴장된다. 그러면서 가슴이 답답해지고, 그때 내면에서 두 개의 톱니바퀴가 보인다. 이것은 회사의 장래와 함께 직원들을 책임져야 하는 갈등의 심상이다. 그러나 이것은 현실을 반영한 이미지는 아니다. 현실의 갈등을 상징하는 마음에 의해서 구성된 심상으로서 의식에 현현한 형상이다.

그러므로 여기서 필자는 영상을 세분해서 '표상'과 '심상'으로 구분할 필요가 있다고 본다. 곧 현실을 반영한 이미지로서 직원들의 불안해하는 모습의 '표상'과 내면의 갈등 경험을 상징하는 두 개의 톱니바퀴 '심상' 이미지를 구분할 필요가 있는 것이다. 외적인 대상을 마음이 닮은 영상으로 드러냄을 '표상'으로, 그리고 그것을 근거해서 내면의 갈등을 드러내는 이미지를 '심상'으로 구분하자는 것이다.

처음에는 현실을 닮은 모습으로 반영하여 '표상'하고, 그것을 기반해서 상징적으로 '심상화'한다는 단계로 구분된다. 불안해하는 직원들의 표정은 현실의 모습과 닮은 이미지이다. 이들은 물론 모두 마음에 저장된 영상에 기반한다는 점에서 공통적이다. 거울에 비친 내 얼굴 모습처럼 현실을 유사하게 반영한다. 이것이 '표상'이다. 그러나 두 개의 톱니바퀴는 현실을 그대로 반영하는 것이 아니라, 직원들에 대한 책임감을 느끼는 사장으로서 내적 고민이 반영된 이미지로 단순하게 현실을 반영한 것은 아니다. 이것이 '심상'이다. 그래서 외적인 자극에 따른 닮은 이미지로서의 '표상(表象)'과 내적인 해석을 드러낸 '심상(心象)'을 서로 구분할 수 있다. 제4장과 제6장에서도 언급했지만 심상은 '상징적으로 마음에 나타난 영상'이고, 외적인 자극에 대한 '닮은 영상'은 '표상'으로 호칭해서 서로를 구분해줄 필요가 있다.

표상이 현실을 반영한 '닮은 영상'이라면, 상대적으로 심상은 심리적인 경험을 드러낸 '상징적 영상'이다. 영상관법의 과정에서 보면 '닮은 표상'은 제1단계의 알아차림(sati)에서 작동하고, '상징적 심상'은 제2단계의 집중하여 충분히 머물기(samatha)에서 나타난다. 구체적으로 말하면 알아차림하여 '닮은 표상'을 눈앞에 떠올리면 당시에 느꼈던 감정이 재생되고, 이렇게 재생된 감정과 몸느낌에 집중하면서 드러난 형상이 바로 '상징적 심상'이 된다. 그리고 이렇게 형성된 상징적 심상을 호흡과 함께 지켜보기(vipassanā)가 세 번째 단계로 연결된다. 지켜보기에서는 분명한 표상이나 심상이 눈앞에 존재해야 지속적인 관찰이 가능하다. 그러면 마지막엔 통찰이 뒤따라 발생하게 된다. 이런 과정을 표로 정리하면 아래와 같다.

	제1단계 알아차림(닮은 표상)	제2단계 머물기(상징적 심상)	제3단계 지켜보기(통찰)
사례 1 회사매출	회사 이전에 따른 고민과 직원들의 표정	서로 엉켜서 갈등하는 두 개의 톱니바퀴	톱니바퀴 사라짐 호흡 상태가 보임
사례 2 가족갈등	코로나로 발생한 가족갈등	시커먼 솥뚜껑 압박감 뾰쪽한 산모양으로 변함	표상이 사라지면서 성남과 불안 가라앉음
사례 3 직접경험	소도시의 황량함 텅 빈 거리에 홀로 섬	눈 결정체 공포감, 차가운 냉기	눈 결정체 녹음 개운함 느낌
사례 4 유사증상	목 아픔, 반복된 기침 코로나가 아닐까 의심	온몸에 넘치는 구름 진땀과 어지러움	햇살과 작은 구름 편안해짐
사례 5 직접경험	무책임한 교회행사 코로나로 동네 썰렁함	천둥 번개 모양 가슴 답답, 분노와 불안	호흡집중하자 곧 사라짐 색깔 모양 엷어짐
사례 6 언론뉴스	마스크쓰지 않는 이유로 지하철 안에서 폭력행사	사진으로 본 코로나모양 두려움과 분노	모양과 색깔이 변하고 감정이 사라짐
사례 7 집단수업	마스크를 쓴 강의실 학생들 표정을 알수없음	뾰쪽뾰쪽한 모양이 뭉실뭉실 거대한 연기로	형체가 작아짐 두렵지 않음

| 표10-1 | 영상관법의 3단계 결과

<표10-1>에서 보면 7개의 사례가 의식에 반영된 표상이 반드시 특정한 심상으로 전환됨을 보여준다. 물론 대부분 외적인 현실을 반영하는 표상이 내적인 상징적 이미지로서 심상화되는 경향이 많지만, 항상 그렇지는 않다. 감각적인 제6식의 표상이나 자아갈등을 나타내는 제7식의 심상 모두 공통적으로 제8식에 저장된 정보로서 심층의 '영상' 이미지에 영향을 받는다고 할 수 있다.

두 번째는 영상관법에서 나타난 감정의 강도와 색깔의 변화이다. 이런 변화는 충분하게 경험하는 과정에서 나타난다. 여기서 영상관법의 참여자는 감정의 강도/모양/색깔 등이 점차로 감소되고 그 변화를 순차적으로 경험하게 되는데 이것의 의미는 무엇일까를 살펴볼 필요가 있다.

우선 강도는 주관적 보고형식을 취하는데 10이나 100를 기준으로 보고한다. 강도가 높을수록 강한 감정적 경험을 한다고 가정한다. 주관적 보고이기에 객관성이 없지 않느냐는 반론이 있을 수 있지만, 특정한 닮은 표상이나 심상에서 재생되는 감정을 일관성 있게 알아차려 보고하는 개인적인 진술이기에 충분한 증거능력이 있다고 판단한다. 모든 체크리스트는 바로 이런 종류의 자기보고인 점을 상기해볼 필요가 있다. 각각의 강도에 대한 평가는 아래와 같은 기준이지만 절대적 기준이 아니라 상대적 참조 사안이다.

- 80 이상: 매우 심함
- 60 이상: 상당하게 불편함
- 40 이상: 부담스러움
- 20 이하: 편안하고 견딜 수 있음

참여자/고객/수행자가 제1단계에서 닮은 영상/표상에서 재생되는 감정과 몸느낌을 알아차려 보고하는 강도는 충분하게 머무는 제2단계에서 시간이 결정된다. 대부분은 30초를 기준으로 하지만 매우 심한 상태의 경우 1분 간격으로 충분하게 머물러 경험하게 하면서 점검한다. 이것은 딱히 정해져 있지 않고 사례에 따라서 융통성 있게 운영할 수 있다.

회사의 이전 문제로 고민하는 사례1처럼 강도가 50 정도를 계속적으로 유지되는 경우 현실문제가 해결되지 않는 미해결과제로 볼 수 있다. 그리고 황량한 도시의 3번, 지하철 폭력의 6번, 강의실 마스크 착용의 7번처럼 10 정도로 여전히 남겨진 경우는 개인적으로 충격이 강한 사례이거나 유사한 상황에서 다시 경험할 가능성이 높다는 의미이다. 또한 가족갈등의 2번, 유사증상의 4번, 동네 썰렁함의 5번 등처럼 감정이 온전하게 다 없어졌다고 보고한 경우는 명상의 효과가 좀 더 지속되리라고 예상한다.

	상징 심상	강도/모양 변화	색깔 변화
사례 1 회사매출	서로 엉켜서 갈등하는 두 개의 톱니바퀴	걱정 90 → 80 → 50 / 엉킨 톱니바퀴 → 느슨한 톱니 → 톱니바퀴 분리 사라짐	검정색 → 회색 → 밝은 회색 → 푸른 하늘색
사례 2 가족갈등	시커먼 솥뚜껑 압박감 뾰쪽한 산 모양으로 변함	화 60, 불안 80 → 눈당김 30 → 뒷목 10 솥뚜껑 → 뾰쪽한 산 → 빗살무늬	시커먼→ 주황색 → 파란보라색
사례 3 직접경험	눈 결정체 공포감, 차가운 냉기	불안, 마비감 70 → 10	눈결정체 → 녹음 → 사라짐 어두움 → 밝아짐
사례 4 유사증상	온몸에 넘치는 구름 진땀과 어지러움	불안100 → 30 → 0 / 구름큰덩어리 → 주먹만함	붉은색 → 회색 → 흰색
사례 5 직접경험	천둥 번개 모양 가슴 답답, 분노와 불안	분노 80, 짜증 90 → 호흡 집중 사라짐	날카로운 빨강 → 사라짐
사례 6 언론뉴스	사진으로 본 코로나 모양 두려움과 분노	두근거림, 조여옴 40 → 30 → 10	빨강 → 회색 → 연한 회색
사례 7 집단수업	뾰쪽뾰쪽한 모양 뭉실뭉실 거대한 연기	불안 50 → 20 → 10 뾰쪽뾰쪽 → 번져나감 → 연기 작아짐, 놀라움.	거대한 느낌 우중충함 → 선명함 → 두렵지 않음

| 표10-2 | 영상관법에서의 변화과정

위의 <표10-2>를 보면 현실을 반영하는 '닮은 표상'을 관찰하는 알아차림 단계에서 불안/분노의 강도가 매우 심각한 상태인 80 이상인 경우가 4명, 상당하게 불편한 수준인 60 이상인 경우가 1명, 그리고 부담스러운 상태인 40 이상이 2명이었다. 집중하여 머물기 단계에서는 '상징적 심상'이 나타난다. 그것은 톱니바퀴, 솥뚜껑, 겨울 눈결정체, 넘치는 구름, 천둥 번개, 붉은 코로나 모양, 거대한 연기로 사례마다 모두 다른 모습으로 나타났다. 마지막 호흡과 지켜보는 단계에서는 상징적 심상의 변화를 관찰하게 된다. 여기서는 경험된 강도와 모양이 대부분 사라졌다. 그러나 강도를 보면 1번 사례는 50 정도, 6번 사례는 10 정도, 7번 사례 10 정도로 남겨졌다. 이는 유사한 상황을 다시 만나면 재생될 가능성이 높다는 의미로 해석된다. 색깔을 보면 처음에는 빨간색, 검정색, 우중충한 색 등 시간이 지남에 따라서

그 모양이 작아지고 회색, 흰색, 파란색 등의 밝고 가벼운 색깔로 바뀌면서 불안/분노/짜증 등의 감정 역시 소멸되는 경험을 하였다.

여기서 보여주는 강도, 모양, 색깔은 '표상'과 '심상'의 특성이다. 이것은 개인적인 체험의 '나타남'을 의미하는 까닭에 일관성 있게 결정할 수 없는 개인의 고유한 상징성을 드러낸다. 주의할 점은 모양이나 색깔에 대한 해석을 수학 공식처럼 판에 박힌 해석을 삼가하고 그 자체로 이해하면 좋다. 위의 표에서 불안은 대체로 검정색 계열로 나타나고, 분노는 빨간색, 공포는 흰색 등으로 나타난다. 그러나 사례4와 같이 불안의 경우도 빨간색으로 나타나기에 반드시 정해진 것은 아니다. 또한 모양과 색깔이 크고 거칠고 강하면 그것은 격한 감정 상태를 표현한다고 평가하고, 반대로 밝고 작고 부드러운 경우는 감정이 순화된 치유의 경험으로 인정할 수 있다.

영상관법을 마친 이후에 상징적 심상은 그림이나 시 혹은 예술적 작업과 연결해서 진행하면 매우 효과적인 활동이 된다. 이를테면 아래 사진을 보자. 그림(사례5)은 영상관법을 끝내고 난 이후에 그린 것이다.

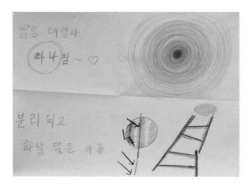

| 그림10-1 |　영상관법(전후 비교)

사다리가 있는 아래쪽이 현실에 대한 감정을 충분하게 경험하는 단계이다. 위쪽의 태양 그림은 호흡과 함께 지켜보아서 일어난 치유와 마음의 정화를 표현한 것이다. 아래 장면은 '닮은 표상'을 떠올릴 때 가족갈등에서 경험하는 내적 경험의

상징적 심상이다. 코로나로 인하여 화살을 맞아 쪼개진 사과처럼 가족과 분리되고, 서로를 연결하는 사다리가 어긋나 있다. 옆에 적힌 글이 그림을 이해하는데 도움 된다. 이것은 현실속에서 '분리되고 화살 맞은 아픔의 표상'이 '무너진 사다리 심 상'을 거쳐서 마침내 '밝은 태양과 하나 됨'으로 전환된 것이다. 영상관법을 통해서 극적인 변화의 양상이다.

셋째는 감정의 강도와 모양 그리고 색깔이 바뀌는 것을 영상관법의 치유적 효 과라고 평가한다. 그런데 과연 영상관법을 통해서 심리적인 상태가 변화되고 얼만 큼 치유되었는지 어떻게 판단할 수 있는가의 문제가 있다. 이점은 사례에 따라서 다르다. 여기서 두 종류의 변화가 있을 수 있다. 하나는 '상태변화'로써 단기간에 일어나고 그와 유사한 상황에서 다시 재생될 수 있는 표층적 수준의 변화가 있다. 다른 하나는 심층적인 '특성변화'로서 장기간에 걸쳐서 지속되는 내적 구조의 변 화를 가리킨다. 이들을 판단하는 기준은 특정 주제가 동일한 상황에서 어떻게 반 응하는지를 살펴보면 된다. 이것은 시간을 갖고 관찰하고 지켜봄으로써 판단할 수 있다. 영상관법에 의한 치유가 상태의 표층적 변화인지 아니면 특성의 심층적 변 화인가의 문제는 전적으로 사례와 통찰의 깊이에 의해서 결정된다. 일단 표층적인 변화가 심층의 변화를 이끌기도 하고, 반대로 심층의 변화가 표층의 변화를 가속 시킬 수도 있다.

3) 영상관법의 치유효과 요인

영상관법의 명상작업은 3단계로 구성된다. 제1단계는 현실을 반영하는 '닮 은 표상'을 떠올려 알아차림하는 제1단계, 내적 심리현상인 '상징적 심상'에 머물 러 충분하게 경험하는 제2단계, '감각적 표상'이나 '상징적 심상'을 호흡과 함께 지 켜보면서 '통찰'을 얻게 되는 3단계가 그것이다. 이런 단계로 말미암아 현실문제를 해결하는 실마리를 얻게 된다. 그러면 영상관법의 치유적 효과는 어디서 오는 것일까? 그것의 치유요인이 무엇인지 사례를 통해서 알아보자.

> 사례 1: 회사 상황을 직원들에게 보고해야겠다. 현실이 아니지만, 영상 속에서 가상으로 '해결 시나리오'를 작성해보니, 마치 해결될 듯한 느낌이고, 문제 해결의 실마리를 찾은 것 같다. '떨어져서' 나를 바라볼 수 있어서 좋았다.

> 사례 2: 학교 가지 못한 아이는 함께 놀아 달라고 하고, 코로나로 인한 매출 부진으로 힘들어하는 남편과 그것을 '알아주지 못하는 나의 모습'을 보았다. 남편이나 아이를 '받아주어야 한다'는 것을 알게 됨. 문제를 풀 수 있는 '힘'이 생긴 듯함.

> 사례 3: 공포감의 '장면을 떠올렸다'는 용기와 그것을 '지켜보았다'는 것이 좋았다. 불안이란 것도 시작과 끝이 있음을 '자각'함. 처음엔 두려웠는데 한 편의 영화를 보듯이 그것을 '객관화'시킬 수 있었다.

> 사례 4: 영상관법을 마치고 나니 '너무나 홀가분함', 코로나에 '너무 예민하여' 걱정이 많았다는 점, '미리 겁을 먹은 것' 같음, 집에서는 잘 치유가 되지 않는데 영상관법을 하면서 '몸이 가벼워짐'.

> 사례 5: 영상관법은 '당시로 돌아가서' 내 모습과 감정을 다시 볼 수 있게 해줌. 다시 고통을 '끄집어내기'가 힘들어짐. 내가 회피적이라고 생각됨. 감정에 집중하여 그 느낌을 바라보는 것이 도움이 됨. 코로나에 신경을 쓰지 않으려고 하면 더 신경이 쓰임. '느낌에만 집중하니' 오히려 사라짐을 경험함.

> 사례 6: 처음보다 편안해짐, 호흡에 집중하면서 생각이 정리가 됨, 내 생각이 나를 더 불안하게 함. 영상관법은 나를 지켜보는 계기가 되었음. 많이 차분해졌어요. '호흡이 중요한 역할'을 하는 것 같아요. 스스로의 마음 상태가 '변화하는 과정을 쭉 살펴볼 수 있어서' 좋았어요. 영상관법이 나를 찾는 좋은 방법이라는 생각이 듬.

> 사례 7: '호흡하면서 계속 지켜보니까' 효과가 있음. 영상관법이 상황을 '객관적으

로' 보게 해서 좋았음. 상황을 다시 멀리서 바라보기하니까, 그냥 그렇구나로 이해됨. 새로운 점은 '느낌에 집중하니까' 강도가 약해짐을 알게 됨. 명상을 통해서 '막연했던 불안감이 선명해지고', 그 불안감이 많이 줄어들었다. '호흡이 중요한 역할'을 함. 내 불안감이 저들 가운데 코로나 걸린 분이 있지 않을까 하는 '생각에서' 온 것 같다.

첫 번째의 영상관법의 효과는 먼저 현실을 반영하는 '닮은 영상을 떠올리기'에 있다. 왜냐면 현실 경험과 닮은 영상을 떠올리지 못하면 이후의 영상관법은 사실상 진행이 어렵기 때문이다. 이에 해당되는 경우가 사례3이다. 여기서 '공포감의 장면을 떠올렸다는 용기와 그것을 지켜보았다는 것이 좋았다.'고 하고, 사례5에서도 '끄집어내기가 힘들었다'고 말한다. 위협적인 공포감을 다시 떠올리는 그 자체가 매우 힘든 작업이다. 힘들지만, 고통스런 장면을 노출하면 치유가 일어난다.

두 번째의 치유 효과는 '느낌에 집중하여 충분하게 경험하는' 제2번째 단계이다. 여기에 해당되는 것은 사례 5번과 사례 7번이다. 사례 5번에서는 '코로나에 신경을 쓰지 않으려 하면 더욱더 불안하여진다' '느낌에만 집중하니 오히려 사라진다'고 하였다. 이것은 통제하려 하면 더욱 불안해진다는 불안의 특징과 함께 느낌 관찰의 중요성을 다시 한번 환기시킨다. 사례 7번에서는 '막연한 느낌에 집중하니 선명해지고, 선명해지니 느낌이 감소됨을 알았다'고 하였다. 이들은 모두 '느낌에 집중함'으로써 치유의 효과를 경험한 사례이다.

세 번째의 치유 효과 요인은 '호흡명상'이다. 사례 6번에서는 '호흡에 집중하면서 생각이 정리되었다'고 하고, 사례 7번은 '호흡이 중요한 역할을 한다'고 말한다. 사격 연습처럼 호흡은 느낌을 관찰하는데 흔들리지 않도록 중심을 잡아준다. 이것은 호흡은 그 자체가 가치 중립적인 대상이기에 그곳에 집중하면 느낌이나 생각에 끌려가는 것을 방지하는 효과가 있다. 이런 점에서 호흡은 안전한 공간이고 베이스캠프가 된다.

네 번째 요인은 지속적인 관찰로서 '지켜보기'이다. 이 경우는 거의 모든 사례에서 거론된 가장 중요한 핵심 요인이다. 영상관법 미해결된 과제를 반영하는 영상의 표상이나 심상을 '관찰한다'는 것에 특화된 명상 프로그램임을 증명해주는 중요한 요소이다. 사례 1번에서는 '떨어져서 나를 바라볼 수 있어서 좋았다.', 사례 2번은 '알아주지 못하는 나의 모습을 보았다.', 사례 3번은 '지켜보았다는 것이 좋았다.', '객관화시킬 수 있었음'이라 하고, 사례 5번은 '내 모습과 감정을 다시 볼 수 있게 해주었다.', 사례 6번은 '나를 지켜보는 계기가 되었음', '변화하는 과정을 쭉 살펴볼 수 있어서 좋았어요.'라 하고, 사례 7번은 '상황을 객관적으로 보게 해서 좋았다. 상황을 다시 멀리서 바라보기를 하니까, 그냥 그렇구나로 이해된다.'고 말한다. 결과적으로 '지켜보기'는 집착되거나 동일시된 대상으로부터의 '거리두기'이고, '자신을 객관화시키는' 영상관법의 핵심요소이다. 지켜봄으로써 집착에서 분리가 일어나고, 동일시로부터 탈출하게 된다.

다섯 번째 요인은 인지적 측면으로서 불안을 야기시키는 원인인 '생각'을 자각한 것이다. 생각이 감정을 불러일으킨다. 그러니 생각을 분명하게 자각하면 감정이 줄어든다. 사례 4번에서는 '너무 예민하여 걱정이 많았다는 점', '미리 겁을 먹은 것 같음.'이라 하고, 사례 6번은 '내 생각이 나를 더 불안하게 함', '내 불안감이 저들 가운데 코로나 걸린 분이 있지 않을까 하는 생각에서 온 것 같다.'고 하면서, 불안의 원인이 내부의 예민한 걱정과 생각임을 분명하게 깨닫게 된 것이다.

여섯 번째는 문제에 대한 해결의 실마리를 발견함이다. 여기에 해당되는 사례 1번은 '영상 속에서 가상으로 해결 시나리오를 작성해보니 마치 해결된 듯한 느낌이고, 문제 해결의 실마리를 찾은 것 같다.'고 말한다. 사례 2번에서는 영상관법을 통해서 '문제를 해결할 수 있는 힘이 생긴 듯하다.'고 말한다.

필자는 이런 6가지 요소들이 영상관법의 치유적 효과를 만들어내는 요인이라고 본다. 이것들은 코로나 불안을 치유하는데 영상관법이 효과가 있었음을 증명하는 중요한 요소들이라고 판단한다.

4) 현실문제 해결로서 대처행동 마련

대체로 코로나 사태에서 개인들이 직면한 호소 문제는 2가지이다. 하나는 심리적인 불안의 문제이고, 다른 하나는 현실 문제의 해결이다. 심리적 불안은 영상관법과 같은 명상작업을 통해 정서적인 안정을 위한 조치를 하면 되고, 코로나로 인하여 발생한 매출 감소나 가족갈등은 현실적인 구체적인 방안을 마련해야 하는 것들이다. 먼저 불안을 감소시키거나 치유하여 마음의 안정을 시키고, 그런 다음에 현실적 문제에 접근하면 된다.

그런데 사례에 따라서 감정조절이 더 급한 경우가 있고, 경우에 따라서는 현실적 문제 해결이 시급한 경우도 있다. 코로나로 인하여 회사 이전이 고민되는 1번 사례, 갑자기 코로나로 인하여 짜증을 자주 내는 남편과 아이가 함께 머물면서 생겨난 가족갈등과 불안감의 사례 2번, 그리고 코로나로 인하여 줄어든 강의를 이어가야 하는 7번 사례 등은 현실 문제가 좀 더 시급하다.

> 사례 1: 빨리 회사의 이전 문제를 결정하지 못하는 답답함, 직원들이 불안하지 않도록 빨리 결정을 해야겠다. 직원들에게 중간중간 보고를 해주어야겠다. 문제 해결의 실마리를 찾는 점이 좋았음.
>
> 사례 2: 문제의 실마리를 알게 됨. 조금 시원해지는 느낌이 듬. 남편이나 아이보다는 나의 문제를 해결해야할 것 같음. 내가 바뀌면 상대방의 행동이 바뀌어 감정이 달라질 수 있을 것 같다.
>
> 사례 7: 앞으로도 가급적이면 회원들과 접촉을 금지하고 철저하게 마스크를 착용해야겠다. 그렇긴 하지만 명상을 통해서 정확하게 바라보니, 내가 느낀 불안감은 스스로 내가 키웠던 것 같다. 실제 상황보다 내가 더 크게 생각을 한 것 같다.

이들은 영상관법을 통해서 문제해결의 실마리를 발견한 점에서 성과를 얻었다. 사례 1번은 가상으로 문제해결을 위한 시뮬레이션을 통해서 불안해 하는 직원들에게 중간보고를 해야 한다는 점을, 사례 2번은 남편과 아이를 받아들이고 내가 바뀌어야 한다는 점을, 사례 7번은 회원들과의 접촉을 금지하고 철저하게 마스크를 착용하고 강의해야 한다는 점으로 대안을 마련하였다. 이점은 현실 속에서 실천해야 할 과제를 가지지만 불안할 때 당황해하고 어찌할바 모른 상태에서 벗어나게 하는 효과를 가진다는 점에서 중요한 통찰이다.

반면에 직접적인 현실 문제보다는 코로나로 인한 불안의 심리상태를 치유해야 사례이다. 이런 경우 현실적 문제도 존재하지만 심리적인 관점에서 불안이 시급하고 중요한 요소가 된다. 이것은 아래와 같다.

사례 3: 코로나 방역수칙을 잘 지키고 불안해하는 감정을 일상을 구성하는 한 요소로서 인정해야 한다. 처음 겪는 낯선 공포감이 문제였음. 공포감을 조절할 수 있는 문제해결의 실마리를 찾는 점이 좋았음.

사례 4: 너무 고민하지 말고 차분하게 나를 지켜보자. 평상시에 운동을 자주 하고 코로나 대비 준칙을 잘 지키자. 칸막이를 활용하여 대면를 최대한 줄여야겠다.

사례 5: 이 사건 이후로 코로나 뉴스를 보지 않으려고 함. 눈에서 보지 않으니까 편하기도 함. 코로나가 빨리 종식되길 바람. 검사 절차에 따라서 잘 했고, 배운 명상도 했다. 특히 걷기 명상을 하면 좋겠고, 면역력을 키우는 뭔가를 했으면 좋겠다.

사례 6: 코로나로 조심해야 하는데 집회를 하는 것은 어리석고 이기적이라고 생각함, 사람들에게 피해준다는 생각에 화가 올라옴, 지금은 코로나가 지나가길 참고 기다려야 한다. 가족과의 관계에서도 서로 조심해야 한다. 이게 지혜로움이다. 분노하기보다는 마음 가는 일을 해야겠다. 기도할 수 있는 찾아야겠다.

　이들 4개 사례는 직접적으로 자신의 문제와 연결되기보다는 코로나로 인한 사회적인 환경이 가져다 준 분노와 불안과 공포감이다. 따라서 현실 문제의 해결보다는 불안 감정의 조절과 치유가 우선되는 과제이다. 즉, 어떻게 감정적인 문제를 대처할지가 중요한 사안인 것이다.

　사례 3번은 코로나로 인한 도시의 황량함에서 오는 '공포감'이란 감정을 삶의 일부로 인정함으로써 해결한다. 처음 경험해보는 도시의 황량함에서 오는 공포감을 내적으로 수용하는 전략은 감정조절의 중요한 해결책이다.

　사례 4번은 감기를 코로나로 인식한 바로서 '과도한 예민성'에서 오는 것으로 판단하고, 평상시에 방역 수칙을 잘 지키고 건강을 위해서 규칙적인 운동을 하자는 것으로 해결책을 마련하였다.

　5번 사례는 마스크를 쓰지 않았다는 이유로 폭력을 행사한 뉴스를 보고 분노와 불안감을 경험했기에 코로나 뉴스를 보지 않고 '회피'를 선택한다. 뉴스를 선택적으로 본다는 의미이다.

　6번 사례는 동네 교회의 행사로 인하여 확진자가 동네에 확산되어 동네 상점들이 문을 닫고 거리가 한산한 장면이다. 이 경우는 가족과의 접촉도 조심하고 기다릴 수밖에 없으며, 분노하기보다는 마음 가는 '일'을 찾아서 하고 그들을 위해서 '자비'의 기도를 하자는 대안을 찾는다.

5

결론 및 논의

여기서는 두 가지 목표를 가진다. 하나는 일상에서 코로나19의 불안을 어떻게 경험하고 있는지를 설문 조사하여 살펴본다. 다른 하나는 이미 개발된 영상관법 프로그램을 적용하여 코로나 불안을 어떻게 치유할 수 있는지 사례연구의 방법을 통해서 그 치유적 효과성을 검증한다.

첫 번째는 코로나 불안 설문조사 문제이다. 먼저 기존 퓨리서치센터에서 많은 나라 가운데 우리나라 사람들의 코로나 불안이 89%로 1위를 차지했고, 국내 경기도연구원에서는 코로나로 인한 불안과 우울을 48% 경험한 설문조사 결과가 나왔다. 이에 본 장은 국내의 코로나로 인한 불안의 정도가 얼마나 되는지를 확인하고자 일반인과 자영업자들을 대상으로 간편 설문조사를 실시하였다.

일반인 대상의 1차 조사에서 열람은 136명이고 응답자는 41명이었다. 자영업자를 대상으로 했던 2차 조사에서 열람자는 150명이고 응답자는 23명이었다.

일반인 대상의 경우 46%가 불안을 경험한 것으로 나타났는데, 이 경우는 경기도연구원의 조사와 유사한 결과이다. 반면에 자영업자의 경우는 자영업 종사자들이 느끼는 불안 경험이 96%, 우울경험이 83%로 이들의 평균값이 약 89%로 퓨연구센터의 조사 결과와 비슷했다. 이런 조사 결과는 일반인들의 경우에 상당한 수준의 코로나 불안을 경험하고 있으며, 특히 자영업자들의 경우 매우 심각한 수준에서 고통받고 있다는 점이 확인되었다. 다시 말하면 코로나 사태 속에서 경제적인 지원뿐만 아니라 심리적인 측면에서도 정신건강 회복을 위한 치유프로그램의 개발과 보급이 시급함을 확인한 계기가 되었다.

두 번째는 어떤 상황에서 어떻게 코로나 불안을 경험하는가 문제이다. 이것을 위해서 먼저 집단을 구성해서 개인별 사례를 면접하여 조사했다. 면접에 참여한 인원은 1차(9월 19일) 10명, 2차(10월 10일) 12명으로 총 22명이었으며, 그 결과 직접적인 불안 경험 6명, 회사의 매출 감소 5명, 코로나로 인해 촉발된 가족갈등 3명, 집단수업의 위축 3명, 언론뉴스 3명, 유사증상 2명으로 분류하였다. 이를 통해 직접적인 1차적 불안 경험보다는 2차적인 불안 경험이 대다수를 차지하였음을 알 수 있었다. 이는 사람들이 경험하는 코로나 불안은 '불안에 대한 불안'으로서 심리적 요소가 중요함을 보여준다. 즉, 참가자의 직접적인 불안(6명)보다는 뉴스라든지 유사증상과 같은 타인의 불안을 통한 이차적인 불안(16명)이 매우 높게 나타났다.

셋째는 코로나 불안에 대한 영상관법의 치유 경험의 문제이다. 22명 가운데 시급하고 필요한 7명의 사례를 선정하여 불안 경험에 대한 치유작업을 시행하였다. 영상관법의 핵심적인 명상치료의 단계인 알아차림의 단계, 집중하여 충분하게 경험하는 단계, 호흡과 함께 지켜보는 단계로 진행하였다. 여기서 이미지를 나타내는 '영상', '표상', '심상'을 구분하였다. 표상은 현실을 반영하는 이미지이고, 심상은 내적인 갈등에서 생겨난 상징적 이미지이며, 오래된 심층의 잠재의식을 반영한 이미지는 영상이란 용어를 사용하였다. 현실을 반영하는 '닮은 표상'에 대한 알아차림 단계에서 불안/분노 경험의 강도가 매우 심각한 상태인 80 이상인 경우가 4명, 상당하게 불편한 수준인 60 이상인 경우가 1명, 그리고 부담스러운 상태인 40 이상이 2명이었다. 이들은 영상관법을 진행하는 과정에서 대부분 소멸되었지만 1번 사례는 50 정도, 6번 사례는 10 정도, 7번 사례 10 정도로 남겨졌다. 집중하여 머물기 단계에서 나타나는 상징적 심상은 톱니바퀴, 솥뚜껑, 겨울 눈결정체, 넘치는 구름, 천둥 번개, 붉은 코로나 모양, 거대한 연기 등 사례마다 서로 다른 모습으로 나타났다. 시간이 지남에 따라 '상징 심상'의 모양이 작아지고, 불안에 대한 색깔인 빨간색, 검정색, 우중충한 색 등이 회색, 흰색, 파란색 등의 밝고 가벼운 색으로 바뀌면서 불안/분노/짜증이 소멸되는 치유경험을 하였다.

넷째는 영상관법의 효과 요인에 대한 문제이다. 여기서는 6가지를 구분하여 제시하였다. 그것은 사례 3번과 사례 5번의 '현실을 반영하는 닮은 영상을 떠올리기', 사례 6번과 사례 7번의 '느낌에 집중하여 충분하게 경험하기', 사례 5번과 사례 7번의 '호흡과 함께 관찰하기', 사례 4번을 제외한 모든 사례에서 '표상'과 '심상'의 변화를 지속적으로 지켜보기', 사례 4번과 사례 6번의 '인지적 측면에서 불안을 야기시키는 원인으로서 생각을 자각하기', 마지막으로 사례 1번과 사례 2번의 '현실 문제의 실마리를 발견한 점' 등을 통해 파악되었다.

다섯째는 현실문제에 대한 해결대안을 찾는 문제이다. 불안이 감소되거나 치유가 되었다면 현실 속에서 문제가 해결되어야 한다. 그렇지 않으면 다시 재발될 것이기 때문이다. 먼저 현실문제의 대안을 보면 사례 1번은 불안해 하는 직원들에게 중간보고를 해야 한다는 점을, 사례 2번은 남편과 아이의 견해를 받아들이고 내가 바뀌어야 한다는 점을, 사례 7번은 회원들과의 접촉을 금지하고 철저하게 마스크를 착용하는 것으로 대안을 마련하였다. 반면에 현실 문제보다는 정서적인 문제가 시급한 경우이다. 사례 3번에서는 '공포감'이란 감정을 삶의 일부로 인정함으로써 해결을 하고, 사례 4번은 '과도한 예민성'에서 오는 것으로 판단하고, 방역수칙을 잘 지키고 규칙적인 운동을 하며, 사례 5번은 코로나 뉴스를 보지 않고 '회피'를 선택하고, 사례 6번은 가족과의 접촉도 조심하면서 분노하기보다는 마음 가는 '일'을 찾고 '자비'의 기도를 하자는 대안을 찾는다.

이상과 같이 영상관법의 명상작업은 코로나로 인한 불안 감정을 조절하고, 현실 문제를 해결하는 중요한 통로가 된다. 이것은 영상관법의 유용성을 확장하는 것이고, 체계적이고 과학적인 방법임을 증명하는 근거가 된다는 것을 확인하였다.

참고도서

곽희용, 이시명, 홍성규, 정선용, 김종우(2020), 「코로나-19 대유행 상황에서의 심신중재요법에 대한 연구 동향 분석」, 한국명상학회지 10.2. 이를테면 행동주의에 기초한 Jacobsen의 점진적 근육이완법(progressive relaxation), Joseph Wolpe의 체계적 둔감법(systematic desensitization), 제2세대의 A. Beck의 인지치료(cognitive therapy), 명상과 통합된 제3세대 프로그램인 Steven Hayes의 수용전념치료 프로그램 등이 있다.

김길영(2011), 「비밀입양모의 양육 스트레스에 관한 상담사례연구: 부모교육과 영상관법을 중심으로」, 『명상심리상담』6.

김인희(2014), 「영상관법이 공황장애의 증상 감소에 미친 효과: 단일사례 연구를 중심으로」, 『명상심리상담』11.

신지윤 외(2019), 「2015년 한국 메르스 사태 1년 이후 생존자들의 정신과적 문제」, 신경정신의학 58권 제3호.

신정란(2015), 「영상관법이 장애가족을 가진 중년여성의 우울증에 미치는 효과: 사례 연구」, 『동아시아불교문화』22.

이은환(2020), 「코로나19 세대, 정신건강 안녕한가!」, 이슈&진단, 1-25. 경기연구원. 전국 17개 광역시 · 도 15세 이상 1,500명 대상 모바일 설문조사 결과(표본오차: 95%, 신뢰수준: ±2.53%).

인경(2008), 「영상관법의 심리치료적 함의-인지행동치료와의 비교하면서」, 『명상심리상담』2권.

인경(2014), 「영상관법의 현상학적 이해」, 『명상심리상담』11권, (서울: 한국명상심리상담학회, 2014).

인경(2015, 김형록), 「호흡명상의 심리 치유적 효과 -영상관법에 의한 상담사례를 중심으로」, 『한국불교학』75권, 한국불교학회.

이한상(2010), 「심리도식치료에 기초한 영상관법이 전업주부들의 스트레스와 정서에 미치는 영향: 사례연구」, 『명상심리상담』5.

이영순(2010), 「영상관법에 의한 명상상담 개인사례연구」, 『명상심리상담』5.

정영순(2015), 「영상관법에 의한 화병 치유과정: 내러티브 사례연구」, 『명상심리상담』14.

조덕인(2015), 「유식불교에 근거한 영상관법이 복합 외상후 스트레스 장애(complex PTSD)를 겪는 연구 참여자에게 미친 영향」, 『동아시아불교문화』21.

한경옥(2014), 「영상관법이 신체변형장애에 미친 효과: 단일사례연구 중심으로」, 『명상심리상담』Vol.11, 51-65.

혜타스님(2012), 「영상관법 프로그램에 의한 개인 사례연구 -사회공포증 증상 변화 중심으로」, 『명상심리상담』7.

국민일보, 2020.09.20. 오후 9:03, 대학 상권 침몰 중… 상인들 "우리는 고립됐다"

연합뉴스, 2020.08.23. 오전 6:55 '경제실핏줄' 소상공인 사업체 324만개…코로나 재확산에 '한숨'.

연합뉴스, 2020.09.08. 오전 6:06, 자영업자 12만7천명 줄었다…감소폭 작년의 약 5배.

중앙일보, 2020.09.09. 오후 11:01, 한국인은 '걱정왕', 코로나 확진자 젤 적은데도 걱정은 14개국 중 1위.

Pew Research Center, SEPTEMBER 9, 2020, Despite Pandemic, Many Europeans Still See Climate Change as Greatest Threat to Their Countries, Spread of infectious diseases is top concern in the U.S., UK, Japan and South Korea as global economic concerns grow, BY JACOB POUSHTER AND CHRISTINE HUANG;

참고문헌

Dhammacakkappavattana-Vagga(PTS, SN56-11)

Majjhima Nikāya(BJT)

Saṃyutta- Nikāya(SN-Ⅴ)

Visuddhimagga(PTS)

雜阿含經(大正藏2)

增壹阿含經(大正藏2)

俱舍論(大正藏29)

解深密經(大正藏16)

解深密經疏(韓佛全第一冊)

瑜伽師地論(大正藏26)

唯識二十論(大正藏31)

成唯識論(大正藏31)

成唯識論述記(大正藏43)

攝大乘論(大正藏31)

攝大乘論本(大正藏31)

攝大乘論釋(大正藏31)

眞諦譯 攝大乘論(大正藏31)

佛陀扇多譯 攝大乘論(大正藏31)

清辯, 大乘掌珍論(大正藏30)

中辺分別論釈疏(大正藏35)

大乘阿毘達磨雜集論(大正藏31)

阿毘達磨發智論(大正藏27)

阿毘達磨大毘婆沙論(大正藏27)

阿毘達磨順正理論(大正藏27)

龍樹菩薩傳(大正藏50)

因緣心論釋(大正藏50)

解深密經疏(韓國佛教全書第六)

深密解脫經疏(韓佛全第一冊)

成唯識論(大正藏30)

大乘掌珍論(大正藏30)

大乘莊嚴經論(大正藏31)

馬鳴, 眞諦譯『大乘起信論』(大正藏16)

馬鳴, 實叉難陀譯『大乘起信論』(大正藏16)

法藏,『大乘起信論義記』(大正藏44)

澄觀,『大方廣佛華嚴經疏』(大正藏35)

宗密, 禪源諸詮集都序(大正藏48)

宗密, 中華傳心地禪門師資承襲圖(卍新纂續藏經 Vol.63)

六祖壇經(大正藏48)

南陽和尙問答雜徵義(『神會和尙禪話錄』楊曾文編校)

南陽和尙頓敎解脫禪門直了性壇語(『神會和尙禪話錄』 楊曾文編校)

景德傳燈錄(大正藏51)

六祖壇經(大正藏48)

指月錄(卍續藏經)

成唯識論(大正藏45)

『宗鏡錄』(大正藏48)

大慧語錄(大正藏48)

강명희(2015), 「부정관(不淨觀) 폐해에 대한 경율 간 상위 고찰」, 『불교문예연구』Vol.4, 동방문화대학원대학교 불교문예연구소.

고영섭(2018), 「분황(芬皇) 원효(元曉)와 삼장(三藏) 진체(眞諦)의 섭론학 이해— '삼무성(三無性)'론과 '아마라식(阿摩羅識)'관을 중심으로」, 『불교철학』3권, 43~92.;

공병혜(2004), 「간호연구에서의 현상학」, 『철학과 현상학 연구』, Vol.23.

곽희용, 이시명, 홍성규, 정선용, 김종우, 「코로나-19 대유행 상황에서의 심신중재요법에 대한 연구 동향 분석」, 한국명상학회지 2020, Vol.10, No.2, 53~71.

권오민(1994), 「유부 아비달마와 경량부철학의 연구」, (서울: 경서원)

권오민(2016), 「아비달마불교에서의 마음에 관한 몇 가지 쟁점」, 『동아시아불교문화』28권, 183-212.

김경래(2016), 「동남아 테라와다의 정체성 확립과 바왕가(bhavaṅga)개념의 전개(1) – Nettipakaraṇa와 Milindapañha를 중심으로」, 『불교학연구』48권, 257-282.

김경래(2019), 「남방 테라와다의 정체성 확립과 바왕가(bhavaṅga) 개념의 전개(4)—『청정도론(Visuddhimagga)』14장(khandhaniddeso)을 중심으로」, 『불교학리뷰』제26호, 53~77.

김길영(2011), 「비밀입양모의 양육 스트레스에 관한 상담사례연구: 부모교육과 영상관법을 중심으로」, 『명상심리상담』Vol.6, 288-337.

김인희(2014), 「영상관법이 공황장애의 증상 감소에 미친 효과: 단일사례 연구를 중심으로」, 『명상심리상담』Vol.11, 37~57.

김동한(2012), 「염지관 명상의 몸느낌 관찰에 대한 이론적 고찰 – 신경과학적 접근으로」, 『명상심리상담』Vol.7.

김명우(2008), 『유식의 삼성설 연구』(서울: 한국학술정보, pp.86~87.)

김명우(2000), 「『대승장엄경론』에 있어서 유식무경의 논증 – 安慧의 Sūtrālaṃkāra-vṛtti-bhāṣya와 無性의 Mahāyānasūtrālaṃkāra-ṭīkā를 중심으로」, 『정토학연구』Vol.3, 한국정토학회.

김성철(1995), 「초기 유식학파 삼성설 연구—섭대승론을 중심으로」

김영태(1980), 「전기와 설화를 통한 원효 연구」, 『불교학보』17, pp. 49~55.

김영진(2012), 「브렌타노 지향성 이념의 해석 문제: 바톡의 입장에 대한 비판」, 『현상학과 현대철학』1-25.

김영필(2002), 「철학 상담학의 정립을 위한 하나의 제안: 현상학적 심리치료」, 『철학논총』제28집.

김영미(2021), 「승랑과 원효의 상즉론(相卽論)의 비교연구」, 『인도철학』62권, 137-168.

김사업(1998), 「유식무경(唯識無境)에 관한 해석상의 문제점과 그 해결-삼류경설(三類境說)을 전후한 인도 중국 교설의 비교를 통하여」, 『佛敎學報』Vol.35. 동국대학교 불교문화연구원.

김지명(2014),「불교에서 본 아싸지올리(Assagioli)의 명상관 -「니까야」와 「청정도론」을 중심으로」, 『종교문화연구』vol23. 한신대학교 종교와문화연구소.

김재성(2006),「초기불교에서 오정심의 위치」, 불교학연구 제14호.

김홍미(2008),「잡아함경과 Samyutta-Nikaya에 나타난 입출식념의 유형」, 『명상치료연구』창간호.

김재권(2016),「초기 유식사상의 구조적 변화와 그 의의-이제와 삼성의 구조적 관계를 중심으로」, 『동아시아불교문화』26권, 33-59.

김재권(2018),「세친의 식전변설을 통해 본 식의 분화구조와 그 의의_'허망분별'과 '자기인식'의 관계를 중심으로」, 『인도철학』52권, 49-74.

김지원, 이희경,「대학생의 자기자비가 갈등해결전략에 미치는 영향 인지적 공감의 매개효과를 중심으로」, 청소년연구 26(1), 2019. 1, 1-26.

김진숙(2009),「투사적 동일시의 의미와 치료적 활용」, 한국심리학회지: 상담 및 심리치료, 21(4), 765-790

김치온(1999),「청변(淸辯)과 호법의 공유논쟁에 대하여」, 『한국불교학』25권, 479-503.

김현구(2016),「짠드라끼르띠의 유식학 비판」, 『범한철학』62권, 87-126.

김치온(1999),「청변(淸辯)과 호법의 공유논쟁에 대하여」, 『한국불교학』25권, 479-503.

김현구(2016),「짠드라끼르띠의 유식학 비판」, 『범한철학』62권, 87-126.

리차드 팔머(2011),「해석학이란 무엇인가」, 이한우옮김, 문예출판사.

데카르트, 『성찰』, 이현복 옮김, (서울: 문예출판사, 1997)

데카르트, 『방법서설/성찰/철학의 원리/정념론』소두영 옮김, (서울: 동서문화사, 1978)

대림스님과 각묵스님(2002),「아비담마 길라잡이」(초기불전연구원)

박인성(2008),「불교교학(佛敎敎學) : 「유식이십론」게송10에 대한 규기의 해석(1) -설일체유부의 대상론 비판」, 『한국불교학』50권, 313-350.

박찬국(2007),「후설의 현상학과 유식론은 과연 일치하는가?-윤명로 교수의 『현상학과 유식론』, (서울: 시와 진실, 2006)에 대한 서평」, 『인문총론』Vol.58. 서울대학교 인문학연구원.

배의용(1997),「유식학의 유가행과 현상학적 방법 : 언어적 관점에서의 비교」, 『韓國佛敎學』Vol.23.

배상환(2010),「설일체유부의 체용론」, 『불교학보』55, 131-155.

범라번역(1999),「위숟디 막가」(서울: 화은각)

로버트 버스웰(1995), 문화적·종교적 원형으로서의

원효: 한국 불교 고승전에 대한 연구, 『불교연구』11·12, 17-21.

신지윤 외(2019),「2015년 한국 메르스 사태 1년 이후 생존자들의 정신과적 문제」, 신경정신의학 58권 제3호.

신정란(2015),「영상관법이 장애가족을 가진 중년여성의 우울증에 미치는 효과: 사례 연구」, 『동아시아불교문화』Vol.22, 547-574.

안성두(2005),「유식문헌에서의 삼성설(三性說)의 유형과 그 해석」, 『인도철학』19권, 61-90.

안성두(2016),「유식(vijñaptimātra)에 대한 관념론적 해석 비판」, 『철학사상』61Ñ: 3-40.

윤갑종(2006),「연기(緣起)와 자성(自性)의 양립 불가능성에 대한 용수(龍樹)의 입장: 설일체유부(說一切有部)의 사연(四緣)에 대한 용수(龍樹)의 비판」, 『범한철학』40권: 225-252.

윤명로(2006),「현상학과 유식론」(서울: 시와 진실)

이남인(1997),「후설의 발생적 현상학과 하이데거의 해석학적 현상학」, 『철학』제53집.

이남인(2005),「현상학과 질적 연구방법」, 『철학과 현상학 연구』, Vol.24.

이남인(2006),「현상학과 해석학」, 서울대학교출판부.

이만·배의용(1999),「불교 유식학과 후설 현상학의 심식이론에 관한 비교연구」, 『韓國佛敎學』Vol.25.

이은환(2020),「코로나19 세대, 정신건강 안녕한가!」, 『이슈&진단』1-25. 경기연구원.

이상섭(2003),「토마스 아퀴나스의 Species Intelligibilis 개념과 그것의 13세기 철학에서의 위치-「신학대전」I,85,2를 중심으로」, 『가톨릭철학』, 252-281.

이상섭(2005),「토마스 아퀴나스와 표상주의 논쟁」, 『철학연구』, 227-249.

이영순(2010),「영상관법에 의한 명상상담 개인사례연구」, 『명상심리상담』Vol.5.

이윤옥(2014),「유식설의 변행심소와 별경심소」, 『동아시아불교문화』19권, 333-365.

이재환(2019),「정념을 어떻게 지배할 것인가?-데카르트의 경우」, 『철학논총』, 95, 239-259.

이필원(2016),「초기불교의 호흡명상법에 대한 고찰-호흡명상의 다양한 위상을 중심으로」, 『불교학연구』제47호.

이창재(2009),「사성제(四聖諦)에 대한 정신분석적 해석: 고통의 유형, 기원, 치료법, 의미에 대한 불교와 정신분석 관점 비교」, 『불교평론』40집, 67-96.

이정희(2016),「원효의 삼성설(三性說)을 통한 공(空)유(有)사상 종합」, 『한국불교학』78권, 377-413.

이한상(2010),「심리도식치료에 기초한 영상관법이 전업주부들의 스트레스와 정서에 미치는 영향: 사례연구」, 『명상심리상담』Vol.5.

인경(1999),「지눌 선사상의 체계와 구조」, 『보조사상』(12), 179-232.

인경(2001), 「초기불교의 사선과 지관」, 『보조사상』16집.

인경(2005), 『염지관명상』, 서울: 명상상담연구원

인경(2007), 「불교영성과 명상치료」, 『명상치료연구』, 서울: 한국명상치료학회

인경(2008), 「유가행파의 유식영상관법」, 『보조사상』 Vol.29.,

인경(2008), 「영상관법의 심리치료적 함의-인지행동치료와 비교하면서」, 『명상심리상담』2권, 61-89.

인경(2012), 「명상심리치료-불교명상과 심리치료의 통합적 연구」, (서울: 명상상담연구원), 192-196.

인경(2014), 「영상관법의 현상학적 이해」, 『명상심리상담』11권, (서울: 한국명상심리상담학회, 2014), 24-36.

인경(2015, 김형록), 「호흡명상의 심리 치유적 효과 -영상관법에 의한 상담사례를 중심으로」, 『한국불교학』75권, 한국불교학회, 323-355.

인경(2016), 「에니어그램의 행동특징과 명상상담전략」, 명상상담연구원.

인경(2022), 「쟁점으로 살펴보는 현대 간화선」, 조계종출판사. 인경(2004), 「유식의 '변계소집성'과 '인지치료'의 통합적 접근」, 『보조사상』22집, 11-42.

인경(2022), 「마음의 해석학-마음의 본성이란 무엇인가」, 『본성, 실재인가 개념인가』, (서울, 운주사)

장규언(2014), 「공유(空有) 논쟁에 대한 원측(圓測)의 화쟁 논리-「대승광백론석론(大乘廣百論釋論)-교계제자품(敎誡弟子品)」을 중심으로」, 『철학논집』37권, 293-327.

장은혜·손진훈·우태제 외(2007), 「공포와 혐오 정서에 대한 아동의 심리생리 반응」, 『감성과학』10(2). 273-280.

정경진(2018), 「'아뢰야식' 어의에 관한 일고찰」, 『불교학연구』57, 235-259.

정경진(2020), 「초기 유식사상에 있어서 아뢰야식의 신체적 메커니즘」, 『불교학보』92, 35-61.

정경진(향산)(2021), 「초기 유가행파의 아뢰야식과 유가행의 관계-안위동일의 문제를 중심으로」, 『동아시아불교문화』48, 153-194.

정상근,황익근(1997), 「범불안장애환자의 정신생리적 반응」, 『수면·정신생리』Vol.4 No.1. 107-119.

정상근, 조광현, 정애자, 박태원, 황익근(2001), 「공황장애환자의 정신생리적 반응」, 『수면·정신생리』Vol.8 No.1. 52-58.

정영순(2015), 「영상관법에 의한 화병 치유과정: 내러티브 사례연구」, 『명상심리상담』Vol.14, 1-17.

정현주(2018), 「유식사상의 관념론적 해석 고찰: 근세 관념론적 해석을 중심으로」, 『범한철학』 제88집.

정현주(2020), 「유식이십론 '유식무경'의 인지과학적 해명」, 『불교학연구』62, 185-212.

전치수(1989), 「아포하론의 정의 및 그 생성배경 -달마끼르띠의 자주를 중심으로」, 『인도철학』1권, 283-

301.

조덕인(2015), 「유식불교에 근거한 영상관법이 복합 외상후 스트레스 장애(complex PTSD)를 겪는 연구 참여자에게 미친 영향」, 『동아시아불교문화』Vol.21, 71-107.

조동복(2019), 「용수의 십이연기(十二緣起) 해석」, 『동아시아불교문화』37권, 107-137.

최인숙(2007), 「현상학과 유식학에서 자기의식의 의미」, 『철학과 현상학 연구』Vol.32.

최성환(2018), 「해석학과 마음의 문제」, 『철학연구』48, 55-195.

최환석(2006), 「스트레스의 정신생리학적 평가」, 『스트레스研究』Vol.14 No.2. 57-62

한경옥(2014), 「영상관법이 신체변형장애에 미친 효과: 단일사례연구 중심으로」, 『명상심리상담』Vol.11, 51-65.

한자경(1992), 「유식 사상에 있어서 식의 지향성」, 『철학과 현상학 연구』Vol.6.

한자경(1996), 「후설 현상학의 선험적 주관성과 불교 유식 철학의 아뢰야식의 비교 : 선험적 주관성의 구성작용과 아뢰야식의 전변작용을 중심으로」, 『철학과 현상학 연구』Vol.9.

한자경(2000), 「유식무경(유식불교에서의 인식과 존재)」, 서울: 예문서원.

한전숙(1984), 『현상학의 이해』, 서울: 민음사.

한승훈(2018), 「원효대사의 해골물 : 대중적 원효설화의 형성에 관한 고찰」, 『종교학연구』36집, 25-48.

해밀턴(N. Gregory Hamilton), 『대상관계 이론과 실제 자기와 타자』, 김진숙·김창대·이지연 역, 서울: 학지사,2007. pp.59-90.

혜타스님(2012), 「영상관법 프로그램에 의한 개인 사례 연구 -사회공포증 증상 변화 중심으로」, 『명상심리상담』Vol.7, 195-266.

황갑수(2015), 「초기불교의 부정관 연구」, 동국대학교 불교대학원 석사논문.

황정일(2005), 「설일체유부(說一切有部)의 작용론에 대한 논쟁-세친의 비판에 대한 중현의 반론을 중심으로」, 『인도철학』19권, 191-211.

宇井伯壽(1961), 『大乘莊嚴經論研究』(동경: 岩波書店刊行)

上田義文(1987), 『梵文 唯識三十頌の解明』(東京: 第三文明社), p.114.

勝呂信靜(1982), 「唯識說の體系成立」『講座大乘佛教(8)-唯識思想』(東京: 春秋社), pp.88-92.

高崎直道(1982), 「瑜伽行派の形成」『講座大乘佛教(8)-唯識思想』. 東京: 春秋社.

橫山紘一(1979), 『唯識の哲學』,, 東京: 平樂寺書店, pp.52-80

印順法師(2011), 「學派之分裂」, 『印度之佛教』, pp.97-

123.

岸上仁(2013),「初期唯識思想におけるvastuの概念」, 修士論文, 大谷大学大学院 仏教学専攻修士課程.

吳汝鈞(2002),『唯識現象學』(臺北: 臺灣學生書局.)

司馬春英(2003),『唯識思想と現象學: 思想構造の比較 研究に向けて』, (東京: 大正大學出版會)

横山紘一(1979),『唯識の哲學』, 東京 : 平樂寺書店.; 『唯識哲學』(妙柱譯, 經書院, 1989)

香山(鄭景珍)(2019),「初期唯識思想における安危同一 について」,『印度學佛教學研究』第68巻第1号.

山部能宜(2012),「アーラヤ識論」『唯識と瑜伽行』春秋社, 181-219.);「알라야식론」, 시리즈 대승불교7『유식 과 유가행』, 김성철역, 씨아이알.

山部能宜(2016),「アーラヤ識説の実践的背景について」 『東洋の思想と宗教』33:1-30.

Albert Ellis, Growth through Reason; 홍경자역(1984),『이 성을 통한 자기성장』, 서울: 탐구당.

A. Well(2000), Emotional Disorders and Metacognition: Innovative Cognitive Therapy. Chichester, Wiley.

Aaron T. Beck, Gary Emery, Ruth Greenberg(1985), Anxiety Disorders and Phobias: A cognitive Perspective. Basic Books/Hachette Book Group.

A. öhman, and S. Mineka(2001), Fears, phobias, and preparedness: Toward an evolved module of fear and fear learning, Psychological Review. 108(3): 483-522.

Alan, 1982, THE TRISVABHAVA DOCTRINE IN INDIA & CHINA: A Study of Three Exegetical Models, Sponberg,『龍谷大学仏教文化研究所紀要』21, 97-119

Andrew Mathews, Valerie Ridgeway, and Emily A. Holmes(2013), Feels like the real thing: Imagery is both more realistic and emotional than verbal thought, Cognition and Emotion; 27(2): 217-229.

Ann Hackmann, James Bennett-Levy, Emily A. Holmes(2011), Oxford Guide to Imagery in Cognitive Therapy. Oxford University Press.

Arnoud Arntz, Hannie Van Genderen, Hannie(2009), Schema Therapy for Borderline Personality. John Wiley & Sons Ltd; 2015.『경계선 장애를 위한 심리도식치 료』, 김동한번역, 명상상담연구원.

A. Paivio(1979), Imagery and Verbal Processes, New York: Psychology Press.

Arnao MB, Hernandez-Ruiz J (May 2006). "The physiological function of melatonin in plants". Plant Signal Behav. 1(3): 89-95.

A. Paivio(1971). Imagery and verbal processes. New York.

A.T. Beck, A.J. Rush, B.F. Shaw, and ,G. Emery(1979), Cognitive Therapy of Depression, (New York: The Guilford Press), p.11.

Assagioli, Roberto(2012), Psychosynthesis: A Collection of Basic Writings. Psychosynthesis Center Publishing.

Beck, A. T., Rush, A.J., Shaw, B. F., & Emery,G., (1979), Cognitive Therapy of Depression, New York: The Guilford Press.

Beck, Aaron T. Emery, Gary Greenberg, Ruth L. 2005), Anxiety disorders and phobias: A cognitive perspective. Basic Books/Hachette Book Group.

Bodhi(1993), A Comprehensive Manual of Abhidhamma, Sri Lanka: Buddhist Publication Society, pp.23-32.

Bhikkhu Sumedho(1992), The four noble truths; Amaravati.

Bhikkhu Bodhi(Author), Mahāthera Nārada(Translator) (1993), A Comprehensive Manual of Abhidhamma: The Abhidhammattha Sangaha of Ācariya Anuruddha, Buddhist Publication Society, Kandy Sri Lanka.

Brentano, F. Psychologie vom empirischen Standpunkt, Erster Band, Hamburg: Felix Meiner Verlag, 1924/1973.

Brentano, sychology from an Empirical Standpoint, English Tr. by A. C. Rancurello, D. B. Terrell, and L. L. McAlister. New York: Humanities Press, 1973.

Buddhaghosa & Nanamoli(1999). The Path of Purification : Visuddhi Magga. Singapore Buddhist Meditation Center.

Carol E. McMahon and Anees A. Sheikh(2002), Imagination in Disease and Healing Processes: A Historical Perspective, Handbook of Therapeutic Imagery Techniques(2002), Routledge; 1-26.

Cannon, Walter B, W.W.(1939), The wisdom of the body, Norton & Company, inc.

Charles Muller(2011), "Woncheuk圓測 on Bimba本 質 and Pratibimba影像 in his Commentary on the Samdhinirmocana-stitra", Journal of Indian and Buddhist Studies Vol. 59, No.3.

Corr,P.J.(2008), Reinforcement Sensitivity Theory(RST): Introduction. In P.J.Corr(Ed.), The Reinforcement Sensitivity Theory of Personality(pp.1-43). Cambridge: Cambridge University Press.

Clinical Handbook of Mindfulness. ed. Fabrizio Didonna. Springer, 2009.

Clark Moustakas(1994), Phenomenological Research Methods, London: Sage Publiccation.

Ciarrochi, J. V., Bailey, A, Hayes, S. C.(2008), A CBT Practitioner's Guide to ACT: How to Bridge the Gap Between

Cognitive Behavioral Therapy & Acceptance & Commitment Therapy, Oakland, CA: New Harbinger.

Corey, G. (2000). The Art of Integrative Counseling, CA: Books/cole, Cengage Learning.

Dan Arnold(2010), Self-Awareness(svasaṃvitti) and Related Doctrines of Buddhists Following Dignāga: Philosophical

Characterizations of Some of the Main Issues, Journal of Indian Philosophy SCOPUS 38권 3호, 323-378.

Dan Lusthaus(2002), Buddhist Phenomenology: A Philosophical Investigation of Yogacara Buddhism and the Ch'eng Wei-shih Lun. London and New York: Routledge Curzon.

Daniel J. Moran, Patricia A. Bach, Sonja V. Batten (Author) (2018), Committed Action in Practice: A Clinician's Guide to Assessing, Planning, and Supporting Change in Your Client. Context Press.

Dadid G. Kindon(2002), Cognitive-Behavioral Therapy of Schizophrenia, New York: Guilford Pr,. pp.45－55.

Danielle J. Maack, Erin Buchanan and John Toung(2015. Development and Psychometric Investigation of an Inventory to Assess Fight, Flight, and Freeze Tendencies: Fight, Flight, Freeze Questionnaire, Cognitive Behaviour Therapy, Vol.44, No2, 117-127.

David D. B., (1980). FEELING GOOD-The New Mood Theapy, New York: Avon Books.

Didonna, F., ed., (2009). Clinical Handbook of Mindfulness, New York: Springer.

D.O.Hebb(1968), "Concerning imagery", American Psychological Association Psychological review Vol.75 No.6.

D. Kolb, updated on Feb. (2. 2024), Kolb's Leaing Styles and Experiential Learning Cycle, www.simplepsychology. org.

Didonna, F.,ed.(2009), Clinical Handbook of Mindfulness, springer Science+Business Media.

EE. Benarroch(2015), The amygdala: functional organization and involvement in neurologic disorders. Neurology;84(3): 313-24.

Emily A. Holmes, Andrew Mathews(2010), "Mental imagery in emotion and emotional disorders" Clinical Psychology Review 30 349－362.

Eifert, G. H. & Forsyth, J. P.(2005), Acceptance & Commitment Therapy for Anxiety Disorders: A Practitioner's Treatment Guide to Using Mindfulness, Acceptance, and Values-Based Behavior Change Strategies. Oakland: New Harbinger Publication.

Germer, C. K., (2005). Mindfulness, What Is It? What Does It Matter? Mindfulness and Psychology, New York: The Guilford Press.

Gottman, John Mordechai(2004), What am I feeling? Parenting Press ; 『존 가트맨 식 감정 코치법: 내 기분이 어떤지 아세요?』, 존 가트맨 지음, 정창우 옮김, 인간사랑, 2007.

Gray, J.A.(1987), The psychology of fear and stress. London: Cambridge University Press.

Giorgio Ganis, William L. Thompson, Stephen M.

Kosslyna(2004), "Brain areas underlying visual mental imagery and visual perception: an fMRI study". Cognitive Brain Research 20. 226－241.

Hackmann, A.; Bennett-Levy, J.; Holmes, E.A(2011), The Oxford Guide to Imagery in Cognitive Therapy Oxford, Oxford University Press.

Holt, Rinehart, and Winston.; Marc Marschark and Cesare Cornoldi(1991). Imagery and Verbal Memory. Cesare Cornoldi.

Hayes, S., Follette. V., & Linchan. M,. (2004). Mindfuless and Acceptance: Expanding the cognitive-behavioral tradition. New York: Guilford Press.

Hayes, S. C., Follette, V. M., Linehan, M. M.(2004), Mindfulness and Acceptance: Expanding the Cognitive□Behavioral Tradition, New York: The Guilford Press.

Hayes, S. C. and Strosahl, K. D., ed.(2004), A Pratical Guide to Acceptance and Commitment Therapy, Springer Science+Business Mrdia, Inc.

Hackmann, A.; Bennett-Levy, J.; Holmes, E.A. 2011. The Oxford Guide to Imagery in Cognitive Therapy. Oxford University Press.

Hengjun J Kim, Namkug Kim, Sehyun Kim, Seokjun Hong, Kyungmo Park, Sabina Lim, Jung-Mi Park, Byungjo Na, Younbyoung Chae, Jeongchan Lee, Sujung Yeo, Il-Hwan Choe, Seung-Yeon Cho, Gyunggoo Cho(2012), Sex differences in amygdala subregions: evidence from subregional shape analysis Neuroimage;60(4):2054－61.

Herholz, Sibylle C.; Halpern, Andrea R.; and Zatorre, Robert J.(2012), "Neuronal Correlates of Perception, Imagery, and Memory for Familiar Tunes." Journal of Cognitive Neuroscience: 1382－1397.

https://www.britannica.com/topic/representationism;
https://mospace.umsystem.edu/

Iachini, T.(2011), "Mental Imagery and Embodied Cognition: A Multimodal Approach." Journal of mental imagery. Vol.35 No.3-4.

Jason B. Luoma, Steven C. Hayes, Robyn D. Walser(2017), Learning ACT: An Acceptance and Commitment Therapy Skills Training Manual for Therapists. Context Press.

Jan Westerhoff, 2018, The Golden Age of Indian Buddhist Philosophy in the First Millennium CE, The Oxford History of Philosophy.

Jacquette(2004), Brentano's concept of intentionality. p.116. Cambridge University Press.

Jang, H. K., (2006). The Effect of MBSR-K Program on Emotional Response of College Students, Korean journal of health psychology. Vol.11 No.4 . 673-688.

Jang, K. J., (2012). A Single Case Study on Effects of LIDA-Meditaion on the Reduction of the Chronic Anxiety Disorder, Dongbang Graduate University, Seoul.

Jeffrey E. Young(2003), Schema Therapy, New York: Guilford Pr.,pp.1-9.

Jeffrey E. Young, Janet S. Klosko, and Marjorie E. Weishaar(2003). Schema Therapy: A Practitioner's Guide. New York. The Guilford Press.

Jeffrey E. Young, Janet S. Klosko, and Marjorie E. Weishaar. (2003), Schema Therapy A Practitioner's Guide. Guilford Press; 2005. 『심리도식치료』, 권석만 외 번역, 학지사.

Joseph V. Ciarrochi (Goodreads Author), Ann Bailey, Steven C. Hayes(2008), A CBT Practitioner's Guide to ACT: How to Bridge the Gap Between Cognitive Behavioral Therapy and Acceptance and Commitment Therapy. New Harbinger Publications.

John C. H. Wu(1975), The Golden Age of Zen: Zen masters of the Tang dynasty, Bloomington, Ind. : World Wisdom.

Johnson-Moxley, Melanie Kay, 1967, (University of Missouri-Columbia, 2008), Vasubandhu's consciousness trilogy: a Yogacara Buddhist process idealism.

J. Flavell(1979), Metacognition and cognitive monitoring: A new area of cognitive – developmental inquiry. American psychologist.–psycnet.apa.org

Judith S. Beck(1995), Cognitive Therapy, pp.45—48.

Kano, Kazuo(2012), "Paramārtha's Doctrine of a Ninth Consciousness, as Transmitted in Tibetan Texts: Tsong kha pa's Kun gzhi dka' gter and Its Context." In Studies of the Works and Influence of Paramārtha, edited by Funayama Tōru, 345 – 99. (In Japanese.) Kyoto: Kyoto Institute for Research in Humanities, Kyoto University.

Kabat-Zinn. J., (2003). Mindfulness-based intervations in context: past, present and future. Clinical Psychology: Science and Practice.10(2), 144-156.

Ka-wing Leung(2021),Intra-mental or intra-cranial? On Brentano's concept of immanent object. European Journal of Philosophy 29(4) : 1039—1059.

Kristin Neff, Christopher Germer.(2018. The Mindful Self-Compassion Workbook: A Proven Way to Accept Yourself, Build Inner Strength, and Thrive Paperback – Illustrated, The Guilford Press.

Kwon, S. M., (2003). Modern Abnormal Psychology, Seoul: Hakjisa.

Leen Spruit(1994),Species intelligibilis: from perception to knowledge, New York: Brill.

Liou CH, Hsieh CW, Hsieh CH, Chen DY, Wang CH, Chen JH, Lee SC. Detection of nighttime melatonin level in Chinese Original Quiet Sitting. Journal of the Formosan Medical Association(2010; 109(10): 694-701.

Luoma. J. B., Hayes, S. C., & Walser, R. D.,(2007). Learning ACT: An Acceptance and Commitment Therapy skills training manual for therapists. Oakland, CA: new harbinger publication

Neff, K. D.(2003), The development and validation of a scale to measure self-compassion. Self and Identity, 2, 223-250.

Nicola Kirkpatrick(2019), Fight Flight Freeze: How To Recognize It And What To Do When It Happens, https://www.betterhelp.com.

Nobuyoshi Yamabe(2018), Ālayavijñāna from a Practical Point of View, J Indian Philos.46 : 283 – 319).

Ma, S. H., & Teasdale, J. D. (2004). Mindfulness-based cognitive therapy for depression: Replication and exploration of differential relapse prevention effects. Journal of Consulting and Clinical Psychology, 72. 31—40.

McLeod. J., (2010). Case Study Research IN COUNSELLING AND PSYCHOTHERAPY, London, Sage

Max van Manen(1990), Researching Lived Experience: Human Science for an Action Sensitive Pedagogy, 신경림.안규남 옮김, 『체험연구』(서울: 동녘, 1994)

Mendell L.(2014), Constructing and deconstructing the gate theory of pain. Pain155(2): 210-216.

Michael Crotty(1996), Phenomenology and Nursing Research, Melbourne: Churchill Livingston.(신경림.공병혜역, 『현상학적 연구』, 현문사, 2001)

Michael D. Spiegler(2003). Contemporary Behavior Therapy. Cengage Learning

Michael P. Twohig., Steven C. Hayes(2008), ACT verbatim for Depressin & Anxiety, New Harbinger Publication.

Michael L. Free(1999), Cognitive Therapy in Groups. England: wiley, pp.10—11.

Monier Williams, Sanskrit English Dictionart(Oxford University Press, 1899),

M.Olivetti Belardinelli, M.Palmiero, C.Sestieri, D.Nardo, R.Di Matteo, A.Londei, A. D'Ausilio, A.Ferretti, C.Del Gratta, G.L.Romani(2009),"An fMRI investigation on image generation in different sensory modalities: The influence of vividness." Acta Psychologica.132. 190 – 200

Moro V, Berlucchi, G, Lerch, J, Tomaiuolo, F, Aglioti SM.(2008), "Selective deficit of mental visual imagery with intact primary visual cortex and visual perception." Cortex. 44(2):109-118.

Moran, D. J., & Bach, P. A.(2007), ACT in practice: Case conceptualization in Acceptance and Commitment Therapy. Oakland, CA: new harbinger publication.

Paul A. Gilbert, Kunzang Choden, 2015. Mindful Compassion. New Harbinger Publications Paperback.

Paul Hoornaert(1986), Bhavaviveka's Critique of the trisvabhava-Doctrine, Journal of Indian and Buddhist Studies, 35−1.

Paul A. Frewen & Franziska Unholzer & Kyle R.− J. Logie-Hagan & Julia D. MacKinley(2012), Meditation Breath Attention Scores (MBAS): Test − Retest Reliability and Sensitivity to Repeated Practice. springer.

Peter Willis(2001), The "Things Themselves" in Phenomenology, Indo-Pacific Journal of Phenomenology, 1:1, 1-12.

Philip J. Bortok(2005),Brentano's Intentionality Thesis: Beyond the Analytic and Phenomenological Readings, Journal of the History of Philosophy, vol.43. 437-460.

Patricia A. Bach, Daniel J. Moran(2008), ACT in Practice: Case Conceptualization in Acceptance and Commitment Therapy, New Harbinger Publications.

Robert G. Kunzendorf(1990), Mind-Brain Identity Theory: A Materialistic Foundation for the Psychophysiology of Mental Imagery, The Psychophysiology of Mental Imagery, Routledge; 9-36.

Robert Zettle(2007), ACT for Depression: A Clinician's Guide to Using Acceptance and Commitment Therapy in Treating Depression. New Harbinger Publications.

Robert D. Friedberg and Jessica M. McClure(2002), Clinical Practice of Cognitive Therapy with Children and Adolescents-The Nuts and Bolts. The Guilford Press.; 아동과 청소년을 위한 인지치료, 정현희 · 김미리혜 옮김. 스그마프레스, 2007.

Roger Walsh,ed.(1993), Paths Beyond Ego-The transpersonal Vision, New York: penguin Putnam Inc.

Rene Descartes, Meditationes De Prima Philosopia, C.Adam & P.Tannery(ed.), Oeuvres de Descartes(Vol.13)

Reviewed by Charles Muller, Faculty of Humanities, Tōyō Gakuen University, for Philosophy East and West, vol. 27 Number 1, 2004, pages 135-139.

R.N. Shepard & L.A. Cooper(1982), Mental Images and Transformations. Cambridge, MA: MIT Press.

Richard E. Palmer(1969), Hermeneutics: Interpretation Theory in Schleiermacher, Dilthey, Heidegger, and Gadamer, Studies in Phenomenology and Existential Philosophy(35 Books), Northwestern University; 리차드 팔머(2011), 해석학이란 무엇인가, 이한우옮김, 문예출판사.

Saab CY, Barrett LF. Thalamic Bursts and the Epic Pain Model. Front Comput Neurosci(2017);10;147.and Mark A. McDaniel. ed. Imagery and Cognition: springer-Verlag.

Sponberg, Alan(1982), THE TRISVABHAVA DOCTRINE IN INDIA & CHINA: A Study of Three Exegetical Models, 『龍谷大学仏教文化研究所紀要』21, 97−

119. The Pali Text Society(1975), THE PATH OF PURITY, London.

Sue Hamilton(1996), Identity and Experience-The Constitution of the Human Being According to Early Buddhism. London: Luzac oriental.

Szilvia Szanyi(2021), The Changing Meanings of āśraya in Vasubandhu's Abhidharmakośa(bhāṣya). Journal of Indian Philosophy 49 : 953 − 973.

Seymour Boorstein(1980), Transpersonal Psychotherapy: 정성덕 · 김익창 공역, 1997. 『자아초월정신치료』, 하나의학사., John Welwood,ed.(1979), The Meeting of the Ways Exploration in East/West Psychology , New York: Schocken Books

Steven C. Hayes, Victoria M. Follette, Marsha M. Linehan(2004), Mindfulness and Acceptance: Expanding the Cognitive-Behavioral Tradition. The Guilford Press.

Stephen M. Kosslyn(1980), Image and Mind. Cambrige, MA: Harvard University Press.; 1994. Image and Brain: The Resolution of the Imagery Debate. Cambridge, MA: MIT Press.

Stephen M. Kosslyn(2005), "Mental Images and the Brain". Cognitive Nueropsychology, 22, 333-347.

Tan DX, Chen LD, Poeggeler B, Manchester LC, Reiter RJ(1993), "Melatonin: a potent, endogenous hydroxyl radical scavenger". Endocrine J. 1: 57−60.

Tina Iachini(2011), Mental Imagery and Embodied Cognition: A Multimodal Approach. Journal of Mental Imagery, 35(3&4) 1-66.

Twohig, M. P., Hayes, S. C.(2008), ACT Verbatim for Depression & Anxiety: Annotated Transcripts for Learning Acceptance & Commitment Therapy, Oakland, CA: New Harbinger.

Will Parfitt(2006), Self Identification and Disidentification, Psychosynthesis: The Elements and Beyondhttps. www. willparfitt.com/

Xu Cui 1, Cameron B Jeter, Dongni Yang, P Read Montague, David M Eagleman(2007), "Vividness of mental imagery: individual variability can be measured objectively". Vision Research. 47(4): 474-478.

Zettle, R. D.(2007), Act for Depression: A Clinician's Guide to Using Acceptance and Commitment Therapy in Treating Depression, Oakland, CA: New Harbinger.

영문초록

Abstract

Reflected Image Meditation(RIM) & Mind Therapy

Inkyung

Reflected Image Meditation(RIM) is a meditation technique that involves fully experiencing and observing images of key scenes connected to unresolved issues that are stored and reflected in the depths of the body by intentionally bringing them to consciousness. RIM solves problems by gaining insight into an individual's psychological symptoms or realistic problems. RIM is a type of meditation, but it also works as a psycho-therapeutic program. For this reason, it plays a key role in Meditation Counseling, which organically combines meditative and psychological counseling factors.

Compared to the 'working with imagery' often used in Western psychology, it is the same in that it does therapeutic work by exposing images. However, while imagery work emphasizes the task of positively modifying or correcting negative video images, the difference in the video observation of RIM is that reflection and insight are achieved by watching and observing video images as they exist, whether they are negative or positive. there is.

When analyzing 27 doctoral theses related to RIM's method since 2010, it shows results in generalized anxiety, panic, depression, job stress, post-traumatic stress, test anxiety, abandonment anxiety, body deformation, somatization, and chronic anxiety. Above all, these have proven to be an effective healing strategy in clinical situations of anxiety. This can be interpreted as reflecting that modern people are exposed to a lot of anxiety in the information society. In addition, it can be evaluated that the video observation of method(RIM), which involves recalling the problematic object and observing it as it exists, is an experiential approach and can be an effective healing strategy from an emotional perspective.

'RIM based Meditation counseling' is different from traditional psychological counseling that emphasizes verbal conversation in that it emphasizes experience-centered insight to discover self-problems and solve real-world problems along with an internal experiential approach. Of course, although the video observation method of RIM has achieved significant results so far, it is clear that there are still some research tasks

First, what is the Buddhist psychological basis of RIM?

Second, what about the correlation between RIM and psychotherapy theories developed in the West?

Third, what about a standard manual for RIM's methods along with case studies in specific field studies?

The first research question is addressed in Part 1, 'Understanding RIM,' and strives to establish the specific procedures and psychological basis of Buddhism for RIM by comparing it with the doctrines of early Buddhism, Only Mind Buddhism, and Seon Buddhism. It deals with the progress of RIM, the origin of RIM's method, psychological and philosophical basis of RIM's method, and performance system of RIM.

The second research question is addressed in Part 2, 'Psychological approach to RIM.' Here, the characteristics of the imaging method are revealed by comparing it with phenomenological research, cognitive-behavioral traditions (behaviourism, cognitive therapy, schema therapy, metacognition, etc.) and the imagery work developed in Western psychology.

The third research question is addressed in Part 3, 'A case study on the application of RIM.' Here, we will provide the effectiveness of RIM's method through specific field case studies. Through case studies related to stress, depression, and anxiety, we aim to show how healing is achieved through the imaging method. By the way, the specific manual for RIM is posted for the Emotional type in Chapter 1, the Thinking type in Chapter 5, and the Will type in Chapter 8 for readers to refer to. Specifically, the important achievements of this book are summarized in each chapter as follows.

Chapter 1, Procedures for RIM

The key task of Chapter 1 is to understand what RIM is and to explain the procedure of RIM as a tool for mind healing. In particular, RIM is emphasized Images as a direct trigger for generating emotions. The existing cognitive behavioral therapy perspective emphasizes the cognitive perspective that thoughts generate emotions such as depression, but the imaging method of RIM presupposes that contact with Reflected images directly generates emotions and proceeds with the work of mind healing. In particular, the occurrence of emotions, cognitive and linguistic discrimination, and body feelings are explained using the 'Triple Information Processing Model(TIPM)'.

Next, the four holy teachings, the path of 'pain, cause, extinction, method(苦集滅道)', are used to explain the meditation and counseling process of RIM. As a specific example, the case of 'separation anxiety caused by organic schema' is explained. The process of listening and empathy to understand the customer's pain and suffering is important. In general, you can refer to the eight sufferings mentioned in the Buddhist scriptures or the diagnostic criteria mentioned in Western abnormal psychology(DSM). The group analyzes the story of an event or the Five Factors of Mental Operation(FFMO) to explore the cause or context of pain. After identifying the problem and cause, a key scene is selected and video viewing of RIM is performed. The types of visual observation methods of RIM are classified into Feeling type, Thinking type, and Will type, and Chapter 1 shows menu walls and examples using the Feeling type. The final path is to live anew. This is the stage of identifying action tasks and establishing a new action plan. Here, we ask questions about what the problem is and what to do about it, and find new alternatives.

Chapter2, Origin of RIM: Impurity Meditation(Asubha bhāvanā) and Breathing Meditation

Here we compares Impurity Meditation and Breathing Meditation as the origins of RIM's method. Impurity Meditation is seen as a primitive form of RIM in that it collects images of anatomically or decaying corpses, brings the images to mind one by one, and observes them as dirty. In the case of breathing meditation, it is considered a form of visual observation of RIM in that it observes the sensory representation created by the invisible air flow of inhalation and exhalation. Of course, there are clear differences between the two, and we investigate how practitioners perceive these in the field.

Impurity Meditation and Breathing Meditation are all common in that they observe video images of RIM, but There are the important differences. This is the point. While Impurity Meditation judges anatomically rotting corpses as dirty, breathing meditation suspends judgment. The difference is that RIM is observed as it is. Additionally, Impurity Meditation continues to be an object of observation.

If Vipassana observation is important in that it moves from one object to another, breathing meditation focuses on one meditation object. The Samatha approach is emphasized. And breathing meditation is an approach in that the video image of RIM already exists within you. If it is easy, the inspector should collect the video image of RIM of rotting corpses from cemeteries or abandoned corpses. The difference is that it requires prior preparation.

This difference gives very important implications for using RIM's method for mind healing. (1) If possible, video images of RIM formed within the customer or client should be collected and selected, (2) Above all, stop making verbal judgments about the chosen object of meditation, (3) It is revealed that observing things as they exist, whether negative or positive, is a very important factor in visual observation of RIM.

Chapter3, Psychological and philosophical foundations of RIM

The core goal of this Chapter is to establish the psycho-philosophical foundation of the RIM's method. The debate begins with the confrontation between the realist position and the neutralist position based on acting emptiness in the perception of the world and oneself. From the point of view of neutralism, images of RIM are vain discriminations, but from the perspective of realism, RIM's images are not vain at all and reflect the reality of reality. In Only Mind(唯識) & Non Object(無境), we critically examine the claim that Non-Object is the reason for Only-Mind. It points out that Only-Mind is by no means an argument for Non-Object, and emphasizes that Only Mind & Non Object should not be viewed as one but interpreted separately.

while defending the position of empirical realism from the perspective of visual observation of RIM , I critically reexamines the existing critique of realism by neutralism, and argues for a 'Circular Integrative Theory(CIT)' that recognizes all realism, neutralism, and knowledge theory from a pragmatic perspective.

I examines the philosophical meaning of the recognition of the false theory of images and the theory of truth of images, along with revealing the psychological phenomenon of 'projective identification' with 'images that come to mind' from the intellectual psychological aspect.

We use the term 'projective identification' in that when we see the world or perceive ourselves, it is based on information stored in our minds. In the analogy of the mirror, there is a concept that is formed first, and this concept is projected onto an external object, and then secondarily, the world is recognized and understood by identifying it with oneself.

At this time, the question arises as to whether the essence of the image that appears in consciousness is illusory or real. There is a debate about whether the theory of knowledge is just a vain discernment (false theory of images) or whether it represents the truth of reality (the theory of truth of images).

Historically speaking, this debate is a debate about video images of RIM as a deep mental phenomenon, but in the end, it progresses in two directions: an affirmation of Images that responds to reality, and a denial of Images by acknowledging the purity of the untainted nature of the mind. It has been done. However, I acknowledges that both of these are perspectives that are necessary through the functioning of the mind.

Chapter4, Implementation system of RIM

We examine how RIM's method is connected to each other in the performance system from the perspectives of body, mind, and nature. First, as core elements that make up the body; earth, water, fire, and wind have reality in that they each have their own unique nature and function. However, as an element of the body that appears in the emotional RIM, the earth, water, fire, wind is believed to have a symbolic meaning similar to a psychological phenomenon.

It varies from case to case, but if you look at the physical feeling accompanying RIM that comes to mind, there is bound to be a symbolic representation of the earth, water, fire, wind style. The element of earth is by its nature solid, but it represents the stress that comes from the absence of communication, the nature of water is gently wet, but it represents the sadness of subsiding, fire is a burning passion, but it represents anger, and the swaying wind is cool but also implies anxiety.

Then, as a philosophical consideration of the nature of the mind, we compare Southern Buddhism and Northern Mahayana Buddhism and examine the perspective of interpreting the mind. In Southern Buddhism, the nature of the mind refers to the 'recognition' of the object itself, and in Mahayana, the nature of the mind refers to the 'existence' of purity itself. Southern Buddhism views form as the 'result' of cognitive activities, but Mahayana Buddhism refers to it as the 'merit and virtue' inherent in nature. In Southern Buddhism, action/use refers to cognitive 'activity', and in Mahayana Buddhism, it refers to causal 'practice' in reality.

And from the perspective of Seon Buddhism, it deals with the relationship between 'image' and 'self-reflection'. The image is a reflection of the agony stored in the 8th consciousness, and self-nature is experienced through the realization of enlightenment. This part is connected to the Donjeom (頓漸) controversy. Gradual practice is a response to reality, and Sudden realization becomes the power to transcend reality. We need both. Hwadu Meditation is a practice theory that originates from questions and answers. First, there are questions and answers, and then there is secondary awareness of the questions and answers. In this respect, RIM's method can be carried out by first recalling the video of the question and answer and secondarily penetrating it in detail. In this respect, RIM based on questions and answers or Hwadu Meditation are possible.

Chapter 5, RIM's method and phenomenological research

The goal of Chapter 5 is to build a psychological and philosophical foundation for RIM's method based on knowledge psychology, which emphasizes internal representations rather than external objects, by comparing it with a phenomenological perspective.

One discusses 'representationism', which claims that objects can be recognized only through mental representations. The position of RIM's perspective accepts and integrates both internalism, which states that objects exist in the mind, and anti-representational externalism, which states that objects exist outside of perception in reality.

Next, it not only diagnoses how the mind is affected through RIM, but also shows the process of purifying the mind by penetrating and breaking away from the state affected by emotions or thoughts. In addition, it provides examples of exploring the relationship between emotions and thoughts in the thinking-type RIM's method, as well as a manual for the thought-type RIM, which involves finding a thought, mumbling it, and observing its sensory data with the tip of your nose.

Lastly, the core techniques of phenomenology are understood from RIM's perspective. For example, the motto of phenomenology, 'to the situation in itself,' is to bring key scenes to consciousness, and 'phenomenological reduction' is understood as the work of reducing concentration on a situation to the occurrence of emotion, and then reducing the occurrence of emotion to body feeling. 'Essential intuition' is understood as observing an object as it is and reaching its essence, and 'suspension of judgment' is understood as the task of stopping thinking and observing the object as it is.

Chapter 6, RIM's Method and Cognitive-Behavioral Tradition

The goal of Chapter 6 is to examine the cognitive-behavioral perspective of thinking-based RIM. This tradition has Buddhist aspects and Western psychological perspectives. First, in Section 1, we look at the literature on parikalpita-svabhāva, which corresponds to obsession in the intellectual theory of the three-nature, Trisvabhāva. First, in 『Samdhinirmocana sutra』, the summoning of the boundary of obsession belongs to the realm of thinking [idea] where symbols, images, and concepts interact through linguistic discrimination. Second, in 『Mahāyāna-sūtrālamkāra』, we look at the discussion on seeds/information as past moisture or experience content stored in the depths of the mind. Third, in 『Vijnaptimatratasiddhisastra』, it shows the mechanism that generates the pain of obsession by continuously substantiating the 'self' and 'world' that arise from this action of the mind. This discussion serves as a basis for exploring what the 'true me' is in the thinking-based visual observation method.

Section 2 compares thinking-based RIM with cognitive therapy and schema therapy and discusses the similarities and differences. In cognitive therapy, psychological phenomena are classified into trigger stimuli (A), belief systems (B), and emotional consequences (C), and thinking change in the belief system (B) is considered an important therapeutic strategy. On the other hand, RIM's method considers psychological schemas as the seed of learned Buddhism, opposes intentional work to modify and change images, and emphasizes a meditative approach that fully experiences and observes images/images in themselves.

Section 3 is a comparison between Wonhyo's enlightenment and meta-cognitive therapy. While examining Wonhyo's enlightenment, we distinguish between meta-cognition and meta-awareness. The part about primary object recognition(vomiting) is of a cognitive nature, but the secondary awareness that 'everything is mind' is clearly a meta-awareness aspect. In the thinking-type RIM's method, muttering one's way of thinking and being clearly aware of it and expressing it are meta-cognitive aspects, but meditation that observes the sensory data by hanging it at the tip of one's nose is not about acquiring new knowledge, but about gaining a new perspective or We demonstrate with specific examples that meta-awareness is necessary to create insight.

(1) Section 4 examines the relationship between RIM and acceptance & commitment therapy. A control strategy involves modifying or correcting negative emotions, thoughts, or actions in a positive way. On the other hand, acceptance strategy refers to the meditative work of letting go of the intention to suppress or modify psychological phenomena and observing and penetrating them as they exist. In particular, in connection with the intellectual theory of three nature, the conceptual self corresponds to parikalpita-svabhāva, the observer self to paratantra-svabhāva, and the contextual self to pariniṣpanna-svabhāva, and through practical case analysis, it shows how the perspective of acceptance & commitment therapy is communicated with the thinking-type RIM's method.

Chapter 7 Visual observation and imagery work

The goal of Chapter 7 is to examine the problem of body and mind from a psycho-physiological perspective from a Buddhist psychological perspective and the development process of brain-cognitive science in Western psychology, and then compare RIM's method and imagery work to reveal the differences. In Section 1, the relationship between body and mind in Buddhist psychology is explained through the concept of ekayogakṣema, which means that they work together in times of safety or crisis.

In Section 2, we examine the specific meaning of Descartes' dualism and then discuss the identity theory of the brain and mind through the development of measurement tools such as biofeedback and fMRI. We look at the development process of modern cognitive science called 'Embodied Mind'.

Section 3 provides 'self-reports' of the intensity, shape, and color of body feelings for objective measurement of 'internal observation' through examples of the emotional RIM's method that emphasizes observation of body feelings and the thinking-type RIM's method that deals with the thought system. Together, we provide a meditation counseling method that 'draws a three-step picture' of the RIM's process. By doing so, we show that these can be an alternative to improve problems arising from the cost or accessibility inconvenience of measurement tools such as biofeedback or fMRI.

Section 4 discusses the differences between RIM and imagery work. Both are the same in that they use video images for healing work, but in their approach, it is argued that while RIM, visual observation is a meditative work that emphasizes acceptance and observation, imagery work uses a controlling strategy to modify and correct negative images into positive images.

Chapter 8 Stress and RIM

Modern people are exposed to a lot of stress due to excessive competition and suffer emotionally. This chapter explores the experiential approach of the 'Meditation-Based Emotional Coaching Training Program (MFCT)' based on RIM's method to heal and resolve these emotional problems. MFCT emphasizes emotional experience and includes a five-step process called 'capturing emotions', 'experiencing sufficient emotions', 'expressing emotions', 'practicing communication about one's own and the other person's position', and 'problem solving'. The area of experience called emotional recognition is a meditative approach, while the expression and communication of emotions is a behavioral approach.

In particular, communication practice is a great social compassion practice and is included in jhana practice related to peace of mind. MFCT is different from existing programs in that it introduces the meditation method and emphasizes compassion communication. That said, there is a need to verify how these elements are organized in the program and what effects they have. Here, a 'focus group' approach is adopted.

The research results are as follows. First, in RIM's method, sati/samatha/vipassna meditation helps the 'Freezing type' to come to their senses from shock and examine the situation accurately, the 'flight type' to clearly recognize their suppressed emotions in the face of the situation, and the 'fighting type' to become emotionally conscious. It is believed that it provides the power to break away from projection and look at the situation objectively.

Second, for the 'Freezing type', benevolent communication allows them to express their tense emotions and feel comfortable, free from the threat of disconnection. In the case of the 'flight type', they also receive help by capturing their unclear and avoided internal emotions and expressing them. On the other hand, in the case of the 'fighting type', since their own argument takes precedence, it can be seen that their emotions are relieved by understanding the other party's position as a counter-argument.

Third, regarding the differences in the effectiveness of sati/samatha/vipassana meditation and compassion communication, the 'Freezing type' says that meditation and communication are effective when both work together. On the other hand, for the 'Flight type', problem discovery was preceded by internal reflection and meditation, followed by compassionate communication that actively sought clues to solving the problem. In the 'fighting type' type, sati/samatha/vipassana meditation meditation helped them recognize the situation objectively, and compassion communication said that they experienced a release of emotions while understanding the other person's position through reverse meditation.

From the above, it has been confirmed that both meditation and compassion communication are necessary areas and work in a complementary manner. In particular, depending on the type of stress, meditation helps control emotions and clearly recognize and gain insight into problems, while compassion communication is useful in finding alternatives to solve problems in reality.

Chapter 9 RIM and Depression

This study investigated the therapeutic effect of meditation counseling based on RIM on a research participant (Haesalnim) with depressive emotions.

Let's look at the case study to see if there is any benefit. Accordingly, the main research questions are (1) what the main complaint is and its causes, and (2) how the main symptoms changed as a result of meditative intervention, and what are the factors of change. In meditation counseling, counseling elements are used to provide empathy and support to help identify and expose problems as much as possible, and direct intervention includes breathing meditation, feeling meditation, and RIM's techniques.

As a result, the client/client reported that by accepting the realistic situation as is, the conflict relationship with her aunt in interpersonal relationships changed to a grave level, and her boyfriend's problem was naturally resolved. The gastritis that appeared due to chronic depression improved, and the painful physical phenomenon went from being stuffy the size of a soccer ball to garlic-shaped, and eventually to an L-shape, and finally disappeared. In addition, it was confirmed that being aware of breathing meditation, sufficiently staying and experiencing feeling meditation, repeated exposure to visual observation techniques of RIM, and observing internal phenomena as they exist are important factors of change.

Chapter 10 Corona anxiety and the therapeutic effect of RIM's method

This chapter has two goals. First, we survey people to see how they experience anxiety about COVID-19 in their daily lives. The other is to verify the therapeutic effectiveness of the already developed RIM's program through a case study to see how corona anxiety can be cured.

First, according to a foreign survey by the Pew Research Center, Korean people's anxiety about the coronavirus ranked first in the world at 89%. On the other hand, the domestic survey came out at 48%. In a simple survey conducted by the author, active participation in social distancing was 80% and corona anxiety was 46%, which are similar figures to domestic surveys. This is because the Pew Research Center's survey was from the early stages of the coronavirus pandemic, and this simple survey is from the second period, so the results appear to reflect changes that have occurred. However, in a survey of self-employed people, the practice of social distancing was quite different from that of the general public, at 86%, but similar to the Pew Research Center survey, the experience of anxiety was found to be very high at 96% and the experience of depression at 83%.

Second, 'representation', 'imagery', and 'reflected image', which represent images, were distinguished. While conducting RIM in relation to corona anxiety, in seven individual cases, we again divide imagery into sensory 'representations' that reflect external stimulation and 'imagery' that symbolically reveal internal ego conflicts. These are all interpreted as transformed consciousness based on the deep 'reflected images' as information of the 8th consciousness.

In the visual observation method of RIM, at the stage of fully experiencing the emotion, the intensity, shape, and color are reported, and the process of tracking how it changes through meditation or drawing a picture of it is carried out. The intensity is expressed in specific numbers to enable comparison before and after, the shape helps you focus and observe by recalling 'reflected images', and the shapes and colors that change with meditation are drawn and checked later. This change in intensity, shape, and color is seen as an effect of mind healing. Intensity, shape, and color are empirical data of change and are presented as evidence. However, at this time, it is necessary to check whether this is a 'state' change or a 'characteristic' change. In other words, whether these changes are temporary and mean they can recur again, or whether they have been fundamentally healed and will not recur, is subject to check in subsequent consultations.

Third, it is judged that the factors that brought about the healing effect were caused by each stage of the video meditation method of RIM. It involves recalling similar images, fully experiencing emotions, and watching continuously. In addition, I believe that solving realistic problems, including breathing meditation and awareness of the relationship with thoughts from a cognitive perspective, played an important role.

색인

초판 1쇄 인쇄 | 2024년 6월 10일
초판 1쇄 발행 | 2024년 6월 25일

지은이 | 인경
교　정 | 오용석 · 권주희
펴낸이 | 김형록
펴낸곳 | 명상상담연구원

주소 | 서울시 성북구 보문로 35길 39(삼선동 4가 57)
　　　목우선원 명상상담평생교육원
전화 | (02) 2236-5306
홈페이지 | www.medicoun.com http://cafe.daum.net/medicoun
출판등록 | 제 211-90-28934호

가격 38,000원

ISBN 978-89-94906-29-4 (93180)